Karl May

IM LANDE DES MAHDI
3. BAND

KARL MAY KLASSIKER IN ILLUSTRIERTEN AUSGABEN

Herausgegeben von
Siegfried Augustin und
Heinrich Pleticha

in der Erzähltextfassung der
Historisch-kritischen Ausgabe (»Züricher Ausgabe«)
von Hermann Wiedenroth (Hg.)
und Hans Wollschläger (Hg.)
(ohne historisch-kritischen Anhang)

mit Illustrationen diverser Künstler
aus zeitgenössischen Buchausgaben
aus der Privatbibliothek Klaus Hoffmann

DIE ORIENT-ERZÄHLUNGEN

KARL MAY

IM LANDE DES MAHDI

3. Band

Reiseerzählung

Mit den
zeitgenössischen Illustrationen
von Vénceslav Černý

WELTBILD

Der Erzähltext dieses Bandes ist vormals als Band IV.11 der Historisch-kritischen Ausgabe (ohne historisch-kritischen Anhang) erschienen, herausgegeben von Hermann Wiedenroth und Hans Wollschläger, und folgt zeichengetreu der Buchfassung letzter Hand, Freiburg 1910. Die Illustrationen sind der tschechischen Ausgabe »Na Brèzich Nilu, III« des Verlages Alois Hynek, Prag o.J. (ca. 1907) entnommen (Privatbibliothek von Klaus Hoffmann).

Steinerne Furt 67, 86167 Augsburg

Einbandgestaltung: HildenDesign, München
Titelillustration: Firuz Askin, München
Textdurchsicht und Revision: Rudi Schweikert, Mannheim
Druck & Bindung: GGP Media GmbH,
Karl-Marx-Straße 24, 07381 Pößneck
Printed in Germany

Inhalt

Vorwort
7

Erstes Kapitel
Aufgehängt
17

Zweites Kapitel
Gerechte Vergeltung
71

Drittes Kapitel
Thut wohl Denen, die Euch hassen!
143

Viertes Kapitel
Die letzte Sklavenjagd
331

Vorwort

Auch in Buchtiteln und ihrem Wandel im Laufe einer gewissen Zeit kann sich Geschichte spiegeln. Das beweisen die Veränderungen im Titel des großen Sudan-Romans von Karl May. Als er erstmals 1891/93 im »Deutschen Hausschatz« erschien, war das Interesse einer breiten Öffentlichkeit an den Ereignissen im Sudan und ihren Auswirkungen und den Schicksalen einiger europäischer Gefangener in den Händen der Aufständischen noch ungebrochen. Karl May konnte also mit entsprechender Aufmerksamkeit der Leser rechnen, als er seinen Roman im Obertitel einfach »Der Mahdi« nannte, wusste er doch, dass die meisten Leser den Namen damals ebenso kannten wie heutige Leser etwa Begriffe wie »El Kaida« oder »Osama bin Laden«. Die Titelwahl war sogar bewusst irreführend, denn in Wirklichkeit spielte der Mahdi selbst eine höchst untergeordnete Rolle. Als 1896 die Buchfassung erschien, hatte das Interesse an dem schon verstorbenen muslimischen Anführer und Propheten etwas nachgelassen, dem Autor und dem Verleger kam es nicht mehr so sehr auf die Einzelpersönlichkeit an als vielmehr auf die geographische Fixierung. Der Titel »Im Lande des Mahdi« wurde erfolgreich mehr als ein halbes Jahrhundert beibehalten und erst nach dem Zweiten Weltkrieg in der Bamberger Ausgabe aufgegliedert in einen inhaltlichen Hinweis (»Menschenjäger«), einen historisch chronologischen (»Der Mahdi«) und einen geographischen (»Im Sudan«).

Obzwar der sogenannte Mahdi-Aufstand im Sudan also gar nicht im Mittelpunkt steht, dürfte es doch sinnvoll sein, das Geschehen hier einmal in seiner ganzen Entwicklung und seinen Folgen kurz zu skizzieren. Kara Ben Nemsi begegnet Mohammed Achmed, wie der spätere Mahdi eigentlich hieß, noch vor Beginn von dessen öffentlichem Wirken, und May gibt nur ein abschreckendes Charakterbild dieses Mannes. Die Beschreibung beschränkt sich anfangs auf drei kurze Sätze. Mehr konnte er auch nicht geben, denn jede Darstellung musste zu dem Zeitpunkt, als er die Erzählung schrieb, Produkt der Phantasie bleiben. Ein authentisches Bild des Mannes existierte nicht. Das in der deutschen Literatur seit mehr als hundert Jahren immer wieder abgebildete Porträt ist ebenfalls frei erfunden. Die erste kurze genaue Personenbeschreibung gab 1892 der Missionar Pater Ohrwalder nach der Flucht aus seiner Gefangenschaft: »Sein Äußeres hatte etwas Verführerisches. Er war ein Mann von kräftigem Knochenbau, schwarzer Farbe. Auf seinem Gesichte lag stets ein süßes Lächeln, das er sich zur Gewohnheit gemacht hatte. Hierdurch war stets eine Reihe weißer Zähne sichtbar, von denen die beiden oberen Mittelzähne eine große Spalte bildeten: Eine solche Zahnstellung gilt im Sudan als Glück verheißend. Auch seine Art und Weise zu reden war erkünstelt süß. Als Gesandter Gottes gab er vor, im Verkehr mit der Gottheit zu stehen. Er gab seine Befehle stets nach höheren Offenbarungen; daher durfte ihnen nicht widersprochen werden; dies wäre Widerstand gegen Gott gewesen und hätte den Tod zur Folge gehabt. Er selbst nannte sich ›Mahdi – Chalifa er-Rasul‹ – Nachfolger des Propheten. Seine Anhänger nannten ihn ›Seied‹ (Herr), ›Seiedna el Mahdi‹ (Mahdi unser Herr), ›Seiedna el-Imam‹ (unser Herr der Imam). Der Mahdi suchte in allem genau den Propheten nachzuahmen.« Der spätere britische Gouverneur des Sudans, Wingate, kam zu dem Gesamturteil: »Es unterliegt keinem Zweifel, daß dieser Mann, ehe ihn seine zügellose Sinnlichkeit zugrunde richtete, den klügsten Kopf und den klarsten Blick innerhalb der 7,8 Millionen Quadratkilometer hatte, zu deren Herr er sich mehr oder weniger aufwarf«. Karl Mays Bild eines brutalen und verschlagenen Verbündeten der Sklavenhändler traf also keinesfalls zu.

Mohammed Achmed, genannt »Der Mahdi«

Die politischen und wirtschaftlichen Zustände im Sudan am Vorabend des Aufstandes, also Ende der Siebzigerjahre des 19. Jahrhunderts, in denen Kara Ben Nemsi das Land bereiste, waren katastrophal (vgl. Vorwort zu »Im Lande des Mahdi II«) und forderten eine Empörung geradezu heraus. Doch ging diese vom Norden des Landes aus, also von der arabischen Bevölkerung, während die Eingeborenen-Stämme des Südens weiterhin in ihrer Agonie verharrten und auch später keinerlei Vorteile aus der Empörung zogen.

Mohammed Achmed begann seine Laufbahn als junger Mann mit etwa fünfunddreißig Jahren. Er durchwanderte mehrere Jahre den nördlichen Sudan als Derwisch. Solchen Derwischen ist der Leser von Karl Mays Erzählungen schon im großen Orient-Zyklus begegnet. Es waren Angehörige islamischer Mönchsorden und Bruderschaften, die teils ein asketisches Leben führten, aber auch verheiratet sein konnten, in Gemeinschaften, in ihren Familien aber auch als Einzelgänger lebten. Als er genügend Aufmerksamkeit erregt hatte, ließ er sich auf der Nilinsel Abai (Abas) nieder (sie wird im Mahdi-Roman nur im letzten Kapitel in einem Gespräch kurz erwähnt, ebenso in der Erzählung »Eine Ghazuah«

in »Orangen und Datteln«), sammelte dort einen Kreis gleichgesinnter Gefährten und erklärte, er sei der von Allah gesandte »Mahdi«, der rechtmäßige Nachfolger des Propheten Mohammed. Geschickt verband er in seinen Predigten religiösen Fanatismus mit dem Versprechen materieller Vorteile, durch die er vor allem die professionellen Sklavenhändler für sich gewann. Diese waren durch das Vorgehen der ägyptischen Regierung unter Druck geraten und witterten nun eine neue Chance für ihr Menschen verachtendes Geschäft. Die Regierungsbehörden sahen dem Treiben des neuen Propheten anfangs untätig zu, obgleich deutlich erkennbar war, dass es eine Bedrohung der bestehenden Ordnung darstellte.

Erste dilettantische Versuche einer Niederwerfung der Unruhe gegen Ende 1881 führten nur zu einem Sieg der Rebellen und fachten die Empörung erst richtig an, die sich 1882 rasch weiter auszudehnen begann. Es war das Jahr, in dem die Engländer Ägypten besetzten und damit zwangsläufig in die Spannungen im Sudan hinein gezogen wurden. Erst jetzt begann die europäische Öffentlichkeit sich überhaupt mit dem Geschehen zu beschäftigen, das man bisher nicht beachtet hatte. Dazu kam, dass nun auch die ersten Europäer, einige Missionare und Missionsschwestern, in die Gefangenschaft der Aufständischen gerieten, die man nach der Herkunft ihres Anführers ganz allgemein Derwische nannte, obgleich die meisten von ihnen im engeren Sinne mit diesen gar nichts zu tun hatten, sondern aus allen Bevölkerungsschichten kamen. Sie selbst nannten sich »Ansar« – Glaubenskämpfer – und waren davon überzeugt, dass ihnen im Falle ihres Todes im Kampf das Paradies sicher sei. Sie trugen als einheitlicher Kleidung die Giubba, eine Art Dalmatika, auf der als Zeichen der Armut Flicken und Lappen aufgenäht waren. Da die Zahl seiner Anhänger sehr rasch anwuchs, ernannte der Mahdi drei von ihnen zu »Kalifen«, von denen der dem Stamm der Baggara (Baqqara) angehörende Abdullah gleichzeitig zu seinem Nachfolger bestimmt wurde. Es ist kennzeichnend für die fundamentalistischen Tendenzen des Beginns, dass Mohammed Achmed ähnlich wie heute auch moderne islamische Fundamentalisten eine strenge religiöse Ordnung einführen konnte, der sich seine Anhänger widerspruchslos beugten.

Innerhalb des Jahres 1883/84 erreichten die Derwische eine kaum mehr zu erschütternde Machtposition. 1883 fiel schon die wichtige Provinzhauptstadt El Obeid in ihre Hände. Etwa zur gleichen Zeit wurde von der britischen Regierung Lord Cromer zum Generalkonsul in Ägypten ernannt. Hinter diesem unscheinbaren Titel verbarg sich die Machtfülle eines Regenten, der über die offizielle ägyptische Regierung hinweg die Geschicke Ägyptens und damit auch des Sudans lenkte und letztlich auch für die Niederwerfung des Aufstandes verantwortlich werden sollte. Der erste Versuch einer ägyptischen Armee unter dem Befehl des britischen Generals Hicks, den Mahdi anzugreifen, scheiterte kläglich und endete in einem Gemetzel, das nur etwa hundert Mann überlebten.

Die britische Regierung beschloss daraufhin, sich im Sudan nicht weiter einzumischen und ihn völlig aufzugeben. Doch unter dem Druck der Öffentlichkeit änderte sie ihre Meinung und unterstützte die Entsendung des Generals Gordon, der schon einmal von 1877 bis 79 für die ägyptische Regierung das Land verwaltet hatte, als neuen Generalgouverneur in den Sudan. Diese Personalentscheidung war durchaus richtig, doch wurden nicht die notwendigen Konsequenzen daraus gezogen, und der neue Generalgouverneur fand zu wenig politische und militärische Unterstützung weder von der ägyptischen noch von der britischen Regierung.

Gordon traf im Februar 1884 in Khartum, der Hauptstadt des Sudans, ein. Ohne lange zu zögern bereiteten die Derwische daraufhin von Süden aus den Angriff auf die Schwesterstädte Khartum und Omdurman vor und schlossen sie Mitte März ein. Die Belagerung dauerte volle zehn Monate und wurde vom Mahdi persönlich geleitet. Alle Hoffnungen Gordons auf einen Entsatz durch britische Truppen schlugen fehl, am 25. Januar 1885 setzte der Mahdi zur Erstürmung Khartums an. Die Verteidiger konnten das Eindringen der Derwische nicht verhindern, Gordon wurde in seiner Residenz niedergemetzelt, obgleich der Mahdi angeblich befohlen hatte, ihn zu schonen, nicht zuletzt weil er wohl hoffte, er könne ihn zum Übertritt zum Islam bewegen. Auch die wenigen anderen Europäer, die in der Stadt ausgeharrt hatten, wie etwa der griechische und der österreichische Konsul, wurden von den fanatisierten Eroberern so brutal ermordet, dass man schon eher von

General Gordon auf seinem Weg nach Khartum

einem Abschlachten sprechen kann. Drei Tage später erschienen drei Ersatzdampfer vor Khartum. Als die Besatzung aber sah, dass die Stadt gefallen war, kehrte sie wieder um. Auch erste britische Hilfstruppen rückten von der Grenze Oberägyptens aus nicht weiter vor.

Die Nachricht vom Fall Khartums und der Ermordung Gordons erschütterte die europäische Öffentlichkeit. Auch in Deutschland waren die Zeitungen voll von Berichten über den Sudan. Damals trug sich ja Karl May erstmals mit dem Plan, einen Abenteuerroman über den Mahdi zu schreiben. Aber so schnell wie das Interesse erwacht war, so rasch ließ es auch wieder nach. Das hing vor allem auch damit zusammen, dass die Derwische das Land abschotteten und kaum Nachrichten über die dortigen Verhältnisse heraus drangen. Erst Jahre später erfuhr man durch die Berichte der inzwischen befreiten Gefangenen nähere Einzelheiten.

Der Mahdi selbst überlebte den Fall Khartums nicht sehr lange. Er ergab sich nach dem Fall der Stadt in seiner neuen Residenz zügellosen Ausschweifungen, die im krassen Gegensatz zu seinem ursprünglich geforderten asketischen Leben standen. Sein Körper wurde, wie Ohrwalder als Augenzeuge berichtet, monströs fett, und schon am 22. Juni 1885, also nur fünf Monate nach der Eroberung der Stadt, starb er. Seine Nachfolge übernahm der schon erwähnte Kalif Abdullah, über dessen Charakter die Augenzeugen ein weitaus schlechteres Urteil fällten als über den verstorbenen Mahdi. Innenpolitisch betrieb dieser Abdullah eine reine Stammespolitik mit eindeutiger Bevorzugung der Baggara. Dass wir über sein Regime so genau Bescheid wissen, verdanken wir vor allem drei Gefangenen und deren Berichten über ihre Leidensjahre unten den Mahdisten.

Der schon erwähnte Tiroler Missionar Pater Joseph Ohrwalder war zusammen mit einigen Mitbrüdern und Missionsschwestern bereits im September 1882 gefangen genommen worden und musste knapp zehn Jahre aushalten, bis ihm endlich 1891 die Flucht gelang. Man kann über die Energie des damals Fünfunddreißigjährigen nur staunen, der im Jahr nach seiner Heimkehr schon ein Buch über seine Gefangenschaft veröffentlichte. Es ist der ausführlichste und zuverlässigste Bericht über die Verhältnisse im Sudan. Karl May hat es wohl nicht gekannt, da es während der Fertigstellung des Mahdi-Romans erschien, kam aber indirekt mit ihm in Berührung, da Rudolf Slatin viele Fakten von ihm in sein Buch »Feuer und Schwert im Sudan« übernahm, das sich ja in der Bibliothek Mays befindet.

Dieser Rudolf Slatin, ein gebürtiger Wiener, war schon mit 21 Jahren in ägyptische Dienste getreten, 1881 zum Gouverneur von Darfur ernannt und drei Jahre danach von den Mahdisten gefangen genommen worden. Seine Gefangenschaft dauerte fast elf Jahre, bis ihm 1895 eine höchst abenteuerliche Flucht gelang. Schon 1896 erschien sein Bericht über diese Zeit. Er wurde im Gegensatz zu Ohrwalders Buch ein Bestseller seiner Zeit und erzielte bis heute immer neue Auflagen und Ausgaben.

Der dritte Augenzeuge war der preußische Kaufmann Karl Neufeld, der 1887 mit einer Handelskarawane in den Sudan zog, dort gefangen genommen wurde und erst 1898 nach der Rückeroberung Khartums durch die Engländer wieder frei kam. Sein Buch »In Ketten des Kalifen« ist zwar subjektiver gefärbt als die beiden anderen erwähnten Werke, gibt aber ebenfalls ein zuverlässiges Bild der Verhältnisse und ergänzt damit Ohrwalder und Slatin.

Die europäische Öffentlichkeit wusste zwar, dass diese Männer im Sudan gefangen waren, erfuhr aber so gut wie nichts über ihre Schicksale. Doch es gab noch eine weitere Gruppe von Europäern, die ebenfalls zu Opfern des Mahdi-Aufstandes wurden, allen voran der aus Oberschlesien stammende jüdische Arzt und Naturforscher Dr. Eduard Schnitzer, der sich Emin nannte und den türkisch-ägyptischen Rang eines Paschas bekleidete. Er war 1878 vom ägyptischen Vizekönig zum Generalgouverneur Äquatorias, also der südlichen Provinz des Sudans schon in Innerafrika, ernannt worden. 1884 wurde er mit einigen Gefährten durch den nördlich von ihm ausgebrochenen Aufstand von seinem Nachschubweg abgeschnitten. Da er über einige afrikanische Häuptlinge Nachrichtenverbindungen auf dem Wege zur Ostküste mit Europa aufrecht erhalten konnte, war man über seine Schicksale einigermaßen informiert und bangte um ihn wie um die Gefangenen im Nordsudan. Trotz der prekären Lage verlor Emin Pascha nie die Nerven, hielt nicht nur tapfer im äußersten Südzipfel Äquatorias in Wadelai aus, sondern nutzte die erzwungene Ruhepause zur gründlichen naturwissenschaftlichen Forschung vor allem im Gebiet des unmittelbar benachbarten Albert-Sees. Erste Bemühungen um seinen Entsatz und seine Rettung wurden 1886 von England aus unternommen, wobei es natürlich keineswegs ausschließlich um ihn ging, sondern auch um eine Festigung britischer Interessen in Innerafrika und nicht zuletzt auch um den Abtransport beachtlicher Elfenbeinmengen, die sich in den Stationen der abgeschnittenen Gebiete angesammelt hatten.

Mit der Vorbereitung und Durchführung einer solchen Entsatzexpedition wurde der bekannte Afrikaforscher Henry Morton Stanley beauftragt. Er wählte dafür die Westroute vom Kongo aus quer durch den zentralafrikanischen Urwald nach Osten. Die Expedition entwickelte sich zu einem Drama, nach ungeheueren Strapazen erreichte Stanley zwar Ende April 1888 Emin, doch konnte er erst ein Jahr später mit ihm den Rückzug zum Indischen Ozean antreten, und das gerade noch rechtzeitig, denn die Mahdisten drängten nach Süden und forderten Emin schon zur Übergabe seiner Stationen auf.

In der Zwischenzeit hatte man sich auch in Deutschland auf die

Hilfe für den Landsmann besonnen, und Carl Peters brach von Sansibar aus zur Suche nach Emin auf. Natürlich fand dessen Unternehmen gerade in der deutschen Presse entsprechende Resonanz. Peters suchte aber vergeblich nach Emin und begegnete ihm erst auf dem Rückmarsch im Juni 1889.

Auch Karl May beschäftigte sich mit Emin Pascha. In seiner Erzählung »Die Sklavenkarawane«, die er im ersten Halbjahr 1889 verfasste, gab er doch gleich zwei seiner Protagonisten Wesenszüge Emins (vgl. das Vorwort zu »Die Sklavenkarawane«).

In den Jahren, in denen sich im Süden des Sudans diese Ereignisse abspielten, blieb es im Norden ruhig. Die ägyptische Regierung konnte allein nicht an eine Rückeroberung des Sudans denken, Großbritannien bereitete sich nur sehr zögernd auf einen militärischen Einsatz vor. Umgekehrt verhielten sich auch die Mahdisten ruhig und unternahmen ihrerseits keine Angriffe auf ägyptisches Gebiet. Das änderte sich, als 1892 der erst zweiundvierzigjährige General Herbert Kitchener den Oberbefehl über die ägyptische Armee übernahm und systematisch einen Feldzug gegen den Sudan vorbereitete. 1891 war Pater Ohrwalder die Flucht gelungen, 1895 entkam Slatin und trat sofort in britisch-ägyptische Dienste. Europa blickte wieder angespannt auf den Sudan. Aus diesen wenigen Fakten erkennt man deutlich, wie gut das Erscheinen der Buchausgabe des Sudan-Romans und die Titelwahl »Im Lande des Mahdi« zeitlich auf diese Ereignisse abgestimmt war. Wer hätte am Vorabend der Rückeroberung des Landes nicht gerne über die Zustände dort informiert werden wollen? Verwunderlich bleibt nur, dass nach dem Bekanntwerden so vieler Einzelheiten über die Person des Mahdi May nicht die Gelegenheit nutzte, um in der Buchausgabe das doch recht vage Bild, das er ursprünglich gezeichnet hatte, wesentlich zu korrigieren und zu verbessern.

Der letzte Akt des Dramas begann im Sommer 1896 mit einem ersten Sieg der Ägypter über ein kleines Derwischheer. Kitchener ging dann ganz langsam und systematisch Schritt für Schritt vor. Die Entscheidung fiel am 1. September 1898. Bei Omdurman traf die anglo-ägyptische Armee von 8000 britischen und 17600 ägyptischen Soldaten auf ein Heer des Kalifen Abdullah von schätzungsweise 52000 Mann. Obgleich die Derwische fanatisch und mit Todesverachtung kämpften, unterlagen sie doch dem besser und vor allem moderner ausgerüsteten Gegner. Der Kalif konnte entkommen und zog sich mit dem Rest seiner Armee in das südliche Kordofan zurück, wo er 1899 von den Engländern aufgespürt und in einer letzten Schlacht mit einem Teil seiner Anhänger getötet wurde.

Damit hatte der Mahdi-Aufstand nach 18 Jahren ein Ende gefunden.

Heinrich Pletícha

Erstes Kapitel

Aufgehängt.

Unser nächstes Ziel war, wie bereits erwähnt, der Maijeh Semkat, zu deutsch der Maijeh der Fische. Dieser Name sagte uns, daß wir dort auf reichliche Fleischnahrung rechnen konnten. Drei Tage brauchten wir bis dorthin. Dann mußten wir das Schiff verlassen und den Landweg antreten. Aber wie? Marschieren? Durch diese sumpfige Gegend! Das wäre eine böse Anstrengung gewesen, bei welcher wir nur höchst langsam vorwärts gekommen wären. Also reiten? Ja; aber auf was für Tieren? Pferde und Kamele giebt es in diesen Regionen nicht; sie sind vollständig unnütz und gehen überhaupt sehr schnell zu Grunde. Man bedient sich dort eines Reittieres, welches freilich nicht so edel wie das arabische Roß und nicht so oft besungen wie das »Schiff der Wüste« ist, nämlich des Ochsen.

Diese Tiere gedeihen am sümpfereichen Obernile ganz vortrefflich. Sie sind stark, schnell, gelehrig und dabei recht gutmütig. Die Reitochsen scheinen sich durch Zucht herausgebildet zu haben und eine Rasse für sich zu sein. Natürlich werden sie auch zum Tragen von Lasten verwendet.

Konnten wir solche Tiere bekommen, so hatte die Berechnung der Zeit ein sehr günstiges Resultat für uns. Ibn Asl wollte im ganzen zwanzig Tage brauchen; er war erst fünf fort und gelangte also wahrscheinlich nach fünfzehn Tagen an sein Ziel. Wir aber konnten in neun Tagen Wagunda erreichen, und so bekamen wir einen

Vorsprung von sechs Tagen, welcher mehr als ausreichte, ihm dort den von uns beabsichtigten Empfang zu bereiten. Nur fragte es sich, woher für uns alle Reit- und für unser Gepäck Lastochsen bekommen. Wir mußten sie uns eben in der Gegend unseres nächsten Zieles, des Maijeh Semkat, suchen.

Da oben wohnen die Bor, welche ungefähr zehntausend Köpfe zählen, die vierzig Dörfer bewohnen und sehr große Rinderherden besitzen. Glücklicherweise sind diese Bor ein Zweig des großen Dinka-Volkes, und da es die Rettung der ihnen stammverwandten Gohk galt, so glaubten wir, bei ihnen die notwendige Unterstützung zu finden.

Dabei handelte es sich auch um die Zeit. Wir wollten nicht gern einen Tag versäumen und mochten also die Unterhandlung mit diesen Leuten nicht bis zur Ankunft unseres Schiffes aufschieben. Darum wurde beschlossen, das große Boot vorauszusenden, welches acht Ruderer und einen Steuerer mit den notwendigen Mundvorräten faßte. Acht Ruderer gaben demselben eine weit größere Geschwindigkeit als der ›Falke‹ selbst beim allerbesten Winde entwickeln konnte. Ich sollte die Leitung übernehmen und erhielt vom Emir die Vollmacht, ganz nach Gutdünken mit den Schwarzen zu verhandeln. Als Ruderer wurden acht der kräftigsten Männer ausgewählt, unter denen sich der Dinka Agadi befand, der den Dolmetscher zu machen hatte, weil keiner von uns der Dinkasprache ganz mächtig war. Daß wir alle auch wohlbewaffnet waren, versteht sich ganz von selbst. Einige der Asaker wollten wissen, daß der Maijeh Semkat von Nilpferden wimmele und an seinen Ufern ganze Herden Elefanten zu finden seien. Das ließ mich ein interessantes Jagdvergnügen erhoffen.

Dieser Plan wurde kurz nach unserer Abfahrt von der zerstörten Seribah besprochen und auch sofort ausgeführt. Wenige Zeit später waren wir neun Männer dem ›Falken‹ schon sehr weit voran.

Die Ufer des Flusses waren während unserer ganzen Bootsfahrt dicht bewaldet; auf dem Wasser gab es oft und reichlich Schilf, was uns aber nicht aufhielt, da wir überall leicht durchkamen. Um die Kräfte meiner Leute zu schonen, ließ ich abwechselnd vier und vier rudern; ich selbst saß am Steuer. Selbstverständlich führten wir auch ein Segel, um uns die Gunst des Luftstromes nutzbar zu machen.

Am Abende legten wir an, um den Aufgang des Mondes zu erwarten und dann weiter zu fahren. Ich mußte wenigstens eine kurze Zeit schlafen, da ich während der ganzen letzten Nacht kein Auge geschlossen hatte. Agadi befand sich in derselben Lage. Die andern aber hatten auf dem Schiffe ihre volle Ruhe gehabt. Ein Feuer schützte uns gegen die Stechfliegen, welche hier höchst lästig werden. Die Breite, in welcher wir uns befanden, gehört schon dem Gebiete der mit vollem Rechte berüchtigten Baudah an.

Der Nordländer hat nicht die geringste Idee von der Höhe, welche die Insektenplage dort erreicht. Unsere Stubenfliege, ja unsere so zudringliche Wasserschnake sind Engel gegen die höllischen Kreaturen, welche dort in Insektengestalt die andern Geschöpfe peinigen. Der Neger brennt große Haufen von Holz, Mist und nassem Stroh an, um seine Herde bei denselben lagern zu lassen. Er selbst gräbt sich bis an das Kinn in die heiße, stinkende Asche ein, um die Mücken und Fliegen von seinem Körper abzuhalten. Die greulichen Puppiparen (Lausfliegler) bedecken die Rinder und Schafe oft in solcher Menge, daß die Haut gar nicht zu sehen ist. Einer solchen tage-, wochen- und monatelang fortgesetzten Plage muß das stärkste Rind erliegen. Darum ist selbst der letzte Matrose mit einer Namusiah (Mückennetz) versehen, und auf den Sklavenzügen hüllt sich der ärmste Askari in sein Netz, während freilich die bedauernswerten Schwarzen der entsetzlichen Plage vollständig preisgegeben sind.

Als der Mond über dem Walde stand, wurde ich geweckt, und es ging weiter. Der Schnabel des Bootes war mit einer Lehmdecke versehen, auf welchem wir ein Feuer brannten. Dieses schützte uns gegen die Fliegen und gewährte uns zugleich den Vorteil, Fische stechen und daran braten zu können. Der Rohl ist an Fischen sehr reich. Besonders reichlich wurde eine kleinere Welsart, welche sehr wohl schmeckt, gefangen.

Wir ruderten die ganze Nacht durch. Als am Morgen der Wind erwachte, wurde das Segel gerichtet und einem übergeben, während die andern sich, soweit es gehen wollte, in dem Boote niederlegten, um ein wenig zu schlafen. Dann wurde wieder gerudert, zur heißesten Mittagszeit abermals nur gesegelt, später wieder zu den Rudern gegriffen und dabei eine so bedeutende Strecke zurückgelegt, daß ich nach meiner Karte die Nähe des gesuchten Maijeh Semkat vermuten mußte. Einer der begnadigten Asaker Ibn Asls war bereits einmal dagewesen und hatte mir gesagt, daß der Eingang zum Maijeh gar nicht verfehlt werden könne, weil kurz vorher der gewöhnliche Baumschlag aufhöre und von einem sehr ansehnlichen Delebwalde abgelöst werde.

Die Delebpalme ist neben der Dattelpalme die schönste Palme Nordostafrikas. Sie hat einen hohen, schlanken Stamm, welcher in der Mitte bauchig anschwillt und dann allmählich wieder dünner wird. Er erinnert dadurch an die Säulen mancher altägyptischer Bauwerke. Die dichte Krone besteht aus vielen dunkelgrünen Blattwedeln, welche denen der Dompalme sehr ähnlich sind. Die Früchte besitzen in reifem Zustande eine pomeranzengelbe Farbe und erreichen die Größe eines Kinderkopfes. Das Holz wird vorzugsweise zur Anfertigung leichter Boote und als Reibstock für das Getreide verwendet.

Der Abend war schon ziemlich nahe, als zu unserer Rechten das gesättigte Grün eines Delebwaldes erschien. Wir ruderten eine halbe Stunde an demselben hin, dann schien ein Arm des Flusses rechts abzugehen. Als wir demselben folgten, zeigte es sich, daß er sich bald zu einem weiten, seeartigen Becken erweiterte, welches der Maijeh Semkat, unser Ziel, war.

Wir hatten während der ganzen Fahrt keinen Menschen gesehen, und auch hier schien es, als ob uns keine Begegnung bevorstehe. Wir ruderten in den Maijeh hinein, dessen beide Ufer wir zunächst sehen konnten; dann traten sie soweit auseinander, daß wir uns, um gebotenen Falls schneller landen zu können, an das rechte hielten und demselben entlang fuhren. Während wir nahe am Lande schnell dahinglitten, suchte ich dasselbe mit gespannter Erwartung nach Spuren ab, welche auf die Anwesenheit menschlicher Wesen schließen ließen, lange Zeit ohne Erfolg. Die Zeit der kurzen Dämmerung näherte sich rasch, und schon glaubte ich, annehmen zu müssen, daß wir die kommende Nacht für unsern Zweck verlieren würden, als ich ein eigentümliches, guillotineartiges Gestell bemerkte, welches einige Schritte vom Ufer entfernt angebracht war.

Vom Wasser aus führte ein tief ausgetretener Pfad zwischen den beiden Seitenpfosten und unter dem Querholze hindurch. An dem letzteren hing an einem schweren Steine eine kurze, eiserne Lanze, welche mit einer langen Leine in Verbindung stand, deren anderes Ende an ein leichtes Schilfbündel befestigt war. Die Spitze der Lanze war mit einem scharfen Widerhaken versehen.

Dieses Gestell war eine Nilpferdfalle. Das Nilpferd ist nämlich keineswegs ein so friedliches Tier, wie es oft beschrieben wird. Es greift den Menschen im Wasser sogar sehr oft ungereizt an. Verwundet ist es doppelt gefährlich, taucht unter und stößt dann wieder empor, um den Kahn des Feindes umzuwerfen und den letzteren zwischen den weit spannenden Kiefern zu zermalmen. Darum weicht ihm der Neger, wenn möglich, auf dem Wasser aus, stellt ihm aber desto eifriger am Lande nach, da das Fleisch und ganz besonders der Speck dieses Tieres ein sehr gesuchtes Nahrungsmittel ist. Selbst Weiße halten den Speck für wohlschmeckend und erklären die Zunge für eine Delikatesse.

Das Nilpferd hält sich tagsüber auf dem Grunde des Wassers auf und steigt am Abende an das Land, um sich an saftigen Pflanzen zu äsen. Besonders gern geht es da in die Zuckerrohr- und andere Felder, in denen es große Verheerungen anrichtet, da es wenigstens ebenso viel niedertritt, als es abweidet. Es hat da, wie fast jedes Wild, seinen bestimmten Wechsel, den es täglich benutzt, bis es ihn aus irgend einem Grunde aufzugeben gezwungen ist. Auf diesem Wechsel nun stellen die Neger ihre Fallen auf, schwebende Spieße oder Harpunen, welche, um einen kräftigen, tiefgehenden Stoß zu erzielen, mit Steinen beschwert sind. Die Fallen sind mit Vorrichtungen versehen, welche, sobald sie von dem Tiere berührt werden, die Harpune von ihrem Halte lösen und zum Falle bringen. Sie sticht sich tief in den Nacken oder Rücken des Tieres ein und kann infolge des Widerhakens von demselben nicht abgeschüttelt werden. Das verwundete Tier stürzt sich ins Wasser und verblutet nach und nach. Die Leiche kommt nicht sofort zur Oberfläche, sondern bleibt oft tagelang und noch länger unten. Wegen der in jenen Gegenden so außerordentlich schnell eintretenden Fäulnis würde das Fleisch verloren sein, aber die Harpune ist, wie schon bemerkt, mit einer langen Leine versehen, an welcher ein Schilfbündel hängt.

Dieses letztere kann nicht untergehen; es schwimmt auf der Oberfläche des Wassers und zeigt den Suchenden an, an welcher Stelle das erlegte Wild zu finden ist.

So eine Falle hatten wir vor uns. Der unter derselben hindurchführende Pfad war der Wechsel eines Nilpferdes. Ich schloß natürlich: Wo man eine Falle aufgestellt hat, muß es Menschen geben, und richtete das Steuer nach dem Ufer. Aber ich hütete mich, gerade an dem Wechsel zu landen, und zwar nicht etwa aus Furcht vor dem Tiere, sondern aus Vorsicht betreffs der Menschen, welche wir aufsuchen wollten.

Noch wußten wir nicht, ob wir bei ihnen eine freundliche Aufnahme finden würden. Sie kamen jedenfalls zur Falle, um nachzusehen, und mußten, wenn wir dort landeten, unser Boot finden, auf welchem, wenn wir angegriffen wurden, unsere Rettung beruhte. Es mußte uns also auf jeden Fall erhalten bleiben. Darum steuerte ich es noch eine Strecke am Ufer hin und legte erst dann an, als wir an einen schmalen Einschnitt kamen, den das Wasser machte und dessen Seiten so mit hohem, dichtem Schilfe bewachsen waren, daß man ihn kaum bemerken konnte. In diesen lenkte ich das Boot, welches, nachdem wir ausgestiegen waren, so in und unter das Schilf gezogen und geschoben wurde, daß es von einem Fremden fast unmöglich entdeckt werden konnte.

Jetzt mußten meine Leute warten, und ich ging zu der Falle, um sie und ihre Umgebung nach Spuren zu untersuchen. Es galt, zu entdecken, nach welcher Richtung wir uns zu wenden hatten, um diejenigen zu finden, von denen die Falle errichtet worden war. Das wollte ich ganz allein thun, um Spuren, welche uns verraten konnten, zu vermeiden.

Das war freilich nicht leicht, denn das Ufer war sumpfig, und die Füße sanken ein; aber die dadurch entstehenden Vertiefungen füllten sich sehr rasch mit so dicker, trüber Flüssigkeit, daß die Stapfen mir keine Sorge machen konnten. Um jedoch ganz und gar sicher zu sein, band ich mir Schilf um die Füße, so daß die Löcher, welche ich trat, fast genau den runden, großen Stapfen eines Nilpferdes glichen.

Bei der Falle angekommen, fand ich die Eindrücke nackter Menschenfüße. Als ich dieselben genau betrachtete, sah ich, daß die

Leute, von denen sie herrührten, im Laufe des Nachmittages hier gewesen sein mußten. Um die beiden Pfähle war der weiche Boden aufgewühlt und hatte sich noch nicht wieder gesetzt. Ich schloß daraus, daß die Falle erst heute errichtet worden war.

Die Leute, welche diese Arbeit verrichtet hatten, waren nicht per Boot hier gewesen, sondern in und durch den Wald zurückgekehrt, wie die Fährte zeigte, welche sie gar nicht deutlicher hätten zurücklassen können. Ich beschloß, derselben eine Strecke weit zu folgen.

Der Wald bestand auch hier aus Delebpalmen, deren Kronen ein beinahe geschlossenes Dach bildeten. An den Stämmen rankten sich Schlingpflanzen empor, welche ihre Ausläufer nach allen Seiten sandten und zwischen den Palmen ein so dichtes Gewebe bildeten, daß ein Vordringen nur mit Hilfe des Messers möglich war. Darum waren die Neger gezwungen gewesen, sich einen Pfad durch dieses Geflecht zu hauen. Ich folgte demselben, immer bereit, bei einer etwaigen Bewegung schnell zur Seite abzuweichen, um mich zu verstecken.

Nach ungefähr fünf Minuten öffnete er sich auf eine lichte Stelle des Waldes, welche wohl durch Windbruch entstanden war. Auf derselben sah ich sechs Tokuls von solchem Umfange und so leichter Bauart, wie sie der Neger nur für einen kurzen Aufenthalt errichtet. Die Größe der Hütten ließ vermuten, daß trotz der geringen Anzahl derselben nicht wenige Menschen unter den sechs trichterförmigen Schilfdächern wohnten.

Vor den Thüren lagen, saßen und standen die Schwarzen, lauter Männer, wie ich sah. Einige von ihnen waren beschäftigt, Feuermaterial zusammen zu tragen, denn in wenigen Minuten mußte es dunkel werden. Wachen waren nicht ausgestellt; die Leute schienen sich hier vollständig sicher zu fühlen. An den Tätowierungen erkannte ich, daß ich Dinka vor mir hatte, also wohl Dinka von der Abteilung der Bor, welche wir suchten.

Ich kehrte auf dem Wege, den ich gekommen war, erst bis zu der Falle und dann zum Boote zurück. Dort erzählte ich, was ich gesehen hatte. Agadi, unser Dolmetscher, sagte:

»Das sind Krieger der Bor, Effendi. Sie befinden sich auf einem Jagdzuge und haben darum keine Frauen mit. Laß uns sofort zu ihnen gehen!«

Unsere Messer waren scharf und wir rückten ziemlich rasch vor.

»Meinst du, daß sie uns freundlich aufnehmen werden?«

»Ja. Warum sollten sie das Gegenteil thun? Wir kommen in freundlicher Absicht, und ich als ein Dongiol bin Stammesgenosse von ihnen. Komm, wir wollen gehen!«

Er wendete sich in der Richtung nach der Falle ab, um dieselbe einzuschlagen.

»Halt!« gebot ich ihm. »Laß uns dennoch vorsichtig sein! Es ist noch nicht so gewiß, wie du denkst, daß wir ihnen willkommen sind. Wenn wir uns zum Rückzuge gezwungen sehen sollten und nur den einen Weg nach der Falle hätten, so ist ihnen derselbe bekannt und sie können uns leicht verfolgen.«

»Wir haben doch gute Gewehre! Wir sind ihnen überlegen.«

»Ich fürchte mich nicht etwa vor ihnen; aber wenn wir Verluste vermeiden können, warum sollen wir es nicht thun? Machen wir uns einen zweiten Weg, welcher von hier aus direkt nach den Tokuls führt.«

»Wirst du die Richtung treffen?«

»Ganz gewiß. Falls wir fliehen müssen, ist ihnen dieser Weg unbekannt, und sie können uns nicht folgen. Dadurch gewinnen wir Zeit, unser Boot flott zu machen.«

»Wie du willst, Effendi; aber notwendig ist diese Arbeit nicht.«

Mochte er sich irren oder nicht, ich hielt es für besser, eine gesicherte Rückzugslinie zu haben. Wir zogen die Messer, hingen die Gewehre um und begannen, uns einen Weg durch die Schlingpflanzen zu bahnen. Wir thaten dies selbstverständlich soviel wie möglich ohne Geräusch. Ich gab die Richtung an. Unsere Messer waren scharf und wir rückten ziemlich rasch vor. Dennoch wurde es dunkel, ehe wir die Lichtung erreichten. Da zündeten die Bor ihre Feuer an, so daß wir uns nach dem Scheine derselben richten konnten.

Je weiter wir uns vom Ufer entfernten, desto trockener und fester wurde der Boden, was uns natürlich sehr willkommen war. Endlich hatten wir die Lichtung erreicht und sahen die Hütten vor uns liegen. Die erste derselben war von dem Orte aus, an welchem wir uns befanden, mit dreißig Schritten zu erreichen.

Vor jeder brannte ein Feuer, an welchem die Insassen beschäftigt waren, sich Fleisch zu braten. Der Duft desselben drang zu uns herüber. Agadi sog die Luft durch die Nase, schnalzte leise mit der Zunge und sagte:

»Das ist Mischwi el Husahn el Bahr[1]. Sie müssen heut früh ein Nilpferd erlegt haben. Effendi, wir werden mit ihnen essen. Gehen wir gleich zusammen, oder soll ich erst mit ihnen sprechen?«

»Nein. Wir wählen keines von beiden, sondern den Mittelweg. Wir gehen zusammen bis an die erste Hütte. Dann trittst du vor, sie zu begrüßen und mit ihnen zu sprechen. Sobald du bemerkst, daß sie uns nicht wohlwollen, eilst du zu uns zurück; das weitere wird sich dann finden.«

Agadi war einverstanden, und so schritten wir vorwärts. Da auch jetzt kein Wächter ausgestellt war, sah man uns nicht eher, als bis der Schein der Feuer auf uns fiel. Derjenige, welcher uns zuerst erblickte, stieß einen lauten Schrei aus, sprang auf und zeigte auf uns. Aller Augen richteten sich auf uns; ein vielstimmiger Schrei antwortete ihm; dann verschwanden die Schwarzen mit unglaublicher Schnelligkeit im Innern ihrer Hütten.

Am liebsten wäre ich gleich mit allen vorgerückt; aber ich sagte mir, daß dies nicht geraten sei. Ich sah Gewehrläufe, die auf uns gerichtet waren, aus den Eingängen ragen. Gingen wir jetzt weiter vor, so konnten wir niedergeschossen werden, ohne die Sicherheit zu haben, auch nur einen einzigen Schwarzen zu treffen. Darum ging Agadi allein nach derjenigen Hütte, welche die größte war und in welcher wir den Anführer vermuteten. Er schwenkte einen Palmenzweig in der Hand, überall, wo es Palmen giebt, eine Zeichen, welches eine friedliche Absicht bedeutet.

Bei dem Feuer angekommen, blieb er stehen. Er sprach gegen den Tokul; wir hörten eine antwortende Stimme. Die Worte gingen eine Zeit lang herüber und hinüber; dann kamen zwei Schwarze aus der Hütte. Sie waren nicht bewaffnet, traten zu Agadi und redeten mit ihm. Ihre Mienen, ihre Bewegungen dabei ließen auf keine feindseligen Absichten schließen. Endlich deuteten sie nach der Hütte, in welcher auch ein Feuer brannte, denn wir sahen den Rauch aus der obern Oeffnung steigen. Sie luden ihn ein, mit ihnen hineinzugehen. Ich wollte ihm zurufen, dies nicht zu thun, unterließ es

[1] Nilpferdbraten.

aber, um sie nicht mißtrauisch zu machen. Er folgte ihrer Aufforderung.

Nun vergingen zehn Minuten, eine Viertelstunde, ohne daß er wiederkam. Aus der Viertel- wurde eine halbe Stunde, und noch immer ließ sich niemand sehen. Die Neger steckten in ihren Tokuls und kamen nicht heraus. Die Feuer, welche nicht genährt wurden, brannten immer niedriger. Das mußte Bedenken erregen. Warum kam Agadi nicht wenigstens auf einen Augenblick heraus, um uns zur Geduld zu mahnen? Wenn wir warteten, bis die Feuer verlöschten, gaben wir den einzigen Trumpf, den wir jetzt hatten, aus der Hand. Ich rief den Namen Agadi einigemale, doch vergeblich. Ich rief ihm zu, daß er antworten möge. Da klang seine Stimme aus der Hütte: »Effendi, ich bin gefangen, weil man dich für Ibn Asl hält; sie glauben es mir nicht.«

»Ist der Anführer im Tokul bei dir?«

»Ja.«

»Er mag mit dir herauskommen. Ich will mit ihm reden!«

Er antwortete nicht. Es vergingen einige Minuten; dann sah ich ihn aus der Thüre treten. Die Hände waren ihm auf den Rücken gebunden, und außerdem hing er an einem Stricke, welcher in das Innere der Hütte reichte. Man konnte ihn an demselben augenblicklich hineinziehen.

»Nun?« fragte ich. »Wo ist der Häuptling?«

»Im Tokul. Er kommt nicht heraus. Ich soll dich auffordern, dich augenblicklich zu entfernen.«

»Und wenn ich es nicht thue?«

»So wird man uns erschießen. Und wenn du nicht gehst, zieht man mich an dem Stricke zurück und ermordet mich.«

»Und wenn wir gehen, was wird dann?«

»Es soll darüber beraten werden.«

»Wann sollen wir das Resultat der Beratung hören?«

»Morgen.«

»Warum erst dann? Du weißt, wie kostbar unsere Zeit ist. Wie und wo sollen wir es erfahren? Hast du etwa gesagt, wo sich unser Boot befindet?«

»Nein. Ich sagte, daß ich die Stelle zwar wisse, aber sie doch nicht beschreiben könne. Vielleicht überzeuge ich sie noch, daß du nicht Ibn Asl bist. Gehe zurück, und warte still bis morgen. Versuche jetzt nicht, mich zu befreien. Es würde mein augenblicklicher Tod sein.«

»Ich werde überlegen, was zu thun ist, und mich jetzt zurückziehen. Aber sage dem Häuptling folgendes: Ich werde schon beim Anbruch des Tages wiederkommen und mir Antwort holen. Erzähle ihm, was du von mir weißt, und teile ihm mit, daß, wenn dir nur ein einziges Haar gekrümmt wird, er es unbedingt mit seinem Leben bezahlen muß.«

Ich drehte mich um und entfernte mich mit meinen Asakern, doch nicht weit. Sobald uns der Schein der Feuer nicht mehr traf, blieben wir stehen. Als ich jetzt zurückblickte, sah ich Agadi im Eingange des Tokul verschwinden.

»Er ist verloren,« sagte einer der Soldaten. »Sie halten ihn für einen Verräter, für den Verbündeten von Ibn Asl. Da sie denken, daß du der Sklavenjäger bist, so werden sie bemüht sein, uns zu entkommen. Sie werden sich also heimlich davonschleichen und Agadi vorher umbringen.«

»Daß sie die Absicht haben werden, sich davon zu machen, das glaube ich auch. Aber wir werden sie hindern. Wir umzingeln das Lager.«

»Das hilft uns nichts. Wir könnten zwar einige erschießen, aber doch nicht alle.«

»Wenn sie fort wollen, müssen sie uns alle vor die Flinten kommen. Denke nur nach! Sie wohnen am Flusse und lagern jetzt am Maijeh. Der Wald ist undurchdringlich. Auf welchem Wege werden sie hierhergekommen sein? Etwa durch den Wald?«

»Schwerlich. Sie wollen Nilpferde jagen und wohl auch fischen. Sie sind auf dem Wasser hierher gekommen.«

»Einverstanden! Also wissen wir, was wir zu thun haben. Wir sahen ihre Boote nicht; sie haben sie versteckt, jedenfalls nicht weit von hier, und zwar in der Nähe des Nilpferdpfades, da man auf demselben am leichtesten nach dem Wasser kommt. Wenn wir ihnen diesen Weg abschneiden, können sie nicht fort. Wir sind acht Personen; das giebt vier Doppelposten, je einen im Norden, Süden, Osten und Westen des Lagers. Wir stellen uns am Rande der Lichtung auf, um, wenn der Mond nachher kommt, im Schatten sein zu können. Wollen die Neger auf einer Seite durchbrechen, so ruft der betreffende Posten. Wir andern hören es und eilen hinzu. Das ist alles, was wir zu thun haben. Die alten, schlechten Gewehre der Neger brauchen wir nicht zu fürchten. Kommt! Ich werde euch eure Plätze anweisen.«

Indem wir leise und langsam um das Lager schritten, ließ ich in der angedeuteten Weise drei Doppelposten hinter mir zurück. Der vierte bestand aus dem siebenten Askari und mir selbst. Ich hatte die südliche Stellung gewählt, weil da der Nilpferdpfad nach dem Maijeh führte und dies die Richtung war, in welcher wir ein Davonschleichen der Neger erwarten konnten.

Wir beide legten uns auf die weiche Erde. Es war unter den Palmen so dunkel, daß man uns nur dann gewahren konnte, wenn man über uns hinwegstolperte. Die Lagerfeuer verlöschten eins nach dem andern; als das letzte verglommen war, lagen auch die Tokuls in tiefer Finsternis. Es herrschte dort eine tiefe Stille. Auch die Tierwelt schlief, und kein Lüftchen regte sich. Die Tierwelt, ja, aber nicht die ganze. Myriaden von Leuchtkäfern zuckten unter den Wedeln der Palmen hin, und aber Myriaden Stechmücken fielen über uns her. Die lieben Tierchen sollten sich heute abend leider in uns täuschen. Es giebt nämlich in den Zuflüssen des oberen Niles eine kleine, ein- und linsenblätterige Wasserpflanze, welche gar keinen Geruch zu haben scheint, aber wenn man sie zerdrückt oder gar zerreibt, einen wahrhaft mephitischen Duft entwickelt. Wir waren am Nachmittage durch eine schwimmende Kolonie solcher Wasserpflanzen gerudert und hatten einige Handvoll von ihnen in das Boot geschöpft. Als wir dann ausgestiegen waren, hatten wir uns alle die Hände und die Gesichter mit ihnen eingerieben. Dies scheuchte jede Fliege, jede Mücke von uns fort.

Ich kenne keinen Gestank, welcher demjenigen dieser Sitt ed dschami el minchar gleicht. Wenn trotzdem ein Mensch, zumal ein Europäer, diese Qual derjenigen der Stechfliegenplage vorzieht, so kann man sich eine Vorstellung von der letzteren machen. Wird das Gesicht nicht durch ein Netz geschützt, so kann man es nach kurzer Zeit schon fast nicht mehr für ein menschliches halten. Es schwillt von dem Mückengifte an; die Augen verschwinden unter der Geschwulst; die Lippen werden zu förmlichen Wülsten, und die

Nase verwandelt sich in einen blauroten Klumpen. Und wehe nun gar der Zunge, wenn es einer oder einigen Mücken gelingt, in den Mund zu kommen! Sie schwillt so an, daß sie fast die ganze Mundhöhle füllt, und wird unbeweglich. Das Sprechen wird zum unbeholfenen Lallen. Ebenso ist es auch mit den Ohren, deren Eingänge sich schließen, so daß man für lange Stunden taub geworden ist. Da läßt sich der Geruch der erwähnten Wasserpflanze doch noch leichter ertragen.

Und dazu waren wir gezwungen, weil wir die Mosquitonetze im Boote zurückgelassen hatten, da sie uns bei dem, was wir vorhatten, hinderlich gewesen wären.

So lagen wir eine ganze Weile, wohl eine halbe Stunde lang. Da wurden die bis jetzt so hellen Sterne bleicher, der Himmel im allgemeinen aber heller, denn der Mond ging auf. Er warf da, wo die Palmenkronen Lücken ließen, silberne, zitternde Lichter durch das Dunkel des Waldes, welche die wie Edelsteine flammenden Glühwürmer an sich lockten.

Da ertönte rechts von uns ein leises Geräusch.

»Hörst du, Effendi?« fragte mein Gefährte. »Was mag das sein?«

»Es kommen zwei Menschen geschlichen, jedenfalls sind es Neger.«

Sie kamen näher. Wir lagen an der Seite des Pfades unter den Schlinggewächsen, so daß sie uns nicht sahen. Es war hier unter den Palmen dunkel, dennoch erkannte ich die Umrisse ihrer schwarzen Gestalten, und es war mir, als ob sie Ruder in den Händen trugen. Als sie vorüber waren, wiederholte sich dasselbe Geräusch.

»Es kommen abermals welche,« flüsterte der Asaker. »Wollen wir sie vorbeilassen?«

»Ja. Sie gehen zu den Booten. Wenn wir sie vorbeilassen, können wir erfahren, wo dieselben liegen; im anderen Falle müßten wir sie mühsam suchen. Die nächsten aber, welche kommen, weisen wir zurück«

Während ich ihm dies nur für ihn hörbar zuraunte, kamen die zwei Schwarzen an uns vorüber. Es war klar, sie wollten fort, und diese vier sollten die Boote klar machen. Ich horchte nach dem Lager hin und hörte nichts.

»Ich schleiche ihnen nach,« sagte ich. »Bleib' liegen. Kommen wieder welche, so rufst du sie an. Weichen sie nicht zurück, so schießest du den vordersten nieder. Das wird wirken, wenigstens bis ich zurückkomme.«

Ich kroch aus unserem Verstecke hervor und wendete mich dem Maijeh zu. Der Pfad hatte keine Biegungen, sondern führte schnurgerade nach dem Wasser und bildete, als ich eine Strecke gegangen war, eine Art Fernrohr, durch welche ich hinaus auf den Maijeh sehen konnte. Dieser glänzte im Scheine des Mondes wie flüssiges Metall; kein Lüftchen bewegte seine Oberfläche. Das Ufer wurde zunächst durch einen breiten Schilfrand gebildet, welcher zwischen dem Wasser und dem Walde lag. Aus diesem Schilfe erhob sich die Falle. Zwischen dieser und dem Walde sah ich die vier Neger stehen, mit dem Rücken nach mir gerichtet. Sie hatten allerdings Ruder in den Händen und schienen etwas, was ich aber nicht sehen konnte, auf dem Maijeh zu beobachten. Ich ging schnell weiter, bis ich den Ausgang des Waldes erreichte. Da sah ich, im Schatten der letzten Palmen stehend, den Gegenstand, welchen sie betrachteten.

Es war eine Nilpferdkuh, ein anscheinend riesiges Tier, nach der Größe des Kopfes zu beurteilen. Sie spielte im Wasser; sie tauchte auf und nieder, ließ aber, wenn sie emporkam, nicht den ganzen Körper sehen, sondern nur Kopf und Nacken. Auf dem letzteren hockte in sehr lächerlicher Stellung ein noch junges Nilpferd, welches die Höhe eines Neufundländerhundes hatte, aber dicker war.

Die alten Aegypter nannten das Nilpferd Rer, das ist Wasserschwein, und der Körper dieses Riesentieres hat wirklich eine große Aehnlichkeit mit demjenigen des Schweines, nur daß die Verhältnisse fast ungeheuerlich sind. Der Kopf läßt sich mit nichts vergleichen; es giebt eben kein Tier, welches einen ähnlichen Kopf besitzt. Das Gesicht des Hippopotamus ist ganz unverhältnismäßig breit und platt. Die kleinen, schweineartigen Augen stehen hoch oben. Der Rachen, welcher mit starken Hauern bewaffnet ist, kann einen starken Menschen in der Mitte des Leibes umfassen. Da Augen, Ohren und Nasenlöcher in derselben Ebene liegen, so kann das Tier den ganzen Leib verborgen halten und das Gesicht allein über das Wasser erheben, um zu atmen oder nach Feinden auszuschauen. Unter der starken Haut befindet sich eine dicke Schicht halbflüssigen Fettes, wodurch dem Tiere das Schwimmen ungemein erleichtert wird. Die sehr plumpen Beine sind so kurz, daß beim Laufen der Leib beinahe auf der Erde schleift.

Jetzt tauchte das Tier auf und ließ die Wasser zu beiden Seiten aus dem Rachen laufen. Dann wieder stieß es dieselben durch die Nasenlöcher, eine halbkugelförmige, dichte, feuchte Staubfontaine bildend, wälzte sich hin und her, schüttelte das Kleine ab, daß es ins Wasser fiel, nahm es wieder auf und näherte sich endlich dem Ufer.

Dort wurde das Junge wieder abgeworfen; es platschte ziemlich beholfen durch das Wasser, erreichte das Land und trollte langsam den Pfad herauf, lief unter der Falle weg und blieb dann stehen, um sich nach der Alten umzusehen.

Diese hatte den Kopf über Wasser gehalten, um das Kleine zu beobachten und ihm, wenn nötig, beizustehen. Jetzt, da sich dasselbe auf festem, sicherem Boden befand, kam auch sie an das Ufer, eine gewaltige, unförmliche Körpermasse, welche sich wassertriefend und schnaubend an und durch das sumpfige Ufer arbeitete.

Das Junge sah die Alte kommen und trollte gemütlich weiter, sich den Negern nähernd, ohne dieselben, welche sich jetzt niederbückten, zu beachten. Es hatte noch keine Ahnung von den Gefahren, welchen sogar ein anmutvolles Nilpferd ausgesetzt ist.

Ich war ganz Auge. Meine Aufmerksamkeit war nur auf die beiden Tiere gerichtet. Alles andere erschien mir nebensächlich. So schien es auch den vier Negern zu gehen. Sie dachten nicht an die Boote, zu denen sie geschickt worden waren; sie sahen den köstlichen Braten, wenn auch in noch ungeröstetem Zustande, vor sich, und durch ihre Seelen ging ein tiefes Rühren, dem sich alles andere unterordnen mußte.

Jeder halbwegs gebildete Europäer kennt den gewaltigen Unterschied zwischen dem köstlichen Geschmacke eines zarten Spanferkels und dem schon mehr profanen Genusse, den ein alltäglicher Schweinebraten bietet. Ebenso weiß jeder leidlich erfahrene Sudanese zwischen dem Braten eines Nilpferd-Küchleins und demjenigen eines alten Hippopotamus zu unterscheiden. Hier kam das zarte Küchlein den Schwarzen sogar bequem entgegengetrollt, daß sie der Versuchung unmöglich widerstehen konnten. Sie sprangen auf, fielen mit den Rudern über das ahnungslose Tierchen her und schlugen es nieder. Es kreischte zwei- oder dreimal auf und erlag dann den schnellen, kräftigen Hieben, welche auf die empfindliche Nase gerichtet waren. Ich sah kommen, was nun kommen mußte, nämlich das alte Tier.

Dieses hörte kaum die Schmerzenslaute seines Jungen, so ließ es ein grimmiges Schnauben hören, welches mit sonst nichts zu vergleichen ist, und stürzte sich vorwärts. Mit einer Schnelligkeit, welche man dieser unförmlichen Fleischmasse gar nicht zutrauen sollte, schoß es durch die Falle. Dabei berührte es die Auslösung; die Harpune fiel – – aber hinter dem Tiere, weil die Bewegung desselben zu schnell gewesen war. Das Nilpferd blieb unverletzt und jagte weiter, bis dahin, wo das Junge lag. Dort hielt es an und wendete es mit der Schnauze einige Male von einer Seite auf die andere.

Hatten die vier Neger sich für sicher vor dem Alten gehalten? Hatten sie gemeint, daß dieses nicht weiter als bis unter die Falle kommen könne? Wenn das der Fall war, so sahen sie sich schrecklich enttäuscht. Sie standen erst starr vor Entsetzen; aber dadurch, daß die Alte bei dem Jungen anhielt, gewannen sie Zeit zur Flucht. Sie warfen die Ruder weg und rannten zurück, an mir vorüber, in den Wald hinein, dem Lager zu. In demselben Augenblicke hörte ich meines Gefährten laute, befehlende Stimme:

»Halt, bleib' stehen, sonst bist du eine Leiche!«

Dieser Drohung war zu entnehmen, daß die andern Neger oder wenigstens wieder einige von ihnen kamen. Die vier Ausreißer brüllten ihnen mehrere Worte, die ich nicht verstand, entgegen, jedenfalls eine Warnung. Zehn und noch mehr Stimmen brüllten; die Tierwelt erwachte aus dem Schlafe; Affen kreischten, Vögel erhoben ihre so verschiedenen Stimmen; der Schuß meines Gefährten krachte; im Lager heulten die Schwarzen; der ganze Wald war lebendig geworden. Meine drei andern Doppelposten ließen ihre Rufe ertönen; ich hörte ihre Schüsse fallen. Und das alte Nilpferd? Und ich?

Nun, wir waren hart hintereinander her, aber nicht etwa es hinter mir, sondern ich hinter ihm. Ich hatte mich tief in die Lianen gedrückt, um die vier Neger an mir vorüber zu lassen, und den Blick nicht von dem Tiere gewendet. Als es sich überzeugt hatte, daß das Junge tot war, stürzte es wieder vorwärts, sah die Neger unter den

Palmen verschwinden und schoß ihnen nach. Die Schnelligkeit, mit welcher dies geschah, war ganz unglaublich. Dabei ließ es einen Ton oder vielmehr Töne hören, welche gar nicht zu beschreiben sind. Das war kein Schnaufen mehr, kein Schnauben, kein Grunzen, kein Brüllen, und doch war es das alles und noch viel mehr als das.

Als es mir nahte, blieb ich stehen, nicht vor Schreck, sondern aus Berechnung. Meine beiden Läufe waren geladen; ich hätte schießen können, war aber vorsichtig genug, dies nicht zu thun. Das Riesentier mußte so getroffen werden, daß es sofort fiel; hier unter den Bäumen aber hatte ich kein sicheres Zielen, und ein Nilpferd besitzt keineswegs viele Stellen, an denen es tödlich verwundbar ist. Von vorn durfte ich es auf keinen Fall nehmen.

Als es an mir vorüberschoß, streifte es mich, ganz leicht nur, im Verhältnisse zu seiner Stärke und seiner Masse; aber ich flog doch, wie von zehn Pferdekräften geworfen, seitwärts in das Dickicht, raffte mich jedoch sofort wieder auf und rannte hinterdrein. Was nun folgte, läßt sich wirklich leichter erleben als beschreiben.

Man denke sich einen von einem Nilpferde ausgetretenen Pfad, der keineswegs einem parkettierten Fußboden gleicht, sondern buchstäblich aus tiefen, runden Löchern, in denen das Wasser steht, zusammengesetzt ist. Rechts und links Dickicht. Oben die Palmenwipfel, welche den Pfad verdunkeln, und bricht ja ein einzelner Strahl des Mondes durch, so bewirkt er nur, daß die Unsicherheit vergrößert wird. Vorn Schüsse, Rufe, das Geheul und Geschrei der erschrockenen Menschen, von allen Seiten das Geplärr, Gekrächz, Gestöhn, Gebrumm, Gebrüll und Gekreisch der Tiere! Hart vor der Hand ein wütendes Ungeheuer, dem man den Garaus machen will, machen muß, um zehn und noch mehr Menschenleben zu retten!

Wie ich mit solcher Schnelligkeit vorwärts gekommen bin, wußte ich damals nicht und kann es heute noch viel weniger sagen. Das Nilpferd flog und ich flog auch, über die Löcher und Pfützen hinweg, zwischen den Lianenwänden hin. Ich stolperte über menschliche Körper, welche von dem Untiere niedergerannt worden waren, und kam doch nicht selbst zum Falle. Meine Füße berührten kaum den Boden, und doch blieb ich so gut bei Atem, als ob ich ruhig auf einem Sofa säße. Da lichtete sich das Dunkel über mir. Der Pfad war zu Ende, und die Bäume traten zurück. Die Lichtung begann und war vom Mondenscheine förmlich überflutet. Rechts, links, vorn rannten, flogen, schossen, stürzten, purzelten, wälzten sich schwarze Gestalten. Zehn, zwölf Sprünge vor mir stampfte das Nilpferd einen Mann unter den Beinen zu Brei. Fünf, sechs weite Sprünge links nach vorn, dann blieb ich stehen und legte an. Die Aufmerksamkeit zunächst auf mich selbst richtend, bemerkte ich, daß ich nicht zitterte; dann den Blick auf das Visier, die Mündung handtief hinter das linke Ohr des Hippopotamus gerichtet und dann losgedrückt. Der Schuß erdröhnte durch den Wald; die zweite Kugel folgte sofort nach; ich schnellte mich weiter nach links bis in den Schatten der nächsten Hütte, fuhr mit der Linken in die Tasche, wo ich die Patronen hatte, und wendete mich erst nun zurück, um schnell wieder zu laden und dabei zu sehen, welchen Erfolg meine Schüsse hatten.

Das Tier stand aufrecht, ohne sich zu bewegen. Es hatte den Rachen weit geöffnet und ließ die starken, stumpfen Hauer sehen. Es schien, als ob es in verderblicher Wut brüllen wolle, aber der Rachen blieb stumm; die Quelle der Stimme, die Lunge, war gelähmt. Ein schweres Zittern lief langsam über den Körper; er neigte sich nach rechts, nach links, nach vorn, wieder nach rechts und fiel dann schwer, wie aus Holzklötzen geschnitten, nach dieser Seite um. Da lag er starr und steif, ohne daß auch nur ein einziges Glied sich einmal noch bewegte.

Unterdessen hatte ich wieder geladen und näherte mich vorsichtig dem Kopfe, bereit, demselben nötigenfalls noch zwei schnelle Kugeln zu geben. Es war nicht nötig. Wie sich später zeigte, waren die beiden ersten direkt in das Gehirn gedrungen und hatten das Ungeheuer augenblicklich und vollständig gelähmt; es war tot.

Jetzt sah ich mich um. Mehrere Tote und Gequetschte lagen hier und dort an der Erde, sonst war niemand zu sehen; aber im Innern der Tokuls hörte ich Stimmen. Ich begab mich zum größten, trat in den Eingang und fragte:

»Agadi, bist du noch hier?«

»Ja, Effendi,« antwortete er. »O Allah, welch ein Schreck kommt über die Erde!«

»Bist du noch gebunden?«

»Ja. Ich hänge hier am Pfosten.«

»Sind noch andere hier?«

»Eine ganze Menge.«

»Ich werde dich abschneiden.«

Seine Stimme sagte mir, wohin ich mich zu wenden hatte.

Ich stieg zwischen, auf und über Menschen hinweg, welche ich nicht sah, und die sich dies ruhig gefallen ließen, schnitt ihn los, machte auch seine Hände frei und zog ihn dann hinaus auf den Platz. Wir waren, außer den Toten und Verwundeten, die einzigen Menschen draußen; die andern waren von der Angst in die Hütten getrieben worden. Als er das Tier liegen sah, schlug er die Hände zusammen und rief aus:

»Da liegt das Ungetüm, bei Allah, da liegt es! Ist es denn wirklich tot?«

»Ja, ich habe es erschossen.«

Ehe er antworten konnte, ertönte hinter der Tierleiche der laute Ruf:

»Allah akbar! Da liegt der vierfüßige Teufel, der uns alle verschlingen wollte! Er ist tot; er hat sein Leben lassen müssen und ist in seinen Sünden dahingestorben. Nicht wahr, du bist es, der ihn erschossen hat, Effendi? Ich steckte am Wege, und obgleich es dunkel war, sah ich dich hinter ihm her rennen.«

Der Sprecher war der Askari, mit dem ich am Wege gelauert hatte.

»Jetzt haben wir,« rief Agadi, »gewonnenes Spiel. Du hast das ganze Lager gerettet, hast den Kriegern der Bor das Leben erhalten, denn dieses Ungetüm hätte die Hütten und mit ihnen alle, welche sich darin befanden, niedergestampft. Nun kann uns niemand mehr als Feinde betrachten; nun wird man mir glauben, wenn ich wiederhole, daß du nicht Ibn Asl bist. Komm' mit herein, damit ich dem Häuptling sage, daß du sein Retter bist!«

»Dazu bedarf es meiner Gegenwart wohl nicht. Gehe also allein zu ihm. Er mag die Feuer wieder anbrennen lassen. Wenn wir das Tier zerlegen, soll jeder Bor ebenso wie jeder Askari sein Teil bekommen. Sage ihm das. Inzwischen will ich nach meinen Asakern sehen.«

Agadi trat wieder in den Tokul. Der Askari, welcher sich mit mir auf Posten befunden hatte, begleitete mich, als ich ging, um nach den sechs andern Asakern zu sehen. Sie hatten sich wacker gehalten. Keiner war von seinem Platze gewichen. Sie hatten das Geschrei, die Warnungsrufe gehört und die Verwirrung bemerkt, ohne aber zu wissen, welchen Grund dies habe, da sie die Sprache der Bor nicht verstanden. Die Schwarzen hatten vor dem Nilpferde fliehen und aus dem Lager brechen wollen, waren aber durch die Schüsse der sechs Asaker zurückgetrieben worden und hatten sich dann vor Angst in die Tokuls verkrochen. Freilich durfte ich meinen Posten ihr ruhiges Ausharren nicht allzuhoch anrechnen. Hätten sie gewußt, daß ein Nilpferd im Anzuge sei, so wären sie, obgleich sie den Schwarzen so wacker standgehalten hatten, sehr wahrscheinlich auch davongelaufen.

Ich führte sie in das Lager, ohne mich zu fragen, ob ich das auch wagen dürfe. Ich dachte gar nicht mehr daran, daß uns eine Gefahr drohen könne; ich war Herr der Situation gewesen und hatte das Gefühl, daß ich dies auch bleiben werde. Darum befahl ich meinen Soldaten, zwei große Feuer in der Nähe des Nilpferdes anzubrennen, damit es bei dem Scheine derselben ausgewirkt werde.

Während sie diesen Befehl ausführten, beobachtete ich die Schwarzen. Sie brannten ihre Feuer wieder an und holten ihre Angehörigen herbei, welche von dem Nilpferde getötet oder verletzt worden waren. Auch diejenigen, welche schon auf dem Pfade zu Fall gekommen waren, wurden gebracht. Im ganzen waren vier Mann tot und acht verwundet, und zwar meist schwer. Dies alles geschah in einer Weise, als ob unsere Anwesenheit ganz selbstverständlich sei. Als dann die Toten beiseite geschafft und die Verletzten in einem Tokul untergebracht worden waren, kam der Dolmetscher in Begleitung eines Schwarzen, den er mir als den Häuptling bezeichnete, zu mir. Ich konnte mir den Mann beim Scheine der jetzt wieder brennenden Feuer betrachten. Er stand im mittleren Lebensalter; sein Gesicht war beinahe vollständig schwarz, doch zeigten seine Züge nicht den bekannten Negertypus. Wie fast alle Angehörige des Dinkavolkes hatte er das Haar geschoren und nur auf der Mitte des Scheitels eine Art Skalpocke stehen lassen. Auch die bereits bei der Beschreibung des Dolmetschers erwähnte Tätowierung war in genau derselben Weise vorhanden. Sein Anzug bestand aus einem blauleinenen Hemde, welches ihm fast bis an die Füße reichte. Es wurde von einem Riemen zusammengehalten, in welchem eine alte Pistole und ein Messer steckten. In der Hand trug er eine lange, einläufige, arabische Steinschloßflinte. Er machte mir eine tiefe Verneigung, betrachtete mich mit neugierigen Augen, wobei sein Gesicht sehr bemerkbar freundlicher wurde, und sagte dann:

»Nein, du bist nicht Ibn Asl. Ich sehe das jetzt.«

Er bediente sich der Sprache seines Stammes, sodaß Agadi mir die Worte verdolmetschen mußte. Hierbei sei erwähnt, daß auch fernerhin jede Unterredung mit ihm oder einem seiner Leute nur mit Hilfe Agadis stattfand.

»Kennst du diesen Mann persönlich?« fragte ich ihn.

»Ja. Ich habe ihn einmal unten am Mokren el Bohur gesehen.«

»So kannst du allerdings entscheiden, ob ich dieser Halunke bin oder nicht.«

»Vorhin, als du an unserem Lager standest, konnte ich dein Gesicht nicht deutlich erkennen, und da ich weiß, daß Ibn Asl einen Sklavenzug zu unternehmen beabsichtigt, mußte ich vorsichtig sein. Nun da ich dich aber so nahe vor mir habe, glaube ich den Worten dessen, den du zu mir sandtest. Ich mußte ihm mißtrauen, da ich erfahren hatte, daß er sich bei Ibn Asl befand.«

»Ich habe ihn über die Absichten des Sklavenjägers aufgeklärt, und er hat sich infolgedessen von diesem losgesagt. Du kannst ihm und mir vertrauen.«

»Ich vertraue dir jetzt sehr gern. Sage mir, wie ich dir dankbar sein kann! Ich werde es gern thun.«

»Was ich gethan habe, bedarf keiner Dankbarkeit; aber es giebt allerdings eine Gefälligkeit, um welche ich dich bitten möchte und die wir dir gut und ehrlich bezahlen werden. Wir brauchen Ochsen zum Reiten und zum Tragen unseres Gepäckes.«

»So ist es also wahr, daß Ibn Asl gegen die Gohk ziehen will?«

»Er will nicht nur, sondern er ist bereits unterwegs. Ich weiß, daß sie zu deinem Stamme gehören, und hoffe deshalb, daß du uns deine Hilfe nicht verweigern wirst.«

»Sie sind unsere Freunde und Verwandten, und es ist also unsere Pflicht, ihnen beizustehen. Dazu kommt, daß du uns gerettet hast. Dir sind sie fremd, und dennoch willst du sie retten; wie könnten wir, die wir zu ihnen gehören, dir unsere Hilfe versagen! Wie viel Ochsen brauchst du?«

»Ungefähr zweihundert. Wirst du so viele auftreiben können und zwar schnell?«

»Wenn du willst, kannst du schon morgen um die Zeit des Mittags tausend haben, denn wir sind sehr reich an Rindern, reicher als alle anderen Stämme, welche in dieser Gegend ihre Dörfer haben. Zweihundert werden zu wenig sein.«

Indem er diese letzteren Worte sagte, betrachtete er mich mit einem Lächeln, als ob er dabei einen für mich angenehmen Hintergedanken habe.

»Warum?« fragte ich ihn erwartungsvoll.

»Weil zweihundert Ochsen alle die Krieger, welche ausziehen werden, nicht fortbringen könnten. Wenn fremde Krieger sich solchen Entbehrungen und Gefahren unterwerfen, um den Gohk beizustehen, so dürfen doch wir unmöglich zurückbleiben. Ich werde zweihundert meiner besten Leute versammeln und mit euch ziehen.«

Nichts konnte mir lieber sein als dieses Anerbieten. Das war ja weit mehr, als ich hatte erwarten können! Darum antwortete ich erfreut:

»Ihr werdet uns sehr willkommen sein! Wir fürchten zwar Ibn Asl keineswegs, zumal wir überzeugt sind, daß die Leute Agadis, sobald wir mit ihnen sprechen, von ihm abfallen werden, aber man kann niemals der Kräfte zu viel haben. Nur fragt es sich, wie lange es dauert, bis du die zweihundert Krieger zusammenbringst.«

»Wann kommt der Reïs Effendina mit seinen Leuten hier an?«

»Ich denke, daß er morgen gegen Abend hier sein wird.«

»Und ich meine, daß er dann nicht sofort aufbrechen kann, sondern bis zum andern Morgen warten muß. Da braucht er unsertwegen keine Zeit zu verlieren, denn ich werde jetzt gleich Boten aussenden, daß meine Krieger am Mittag schon beisammen sind. Damit wir uns unterwegs nicht der Nahrung wegen mit der Jagd aufhalten müssen, werden wir uns einen genügenden Vorrat von Speisen backen. Damit werden unsere Frauen und Mädchen bis zum Morgen fertig sein. Erlaube mir, mich zu entfernen, um dem Boten meinen Auftrag zu erteilen!«

Er rief seine Leute zusammen. Dann entfernten sich sechs von ihnen, um den Auftrag, den sie erhalten hatten, auszuführen. Sie gingen nach dem Ufer, um den Weg per Kahn zurückzulegen, die übrigen begleiteten sie, um das junge Nilpferd zu holen. Da auch ich mitging, sah ich, daß die Schwarzen ihre Boote in der Nähe der Nilpferdfalle versteckt hatten.

Als wir nach dem Lager zurückgekehrt waren, wurde auch das kleine Hippopotamus zerlegt; dann begann das Braten. Ich saß mit meinen Asakern an einem der Feuer, und der Häuptling nahm bei uns Platz. Er freute sich auf den beabsichtigten Kriegszug, und ich erkannte aus jedem seiner Worte, daß wir an ihm einen sehr wackern Verbündeten haben würden.

Die Bor hatten schon zum Abend gegessen; dennoch machten sie sich mit einem Eifer, als ob sie völlig ausgehungert gewesen seien, über den Nilpferdbraten her. Welche Quantitäten Fleisch so ein Mensch verschlingen kann, davon hat man gar keine Ahnung. Ich aß doch auch tüchtig, und das große Stück Zunge, welches ich für mich genommen hatte und von welchem ich nichts übrig ließ, schmeckte mir vortrefflich, aber was und wie diese Leute aßen, das brachte mich in Erstaunen. Sie schnitten sich lange, schmale, bandförmige Stücke ab, hielten sie, indem sie den Kopf weit nach hinten legten, mit der Linken über den weit geöffneten Mund, ungefähr so, wie die neapolitanischen Lazzaroni ihre Maccaroni zu essen pflegen, schnappten zu und schnitten die einzelnen Bissen dann mit der Rechten hart an den Zähnen ab. Auf diese Weise aßen, oder vielmehr fraßen sie, bis sie endlich nicht mehr konnten und ihre Bäuche so dick angeschwollen waren, daß es mir hätte angst und bange um sie werden mögen. Dann krochen sie in die Tokuls, um zu schlafen. Auch die Verwundeten waren mit Fleisch förmlich vollgestopft worden, wozu die europäische medizinische Welt gewiß sämtliche Köpfe geschüttelt hätte. Ich zog es natürlich vor, unter freiem Himmel zu schlafen, und ließ die Mosquitonetze von unserm Boote holen. Wir hüllten uns hinein und gaben uns der Ruhe hin, ohne es für nötig zu halten, zu unserer Sicherheit einen Wächter auszustellen. So groß war das Vertrauen, welches mir der Häuptling der Bor eingeflößt hatte.

Am Morgen wurden wir durch das Geschrei der Vögel, welche

den Wald belebten, geweckt. Die Schwarzen waren schon munter und saßen bereits bei den Feuern, um – – wieder zu essen. Wenn die Kerle gegen den Feind so tapfer waren wie hier beim Essen, dann war Ibn Asl auf alle Fälle verloren!

Der Vormittag wurde damit zugebracht, einen Vorrat von Fleisch so anzubraten, daß dasselbe nicht so schnell wie in frischem Zustande in Fäulnis geriet. Unterdessen kamen die Boten, welche nach sechs verschiedenen Dörfern geschickt waren, zurück und meldeten, daß die Krieger zu Mittag da sein und die Ochsen nach einer kleinen Savanne bringen würden, deren Namen ich vergessen habe; dorthin würden später auch die Frauen mit den Speisevorräten kommen.

Um die Mittagszeit stellte sich ein Schwarzer ein, welcher die Nachricht brachte, daß die Krieger mit den Ochsen eingetroffen seien. Der Häuptling wollte hin zu ihnen, und ich sollte mit. Möglicherweise konnte der Reïs Effendina früher ankommen, als ich berechnet hatte. In diesem Falle galt es, dafür zu sorgen, daß er uns fand. Darum schickte ich unser Boot mit vier Ruderern und einem Steuerer fort, um sich draußen vor dem Maijeh an das Nilufer zu legen und ihn, falls er kam, zu führen. Dann begleitete ich den Häuptling nach der Savanne. Natürlich ging Agadi mit, da ich ihn als Dolmetscher brauchte.

Nachdem wir ungefähr eine Viertelstunde lang durch den Wald gegangen waren, gelangten wir an die Savanne, welche infolge der Nähe des Wassers dicht mit saftigem Grase bestanden war. Dort hielten die zweihundert Krieger mit ihren Reitochsen und den Treibern, welche die übrigen Rinder gebracht hatten. Die Bor waren schwarze, kräftige, nur mit einem Lendentuche bekleidete Gestalten. Ihre Waffen bestanden ausnahmslos in Messern, welche kräftig genug waren, um mit denselben einen Weg durch die Schlinggewächse des Waldes zu bahnen, und alten, langen Flinten, mit denen diese Leute aber, wie ich später sah, sehr gut umzugehen verstanden. Die Ochsen waren stark und sehr gut genährt, von feinem Formen und Linien als die unserigen. Ihre Augen blickten nicht stier, sondern klug und verständig, und es kam auch während unsers Zuges kein einziger Fall von Starrnackigkeit vor, wie man sie bei unsern Stieren so oft beobachtet. Ich fand ihren Gang leicht und gewandt. Derjenige, den ich später ritt, gehorchte dem leisesten Drucke, ertrug alle Anstrengung, ohne zu ermüden, und war mir nicht ein einziges Mal ungehorsam.

Es waren weit über vierhundert solcher Tiere da. Die Lastochsen trugen an jeder Seite entweder einen Bastkorb, oder einen großen, thönernen Krug. Die Körbe waren zur Aufnahme der festen Gegenstände bestimmt, während in den Krügen das Trinkwasser transportiert werden sollte, da das Wasser der Sümpfe, an denen unser Weg vorüberführen sollte, nicht zu genießen war. Die für die vornehmern Personen bestimmten Reitochsen trugen eine Art Sattel und, wie auch alle übrigen, in der Nase zwei Ringe, an denen die Zügel befestigt waren.

Der Häuptling hielt an seine Leute eine Rede, welche ich leider nicht verstand. Wie mir der Dolmetscher sagte, hatte er ihnen die Gründe, die Richtung und den Zweck unsers Zuges mitgeteilt und sie zur Tapferkeit aufgefordert. Sie antworteten mit einem Geschrei, welches jedenfalls den Sinn unseres Vivat oder Hurra haben sollte. Dann ließ er sie an mir erst vorüberziehen und nachher vorüberreiten. Das sollte eine Parade sein, doch warteten sie noch auf einen ›alten Dessauer‹, von welchem sie den Gleichschritt lernen konnten. Was ihnen in dieser Beziehung mangelte, das ersetzten sie vollständig durch die grimmigen Gesichter, welche sie schnitten. Wenn es nach diesen ging, so hatte ich jetzt, wie Selim sich ausdrücken würde, die tapfersten Helden des Weltalls vor mir.

Als die Truppenschau beendigt war, kehrten wir nach dem Lager zurück. Die Krieger blieben auf der Savanne, da bei uns unter den Bäumen kein Platz für sie war; doch mußte uns eine Anzahl von ihnen begleiten, um Fleisch zu holen. Daß davon genug vorhanden war, kann man sich denken, wenn ich sage, daß das erlegte Nilpferd eine Länge von wenigstens vier Metern hatte.

Wir hatten uns noch nicht lange im Lager befunden, so kehrte das ausgesandte Boot zurück, und die Insassen desselben zeigten mir an, daß der Reïs Effendina schon im Ansegeln sei. Ich begab mich nach der Nilpferdfalle, um ihn dort zu erwarten, da diese Stelle sich am besten zum Anlegen eignete. Von dort aus sah ich bald darauf das Schiff im Eingange des Maijeh erscheinen und nach wenigen Minuten kam der Emir allein an das Ufer.

Ich berichtete ihm von dem Erfolge, welchen meine Sendung gehabt hatte, und er war sehr erfreut darüber. Auch er fand es für sehr vorteilhaft für uns, daß die Bor entschlossen waren, in solcher Zahl an unserm Zuge teilzunehmen. Dennoch gab er erst dann, als ich ihm versichert hatte, daß dieselben nicht etwa eine Heimtücke gegen uns beabsichtigten, den Befehl, daß die Besatzung des Schiffes an das Land kommen solle.

Während dies geschah, führte ich ihn zu dem Häuptlinge, der ihn, natürlich durch den Dolmetscher, mit ehrerbietigen Worten begrüßte. Dann lud er ihn ein, sich mit nach der Savanne zu begeben, um die dort befindlichen Bor-Krieger ebenfalls zu besichtigen. Da ich dieselben schon gesehen hatte, verzichtete ich darauf, mitzugehen, und der Reïs Effendina konnte die Leitung der notwendigen Marschvorbereitungen selbst in die Hand nehmen. Ich hatte also nichts zu thun, und weil es noch mehrere Stunden bis zum Anbruche des Abends war und ich nicht müßig bleiben wollte, so gedachte ich, mich durch eine Jagd auf eßbare Vögel zu beschäftigen. Da der Häuptling die Gegend kennen mußte, so fragte ich ihn, wohin ich mich wohl zu wenden hätte, um zum Schusse zu kommen.

»Hier wirst du nichts finden, Effendi,« ließ er mir durch Agadi antworten. »Unsere Anwesenheit hat das Wild verscheucht. Aber wenn du nach dem jenseitigen Ufer ruderst, wirst du gewiß finden, was du suchest.«

»Weißt du nicht, ob ich da drüben vor feindlichen Begegnungen sicher sein werde?«

»Ich weiß, daß du gar nichts zu befürchten hast. Du wirst auf keinen Menschen stoßen, da die Gegend nur von uns bewohnt wird.«

Diese Versicherung mußte mein Bedenken, wenn ich ein solches gehabt hätte, vollständig zerstreuen. Ich hatte aber meine Frage nur aus gewohnter Vorsicht, nicht aber infolge irgend einer Befürchtung ausgesprochen und forderte Ben Nil auf, mich im Boote zu begleiten. Das hörte einer, den ich früher oft mitgenommen hatte, was aber, da er sich seit lange bei dem Reïs Effendina an Bord befand, in letzter Zeit nicht mehr geschehen war, nämlich Selim, der ›Schleuderer der Knochen‹. Er trat schnell zu mir heran und sagte:

»Effendi, nimm mich mit! Ich will auch Vögel schießen.«

»Ich kann dich nicht brauchen,« antwortete ich ihm in Erinnerung an frühere Kalamitäten, in die er mich gebracht hatte.

»Warum?« fragte er, indem er ein außerordentlich erstauntes Gesicht machte.

»Weil du jedenfalls doch nur wieder Dummheiten begehen würdest.«

Da warf er die langen Arme empor, schlug die Hände über dem Kopfe zusammen und rief aus:

»Dummheiten! Ich, Selim, der berühmteste Krieger und Jäger des Weltalls, Dummheiten! Hat man schon einmal so etwas gehört! Du beleidigst die Tiefen meiner Seele und betrübst die Gefühle meines Herzens. Vor mir kann der tapferste Held der Erde nicht bestehen. Laß fünfzig Nilpferde und hundert Elefanten über mich herfallen, sie werden mir nichts anhaben können; ich erlege sie vielmehr in der Zeit von fünf Minuten. Und du willst doch nur Vögel schießen!«

Selbst diese eifrige und beredte Vorstellung hätte mich wohl kaum vermocht, ihm seinen Wunsch zu erfüllen, aber Ben Nil schien Lust zu haben, den alten Schwadroneur wieder einmal mit uns zu nehmen, denn er bat mich:

»Versage es ihm doch nicht, Effendi! Du hast gehört, daß wir da drüben vollständig sicher sind. Es kann uns also nichts geschehen.«

»So wird er uns wenigstens die Vögel verscheuchen, denn eine Dummheit macht er ganz gewiß. Nun, wir wollen sehen, ob er sich einmal verständig halten kann.«

Wir nahmen das kleine Boot unseres Schiffes, welches sehr leicht war und Platz für mehr als zwei Ruderer und einen Steuerer hatte. Ben Nil und Selim ruderten. Wir fuhren quer über den Maijeh hinüber und legten am jenseitigen Ufer an, wo wir ausstiegen und uns in den Wald begaben. Wir schritten wohl über eine Viertelstunde lang durch denselben, kamen aber nicht zum Schusse. Es gab Vögel genug, aber sie waren zu scheu.

»Wir sind noch nicht weit genug vom Lager entfernt,« meinte Ben Nil. »Wir müssen viel weiter in den Maijeh hinein.«

Da ich die Bemerkung Ben Nils für richtig hielt, kehrten wir nach dem Boote zurück und fuhren eine bedeutende Strecke am Ufer hin, bis wir an eine schmale Bucht kamen, welche sich links in das

Land zog. Ich steuerte da hinein. Selim warf den Blick umher und sagte:

»Hier werden wir finden, was wir suchen. Steigen wir nun aus!«

Er zog, ohne auf meinen Befehl zu warten, das Ruder ein. Wir waren noch mehrere Ellen vom Ufer entfernt, an welchem sich eine Art Halbinsel von auf deren Oberfläche grünendem Sumpfgras angesammelt hatte. Dadurch, daß Selim sein Ruder einzog, bekam das Boot eine Wendung, welche ich mit dem Steuer unmöglich sofort korrigieren konnte; wir gerieten mit der Spitze des Fahrzeuges in das Sumpfgras; Selim hielt die schwimmende Halbinsel für festes Land und – –

»Halt!« rief ich ihm zu. »Bleib', du brichst durch!«

Aber noch schneller, als ich sprechen konnte, hatte er sich aufgerichtet und den Sprung gethan. Meine Worte erfüllten sich buchstäblich – er brach durch und verschwand unter dem verräterischen Grün des Sumpfgrases. Unser leichtes Boot geriet durch den Sprung des unvorsichtigen Menschen in gefährliches Schwanken; es wollte mit der Backbordseite Wasser fassen; darum neigte ich mich rasch nach der rechten Seite, um die linke emporzubringen. In diesem Augenblicke tauchte Selim gerade an der letzteren wieder auf, hielt sich am tief geneigten Bootsrande krampfhaft fest und brüllte:

»Ich ertrinke! Hilfe, Hilfe!«

»Nimm die Beine hoch; schwimme!« rief ich ihm zu. »Du stürzest sonst das Boot um!«

»Ich will hinein, hinein!« zeterte er. »Die Krokodile kommen, die Krokodile! Hebt mich hinein! Schnell, schnell, sonst fressen sie mich!«

Es war kein Krokodil zu sehen; dennoch blieb der Kerl vor Entsetzen steif und schwer am Boote hangen, so daß sich dasselbe nicht aufzurichten vermochte.

»Ben Nil, schnell auf die andere Seite, sonst kentern wir!« gebot ich meinem jungen Gefährten.

Dieser wollte gehorchen und rückte nach rechts, von Selim ab. Dies vergrößerte die Angst des letzteren, welcher schrie:

»Nicht fortrücken; bleib' da; zieh' mich hinein! Sie kommen; sie kommen!«

Er zog sich aus Furcht vor den Krokodilen, die es doch gar nicht

»Ich ertrinke! Hilfe, Hilfe!«

gab, am Rande des Bootes in die Höhe und langte nach Ben Nil. Die seitige Last war für das leichte Fahrzeug zu schwer; es faßte Wasser und kippte, da Selim trotzdem nicht losließ, um. Der alte Pechvogel verschwand wieder in der Tiefe; auch Ben Nil ging unter, mit ihm unsere Gewehre, welche auf dem Boden des Fahrzeuges gelegen hatten. Nur ich blieb an der Oberfläche, da ich so vorsichtig gewesen war, die Arme und Beine sofort zum Schwimmen auszubreiten. Ben Nil kam rasch wieder empor.

»Wo ist Selim?« fragte er, als er diesen nicht sah.

»Unten. Tauchen wir nach ihm, sonst ertrinkt er uns.«

Nach dieser Aufforderung ließ ich mich sinken und wurde augenblicklich an einem Beine gepackt. Ich arbeitete mich empor und schwamm, Selim nach mir ziehend, dem Ufer zu. Er hing so fest an meinen Beinen, daß er selbst dann, als ich mich auf dem Trockenen befand, nicht losließ. Halb im Wasser und halb am Lande liegend, hatte er die Augen fest geschlossen und bewegte sich nicht. Ich mußte Kraft anwenden, um mich von seinem krampfhaften Griffe zu befreien.

»Er ist doch nicht tot?« fragte Ben Nil, welcher auch an das Ufer kam.

»Nein. So schnell ertrinkt niemand.«

»Aber ohne Besinnung. Ich will versuchen, ob er mich hört. Selim, Selim! Mach' doch die Augen auf!«

Er folgte dieser Aufforderung, sah uns an, kam sofort vollends an das Land, sah voller Angst nach dem Wasser rückwärts und schrie:

»Wo sind die Krokodile, wo? Schnell, fort von hier!«

Er wollte wirklich fort. Ich hielt ihn fest und gebot:

»Bleib', Feigling! Kein Krokodil wird so dumm sein, dich für einen guten Bissen zu halten. Du bist vollständig sicher hier. Es giebt kein Krokodil in der Nähe, aber mit unserer Jagd ist es nun auch zu Ende. Das kommt davon, daß wir dich mitgenommen haben. Ich wußte doch, daß es ohne irgend eine Dummheit nicht abgehen werde.«

Dieses Wort brachte ihn vollständig wieder zu sich. Er sah, daß keine Gefahr vorhanden war, Grund genug für ihn, eine möglichst würdevolle Haltung einzunehmen und mir in beleidigtem Tone zu antworten:

»Sprich ja nicht so, Effendi! Wer hat eine Dummheit gemacht, du oder ich? Wer hat uns nach diesem Grase gesteuert, welches ich für das feste Ufer halten mußte? Doch du?«

»Nein. Ich wollte an demselben vorüber; da du aber, ohne von mir den Befehl dazu erhalten zu haben, das Ruder einzogst, so bekam das Boot eine falsche Wendung. Eigentlich hätten wir dich ertrinken lassen sollen; dann brauchten wir uns nicht mehr über einen solchen Dummkopf zu ärgern.«

»Dummkopf? Etwa ich? Nein, du kannst mich unmöglich meinen, Effendi. Und ich ertrinken? Ich sage dir, ich bin in allen Meeren und Flüssen so zu Hause, daß ich am Lande viel leichter ertrinken würde als im Wasser!«

»Wenn das ist, so gehe da hinein und hole das Boot, vor allen Dingen aber zunächst unsere Gewehre heraus!«

Da kratzte er sich die berühmten Stellen hinter den Ohren und schwieg. Meine Aufforderung war keineswegs ernstlich gemeint gewesen. Selim war nicht der Mann, uns wieder zu unsern Gewehren zu verhelfen. Ich mußte das selbst thun. Darum leerte ich meine Taschen, um den Inhalt derselben zum Trocknen in die Sonne zu legen, und gab auch den Gürtel mit allem, was sich in demselben befand, dazu. Nachdem ich mich der Stiefel entledigt hatte, ging ich in das Wasser. Es war leicht, die Flinten zu finden, da sie gerade an der Stelle unten lagen, an welcher der Unfall geschehen war. Während ich sie durch Untertauchen heraufholte, legte auch Ben Nil alles Ueberflüssige von sich, um nach dem Boote, welches kieloben trieb, zu schwimmen und es nach dem Ufer zu schaffen.

Dann saßen wir an letzterem, damit beschäftigt, die Schlösser und Läufe der Gewehre zu reinigen und zu trocknen. Dabei hielten wir die Augen dem Wasser zugekehrt und sprachen laut miteinander, da wir keinen Grund zu haben glaubten, leise zu reden und dem Walde hinter uns eine besondere Aufmerksamkeit zuzuwenden. Leider aber hatte der Häuptling, allerdings ohne Absicht, uns falsch berichtet. Seine Meinung, daß wir hier an diesem Ufer keinen Menschen treffen würden, erwies sich als falsch. Wir sollten Leute sehen, nicht bloß sehen, und zwar was für welche!

Ich war eben mit meinem Gewehre fertig geworden und wollte nun nach den Revolvern langen, um nachzusehen, wieweit sie vom

Wasser gelitten hatten, da erklang hinter uns eine befehlende Stimme:

»Drauf! Haltet sie fest nieder und bindet sie!«

Ich wurde so schnell, daß ich nicht einmal Zeit fand, mich umzudrehen, viel weniger aber aufzuspringen, von hinten gepackt und niedergerissen. Drei oder vier dunkelfarbige Kerle knieten auf mir, und ein anderer bemühte sich, mir mit seinem Kopftuche die Arme an den Leib zu binden. Ich versuchte, sie abzuwerfen und mich aufzurichten; ich kam einige Male halb auf, wurde aber immer wieder niedergerungen, bis ich endlich gebunden und Widerstand also nicht mehr möglich war. Drei ähnliche, verwegen aussehende Menschen hatten Ben Nil bemeistert. Neben diesem lag Selim. Er, der ›größte Held des Weltalls‹, wurde von nur einem in Schach gehalten.

Jetzt, da wir unschädlich gemacht worden waren, ließ sich derjenige sehen, dessen Kommando wir gehört hatten. Er war im Gebüsch geblieben, um nicht etwa von uns verletzt zu werden. Jetzt, da er sich sicher fühlte, kam er hervor und redete uns an:

»Ihr seid hier am Maijeh Semkat, ihr Hunde? Das hat Allah gefügt! Er hat euch in meine Hand gegeben, und nun sollt ihr uns gewiß keinen Schaden mehr thun.«

Wir sahen zu unserm großen Erstaunen den Muza'bir vor uns stehen, den Menschen, dem ich schon einige Male so glücklich entgangen war. Ich war der Meinung gewesen, daß er mit Ibn Asl gezogen sei. Warum war er hier am Maijeh zurückgeblieben, und was für Leute waren es, die er da befehligte?

Sein Gesicht drückte die größte Freude aus, als er, hart an mich herantretend, fortfuhr:

»Der Teufel ist dir wiederholt behilflich gewesen, uns zu entgehen, wenn wir dich ganz sicher zu haben glaubten. Dieses Mal aber wird dir seine Hilfe nichts nützen, denn wir werden dir vor allen Dingen keine Zeit zum Entkommen geben. Sobald wir mit dir das Lager erreichen, wirst du aufgehenkt. Leider ist dieser Tod ein viel zu schneller für dich; du solltest langsam totgemartert werden. Doch kann dies immer noch geschehen, wenn du dich weigerst, mir die Wahrheit zu sagen. Also willst du dir Schmerzen ersparen, so sprich aufrichtig. Wo kommt ihr her?«

Er sprach von einem Lager. Sollte Ibn Asl noch hier sein? Schwerlich! Mich aufs Schweigen zu legen, wäre albern gewesen; freilich konnte es mir auch nicht einfallen, ihm die Wahrheit zu sagen. Ich antwortete auf seine Frage:

»Wir drei kommen den Fluß herauf.«

»Weiter niemand?«

»Nein.«

»Lüge nicht, Giaur!«

»Ich sage die Wahrheit.«

»Nein, du lügst; dein Boot verrät dich. Solche Boote giebt es hier nicht; es kommt weiter her; es gehört zu einem Schiffe. Und das Schiff wird dasjenige des Reïs Effendina sein. Gestehe es! Von wem hast du das Boot?«

Ich beschloß, diesmal die Wahrheit zu sagen, damit er das weitere nicht bezweifeln möge; darum antwortete ich ihm:

»Vom Reïs Effendina.«

»Dachte es mir! Wo liegt sein Schiff?«

»Unten im Flusse, anderthalbe Bootstagereise von hier.«

»Das soll ich glauben? Warum seid ihr nicht auch dort?«

»Weil er uns vorausgesandt hat, damit wir hier im Maijeh Nilpferdfallen stellen; unsere Asaker sollten übermorgen bei ihrer Ankunft gleich Fleisch finden.«

»Was wollt ihr überhaupt hier oben?«

»Wir suchen Ibn Asl.«

»Ah! Kennt ihr denn seine Seribah nicht?«

»Nein. Wir werden sie aber noch erfahren.«

»Ihr werdet nichts weiter erfahren, als wie es in der Hölle aussieht, denn ehe die Sonne gesunken ist, seid ihr tot. Seid ihr während eurer Fahrt auf keiner Seribah eingekehrt?«

»Wir hielten bei der Seribah Aliab an.«

»Wem gehört sie?«

»Einem alten, lahmen Manne, welcher mit den Anwohnern des Flusses Handel treibt.«

»Vielleicht Sklavenhandel?«

»Nein. Er ist ein ehrlicher Mann und verkauft nur Waren.«

Da lachte er laut und höhnisch auf und sagte:

»So dumm kann doch nur ein Christ, ein verdammter Giaur sein!

Mensch, um dein Gehirn muß es traurig stehen! Du hast dich von diesem ›ehrlichen Manne‹ fürchterlich betrügen lassen. Wisse, diese Seribah Aliab gehört Ibn Asl, und der alte, lahme Mann, der sich für einen Händler ausgegeben hat, ist der Feldwebel des Sklavenjägers!«

»Alle Wetter!« rief ich aus, indem ich mich überrascht stellte.

»Ja, so ist es! Ihr wollt Ibn Asl fangen. Lächerlich! Er ist längst nicht mehr da, wo ihr ihn sucht.«

»Wo ist er denn?« fragte ich in beabsichtigter Naivetät.

»Wo er ist? Meinst du, daß ich dir das sagen werde?« lachte er, fügte aber, schnell wieder ernst werdend, hinzu: »Doch ja, ich will es dir sagen, um dir zu beweisen, daß wir dich nicht mehr zu fürchten brauchen, daß du verloren bist. Ibn Asl ist mit über zweihundert Kriegern nach Wagunda, um die dortigen Gohk-Neger zu Sklaven zu machen.«

»Warum gingst du nicht mit? Fürchtetest du dich?«

»Fürchten? Ich? Ich sollte dir eigentlich die Antwort auf diese Frage ins Gesicht hineinschlagen! Ich bin mit dem Mokkadem hier zurückgeblieben, weil Ibn Asl, sobald er Sklaven gemacht hat, den Weg gerade nach hier einschlagen wird. Wir bauen hier eine neue Seribah, nur leichte Hütten einstweilen, in denen die Sklaven, sobald sie kommen, untergebracht werden sollen, bis wir Gelegenheit finden, sie sicher an den Mann zu bringen. Du sollst diese neue Seribah sehen, denn wir werden jetzt nach dort aufbrechen.«

Er hatte neun Männer bei sich. Je zwei von ihnen nahmen Ben Nil und Selim zwischen sich; die anderen fünf mußten mich bewachen, und er gebot ihnen, außerordentlich aufmerksam zu sein. Das Boot blieb am Ufer liegen, wo es mit dem Stricke an einem Baume hing. Es sollte, wie ich hörte, später abgeholt werden.

Wir wurden fortgeführt, längs des Ufers hin. Nach kurzem hörte der Wald auf, und ich sah eine ziemlich weite, offene Grasfläche vor mir, welche bis an das Wasser trat. Dort wurde der Maijeh nur von einem schmalen Saum von Büschen eingefaßt. Diese Prairie war jedenfalls infolge eines Waldbrandes entstanden. Es ging über sie hinweg, wohl eine halbe Stunde lang; dann sahen wir, indem wir den Maijeh immer zur rechten Hand behielten, wieder Wald vor uns, an dessen Rande mehrere Hütten errichtet waren. Das kreisrunde Gemäuer derselben bestand aus Schlamm und Schilf. Die trichterförmig sich verjüngenden runden Dächer waren nur aus Schilf gefertigt. Diese Tokuls bildeten jedenfalls die neue, im Werden noch begriffene Seribah des Sklavenjägers.

Als wir uns derselben näherten, kamen uns vier Männer entgegen, drei mit afrikanischen Gesichtszügen. In dem vierten erkannte ich den Mokkadem der heiligen Kadirine. Wie staunte er, als er mich erblickte! Nachdem er seine Freude, mich als Gefangenen wieder bei sich zu sehen, einen mehr als reichlichen Ausdruck gegeben hatte, fragte er, wo und auf welche Weise wir ergriffen worden seien. Der Gaukler teilte ihm nun alles mit, was ich gesagt hatte und beide glaubten es, was freilich kein Beweis von großer Klugheit ihrerseits war.

Da der Muza'bir mir gesagt hatte, daß ich schleunigst aufgehängt werden sollte, so war ich auf eine schnelle Flucht bedacht gewesen. Das Kopftuch, mit welchem man mir die Arme platt um den Leib gebunden hatte, mußte zerrissen werden. Es war nicht neu, aber noch fest. Ich mußte versuchen, es soweit zu bringen, daß man es für einen Augenblick öffnete.

Auf der Seribah befanden sich unsere beiden Todfeinde und die zwölf Asaker, welche Ibn Asl bei ihnen gelassen hatte. Sie alle waren zwar bewaffnet, legten aber, als wir die Hütten erreichten, ihre langen Gewehre ab. Die Pistolen und Messer, welche sie nun noch bei sich hatten, konnten mir nichts schaden. Etwas seitwärts weideten zwei Ochsen, Reitochsen, wie es schien. Die an den Nasenriemen befestigten Zügel waren ihnen um den Hals geschlungen. Es versteht sich, wie ich kaum zu bemerken brauche, ganz von selbst, daß man uns alle unsere Habseligkeiten abgenommen hatte.

Der Mokkadem war ganz damit einverstanden, daß wir durch den Strick sterben sollten, doch stellte er den Antrag, wenigstens mich vorher ein kleinwenig zu martern. Während man darüber verhandelte, flüsterte ich meinen beiden Gefährten, welche nahe bei mir standen, zu:

»Ich schneide euch los. Dann rennt ihr geradewegs, ohne euch umzusehen, nach unserem Boote und steigt ein, um sofort abrudern zu können, wenn ich nach euch komme.«

»Wie willst du schneiden können!« antwortete Ben Nil, für

unsere Feinde unhörbar. »Du bist doch gebunden und hast kein Messer.«

»Ich mache mich frei.«

»Werden wir entkommen? Sie werden alle hinter uns her sein.«

»Hinter euch nicht. Ich schlage zunächst eine andere Richtung ein, und da sie es doch meist auf mich abgesehen haben, werden sie mir nachrennen und nicht euch. Wartet dann aber ja, bis ich komme, sonst werde ich doch noch erwischt!«

Ich bewegte die Oberarme, um das Tuch zu lockern. Das that ich nicht etwa heimlich, sondern man sollte es bemerken. Der Muza'bir sah es zuerst, trat auf mich zu und sagte:

»Hund, willst du dich etwa losmachen? Das soll dir nicht gelingen. Ah, das Tuch ist wahrhaftig schon gelockert. Werde es wieder fester binden.«

Er bedachte nicht, daß er, um dies zu thun, den Knoten aufmachen mußte. Dieser wurde, allerdings nur für einen kurzen Moment gelöst; aber in demselben Augenblicke stieß ich die Ellbogen von mir ab, bekam die Arme frei, drehte mich nach dem Muza'bir um, riß ihm mit der Rechten das Messer aus dem Gürtel, schlug ihm die Linke ins Gesicht, daß er hintenüber stürzte, dann zwei rasche Schnitte – Ben Nils und Selims Banden waren entzwei, und die beiden rannten, was sie nur laufen konnten, davon. Diese Bewegungen waren in größter Schnelligkeit geschehen, aber doch nicht zu schnell für den Mokkadem, welcher herbeisprang und mich beim linken Arme ergriff, um mich festzuhalten. Ich hatte das Messer in der Rechten, mußte von ihm los, wollte ihn aber doch nicht erstechen; darum warf ich es fort und schlug ihn mit der geballten Faust nieder, so daß er meine Linke fahren lassen mußte, und rannte dann auch fort, aber nicht gerade aus, wie meine Gefährten es thaten, sondern nach rechts in die Prairie hinein. Dabei mußte ich an den beiden Ochsen vorüber. Es kam mir ein Gedanke. Ich sprang auf den Rücken des einen, ergriff die Zügel und schlug ihm die Fersen so kräftig gegen die Weichen, daß er augenblicklich mit mir davonrannte. Schon nach den ersten Sprüngen, welche er that, bemerkte ich, daß er den Zügeln gehorchte und mich also, wenigstens in dieser Beziehung, nicht in Verlegenheit bringen werde.

Hinter mir schrieen die Sklavenjäger wie toll; sie rannten mir nach. Ich sah mich nach ihnen um und bemerkte, daß der Muza'bir sich schnell wieder aufgerafft hatte und soeben den zweiten Ochsen bestieg, um mir auf demselben nachzujagen. Das war mir sehr lieb. Man bekümmerte sich nicht um Ben Nil und Selim, und ich hatte bereits einen solchen Vorsprung, daß ich nicht zu befürchten brauchte, eingeholt zu werden.

Leider aber erwies diese Zuversicht sich als unbegründet. Mein Ochse trat mit einem Vorderbein in ein Loch, welches ich nicht hatte bemerken können, da es mit Gras bewachsen war, blieb hängen und überschlug sich. Ich wurde abgeschleudert und flog in einem weiten Bogen mit solcher Gewalt zur Erde, daß ich eine kleine Weile wie geprellt liegen blieb. Dann raffte ich mich auf. Ich war unverletzt, aber der ganze Körper »brummte« mir, wie man dieses sonst schwer zu beschreibende Gefühl mit einem volkstümlichen Ausdrucke zu bezeichnen pflegt.

Der Ochse konnte nicht auf; er hatte den Fuß gebrochen, und ich war also auf die Schnelligkeit meiner eigenen Beine angewiesen. Der Muza'bir war mir bis auf zweihundert Schritte nahe. Er stieß ein Triumphgeschrei aus und schwang die Pistole in der rechten Hand. Weit hinter ihm kam der Mokkadem mit den andern gelaufen. Die letzteren brauchte ich nicht zu fürchten, desto gefährlicher aber war mir der erstere; er holte mich auf alle Fälle ein. War es da nicht besser, ihn stehenden Fußes zu erwarten? Zwar war er bewaffnet und ich nicht, doch glaubte ich, mich auf meinen scharfen Blick und mein gutes Glück verlassen zu können. Ich blieb also stehen. Er kam herangejagt, richtete die Pistole auf mich und rief, wohl noch hundert Schritte von mir entfernt:

»Stirb, Hund! Willst du dem Stricke entgehen, so trifft dich meine Kugel!«

Er drückte ab und – traf mich nicht, wie mit fast absoluter Sicherheit zu erwarten gewesen war. Wer aus solcher Entfernung und auf einem Ochsen galoppierend mich treffen wollte, mußte ein besserer Schütze sein und jedenfalls auch eine bessere Waffe haben. Die Pistole hatte nur einen Lauf. Er steckte sie in den Gürtel und zog die andere. Noch einmal schoß er und fehlte wieder. Jetzt gehörte der Mann mir; darauf hätte ich jede Wette eingehen mögen.

Er steckte auch die zweite Pistole ein und riß das Messer aus dem

Gürtel. Aus Wut über die beiden Fehlschüsse und im grimmigen Verlangen, meiner habhaft zu werden, verlor er das richtige Augenmaß und vergaß, sein Tier im richtigen Augenblicke zu zügeln. Es blieb nicht bei mir halten, sondern schoß eine kleine Strecke über mich hinaus. Er riß in die Zügel und versäumte dabei, sich nach mir umzusehen. Es waren nur wenige Augenblicke, welche er verlor, doch genügten sie mir vollständig, seine Unvorsichtigkeit zu benutzen. Ich rannte ihm nach, und noch hatte er den Ochsen nicht vollständig zum Stehen gebracht, so sprang ich hinter ihm auf und preßte ihm mit meinen Armen die seinigen fest an den Leib, das Tier erschrak und rannte in erneutem Laufe weiter.

»Hund!« brüllte er, »laß mich los, sonst brechen wir beide Hals und Beine!«

»Ich breche nichts,« lachte ich; »aber dir zerknicke ich die Knochen. Laß das Messer fallen, sonst drücke ich dir die Rippen ein!«

Er hielt mit beiden Händen die Zügel und nebenbei das Messer in der Rechten. Er ließ es fallen, als ich bei meinen Worten die Arme fester um ihn schlang.

»Halt ein!« stöhnte er, »du zermalmst mir die Brust!«

»Falls du gehorchst, geschieht dir nichts; im ersten Augenblicke des Ungehorsams aber zerquetsche ich dich wie eine faule Frucht. Du hast die Zügel. Lenke den Ochsen mehr nach links!«

Seine Leute waren immer noch so weit zurück, daß ich sie nicht zu beachten brauchte. Meine beiden Begleiter hatten die Savanne durchquert; sie näherten sich, wie ich sah, dem jenseitigen Walde und konnten nicht mehr belästigt werden. Es handelte sich nur noch darum, ihnen zu folgen, und zwar nicht allein; der Muza'bir mußte mit. Darum zwang ich ihn, nach links einzubiegen, in die Richtung, welche mich zu unserm Boote führte. Ich preßte ihm die Rippen so zusammen, daß er gezwungen war, meinen Befehl auszuführen. Er stöhnte laut unter meinem Griffe, gehorchte aber, ohne ein Wort zu sagen.

Der Ochse stürmte in vollem Laufe über die Prairie dahin und dem Walde zu. Die Sklavenjäger schlugen hinter uns unter der Leitung des Mokkadem dieselbe Richtung ein. Sie schrieen wie besessen, konnten mir aber nun nicht die geringste Sorge mehr machen. Wir hatten beinahe den Wald erreicht, da hob der Muza'bir das eine Bein, um es auf die andere Seite des Ochsen zu bringen und dadurch vielleicht meiner Umarmung zu entschlüpfen. Ich war keineswegs gewillt, mich damit zu begnügen, daß ich meinen Feinden entkommen war. Hatte ich diesen Menschen einmal in meinen Händen, so sollte er auch in denselben bleiben. Darum ließ ich ihn für einen kurzen Augenblick los, faßte ihn mit der Linken am Halse und schlug ihm die Faust gegen die rechte Schläfe. Er ließ das bereits erhobene Bein wieder sinken und wollte mit dem Oberkörper nach vorn fallen. Ich riß die Zügel aus seinen erschlaffenden Händen und zog mit der andern Hand seinen jetzt wie leblosen Körper wieder an mich.

In diesem Augenblicke hatte ich den Wald erreicht und mußte den Ochsen zügeln. Er gehorchte und schritt langsamer vorwärts. Dennoch war es nicht leicht, mich auf seinem Rücken zu halten, ohne den Muza'bir fallen oder mich von dem Gezweig abstreifen zu lassen. Später, als die Bäume dichter zusammentraten, sah ich mich gezwungen, abzusteigen. Ich ließ den Ochsen laufen, nahm den Muza'bir auf die Schulter und eilte der Stelle zu, an welcher ich das Boot wußte.

Es lag noch da. Ben Nil und Selim saßen, meiner ängstlich wartend, darin.

»Hamdulillah!« rief mir der erstere, als er mich sah, entgegen. »Wie gut, daß du kommst! Wir hatten große Sorge um dich, Effendi. Aber wen bringst du da getragen? Das ist – bei Allah, das ist ja der Muza'bir!«

»Allerdings! Er wollte uns haben, und da haben wir ihn!«

»Welch ein Glück! Welch ein Streich von dir! Wie hast du das fertig gebracht?«

»Davon später. Jetzt müssen wir rasch fort, denn die Verfolger werden bald da sein.«

»Sie haben unsere Waffen und Sachen. Wollen wir ihnen das lassen?«

»Nur für einstweilen. Jetzt gilt es, von hier fortzukommen.«

»Direkt über den Maijeh?«

»Nein. Sie würden uns sehen und also erfahren, wohin wir uns wenden. Wir rudern immer nahe am Ufer zurück, wo sie uns nicht entdecken können. Sind wir dann unserer Nilpferdfalle gegenüber angekommen, so ist es inzwischen dunkel geworden, daß sie unser Boot nicht mehr sehen können, wenn es quer über den Maijeh geht.«

Ich war während dieses kurzen Wortaustausches in das Boot getreten, hatte den besinnungslosen Muza'bir niedergelegt und mich dann an das Steuer gesetzt. Die beiden legten sich in die Ruder, und wir flogen, uns so nahe wie möglich an das Ufer haltend, unter den Bäumen dahin. Die Sonne stand schon tief hinter dem jenseitigen Walde, und mußte in einigen Minuten hinter dem Horizonte verschwinden. Wir beeilten uns, bis dahin diejenige Stelle zu erreichen, an welcher wir, der Nilpferdfalle gegenüber, vorhin gelandet waren und vergeblich nach Federwild gesucht hatten. Während die beiden fleißig ruderten, erzählte ich ihnen, auf welche Weise es mir gelungen war, mich des Muza'bir zu bemächtigen. Als ich diese Mitteilung beendet hatte, sagte Ben Nil:

»Wer hätte das gedacht! Als man uns fortschleppte und von unserm Tode sprach, glaubte ich alles verloren. Und nun ist das Gegenteil geschehen; wir kehren als Sieger zurück, denn wir haben den Muza'bir gefangen.«

Er war meines Lobes voll; sein Mund floß über. Selim aber verhielt sich schweigend; er sagte kein Wort, sodaß Ben Nil ihm unwillig zurief:

»Und du bist still? Kannst du dem Effendi nicht danken? Ohne ihn hingst du jetzt, gerade wie ich auch, an einem Baume!«

Selim begann nun wieder seine gewöhnlichen Prahlereien; ich gebot ihm aber Schweigen, weil wir an der ins Auge gefaßten Stelle angekommen waren und der Muza'bir sich zu regen begann. Wir legten an und fesselten den letzteren mit seinem eigenen Gürtel. Er ließ das geschehen, ohne einen Laut von sich zu geben oder nur den leisesten Versuch des Widerstandes zu machen.

Die Schatten des Waldes lagen schon längst auf dem Wasser; jetzt begann es zu dunkeln, und wir stießen nun wieder ab, um den Kiel gerade nach der Nilpferdfalle zu richten, wo das Schiff im Dunkel des Abends lag. In Anbetracht der Feinde, denen wir entkommen waren, war es mir lieb, daß kein Licht auf demselben brannte. Sie hätten es vielleicht doch drüben sehen können.

Der Reïs Effendina hatte Posten ausgestellt, befand sich aber bei den Tokuls der Bor. Wir begaben uns dorthin, indem wir den Muza'bir so fest zwischen uns nahmen, daß es keine Möglichkeit des Entkommens für ihn gab. Wie staunte der Emir, als er ihn sah und von mir hörte, was geschehen war! Man hatte schon ein Feuer angezündet. Er nahm den Gefangenen beim Arme, schob ihn näher zu der Flamme, warf einen finstern, forschenden Blick auf ihn und fuhr ihn dann an:

»Kennst du mich?«

Als der Gefragte nicht antwortete, wiederholte er:

»Weißt du, wer ich bin? Antworte, sonst laß ich dich hauen, daß dir das Fleisch von den Knochen fällt!«

»Du bist der Reïs Effendina,« erklang es in trotzigem Tone.

»Ja, der Reïs Effendina, der bin ich. Aber weißt du denn auch, was das für dich bedeutet? Als Reïs Effendina bin ich dein Richter, und du wirst von mir gehört haben, daß ich nicht zu fackeln pflege.«

»Ich habe dich nicht zu fürchten!«

»Ob du dich vor mir fürchtest oder nicht, das ist deine Sache; die meinige aber ist, den Stab der Gerechtigkeit zu schwingen.«

»Falls du gerecht bist, mußt du mich entlassen. Ich habe dir nichts gethan.«

»Du bist Sklavenjäger!«

»Beweise es mir! Bringe mir einen Sklaven, den ich gefangen habe!«

»Belle nur, Hund; bald wirst du winseln! Hast du nicht diesem Effendi nach dem Leben getrachtet?«

»Er lügt. Und selbst wenn es wahr wäre, müßte er sich nicht an dich, sondern an seinen Konsul wenden.«

»Du irrst. Du bist Unterthan des Vizekönigs, an dessen Stelle ich hier vor dir stehe. Deine Missethaten sind mir alle bekannt. Der Effendi hatte sehr oft Nachsicht mit euch; ich aber wußte, daß du in dem Augenblicke, an welchem ich dich fassen würde, verloren seist. Jetzt habe ich dich, folglich ist es aus mit dir.«

»Bringe mir Beweise! Was andere sagen, geht mich nichts an. Ich kann Zeugen dafür bringen, daß ich nichts gethan habe und fälschlicherweise angeschuldigt werde.«

»Ich will mich durch deine Worte nicht erzürnen lassen, weil du in meinen Augen bereits eine Leiche bist und ich mich über einen Toten unmöglich ärgern kann. Deine Zeugen gelten nichts; ich glaube denen, die deine Ankläger sind. Mein Gesetzbuch ist dasjenige der Wüste: Gleiches mit Gleichem. Wehe dem, der wehe thut! Aziz, bringe einen Strick!«

Aziz war bekanntlich der Liebling und Urteilsvollstrecker des Reïs Effendina. Er ging in einen Tokul, um den verlangten Strick zu holen. Als er ihn brachte, rief der Muza'bir aus:

»Effendina, willst du etwa Ernst machen? Bedenke die Verantwortung! Der Mokkadem der heiligen Kadirine ist mein Freund. Er weiß, daß ich unschuldig bin, und würde dich wegen meines Todes vor den Vizekönig fordern!«

»Dieser Mokkadem ist auch mein Freund und wird, noch ehe es Morgen wird, zu seinem Vergnügen hier neben dir hängen. Hinauf mit ihm an den Ast!«

Drei Asaker hielten den Muza'bir fest; Aziz legte ihm die Schlinge um den Hals, um das andere Ende des Strickes zwei andern Asakern, welche auf den nächsten Baum kletterten, zuzuwerfen. Der Verurteilte versuchte, sich zu wehren. Er schrie und heulte, in einem fort seine Unschuld beteuernd. Ich konnte es nicht unterlassen, den Emir um Gnade zu bitten, erhielt aber, wie zu erwarten stand, die zornige Antwort:

»Schweig'! Du weißt, wie oft ich dir zuliebe Milde walten ließ. Hätte ich das nicht gethan, so wären wir längst mit diesen Hunden fertig. Kommst du nun, da wir fast am Schlusse stehen, mir wieder mit solchen Bitten der Schwachheit und des Unverstandes, so begiebst du dich in die Gefahr, mich in der Weise zu erzürnen, daß ich nichts mehr von dir wissen mag. Halte also den Mund, und entferne dich, wenn du es nicht vertragen kannst, einen solchen Halunken hängen zu sehen!«

Nun, das war deutlich genug! In dieser Weise hatte noch kein Freund zu mir gesprochen. Ich verzichtete natürlich auf jedes weitere Wort und wendete mich schweigend ab. Es widerstrebte mir zwar, Augenzeuge der Hinrichtung zu sein, doch war es keineswegs Schwäche, welche mir meine Bitte diktiert hatte. Darum blieb ich seitwärts stehen, um zuzusehen.

Der Muza'bir bekam einen zweiten Strick unter den Armen hindurch, an welchem er emporgezogen wurde; dann band man den ersten Strick, dessen Schlinge ihm um den Hals ging, an einem starken Aste fest. Nun wurde der vorige Strick losgelassen, und die Schlinge zog sich fest; die Arme und Beine bewegten sich eine kurze Zeit krampfhaft in der Luft, worauf sie schlaff herabhingen. Als dies geschehen war, kam der Emir zu mir. Sein Zorn war so schnell verraucht, wie er gekommen war.

»Effendi, die Gerechtigkeit ist befriedigt, doch nicht vollständig,« sagte er. »Wir müssen auch den Mokkadem noch haben. Hoffentlich wirst du mir dabei deine Hilfe nicht versagen?«

»Wie kommst du zu dieser Frage?«

»Infolge deiner sogenannten Humanität. Du wolltest vorhin den Muza'bir freibitten, und ich muß dir aufrichtig sagen, daß ich den Mokkadem, sobald wir ihn haben, an demselben Baume aufhängen lassen werde. Ist dir das nicht recht, so mag Ben Nil uns nach der neuen Seribah führen, und du bleibst hier, damit dein zartes Gewissen dir später keine Vorwürfe machen kann.«

»Mein Gewissen ist ebenso kräftig wie das deinige. Laß tausend Menschen hängen, ich sehe ruhig zu, wenn sie es verdient haben. Wenn aber ich es bin, an dem sie sich versündigten, so halte ich es für meine Pflicht; wenigstens ein gutes Wort für sie einzulegen. Fruchtet das nichts, so habe ich eben meine Schuldigkeit gethan und brauche mir nichts vorzuwerfen.«

»So bist du einverstanden, daß ich den Mokkadem auch hängen lasse, und wirst mitgehen?«

»Ja.«

»Das ist mir sehr lieb, denn du bist ein besserer Führer und Berater, als Ben Nil es sein würde. Ich muß dich sogar schon jetzt um deinen Rat bitten. Denkst du, daß wir die Schufte ergreifen werden?«

»Ich bin überzeugt davon.«

»Und ich befürchte, daß sie entflohen sein werden. Sie können sich doch denken, daß du zurückkommst!«

»Wenn sie dies denken, so glauben sie doch jedenfalls nicht, daß ich so bald komme. Ich habe dafür gesorgt, daß sie sich heute noch sicher fühlen. Sie glauben, du seist anderthalbe Tagereise von hier entfernt. Ich muß, da man uns die Waffen abgenommen hat, auf deine Ankunft warten, ehe ich etwas gegen sie unternehmen kann. Ich bin ihnen entflohen, jedenfalls weit fort, um von ihnen nicht gefunden zu werden. Das ist ihre Ansicht, und darum werden sie sich auf ihrer neu angelegten Seribah so sicher fühlen, als ob heute gar nichts geschehen wäre.«

»Wenn du dich nicht irrst, so sind wir allerdings sicher, ihrer habhaft zu werden. Wann brechen wir auf?«

»Möglichst bald. Ich bin schon jetzt bereit dazu. Wir haben zwei Boote und brauchen uns nur eins noch von den Bor zu borgen, so fassen sie mehr Leute, als wir brauchen, um diese wenigen Gegner zu überwältigen.«

»Da müssen wir aber einen anderen Weg nehmen, daß sie unser Kommen nicht bemerken.«

»Natürlich! Sie wissen, daß wir in westlicher Richtung geflohen sind, und werden also, falls sie überhaupt aufpassen, ihre Aufmerksamkeit nach dieser Gegend wenden. Wir müssen von Osten kommen. Um dies zu können, rudern wir im Schatten der Bäume immer nahe am diesseitigen Ufer hin, bis wir über die jenseits liegende neue Seribah hinaus sind. Dann fahren wir quer über den Maijeh, landen, lassen die Boote zurück und schleichen uns zu Fuße zu ihnen hin.«

»Können wir uns nicht verirren?«

»Nein. Der Mond geht bald auf. Dann ist der dunkle Wald am jenseitigen Ufer leicht von der Savanne zu unterscheiden, an deren Rande die Seribah liegt. Nimm außer mir und Ben Nil zwanzig Mann mit. Das genügt.«

»Ich denke auch, daß wir nicht mehr brauchen. Die Waffen, welcher du bedarfst, kannst du von jedem zurückbleibenden Askari erhalten. Laß dir sie geben!«

»Ich mag keine. Ich hole mir die meinigen. Nähme ich jetzt andere mit, so müßte ich sie zurücktragen.«

»Aber wenn es zum Kampfe kommt und du bist unbewaffnet, so kann es dir leicht schlimm ergehen!«

»Schlimm? Pah! Ich fürchte nichts.«

»So will ich mit dem Häuptling wegen des Bootes sprechen.«

Der Anführer der Bor war nicht nur bereit, uns eines seiner Boote zu leihen, sondern er bat uns, ihn mitzunehmen, was ihm auch gern gestattet wurde. Ich stieg mit dem Emir und Ben Nil in das kleine Boot, welches wir am Nachmittag gehabt hatten, um voranzurudern, während die Asaker in den beiden größeren Fahrzeugen folgen sollten.

Noch war der Mond nicht aufgegangen, als unsere Fahrt begann, doch leuchteten die Sterne hell genug, um uns in das Wasser ragende Wurzeln und andere derartige Hindernisse vermeiden zu lassen. Wir folgten genau dem Ufer, welches an dieser Seite einige größere Buchten hatte. Dadurch wurde unsere Fahrt verlangsamt, was mir aber gar nicht unlieb war, da ich, um dann später nicht zu irren, auf den Mond zu warten hatte.

Als er aufging, sahen wir ihn tief am Horizonte stehen, denn es gab da drüben keine Bäume, die ihn verdeckten. Daran erkannte ich, daß wir uns schon parallel mit der baumlosen Prairie befanden, an deren anderm Rande die Seribah lag.

Jetzt legten wir uns kräftiger in die Ruder als bisher. Der Mond stieg langsam höher, verschwand aber doch nach einiger Zeit hinter einer dunkeln Wand, welche ihn uns unsichtbar machte. Das war der Wald, welcher drüben wieder begann. Wir waren also an der Savanne vorüber, ruderten noch eine kleine Strecke weiter und hielten dann quer über den Maijeh hinüber.

Am jenseitigen Ufer angekommen, stiegen wir aus und banden die Boote fest. Es galt zunächst zu erfahren, ob unsere Annäherung bemerkt worden sei. Wir verhielten uns zu diesem Zwecke vollständig laut- und bewegungslos, um zu lauschen, aber es war nichts zu hören. Dann suchte ich, während die anderen noch immer still halten blieben, die Umgebung ab. Die Bäume standen nicht dicht, und der Mond schien zwischen den Kronen hindurch, sodaß ich ganz leidlich sehen konnte. Es war kein Mensch in der Nähe. Also konnte nun der kurze Marsch beginnen. Wir befanden uns nicht mehr als sechshundert Schritte hinter der Seribah.

Ich ging voran, vielleicht zwanzig Schritte von den andern entfernt, welche hinter mir eine lange Einzelreihe zu bilden hatten. Noch hatte ich den Rand des Waldes nicht erreicht, als ich den Schein eines Feuers vor mir sah und laute Stimmen hörte. Ich ließ meine Asaker halten und schlich allein weiter, um genau zu rekognoszieren. Was ich sah, gab mir die Gewißheit, daß wir die Feinde überwältigen würden, ohne daß wir einen Tropfen Blutes zu vergießen brauchten.

Wie bereits früher gesagt, standen die Tokuls der jungen Seribah am Waldesrande unter den ersten Bäumen. Zwischen zweien von ihnen hatte man das Feuer angebrannt, jedenfalls um die Stechfliegen zu vertreiben. An demselben saß der Mokkadem mit seinen Asakern, von denen kein einziger fehlte. Man hatte es also nicht für nötig gefunden, eine Wache auszustellen; man hielt sich für vollständig sicher. Das ging für mich auch daraus hervor, daß ich kein Gewehr sah. Man hatte die Flinten in den Tokuls liegen lassen. Das freute mich um unsert- und auch um der Gegner willen, denn wenn auch der Mokkadem nicht zu retten war, so hoffte ich doch, daß, falls kein Blut vergossen wurde, der Reïs Effendina die andern begnadigen würde.

Ich kehrte zurück und holte unsere Leute herbei. Sie konnten die Feinde deutlich sehen, denn das Feuer brannte so, daß der Schatten einer Hütte die Stelle, an welcher wir hielten, verdunkelte. Ich wollte dem Reïs Effendina meine Ansicht über das, was nun zu geschehen habe, mitteilen, da nahm er mich beim Arme und sagte:

»Komm' hier zur Seite, sonst wirst du getroffen!«

Er zog mich bei diesen Worten fort. Ich folgte ihm ahnungslos und fragte:

»Getroffen? Die Kerle können doch gar nicht zum Schusse kommen. Wir fallen plötzlich über sie her und – –«

»Effendi,« unterbrach mich Ben Nil, welcher uns nachgehuscht war, »ich muß dir sagen, daß die Feinde erschossen werden sollen, außer dem Mokkadem. Als du vorhin vorangingst, hat der Reïs Effendina befohlen, daß – –«

»Schweig'!« fiel ihm dieser zornig in die Rede. Dann deutete er nach dem Feuer hin und rief, ehe ich es zu verhindern vermochte, seinen Leuten laut zu: »Jetzt gebt Feuer! Schnell!«

Zwanzig Gewehre erhoben sich, und zwanzig Schüsse krachten. Alle, die noch soeben ahnungslos am Feuer saßen, brachen zusammen, nur einen ausgenommen, nämlich den Mokkadem, welcher aufsprang und entsetzt nach uns herüberstarrte.

Ich ahnte, was nun folgen werde, und sprang nicht etwa auf das

Feuer zu, um ihn zu ergreifen, sondern links dem Ufer zu, welches, soweit die Savanne reichte, mit Büschen eingefaßt war.

»Was fällt dir ein!« rief mir der Emir nach. »Dort am Feuer steht doch der Kerl. Drauf!«

Er rannte, gefolgt von allen seinen Leuten, auf das Feuer zu. Das gab dem Mokkadem seine Geistesgegenwart zurück. Er wendete sich, um zu fliehen. Wohin? In den Wald, aus dem er die Feinde kommen sah, konnte er natürlich nicht. Hinaus in die Prairie, wo der Mond so hell schien? Das war auch gefährlich. Also gab es nur den einen Weg, zum Wasser hin; nur im Schutze des Ufergesträuches war Rettung zu finden; er sprang dorthin. Das war es, was ich vorhergesehen hatte, weshalb diese Richtung von mir eingeschlagen worden war. Ich war ihm, ohne daß er es beachtet hatte, zuvorgekommen. Eben als er sich zur Flucht wendete, hatte ich schon das Gebüsch erreicht und mich niedergeduckt. Jetzt kam er gerade auf mich zugerannt. Ich richtete mich auf. Er sah mich, prallte zurück und rief:

»O Allah! Der Effendi! Die Hölle verschlinge ihn!«

Er war so erschrocken, daß er gar nicht auf den Gedanken kam, sich einer Waffe zu bedienen; er sah sein Heil auch jetzt nur in der Flucht und machte eine neue Wendung, um in die Savanne hinauszueilen; da faßte ich ihn hüben und drüben bei den Oberarmen und warf ihn den Asakern zu, welche hinter ihm hergeeilt kamen und ihn niederrissen. Was sie dann noch mit ihm thaten, war mir gleichgültig; ich eilte an das Feuer, um nach den dort Liegenden zu sehen. Neun waren tot, einige von ihnen von mehr als einer Kugel getroffen, die übrigen schwer verwundet. Das hatte ich nicht gewollt!

Der Reïs Effendina stand fern und beobachtete mich. Ich ging auf ihn zu und fragte ihn in so zornigem Tone, daß ich fast sagen möchte, ich fuhr ihn an:

»War dies notwendig? Warum hast du mir es nicht vorher gesagt? Mußten sie denn ermordet werden?«

»Ermordet? Ich verzeihe dir diese Frage, weil du dich in Aufregung befindest. Konnte ich diese Menschen laufen lassen und ihnen Gelegenheit geben, ihr Handwerk fortzutreiben?«

»Das hätte ich nicht von dir verlangt. Du konntest sie begnadi-

»O Allah! Der Effendi! Die Hölle verschlinge ihn!«

gen und in deinen Dienst nehmen. Du hast ganz dasselbe schon mit ihren Kameraden gethan, welche wir in der Seribah Aliab gefangen nahmen!«

»Ich that das nur auf deine Bitte hin. Wollte ich mich stets und so weiter nach deinen Wünschen richten, so müßte ich alle Sklavenjäger des Sudans zu meinen Asakern machen, und die Folge davon wäre, daß sie mich schließlich zwängen, selbst auch Sklavenjäger zu werden.«

»Davon ist keine Rede. Es handelt sich nur um die zwölf Männer hier.«

»Nur um die Zwölf?! Nur? Nimm die dazu, welche ich in der Seribah Aliab begnadigte, so sind ihrer, denen ich nie trauen könnte, genug, mir meine bisher so zuverlässigen Soldaten nach und nach zu verführen und vollständig zu verderben. Nein. Wehe dem, der wehe thut! Diese Hunde haben den Tod verdient, und ich kenne meine Pflicht. Du hast sie gesehen. Leben noch welche?«

»Noch drei, die so schwer verwundet sind, daß sie unmöglich aufkommen können.«

»Man wird sie erlösen. Komm' zu dem Mokkadem! Er wird ganz entzückt darüber sein, dich sobald wiedergesehen zu haben.«

Während ich dieser Aufforderung folgte, winkte er drei seiner Leute zu sich und erteilte ihnen einen Befehl, den ich nicht verstehen konnte. Sie gingen nach dem Feuer. Ich sah nicht hin; aber drei rasch hintereinander fallende Schüsse sagten mir, daß sie den Auftrag erhalten hatten, die drei Verwundeten zu erschießen.

Der Mokkadem war an Händen und Füßen gebunden und an das Feuer geschafft. Dann nahm der Reïs Effendina einen Feuerbrand und forderte mich auf, mit ihm das Innere der Tokuls zu untersuchen.

Wir fanden in der ersten Hütte einige Fettlampen, welche wir anzündeten, da der brennende Ast gefährlich war, denn es stand zu erwarten, daß ein Vorrat von Pulver vorhanden sei. Die Hütte gehörte, wie wir später von ihm selbst erfuhren, dem Mokkadem. Da lagen meine, Ben Nils und Selims Waffen. Es fanden sich auch alle andern Gegenstände vor, welche uns abgenommen worden waren. Wir erhielten natürlich alles zurück.

Es versteht sich ganz von selbst, daß wir alles, was wir außerdem in diesem Tokul und den andern Hütten fanden, für gute Beute erklärten, und zwar sollte dieselbe unter die Bor verteilt werden. Als das der Häuptling derselben hörte, geriet er vor Freude beinahe außer sich und floß von Versicherungen seiner Treue und Ergebenheit geradezu über.

Unser Zweck war erreicht, und wir beschlossen, nun zurückzukehren. Einige Asaker wurden dagelassen, um die Hütten während der Nacht zu bewachen. Am Morgen sollten die Bor die Beute abholen und die Tokuls in Brand stecken.

Die Heimkehr geschah in gerader Fahrt quer über den Maijeh hinüber, so daß wir in kurzer Zeit das Lager erreichten. Dort wurde der Mokkadem so niedergelegt, daß er die noch an dem Baume hängende Leiche seines Sündengenossen nicht sehen konnte. Sein vom Feuer beleuchtetes Gesicht hatte einen sehr ruhigen Ausdruck. Entweder besaß er Beherrschung genug, seine Angst zu verbergen, oder er hatte gar keine Sorge, sondern gab sich der Ueberzeugung hin, daß selbst unter den gegenwärtigen Verhältnissen einem Manne von seiner Stellung nichts Schlimmes geschehen könne. Diese Meinung wurde dadurch bestätigt, daß er, als man sich eine Zeit lang scheinbar nicht um ihn zu kümmern schien, mir in fast befehlendem Tone zurief:

»Soll ich etwa so liegen bleiben? Ich will losgebunden sein!«

Da trat der Emir zu ihm und antwortete:

»Du scheinst mißmutig zu sein? Wohl weil du Langeweile hast! Gut, du sollst Unterhaltung haben. Willst du vielleicht die Gnade haben, mir deine Wünsche mitzuteilen?«

»Spotte nicht, sondern bedenke, wer und was ich bin!« fuhr der Gefangene auf. »Gieb mich frei!«

»Was wirst du dann thun, wenn ich diesem deinem Befehle Gehorsam leiste?«

»In diesem Falle bin ich bereit, euch die Mißhandlung, welche ich erduldet habe, zu verzeihen.«

»Wenn ich dir aber den Willen nicht thue?«

»So erinnere ich dich daran, daß ich Mokkadem der heiligen Kadirine bin und es mich nur ein Wort kostet, dich und euch alle zu verderben.«

»So! Laß uns dieses große Wort doch einmal hören!«

»Effendina, verhöhne nicht den Mann, der so hoch über dir steht! Hunderttausende, die zur Kadirine gehören, sind mir unterthan!«

»Aber ich gehöre nicht zu ihr!«

»Dennoch besitze ich die Macht, dir zu beweisen, wie tief du dich unter mir befindest!«

»Du brauchst dich nicht zu bemühen, o großer Mokkadem, denn ich besitze ganz dieselbe Macht und bin gern bereit, zu zeigen, daß du recht hast. In wenigen Augenblicken werden wir alle tief unter dir stehen, und du wirst über uns erhaben sein. Du sollst schon jetzt den Vorgeschmack davon haben. Sieh einmal da hinauf!«

Er deutete nach dem Baume und gab dem Mokkadem eine andere Lage, sodaß derselbe hinaufsehen konnte. Als der Gefangene den Gehenkten erblickte, war er für eine ganze Minute still, doch schienen seine Augen aus ihren Höhlen treten zu wollen. Dann schrie er im Tone des Entsetzens auf:

»Wer ist das? Täuschen mich meine Augen? O Allah, Allah, Allah! Das ist ja – – – das ist der Muza'bir!«

»Ja, der Muza'bir,« nickte der Reïs Effendina. »Er dünkte sich so erhaben über uns, daß wir ihn so hoch erhoben, um uns in Demut vor ihm neigen zu können. Da wir wissen, daß du noch über ihm stehst, werden wir dir einen noch höheren Platz anweisen.«

»Mir? Wollt ihr – mich – mich etwa – –?«

Er brachte die Frage nur stammelnd heraus, das letzte Wort blieb ihm gar im Munde stecken.

»Aufhängen?« ergänzte der Emir. »Ja, aufgehängt wirst du werden. Was soll sonst mit dir geschehen?«

»Un – un – unmöglich!«

»Wir werden das Unmögliche möglich machen müssen, denn ich habe dem Muza'bir, deinem Freunde, versprochen, daß du, noch ehe der Morgen graut, mit ihm an demselben Baume hängen werdest.«

»Welch ein Mord! Welch ein Verbrechen! Was hat euch der Muza'bir gethan? Sein Tod wird gerochen werden. Ich selbst werde zum Khedive gehen, und wehe, dreifach wehe dann den Mördern! Ich werde von jetzt an weder ruhen noch rasten, bis ich euch vernichtet habe. Ihr habt eure verruchten Hände erhoben, um – –«

»Schweig', du Hundesohn!« donnerte ihn da der Emir an, welcher bis jetzt in ruhigem Tone gesprochen hatte. »Wie darfst du von Verruchtheit sprechen! Du selbst bist ja der Verruchteste unter den Verruchten! Meinst du, deine verrückten Worte und Drohungen seien für mich Haschisch, der mich betrunken macht? Du weißt, daß wir alle deine Missethaten kennen, und wagst es dennoch, mir zu drohen? Wenn du von so hoch oben herab mit mir reden willst, werde ich dir gleich den geeignetsten Platz dazu anweisen. Hinauf mit ihm, hinauf, und zwar um zwei Aeste höher als der Muza'bir! Dann mag ihn seine heilige Kadirine, mit welcher er uns droht, vom Baume schneiden. Allah ist gerecht, und auch ich sage: Wehe dem, der wehe thut!«

ZWEITES KAPITEL

Gerechte Vergeltung.

Am sechsten Tage nach diesem der gnadenlosen Vergeltung gewidmeten Abende wand sich unser Zug wie eine endlos erscheinende Schlange durch einen Wald, dessen Riesenbäume ein Laubdach bildeten, durch welches selbst die Sonne des Sudan nicht einen Strahl zu senden vermochte. Wir befanden uns in immerwährender Dämmerung. Diese wäre uns sehr willkommen gewesen, denn sie schützte uns vor der glühenden Hitze, welche draußen auf dem offenen, wasserlosen Gelände alles Leben vernichtete; aber sie war wenigstens ebenso gefährlich wie dieser Sonnenbrand, denn unter den dichten Blätterhallen lag ein Boden, welcher unmöglich als Erde bezeichnet werden konnte. Sumpf, bodenlos tiefer Sumpf war es, in welchen die Giganten der Baumwelt ihre Wurzeln schlugen, ohne, was mir völlig unerklärlich schien, in demselben zu versinken.

Ich hatte in den Vereinigten Staaten den Dismal-, Alligator-, Catfish-, Green- und Gum-Swamp kennen gelernt und seit jener Zeit geglaubt, daß kein Sumpf der Erde sich mit diesen Swamps zu messen vermöge, mußte aber jetzt einsehen, daß dieselben, verglichen mit der Region des oberen Niles, welche wir jetzt durchzogen, den Namen Sumpf gar nicht verdienen.

Der Waldboden, auf welchem wir uns bewegten, war ein mit Wassermoos und anderen Sumpfpflanzen bedeckter, dicker Brei, welcher bei jedem Schritte den Reiter und sein Tier zu verschlingen drohte. Das schwappte und schnappte, klitschte und klatschte, schob sich nach vorn und schlickerte wieder zurück; ich kam aus der Sorge, in diesen Schlamm hinabgezogen zu werden, gar nicht heraus; ich glaubte jeden Augenblick, meinen Vordermann in dem klebrigen Teige verschwinden zu sehen, und doch verschwand er nicht und ich nicht und keiner von uns allen. Wie war das zu erklären? Ich konnte wohl diese Frage aufwerfen, aber nicht die Antwort darauf finden.

Wir alle ritten, und zwar auf den schon erwähnten Ochsen. Voran kam eine Abteilung der Borkrieger, dann ein Trupp Asaker; dann folgten Lastochsen, dann wieder Soldaten und Lasttiere, worauf die andere Hälfte Bor den Zug beschlossen. Es war ein Glück für uns, daß die Schwarzen sich mit uns verbündet hatten, denn ohne sie hätten wir niemals unser Ziel erreicht, sondern wären in diesem unendlichen Sumpfe umgekommen. Sie aber kannten denselben, als ob er ihre Heimat sei. Ihre geübten Augen unterschieden mit Leichtigkeit die Stellen, denen man sich anvertrauen konnte; nur durften dies nicht zwei zugleich wagen, und darum ritten wir im Gänsemarsche, immer einer hinter dem andern. Ich bewunderte den Scharfblick und die Umsicht dieser Leute mehr und mehr und lernte hier auch – – Ochsen achten, denn ohne ihre Tiere hätten auch die Bor nicht fortkommen können. Diese Ochsen versanken fast bei jedem Schritte bis an das halbe Bein und zeigten doch niemals Ermüdung. Sie schienen sich hier ganz in ihrem Elemente zu befinden. Keiner wich zur Rechten oder Linken. Jeder wußte, daß er dem Vorgänger genau zu folgen habe. Das geschah nicht etwa in schnurgerader Richtung, sondern der Häuptling der Bor, welcher den Zug leitete, mußte sich nach der Tragfähigkeit des Bodens richten, und so kam es, daß wir zuweilen Windungen beschrieben, durch welche die letzten im Zuge den ersten ganz nahe kamen, während die in der Mitte Reitenden sich fern von Kopf und Schwanz befanden.

So war es nun schon drei Tage lang gegangen, und wir hatten es redlich satt. Die Stechmücken machten uns entsetzlich zu schaffen; es gab kein festes Nachtlager; das Wasser ging aus, und das, was wir einatmeten, war nicht Luft, sondern geradezu Fieber zu nennen.

Da ertönte vorn, wo der Häuptling ritt, in höchster Tonlage ein langgezogener Schrei, welcher augenblicklich von allen Bor wiederholt wurde. Agadi, der Dolmetscher, ritt zwischen dem Emir und mir in der Mitte des Zuges. Ich fragte ihn, was dieser Schrei zu bedeuten habe, und erhielt zur Antwort, daß er das Zeichen eines freudigen Ereignisses sei. Welches Ereignis gemeint war, erkannte ich schon nach wenigen Minuten, als ich einen Sonnenstrahl durch die lichter werdenden Wipfel fallen sah und die Luft, wie Nektar in der Kehle, mir leichter und belebend in die Lunge drang. Der Boden wurde fester; er begann zwischen den riesigen Stämmen zierliche Sträucher zu tragen. Meine Vorderleute ritten zu zweien, dreien und vieren neben einander. Alles deutete an, daß der Sumpf zu Ende sei, und hinter dem Emir ertönte Selims schnarrende Stimme:

»Hamdulillah! Der große Brei ist überwunden. Er sperrte seinen Rachen auf, uns zu verschlingen; aber wir sind über ihn hinweggegangen wie die Helden, die sich vor keinem Drachen fürchten. Nun klappt er hinter uns sein großes Maul zusammen und verschwindet vor Aerger und Scham darüber, daß es ihm nicht gelungen ist, zu fressen Selim, den tapfern Ueberwinder aller Sümpfe und Moräste des Weltenalls!«

Der alte Maulheld konnte eben keine Gelegenheit, sich in Wichs zu werfen, vorübergehen lassen; aber Ueberwinder aller Moräste des Weltalls, das übertraf alles, was ich bisher aus seinem Munde gehört hatte.

Der Häuptling war halten geblieben, um uns an sich herankommen zu lassen, und sagte uns durch den Mund des Dolmetschers:

»Der Sumpf ist hinter uns, und nun beginnt guter Weg. Bald werden wir Wasser trinken und Felder sehen, welche den Gohk gehören. Gegen Abend ziehen wir in Wagunda ein.«

Es läßt sich denken, daß uns diese Botschaft hoch erfreute. Die bisher so stillen, mißmutigen Menschen wurden lebhaft und gesprächig, doch auch die Tiere schienen zu wissen, daß das Ziel nahe sei; sie ließen ihre Stimmen hören und drängten nach vorwärts, so daß unsere bisherige Ordnung nicht mehr einzuhalten war. Nach einiger Zeit drang uns ganz plötzlich der hellste, vollste Sonnenschein entgegen. Nach der bisherigen langen Dämmerung war es, als ob uns ein förmliches Lichtmeer entgegenflute. Es war Mittag;

aber wir fühlten die hier herrschende Glut nur als Wärme, welche unsere Körper wohlthuend durchdrang und alle unsere Sinne neu belebte.

Der Urwald hörte auf. Er stieß an einen Fluß, an dessen anderem Ufer nur Schilf, untermischt mit Büschen, stand. Der Fluß war zwar breit, aber nicht tief. Sein Wasser hatte eine dunkle Farbe, und unsere Ochsen zeigten keine Lust, davon zu trinken. Er wurde jedenfalls von dem Sumpfe gespeist, durch welchen wir gekommen waren. Die Bor fanden nach kurzem Suchen eine Stelle, an welcher wir ihn durchreiten konnten. Dann ging es in der bisherigen Richtung weiter, immer nach Westen zu. Das Schilf, welches ich erwähnte, verschwand, die Büsche aber blieben. Sie bildeten Inseln in einem grünen Meere von Gras, welches an Saftigkeit nichts zu wünschen übrig ließ. Ich bat den Häuptling, hier wenigstens eine kurze Zeit halten zu lassen, damit unsere Ochsen fressen könnten. Er ließ mir aber antworten, daß wir bald einen Ort erreichen würden, welcher noch viel geeigneter zum Halten sei.

Bald darauf begann das Terrain sanft anzusteigen, und wir gewahrten in der Ferne Höhen, welche mit Wald gekrönt waren. Dort entspringt, wie wir vom Häuptling erfuhren, ein Nebenfluß des Djau, an welchem die größeren Dörfer der Gohk liegen. Indem wir dieses Gelände emporritten, gelangten wir in ein muldenförmiges Thal, auf dessen Grunde eine Art Weiher lag, der durch ein Wasser, welches ich fast Bach nennen möchte, Abfluß fand. Im Nu sprangen die Schwarzen von ihren Reittieren, und ebenso rasch nahmen sie den andern Ochsen die Lasten ab, damit dieselben nicht beschädigt werden sollten, denn die Tiere waren nicht zu halten; sie rannten nach dem Weiher und liefen so weit wie möglich hinein, um nach langer Wanderung durch den Sumpf, dessen Wasser nicht zu genießen gewesen war, sich satt zu trinken. Die Menschen hatten vollauf zu thun, den Bach für sich frei zu halten.

Den Bach? Das klingt so heimatlich! Freilich mache ich, indem ich dieses Wort anwende, mich einer Unrichtigkeit schuldig. Was wir Weiher und Bäche nennen, giebt es in jenen Gegenden nicht. Und die Höhen, von denen ich sprach, waren noch lange keine Berge. Aber nach einer dreitägigen Wanderung durch fieberstinkenden Sumpf kommt man leicht in die Gefahr, eine Bodenanschwellung als Höhe und ein Wasser, welches nicht ganz still steht und leidlich durchsichtig ist, als Bach zu bezeichnen.

Nach ungefähr einer Stunde wurde wieder aufgebrochen. Wir folgten dem Wasser abwärts, wo es sehr bald in einen schmalen Fluß lief, dessen Ufer unser Führer wurde. Er brachte uns an hohe Felder von Zuckerrohr und Durrha, aus denen wir die runden Dächer einzelner Hütten ragen sahen. Wir näherten uns einem kleinen Dorfe der Gohk und blieben halten, um einen Boten voranzuschicken, damit die Bewohner desselben nicht bei unserem Anblicke erschrecken und fliehen möchten.

Als er zurückkehrte, kam hinter ihm alles, was im Dorfe »leibte und lebte«, dreingelaufen, Väterlein und Mütterlein, Männlein und Weiblein, Bürschlein und Mägdelein, jeder und jede im besten Staate und Schmucke, welcher in dieser Schnelligkeit zu haben gewesen war.

Ein alter, grauköpfiger Mann, welcher uns als Dorfgebieter bezeichnet wurde, trug nur den Lendenschurz, hatte aber auf seinem Haupte ein walzenförmiges Flechtwerk sitzen, welches wohl drei Fuß hoch und mit bunten Federn besteckt war. Eine junge Dorfschöne hatte ihr Haar in Löckchen gedreht und dieselben mit Fett und Ocker so steif gemacht, daß es aussah, als ob ihr ein halbes Gros roter Korkzieher von innen heraus durch den Schädel gebohrt worden seien. Ein Bursche, jedenfalls der Flaneur des Dorfes, hatte sein Haupt mit einer abgerissenen Hutkrämpe geschmückt. Wie mochte sie hierher ins tiefe Afrika gekommen sein! Sein rechter Fuß steckte in einem sohlenlosen Lederschuh, während an dem linken eine Sandale befestigt war. Sein bester Schmuck aber, vielleicht die größte Kostbarkeit des ganzen Dorfes, bestand aus einem gläserlosen, verbogenen uralten Brillengestell aus Messing, welches er mit Hilfe eines dünnen Riemens um den Hals befestigt hatte.

Gern hätte ich diese Studien fortgesetzt, aber der erwähnte Alte nahm den jungen Inhaber der Brillenstellage bei der Hand, zog ihn zu dem Reïs Effendina, welcher ihm als unser Anführer bezeichnet worden war, hin und hielt unter lebhaften Gestikulationen eine Rede, von welcher ich zwar kein Wort verstand, deren Inhalt ich aber dennoch erriet. Der Alte deutete nämlich wiederholt auf die

Brille und dann gegen Westen, welche Pantomime ich mir folgendermaßen ins Deutsche übersetzte:

»Ihr seid fremde, sehr hohe Herren und wollt nach Wagunda. Dieser junge Adonis ist der Besitzer dieser Brilleneinfassung und also allein würdig, euch den Weg zu zeigen.«

Es stellte sich heraus, daß ich ganz richtig geraten hatte. Der Dolmetscher übersetzte uns die Rede. Wir beschenkten den Alten mit einigen kleinen, für uns unbrauchbaren, für ihn aber höchst wertvollen Gegenständen und ritten dann weiter. Der famose Besitzer der mangelnden Brillengläser schritt als unser Führer stolz voran.

Man glaube aber ja nicht, daß er der einzige war, der uns voranging. Der Dorfälteste hatte nach Empfang unseres Boten und ehe er dann zu uns kam, eine Person nach Wagunda gesandt, um dort die baldige Ankunft so vieler Fremden pflichtschuldigst zu melden. Den Erfolg davon bemerkten wir später.

Unser Führer war ein sehr guter Läufer, trotzdem seine Füße so ungleich ausgerüstet waren. Er hielt mit unseren Ochsen, welche sehr behend liefen, gleichen Schritt. Es ging immer abwärts an dem erwähnten Flusse hin, dann in einer Furt quer durch denselben und eine Stunde lang über sonndurchglühtes, ödes Land. Hierauf sahen wir in der Ferne einen langgestreckten Belut-Wald liegen, welcher auf die Nähe von Wasser schließen ließ.

Während wir auf denselben zuritten, sprach der Führer unausgesetzt auf uns ein. Wir erfuhren von Agadi, daß er uns eine Beschreibung von Wagunda lieferte, die ich freilich lieber in einer andern, mir geläufigen Sprache gehört hätte. Um zu erfahren, ob er wisse, was für ein Ding er eigentlich um seinen Hals hängen habe, winkte ich ihn zu mir und gab ihm zu verstehen, daß er mir das Brillengestell einmal geben möge. Er erschrak außerordentlich und weigerte sich durch Pantomimen ganz entschieden, meinem ebenso unkultivierten wie räuberischen Verlangen Folge zu leisten. Der Dolmetscher machte ihm sanfte Vorstellungen und wurde dann, als dies nichts fruchtete, grob, wie ich aus seinem Tone hörte. Das wirkte, denn der mißtrauische Gentleman band seinen unbezahlbaren Schatz los und gab ihn mir in die Hand, verwendete aber sein Auge nicht von demselben, bis er ihn wieder hatte. Ich setzte die

Brille auf, nachdem ich ihre Knillen und Kniffe gerade gebogen hatte, zog mein Notizbuch aus der Tasche und machte die Gebärde des Lesens und des Schreibens. Er hatte keine Ahnung von dem, was ich meinte. Aber als ich verschiedene Male erst ohne und dann durch die Brille nach dem vor uns liegenden Walde sah und ihm durch die Veränderungen meines Gesichtsausdruckes zu erkennen gab, daß es etwas ganz anderes sei, ob man einen Gegenstand durch diese Stellage ansehe oder nicht, schien er mich zu begreifen. Als ich ihm nun die Brille zurückgab, setzte er sie sogleich auf und sah hindurch. Sein Gesicht strahlte vor Vergnügen. Er schien die Gegend tausendmal schöner als vorher zu finden. Von jetzt an verzichtete er auf jede fernere Beschreibung von Wagunda und schaute unausgesetzt durch die Stellage. Meine Unterweisung, daß das Gestell nicht am Halse, sondern auf der Nase zu tragen sei, hatte mir sein ganzes Herz gewonnen, wofür er mir später die überzeugendsten Beweise lieferte.

Wir erreichten den Wald und ritten quer hindurch, um an das Ufer eines langgestreckten, seeartigen Wasserbeckens zu kommen. Ein Blick belehrte uns, daß wir uns in der Nähe des Zieles befanden. Die Ufer des Sees waren von Fruchtfeldern umgeben, von denen aus sich Weideplätze bis hin zum Horizonte zogen. Am Rande des Wassers hingen Kähne.

Rechts von uns gab es einen Berg, ja wirklich, eine Anhöhe, welche im Verhältnisse zu der sonst ganz platten Gegend recht gut als ein Berg bezeichnet werden konnte. Er führte ziemlich steil empor, und seine Kuppe war von einer hohen, dichten Dornenhecke umgeben, hinter welche wir nicht sehen konnten.

Diese Hecke hatte jetzt eine schmale Oeffnung, aus welcher zahlreiche Menschen strömten, die paarweise hintereinander herniederstiegen und uns entgegenkamen. Nun erst erfuhren wir mit Hilfe des Dolmetschers, daß die Einwohner von Wagunda von unserer Annäherung durch einen Boten unterrichtet worden seien. Auch hatte derselbe erzählt, aus welchem Grunde wir unsern Ritt überhaupt unternommen hatten. Aus Freude darüber kam man jetzt, uns feierlichst willkommen zu heißen.

Der Häuptling der Bor, welcher die Sitten des Landes kannte, gab uns an, wie unser Zug sich zu ordnen hatte. Wir hatten uns in zwei

Treffen aufzustellen, nämlich im ersten die Reiter und im zweiten die Lasttiere mit ihren Treibern. Vor die Front hatten die Anführer zu kommen, also der Reïs Effendina, der Häuptling und – – ich. In dieser Ordnung sollten wir stetig vorrücken und soviel schießen und Lärm machen wie nur irgend möglich. Das übrige hatten wir den Gohk zu überlassen.

Glücklicherweise war das Terrain einer solchen Aufstellung günstig, denn gerade zwischen uns und dem Berge lag ein freier Plan, welcher, wie wir später hörten, nach Art unserer Vogelwiesen der Belustigungsort der Bevölkerung von Wagunda war. Wir fanden Zeit, uns da in der beschriebenen Weise aufzustellen, voran der Reïs Effendina, links von ihm der Häuptling und rechts ich. Neben dem Reïs hielt der Dolmetscher Agadi, um nötigenfalls sofort bei der Hand zu sein. Ich bekam auch einen Adjutanten, denn der Brillenjüngling trieb seinen Ochsen an die Seite des meinigen und nickte mir so verheißungsvoll zu, daß ich überzeugt war, er habe eines für mich sehr wichtigen und vorteilhaften Amtes zu walten. Er war eigentlich unberitten, hatte sich aber eines ledigen Packochsen bemächtigt, um seiner heutigen Würde gemäß zu erscheinen.

Als die Gohk den erwähnten Plan erreichten, stellten sie sich auch in zwei Treffen auf und kamen dann, ihren Häuptling voran, waffenschwingend und schreiend auf uns zugerannt. Sie waren natürlich zu Fuße. Ihre Waffen bestanden in Spießen, Säbeln, Messern, Keulen, Bogen und Pfeilen. Einige von ihnen, selbstverständlich auch der Häuptling, hatten Flinten. Sobald sie sich gegen uns in Bewegung setzten, thaten wir dasselbe gegen sie. Die nun folgenden Evolutionen bestanden darin, daß sie zwischen unsern Gliedern durchrannten und wir zwischen den ihrigen hindurchritten. Hauptsache dabei war natürlich der Lärm. Wer ein Gewehr hatte, schoß es möglichst oft ab; die andern schwangen unter entsetzlichen Gebärden ihre Waffen, alle aber schrieen, riefen und heulten, als ob sie verrückt geworden seien. Ich trug zu diesem schönen Konzerte meinen Teil in so ehrlicher Weise bei, daß ich dann einige Tage lang an einer rauhen Kehle laborierte. Wer so reist wie ich, der muß mit den Nachtigallen singen und mit den Wölfen heulen können, sonst erregt er Anstoß allerorten.

Als wir uns diesen Bewegungen und dieser Vokal-Kunstleistung eine Viertelstunde lang mit edler Begeisterung hingegeben hatten, blieben beide Parteien auf ein gegebenes Kommando einander gegenüber halten. Dann kam der Häuptling der Gohk mit vielen Verbeugungen auf den Reïs Effendina zu, wand den Leib bald nach rechts und bald nach links, als ob er an einer höchst energischen Pferdekolik leide, verdrehte die Augen, rang die Hände, sprang einige Schritte vor, dann wieder zurück, bewegte den Hals schraubenmäßig, wie eine Henne, welche mit dem Schnabel Eier legen will, druckte und schluckte, als ob er an einem mit hinuntergefahrenen Knochen ersticken wolle, und brachte endlich, endlich das zum Vorscheine, was zum Vorscheine kommen sollte, nämlich eine Rede, welche wohl über eine Viertelstunde dauerte und mich besonders durch die eine ihrer vielen und auffälligen Eigenschaften entzückte, daß sie uns ihrer Länge wegen nicht übersetzt werden konnte. Als das letzte Wort verklungen war, brachen seine Gohk in ein wahrhaft tolles Jubelgeschrei aus, in welches wir aus Leibeskräften und mit Aufbietung aller Körperstärke einstimmten.

Nun kam der bedeutungsvolle Moment, in welchem unser kommandierender Generalissimus zu antworten hatte. Er schickte sich dazu mit einem wohltönenden Räuspern an, ließ seinem Munde einen kurzen, edel klingenden Satz entfahren und schaltete darauf eine weise Pause ein, um Agadi Zeit zur Uebersetzung zu lassen. Daran schloß er, immer in lieblicher Abwechslung, einige andere Sätze und Pausen, bis er zu der wohlbedachten Ueberzeugung gelangte, daß es mit seiner Beredsamkeit zu Ende sei. Er gab, um Ende und auch alles gut zu machen, mit der erhobenen Hand ein Zeichen, um uns zu einer frenetischen Anstrengung unserer Stimmwerkzeuge aufzufordern. Leider aber hatte der gute Reïs Effendina weder sich noch eine andere Person zu begeistern vermocht, weshalb das Resultat dieser Aufforderung eine ebenso allgemeine wie auffällige Stille war.

Wir sahen uns dadurch, sozusagen, vor den Gohk blamiert. Ihr Anführer hatte den unsrigen um alle Pferdelängen geschlagen. Wie war dem abzuhelfen? Sollte der peinliche Eindruck, welchen das Schweigen hervorbrachte, verwischt werden, so mußte schnell und augenblicklich etwas geschehen. Dies sagte mir mein Taktgefühl, ein Gefühl, welches mein schwarzer Adjutant ganz in demselben

Maße wie ich besaß, denn er trieb sein Packtier, noch ehe ich zu einem Entschlusse gekommen war, vor, hielt vor dem Häuptlinge der Gohk an, deutete auf mich und rief, ihn zwei- oder dreimal wiederholend, einen langen Satz aus, von welchem ich nichts zu verstehen vermochte. Glücklicherweise klärte mich der Dolmetscher rasch auf, daß ich jetzt auch sprechen solle.

Ich, eine Rede! Dieser Gedanke war ganz vortrefflich. Ja, die Gohk sollten eine Rede hören! Je toller, desto besser; denn je unsinniger ich mich gebärdete, desto tiefern Eindruck mußte ich hervorbringen. Ich trieb also meinen Ochsen, ohne lange zu überlegen, zum raschesten Laufe an, jagte zehn-, zwanzigmal um den Anführer der Gohk herum und stieß dabei das wilde, schrille Kriegsgeheul der Komantschen und Apatschen aus, welches ich in Amerika so oft gehört hatte, sprang aus dem Sattel, ließ dann den Ochsen laufen, wohin er wollte und blieb vor dem ganz entzückt beobachtenden schwarzen Anführer stehen, schlug die Arme empor und begann mit weithin schallender Donnerstimme:

»Festgemauert in der Erden
Steht die Form aus Lehm gebrannt.
Heute muß die Glocke werden;
Frisch, Gesellen, seid zur Hand!«

So deklamierte, oder vielmehr schrie ich weiter, das ganze, lange Lied von der Glocke, bis zum Schlusse. O Schiller, du begeisterndster unter den Sängern, wäre es dir vergönnt gewesen, mich zu hören, so wärest du endlich, endlich einmal zu der Ueberzeugung gekommen, daß ich der einzige Sterbliche bin, der dich richtig verstanden hat und deine herrliche Dichtung durch die nötigen Kehl- und Gaumentöne aufs unvergleichlichste wiederzugeben vermag!

Ich blieb während der Deklamation keineswegs stehen, sondern ich sprang hin und her, warf bald das eine, bald das andere Bein empor, kauerte mich nieder, schnellte wieder auf, drehte mich wie ein Kreisel um mich selbst, raffte, als ich die letzten Zeilen ›Freude dieser Stadt bedeute; Friede sei ihr erst Geläute‹ in das Weltall hineingeschrieen hatte, mein Gewehr wieder auf, rannte zu meinem Ochsen, welcher unfern stehen geblieben war, sprang auf seinen Rücken und jagte ihn, das vorhin erwähnte Kriegsgeheul wieder ausstoßend in wildem Laufe zwischen den beiden einander gegenüberstehenden Parteien einige Male hin und her, worauf ich endlich wieder an meinen erst eingenommenen Platz zurückkehrte.

Was nun erfolgte, ist ganz unbeschreiblich. Erst tiefe, lautlose Stille; dann heulte mein geistesgegenwärtiger, schwarzer Adjutant mir zu. Das brachte die Stimmen aller gegenwärtigen Schwarzen, Braunen, Gelben und Weißen in Aufruhr. Und was für Stimmen waren das! Was ist der Föhn, der Sirocco, der Samum, der nordamerikanische Blizzard, ja was ist selbst die rasende, hochasiatische Wjuga gegen den Sturm, welcher sich nun erhob! Wer eine Stimme hatte, und die hatte doch ein jeder, ließ dieselbe hören, als ob er hundert Stimmen hätte. Wäre die ganze Hölle losgewesen, vor diesem Lärm hätte sie sich augenblicklich wieder verkrochen. Die ganze, bisherige Ordnung war mit einem Male aufgelöst. Das Entzücken trieb jeden von seinem Platze. Unsere Reiter warfen sich von ihren Tieren. Alles, alles, Körper, Arme, Beine, Köpfe schwebten, glitten, tanzten, sprangen und flogen in tollem Wirrwarr auf dem Platze herum und hin und her. Unsere sonst so einsichtsvollen Ochsen erschraken darüber und kniffen brüllend aus. Kurz und gut, ich hatte einen so unbeschreiblichen Erfolg, daß es mir selbst heute, wenn ich daran denke, angst und bange wird; denn hatte ich mich vorhin wie wahnsinnig gebärdet, so thaten dies meine Zuhörer noch viel mehr. Sie glichen wirklich Tollen; selbst die verständigsten unserer Asaker wurden angesteckt, und auch Ben Nil tanzte und jubelte mit, als ob er es bezahlt bekäme.

Ein einziger nur war es außer mir, der ruhig blieb, nämlich der Reïs Effendina. Er kam zu mir, um mir kopfschüttelnd zu sagen:

»Glaubst du, Effendi, daß ich beinahe dachte, du seist übergeschnappt? Was fiel dir ein? Du, der bedächtigste und ruhigste von uns allen, gebärdest dich ganz plötzlich wie einer, der den Verstand verloren hat! Was sollte ich da denken! Ich wäre am liebsten gleich auf und davon gerannt!«

»So hat meine Leistung also deinen Beifall nicht?« fragte ich lachend.

»Nein, ganz und gar nicht! Du hast unsere Würde geschädigt. Für was für Menschen müssen diese Schwarzen uns halten!«

»Für ganz tüchtige Kerle; darauf kannst du dich verlassen! Wenn man die Menschen nimmt, wie sie sind, wird man nie bei ihnen anstoßen, sondern vielmehr Anerkennung finden. Ich denke, daß du dich für mein Auftreten noch bei mir bedanken wirst.«

»Schwerlich! Ich bin der Vertreter des Vicekönigs, dessen Ansehen durch solche Tollheiten leiden muß.«

»Ich habe freilich nicht an das Ansehen des Vicekönigs, sondern zunächst daran gedacht, uns hier ein solches zu verschaffen. Die Folge wird zeigen, ob der Khedive durch mein Verhalten seinen Thron verliert oder nicht. Willst du tadeln, so prüfe erst.«

»Aber du mußt doch unbedingt zugeben, daß meine Rede viel würdiger war als die deinige!«

»In meinen Augen, ja. Aber hast du sie denn mir gehalten?«

»Den Gohk natürlich.«

»So sind sie es, welche zu entscheiden haben. Es fragt sich, wessen Rede nicht uns beiden, sondern ihnen besser gefallen hat. Eigentlich haben sie durch ihren Beifall die Antwort auf diese Frage schon gegeben.«

Diese Antwort sollte gleich auch in noch anderer Weise kommen. Der Häuptling der Gohk war ebenso wie jeder seiner Untergebenen mit herumgesprungen; jetzt entfernte er sich aus dem Gewühl und hielt eine Art Banner empor, welches aus einer Stange bestand, an welche ein graues Affenfell befestigt war. Dies war das Zeichen zum sammeln, denn als die Seinen es erblickten, löste sich der Wirrwarr, und jeder begab sich an den von ihm eingenommenen Platz. Der Anführer hielt eine kurze Beratung mit einigen Männern, welche nach unsern Begriffen wohl als Gemeinderäte zu bezeichnen waren. Dann schritt er mit ihnen auf den Häuptling der Bor zu, welcher sich auch wieder auf seinem vorigen Platze befand, denn auch unsere Leute hatten ihre frühere Stellung jetzt wieder eingenommen. Er sprach längere Zeit mit ihm, jedenfalls von dem Reïs Effendina und mir, da sein Auge uns immer wieder aufsuchte. Darauf kam er auf uns beide zu, verneigte sich vor dem Reïs Effendina und sagte zu diesem, natürlich durch den Dolmetscher:

»Herr, ich habe vernommen, was euch zu uns führt. Ihr seid gekommen, uns aus einer großen Gefahr zu erretten. Wir werden noch weiter über dieselbe sprechen und über die Art und Weise, in welcher sie abzuwenden ist. Vor allen Dingen heißen wir euch willkommen. Ich höre, daß du ein Liebling des Vicekönigs bist. Zwar sind wir demselben nicht unterthan, denn wir sind freie Gohk vom großen Volke der Djangeh; aber du wirst bei uns geachtet sein, wie du daheim geachtet wirst. Sei unser Gast, und bleibe, solange es dir bei uns gefällt!«

Dann wendete er sich mit folgenden Worten an mich:

»Herr, der Häuptling der Bor, welche unsere Brüder sind, erfuhr von deinen Thaten und hat mir einige in Kürze mitgeteilt. Du kommst aus einem Lande, in welchem lauter berühmte Männer wohnen. Du bläsest deine Feinde von dir wie Staub, und niemand kann dich je besiegen. Auch hörte und sah ich dich sprechen, wie ich noch keinen reden sah und hörte. Wer deine Stimme hört, wird wie von Merissah[1] begeistert, und die Bewegungen deiner Arme und Beine zeugen von der Wahrheit deiner Worte. Sollte je ein Mensch deinem Messer widerstehen, so wirst du ihn durch deine Rede besiegen. Darum bist nur du der Mann, der uns zu retten vermag. Ibn Asl ist der größte Teufel unter den Sklavenjägern, und seine Leute sind wie böse Geister, vor denen es keine Rettung giebt. Wir vermöchten ihm und ihnen nicht zu widerstehen; aber da du dich bei uns befindest, brauchen wir keine Sorge zu haben, denn du allein bist soviel wie hundert meiner Krieger. Ich werde meine Leute ausrüsten und sie unter deinen Befehl stellen. Sage mir, ob du ihr Anführer sein willst!«

Das war nun freilich im Superlativ gesprochen. Nach den Worten dieses guten Schwarzen zu urteilen, hätte ich ja wirklich die Bezeichnung, welche Selim so oft unrechtmäßigerweise für sich in Anspruch nahm, mit vollem Rechte verdient und wäre der ›größte Held des Weltalls‹ gewesen. Also General *en chef* sollte ich werden? Nun, ich hatte keinen Grund, diese Würde von mir zu weisen. Wenn ich sie annahm, so war ich wenigstens sicher, daß in der Leitung keine groben Fehler gemacht wurden, und so erklärte ich denn dem Häuptlinge, daß ich bereit sei, auf seinen Vorschlag einzugehen.

Als er diese Antwort seinen Leuten verkündigte, erhob sich ringsum ein lautes Jubelgeschrei, und es wurde abermals eine Phan-

[1] Gegorenes Getränk.

tasie ins Werk gesetzt, welche darin bestand, daß alles, was Beine hatte, im Kreise um mich zu tanzen begann. Sodann wurden wir eingeladen, mit hinauf in das Dorf zu kommen. Die Schwarzen stellten sich in Reih und Glied, nahmen uns in die Mitte, worauf sich der Zug in Bewegung setzte und sich auf demselben Wege bergaufwärts bewegte, auf welchem die Schwarzen uns vorher entgegengekommen waren. Ich ritt dabei neben dem Emir, aber nur wenige Schritte; dann machte sich mein famoser Brillenträger an meine andere Seite, und es war geradezu spaßhaft, die stolze Haltung, welcher er sich dabei befleißigte, zu beobachten. Der ganze Abglanz derjenigen Hoheit, welche er mir beilegte, schimmerte auf seinem Gesichte.

Auf der Höhe des Berges angekommen, sahen wir erst, welchen Umfang derselbe hatte. Wir befanden uns auf einem ebenen Plateau, welches auf den andern drei Seiten so steil abfiel, daß es nur auf derjenigen, von welcher wir gekommen waren, erstiegen werden konnte. Die Verteidigungsverhältnisse dieses Ortes waren also sehr gute. Das Dorf nahm ungefähr die Hälfte des Plateaus ein und bestand aus lauter runden Hütten von der Art, wie ich sie wiederholt beschrieben habe, und war von einem hohen, sehr dichten Dorngestrüpp umgeben. Die Fläche außerhalb des Dorfes war mit kurzem Grase bewachsen. Es gab da mehrere Einzäunungen, um die Herden des Nachts und zur Zeit eines Ueberfalles in Sicherheit zu bringen.

Der Eingang der Dornumfassung war geöffnet. Wir stiegen da von unseren Tieren, welche auf die Grasweide getrieben wurden, und zogen in das Dorf ein, festlich empfangen von allen denjenigen Bewohnern, welche vorher aus irgend einem Grunde hatten zurückbleiben müssen. Die größte der Hütten wurde für den Reïs Effendina und mich bestimmt; alle andern wurden einzeln bei den Dorfbewohnern einquartiert. Dann schlachtete man mehrere Ochsen und brannte Feuer an, um das Fleisch derselben zu braten. Ich hatte nicht die Absicht, in der Hütte zu wohnen; die ›wibbelnde‹ und ›kribbelnde‹, stechende und beißende Bevölkerung solcher Logements pflegt so zutraulich zu sein, daß ich es für geratener hielt, selbst des Nachts im Freien zu bleiben.

Zunächst unternahm ich mit dem Emir, dem Häuptling und dem

Dolmetscher einen Gang durch und um das Dorf, um die Oertlichkeiten in Beziehung auf ihre Verteidigungsfähigkeit zu prüfen. Ich fand, daß ein momentaner Angriff leicht abzuschlagen war; anders aber stand es im Falle einer Belagerung. Es gab nämlich hier oben kein Wasser; dieses mußte vielmehr aus dem kleinen Flüßchen, welches unten den bereits erwähnten See speiste, heraufgeholt werden. Ein längere Zeit reichender Vorrat konnte unmöglich im Dorfe aufbewahrt werden, denn erstens mangelte es an den hierzu nötigen Gefäßen und Behältern, und zweitens war bei der hier herrschenden Hitze die Verdunstung eine so bedeutende, daß gar nicht daran gedacht werden konnte, uns von Ibn Asl auf dem Berge einschließen zu lassen. Er hätte unten am Flusse Wasser in Hülle und Fülle gehabt und sicher darauf rechnen können, daß der Durst uns bald zur Uebergabe zwingen würde. Um ihn nicht in diesen Vor- und uns in diesen Nachteil zu bringen, war es notwendig, unsere Stellung weiter vorzuschieben, ihn gar nicht an den See, an den Fluß zu lassen. Es galt, ihn an einem Orte zu empfangen, welcher uns die Aussicht bot, ihn ohne große Verluste und schnell zu überwältigen. Da wir ihn aus Südost erwarteten, mußte dieser Ort in dieser Richtung von dem Dorfe liegen. Es war also nötig, zu rekognoszieren, um ein passendes Terrain aufzufinden. Dazu aber hatten wir heute keine Zeit, da es eine Beleidigung für die Gohk gewesen wäre, wenn ich mich ihrer Gastlichkeit entzogen hätte.

Diese Angelegenheit war übrigens keine dringende, da wir Ibn Asl jetzt noch nicht zu erwarten hatten. Wir waren, seit wir seinen Boten ergriffen hatten, neun Tage unterwegs gewesen, während er bis Aguda acht und dann bis Wagunda zwölf, in Summa also zwanzig Tage zuzubringen gedacht hatte. Aus diesem Grunde stand zu vermuten, daß er von heute an in zehn oder elf Tagen ankommen werde, eine genügend lange Zeit, ihm einen niederschmetternden Empfang und seinem Treiben ein für allemal ein Ende zu bereiten. Die Pflichten eines Generalissimus verhinderten mich also nicht, die Freundschaftsbeweise der Gohk heute über mich ergehen zu lassen.

»Ueber mich ergehen zu lassen!« Ja, das ist der richtige Ausdruck für das, was ich bezeichnen will, denn ich war bei dieser Sache der wahrhaft Leidende, nicht aber der Thätige. Meine einzige Aktivität bestand im Kauen, im immerwährenden Verschlingen des Fleisches und der säuerlichen Merissah, welche mir fast buchstäblich immer und immer wieder eingezwungen wurde. O Allah, wieviel so ein Neger zu essen und zu trinken vermag! Und da er wohl weiß, daß der Weiße hoch über ihm steht, so erwartet er von diesem unbedingt eine ebenso überlegene Magenweite und Verdauungsfähigkeit. Ich mußte aus Höflichkeit bis an die fernste Grenze meines Leistungsvermögens gehen und hatte infolgedessen, als ich mich nach Mitternacht vor dem Dorfe ins Gras niederstreckte, das Gefühl, daß ich im Leben niemals wieder zu essen brauchen werde. Ich fiel trotz des Lärmes, welcher noch im Dorfe herrschte, sofort in tiefen Schlaf und erwachte aus demselben erst dann, als die Sonne so hoch stand, daß ihre stechenden Strahlen mich weckten. Als ich durch die Umzäunung das Dorf betrat, sah ich – – die Neger und auch unsere Asaker schon wieder beim Essen sitzen. Der Leistungsfähigste von ihnen allen schien mein langer Selim zu sein, denn als er mich erblickte, rief er mir zu:

»Effendi, wie schön ist's hier! Hier bleibe ich für alle meine Tage. Ich habe gar nicht geschlafen, sondern immerfort gegessen und erzählt. Und diese lieben, guten Leute, welchen Allah tausend Jahre schenken möge, haben auch fortwährend gegessen und mir zugehört. Setz' dich her zu uns, und iß! Ich habe hier ein Rippenstück, dessen Saftigkeit alle Genüsse der Erde überstrahlt.«

Er hielt mir das Stück mit beiden Händen entgegen und drückte es, um mir die Wahrheit seiner Worte zu beweisen, so, daß der Saft ihm von den Fingern tropfte. Ich dankte natürlich und ging weiter, um den Reïs Effendina aufzusuchen, welcher in der uns zugewiesenen Hütte saß und den Häuptling der Gohk als lieben Besuch vor sich hocken hatte. Soll ich verraten, was der letztere that? Er aß! Als ich eintrat, hatte er eben einen Wirbelknochen, von welchem er mit seinem elfenbeinernen Gebisse das Fleisch abschabte, vor dem Munde. Bei beiden, doch in der ehrerbietigen Entfernung von einigen Schritten, standen zwei junge Neger, welche zu meinem Erstaunen – – nicht aßen, obgleich der Häuptling soviel Braten vor sich liegen hatte, daß zehn Männer meiner Konstitution sich damit vollständig hätten sättigen können. Der Emir deutete, nachdem ich ihn begrüßt hatte, auf diese beiden und sagte:

»Diese Jünglinge werden uns von großem Nutzen sein. Sie stammen aus diesem Dorfe und kehren zufälligerweise gerade jetzt von einem zweijährigen Aufenthalte drüben in Hasab Allaba am Gasellenflusse zurück. Sie sind als Asaker dort gewesen und haben das Arabische soweit gelernt, daß sie uns als Dolmetscher dienen können.«

Diese Mitteilung erfreute mich, da es mir nun möglich war, mich freier zu bewegen. Ich bat den Häuptling, mir einen dieser Dolmetscher zur unausgesetzten Hilfe zuzuweisen, was er auch sofort that. Dann erklärte ich dem Reïs Effendina, daß und warum es nötig sei, schon heute einen Ritt zu unternehmen, um die südöstliche Gegend kennen zu lernen, und fragte ihn, ob er mich begleiten wolle. Er lehnte ab. Wie ich später wohl bemerkte, geschah dies aus einer Art von Eifersucht. Er fühlte sich dadurch zurückgesetzt, daß gestern nicht ihm, sondern mir der Befehl über die Krieger der Gohk übertragen worden war. Verletztes Ehrgefühl kann leicht die beste Freundschaft in das Gegenteil verwandeln.

Nur der Dolmetscher und mein treuer Ben Nil sollten mich auf dem erwähnten Ritte begleiten. Der Brillenjüngling wollte mit; ich gestattete es ihm nicht. Auch Selim meldete sich. Er hatte soviel gegessen, daß er nicht gerade stehen, viel weniger noch auf einem Ochsen reiten konnte. Davon auch abgesehen, hätte ich ihn nicht mitgenommen, denn dieser Unglücksvogel wäre mir noch hinderlicher als jeder andere gewesen und hätte mich durch seine Dummheiten nur in Schaden bringen können.

Mein junger Dolmetscher war ein sehr brauchbarer Mann. Er sprach zwar nur das sogenannte Bahr-Arabisch, doch verstanden wir uns leidlich, da ich mich bemühte, meine Ausdrücke demselben anzubequemen. Vor allen Dingen war ihm die Gegend, um welche es sich handelte, genau bekannt. Er war früher mit seinem Vater einige Male drüben in Aguda, von woher wir Ibn Asl erwarteten, gewesen und konnte meine Fragen zur Zufriedenheit beantworten. Er beschrieb mir genau die Route, welche Ibn Asl von Aguda nach Wagunda einzuschlagen hatte. Infolge seiner Erklärungen und meiner Rekognoszierung, von welcher wir erst am Abende zurückkehrten, entwarf ich einen Plan, von welchem ich mit Sicherheit erwartete, daß er Ibn Asl und alle seine Asaker ohne großes Blutvergießen in unsere Hände liefern werde.

Wagunda liegt in der Nähe des obern Tonj-Flusses, da, wo dieser sich in die beiden Arme teilt, aus denen er entspringt. Der eine ist gerade nördlich nach Awek gerichtet, während der andere aus Südosten kommt. Beide bilden einen stumpfen Winkel, in dessen offene Arme Ibn Asl laufen mußte; beide fließen durch sumpfiges Land, welches in der Nähe der Ufer geradezu ungangbar ist. Ueber den Südarm ist aus diesem Grunde nicht zu kommen, und der Nordarm bietet nur eine einzige Stelle, an welcher der Boden so fest ist, daß man sich ihm nähern und ihn überschreiten oder, je nach der Jahreszeit, durchschwimmen kann. Nach dieser Stelle mußte Ibn Asl, um nach Wagunda zu kommen, seinen Marsch unbedingt richten. Mein Plan war nun folgender:

Die Furt mußte auf beiden Seiten des Flusses mit genügender Mannschaft besetzt werden. Die Abteilung jenseits des Flusses hatte sich zu verstecken, bis Ibn Asl an ihr vorübergezogen war und den Fluß erreicht hatte. Folgte sie ihm dann, so hatte er sie im Rücken, rechts und links den Sumpf und vor sich die Furt. Von ihr ins Wasser getrieben, mußte er das diesseitige Ufer zu erreichen suchen, an welchem ihn die andere Abteilung zu erwarten hatte. So stak er im Wasser, hatte vor und hinter sich Sumpf und Feinde und war aller Voraussetzung nach gezwungen, sich ohne Gegenwehr zu ergeben. Dabei rechnete ich auf die Djangeh-Krieger, welche bei ihm waren und deren Häuptling sich bei uns befand. Rief dieser ihnen von weitem zu, daß sie von Ibn Asl betrogen worden seien und zu uns übergehen sollten, so thaten sie dies sicher, und er war dann mit seinen wenigen Asakern so ohnmächtig, daß es Wahnsinn von ihm gewesen wäre, sich zur Wehr zu setzen. Um des Gelingens vollständig sicher zu sein, nahm ich mir vor, an der Furt einige Gräben und Verhaue anzulegen, in und hinter denen wir sicheren Schutz vor feindlichen Kugeln finden würden.

Mit diesem Plane kehrte ich heim und rief sofort nach meiner Ankunft eine Art Kriegsrat zusammen, welcher aus dem Reïs Effendina, den Häuptlingen der Djangeh, Bor und Gohk und mir bestand. Als ich mit Hilfe des Dolmetschers meine Absicht vorgetragen und begründet hatte, trat zu meinem Erstaunen ein Schweigen ein, welches mich stutzig machen mußte. Die drei Häuptlinge sahen sich untereinander an, richteten ihre Augen auf den Reïs Effendina und senkten dann die Blicke vor sich nieder. Es war klar, sie wagten nicht, mir beizustimmen. Hatte der Reïs ihnen Grund gegeben, sich so schüchtern zu verhalten? Ich richtete also an diesen die Aufforderung, sein Gutachten auszusprechen.

»Das sollst du hören,« antwortete er mir. »Bist du Offizier, Effendi?«

»Nein.«

»Nun, ich bin einer, und zwar als Reïs Effendina einer von nicht gewöhnlichem Range; das weißt du ja. Daraus magst du ermessen, wer von uns beiden, du oder ich, befähigt ist, einen Kriegsplan zu entwerfen. Zwar hat der Häuptling der Gohk dir das Kommando übergeben; das kann er in Beziehung auf seine Leute thun; aber meinst du, daß ich dem Oberbefehle über die andern alle, die mit uns gekommen sind, entsage?«

Er sprach in einem geradezu unfreundlichem Tone; er war eifersüchtig auf mich geworden; er fühlte sich beleidigt. Ich hatte ihm manchen Dienst erwiesen und durfte wohl auf seine Dankbarkeit rechnen; also war eigentlich ich es, welcher Grund hatte, sich gekränkt zu zeigen. Ich that dies nicht, sondern antwortete in meiner gewöhnlich ruhig freundlichen Weise:

»Wie kommst du zu dieser Frage? Habe ich dich aufgefordert, deinen Rechten zu entsagen? Als der Häuptling mich bat, der Anführer zu sein, hast du zu meiner Antwort geschwiegen, und ich durfte also annehmen, daß du einverstanden seist. Da ich jetzt höre, daß dies nicht der Fall ist, so bin ich gern bereit, mein Versprechen zurückzunehmen. Ich bin ein Abendländer, und es kann mir sehr gleichgültig sein, was hier im Sudan geschieht. Was ich gethan und vorgeschlagen habe, habe ich zu eurem Wohle gethan und gesprochen. Gefällt euch mein Plan nicht, nun, so habt ihr ja das Recht, ihn zurückzuweisen. Sinnt euch einen andern, bessern aus! Ist es euch dann recht, über denselben mein Urteil zu hören, so sollt ihr es haben. Wollt ihr aber ohne den Einfluß eines Fremden handeln, so wird es mir gar nicht einfallen, mich beleidigt zu fühlen. Ich bin gar nicht lüstern darnach, Anführer zu sein oder durch Vorlegung eines Planes Verantwortung auf mich zu laden;

aber aus Interesse an der Sache und aus Freundschaft für dich, bitte ich, in euren Reihen kämpfen zu dürfen, falls es zum Kampfe kommen sollte.«

Ich erwartete, daß diese Worte ihn umstimmen würden, hatte mich aber getäuscht, denn er meinte in ganz gereiztem Tone:

»Du hast sehr richtig gesprochen. Du bist ein Fremdling, und unsere Angelegenheiten gehen dich eigentlich nichts an. Du hast durch deinen gestrigen Tanz diese guten Leute verwirrt; heute aber sind sie zur Ansicht gekommen, daß mein Verhalten ein würdigeres war, und der Häuptling der Gohk hat den Oberbefehl über seine Krieger dir entzogen und mir übergeben. Dagegen, daß du mit uns kämpfest, wird kein Mensch etwas haben.«

»Das befriedigt mich. Wie aber steht es mit deinem Plane? Darf ich ihn hören?«

»Hören? Ja. Aber etwaige Einwendungen werden an demselben gar nichts ändern. Er ist ebenso einfach, wie er untrüglich zum Ziele führt.«

»So bitte, sprich!«

»Er gleicht dem deinigen, wie ein Haar dem andern. Du willst den Ibn Asl in den Fluß, ich hingegen will ihn in den See werfen.«

»In den See da unten am Berge?«

»Ja. Wir haben das viel bequemer. Infolge deines Planes müßten wir einen weiten Marsch nach dem Flusse machen und dort in den Sümpfen kampieren; der meinige erlaubt uns, hier zu bleiben. Wir verstecken uns hier oben. Ibn Asl hat keine Ahnung davon, daß wir uns hier befinden, daß die Gohk gewarnt worden sind. Er wird kommen und sich natürlich zwischen dem Berge und dem See aufstellen. Sobald er das gethan hat, stürmen wir hinab und drängen ihn in das Wasser.«

»Das klingt allerdings verlockend, will aber dennoch überlegt sein. Draußen an der Furt ist der Feind so von uns, dem Sumpfe und dem Wasser umgeben, daß er nach keiner Seite ausbrechen kann und Rettung einzig nur darin findet, daß er sich ergiebt. Hier aber hat er euch vor sich, den See hinter sich und zu beiden Seiten offenes Land; er kann also, selbst wenn es euch gelingt, ihn zu schlagen, entweichen. Jedenfalls fließt Blut, viel Blut. Dein Trachten muß darauf stehen, vor allen Dingen Ibn Asl persönlich in die Hände zu bekommen; ich glaube aber, wetten zu können, daß – –«

»Gieb dir keine Mühe!« unterbrach er mich, »du bist stark, tapfer und listig, aber doch kein Offizier; deine Kugel fehlt nie ihr Ziel, aber von der Strategie verstehst du nichts; das habe ich wiederholt erfahren. Mein Plan ist gut und wird ausgeführt. Die Erlaubnis, mitzukämpfen, sollst du haben, natürlich unter der Voraussetzung, daß du zu gehorchen weißt!«

Das war ganz im Tone eines Vorgesetzten zu seinem Untergebenen gesprochen. Wie oft hatte ich die Fehler seiner Leute, sogar seine eigenen, gut gemacht, und jetzt wollte er wiederholt erfahren haben, daß ich nichts von Strategie verstand! Ja gewiß, ein Stratege war und bin ich nicht im mindesten; aber Ibn Asl zu fangen, dazu glaubte ich ebensoviel Geschick wie er zu haben. Seine letzten Worte waren geradezu grob; darum stand ich auf und sagte, jedoch im ruhigsten Tone:

»Es giebt keinen Menschen, dem ich zu gehorchen habe, und es wird wahrscheinlich auch nie einen geben. Allah isallamak – Gott behüte dich!«

Bei diesen Worten wendete ich mich um und verließ die Hütte des Häuptlings, in welcher diese eigenartige Beratung stattgefunden hatte. Vor derselben stand Ben Nil. Er sah mir besorgt in das Gesicht und sagte:

»Hamdulillah, es ist besser verlaufen, als ich dachte! Ich glaubte, du werdest hocherzürnt herauskommen. Dein ruhiges Gesicht aber sagt mir, daß man doch nicht so dumm gewesen ist, dir zu widersprechen.«

»Woher weißt du, daß man dies beabsichtigt hat?«

»Vom anderen Dolmetscher, der mir sagte, daß der Reïs Effendina während unserer Abwesenheit gedroht habe, Wagunda seinem Schicksale zu überlassen, falls nicht er allein es sei, der zu gebieten habe.«

»Und du hast geglaubt, daß ich ein grimmiges Gesicht dazu machen werde?«

»Natürlich! Eine solche Undankbarkeit muß doch erzürnen!«

»Sie kränkt mich zwar, aber sie erzürnt mich nicht.«

»Kränkt? Also hat man es doch gethan?«

»Ja. Man hat meinen Rat zurückgewiesen, doch ist man so gnädig gewesen, mir zu erlauben, mitzukämpfen, aber unter der Bedingung, daß ich gehorche.«

»Gehorchen? Du?« rief er aus. »Effendi, bleib' hier stehen, bis ich wiederkomme! Ich muß fort, hinein zu ihnen, um ihnen zu sagen, was sie sind gegen dich!«

Er wollte fort; ich hielt ihn am Arme zurück und gebot ihm:

»Bleib'! Du machst es nicht anders. Sie hören nicht auf dich, da sie nicht auf mich gehört haben. Sie werden nur von den Ereignissen eines andern belehrt werden.«

»Aber was willst du thun?« fragte er eifrig. »Es dir ruhig gefallen lassen und dich als gewöhnlicher Askari neben die andern stellen, dich einem dieser Neger gleichachten lassen?«

»O nein. Geh nur in deine Hütte; hole deine Sachen, und komm dann nach der meinigen!«

Er eilte von dannen. Ich begab mich nach der mir und dem Reïs Effendina zugewiesenen Hütte, um mein Eigentum an mich zu nehmen. Bald kam Ben Nil. Wir verließen das Dorf und stiegen den Berg hinab, um uns jenseits des Sees am Waldesrande schlafen zu legen. Ben Nil sprach kein Wort; er war ein braver, feinfühlender Bursche. Er hatte sich über mein ruhiges Gesicht gewundert; ich war auch innerlich ruhig; aber diese Ruhe war keine wohlthuende. Ich ärgerte mich nicht und grämte mich nicht; es war mir nur eine Kränkung widerfahren, und doch konnte ich während dieser ganzen Nacht nicht schlafen. Die Sorge um das Schicksal derer, welche ich verlassen hatte, ließ mir keine Ruhe. Ich sann und sann, wie ihnen doch zu helfen sei, und kam endlich auf einen Gedanken, welcher mir zwar nicht den Schlaf, aber doch innere Beruhigung brachte. Es gab zwar gegen die Ausführung desselben mancherlei Bedenken, aber nach reiflicher Ueberlegung kam ich, gerade als es Tag wurde, zu der Ueberzeugung, daß ich nichts Besseres thun könne, als diesem Vorsatze treu zu bleiben. Da erwachte Ben Nil aus seinem Schlafe, welcher auch ziemlich unruhig gewesen war. Wir wuschen uns im See, und nachdem wir uns abgetrocknet hatten, fragte er mich:

»Was nun, Effendi? Steigen wir wieder hinauf in das Dorf?«

»Nein, wir wenden uns nach Foguda.«

»Nach Foguda? Das ist das Dorf der Gohk, von welchem uns der Dolmetscher gestern erzählte, als er uns die Umgegend erklärte. Was wollen wir dort?«

»Hilfe für Wagunda holen.«

»So willst du diese Undankbaren nicht ihrem Schicksale überlassen?«

»Nein. Ich weiß, daß sie in ihr Unglück rennen, wenn ich ihnen nicht helfe, und da sie meine Hilfe von sich weisen, muß ich sie zwingen, sie anzunehmen.«

»Sie sind es nicht wert, Effendi! Und bedenke die Gefahren des Weges, den wir zurückzulegen haben!«

»Warum diese Worte? Ich weiß, daß du dich nicht fürchtest.«

»Aus Sorge für dich, nicht für mich. Ich gehe mit dir bis an das Ende der Welt; aber es ist meine Pflicht, dich darauf aufmerksam zu machen. Der Dolmetscher sagte, daß Foguda drei volle Tagreisen von hier entfernt sei. Bedenke, daß wir keine Reittiere haben und also laufen müssen, durch Urwald und Sumpf, den wir nicht kennen.«

»Er hat die genaue Richtung angesagt und den Weg kurz beschrieben. Das genügt mir.«

»Du willst die Bewohner von Foguda aufbieten, mit uns hierher zu ziehen?«

»Ja. Foguda liegt seitwärts des Weges, auf welchem Ibn Asl hierher kommen wird. Wir legen uns mit den dortigen Gohk auf die Lauer, lassen ihn vorüber und folgen ihm. Hier stellen wir uns hinter ihm auf und fallen, wenn er das Dorf angreift, über ihn her.«

»Diesen Plan willst du den Leuten in Foguda erklären? Aber du kennst ja deren Sprache ebensowenig, wie ich sie kenne. Und einen Dolmetscher haben wir nicht mit!«

»Ich rechne auf mein gutes Glück. Vielleicht giebt es einen unter ihnen, der ein wenig Arabisch versteht und wenn nicht, so hoffe ich, mit der Zeichensprache und einigen Worten, die mir doch bekannt sind, auszukommen.«

»Und du glaubst, daß die Fogudakrieger uns hierher begleiten werden?«

»Ich bin überzeugt davon, da sie zu demselben Stamme mit den Bewohnern von Wagunda gehören.«

»Nun wohl! Du hast stets die besten Gedanken, und so wird der jetzige wohl auch der richtige sein. Laß uns aufbrechen, denn wir müssen drei Tage lang tüchtig marschieren. Aber wovon leben wir?«

»Von Früchten, welche wir finden werden, und von dem, was wir schießen. Uebrigens haben wir gestern so viel gegessen, daß ich für heute und morgen wohl nichts brauchen werde.«

Wir verließen den See und schritten in der Richtung, nach welcher wir gestern geritten waren, fort, ohne daß es mir einfiel, noch einen Blick hinauf nach dem Dorfe zu richten, wo alles noch zu schlafen schien. Wir waren ungefähr zehn Minuten gegangen und durchquerten gerade ein leichtes Gebüsch, als ich hinter uns ein Schnaufen hörte, ähnlich demjenigen eines Hundes, welcher seinen Herrn verloren hat und nun ängstlich nach der Spur desselben sucht. Ich drehte mich um und hielt das Gewehr zum Schusse bereit. Wir wurden verfolgt, hatten aber, wie ich bald sah, nichts zu fürchten, denn unser Verfolger war kein anderer, als der lange Selim, der mit Riesenschritten, so daß sein langes Gewand hinter ihm flog, uns nachgeeilt kam.

»Halt, Effendi, halt!« rief er, als er mich erblickte. »Wo wollt ihr hin?«

»Sage erst, wohin du selber willst?«

»Mit euch!« antwortete er, indem er keuchend bei uns stehen blieb.

»Bleib' in Gottes Namen hier; wir können dich nicht gebrauchen!«

»Nicht? Mich, den tapfersten der Helden?«

»Dich, den Unglücksbringer! So oft ich dich mit mir nahm, hast du mir Unheil gebracht.«

»Allah, Allah! Sprich doch nicht so, Effendi! Allen meinen Schritten folgt Heil und Segen nach. Warum wollt ihr nicht bleiben? Warum habt ihr gestern abend das Dorf verlassen?«

»Weil ich Undank fand.«

»Ich habe es gehört, und die Asaker bedauern es, weil sie dich lieb gewonnen haben. Sie hofften, daß du heute zurückkehren werdest. Ich erhob mich früh vom Lager, um nach dir zu suchen, weil ich dein natürlicher Beschützer und Behüter bin. Ich nahm mein Messer und mein Gewehr, um das Dorf zu verlassen. Eben als ich in das

Freie trat, sah ich euch. Ich rief, aber ihr konntet es nicht hören; so bin ich euch also nachgerannt.«

»Um gleich wieder umzukehren!«

»Nein, Effendi. Ich gehe mit euch.«

»Und ich befehle dir, zum Reïs Effendina zurückzukehren! Wir gehen Gefahren entgegen und haben dich nicht nötig.«

»Das denkst du nur. Und wenn du mich wirklich fortjagst, laufe ich euch von weitem nach!«

Da stellte sich Ben Nil auf seine Seite und bat für ihn. Was sollte ich machen! Treu war der alte Kerl; aber Pech, Pech und immer wieder Pech hatte er mir stets und überall gebracht. Sollte ich mich hier unnütz mit ihm herumstreiten? Ich wußte, daß er uns doch nachlaufen werde. Darum entschied ich, freilich höchst ungern:

»Nunwohl, so gehe mit! Ich weiß, daß du uns Unglück bringst, will es aber trotzdem noch einmal mit dir versuchen, falls du mir versprichst, allen meinen Anordnungen auf das genaueste nachzukommen.«

»Allen, allen, Effendi!« beteuerte er, indem er die Hand auf das Herz legte. »Verlange von mir, was du willst, ich thue es; nur verlange nicht, daß ich dich verlasse.«

Wir setzten, nun zu dreien, unsern Weg fort, welcher uns zunächst nach der erwähnten Furt führte. Selim blieb, da er die längsten Beine hatte, nicht hinter uns zurück, obgleich er sehr bald über heftiges Leibweh und Magendrücken klagte. Nach dem, was er im Essen geleistet hatte, war dieses Unwohlsein sehr leicht zu erklären.

Gestern waren wir durch die Furt geritten, heute mußten wir sie durchwaten, wobei uns das Wasser bis an die Brust ging. Nachdem wir noch eine Stunde im Winkel, den die beiden Quellflüsse des Tonj bildeten, zurückgelegt hatten, wendeten wir uns von der Route, auf welcher Ibn Asl zu erwarten war, um ein weniges nach Süden ab. Ich richtete mich dabei weniger nach der Beschreibung des Weges, welche der Dolmetscher mir geliefert hatte, als nach meinem Kompaß, auf welchen ich mich lieber verließ. Auch ist der Instinkt eines erfahrenen Reisenden ein besserer Führer als das Wort eines jungen Negers, dem es fast stets schwer wird, verwandte Begriffe nicht zu verwechseln. Ich wußte, in welcher Richtung Foguda lag, und wenn ich diese Richtung einhielt, mußten wir unser Ziel unbedingt erreichen.

Das, was ich soeben Instinkt genannt habe, bewährte sich, wenigstens am ersten Tage. Wir kamen durch keine der Sumpflandschaften, welche wir gefürchtet hatten, sondern durch einen ungeheueren Tamarindenwald, welcher ohne Ende zu sein schien. Die Bäume desselben standen soweit auseinander, daß der Boden ziemlich trocken war und wir leichtes Wandern hatten, und doch auch wieder so dicht, daß die Kronen derselben uns einen sehr wohlthätigen Schatten gewährten.

An einer großen Wasserlache, an welcher wir vorüberkamen, gab es allerlei gefiederte Tiere, und es gelang mir, einige Vögel zu schießen, welche wir am Abende braten konnten. Als die Sonne sich dem Horizonte näherte, war der Wald zu Ende, und wir kamen auf eine vollständig ausgedorrte Prairie, welche wir in derselben Richtung weiter wanderten. Sie konnte hier in dieser flußreichen Gegend nicht groß sein, und wirklich tauchten, eben als die Sonne ihre letzten Strahlen aus dem Westen sandte, gerade vor uns die Umrisse eines zweiten Waldes auf.

Wir waren müde, hielten aber nicht am Rande dieses Waldes an, weil von demselben aus unser Feuer weit in die Prairie hinaus zu sehen gewesen wäre, sondern drangen trotz der Dunkelheit tiefer ein und machten erst nach angemessener Zeit den ersehnten Halt. Dürres Holz gab es hier genug; bald brannte das Feuer, und wir waren eifrig mit dem Rupfen und Ausnehmen unserer Jagdbeute beschäftigt. Der Braten geriet ganz nach den Verhältnissen unserer nicht sehr luxuriös eingerichteten Küche. Auch schien er etwas bejahrt zu sein; da aber weder Geburts- noch Impfzeugnis vorhanden war, verzehrten wir ihn als jung und legten uns dann schlafen. Aber wir schliefen nicht alle drei zugleich. Einer mußte wachen, um nach zwei Stunden den nächsten zu wecken; das gab in Summa sechs Stunden, welche wir für die Ruhe bestimmt hatten.

Nach dieser Zeit verzehrten wir den Rest der zähen Poularden, welche eigentlich Ibisse waren, und machten uns dann wieder auf den Weg, gerade als der Tag zu grauen begann. Er war nicht so glücklich für uns wie der vorhergehende. Wir kamen durch sumpfige Gegenden und mußten sehr vorsichtig sein und oft von der geraden Richtung abweichen, um gefährliche Stellen zu umgehen. Hier schien alles Leben erstorben zu sein. Es war jedenfalls vorhanden, floh uns aber, und so kam es, daß der Abend hereinbrach, ohne daß wir irgend ein jagdbares Tier zu Gesicht bekommen hatten. Darum mußten wir uns »ungespeist« niederlegen, was dem hungrigen Selim einige sehr gewichtige Seufzer entlockte. Als ich ihm versicherte, daß wir jedenfalls morgen mehr Glück haben würden, schlief er beruhigt ein.

Ich hatte diesen Ausspruch im besten Glauben gethan, konnte aber leider mein Versprechen nicht halten. Es gab auch am nächsten Vormittage nur Sumpf und wieder Sumpf. Von unschädlichen oder eßbaren Früchten oder Wurzeln war da keine Rede, und von irgend einem Wilde war, wie der Jäger sich auszudrücken pflegt, auch kein Schwanz zu sehen. Hatte gestern nur Selims Magen geknurrt, so begann heute er selbst zu murren und zu klagen, und das in einer Weise und Tonart, welche es sehr geraten erscheinen ließ, diesem höchst ungesättigten Zustande möglichst schnell ein Ende zu machen.

Hätte ich den unglückseligen Urian doch nur murren lassen; es wäre uns viel Unheil erspart geblieben! Aber er war ein starker Esser; Hunger thut weh, und darum dauerte er mich. Es war schon Mittag, und nach meinem Vermuten mußten wir Foguda noch vor Abend erreichen. Das sagte ich ihm, aber der Erfolg war nur das eine Wort: Hunger, Hunger und Hunger! Auch Ben Nil sah erschöpft aus. Auch er hatte natürlich seit gestern früh nichts genossen, und ebensolang war unsere Wanderung durch die Sümpfe eine sehr anstrengende gewesen. Er sagte nichts, sehnte sich aber jedenfalls ebenso wie Selim nach der notwendigen Stärkung. Was machen, hier mitten im Urwalde, wo es gewiß genug Tiere gab, von denen sich aber keines sehen ließ? Wie eine Antwort auf diese stille Frage erklang von links der Ruf zu uns herüber »Karnuk, Karnuk, Karnuk!« Das war Hilfe.

»Ihr sollt zu essen haben, und zwar sofort!« sagte ich.

»Was und woher?« fragte Selim.

»Von dort her,« antwortete ich, indem ich nach der angegebenen Richtung deutete. »Habt ihr den Vogelruf nicht gehört? Es ist ein Karnuk, und wo es einen Karnuk giebt, da giebt es auch noch andere Vögel. Kommt, aber so leise wie möglich!«

Karnuk ist der Kronkranich, *Grus pavonia*. Sein Ruf klingt wie ›Karnuk, Karnuk – nuk – nuk‹, und daher sein arabischer Name. Ich vermutete, daß da, wo er sich befand, Wasser sei, und nahm daher an, dort auch noch andere Sumpf- und Wasservögel zu finden. Wir schwenkten also nach links ab und schlichen uns unter den Bäumen hin, bis sich zwischen denselben ein dichtes Oschergebüsch zeigte. Als wir durch dasselbe geschlüpft waren, befanden wir uns im Freien. Der Wald lag an dieser Stelle hinter uns. Zu unserer Linken bildete er einen rechten Winkel. Der Rand, an welchem wir standen, lief genau von Süd nach Nord. Der andere Winkelschenkel bog gerade nach Ost. Rechts, ungefähr hundert Schritte von uns, gab es einen Sumpf, dessen mit hohem, dichtem Schilfe bestandene Ufer bis nahe an den Wald reichten. Dort war der Ruf erklungen, und dorthin wendete ich mich, indem ich das Gewehr vom Rücken nahm.

»Darf ich mit?« fragte Ben Nil. »Du weißt, Effendi, daß ich dir die Jagd nicht verderbe.«

»Ja, komm!« antwortete ich, um ihm seinen Wunsch zu erfüllen. Er wollte gern auch etwas schießen.

»Ich möchte auch mit,« meinte Selim. »Vor meiner Kugel erzittert jedes Wild.«

»Und fliegt sodann unverletzt davon,« fügte ich hinzu. »Du Unglückskind würdest uns alles verscheuchen. Du bleibst zurück, hier am Rande des Gebüsches, damit wir dich dann nicht zu suchen brauchen. Lauf nicht etwa davon! Verstanden?«

»Ja, ich bleibe stehen, Effendi. Ich habe ja versprochen, alles zu thun; was du verlangst. Nur schaffe recht bald etwas zu essen!«

Er setzte sich nieder, und wir entfernten uns und huschten am Waldesrande nach der Spitze des Sumpfes. Ich drang vorsichtig in das Schilf ein und sah zwei Kronenkraniche im Wasser stehen. Die schönen grauen Vögel nahmen sich mit ihren hohen Kopfbüschen prächtig aus, waren aber alt, also nicht zu essen. Dagegen bemerkte ich weiter oben eine Gesellschaft von Sporengänsen, nämlich am jenseitigen Ufer, während am diesseitigen Ufer ein Sporenkibitzpaar im Wasser hockte. Der Sudanese nennt diese letzteren, sehr wachsamen Vögel nach ihrer Stimme Sik-sak. Da eine Gans einen besseren Braten als ein Kibitz giebt und auch leichter zum Schusse kommt als dieser, wendeten wir uns um die Spitze des Maijeh hinum dem andern Ufer zu, an welchem wir in gebückter Stellung hinter dem Schilfe entlang schlichen. Da klang es plötzlich und ängstlich »Sik-sak, sik-sak!« Die Kibitze hatten sich drüben erhoben, kamen über den Maijeh herüber und flogen über uns hinweg.

»Was ist das?« fragte ich leise, indem ich stehen blieb. »Die Kibitze sind drüben aufgescheucht worden. Von wem?«

»Von uns,« meinte Ben Nil. »Sie haben uns gesehen.«

»O nein. Das Schilf deckte uns ja. Wären wir es gewesen, vor denen sie flohen, so wären sie doch nicht herüber nach unserer Seite gekommen.«

»Sie werden Selim bemerkt haben.«

»Das ist allerdings möglich. Komm also weiter!«

Als wir die Stelle erreichten, wo ich jenseits des Schilfes die Gänse gesehen hatte, drangen wir langsam und leise in das letztere ein. Es gelang uns, die Gesellschaft zu sehen, ohne selbst bemerkt zu werden.

»Nimm die junge, fette links!« flüsterte ich Ben Nil zu, indem ich meinen Lauf auf eine andere richtete. Die beiden Schüsse krachten fast zu gleicher Zeit; die Schar stob schnatternd auseinander; die beiden Opfer aber waren so gut getroffen, daß sie sich kaum noch bewegten. Wir drangen vollends durch das Schilf und langten sie mit unseren Gewehren aus dem Wasser.

»So, jetzt giebt's zu essen,« lachte Ben Nil befriedigt. »Nun wird Selim wohl nicht mehr wimmern.«

Jeder seine Gans in der Hand, kehrten wir um den Maijeh nach der andern Seite zurück. Es war, seit wir Selim verlassen hatten, doch über eine Viertelstunde vergangen. Als wir den Sumpf umschritten hatten und ich am schnurgeraden Waldesrande hinblickte, sah ich Selim nicht. Auch Ben Nil vermißte ihn, denn er sagte:

»Dieser Mensch ist doch nicht da geblieben, wo er bleiben sollte! Er wird auch nach dem Maijeh gegangen sein. Jedenfalls war er es, der die Kibitze vertrieb.«

Da dies sehr leicht möglich, ja sogar wahrscheinlich war, fühlte ich, der ich sonst so vorsichtig bin, mich nicht beunruhigt, und so schritten wir langsam der Stelle zu, an welcher Selim gesessen hatte.

Die schönen grauen Vögel nahmen sich prächtig aus.

Dort angekommen, sah ich zunächst, daß keine Spur von hier aus nach dem Sumpfe führte. Er war also nicht dort; aber mehrere Zweige des Gebüsches waren abgebrochen.

»Er ist wieder in den Wald gegangen,« sagte ich. »Warum, wozu?«

Kaum hatte ich diese Frage ausgesprochen, so bekam ich die Antwort, aber auf eine ganz und gar unerwartete Weise. Es richteten sich nämlich jenseits des Strauches mehrere Gestalten auf, welche mit den Kolben ihrer Gewehre zum Schlage ausholten. Ich wollte zurückspringen, aber es war bereits zu spät. Ein Hieb streckte mich nieder; ich versuchte, mich aufzurichten, bekam aber einen zweiten Hieb, der mir die Besinnung raubte.

Als ich später erwachte, war es mir ganz eigentümlich vor den Augen. Ich sah wie durch einen dichten Nebel, hinter welchem Gestalten saßen. Mein Kopf that entsetzlich weh. Ich wollte nach demselben greifen, konnte aber nicht, denn meine Arme waren fest an den Leib gebunden.

»Der Hund hat die Augen offen,« ertönte es gerade vor mir. »Er lebt also noch. Welch eine Freude für uns!«

Auch diese Stimme klang wie durch einen Nebel, wie aus der Ferne oder vielmehr wie durch eine Wand an mein Ohr. Dennoch kam sie mir bekannt vor. Ich sann und sann, wo ich sie schon gehört haben mochte – vergeblich; meine Sinne waren noch halb gelähmt von den zwei Kolbenhieben.

»Hättet ihr ihn gegen meinen Befehl zu Tode getroffen,« hörte ich dieselbe Stimme wieder, »so wäre uns ein großer Genuß entgangen. Nun er aber lebt, werden ihm endlich, endlich die Qualen werden, die ich ihm schon oft vergeblich angedroht habe. Dieses Mal entkommt er uns nicht wieder!«

Jetzt, ja jetzt wußte ich, wer der Sprecher war. Ibn Asl, mein Todfeind! In seiner Hand befand ich mich! Ich schloß die Augen, nicht etwa vor Angst, vor Entsetzen, o nein! Es giebt keine Lage, in welcher der Mensch zu verzweifeln braucht. Aber mir war vor allen Dingen Ruhe nötig, Ruhe, damit meine Sinne vollständig erwachen, mein Denkvermögen sich erholen könne. Und kaum hatte ich die Augen zu, so wußte ich nichts mehr von mir. War es tiefer Schlaf, in den ich verfiel, oder eine abermalige Bewußtlosigkeit, die mich erfaßte, ich weiß es nicht; aber als ich zum zweiten Male erwachte, schmerzte mich mein Kopf zwar noch ebenso, übrigens jedoch fühlte ich mich äußerlich so kräftig und innerlich so klar, als ob vorher gar nichts geschehen sei.

Ich öffnete die Wimpern ein klein wenig, um verstohlen hindurchzublicken. Was ich sah, konnte keineswegs tröstlich genannt werden. Es war noch Tag. Ich lag am Waldesrande, genau an der Stelle, an welcher ich niedergeschlagen worden war. Neben mir lagen rechts Ben Nil und links Selim, beide mit offenen Augen und beide ebenso an Händen und Füßen gebunden wie ich. Gerade vor mir saß Ibn Asl, welcher den Blick mit haßerfülltem Ausdrucke auf mich gerichtet hielt. Um ihn saßen die ihm Näherstehenden seiner Untergebenen, etwas entfernter die weißen Sklavenjäger. Weiter draußen folgten die Djangeh, welche teils auch ruhten und teils beschäftigt waren. Diese Beschäftigung bestand in dem Zäumen und Satteln der Ochsen, welche zwischen dem Walde und dem Sumpfe geweidet hatten. Eine ganze Anzahl dieser Tiere war dazu bestimmt, die Stricke, Ketten und Halsbäume zu tragen, mit denen die einzufangenden Sklaven gefesselt werden sollten. Von diesen Werkzeugen war eine Menge vorhanden.

»Mach die Augen weiter auf, du Hund!« fuhr mich Ibn Asl an. »Meinst du, ich sei blind, um nicht zu sehen, daß du durch deine verfluchten Wimpern blickst?«

Um ihn nicht zu weiteren, zwecklosen Beleidigungen zu veranlassen, hielt ich es für geraten, die Augen vollends zu öffnen. Er hatte eine Nilpferdpeitsche in der Hand, versetzte mir einen Hieb mit derselben und fuhr fort:

»Allah hat endlich mein Flehen erhört und dich in meine Hand gegeben, wo ich es gar nicht mehr für möglich hielt. Weißt du, was dich erwartet?«

»Ja,« antwortete ich ruhig. »Die Freiheit.«

»Hund, wagst du es, mich zu verhöhnen!« fuhr er auf, indem er mir einige weitere Hiebe gab. Ich hatte infolge der leichten, dünnen Kleidung die Schwielen derselben dann längere Zeit zu fühlen. »Die Qualen, welche dich erwarten, habe ich dir schon einige Male aufgezählt. Es glückte dir, mir zu entkommen. Dieses Mal aber sollst du mir nicht entfliehen. Das erste wird sein, daß ich dir die Augenlider abschneiden lasse, damit du die Segnungen des Schlafes entbehrst und unter der Folter der Ruhelosigkeit langsam dahinstirbst!«

»Du wirst eher sterben als ich, und Allah wird deine Seele unter diejenigen Martern stellen, welche du für mich bestimmt hast und doch nicht an mir auszuführen vermagst.«

Ich sagte das, weil eine innere Stimme mir versicherte, daß ich auch dieses Mal entkommen werde. Ich verzweifelte keineswegs, sondern vertraute auf Gott, auf mein so oft erprobtes Glück, auf meinen Scharfsinn und meine Körperkraft. Uebrigens wußte ich, daß er sich hüten werde, schon jetzt meinen Körper zu verletzen. Eine Erkrankung meinerseits hätte seinen Marsch aufgehalten, und es lag doch jedenfalls in seiner Absicht, mich für längere Martern aufzubewahren.

»Nicht auszuführen?« schrie er mich an. »Es bedarf nur eines Wortes von mir, so wird mein Befehl erfüllt; aber ich habe jetzt weder Zeit noch Lust dazu. Zu allererst werde ich dich mit dem Anblicke derer peinigen, welche du zu retten gekommen bist. Ihre Schmerzen werden auch dich elend machen. Du meinst, ich werde eher sterben als du? Hüte dich, zu glauben, daß man dich befreien werde! Ich weiß, auf wen du rechnest; aber deine Hoffnungen werden zu schanden gemacht.«

»Nichts, gar nichts weißt du!« behauptete ich, um ihn zu reizen, mir das, was er wußte, zu sagen.

»Alles, alles weiß ich«, antwortete er in höhnischem Tone. »Du hast meinen Boten, den Scheik der Djangeh, abgefangen und von ihm meinen Plan erfahren. Ihr habt meine Seribah genommen und seid dann mit den Bor, die ihr am Maijeh Semkat traft, aufgebrochen, um die Gohk in Wagunda zu warnen.«

»Du träumst!« lachte ich, um ihn zu weiterer Mitteilung zu verführen.

»Ich träume nicht, sondern der Gewährsmann, den ich habe, ist ein sicherer. Dein kluger Selim hier hat mir alles sehr ausführlich gestanden. Du hast dich mit dem Reïs Effendina veruneinigt und infolgedessen Wagunda verlassen, um auf eigene Faust die Leute von Foguda zur Hilfe zu holen. Glücklicherweise habe ich meinen Marsch abgekürzt, indem ich nicht ganz bis Aguda gegangen bin, und befinde mich infolgedessen um mehrere Tage eher hier, als du erwartetest. Ich kam auf den klugen Gedanken, nicht nur Wagunda zu nehmen, sondern schon vorher auch Foguda zu überfallen. In der Nähe dieses Ortes angekommen, mußten wir, um die Nacht abzuwarten, Halt machen und uns verbergen. Ich ritt mit einigen Asakern voran, einen dazu passenden Ort zu suchen, und kam hierher, als Selim am Waldesrande stand und ihr euch jenseits des Schilfes befandet. Dieser Selim ist ein solcher Ausbund von Schlauheit, daß es ihm gar nicht einfiel, zu entfliehen. Er hatte uns gesehen; er mußte auch bemerken, daß wir unsere Tiere schnell unter die Bäume zogen und uns dann durch die Büsche schlichen, um an ihn zu kommen; er entfloh trotzdem nicht. Wenn die Krieger, welche ihr bei euch habt, alle so klug sind, wie er ist, werde ich sehr leichtes Spiel mit ihnen haben. Wir ergriffen ihn, und als ich ihm im Weigerungsfalle mit dem Tode drohte, erzählte er mir alles, was ich zu wissen nötig hatte. Dann kamt ihr zurück und wurdet von uns niedergeschlagen. Du siehst, daß ich alles weiß. Du bist verloren. Jetzt werden wir nach Foguda aufbrechen, um dir den Anblick einer Sklavenjagd zu verschaffen. Das, was du da siehst, mag dir einen kleinen Vorgeschmack dessen geben, was ihr zu erwarten habt.«

Er stand auf und gab mit der Hand ein Zeichen, auf welches sich alle andern Sitzenden auch erhoben, um zum Aufbruche zu rüsten. Da in diesem Augenblicke niemand scharf auf uns achtete, benutzte ich denselben, mich an Selim zu wenden:

»Du hast Ibn Asl wirklich kommen sehen?«

»Ja, Effendi,« antwortete er. »Es waren fünf weiße Asaker bei ihm.«

»Und bist doch sitzen geblieben!«

»Natürlich! Hast du vergessen, daß du mir befahlst, zu bleiben? Und hast du vergessen, daß ich dir versprach, allen deinen Befehlen zu gehorchen?«

Da übermannte mich denn doch der Zorn, und es entfuhr mir der Ausruf:

»O du Heupferd aller Heupferde! So eine Dummheit ist noch nie dagewesen! Konnte ich wissen, daß Ibn Asl kommen werde? Ich wußte es wohl, daß du uns ins Unglück bringen werdest! Wärest du beim Anblicke Ibn Asls schnell in das Gebüsch gesprungen, um nicht gesehen zu werden und uns zu warnen, so wäre er jetzt unser

Gefangener, anstatt daß wir uns in seinen Händen befinden. Und wie kommst du dazu, ihm ein so offenes und ausführliches Geständnis über alles, was geschehen ist und was wir beabsichtigten, zu machen?«

»Du hast ja von ihm selbst gehört, daß er mich mit dem Tode bedrohte!«

»Dummkopf! Wenn ich dich nicht rette, wirst du ermordet trotz deines Geständnisses.«

»Meinst du, daß du uns zu retten vermagst, mein lieber Effendi?« fragte er kleinlaut.

»Ich habe die Hoffnung noch nicht verloren. Bete zu Allah, daß er dich und uns in – –«

Ich wurde unterbrochen, denn es traten mehrere weiße Asaker zu uns, um uns zum Marsche fertig zu machen. Ibn Asl schien es überhaupt zu vermeiden, uns mit schwarzen Asakern oder gar den Djangeh in nähere Berührung zu bringen. Er befürchtete, wir würden verraten, daß der Häuptling der letzteren Freundschaft mit uns geschlossen hatte. Ich mußte aufstehen und bekam eine schwere Schebah angelegt. Unter Schebah versteht man einen starken Gabelast, in dessen Gabel der Hals des Sklaven oder Gefangenen gesteckt und dann durch ein Querholz festgehalten wird. Hierdurch behält der Gefangene den freien Gebrauch der Hände und Füße, während er durch den langen Ast, den er vor sich hertragen muß, am Entrinnen und an jedem Mißbrauche der Hände verhindert wird. Man hatte, wie es schien, den schwersten aller vorhandenen Aeste für mich ausgesucht. Aber das genügte noch nicht, denn es wurden mir noch zwei eiserne Handschellen angelegt, welche durch eine kurze Kette miteinander verbunden waren. Dann erst nahm man mir die bisherigen, nun überflüssigen Fesseln ab. Ben Nil und Selim wurden nur durch je eine Schebah unschädlich gemacht.

Beim Anlegen der Handschellen war ich darauf bedacht, keine sehr engen zu bekommen. Ich drückte die Ellbogen an den Leib und ballte die Finger fest zusammen, wodurch das Handgelenk sich verkürzte und einen größern Umfang bekam. Die beiden Kerls, welche mir die Schellen anlegten, ließen sich dadurch wirklich täuschen. Sie wollten mir zunächst Schellen anlegen, welche mir paßten und sich eng um meine Handgelenke gelegt hätten; infolge meiner Manipulation aber brachten sie die Schlösser nicht zusammen, und so suchten sie ein paar weitere aus, welche sich zwar schlossen, mir jedoch scheinbar nicht den geringsten Spielraum ließen. Dies gab mir die Hoffnung, mich von den Fesseln befreien zu können. Von der Schebah hoffte ich dann auch bald loszukommen.

Der Aufbruch begann. Eine Anzahl guter Läufer wurde vorangeschickt, um die bereits vorausgegangenen Kundschafter zu verstärken. Dann kam eine Abteilung der Djangeh, welchen Ibn Asl mit seinen weißen Sklavenjägern folgte. Den Beschluß machten die übrigen Djangeh. Die meisten dieser Leute ritten auf Ochsen. Zwei von den Lasttieren trugen das Zelt, welches, wie ich erfuhr, allabendlich für Ibn Asl aufgerichtet wurde. An die Spitze meiner Schebah wurde ein mehrfach zusammengeflochtener Riemen befestigt, dessen anderes Ende Ibn Asl an seinen Sattel band. Mein Hals steckte in der Gabel der Schebah, deren Ast ich vor mir hertragen mußte. So trollte ich gerade wie ein Sklave seitwärts neben oder hinter meinem Todfeinde her. Die Gabeläste von Selim und Ben Nil waren in derselben Weise mit den Sätteln zweier anderer Reiter verbunden.

Ich sagte mir natürlich, daß die Djangeh, falls sie den wirklichen Sachverhalt gekannt hätten, ihrem jetzigen Anführer wohl nicht so bereitwillig gefolgt wären. Es stand vielmehr mit Gewißheit zu erwarten, daß sie sich in diesem Falle gesträubt hätten, ihm zu gehorchen. Ich war sogar überzeugt, daß sie dann wenigstens den Versuch gemacht hätten, uns zu befreien. Darum war ich entschlossen, die erste Gelegenheit, sie warnen zu können, trotz der Gefahr, welche mir dabei drohte, nicht vorübergehen zu lassen.

Aber wie das fertig bringen, da ich mich nicht so, wie es notwendig war, verständlich machen konnte! Ich suchte in Gedanken meinen geringen Wortvorrat zusammen und fand auch bald Gelegenheit, ihn in Anwendung zu bringen.

Wir waren über eine Stunde lang über offenes Land gezogen und sahen dann draußen am Horizonte wieder Wald vor uns liegen. Aus diesem kehrte einer der Kundschafter zurück, um dem Anführer der ersten Djangeh-Truppe eine Meldung zu machen. Dieser letztere kam zu Ibn Asl, um ihm dieselbe mitzuteilen. Es geschah dies in der

Djangeh-Sprache, welche Ibn Asl, wie ich jetzt sah und hörte, gut verstand. Sie sprachen eine kleine Weile miteinander. Als sich der Djangeh dann zu seiner Abteilung zurückbegeben wollte, rief ich ihm zu:

»Ibn Asl anadsch rehm, badd ginu Scheik kador, Scheik and wirt, afod rahn – –«

Diese der Djangeh- und Nuehrsprache entnommenen Worte bedeuteten soviel wie: Ibn Asl ist ein schlechter Kerl; er wollte deinen Scheik ermorden; der Scheik ist jetzt als unser Freund bei uns. – – Weiter kam ich nicht, denn Ibn Asl griff nach meiner Schebah, riß daran, daß ich zu Boden stürzte, und schrie mir grimmig zu:

»Schweig, du Hund, du armseligster aller Lügner! Soll ich dein Maul mit der Peitsche verstopfen?«

Er zog die Nilpferdpeitsche aus dem Gürtel und schlug mich, der ich mich wieder aufrichten wollte, mit dem Knopfe derselben so auf den Kopf, daß ich fast wieder niedergesunken wäre. Dann erteilte er dem Djangeh den Befehl, sich zu entfernen, und dieser gehorchte, und zwar in einer Weise, daß ich wohl merkte, er lege meinen Worten nicht die von mir beabsichtigte Bedeutung bei.

»Wenn du nur noch ein einziges Mal mit einem Djangeh redest,« fuhr Ibn Asl drohend fort, »so gebe ich dir einen Knebel!«

Diese Drohung machte er gewiß wahr, und da es auf keinen Fall ein Vergnügen ist, einen Tag oder gar noch länger einen Knebel im Munde zu haben, so nahm ich mir vor, ihn nicht wieder auf diese Weise zu reizen.

Bald erreichten wir den erwähnten Wald. Es war ziemlich düster in demselben, denn die Bäume standen dicht, und der Nachmittag ging zu Ende. Es dauerte eine halbe Stunde, bis wir ihn durchquert hatten; dann gelangten wir wieder auf offenes Land. Nach einer Viertelstunde brach der Abend herein; unser Zug blieb trotzdem in Bewegung, bis es vielleicht acht Uhr geworden war. Da hielten wir an, weil wir auf die Kundschafter gestoßen waren, welche uns hier erwartet hatten. Ich schloß daraus, daß wir uns in der Nähe des Dorfes Foguda, welches zerstört werden sollte, befanden.

Noch leuchteten die Sterne nicht in der Weise, daß ich weit genug hätte sehen können, um zu erfahren, welcher Art die Gegend war, in welcher wir uns befanden. Doch bemerkte ich wenigstens soviel, daß wir uns zwischen Büschen lagerten, welche den Sklavenjägern ein gutes Versteck gewährten.

Wir drei Gefangenen wurden von den Sätteln losgebunden. Dafür aber fesselte man uns die Füße wieder. Wir waren also gezwungen, uns zu legen, was uns große Unbequemlichkeiten verursachte, da es niemanden einfiel, uns die Schebahs abzunehmen. Außerdem ließen sich drei Männer bei uns nieder, welche uns zu bewachen hatten.

Das Thun und Treiben um uns her war ein sehr reges und doch beinahe geräuschloses. Man pflockte die Ochsen an oder band sie an die Sträucher fest. Feuer wurden nicht angezündet, doch sagte mir der Klang der Waffen und das Klirren der Ketten, daß man sich auf den Ueberfall des Dorfes vorbereite.

Ich zermarterte mir das Gehirn mit der Frage, ob es nicht möglich sei, die armen Schwarzen zu retten, sie wenigstens zu warnen. Hin zu ihnen konnte ich nicht; aber vielleicht war das Dorf so nahe, daß die Bewohner desselben meinen Warnungsruf zu hören vermochten. Ich wollte schreien, sagte mir dabei aber freilich, daß ich mein Leben auf das Spiel setze. Ein einziges Menschenleben gegen dasjenige so vieler! Hätte ich nur gewußt, daß ich den beabsichtigten Erfolg wirklich erreichen würde, dann hätte ich mein Leben gern in die Schanze geschlagen. Doch hing ja an demselben noch mehr, viel mehr. Ich wollte doch die Gohk in Wagunda retten, und mit diesen den Reïs Effendina mit seinen Scharen. Dies war mir aber nicht möglich, wenn ich hier ermordet wurde. Was also thun?

Diese Gedanken und Erwägungen peinigten mich. Ich bemerkte, daß die Djangeh abzogen; ihnen folgten kurze Zeit später die weißen Asaker. Nur einige von diesen letzteren blieben, unsere drei Wächter ausgenommen, zur Beaufsichtigung der Ochsen zurück. Die Zeit drängte. Meine Angst um das bedrohte Dorf wuchs von Minute zu Minute. Hätte ich nur eine Hand, eine einzige, frei gehabt! Ich versuchte zwar in der Dunkelheit, die Schellen abzustreifen, aber es gelang mir nicht. Meine Hände waren infolge der Tageshitze und des beschwerlichen Marsches so schweißig, so geschwollen, daß alle meine Bemühungen vergeblich blieben.

Ungefähr eine Viertelstunde nach dem Abmarsche der Sklavenjäger hatte meine innere Unruhe einen solchen Grad erreicht, daß ich es nicht länger aushalten konnte. Ich mußte warnen, mochte darauf mit mir geschehen, was da wolle. Ich legte also die Hände hohl an den Mund, holte tief Atem, um meinem Rufe die nötige Stärke und Länge geben zu können, und stieß jenes Geheul aus, mit welchem wilde Völkerschaften ihre kriegerischen Angriffe zu begleiten pflegen. Ich that das zwei, drei Male hintereinander, ohne daß unsere Wächter mich daran hinderten. Einer von ihnen stieß ein höhnisches Gelächter aus und sagte:

»Dummkopf! Meinst du, daß Ibn Asl sich nicht vorgesehen hat? Er kennt dich. Er dachte daran, daß du so albern sein werdest, die schwarzen Hunde warnen zu wollen. Darum hat er hier halten lassen. Von hier bis zum Dorfe hat man fast eine Stunde zu gehen. Also schrei in Allahs Namen, wenn es dir Vergnügen macht! Ich gönne es dir, da es das letzte Vergnügen ist, welches du erlebst.«

Beinahe schämte ich mich. Und doch war ich froh, daß mein Beginnen keine schlimmeren Folgen hatte. Zu retten war Foguda also nicht; aber ich hatte meine Pflicht gethan und konnte in dieser Beziehung also ruhig sein. Nicht so in Beziehung auf die unglücklichen Menschen, denen jetzt das Verderben heimlich nahte. Ich lag wie im Fieber. Eine Viertelstunde nach der andern verging. Nach dem Stande der Sterne, welche jetzt heller leuchteten, mochte es zwischen zehn und elf Uhr sein; da begann der Himmel im Süden sich zu röten.

»Hamdulillah, es geht los!« meinte der vorige Sprecher in freudigem Tone. »Die Ratten werden ausgeräuchert.«

»Wollt ihr sie verbrennen?« fragte ich entsetzt.

»Verbrennen?« lachte er. »So weißt du also nicht, wie es bei einer Sklavenjagd zugeht?«

»Ich bin kein Menschenjäger.«

»So werde ich es dir beschreiben.«

»Schweig! Ich mag nichts hören.«

»Du mußt es hören. Du hast mir nicht Schweigen zu gebieten. Wenn ich sprechen will, so spreche ich, und dabei ist es meine Sache, wovon ich reden will. Gerade weil ich weiß, daß es dich quält und peinigt, werde ich dir sagen, wie man es macht, wenn man Sklaven fangen will.«

Ich gab ihm natürlich keine Antwort. Er fuhr fort:

»Du weißt, daß alle diese Negerdörfer von hohen Stachelzäunen umgeben sind. Die Dornen sind meist vertrocknet und brennen außerordentlich gut. Sobald man am Abende das Dorf umzingelt hat, brennt man den Zaun an verschiedenen Stellen an. In der Zeit von einigen Minuten brennt er überall; die Funken fliegen auf die Negerhütten, deren Dächer aus Schilf bestehen und sofort auch in Brand geraten. Die Schwarzen erwachen und wollen sich retten. Die kleinen Kinder und die Alten sind zu schwach dazu; sie müssen verbrennen. Den Starken aber, und gerade diese sind es, die man haben will, gelingt es, in kräftigen Sprüngen durch den brennenden Zaun zu brechen. Draußen ist es dunkel; sie sind geblendet und sehen nicht, wen und was sie vor sich haben; sie werden ergriffen und gefesselt. Wer von ihnen sich wehrt, wird niedergestochen, erschossen oder erschlagen!«

»Schweig mit deiner Beschreibung!« sagte Ben Nil. »Ihr seid keine Menschen, sondern wahre Teufel!«

»Da hast du recht,« lachte der andere. »Daß wir Teufel sind, werdet auch ihr sehr bald erfahren. Euch wird es noch viel schlimmer ergehen als den Negern, die wir soeben fangen. Sie haben nicht zu klagen. Wird einer erschossen, erschlagen, oder ins Feuer geworfen, so ist er schnell tot. Und wer Sklave wird, der braucht nicht mehr zu sorgen, denn sein Herr sorgt für ihn.«

»Ins Feuer geworfen?« fragte Ben Nil entsetzt. »Kommt das auch vor?«

»Sehr häufig! Alte Weiber mit kleinen Kindern, denen es gelungen ist, sich aus dem Brande zu retten, treibt man einfach in das Feuer zurück. Wer unter fünf und über dreißig Jahre alt ist, den können wir nicht brauchen, da niemand einen solchen Sklaven kauft. Und indem man solche unbrauchbare Schwarze in das Feuer zurücktreibt, erspart man das Pulver, welches sie nicht wert sind.«

In dieser Weise sprach der Kerl weiter und weiter. Ich konnte ihn nicht zum Schweigen bringen. Im Süden wurde es immer heller; der Himmel glühte; das Dorf brannte. Das Feuer warf seine Helle sogar bis her zu uns, woraus ich schloß, daß Foguda ein ungewöhnlich großes Dorf sei.

Wieder vergingen einige Stunden. Es war nach Mitternacht. Da kamen zwei weiße Asaker und meldeten den dreien, welche uns bewachten:

»Ibn Asl will diesen gefangenen Hunden zeigen, welchen Fang wir gemacht haben. Folgt uns mit ihnen nach Foguda!«

Man nahm uns die Riemen von den Füßen; wir mußten gehorchen, mußten mit fort. Der Feuerschein war jetzt nicht mehr so hell wie vorher, erleuchtete die Gegend aber doch noch so, daß wir sehr gut sehen konnten. Wir gingen erst zwischen Büschen hin, dann über offenes Land. Nach einer halben Stunde kamen wir an Feldern vorüber, deren Besitzer die kommende Ernte nun wohl nicht einzuheimsen vermochten. Dann erreichten wir das Dorf. Es brannte nicht mehr; es bildete nur noch einen rauchenden Aschenhaufen. Aber außerhalb des frühern Dornenzaunes hatten die Sklavenjäger einige große Feuer angebrannt, in deren Nähe sie ihre Beute umzingelt hielten. Diese letztere bestand aus Menschen und Tieren.

Die Neger haben nämlich ihre Herden stets außerhalb der Dörfer auf einem zwar eingefriedigten sonst aber freien Platze. Daher kommt es, daß bei einem Ueberfalle die Rinder, Schafe u.s.w. niemals mit verbrennen, sondern dem Sieger in die Hände fallen. Diese Herden sind dem Sklavenjäger noch weit lieber als die erbeuteten Schwarzen, da hier im Lande eine Kuh wenigstens doppelt soviel wert ist, als selbst ein junger und kräftiger Sklave.

Ibn Asl hatte reiche Beute gemacht. Ich sah über hundert Rinder beisammenstehen, und die Zahl der Schafe schätzte ich wenigstens auf das vierfache, soweit ich nämlich in dem Helldunkel eine ungefähre Schätzung vornehmen konnte.

Und Menschen, Gefangene? Nun, ich sage, wenn ich meine Hände frei gehabt hätte, so wäre es jetzt um Ibn Asl geschehen gewesen. Es ist verboten, Menschenblut zu vergießen; aber bei dem Anblicke, den ich jetzt hatte, wäre es eine Wonne für mich gewesen, dem Sklavenjäger eine gute Klinge in das Leben zu stoßen.

Zwischen zwei der größten Feuer lagen sie, die unglücklichen Menschen, welche vor kurzer Zeit noch so ruhig, so ahnungslos geschlafen hatten. Sie lagen lang ausgestreckt, in Reihen eng nebeneinander. Die Männer waren von den Frauen und Mädchen, diese wieder von den Kindern getrennt. Zwischen diesen Reihen gingen

Wächter auf und ab, mit Peitschen in den Händen. Die Gefangenen waren alle gebunden; wenn sich trotzdem einer von ihnen nur einigermaßen bewegte, bekam er Hiebe, daß, wie ich bei einem deutlich sah, sofort die Haut aufplatzte. Ich wendete mich von dieser Scene ab; Ben Nil und Selim thaten desgleichen.

Ibn Asl stand bei den Kindern. Er befühlte ihre Gliedmaßen, um die Beschaffenheit derselben zu untersuchen. Er hatte uns kommen sehen; er sah auch, daß wir uns abwendeten. Da kam er herbei, deutete auf einige starke Pfähle, welche den Negern zum Anbinden der Schlachtochsen gedient hatten, und befahl:

»Die Hunde wollen nicht sehen, was sie sehen sollen! Bindet sie an die Pfähle, so daß ihre Blicke auf die Neger gerichtet sein müssen, und wenn sie etwa die Augen schließen, so gebt ihnen die Peitsche solange, bis sie dieselben wieder öffnen!«

Dieser Befehl wurde ausgeführt. Man band uns in der Weise an, daß wir die ganze grauenhafte Scene vor uns hatten. Zu meiner Rechten lag das niedergebrannte Dorf. Ich sah zwischen den glimmenden und qualmenden Trümmern zahlreiche Ueberreste halbverkohlter Menschen liegen. Links hielten die Herden, von einer Anzahl Djangeh zusammengehalten und bewacht. Und gerade vor mir lagen die Reihen der Neger, zwischen denen sich die Wächter mit ihren drohenden Peitschen bewegten.

Ibn Asl war zu den Kindern zurückgekehrt. Er setzte seine Untersuchung fort. Diejenigen von ihnen, die er für kräftig genug fand, den weiten Transport auszuhalten, blieben liegen; die andern, die er mit einem verächtlichen Winke seiner Hand bezeichnete, wurden zur Seite getragen und dort niedergeworfen. Noch ahnte ich nicht, was er mit diesen Unglücklichen vornehmen werde. Da sie ihm als unbrauchbar erschienen, so war ich überzeugt, daß er sie ihrer Fesseln entledigen und einfach laufen lassen werde. Aber wie hatte ich mich da geirrt!

Als seine Untersuchung zu Ende war, hörte ich ihn einen Befehl aussprechen, und sogleich eilten mehrere seiner Leute zu den ausgeschiedenen Kindern – die Messer dieser Unmenschen blitzten – ich schrie laut auf und schloß die Augen – mehrere Peitschenhiebe zwangen mich, sie wieder zu öffnen – – als ich dort hinübersah, lebte keines von den Kindern mehr.

Die Mütter und Väter der Ermordeten schrieen und heulten vor Schmerz; sie sträubten sich gegen ihre Fesseln; sie wollten auf, um den Tod ihrer Kinder zu rächen. Die Armen! Man brachte sie durch Peitschenhiebe zum Schweigen, und einige, bei denen dieses Mittel nicht fruchten wollte, wurden einfach erschossen.

Ich fühlte eine Wut in mir, welche gar nicht zu beschreiben ist. Meine Glieder zitterten förmlich, nicht aus Schwäche, sondern infolge des inneren Grimmes. Wie oft hatte ich Ibn Asl und mehrere, ja alle seiner Mitschuldigen geschont! In diesem Augenblicke bereute ich dies auf das bitterste. Ich machte mir die schwersten Vorwürfe und nahm mir fest und heilig vor, nun nicht wieder so schwach und nachsichtig zu sein, falls ich in die Lage kommen sollte, diesen Massenkindermord zu rächen.

Leider hatte ich noch nicht alles gesehen; es sollte, wenn auch nicht noch schlimmer, aber doch auch nicht besser kommen. Es ging nämlich jetzt an die Untersuchung der Erwachsenen. Dabei wurden die als untauglich erscheinenden gar nicht erst entfernt, sondern an Ort und Stelle getötet. Um nicht aufzubrüllen, preßte ich die Zähne zusammen; aber ich behielt die Augen offen, jetzt nicht aus Furcht vor der Peitsche, sondern ich wollte nun Augenzeuge dieser Schlächterei bis zum letzten Ende derselben sein.

Als sie vorüber war, wurden die Schebahs und Eisenketten gebracht. Die Gefangenen waren bis jetzt nur mit Stricken und Riemen gebunden gewesen; nun aber bekamen sie die Handschellen und Gabeläste angelegt, und es wurde einer immer in der Weise an den andern gefesselt, daß sie alle nur auf der einen Seite liegen konnten und, wenn sie dessen müde waren, sich alle zugleich auf die andere Seite legen mußten. Sie verhielten sich jetzt still; sie sahen ein, daß offener oder auch nur heimlicher Widerstand ihr Schicksal nur verschlimmern konnte.

Als Ibn Asl diese seine Arbeit vollbracht hatte, kam er wieder zu mir, grinste mir höhnisch in das Gesicht und fragte:

»Nun, wie gefällt es dir? Meinst du nicht, daß wir einen guten Fang gethan haben und ausgezeichnete Geschäfte machen werden?«

Ich drückte alle meine Empörung nieder und antwortete, wie ich glaube, im ruhigsten Tone:

»Der Fang ist allerdings ein sehr reichlicher. Ich schätze die

»Nun, wie gefällt es dir?«

Schwarzen, welche du leben ließest, auf wenigstens zweihundert. Laß unterwegs auch den vierten Teil zu Grunde gehen, so sind es doch hundertfünfzig, für welche du Bezahlung bekommst. Dazu die Herden. Ich beneide dich!«

Wäre die Scene eine andere gewesen, so hätte ich im stillen über das Gesicht lachen müssen, welches er mir bei diesen meinen Worten zeigte. Er fuhr förmlich um einige Schritte zurück, staunte mich an und meinte:

»Du beneidest mich? Allah thut Wunder über Wunder! Es muß ganz plötzlich ein anderer Geist in dich gefahren sein.«

»Das ist allerdings der Fall, und ich denke, daß du diesen Geist sehr bald kennen lernen wirst.«

»Willst du etwa auch Sklavenjäger werden?«

»Nein, das nicht. Sklaven suche und mag ich nicht. Es sind nur einige ganz besondere Menschen, welche ich fangen will und hoffentlich auch fangen werde.«

»Wer ist das?«

»Ich könnte es verschweigen, will es dir aber doch sagen, damit du mich nicht für feig oder hoffnungslos hältst. Wen ich fangen will? Zunächst vor allen Dingen dich und sodann deine weißen Asaker.«

Er schlug ein schallendes Gelächter auf und rief:

»Mich und meine weißen Asaker! Warum nicht auch meine schwarzen Soldaten?«

»Weil diese getäuscht, belogen und verführt worden sind. Darum wird die Strafe, die dich und deine Weißen erwartet, nicht auch sie mittreffen.«

Er starrte mir eine ganze Minute lang in das Gesicht, trat dann näher zu mir heran, untersuchte meine Schebah und die Handschellen sehr sorgfältig und sagte, als er diese ganz in Ordnung fand:

»Fast glaubte ich, du habest dich deiner Fesseln schon halb entledigt und seist also der Hoffnung, wieder freizukommen; da ich aber sehe, daß dies nicht der Fall ist, so kann ich nur annehmen, daß du plötzlich verrückt geworden bist.«

»Ich bin vollständig bei Sinnen und weiß ganz genau, was ich sage.«

»So? Nun, ich werde dir jetzt zeigen, wie ich solche – –«

Er hielt inne und betrachtete mich abermals mit stechendem Auge, während ich seinen Blick ruhig aushielt. Er hatte die letzten Worte im zornigsten Tone gesprochen und dabei das Messer aus dem Gürtel gerissen, als ob er es mir in die Brust stoßen wolle. Aber er besann sich eines andern, fletschte mir mit überlegenem Lachen seine Zähne entgegen, steckte das Messer wieder zurück und fuhr fort:

»Doch nein! Mich überrumpelst du nicht! Ich bin klug genug, zu wissen, was du beabsichtigst.«

»Dazu gehört keine besondere Klugheit. Ich beabsichtige, dir meine Meinung, die Wahrheit zu sagen. Das ist alles.«

»O nein! Verstelle dich, so sehr du nur willst, mich täuschest du doch nicht. Du giebst dich verloren; du weißt, daß du meiner Rache hoffnungslos verfallen bist und daß dich Martern erwarten, die noch niemand vor dir erlitten hat. Um diesen Qualen zu entgehen, um leicht und schnell zu sterben, hast du dir vorgenommen, mich zu reizen. Du meinst, daß ich dich im Zorne rasch töten werde; aber da hast du dich verrechnet; ich bin klüger als du denkst. Ich werde dich schonen, bis ich Wagunda auch überfallen und verbrannt habe. Dann befindet sich dein geliebter Freund, der Reïs Effendina, auch in meinen Händen, und ich werde euch die Freude bereiten, euch gegenseitig in Schmerzensschreien und Jammertönen überbieten zu können.«

Nun legte er mir in höhnischer Freundlichkeit die Hand auf die Achsel und fügte noch hinzu:

»Du siehst also, wie überlegen ich dir bin. Dich kann weder Allah noch der Satan aus meiner Hand erretten. Du bist verloren. Und solltest du vielleicht von dem Reïs Effendina Hilfe erwarten und der Ansicht sein, daß ich diesen nicht ergreifen werde, so will ich dir hiermit sagen, daß ich noch in dieser Nacht nach Wagunda aufbrechen werde. Er erwartet mich jetzt noch nicht; er kann mich noch nicht erwarten, und je mehr ich mich beeile, desto sicherer überrasche ich ihn. Ihr drei werdet jetzt zu essen und zu trinken bekommen, nicht etwa aus Mitleid, o nein, sondern damit ihr stark genug seid, die schnelle Reise auszuhalten.«

Er wendete sich von mir ab und erteilte einige Befehle, welche seine letzten Worte betrafen. Ich hatte meine Absicht erreicht und war von dem, was er mir mitgeteilt hatte, sehr befriedigt. Daß er annahm, ich wolle ihn reizen, gab mir die Gewißheit, daß er sich wenigstens zunächst hüten werde, gegen unser Leben oder unsere Gesundheit etwas zu unternehmen.

Wir bekamen Fleisch zu essen und Wasser zu trinken. Das erstere wurde uns in zugeschnittenen Bissen in den Mund gesteckt, und zwar so reichlich, daß ich mich vollständig gesättigt fühlte. Dann wurden wir von den Pfählen gebunden und unter Bedeckung der schon erwähnten drei Wächter seitwärts gebracht, wo wir uns niederlegen durften.

Ich legte mich so, daß ich die Feuer und den Schauplatz der heutigen Unthaten im Rücken hatte und nichts davon sehen konnte. Mit meinen beiden Gefährten zu sprechen, hütete ich mich, denn ich wußte, daß der Versuch dazu doch nur mit Peitschenhieben zurückgewiesen worden wäre. Sie schienen, da sie sich ebenso still verhielten, ganz derselben Ansicht zu sein.

Obgleich ich mit dem Gesicht abgewendet lag, bemerkte ich sehr bald, daß hinter mir irgend eine Vorbereitung getroffen wurde. Welcher Art dieselbe war, erfuhr ich bald – die Vorbereitung zum Aufbruche. Die neugefangenen Sklaven mußten sich erheben, um in Einzelreihen fortgeschafft zu werden. Die geraubten Herden trieb man hinter ihnen her. Wir drei wurden von Ibn Asl und fünf weißen Asakern besonders genommen und fortgeführt. Der Zug ging nordwärts zurück nach den Sträuchern, zwischen denen wir vor dem Ueberfalle gelagert hatten. Als wir dort anlangten, wurden einige Feuer angebrannt. Nach dem, was Ibn Asl zu mir gesagt hatte, war ich überzeugt, daß wir nur kurze Zeit hier verweilen würden, und es zeigte sich, daß diese Vermutung die richtige war.

Man hatte uns so plaziert, daß wir auf drei Seiten von Büschen umgeben waren und das, was auf dem Lagerplatze vorging, nicht sehen konnten. Man brachte gesattelte Ochsen herbei; dann kam Ibn Asl und sagte:

»Ben Nil und Selim sind keine Reiter; wenn ich ihnen die Schebah ließe, würden sie mir unterwegs zu Grunde gehen; da ich sie jedoch lieb habe und sie mir zu erhalten wünsche, werde ich ihnen den Ritt dadurch erleichtern, daß ich ihnen den Gabelast abnehme. Du aber bist im Sattel zu Hause, Effendi, und wirst also mit der

Schebah reiten. Ich hoffe, daß du mir für diese Auszeichnung dankbar bist!«

Diese spöttischen Worte stellten mir einen schweren, sehr schweren Ritt in Aussicht, doch nahm ich sie ruhig hin, da ich jetzt zu meiner Rettung nichts zu thun vermochte. Meine einzige Hoffnung konnte ich nur auf Wasser gründen. Auf Wasser? Wieso?

Als mir die Handschellen zum erstenmale angelegt wurden, war ich bestrebt gewesen, sie so weit wie möglich zu bekommen; ich hatte geglaubt, ihnen entschlüpfen zu können; es wäre mir auf einige Haut- oder Fleischfetzen, die ich dabei verloren hätte, nicht angekommen. Aber ich hatte das Klima dieser Gegend nicht in Berechnung gezogen. Ich schwitzte; die Hände waren beständig feucht und so angeschwollen, daß es geradezu unmöglich war, sie selbst mit größter Anstrengung aus den Fesseln zu ziehen. Wollte ich diesen letzteren Zweck erreichen, so mußte die Anschwellung zum Weichen gebracht werden, und das konnte nur durch kaltes Wasser geschehen. Also Wasser, nur Wasser!

Ben Nil und Selim wurden von ihren Gabelästen befreit und auf Reitochsen gebunden. Auch ich mußte aufsteigen, was ich natürlich ohne Weigern that, und wurde auf das sorgfältigste festgeschnürt. Dann leitete man unsere Tiere zwischen den Büschen hin, bis wir die freie Ebene erreichten, wo ich schon eine größere Anzahl Reiter halten sah.

Man ordnete sich zum Zuge. Voran ritten zwei Kerle, welche, wie ich später bemerkte, eine ausgezeichnete Ortskenntnis besaßen. Dann kam ein Trupp von vielleicht zehn weißen Asakern, hinter ihnen Ibn Asl, an dessen Sattel hinten zwei Riemen befestigt waren. Der eine wurde an die Spitze meiner Schebah gebunden und der andere Ben Nil um den Leib geschlungen, so daß wir beide gezwungen waren, nebeneinander hinter unserm Peiniger zu reiten. Von meinem Sattel aus ging wieder ein Riemen, von welchem hinter mir der Ochse Selims geleitet wurde, ein Arrangement, welches kaum raffinierter erdacht werden konnte.

Ich saß auf dem Ochsen festgebunden, ohne die Zügel fassen zu können, um den Hals die schwere Schebah, welche ich mit den beiden erhobenen Händen halten mußte, wenn ich von ihr nicht erwürgt sein wollte. Jeder Ruck von Ibn Asls Ochsen, jeder Fehltritt desselben mußte meine Schebah aus der Lage bringen und mir Schmerzen bereiten. Selim war kein Reiter, war zudem auch gefesselt und leistete auf einem Ochsen sicherlich noch weniger, als auf einem Pferde. Da sein Tier mit mir zusammenhing, war die Einrichtung für mich eine Folter, deren Erfindung einem Teufel Ehre gemacht haben würde. Es gab nur ein Mittel, sie erträglicher zu machen, nämlich äußerst fester Schluß- und Schenkeldruck; aber welcher sterbliche Mensch kann einen ganzen Tag, ja nur eine Stunde lang, wenn er noch dazu gefesselt ist, mit einem Ochsen solchen Schluß behalten!

Hinter Selim ritten wieder mehrere weiße Asaker, worauf die übrigen folgten. Auf einen Ruf des Anführers setzte man sich in Bewegung, erst langsam, worauf bald ein schnellerer Schritt angenommen wurde.

Schon nach den ersten fünf Minuten hatte ich die feste Ueberzeugung, daß ich nicht auf einem Reitochsen saß und man mir sogar unter den Lastochsen den allermiserabelsten und steifsten »Werfer« ausgesucht hatte. Nun, ich that mein möglichstes, seinen Sylphidenschritten etwas mehr Elastizität und Stetigkeit zu geben. Aber was half das bei der Schlechtigkeit Ibn Asls, welcher von Zeit zu Zeit hinter sich nach dem Riemen griff, um an meiner Schebah zu zerren! Dann schlugen die hinter Selim Reitenden auf den Ochsen ein, daß dieser störrisch wurde und, zur Seite fahrend, mich von hinten zerrte. Es war ein Ritt, wie ich noch keinen gemacht hatte und mir auch keinen wieder wünsche.

Es mochte ungefähr drei Uhr nachts sein. Die Sterne leuchteten noch in unverminderter Helle, und es ging immer über offenes Land, bald geradeaus, bald indem wir nach rechts oder nach links abbogen. Die Führer kannten die Gegend so genau, als ob sie hier geboren seien. Das einzige Gute, welches man mir gelassen hatte, war, daß ich mit Ben Nil sprechen konnte, ohne daß man es verbot. Oder war auch das eine Raffiniertheit? Sollten wir Pläne zu unserer Rettung schmieden, um dann desto schwerer zu empfinden, daß dieselbe unmöglich sei?

Wie viele Reiter ich hinter mir hatte, konnte ich nicht sehen, da die Schebah mich hinderte, den Kopf zu drehen. Später, als wir anhielten, um die Ochsen ruhen, trinken und grasen zu lassen, zählte ich dreißig weiße Asaker und ungefähr hundert Djangeh. Es waren also wohl zwanzig weiße und fünfzig Schwarze zurückgeblieben, um die erbeuteten Ochsen und Sklaven nachzutreiben, während Ibn Asl in beschleunigtem Ritt voraneilte, um Wagunda sicher zu überraschen.

Ben Nil that alles mögliche, mir die Qualen dieses Rittes zu erleichtern; aber da er auch an den Händen und Füßen gefesselt war, so hatte er sein Tier nicht so, wie er wollte, in der Gewalt.

»Effendi, dieses Mal ist es wohl aus mit uns,« warf er mir in halblautem Tone zu. »Oder sollte in deinem Herzen noch ein wenig Hoffnung vorhanden sein?«

»Ein wenig?« antwortete ich. »Ich habe nicht das kleinste Stäubchen meiner Hoffnung verloren.«

»Hoffnung! Das ist ein schönes Wort; aber es steht zu befürchten, daß dasselbe nicht mehr für uns existiert.«

»Es existiert für mich, solange ich lebe, und da ich jetzt noch lebe, so hoffe ich eben noch.«

»Trotz der Fesseln und auch trotz dieser Schebah, welche zu den Erfindungen der Hölle gehört?«

»Trotzdem. Fesseln kann man zersprengen, und eine Schebah ist zwar ein festes, aber immerhin auch zerbrechliches Ding.«

»Glaubst du denn, die Kette, welche deine Handschellen verbindet, sprengen zu können?«

»Solange ich die Schebah halten muß, nein.«

»Und solange du die Schellen an den Händen hast, kannst du dir die Schebah nicht selbst vom Halse nehmen.«

»Das ist richtig; aber ich hoffe, diese Schellen nicht mehr lange tragen zu müssen.«

»Wie willst du sie herunterbringen?«

»Das wirst du später erfahren. Ich will nicht davon sprechen, weil man meine Worte doch vielleicht hören könnte. Schweigen wir jetzt! Ich habe meine Gedanken anderweit zusammenzunehmen, wenn ich nicht erwürgt sein oder mit dem Ochsen stürzen und den Hals brechen will.«

Die Bemerkung vom Brechen des Halses war von mir ganz ernst gemeint. Ich befand mich wirklich in der größten Gefahr, dieses Unglück zu erleiden. Ich wurde von vorn und von hinten gezogen und gezerrt; jeden Ruck, den ich bekam, mußte mein Ochse auch fühlen. Wenn er die Geduld verlor und auf die sprichwörtlich gewordene Eigenschaft seiner Sippe verfiel, konnte er leicht zum Sturze kommen. Ich war auf seinem Rücken festgebunden und trug die schwere, lange Schebah am Halse; dieser letztere war also von meinen Körperteilen derjenige, den ich den gefährdetsten nennen mußte.

Als der Tag anbrach, fühlte ich meine Arme nicht mehr. Sie waren mir infolge der Stellung, welche sie beim Halten des Gabelastes einzunehmen hatten, eingeschlafen. Von den andern Gliedern will ich nur die Beine erwähnen. Ich fühlte, daß sie bereits blutrünstig waren. Und doch sollte die Qual sich nicht vermindern, sondern steigern.

Die Führer hatten wegen der nächtlichen Dunkelheit nur offene Gegenden aufgesucht. Jetzt, da es hell geworden war, konnten sie die gerade Richtung einhalten, und diese führte durch Wald und immer wieder Wald. Mit meinem Tiere und in meiner Lage, von vorn und von hinten gezogen und gerissen, war der Ritt unter den Bäumen hin und durch den Morast, den es da stellenweise gab, natürlich weit beschwerlicher noch als derjenige über die Lichtungen. Und doch hielt ich es bis zum Mittage aus, um welche Zeit angehalten wurde, da die Ochsen der Erholung bedurften. Dies geschah auf einer Blöße, über welche ein kleines Wasser langsam floß.

Wir drei wurden von den Tieren gebunden. Als meine Füße den Boden berührten, vermochten sie mich nicht zu halten; ich brach förmlich zusammen.

»Steht es schon so mit dir?« lachte Ibn Asl höhnisch auf. »Willst du dich auch jetzt noch deiner Stärke rühmen?«

»Wann habe ich mich derselben gerühmt?« antwortete ich. »Meinst du etwa, daß ich leide? Ich freue mich vielmehr, denn ich weiß, daß du Wagunda nicht zur rechten Zeit erreichen wirst.«

»Nicht? Warum?«

»Weil ich dich hindern werde!«

Er sah nachdenklich vor sich nieder und wendete sich dann, ohne noch ein Wort zu sagen, von mir ab. Ich hoffte, das erreicht zu haben, was ich mit meinen Worten erreichen wollte, nämlich eine weniger grausame Behandlung.

Meine Beinkleider waren steif vom Blute, doch erkannte ich bald, daß meine Schwäche vorhin nur eine augenblickliche und schnell vorübergehende gewesen war. Die unnatürliche, erzwungene Lage meiner gefesselten Glieder hatte sie, als sie in die gewöhnliche Lage zurückkehren durften, für eine Minute unbrauchbar gemacht. Doch ließ ich das nicht merken, sondern stellte mich schwächer, als ich in Wirklichkeit war. Diese Taktik sollte nicht ohne Erfolg bleiben.

Wir bekamen auch jetzt Fleisch und Wasser. Da ich mich freier bewegen konnte, sah ich, wie bereits oben bemerkt, aus welchen und wie vielen Leuten unser Zug bestand. Man hatte Reserveochsen mitgenommen. Zwei von ihnen trugen das Zelt des Anführers. Auf dem Packsattel eines dritten sah ich ein langes Bündel, aus welchem die Kolben und Läufe unserer Gewehre blickten. Daß man uns nicht nur die Waffen, sondern überhaupt alles abgenommen hatte, bedarf eigentlich keiner besonderen Erwähnung.

Zwei Stunden mochten wir geruht haben, als wir wieder aufbrachen. Wie war ich erfreut, als man mir, bevor ich aufsteigen mußte, die Schebah vom Halse nahm! Ich bekam sogar einen andern, bessern Ochsen. Meine Bemerkung hatte also die beabsichtigten Früchte getragen. Zwar wurde ich wieder durch Riemen mit Ibn Asl und Selim verbunden, aber die Gabel hinderte und drückte mich nicht mehr, und ich konnte trotz der gefesselten Hände die Zügel halten und auch führen. Das hatte zur Folge, daß ich während des ganzen Nachmittages fast nicht die mindeste Belästigung fühlte, nur daß am Abende, als wir wieder Halt machten, noch eine gewisse Steifheit zu bemerken war.

Wir befanden uns am Rande einer Art von Prairie. Die Ochsen sollten einige Stunden grasen und dann wiederkäuen, natürlich unter Aufsicht von Wächtern, die sich während der Nacht abzulösen hatten. Für Ibn Asl wurde das Zelt aufgeschlagen, und mir wurde die Schebah wieder angelegt. Als Abendessen bekamen wir einen Brei von Durrhamehl, in kaltem Wasser angerührt.

Es war ein Feuer angebrannt worden, welches, um die Stechmücken abzuwehren, die ganze Nacht unterhalten werden sollte. Dort hatten Ben Nil und Selim sich niederzulegen, weil sie, von den Flammen beschienen, besser bewacht werden konnten. Was aber mich betraf, so sagte Ibn Asl, nachdem er meine Handschellen und die Schebah sorgfältig untersucht hatte:

»Dich lasse ich nicht im Freien. Du mußt mit ins Zelt hinein, damit ich deiner vollständig sicher bin.«

Ich wurde also in das Zelt geschafft und im Hintergrunde desselben niedergelegt, nachdem man mir mit einem Riemen beide Fußgelenke zusammengebunden hatte. Die Spitze der Schebah wurde fest an die eine Zeltstange geschnürt, so daß ich die ganze Nacht den Kopf und Oberkörper nicht zu bewegen vermochte, eine mehr als unbequeme Lage.

Nahe dem Eingange wurde für Ibn Asl ein Lager aus weichen Decken zurechtgemacht und für den etwaigen Bedarf während der Nacht ein Gefäß voll Trinkwasser daneben gestellt. Dieses Wasser hätte mich retten können; leider aber stand es nicht in meinem Bereiche. Als er sich auf sein Lager hingestreckt hatte, machte er mir die Bemerkung:

»Denke nicht etwa an Flucht! Ich werde jede deiner Bewegungen hören. Wolltest du dich erheben, so würdest du, da die Schebah mit dem Zelte verbunden ist, dasselbe erschüttern, oder gar niederreißen. Auch sitzen die Wächter draußen am Feuer und werden das Zelt nicht aus den Augen lassen.«

Der gute Mann hatte sehr recht; aber wenn mir das Wassergefäß zugänglich gewesen wäre, so hätte er nicht recht gehabt. Er verschloß den Eingang des Zeltes, indem er den Vorhang vorzog, und verhielt sich von jetzt an ruhig. Ich war ebenso still wie er, aber nur äußerlich. In meinem Innern sprachen verschiedene Stimmen, von denen aber keine zur wirklichen Geltung gelangte. Sowie ich jetzt hier im Zelte lag, war Flucht unmöglich. Ich mußte mich heute noch in Geduld fügen. Aber Schlaf fand ich nicht. Erstens war meine Lage zu unbequem dazu, und zweitens galt es, nachzudenken, ob es nicht auf eine andere, mir bisher noch nicht eingefallene Weise möglich sei, loszukommen. Aber all mein Sinnen führte zu keinem Ziele; der Kopf wurde mir schwer; ich fiel zuweilen in eine Art von Halbschlummer, aus dem ich immer schnell wieder erwachte, und als die Wächter draußen die Schläfer mit lauter Stimme weckten, war ich viel müder, als ich am Abende gewesen war.

Der Tag brach an. Man band mir die Füße frei, löste die Schebah von der Zeltstange und führte mich hinaus, wo ich wieder Durrhabrei, und zwar in derselben Weise wie am vorigen Abende zu essen bekam. Dann wurde ich, nachdem man mir die Schebah abgenommen hatte, wieder auf den Ochsen gebunden, Ben Nil und Selim ebenso, worauf der heutige Ritt begann. Einer der Führer fehlte. Wie ich später erfuhr, war er schon während der Nacht aufgebrochen, um uns als Kundschafter voranzureiten.

Während ich über mein Befinden im Sattel jetzt nicht mehr zu klagen hatte und auch Ben Nil sich nicht beschwerte, begann Selim hinter uns zu wimmern und zu klagen. Es war klar, daß der alte Mann solchen Anstrengungen nicht gewachsen sein konnte. Ich bedauerte ihn, obgleich nur er allein unsere gegenwärtige Lage verschuldete, und warf ihm einige Bemerkungen, die ihn trösten sollten, zu. Dies war mir heute möglich, da ich die Schebah nicht zu tragen hatte und mich also umdrehen konnte.

»Schweig, Effendi!« fuhr er mich undankbar an. »Du bist schuld an allem, was ich zu leiden habe.«

»Ich? Wieso?« fragte ich verwundert.

»Wärst du in Wagunda geblieben, so wäre ich dir nicht nachgelaufen! Meine Glieder sind wie von Papier, und meine Seele weint mehr Thränen, als es in einem Jahre regnen kann. Dieser Ochse ist mein Tod.«

»Ich habe geglaubt, daß du ein guter Reiter seist!«

»Der bin ich auch. Ich bin der kühnste und gewandteste Reiter des Weltalls. Ich bändige selbst das wildeste Roß; aber welcher wahrhaft Gläubige hat jemals schon auf einem Ochsen gesessen?«

Er konnte selbst in unserer jetzigen Lage das Aufschneiden nicht lassen. Uebrigens verdenke ich es selbst heute noch keinem gläubigen Moslem, wenn er es vorzieht, lieber auf einem sammtnen Diwan, als auf einem sudanesischen Ochsen zu sitzen. Es soll sogar Christen geben, welche genau derselben Meinung sind.

Als wir die Prairie hinter uns hatten, ritten wir durch einen Wald, am Rande eines Sumpfes hin. Die Gegend kam mir bekannt vor. Bald darauf ging es wieder über eine Lichtung, welche ich auch schon gesehen zu haben glaubte. Als ich infolgedessen schärfer nach allen Seiten blickte, sagte Ben Nil:

»Weißt du, Effendi, daß wir hier gewesen sind? Ueber diesen Platz sind wir am frühen Morgen des zweiten Tages gekommen.«

»Ah, du hast recht; ich besinne mich.«

»Denke dir also, wie schnell wir geritten sind!«

»Wir haben gestern allerdings eine weite Strecke zurückgelegt; aber das ist nicht die einzige Ursache, daß wir uns schon hier befinden. Wir haben ausgezeichnete Führer bei uns.«

»Das ist schlimm, weil wir die Strecke, zu welcher wir zu Fuße drei Tage brauchten, jetzt in zwei zurücklegen werden. Wann, meinst du, daß wir Wagunda erreichen?«

»Wahrscheinlich schon heute.«

»So sind unsere Freunde verloren und wir mit ihnen.«

»Noch nicht. Bis dahin kann noch viel geschehen. Sei nur getrost.«

Es war nun allerdings Grund vorhanden, unsere Hoffnungen herabzustimmen. Wenn wir uns jetzt nicht in der Gegend geirrt hatten, so war anzunehmen, daß wir am Abende in die Nähe von Wagunda gelangen würden. Und der Umstand, daß ein Kundschafter vorausgegangen war, bewies, daß wir uns diesem Ziele näherten. Kamen wir nicht zu spät dort an, so durften wir vermuten, daß Ibn Asl den Angriff noch heute unternehmen werde, falls er nämlich finden sollte, daß die Verteidiger unvorbereitet seien. Das Dorf war zu gut besetzt, aber wenn die Leute schliefen und es wie Foguda angebrannt wurde, so waren unsere Freunde allem Vermuten nach doch verloren.

Kurz und gut, die Entscheidung nahte mit schnellen Schritten. Wenn mir bis zum Abende kein rettender Gedanke kam, so brauchte mir später überhaupt keiner mehr zu kommen.

»Meinst du, daß der Reïs Effendina auf seiner Hut sein wird?« fuhr Ben Nil fort.

»Ich möchte es fast bezweifeln.«

»Ich auch, denn er erwartet Ibn Asl jetzt noch nicht.«

»Und wenn er vorsichtig wäre, so würde das uns dreien doch nichts nützen. Sobald Ibn Asl einsähe, daß er verloren ist, würde er uns ermorden.«

»Allah! Das ist richtig; das ist wahr.«

»Wir müssen frei sein, ehe es zum Kampfe kommt.«

»Das ist aber unmöglich, und darum sind wir verloren. Ich werde die Meinen nie wiedersehen, aber ich habe doch den Trost, daß es mir vergönnt sein wird, an deiner Seite zu sterben, mein guter, lieber Effendi.«

»Du wirst hoffentlich noch lange und sehr glücklich leben, denn du verdienst es, glücklich zu sein. Ich bitte dich, an der Hilfe Allahs noch nicht zu verzweifeln!«

Er antwortete nicht, und auch mir war es nicht ganz so zuversichtlich um das Herz, wie ich mir den Anschein gab. Ich versuchte heimlich, die Kette an meinen Händen zu zerdrehen, vergeblich. Aber selbst wenn mir das gelungen wäre, so hätte ich doch keine Waffen gehabt und war anderwärts mit starken Riemen angebunden. Dennoch konnte jeden Augenblick irgend ein für uns günstiger Umstand eintreten.

Leider aber war dies nicht der Fall. Der Vormittag verging, und wir machten, als die Sonne am höchsten stand, den ersten heutigen Halt, um unsern nun sehr angegriffenen Tieren Ruhe und Nahrung zu gönnen. Es war ihnen anzumerken, daß sie die bisherige Schnelligkeit höchstens nur noch bis heute abend entwickeln könnten.

Wir bekamen Dörrfleisch zu essen, mit welchem Ibn Asl zur Genüge versehen war. Wie gestern wurde nach zwei Stunden wieder aufgebrochen. Später wurde mir die Gegend bekannter als bisher. Vier Uhr nachmittags erreichten wir die Stelle, an welcher wir vor fünf Tagen von dem Wege, auf welchem wir damals Ibn Asl erwartet hatten, rechts abgewichen waren. Wir befanden uns zwischen den beiden schon früher erwähnten Quellflüssen des Tonj und kamen kurz vor Sonnenuntergang an die Furt, an welcher ich Ibn Asl hatte empfangen und schlagen wollen.

Als wir uns derselben näherten, kam der Kundschafter, welcher sich in voriger Nacht von uns getrennt hatte, zwischen den Büschen, hinter denen er sich versteckt gehalten hatte, hervor und näherte sich Ibn Asl, um seine Meldung zu machen. Da ich hinter dem Letztgenannten ritt, konnte ich jedes Wort, welches gesprochen wurde, hören, zumal er sich nicht bemühte, dies zu verhüten.

»Nun,« fragte er – »bist du glücklich gewesen?«

»Ja, Herr,« lautete die Antwort, »glücklicher, als ich hoffen konnte.«

»Wie weit liegt das Dorf von hier?«

»Man geht über eine Stunde; reitend aber erreicht man es noch eher. Ich habe jenseits der Furt im Walde zwei Männer belauscht.«

»Schwarze aus Wagunda?«

»Nein, weiße Asaker des Reïs Effendina. Sie waren in den Wald gegangen, ein Wild zu schießen, und da sie keines fanden, so saßen sie da, um sich zu unterhalten.«

»Wovon sprachen sie?«

»Von dir. Es war ein sehr glücklicher Zufall, daß ich sie traf. Es hätte, wenn sie aufmerksamer gewesen wären, sehr schlimm für mich ausfallen können. Ich war über die Furt geritten, um meinen Ochsen in dem Walde zu verstecken und mich dann in die Nähe des Dorfes zu schleichen. Eben hatte ich die ersten Bäume hinter mir, da kamen sie. Wären sie um einige Herzschläge eher gekommen, so hätten sie mich gesehen.«

»Was geschah weiter?«

»Ich wich zur Seite, um zunächst den Ochsen anzubinden, und ging ihnen dann leise nach. Sie setzten sich und sprachen so laut miteinander, daß ich sie verstehen konnte, ohne mich zu weit vorwagen zu müssen.«

»Was hast du da gehört?«

»Daß man dich erst in vier oder wohl gar fünf Tagen erwartet.«

»So hat man wohl noch gar keine Vorbereitungen zur Gegenwehr getroffen?«

»Nein. Man will dir Späher entgegensenden und dich bis an den See, welcher unterhalb des Dorfes liegt, kommen lassen; in diesen sollen wir dann von der Uebermacht getrieben werden.«

»Das ist nichts Neues für mich, da ich es schon von unserm Gefangenen, diesem Selim, gehört habe. Wer ist denn der Anführer? Der Reïs Effendina?«

»Ja; aber man hat kein großes Vertrauen zu ihm. Die beiden Männer sagten, daß der Effendi ihnen lieber gewesen sei, und auch die Bor, welche sich hier befinden, sollen mehr Vertrauen zu diesem gehabt haben.«

Da drehte Ibn Asl sich zu mir um und sagte:

»Hörst du dein Lob, Effendi? Ich hoffe, daß du das Vertrauen, welches man in dich setzt, nicht zu schanden machst.«

»Sei überzeugt, daß ich mein möglichstes thun werde,« antwortete ich ihm.

»Mit deinen Möglichkeiten ist es leider zu Ende,« lachte er hämisch und wendete sich dann dem Kundschafter wieder zu: »Was hast du noch gehört?«

»Weiter nichts, als daß man glaubt, die drei Männer, welche jetzt unsere Gefangenen sind, haben denselben Weg eingeschlagen, auf welchem sie in diese Gegend kamen.«

»So ahnt man nicht, daß sie nach Foguda wollten?«

»Nein. Man denkt, der Effendi habe sich beleidigt und zurückgesetzt gefühlt und sich infolgedessen ganz und gar von dem Reïs Effendina zurückgezogen.«

»Ich bin zufrieden mit dem, was du erfahren hast. Wie tief ist die Furt?«

»Ein Reiter wird nur bis zu den Knien naß.«

»Wir müssen uns dem Dorfe soweit wie möglich nähern. Kennst du einen Ort, an welchem wir alle lagern können, ohne gesehen zu werden?«

»Ich habe mich danach umgesehen und einen gefunden, der auf halbem Wege von hier liegt. Wenn wir kein Feuer brennen, ist es ganz unmöglich, uns von Wagunda aus zu bemerken.«

»So führe uns! Wir werden nur kurze Zeit dort liegen bleiben, da der Ueberfall noch vor Mitternacht geschehen soll.«

»Herr, erlaube mir, dich darauf aufmerksam zu machen, daß die Bewohner des Dorfes Gäste haben. Die Bor und die Asaker des Reïs Effendina sind bei ihnen, und wo sich Gäste befinden, da pflegt man spät zur Ruhe zu gehen.«

»Das ist freilich wahr. Uebrigens pflegt man zwischen Mitternacht und Sonnenaufgang am festesten zu schlafen. Vielleicht greifen wir erst um diese Zeit an. Ich werde nachher noch einen Lauscher senden. Jetzt vorwärts!«

Wir ritten in das Wasser und jenseits der Fuhrt wieder aus demselben, dem Dorfe entgegen. Nach beinahe einer halben Stunde bogen wir, von dem Kundschafter geführt, nach dem Walde, in welchen er seinen Ochsen versteckt hatte. Die Bäume desselben waren stark und hoch und standen weit auseinander. Zwischen zwei Unterholzgebüschen angelangt, erklärte der Führer, daß hier der beste Ort zum Lagern sei.

Man stieg ab, und wir drei bekamen sofort die Schebah wieder angelegt. Man war gerade zur richtigen Zeit eingetroffen, da der Abend jetzt zu dunkeln begann. Die Ochsen wurden angebunden. Einige Männer schlugen das Zelt des Anführers auf. Da wir außer der Schebah auch die Handschellen trugen und außerdem an den Füßen gebunden waren, so glaubte man jedenfalls, nicht allzusehr auf uns achten zu müssen. Wir konnten also miteinander sprechen, ohne von jemand verstanden zu werden.

»Es steht schlimm, sehr schlimm, Effendi,« sagte Ben Nil. »Erst trugen Selim und ich nur Riemen; jetzt hat man uns auch Eisen angelegt. Das ist ein böses Zeichen. Wir sind verloren.«

»O nein! Es muß und wird etwas zu unserer Rettung geschehen.«

»Was denn? Ich kann nichts thun, Selim auch nicht. Und dich wird man wieder an das Zelt binden. Was soll da geschehen!«

»Nun, wenn nichts anderes geschieht, so passiert wenigstens das eine, daß ich mich über Ibn Asl hermache.«

»Unmöglich! Du wirst ja angebunden sein!«

»Mit der Schebah an die Zeltstange, ja. Aber wenn ich mich erhebe, so reiße ich die Stange mit empor und das Zelt stürzt ein. Sollte mich wundern, wenn es mir da nicht gelänge, Ibn Asl zu fassen.«

»Was hilft das uns?«

»Sehr viel. Befindet er sich einmal zwischen meinen Händen, so geb' ich ihn gewiß nicht wieder los.«

»Aber man tötet uns!«

»Vielleicht auch nicht. In meinen Händen ist dieser Mensch ein Geisel, gegen welchen wir uns freihandeln können.«

»Du bist gebunden und waffenlos, während er selbst während des Schlafes sein Messer bei sich hat. Wenn du ihn trotz deiner Handschellen fassest, wird er dich erstechen.«

»Ich packe ihn gleich so, daß er gar nicht an sein Messer denken kann.«

»Könnten wir doch mit diesen Djangeh sprechen! Aber auch das würde uns nichts nützen. Sie sind zwar mit den Leuten von Wagunda gleichen Stammes; aber sie waren ja auch mit den Bewohnern von Foguda, die ebenso zu den Gohk gehören, verwandt und haben sie doch mit überfallen und ermordet. Wenn die Schwarzen einmal Blut gesehen haben, hört bei ihnen jedes Gefühl und jede Rücksicht auf.«

Wir mußten unser Gespräch abbrechen, da man kam, um uns in die Nähe des Zeltes zu schaffen. Es herrschte nur noch ein Halbdunkel unter den Bäumen. Ich benutzte dasselbe, um einen Ueberblick über das Lager zu gewinnen.

Der Raum zwischen den beiden Büschen war weniger breit als lang. Infolgedessen hatte das Lager eine langgestreckte, schmale Gestalt angenommen. Den einen Flügel nahmen die weißen Asaker, den andern die Djangeh ein. Zwischen beiden stand das Zelt, doch nicht in der Mitte des Lagers, da die Schwarzen einen größeren Raum einnahmen als die Weißen. Die Ochsen waren hinter den Büschen angebunden. Einige Djangeh wurden mit den vorhandenen Gefäßen nach Wasser geschickt. Sie mußten es trotz der ansehnlichen Entfernung aus der Furt holen. Als sie zurückkehrten, wurde der schon erwähnte Brei bereitet, mit welchem auch ich gefüttert wurde. Dann schaffte man mich in das Zelt, wo ich genau so wie gestern angebunden wurde. Ibn Asl blieb vor dem Eingange desselben sitzen. Ich hörte, was er mit seinen Leuten sprach. Er schickte zwei Kundschafter aus und befahl außerdem, für ihn Wasser zu holen, da der vorhin gebrachte Vorrat zu Ende gegangen war.

Es verging eine lange Zeit, wohl eine Stunde. Dann kehrte der Mann von der Furt mit dem Wasser zurück. Ibn Asl trank und stellte das Gefäß hinter sich in das Zelt. Kurze Zeit später kamen die Spione. Sie meldeten, daß im Dorfe ein sehr reges Leben herrsche und also anzunehmen sei, daß man dort nicht sobald schlafen gehen werde. Es war so finster, daß ich, obgleich das Zelt offen stand, keinen Menschen zu erkennen vermochte. Ibn Asl schien nachzudenken; dann hörte ich ihn sagen:

»Gut, wir greifen erst nach Mitternacht an. Die Wachen sind dieselben wie gestern und haben um Mitternacht zu wecken. Gebt die Decken für mein Lager her!«

Ich verschlang natürlich jedes dieser Worte. Und nun lauschte ich mit angehaltenem Atem auf jede seiner Bewegungen. Er nahm die Decken in Empfang, um sich das Lager selbst zu bereiten. Das Wassergefäß stand ihm im Wege; er stellte es, um nicht daran zu stoßen, zur Seite. Als er mit seinen Vorbereitungen fertig war, kam er zu mir, um meine Fesseln zu betasten. Dabei sagte er:

»Hund, heute ist dein letzter guter Tag. Morgen befindet sich auch der Reïs Effendina in meiner Hand, und dann sollt ihr heulen, daß man es jenseits des Niles hört.«

Er hatte sich überzeugt, daß meine Fesseln in Ordnung seien, und ging zu seinem Lager, um sich dort niederzustrecken. Er hatte den Topf weit von sich gesetzt; ich zitterte fast vor Erwartung, ob er ihn mit sich nehmen werde. Nein, er that dies nicht; er vergaß es und ließ ihn stehen! Ich holte tief, sehr tief und erleichtert Atem.

Nun wartete ich, bis anzunehmen war, daß er eingeschlafen sei, wohl eine Stunde lang, die mir aber wie eine Ewigkeit erschien. Dann streckte ich die zusammengebundenen Füße aus, um nach dem Wassergefäße zu »fischen«. Ich stieß an dasselbe, schob die Fußspitzen dahinter und dirigierte es, indem ich die Kniee nach und nach an den Leib zog, leise, leise zu mir heran. Endlich konnte ich es mit den Händen erreichen. Es war eine sogenannte »Kulle«, ein bauchiger Krug, dessen Oeffnung glücklicherweise so weit war, daß ich eine Hand hineinstecken konnte. Da die linke Hand gewöhnlich ein wenig kleiner ist als die rechte, schob ich die erstere hinein, nahm mich aber sehr in acht, um dabei nicht mit der Kette zu klirren. Das Wasser war kühl.

Die Zeit war nicht zu messen; wahrscheinlich aber dauerte es wieder gegen eine Stunde, ehe ich die Hand zurückzog. Als ich sie mit der Rechten befühlte, merkte ich, daß die Haut kleine Falten bildete; die Hand war also eingeschrumpft. Ich faßte mit der rechten Hand die linke Schelle fest und begann zu drehen. Hamdulillah, hätte ich beinahe ausgerufen – es ging; ich konnte die linke Hand durch das runde Eisen ziehen; sie war frei! Nun schnell mit ihr nach dem Genick, wo der Querpflock in der Schebah steckte. Ich zog ihn heraus und konnte dann den Hals aus der Gabel nehmen. Jetzt galt es nur noch, den Riemen, welcher meine Füße verband, zu lösen. Man hatte eine Schleife gemacht; ich zog sie auf und befand mich nun im vollen Besitze meiner Glieder. Zwar hingen die Eisenschellen noch an meinem rechten Handgelenke, doch anstatt mir hinderlich zu sein, konnten sie mir vielmehr als eine nicht zu verachtende Waffe dienen.

Was nun? Ben Nil und Selim befreien? Das ging nicht; das brachte mich wieder in Gefahr, da sie jedenfalls scharf bewacht wurden. Aber wenn Ibn Asl erwachte und meine Flucht entdeckte, so mußte er annehmen, daß sein Plan durch mich verraten werde, und dann war es um das Leben der beiden geschehen. Die Sache war kritisch, befreien konnte und hier lassen durfte ich sie nicht! Aber wie nun, wenn ich Ibn Asl unschädlich machte? Konnte ich überhaupt fort, ohne mich seiner zu versichern? Sollte er mir etwa abermals entgehen? Nein, nein und zum drittenmale nein! Entweder nichts gewagt, oder alles gewagt!

Ich legte mich auf den Bauch und kroch leise, leise zu ihm hin, die Kette festhaltend, damit sie nicht klirre. Sein Atem ging hörbar und regelmäßig, er schlief. Sollte ich ihn erschlagen, mit seinem eigenen Messer erstechen? Nein; ein Mörder bin ich nicht. Ich tastete mich an seinem Leibe empor – ein Griff nach seiner Kehle und ein Fausthieb nach seinen Schläfen – ein halb erstorbenes Röcheln; er war mein!

Nun hinaus, und zwar mit ihm! Ich zog ihm das Messer und die Pistole aus dem Gürtel, denn er schlief mit diesen beiden Waffen, und richtete mich auf. Vorn am Zelte die Wächter, hinten Büsche, rechts Büsche, links aber ein freier Raum; das hatte ich gesehen. Das Messer war scharf. Ich schnitt auf der linken Seite die Zeltleinwand auf, nahm Ibn Asl empor und drängte mich hinaus, freilich nicht so schnell, wie es erzählt werden kann, denn es galt, auch das leiseste Geräusch zu vermeiden. Draußen angekommen, warf ich den Betäubten über meine rechte Achsel und tastete, ihn mit einer Hand festhaltend, mich mit der andern weiter. Ich kam durch die Lücke im Buschwerke glücklich hindurch, wendete mich links, hinter den dort angebundenen Ochsen weg, und trachtete nun, glücklich aus dem Walde ins Freie zu kommen. Es gelang.

Nun war mir das Terrain sehr gut bekannt. Rechts ging es nach dem See; ich wendete mich also nach dieser Seite. Ibn Asl war

…ein Griff nach seiner Kehle und ein Fausthieb nach seinen Schläfen…

schwer, und ich hatte keine Zeit zu verlieren. Durfte ich mich da mit ihm bis hinauf in das Dorf schleppen, eine halbe Stunde weit? Nein. Ich hatte seitwärts von meinem jetzigen Wege einen mittelstarken Baum gesehen; den suchte ich auf. Das war nicht sehr schwer, denn es war über neun Uhr geworden, und die Sterne leuchteten mir. Bei dem Baume angekommen, legte ich Ibn Asl zunächst nieder, um nach Fesseln zu suchen. Den Riemen von meinen Füßen hatte ich eingesteckt. Meines Gefangenen Gürtel und langes Turbantuch reichten aus; dazu sein eigener Fez als Knebel. In Zeit von zwei Minuten war er so fest an den Baum gebunden, daß er aus eigener Kraft unmöglich loskommen konnte; der Knebel verhinderte ihn am Schreien.

Nun rannte ich nach dem See. Dort angekommen, blickte ich nach oben, nach dem Dorfe. Es war alles dunkel. Man war ganz gegen die Voraussetzung der Kundschafter doch zeitig schlafen gegangen. Ich lief den Berg empor. Dabei dachte ich nach, was nun zu geschehen habe. Das Lager zu überrumpeln, dazu gehörte gar nicht viel. Aber konnte ein Blutvergießen dabei denn nicht vermieden werden? Ich dachte an den Djangeh-Häuptling. Ja, mit dessen Hilfe war es möglich! Es war sogar noch etwas anderes möglich, nämlich der Beweis an den Reïs Effendina, daß er wohl mich, ich aber ihn nicht notwendig habe. Ich bin sonst kein ehrgeiziger Mensch; aber er hatte mich zurückgesetzt, und so zögerte ich nicht, ihm diese Lehre zu erteilen.

Der Boden war weich, und meine Schritte wurden durch das Gras gedämpft. Auf halber Bergeshöhe stand ein breiter, nicht viel über manneshoher Felsen, an dem ich vorüber mußte. Er war von heller Farbe. Es war mir, als ob sich etwas Dunkles daran bewege. Gegenwärtig mußte mir alles verdächtig erscheinen; ich zog also das Messer und trat näher. Da standen ein Männlein und Weiblein, also ein Liebespärchen, was, wie man munkelt, auch in anderen Erdteilen und nicht allein in Afrika vorkommen soll. Sie fuhren auseinander. Das Weiblein beachtete ich nicht weiter, desto mehr aber das Männlein. Es trug eine Hutkrempe auf dem lockigen Haupte und eine große, gläserlose Brille auf der Stumpfnase.

Wahrhaftig, dieser Wunderknabe hatte sich während der wenigen Tage das Herz einer Negerjungfrau erobert! Als er mich erkannte und vor Freude zu schreien begann, legte ich ihm als Aufforderung zum Schweigen die Hand auf die wulstigen Lippen und wollte mich ihm eben durch Worte noch verständlicher machen, als um die Ecke des Felsens ein zweites Pärchen gehuscht kam, jedenfalls durch den Ruf des schwarzen Stutzers aufmerksam gemacht. Das Verschenken der Herzen schien hier epidemisch geworden zu sein. Ich sah mir auch dieses Männchen an und erkannte zu meiner Freude einen der beiden jungen Dolmetscher, die ich am letzten Tage meines Aufenthaltes hier gesehen hatte. Ich verständigte mich schnell mit ihm; dann rannte er nach dem Dorfe, um den Häuptling der Djangeh zu holen, sonst aber keinen Menschen zu wecken und noch weniger jemandem etwas zu sagen. Nach etwa zehn Minuten brachte er ihn.

Jetzt galt es, den Häuptling zu unterrichten und für meinen Plan zu gewinnen. Das erstere erleichterte mir der Dolmetscher, und dann fiel mir das andere auch nicht schwer. Er war höchst ergrimmt über Ibn Asl und zeigte sich bereit, mich sogleich zu begleiten.

Als wir gingen, nahm ich meinen biedern Brillenjüngling und die beiden Mädchen mit, um sie Ibn Asl als Wächter zu geben. Der Brillenmann gelobte, sich lieber zerreißen, als den Gefangenen entkommen zu lassen. Dieser letztere hatte das Bewußtsein wieder erlangt. Er hielt zwar die Augen geschlossen, aber er schnaufte, um trotz des Knebels Luft zu bekommen.

Nun ging ich mit dem Häuptlinge und dem Dolmetscher nach dem Walde. Mein Plan war, den ersteren heimlich zu seinen Djangeh zu bringen, die er über die eigentlichen Absichten Ibn Asls aufklären sollte. Während er dies that, wollte ich mich mit dem Dolmetscher durch die zerschnittene Wand in das Zelt schleichen, um zur Bewältigung der weißen Asaker mit bei der Hand zu sein.

Die Sterne blinkten leise durch das Blätterdach, und ich kannte die Oertlichkeit; ich war also sicher, das Lager zu finden. Wir huschten an der betreffenden Stelle zwischen den Bäumen hinein und bückten uns dann nieder, um uns in dieser Stellung weiter zu bewegen, ich mit dem Häuptlinge voran, der Dolmetscher hinter uns. Die Hauptsache war, daß kein Lärm entstand, bevor die Schwarzen meinen Begleiter als ihren Häuptling erkannten. Sie hatten den vorderen Teil des Lagers inne, die Asaker den jenseits des Zeltes liegenden. Es herrschte tiefe Stille im Walde; man hatte also meine Flucht und das Fehlen des Anführers noch nicht bemerkt.

Wir schlichen leise weiter und weiter, bis wir die hellen Kleidungsstücke der Djangeh, die vom tiefen Schatten des Waldes abstachen, vor uns sahen. Die Leute schliefen. Wir krochen zu dem uns nächsten Schläfer. Der Häuptling weckte ihn und flüsterte ihm einige Worte in das Ohr. Der Mann wollte auffahren, beruhigte sich aber schnell infolge einer Aufforderung des ersteren. Ein zweiter und dritter wurden geweckt; dann ließ der Häuptling mir durch den Dolmetscher sagen:

»Begieb dich in das Zelt, Effendi. Einer von uns wird den andern wecken, um die Kunde von meiner Anwesenheit leise zu verbreiten. Dann fallen wir über die schlafenden Asaker her. Vielleicht brauchst du zu ihrer Gefangennehmung gar keine Hand zu regen.«

Das befriedigte mich, und ich schlug mich mit dem Dolmetscher seitwärts hinter die Büsche und an den ruhenden Ochsen vorüber. Es war nicht ganz leicht, unbemerkt an und in das Zelt zu gelangen, da die Wächter jedenfalls in der Nähe desselben saßen, aber wir brachten es dennoch fertig. Im Innern angekommen, legte ich mich nieder, kroch nach dem Eingange und schob den Vorhang ein wenig zur Seite. Mein Auge war an die Dunkelheit gewöhnt, und das Blätterdach hatte über uns einige größere offene Stellen. Ich konnte mehrere Schritte weit sehen.

Gerade vor dem Zelte, mir den Rücken zukehrend, saßen die beiden Wächter; zu ihren Füßen lagen Ben Nil und Selim; links dann sah ich die Gestalten der schlafenden Asaker ausgestreckt.

Diese mir so bequeme Situation veranlaßte mich, unter dem Vorhange hindurchzukriechen und die Pistole Ibn Asls hervorzuziehen; es war eine alte, schwere Waffe. Zwei kräftige Hiebe mit dem Kolben derselben, gegen die Köpfe der Wächter geführt, genügten, die Getroffenen niederzustrecken. Dann rasch zu Ben Nil. Er schlief nicht und erkannte mich sofort.

»Effendi,« flüsterte er mir zu, »du bist frei?«

»Ja. Sei still, damit keiner erwacht!«

Ich zerschnitt ihm den Beinriemen und schob den Pflock seiner

Schebah zurück. Er konnte sich erheben, mußte aber die Hände leider noch in den eisernen Schellen behalten.

»Da rechts liegt der Pack mit unsern Gewehren,« raunte er mir zu. »Gieb mir das meinige! Zuschlagen wenigstens kann ich damit trotz meiner Fesseln.«

»Jetzt nicht. Komm in das Zelt! Die Djangeh könnten dich sonst mit einem Askari verwechseln.«

»Die Djangeh? Was ist mit ihnen? Wie kämen sie dazu – –«

Ich ließ ihn nicht ausreden und schob ihn in das Zelt. Und da endlich begann es, sich rechts von demselben zu regen. Die Schwarzen hatten, einer immer von dem andern, erfahren, daß ihr Häuptling hier sei, daß Ibn Asl ihn hatte ermorden lassen wollen und daß sie selbst von diesem für die ihm geleisteten Dienste später als Sklaven verkauft werden sollten. Sie kamen leise nach dem Zelte, neben welchem ein großer Haufe von Stricken und Riemen lag, für die Bewohner von Wagunda bestimmt; sie nahmen davon, soviel sie zu brauchen gedachten, um die Asaker zu binden.

Hundert Djangeh und dreißig Weiße; infolgedessen hatte ich dem Häuptlinge durch den Dolmetscher angedeutet, daß immer drei Schwarze einen Askari auf sich nehmen sollten und daß der Angriff gleichzeitig auf alle erfolgen solle, damit nicht einer infolge des Warnungsrufes des andern entkommen könne. Er hatte diese Weisung seinen Leuten gut eingeprägt, und ebenso prompt wurde sie von denselben ausgeführt. Sie kamen lautlos wie Gespenster heran und wählten je drei ihren Mann. Sich auf ihn werfen, ihn entwaffnen und binden, war das Werk nur einiger Augenblicke. Ein sorgfältig darauf eingeübtes Korps hätte nicht besser und exakter handeln können. Es entkam kein einziger Askari, und ebenso war kein einziger dazu gekommen, von einer Waffe Gebrauch zu machen.

Als dies vorüber war, wurden Feuer angebrannt, was der besseren Orientierung wegen notwendig war. Die Scene, welche es nun gab, war halb heiter und halb rührend. Zunächst heiter natürlich nur für uns, die Sieger. Natürlich wurde Ben Nil sofort von seinen Handschellen und auch Selim von seinen Fesseln befreit. Was für Gesichter machten nun die Asaker, als sie uns drei frei und so freundlich mit ihren bisherigen Verbündeten verkehren sahen! Sie fluchten und wetterten, doch vergeblich. Die einzige Folge ihrer Grobheiten war, daß sie zu den bisherigen Riemen nun auch Ketten und Schebahs angelegt bekamen. Es waren deren genug vorhanden; Ibn Asl hatte sie für die Leute von Wagunda mitgebracht. Und rührend war die Scene für Ben Nil, und zwar in Beziehung auf die Djangeh. Sie hatten uns, die wir doch ihre jetzigen und eigentlichen Retter waren, so feindselig behandelt. Das baten sie uns ab. Jeder einzelne wollte uns ein gutes Wort sagen und eine Hand von uns haben. Es versteht sich von selbst, daß der Dolmetscher dabei seine liebe Not hatte.

Als die nötige Ordnung hergestellt war, schickte ich Ben Nil und Selim fort, um Ibn Asl und seine Wächter herbeizuholen. Ihnen konnte ich diese Aufgabe wohl anvertrauen, da er von ihnen nicht eine Spur von Nachsicht zu erwarten hatte. Sie nahmen eine Schebah und zwei Handschellen mit. Diesen Schmuck trug er, als sie ihn brachten. Ich wollte gar nicht mit ihm sprechen, ihm meine Verachtung zeigen; aber da er sich vor mich hinstellte, mich aus haßerfüllten Augen anblitzte und mir einen nicht nachzusprechenden Fluch in das Gesicht schleuderte, sprang ich doch zornig auf und fuhr ihn an:

»Schweig, Elender! Du hast mich noch vor wenigen Stunden aufgefordert, das in mich gesetzte Vertrauen nicht zu Schanden zu machen. Ich versprach, mein möglichstes zu thun, und habe Wort gehalten. Nun ist es nicht mit meinen, sondern mit deinen Möglichkeiten zu Ende. Ich habe dir bewiesen, daß das Gute stets mächtiger ist als das Böse, und bin für immer mit dir fertig. Der Reïs Effendina wird dein Urteil fällen.«

Wie wir die wenigen Stunden bis Tagesanbruch verbrachten, läßt sich denken. Der lebhafteste war wieder Selim, der jeden zwang, anzuhören, daß er der größte Held des Weltalls sei, denn er schob natürlich nur sich allein den ebenso plötzlichen wie freudigen Umschwung der Verhältnisse zu.

Als es licht zu werden begann, wurden die Ochsen gesattelt, denn ich hatte vor, einen lustigen Streich auszuführen. Die Effekten und Gefangenen wurden aufgeladen; dann stiegen auch wir auf. Wir verließen den Wald und zogen nach dem See. Dort angekommen, ritten wir in feierlicher Langsamkeit rund um denselben herum.

Die Bewohner des Dorfes, welche auch schon wach waren, hielten uns für die erwarteten Feinde und erhoben ein großes Kriegsgeschrei. Sie stellten sich in hellen Haufen vor die Umzäunung auf und wurden von ihrem Generalissimus, dem Reïs Effendina, in mehrere Armeekorps geteilt. Als diese sich den Berg herab in Bewegung setzten, um uns, wie er sich vorgenommen hatte, »in den See zu treiben«, schickte ich ihnen den tapfern Selim, reitend auf dem Rücken eines streitbaren Ochsen, entgegen. Keine andere Zunge paßte für eine solche Aufgabe so gut wie diejenige dieses größten Helden des Weltalls. Er kam, sah und siegte auch diesesmal, ganz wie immer. Kaum hatten sie ihn erkannt und die ersten seiner Worte gehört, so gerieten ihre Schlachthaufen in Unordnung, die Disziplin ging »flöten« und alles drängte sich kunterbunt den Berg herunter, um das Wunder des jungen, kaum aufgegangenen Tages anzustaunen. Jeder wollte mit mir reden, und ich hatte doch nicht Zeit, Amtwort zu geben, denn meine ganze Aufmerksamkeit wurde durch die Aufgabe, Ibn Asl zu beschützen, in Anspruch genommen. Hätte ich das nicht gethan, er wäre wörtlich in Stücke gerissen worden. Auf meinen Befehl schlossen die Asaker des Reïs Effendina um ihn und seine weiße Bande einen dichten Kreis, um die Kerls hinauf ins Dorf »in Prison« zu schaffen; die Djangeh folgten, und die Bürger und die Bürgerinnen von Wagunda zogen so begeistert hinterdrein, daß niemand auf mich achtete, der ich ganz allein am See zurückblieb und erst nach einiger Zeit langsam auch aufwärts schlenderte.

Indessen hatte Selim Zeit gehabt, unsere oder vielmehr seine Heldenthaten auszuposaunen und jedmänniglich für dieselben zu erwärmen. Auch der Emir war warm geworden. Eben als ich durch das Thor in das Dorf trat, kam er mir entgegen, hielt mir seine beiden Hände hin und bat:

»Verzeihe mir, Effendi! Ich bin ungerecht gegen dich gewesen. Diesem Selim ist kein Wort zu glauben, aber aus dem wenigen, was ich von deinem braven Ben Nil erfahren habe, ersehe ich, daß wir heute nacht zu Grunde gegangen wären. Es schlief das ganze Dorf!«

»Nicht das ganze,« antwortete ich. »Es waren vier Herzen wach, für deren Schlag das Dorf zu eng geworden war. Wären diese nicht gewesen, so – –«

Ich konnte nicht weitersprechen, denn geführt von dem Brillenmanne kam eine Rotte Gohk auf mich losgeschossen. Ich wurde gepackt, gedrückt, gequetscht, gedreht und fortgewirbelt, immer mitten zwischen ihnen, von einer Hütte zur andern, im ganzen lieben Dorf herum. Fast schien es mir, als sei der Ochsenritt von Foguda noch lange nicht so entsetzlich gewesen wie der Triumphzug durch Wagunda.

Am Nachmittage gab es abermals einen Umzug durch das Dorf, doch einen von ganz anderer Art. Ibn Asl und seine weißen Sklavenjäger wurden herumgeführt, ohne Ausnahme mit Eisen gefesselt und die Schebah am Halse. Ibn Asl trug dieselbe schwere, mit welcher er mich gepeinigt hatte. Ich sagte bereits, daß der Berg, auf welchem der Ort lag, an drei Seiten senkrecht zur Tiefe fiel. Die Sklavenjäger wurden nach der einen Seite gebracht, dort hart an der Kante aufgestellt und erschossen. Ihre Leichen fielen in die Tiefe. Ich war nicht dabei. »Wehe dem, der wehe thut.« Die Strafe war gerecht, doch gab das keinen Grund für mich, Zeuge der Vollstrekkung zu sein. Dennoch aber war es mir, als ob ich jetzt erst frei aufatmen dürfe, da ich erst nun die Gewißheit hatte, daß die schrecklichen Drohungen des Sklavenjägers nicht an mir in Erfüllung gehen konnten.

Den Djangeh wurde verziehen. Wir erfuhren von ihnen, daß die andere Abteilung der Sklavenjäger die Weisung erhalten habe, von Foguda in der Richtung nach Agardu zu marschieren und auf derselben mit Ibn Asl zusammenzutreffen. Die Gohk kannten diese Gegend und den Weg genau und wir setzten uns schon am nächsten Morgen in Marsch, um die Gefangenen zu befreien. Einen Tag später, um die Mittagszeit, stießen wir auf den Zug. Wir waren den siebzig Treibern der Herden und Sklaven weit überlegen und umzingelten sie. Als die fünfzig dabei befindlichen Djangeh sahen, daß ihre Gefährten sich mit dem Häuptlinge bei uns befanden, gingen sie sofort zu uns über. Die zwanzig Asaker Ibn Asls sahen ihr Schicksal vor Augen. Sie ergaben sich nicht, sondern wehrten sich und wurden niedergeschossen. Man sieht, dieses Erlebnis endet ziemlich blutig, wofür ich aber glücklicherweise nicht verantwortlich bin.

Die befreiten Sklaven thaten mir von ganzem Herzen leid. Sie erhielten zwar ihre Freiheit und ihre Rinder und Schafe wieder, doch konnten sie daheim nur die Trümmer ihrer Hütten und die Leichen ihrer Angehörigen finden. Man sage nicht, der Neger fühle nicht so wie wir; er fühlt sogar leidenschaftlicher als wir und kann dem Unglücke nicht den Trost entgegensetzen, den uns der Glaube an einen Gott der Liebe und der Weisheit gibt. – – –

Drittes Kapitel

Thut wohl Denen, die Euch hassen!

Mancher meiner geneigten Leser wird am Schlusse des vorigen Kapitels gedacht haben: »Jetzt sollte der Verfasser eigentlich schließen, denn nach schriftstellerischen Regeln ist die Erzählung nun zu Ende, da die sämtlichen Konflikte gelöst worden sind und der Gerechtigkeit Genüge geschehen ist.« Dem habe ich zu entgegnen, daß ich nicht eigentlich schriftstellere, sondern Erlebnisse niederschreibe und es unmöglich hindern kann, wenn sich das Leben und die Wirklichkeit nicht nach schriftstellerischen Regeln richten und sich selbst vom scharfsinnigsten Kritikus nicht den Gang der Ereignisse vorschreiben lassen. Es giebt ewige Gesetze, welche hoch über allen tausend Regeln der Kunst erhaben sind.

Ja, ich hätte höchst wahrscheinlich meine Erzählung mit dem Aufenthalte in Wagunda schließen können, wenn mich nicht das Schicksal einige Jahre vorher und in einem weit von Sudan entfernten Lande mit einem Manne zusammengeführt hätte, dem es wider alles Erwarten bestimmt gewesen war, mir hier im tiefen Süden wieder zu begegnen. Wer die heilige Schrift kennt, hat jedenfalls auch gelesen: »Herr, deine Wege sind wunderbar, und du führest alles herrlich hinaus!«

Ich hatte damals mit meinem wackern Diener Halef, von dem alle meine Freunde gehört haben, zu Pferde eine Reise durch das »Reich des silbernen Löwen«[1] gemacht, von welcher ich in einem spätern

[1] Persien.

Bande erzählen werde. Wir kamen, müde von den Anstrengungen des monatelangen Rittes, aber reich an Erfahrungen, mitten im Gebiete räuberischer Kurdenstämme über die persisch-türkische Grenze und machten in dem kleinen Orte Khoi einen kurzen Halt, um den müden Pferden einige Tage Ruhe zu gönnen. Zu jener Zeit lebte, wie ich bemerken muß, Rih, mein herrlicher, unvergleichlicher Rapphengst noch, der mir später unter dem Leibe erschossen wurde, indem ihn eine tödliche Kugel traf, welche eigentlich mir gegolten hatte, und wenn dieses edle und ausdauernde Tier von der Reise angegriffen war, so läßt sich leicht denken, daß dieselbe das Pferd Hadschi Halefs, obgleich es auch einen guten Stammbaum besaß, noch viel mehr mitgenommen hatte. Es war in den letzten Tagen vor Ermattung oft ins Stolpern geraten, und so sahen wir uns in anbetracht des beschwerlichen Weges, den wir noch bis jenseits des Tigris zurückzulegen hatten, gezwungen, in Khoi den erwähnten Aufenthalt zu nehmen, obgleich dieser Ort ganz und gar nichts bot, was uns sonst zum Bleiben hätte verlocken können.

Wenn wir, schon als wir die ersten Hütten erreichten, von den Bewohnern derselben angestaunt wurden, so lief, als wir vor dem elenden Khan[1] hielten, gar eine ganze Menge von Menschen zusammen, um uns ihre Bewunderung zu zollen. Freilich konnten wir nicht so unbescheiden sein, diese Bewunderung auf uns selbst zu beziehen; sie galt vielmehr meinem Hengste, dem man es trotz seines herabgekommenen Zustandes gleich beim ersten Blick ansehen mußte, daß er jenen unschätzbaren Wert besaß, infolgedessen so ein Pferd niemals verkäuflich ist. Er trug eines jener kostbaren Geschirre, welche Reschma genannt werden, und zog auch aus diesem Grunde aller Augen auf sich. Ich hatte es von einem hochgestellten Perser, dem einen Dienst zu erweisen mir gelungen war, als Geschenk erhalten, und da er mir in wahrhaft edler Freigebigkeit sein bestes Reschma ausgesucht hatte, welches nach kurdischem Begriffe ein Vermögen repräsentierte, so war es kein Wunder, daß alles und alle, Männer, Weiber und Kinder, aus den nahegelegenen Häusern gelaufen kamen, um Pferd und Ausstattung in Augenschein zu nehmen.

---

[1] Einkehrhaus.

Der Khan war ein roher, mit Lehm verschmierter Steinbau ohne Oberstock und mit so kleinen Fenstern, daß das Licht des Tages kaum Zutritt in das Innere finden konnte. Wenn ich mich sträflicherweise der Bezeichnung Fenster bediene, so darf man ja nicht etwa an Glasscheiben denken, sondern nur an einfache Maueröffnungen, durch welche der Wind blasen konnte, wie es ihm beliebte, und die zugleich dem löblichen Zwecke dienten, dem Rauche Abzug zu gewähren, denn Schornsteine gab es nicht. Auch das Thor, welches in den Hof führte, war nur ein breites Mauerloch ohne Thürflügel, und in diesem Hofe sah es aus, als ob dort seit langen Jahren die Exkremente des ganzen wilden und zahmen kurdischen Tierreiches zusammengetragen und von den hohen Herren und lieblichen Herrinnen der Schöpfung breitgetreten worden seien.

Dem entsprechend war das Aussehen des Wirtes, welcher unter der Thür erschien, um uns nach orientalischer Weise unter tiefen Verbeugungen und blumenreichen Redensarten zu begrüßen. Dabei wendete er sich nicht an Hadschi Halef Omar, sondern an mich, der als Besitzer des besseren Pferdes der Herr sein mußte:

»Willkommen, o Herr, in meinem Hause, welches dir seine zwölf gastlichen Thore mit Wonne öffnet! Allah breite tausend Segen über dich und zehntausend Segen als Teppich unter deine Füße! Nie sah ich im Leben einen edlern und vornehmem Gast. Wünsche alles, was dein Herz begehrt, und ich werde es dir augenblicklich bringen. Mein Gesicht strahlt vor Freude über deine Ankunft wie die Sonne des Paradieses; meine Gestalt trieft von der Bereitwilligkeit, dir zu dienen; meine Hände zittern vor Begier, deine Befehle zu erfüllen, und meine Füße werden eilen wie die Flügel des Falken, alle deine Botschaften im Nu zu bestellen. Die Seele, welche meinen Körper bewohnt, soll – – – –«

»Laß sie; sie mag drin stecken bleiben!« unterbrach ich ihn. »Ich bin nicht Freund von vielen Worten. Hast du gute Wohnung für uns beide?«

»Az kolahme tah – ich bin dein Diener. Ihr werdet bei mir wohnen, als wäret ihr die Lieblingsfrauen des Propheten.«

»Und das Essen?«

»Bu kalmehta ta ßiu taksihr nakehm – um dir zu dienen, werde ich nichts sparen. Ich bin bereit, alle meine Herden für euch zu schlachten!«

»Laß sie leben, laß sie leben! Wir kommen nicht hierher, um Herden zu verschlingen. Die Hauptsache ist, daß unsere Pferde ein gutes Unterkommen finden.«

»Oh, Chodih[1], sie werden Plätze finden, welche mit den Palästen Mekkas zu vergleichen sind!«

»Gut! Zeige uns diese Paläste!«

»So komm und setze deine Schritte in die Stapfen meiner frohbewegten Füße! Du wirst zufrieden sein mit mir, der ich der zuverlässigste aller deiner Diener bin!«

Wir stiegen von den Pferden und dieser »zuverlässigste aller meiner Diener« setzte sich nach dem Hofthore zu in Bewegung. Seinen struppigen Kopf schmückte ein Tuch, welches eigentlich kein Tuch mehr war, sondern ein wirres Gefitz von zerrissenen Fäden. Und eine Hose wie seine Hose war keine Hose! Das unerklärliche Ding, welches ganz betrügerischerweise diesen Namen führte, war ein ausgefranster Lappen, welcher sich die ganz vergebliche Mühe gab, bis zum Knie herunterzureichen, und was die Unterschenkel betraf, so hatte es den Anschein, als ob sie von dunkeln Trikotstrümpfen bedeckt seien; bei näherer Betrachtung aber zeigte es sich, daß dieser Trikotstoff der landwirtschaftlichen Goldgrube des schon erwähnten Hofes entstammte. Auch eine Jacke hatte dieser edle Kurde an, von welcher rechts der dritte und links der vierte Teil eines Aermels vorhanden war; hinten war sie zu, wirklich zu, außer den Löchern, die es gab; vorn war sie offen, wirklich offen, denn sie war hier, wenn ich die Wahrheit sagen soll, gar nicht mehr da. Ich erblickte an ihrer Stelle eine Brustbedeckung, welche sehr wahrscheinlich das vorstellen sollte, was der Türke als Gömlek[2] und der Araber als Kamis[3] zu bezeichnen pflegt, doch war es mir unmöglich, das, was ich sah, zu klassifizieren, weil es eine zu große Aehnlichkeit mit der Bedeckung der Unterschenkel hatte.

War mir gleich, als der Mann erschien, sein irrer Blick aufgefallen, so ging er jetzt mit so wankenden, ja taumelnden Schritten vor

[1] Herr.
[2] Hemd.
[3] Hemd.

uns her, daß ich annahm, es wohne nicht nur die Seele in ihm, die er vorhin nicht herauslassen durfte, sondern auch noch jener »selig« machende Geist, welcher sein Dasein der Gärung verdankt, um schoppen- oder gläserweise »hinter den Binden« seiner Anhänger zu verschwinden.

Unsere Pferde führend, folgten wir ihm in den Hof. Natürlich gab es sonst nirgends als grad beim Eingange in denselben eine Vertiefung, in welcher sich die flüssigeren Teile des schon erwähnten Goldes angesammelt hatten. Der Wirt kannte selbstverständlich als Besitzer und Inhaber des allgegenwärtigen Kompostes diese gefährliche Stelle und versuchte, mit Hilfe einer Schwenkung um sie herumzukommen; aber die Centripetalkraft dieses Punktes war so viel größer als die Stärke der beabsichtigten Centrifuge, daß sie den Hotelbesitzer von Khoi unwiderstehlich an sich zog; er fiel der Mutter Erde in die weichen Arme. Ich streckte die Hand aus, um ihn herauszuziehen; er aber schien die nötige Uebung zu besitzen, sich in diesem speziellen Falle selbst zu helfen, denn er wies mich zurück und krabbelte langsam heraus, indem er mir zulachte:

»Taklif, b'ela k'nahrek, be'in ma, batal – mache dir keine Umstände; unter uns sind sie unnötig!«

Er hatte sehr recht, denn als er wieder auf den Beinen stand, sah er keineswegs schmutziger aus als vorher.

»Sihdi[1],« sagte Halef in moghrebinischem Arabisch, welches der Wirt jedenfalls nicht verstand, zu mir, »dieser Kerl ist ein Abu kull' Chanazîr, ein Vater aller Schweine, bei dem wir unmöglich bleiben können. Wollen wir uns nicht eine andere Wohnung suchen?«

»Sein Khan ist der einzige hier im Orte, lieber Halef.«

»So laßt uns lieber im Freien bleiben!«

»Das geht nicht. Wir befinden uns im jetzigen Gebiete der Kelhurkurden, welche die berüchtigtsten Pferdediebe sind. Denke an meinen kostbaren Rih! Anstatt uns auszuruhen, könnten wir keinen Augenblick schlafen.«

»Das ist leider richtig; wir müssen ein Obdach haben, welches verschlossen werden oder wo sich wenigstens kein solcher Räuber einschleichen kann, denn außer den Pferden wäre auch unser Leben in

[1] Herr.

der größten Gefahr. Eine reinliche Stelle werden wir freilich hier nicht finden können; suchen wir uns also eine aus, wo es am wenigsten schmutzig ist und wo uns dieser Gidd el Wasach[1] nicht so oft vor die Nase kommt! Ich habe schon viele Menschen gesehen, deren Anblick mich mit Ekel erfüllte, aber so einen Liebling des Düngers doch noch nicht!«

Der betrunkene »Liebling« taumelte über den Hof hinüber, wo es wieder eine Maueröffnung gab, an welcher er, sich an der Wand festhaltend, stehen blieb. Sich nach uns umwendend, sagte er:

»Hier, Chodih, ist der Ort, wo eure Pferde sich wie an den Pforten des Paradieses fühlen werden. Führt sie hinein und sagt mir, welches Futter ich für sie holen soll!«

Ich warf einen Blick in den Raum, der so finster war, daß mein Auge sich erst an die Dunkelheit gewöhnen mußte; dann aber sah ich in diesen »Palästen von Mekka« eine solche Fülle Unrates aller Arten, daß ich, ohne, wie man sich auszudrücken pflegt, der Sache einen Mantel umzuhängen, antwortete:

»Bist du bei Sinnen? Hier ist der Schmutz so tief, daß die Pferde drin versinken würden!«

Er starrte mich eine Weile ganz verständnislos an und rief dann aus:

»Schmutz? Schmutz bei mir? So etwas hat mir noch kein Mensch gesagt! Das ist eine Beleidigung, wegen der ich dich eigentlich zum Müssajefet[2] fordern müßte!«

Diese Drohung kam mir so urkomisch vor, daß ich darüber in ein herzliches Gelächter ausbrach; Halef aber wurde, ganz entgegengesetzt von mir, durch sie so in Zorn versetzt, daß er den Mann anfuhr:

»Wie? Du wagst es, von einem Müssajefet zu sprechen? Weißt du, wer der hohe Herr ist, dem dies zu sagen du unternommen hast?«

»Nein,« antwortete der harmlose Wirt.

»Es ist der berühmte Emir Hadschi Kara Ben Nemsi aus Germanistan!«

»Den kenne ich nicht. Und wer bist denn du?«

---

[1] Großvater des Schmutzes.

[2] Zweikampf.

»Ich bin der ebenso berühmte Hadschi Halef Omar Ben Hadschi Abul Abbas Ibn Hadschi Dawud al Gossarah. Wir brauchen nur einen Finger gegen dich zu erheben, so wirft dich der Schreck sofort über den Haufen!«

»Oho! Ich gehöre nicht zum verachteten Stande der Guranen[1], sondern zu den Assireten, die mit den Waffen umzugehen wissen. Es ist kein Schreck so groß, daß er mich umwerfen könnte!«

»Du wankst ja aber schon!«

»Das ist nicht der Schreck, sondern – – – sondern – – –«

»Sondern der Raki[2],« fiel Halef ein.

»Raki? Ich habe heut noch keinen Schluck getrunken. Du willst mir doch hoffentlich nicht die Schande anthun, mich für einen Sekran[3] zu halten!«

»Ja, grad das thue ich!«

»Du irrst!«

»Beweise es! Ein gläubiger Anhänger des Propheten darf niemals trunken sein, und wenn er es dennoch ist, so hat jeder gute Moslem die heilige Pflicht, ihm die Sure 'l Imtihan[4] vorzuhalten. Kannst du sie auswendig?«

»Nein.«

»So werde ich sie dir schnell vorsagen und du sprichst sie ebenso schnell nach! Also, paß auf!«

Diese Sure ist die hundertundneunte des Kuran; sie lautet: »Sprich: O ihr Ungläubigen, ich verehre nicht das, was ihr verehrt und ihr verehret nicht das, was ich verehre, und werde auch nie verehren das, was ihr verehret und ihr werdet nie verehren das, was ich verehre. Ihr habt eure Religion, und ich habe die meinige.« In der deutschen Uebersetzung klingt das einfach; im Arabischen aber ist es selbst für einen Nüchternen schwierig, die Sure schnell und ohne Fehler herzusagen; ein Betrunkener gar bringt es niemals fertig. Darum pflegt man dem, den man eines Rausches zeiht, diese Sure vorzuhalten. Geht er nicht darauf ein, so gibt er dadurch zu, daß er betrunken ist, was für eine solche Schande gilt, daß niemand sich

[1] Bauern, die nie Krieger werden können.
[2] Schnaps.
[3] Betrunkener.
[4] Sure der Prüfung.

weigern wird, die Worte zu recitieren. Auch der Wirt weigerte sich nicht; er gab sich vielmehr die größte Mühe, sie Halef nachzusprechen, mußte aber immer wieder von vorn anfangen, ohne das Ende zu erreichen.

»Giebst du nun zu, daß du betrunken bist?« fragte mein kleiner Hadschi zornig. »Du wirst in der Dschehenna[1] dafür büßen müssen!«

»Ich? Fällt mir nicht ein! Ich bin nur ein wenig heiter; aber wenn ihr hinein in die Stube geht, so werdet ihr einen sehen, der weder stehen noch sitzen und auch die Augen nicht mehr offen halten kann.«

»So ist dein Haus eine Maghare er Redila, eine Höhle des Lasters, welche Allah verfluchen möge, und in deiner Stube liegt der Schmutz der Seele ebenso hoch, wie hier der Unrat des Gestankes liegt. Hast du keinen andern, bessern Ort für unsere Pferde?«

»Einen noch besseren? Wünschest du vielleicht den siebenten Himmel Muhammeds für eure Tiere? Ist dieser Stall nicht köstlich zu nennen gegen den, in welchem ich meine eigenen Pferde habe? Hier herein lasse ich nur die Pferde vornehmer Gäste, welche bei mir einkehren.«

»So weiß ich wirklich nicht, was wir thun sollen! Sihdi, weißt du es etwa?«

»Es wird uns wohl nichts übrig bleiben, als diesen Stall reinigen zu lassen,« antwortete ich. »Zunächst aber wollen wir einmal sehen, was wir selbst hier zu erwarten haben. Hast du vielleicht einen Extraraum für vornehme Gäste?«

»Nein,« antwortete der Wirt, an den ich diese Frage gerichtet hatte. »Vor Allah sind alle Menschen gleich; darum setzen sich auch die Vornehmen dorthin, wo die Niedrigen sitzen.«

»Das ist drin in der Stube, wo sich der Betrunkene befindet?«

»Ja.«

»Die wollen wir uns doch einmal ansehen!«

Wir banden die Pferde für kurze Zeit im Hofe an und ließen uns von ihm in die Gaststube führen. Diese war lang und breit, aber sehr niedrig. Sie nahm den größten Teil des Hauses von der Thür

---

[2] Hölle.

bis zur Giebelseite ein. Die Diele bestand aus festgeschlagenem Lehm; es gab einige sehr primitiv in den Boden gerammte Tische und Bänke und an der Hinterwand lehnten mehrere über mannshohe Weidengeflechte, deren Länge der Breite der Stube gleich war. Diese Flechtwerke werden in Kurdistan viel als transportable Wände gebraucht, um je nach Bedarf aus einem größeren Raum mehrere kleinere oder umgekehrt zu machen.

Es war nur ein einziger Gast zu sehen, welcher an einem der Tische in der Weise hockte, daß er das Gesicht auf die Arme gelegt hatte. Vor ihm stand eine thönerne Flasche mit zwei kleinen, ebenso thönernen Trinkgefäßen, aus denen jedenfalls der Raki getrunken worden war, welcher den Wirt zum Rausche und zur hundertundneunten Sure geführt hatte. Seiner Ansicht nach sollte der Gast noch betrunkener sein als er. Ich richtete also gleich beim Eintritte mein Auge auf diesen Mann. Er hob den Kopf ein wenig und sah uns an; sein scharfer, forschender Blick war nicht der eines Betrunkenen; so kam es mir vor, obgleich er den Kopf gleich wieder auf die Arme legte. Hatte ich mich getäuscht? Befand sich der Wirt im Irrtum? Oder verstellte sich dieser Mann? Wenn dies letztere der Fall war, so mußte dem eine Absicht zu Grunde liegen, welche keine gute sein konnte. Wenn man mich fragt, wie ich zu diesem Verdachte kommen konnte, so antworte ich: Wenn man sich auf jahrelangen Reisen so oft in Gefahr befunden hat wie ich, so gewöhnt man sich, den geringsten Umstand zu beachten, das kleinste Vorkommnis schnell zu erfassen und alles, was sich nicht sofort erklären läßt, mit Mißtrauen zu betrachten. Dieser Gewohnheit habe ich es mit zu verdanken, daß ich zwar die Narben vieler Wunden an mir trage, aber doch noch am Leben bin.

Gekleidet war dieser Mann in echt kurdischer Weise: Seinen Kopf bedeckte eine eigentümliche runde Ledermütze, deren Rand so viel und tiefwinkelig eingeschnitten war, daß die dadurch entstandenen Spitzen vorn bis ins Gesicht, an den Seiten über die Ohren und hinten bis über den Nacken herabhingen. Sie glich einer großen Spinne, deren Körper auf dem Scheitel sitzt, während sie ihre vielen und langen Beine über die andern Teile des Kopfes streckt. Den Oberkörper bedeckte eine dunkle Weste, welche oben so ausgeschnitten war, daß der sehnige, braune Hals frei blieb; sie hatte oben enge und unten weit werdende Aermel, aus denen die nackten, knochigen Arme bis zum Ellbogen hervorblickten. Die Lederhose steckte unten in kurzen, stark gearbeiteten Stiefeln. Was der Mann im Gürtel hatte, das konnte ich wegen seiner vornüberliegenden Stellung nicht sehen, doch lehnte neben ihm eine lange, orientalische Flinte an der Kante des Tisches. Sein Haar war weiß; er mochte ungefähr sechzig Jahre alt sein, doch machte er, obgleich ich ihn daraufhin nicht genau betrachten konnte, ganz und gar nicht den Eindruck eines alten, hinfälligen Mannes.

Mein Halef bekümmerte sich nicht um diesen Gast; er ließ seine Blicke in der Stube umherschweifen, nickte zufrieden, als er am Herde ein Feuer brennen sah, dessen Rauch, der niedrigen Decke langsam folgend, dann durch die Fensteröffnungen entwich, und sagte:

»Weißt du, Effendi, mit Hilfe der Weidenwände dort könnten wir uns hier eine abgesonderte Stube herrichten. Was meinst du dazu?«

»Der Gedanke ist nicht übel.«

»Und ein zweiter Gedanke, den ich habe, ist noch weniger übel, Effendi: Wir könnten auch die Pferde mit hereinnehmen. Da ständen sie gut, wir hätten sie bei uns und brauchten nicht aufzupassen.«

Als der Wirt dies hörte, sagte er schnell:

»Die Pferde mit herein in die Stube? Allah muß euch ganz besondere Köpfe gegeben haben, da so absonderliche Gedanken drin geboren werden. Wie könnt ihr denken, daß ich den schönsten Raum des Hauses, der eine Zierde des ganzen Ortes ist, zum Pferdestalle machen lasse?«

»Wir bezahlen es!« antwortete Halef.

»Bezahlen? Ich mag euer Geld nicht. Ich habe mehr, viel mehr Geld im Hause, als ihr besitzen könnt.«

»So bist du wohl ein sehr reicher Mann?«

»Das nicht, denn das Geld gehört nicht mir, sondern der Regierung des Pascha, für den ich es als der angestellte Charadschi[1] dieses Kreises einkassiert habe. Es sind über zehntausend Piaster. Habt ihr etwa so viel in euern Taschen?«

---

[1] Steuereinnehmer.

»Dummkopf!« antwortete Halef, der gern mehr von sich sagte, als ich ihm erlauben konnte. »Wir sind reicher als selbst dein Pascha, und was wir besitzen, ist unser Eigentum; dir aber gehört nichts von dem, was du hier liegen hast. Wieviel verlangst du von uns, wenn wir uns hier eine eigene Stube bauen?«

»Wie lange wollt ihr bleiben?«

»Vier Tage.«

»So zahlt ihr für die Stube täglich zehn Piaster und für das Essen – – –«

»Das bereiten wir uns selbst,« fiel ihm der Hadschi in die Rede. »Wenn du einwilligst, daß wir die Pferde mit hereinnehmen, zahlen wir dir zwanzig Piaster für den Tag. Greif schnell zu, denn so viel hat dir noch nie ein Gast eingebracht!«

Der noch immer betrunkene Mann willigte nach einigem Hin- und Herreden ein und teilte mittelst einer Scheidewand den hinteren Teil der Stube für uns ab, worauf Halef die Pferde holte und bei uns unterbrachte. Hierauf erhandelten wir uns für zwei Piaster ein Huhn, mit welchem Halef, nachdem er es geschlachtet hatte, zum Herde ging, um es dort am Spieß zu braten, denn aus den Händen des Wirtes etwas zu essen, das war uns die reine Unmöglichkeit.

Ich breitete inzwischen hinter der Flechtwand meine Decke aus, um es mir darauf bequem zu machen. Durch die Lücken dieser Wand konnte ich die Leute beobachten, welche in die Stube kamen, um die Gäste zu sehen, die so vornehm waren, daß sie ihre Pferde nicht im Schmutze stehen lassen wollten. Sie wendeten sich an den Hadschi mit neugierigen Fragen, welche dieser in seiner drollig stolzen und vielfach übertreibenden Weise beantwortete. Als dabei mein Name genannt wurde, richtete sich der angeblich betrunkene Gast plötzlich auf und erkundigte sich:

»Ist das der Emir Kara Ben Nemsi Effendi, welcher damals den Stamm der Haddedihn von allen seinen Feinden befreite?«

»Ja,« antwortete Halef; »er ist dieser berühmte Krieger, den noch nie ein Feind zu besiegen vermochte und der sogar den Löwen ganz allein und nur des Nachts aufsucht, um ihn mitten in das Auge zu treffen.«

»Also derselbe, welcher dafür von Mohammed Emin, dem Scheik

der Haddedihn, den unübertrefflichen Rapphengst Namens Rih geschenkt bekam?«

»Ja.«

»Ist es dieser Hengst, den du dort hinter diese Wand gebracht hast?«

»Er ist's. Warum fragst du nach ihm?«

»Weil ich so viel von diesem Pferde und seinem jetzigen Herrn gehört habe, aus keinem andern Grunde.«

Nach diesen Worten legte er sich wieder vorn nieder und verblieb längere Zeit in dieser Stellung, bis er dann einmal aufstand und unsicher wie ein Betrunkener zur Thür hinauswankte. Kaum zehn Minuten später kam eine Frau, welche, wie ich gleich merkte, die Wirtin war, eiligst herein und fragte ihren Mann:

»Soeben ist der Fremde fortgeritten. Hat er dich gefragt?«

»Gefragt? Wornach?« antwortete der Wirt. »Fortgeritten? Er hat doch kein Pferd! Und fort soll er sein? Sein Gewehr lehnt ja noch hier!«

»Er saß auf einem unserer Pferde.«

»So wird ihm etwas Notwendiges eingefallen sein, was er zu verrichten hat. Er wird sich nicht weit entfernt haben und bald wiederkommen, denn er will ja einige Wochen hier bei uns in Khoi wohnen.«

Damit war für ihn die Sache abgemacht; mir aber kam sie, obgleich sie mich gar nichts anging, doch befremdlich vor. Als der Fremde seine Fragen an Halef richtete, hatte er so klar, fest und bestimmt wie kein Betrunkener gesprochen, und als er sich dann entfernte, war es mir vorgekommen, als ob sein schwankender Gang kein natürlicher, sondern ein nachgeahmter sei. Aber ich hatte ja gar nichts mit dieser Angelegenheit zu thun, und so konnte es mir vollständig gleichgültig sein, ob ein Gast, der sich vom Wirte für kurze Zeit ein Pferd auslieh, diesen vorher besonders darum fragte oder nicht. Uebrigens kam bald darauf Halef mit dem gebratenen Huhn zu mir, und während wir aßen und dann die Pferde fütterten und tränkten, geriet das Intermezzo vollends in Vergessenheit.

Gegen Abend machten wir einen Spaziergang vor den Ort hinaus, weil dieser nichts Sehenswertes an sich bot; als wir bei einbrechender Dunkelheit zurückkehrten, saß der Wirt mit einigen

Nachbarn schon wieder beim Raki und war betrunkener als vorher; er schien anzunehmen, daß Muhammed nur den Wein und nicht auch den noch viel schlimmern Schnaps verboten habe, und die andern waren ihm ganz gleichgesinnt. Ich habe unzählige Male, nicht an mir selbst, sondern an andern erfahren, was für ein böser Dämon der Branntwein ist; es können Jahre vergehen, ehe ich mir die Lippen einmal mit einigen Tropfen Cognac oder Rum netze und dies auch nur dann, wenn ich dieses Zeug aus Gesundheitsgründen als Arznei nehme; hier aber saßen Gewohnheitstrinker beisammen, welche stumm und stupid darauf lostranken, bis der Krug leer war; dann gingen die andern heim und der Wirt torkelte, denn anders konnte man es nicht mehr nennen, zur Thür hinaus, wohin, das sollte ich bald darauf erfahren, denn nur einige Minuten später hörten wir ihn draußen im Hofe schreien, als ob er am Spieße stäke. Wir eilten hinaus, um zu erfahren, was mit ihm geschehen sei. Da stand er mit gerungenen Händen und schrie wütend auf seine Frau und andere Personen ein, welche durch seinen Lärm herbeigerufen worden waren. Der noch vor wenigen Augenblicken so schwere Rausch war plötzlich und vollständig von ihm gewichen, und zwar hatte ihn der Schreck so nüchtern gemacht; ich hörte nämlich, daß die zehntausend Piaster verschwunden seien und er klagte nun die Anwesenden der Reihe nach an, sie ihm gestohlen zu haben. Als sie alle ihre Unschuld beteuerten, rannte er nach dem Stalle, holte eine Peitsche und schlug mit derselben auf Frau und Gesinde ein. Ich riß sie ihm aus der Hand und sagte:

»Wie kannst du dein eigenes Weib und diese Leute für etwas züchtigen, was sie gar nicht gethan haben!«

»Nicht?« antwortete er. »Wie kannst du das behaupten? Eins von ihnen ist's gewesen!«

»Wenn du den Schuldigen treffen willst, so prügele dich nur selbst.«

»Wie? Mich selbst! Bist du bei Sinnen?«

»Ich bin bei Sinnen; du aber bist es nicht. Du selbst hast dich bestohlen, aber nicht mit deinen eigenen Händen, sondern durch fremde!«

»Du redest, was man nicht verstehen kann. Ich werde mich doch nicht selbst bestehlen!«

Er holte eine Peitsche und schlug mit derselben auf Frau und Gesinde ein.

»Und doch hast du es gethan, indem du den Dieb, wie ich vermute, geradezu veranlaßt hast, das Geld zu nehmen. Hattest du es versteckt?«

»Ja.«

»Kannte deine Frau den Ort?«

»Nein.«

»War er diesen Leuten hier bekannt?«

»Auch nicht.«

»Du bist ein höchst unvorsichtiger Mensch, den der Raki plauderhaft macht!«

»Ich habe nicht geplaudert!«

»So? Hast du nicht uns beiden, die wir dir vollständig fremde Menschen sind, erzählt, daß du über zehntausend Piaster im Hause habest?«

»Aber wo das Geld lag, das habe ich euch nicht verraten!«

»Uns nicht, aber sehr wahrscheinlich einem andern. Kennst du den Fremden, der auf deinem Pferde fortgeritten ist?«

»Ich hatte ihn, bevor er kam, noch nie gesehen; aber jetzt weiß ich, daß er ein reicher Mann aus Serdascht ist, der einige Wochen hier bleibt, um Galläpfel für seine Kunden in fernen Ländern einzukaufen.«

»Wirklich? Ein Bewohner von Serdascht kommt von dort herüber, um Galläpfel zu erstehen? Deine Leichtgläubigkeit und Unkenntnis ist grenzenlos. Dazu frage ich dich, ob jetzt die Zeit zu solchen Einkäufen ist?«

Er fühlte, daß ich recht hatte und schwieg.

»Ist er mit dem Pferde zurückgekehrt?« erkundigte ich mich weiter.

»Nein.«

»Und mit dem Gelde natürlich auch nicht!«

Da riß ihn der Schreck stramm empor und er rief:

»Der – der – – der – – –! Hältst du ihn für den Dieb?«

»Ja.«

»Warum?«

»Er stellte sich betrunken, war es aber nicht. Weißt du noch, was du im Rausche alles mit ihm gesprochen hast?«

»Nicht alles.«

»Hast du ihm von dem Gelde gesagt?«

»Ja, denn er war ein sehr erfahrener Mann und sagte mir, wie er das seinige zu verstecken pflegt.«

»Und da hast du es ihm nachgemacht?«

»Ja.«

»So hat er also gewußt, wo es verborgen war?«

»Ganz genau nicht, denn es waren mehrere Orte, die er mir riet.«

»So hat er an diesen Orten gesucht, bis er den richtigen fand und sich auf dein Pferd gesetzt, um schnell fort- und niemals wiederzukommen.«

»Aber, Effendi, er hat ja sein Gewehr noch hier!«

»Ia Heiwana – o du Einfalt! Das mußte er ja liegen lassen, denn hätte er es mit aus der Stube genommen, so würde dadurch seine Absicht, durchzubrennen, verraten worden sein. Und wenn jemand zehntausend Piaster und dazu ein Pferd stiehlt, kommt dabei der Wert dieses alten Schießeisens gar nicht in Betracht.«

Die Betrunkenheit des Wirtes war, wie bereits gesagt, von ihm gewichen; aber er schien auch in nüchternem Zustande nicht mit hervorragenden Geisteskräften experimentieren zu können, denn die Wahrheit meiner Ansichten wollte ihm selbst jetzt noch nicht einleuchten. Er sah mich eine ganze Weile wortlos an und wendete sich dann ab, um das bißchen Denkvermögen, welches ihm noch geblieben war, weiter anzustrengen. Hierauf schien ihm eine plötzliche Eingebung gekommen zu sein, denn er drehte sich wieder zu mir um und sagte:

»Effendi, da fällt mir etwas ein, etwas sehr Wichtiges sogar! Ueber dem Loche, welches der Dieb machen mußte, um zu dem Gelde zu kommen, lag ein Messer. Was sagst du dazu?«

»Du hast es natürlich an dich genommen?«

»Nein; ich habe es liegen lassen.«

»Mensch, dir scheint ja alles zu fehlen, was zum Nachdenken gehört. Mit diesem Messer ist das Loch gegraben worden, und derjenige, dem es gehört, muß, wenn es ihm nicht darum zu thun war, dadurch den Verdacht von sich abzulenken, unbedingt der Dieb sein. Laß uns schnell hingehen, um es anzusehen!«

»Nein, nein! Es braucht kein Mensch zu wissen, wo ich mein Versteck habe. Ich hole es allein.«

Er rannte fort, ohne sich zu sagen, daß nun, da das Geld gestohlen worden war, der Ort, an welchem es gelegen hatte, nicht mehr verheimlicht zu werden brauchte. Als er wieder kam, gingen wir in die Stube, weil es da heller als im dunkeln Hofe war. Kaum hatte er einen Blick auf das Messer geworfen, so rief er aus:

»Effendi, du hast recht gehabt, sehr recht, denn dieses Messer gehört ihm; ich weiß das ganz genau; ich habe es, als er damit aß, wiederholt genau betrachtet und es mir sogar von ihm zeigen lassen, weil der Griff von uralter persischer Arbeit ist. Sere men – bei meinem Haupte, er ist der Dieb! O Allah, o Prophet aller Propheten! Ich bin zu Grunde gerichtet! Wäre jemand von meinen Leuten der Dieb, so müßte er mir das Geld wieder geben; nun aber dieser Halunke es gestohlen hat, werde ich es niemals wiederbekommen, und es ist doch nicht mein. Ich habe es abzuliefern; ich muß es ersetzen und werde dadurch ein armer Mann! Was soll ich thun? Was rätst du mir?«

»Hm! Man hat doch gesehen, nach welcher Richtung er geritten ist. Wenn es Tag wäre, könnte man seine Spuren sehen und ihn verfolgen; ich würde ihn auf meinem Pferde einholen, obgleich er bis jetzt einen ganz bedeutenden Vorsprung gewonnen hat.«

»Thue das, Effendi, thue das!«

»Ich würde es wohl thun, wenn es nicht wegen der jetzigen Dunkelheit unmöglich wäre. Wir müssen also warten, bis es am Morgen wieder hell wird; bis dahin haben wir auch Zeit, die Sache weiter zu besprechen und zu überlegen.«

»Ueberlegen? Welch ein Gedanke von dir! Bis dahin ist der Kerl ja noch viel weiter entflohen als jetzt! Nein, nein! Ich habe keine Zeit; ich lasse ihm keine Zeit! Ich muß mein Geld wiederhaben, mein Geld, mein Geld! Ich weiß, was ich zu machen habe; es ist das allerbeste, was ich thun kann: Ich eile sofort zum Nezanum[1] und mache Anzeige. Der ist ein kluger und erfahrener Mann, viel pfiffiger, klüger und erfahrener als wir beide, nämlich du und ich, zusammen sind und wird sofort wissen, wie ich sicher wieder zu meinem Eigentum komme. Paß auf, ich werde es in der kürzesten Zeit wieder haben!«

[1] Ortsvorsteher.

Er rannte fort. Halef ließ ein lustiges Lachen hören und sagte zu mir:

»Sihdi, da hast du gehört, wie dieser Wirt über sich und auch über deine Geistesgaben denkt. Solltest du jemals auf den Gedanken kommen, dich als Nezanum von Khoi zu melden, so weißt du, was für einen dummen Kerl der jetzige zum Nachfolger bekäme. Danke Allah für diese Aufrichtigkeit und wandle mit fügsamer Bescheidenheit deinem zukünftigen Amte entgegen!«

Ich bemitleidete natürlich den Wirt und hätte gern etwas für ihn gethan, obgleich sein Vertrauen zu mir kein allzu übermäßiges genannt werden konnte; unter den gegebenen Verhältnissen aber konnten wir nichts thun, als uns in unsere Abteilung zurückzuziehen und seine Rückkehr abzuwarten. Es verging fast eine Stunde, da hörten wir draußen Pferde schnauben. Halef ging hinaus und berichtete mir dann:

»Sihdi, man denkt gar nicht daran, die Vorzüge unseres Geistes mit zu Hilfe zu nehmen. Soeben ist der ›pfiffige‹ Nezanum mit dem Wirte und einigen andern Männern fortgeritten und zwar nach Westen zu, weil man den Dieb nach dieser Richtung hat reiten sehen. Ich wünsche ihnen eine glückliche Reise. Du hast mir wiederholt gesagt, daß die Erde die Gestalt einer Kugel habe. Wenn du gern erfahren willst, ob der Kerl von ihnen erwischt wird, so bin ich gern bereit, mit dir hierzubleiben und zu warten, bis sie aus Osten wiederkommen.«

In diesen ironischen Worten war das ganze Urteil des kleinen Hadschi Halef enthalten, welcher, was Mutterwitz und Scharfsinn betraf, es jedenfalls mit sämtlichen Unterthanen des Nezanum aufnehmen konnte. Da wir glaubten, heute nicht mehr in Anspruch genommen zu werden, machten wir unsere Lagerstätten bereit und gaben unsern Pferden das Zeichen, sich auch niederzulegen, was sie in langgewohntem Gehorsam auch gleich thaten. Aber wir sollten doch noch nicht zur Ruhe kommen, denn wir hatten die Augen noch nicht geschlossen, so stellte sich ein neuer Gast ein, welcher draußen im Hofe nach dem Wirte rief und, weil er nicht sofort Antwort erhielt, herein in die Stube kam. Er trat mit lauten Vorwürfen, daß man seiner nicht achte, wie es seinem Range zukomme, ein, unterbrach aber den Fluß seiner Strafrede, als er beim Schein des noch brennenden Feuers niemand in der vordern Abteilung bemerkte. Da kam er zu uns herein und fragte, als er auch hier nichts sah, weil es bei uns dunkler war:

»Ist jemand hier in diesem Loche?«

»Ja,« antwortete Halef.

»So macht euch doch auf, ihr Taugenichtse! Ich habe weder Lust noch Zeit, zu warten, bis es euch gefällt, mich zu bedienen!«

Ich kannte meinen Halef zu genau, um nicht zu wissen, was nun folgen würde. Er besaß ein höchst reges Ehrgefühl und ließ sich niemals ungestraft grob behandeln. Er schwieg zunächst.

»Nun, wird es bald?« fuhr der Fremde fort. »Wenn ihr nicht augenblicklich kommt, treibe ich euch mit der Peitsche in die Höhe!«

Halef schwieg noch immer und auch mir fiel es nicht ein, ein Wort zu sagen. Da kam der Fremde einige Schritte näher, und ich hörte, daß er mit der Peitsche um sich schlug. Aus einem Geräusche neben mir entnahm ich, daß Halef aufsprang. Er war so klein, daß er mir kaum bis an die Schultern reichte; aber er besaß mehr Körperkraft, als man ihm zutraute und war dabei von einem Mute und einer Tapferkeit, daß ich ihn oft verwegen hatte nennen müssen. Gegen Feinde im Kampfe wußte er sich seiner guten Waffen vortrefflich zu bedienen; für Beleidiger aber gebrauchte er lieber seine Peitsche aus Nilpferdhaut, die er sich von unserm Ritte durch Aegypten mitgebracht hatte und seitdem fast stets im Gürtel trug. Kurz und gut, kaum hatte ich das Geräusch der Peitsche des Fremden gehört und gleich darauf bemerkt, daß Halef aufsprang, so fielen klatschende Hiebe, von wem, wußte ich nicht gleich, und zwar so schnell hintereinander, daß ich sie nicht zählen konnte, und die Stimme des Fremden ertönte in zeterndem Tone:

»Allah 'l Allah! Wer wagt es da, auf mich zu schlagen! Wer ist es, der – – – el waïl lak, meded, aman, meded Allah, ej wah, o jazyk – wehe dir, oh, zu Hilfe, wehe dir, wehe!«

Nun wußte ich allerdings, wer der Schlagende und wer der Empfangende war. Der kleine, wackere Hadschi prügelte den Fremden durch, was ich leider nicht sehen konnte. Und zwar fielen die Hiebe so hageldicht, daß der Getroffene gar keine Zeit fand, sie mit seiner Peitsche zu parieren. Komisch war dabei, daß Halef seine Arbeit in tiefstem Schweigen verrichtete, während der Fremde überlaut schrie. Seine Interjektionen gehörten der arabischen und türkischen Sprache an, was mich annehmen ließ, daß er kein Kurde sei. Als er zu der Erkenntnis gekommen war, daß er der ihm so schweigend gebrachten, aber um so fühlbareren Aufnahme nicht gewachsen sei, versuchte er, aus unserer Abteilung zu entwischen, was ihm auch gelang, da er von Halef nicht daran verhindert wurde. Eben als er unsere Scheidewand hinter sich hatte, kam die Wirtin, von seinem Geschrei herbeigerufen, mit einigen Gesindepersonen zur Thür herein. Als er sie sah, rief er ihr entgegen:

»Wer bist du? Bist du etwa das Weib des Sahib el Locanda[1]?«

»Ja,« antwortete sie.

»Wo ist dein Mann? Rufe ihn mir!«

»Er ist nicht daheim.«

»So schicke sofort zum Nezanum dieses Ortes! Ich muß augenblicklich mit ihm sprechen.«

»Auch er ist nicht daheim.«

»Ich muß ihn aber haben! Ich bin geschlagen worden und verlange, daß die Verbrecher, welche dies thaten, sofort und auf das allerstrengste bestraft werden.«

»Wer hat dich geschlagen?«

»Die Hunde, welche dort hinter der Flechtwand stecken. Du bist die Herrin. Rufe sie hervor; sie müssen dir gehorchen!«

Da antwortete die Wirtin verlegen:

»Sie werden mir nicht gehorchen, sie gehören nicht in dieses Haus. Sie sind Fremde, welche einige Tage bei uns wohnen.«

»Fremde? Um so schlimmer! Von einem Fremden kann ich mir die Schläge noch viel weniger gefallen lassen als von einem Hiesigen. Wer sind sie denn?«

»Der eine ist ein Emir und Effendi aus dem Abendlande und der andere ein Hadschi mit einem so langen Namen, daß man ihn unmöglich im Gedächtnis behalten kann.«

»Mag er noch tausendmal länger sein, als er ist, die Schufte müssen bestraft werden. Jeder gewöhnliche Mann weiß, daß Schläge nur mit Blut abzuwaschen sind; ich aber bin kein gewöhnlicher

[1] Des Wirtes.

Mensch, sondern ein Liebling Allahs, ein Nachkomme des Propheten und Forscher auf dem Wege, der zum Himmel führt. Rufe sie also heraus, damit ich Rechenschaft von ihnen fordere!«

»Ich kann sie wohl rufen, ob sie aber kommen werden, das weiß ich nicht.«

Sie näherte sich der Scheidewand, brauchte aber ihre Absicht nicht auszuführen, denn Halef, der Furchtlose, kam ihr zuvor. Die Peitsche noch immer in der Hand, ging er hinaus, schritt grad auf den Fremden zu, stellte sich nahe vor ihn hin, sah ihm in das Gesicht und sagte:

»Hier bin ich, der Hadschi mit dem langen Namen. Wenn du Rechenschaft fordern willst, so bin ich bereit, sie dir zu geben, aber nur in meiner Weise, die wahrscheinlich nicht die deinige ist. Du hast sie aber schon kennen gelernt!«

Der »Liebling Allahs« war ein junger Mann von vielleicht dreißig Jahren mit einem langen Vollbarte und schönen, asketisch strengen Gesichtszügen, wie ich jetzt durch ein Loch der Flechtwand sah, weil er im Schein des Feuers stand; seine kleinen, etwas schiefblickenden Augen waren aber geeignet, diese Schönheit nicht zu erhöhen, sondern herabzumindern. Von hoher, stolzer Gestalt, ragte er um mehr als Kopfeslänge über den kleinen Hadschi hinaus. Die Farbe seines Turbans zeigte allerdings, daß er sich zu den Nachkommen des Propheten zählte. In seinem Gürtel steckten Messer und Pistolen, doch weil er Halefs Hiebe so ohne jede Gegenwehr hingenommen hatte, glaubte ich, daß dieses kriegerische Aussehen nicht ganz mit seinen innern Eigenschaften harmoniere. Er sah, als Halef ausgesprochen hatte, mit finstern Augen auf ihn nieder und antwortete:

»Ich sehe eine Peitsche in deiner Hand. Bist du es etwa, der es gewagt hat, mich zu schlagen?«

»Ja, geschlagen habe ich dich, aber gewagt war nichts, gar nichts dabei.«

»Schweig, Hund! Willst du mich abermals beleidigen?«

Da hob der Kleine die Peitsche drohend empor und sprach:

»Sagst du noch ein einziges Mal das Wort Hund zu mir, oder ein anderes, welches mir nicht gefällt, so ziehe ich dir diese Riemen des Nilpferdes über das Gesicht, daß du dich zehn Jahre lang vor keinem Menschen sehen lassen kannst! Wer bist du denn, daß du dich unterfängst, in dieser Weise mit mir zu sprechen? Wie heißest du, und wie lautet der Name deines Vaters, deiner beiden Großväter und der vier Väter dieser Vatersväter?«

»Das sollst du gleich hören. Wisse, ich bin Ssali Ben Aqil, der berühmte Wanderprediger des wahren Glaubens, der uns eine Auferstehung und Wiederkehr des Propheten verheißt.«

»Berühmt nennst du dich?« lächelte Halef. »Ich bin in den Ländern vieler Menschen gewesen vom Aufgang bis zum Niedergang der Sonne, aber den Namen Ssali Ben Aqil[1], so fromm und klug er klingt, habe ich noch nie gehört. Ich aber bin Hadschi Halef Omar Ben Hadschi Abul Abbas Ibn Hadschi Dawud al Gossarah!«

Als der Wanderprediger diesen Namen hörte, fuhr er einen Schritt zurück, machte eine Gebärde größter Ueberraschung und rief aus:

»Hadschi Halef Omar! Gehörst du jetzt zum Stamm der Haddedihn?«

»Ja.«

»So bist du der kleine Kerl, der mit jenem Ungläubigen, jenem Christen geritten ist, welcher im ›Thale der Stufen‹ die vereinten feindlichen Stämme besiegte, die den Stamm der Haddedihn verderben wollten?«

»Ja.«

»Weißt du, wo dieser Christ sich jetzt befindet?«

»Ja.«

»Wo?«

»Dort hinter der Scheidewand.«

Da trat Ssali Ben Aqil noch einen Schritt weiter zurück, warf vor Erstaunen die Arme empor – fast hätte ich behaupten mögen, daß dieses Erstaunen ein freudiges sei – und fragte:

»Wie wird er genannt?«

»Er ist der berühmte und unbesiegbare Emir Hadschi Kara Ben Nemsi Effendi.«

»Ssahi, ßahi – richtig, richtig, genau so habe ich diesen Namen gehört!«

---

[1] Wörtlich: »Der Fromme, Sohn des Scharfsinnes«.

Ich sah, daß er weitersprechen wollte, aber er verschluckte das, was ihm auf den Lippen lag, drehte sich um und ging einige Male nachdenklich in der Stube hin und her. Es war jedenfalls ein wichtiger Gedanke, ein Entschluß, der ihn bewegte und mit dem er auch bald fertig war, denn er wendete sich Halef wieder zu und sagte in ganz anderer Weise, als er bis jetzt gesprochen hatte:

»Höre, Hadschi Halef Omar, auf meine Worte! Du hast mich geschlagen; das ist eine Beleidigung, welche nur durch den Tod gesühnt werden kann; aber ich will sie dir verzeihen, weil ich vorher geschlagen habe, freilich ohne dich zu treffen. Ich habe von deinen und des christlichen Emirs Thaten so viel gehört, und ich bewundere sie so sehr, daß es mir eine Wonne des Paradieses sein würde, wenn ich den Emir jetzt sehen und mit ihm sprechen könnte. Ich bitte dich, zu ihm zu gehen und ihm das zu sagen. Willst du mir diesen Wunsch meines Herzens erfüllen?«

Seine Augen ruhten bei dieser Frage stechend und gespannt auf dem Gesichte des Kleinen. Dieser Prediger des Islam gefiel mir nicht; er war ein Mann, vor dem man sich zu hüten hatte, und hinter seiner plötzlichen Freundlichkeit lauerte jedenfalls eine Absicht, welche diesem Verhalten ganz entgegengesetzt war; aber mein wackerer Halef war alles, nur kein Menschenkenner; sein gutes Herz verzieh sehr leicht, und wenn man gar von seinen »berühmten und großen« Thaten sprach, so hatte man ihn ohne Widerstand gewonnen. Er war dabei freilich keineswegs ein solcher Aufschneider wie der alte Selim, der »Schleuderer der Knochen« und »größte Held des Weltenalls«; aber er hatte zahlreiche Abenteuer erlebt und mit mir glücklich bestanden, und bei der Bildungsstufe, auf welcher er stand, und der Art und Weise des Orientalen überhaupt war es gar kein Wunder, daß er mehr von sich hielt, als von andern Menschen, und leicht in den Fehler verfiel, Leuten, die ihm schmeichelten, sein Vertrauen zu schenken. So antwortete er auch jetzt, ohne sich sein Verhalten zu überlegen:

»Ja, ich werde ihn dir erfüllen und den Effendi holen.«

»Wird er aber auch kommen, wenn du ihn darum ersuchst?«

»Ganz gewiß! Er wird mich niemals dadurch kränken, daß er ein Versprechen nicht erfüllt, welches ich gegeben habe.«

Ich sah ein, daß mir schon um Halefs willen nichts anderes übrig blieb, als mich dem Fremden zu zeigen. Dazu kam das Interesse, welches man an jedem Menschen nimmt, der einem ungewöhnlich oder gar rätselhaft erscheint. Der Prediger war uns feindlich gesinnt; das stand bei mir fest; er verfolgte eine Absicht, welche, wenn sie in Erfüllung ging, uns nichts Gutes bringen konnte; das stand ebenso fest; aber diese Absicht zu durchschauen, das reizte mich, und da es auch stets immer besser ist, einem Uebel oder gar einer Gefahr entgegenzugehen, als feig zu warten, bis man davon gepackt wird, so stand ich auf und trat hinaus, ohne Halef Zeit zu lassen, mich darum zu bitten.

Als Ssali Ben Aqil mich erblickte, trat er einige Schritte auf mich zu, kreuzte die Hände über der Brust, verbeugte sich tief und sagte:

»Allah grüße und segne dich, Emir! Noch in der Stunde meines Todes werde ich den Augenblick, an welchem ich dir heut begegne, zu den schönsten meines Lebens rechnen!«

Er blieb nach diesen Worten in gebückter Haltung stehen, um meine Antwort zu erwarten. Er wußte, daß ich ein Christ war; er durfte als Moslem mir nicht in dieser Weise den Segen Allahs wünschen; er that es dennoch, obgleich er nicht nur Moslem, sondern sogar Chatib[1] des Islam war; das mußte mich doppelt bedenklich machen. Ich ließ ihm natürlich nichts merken und antwortete in freundlichem Tone:

»Erhebe dein Haupt! Unter Männern ziemt es sich, daß sie einander in die Augen schauen.«

»Aber du bist berühmter als ich!« entgegnete er, indem er sich langsam und mit demutvollem Augenaufschlage emporrichtete.

»Was verstehst du unter berühmt? Nur Einer ist berühmt, Gott, denn sein Name erschallt durch alle Lande, und sein Lob ertönt auf allen Sonnen und Sternen, jetzt und in Ewigkeit. Wenn ein Mensch ein weniges mehr gethan hat als ein anderer, so darf er sich dessen doch nicht rühmen, denn es war ihm von Gott befohlen, und er erhielt von ihm die Kraft dazu.«

»Aus deinen Worten klingt mir die Stimme der Weisheit und Demut entgegen, doch bin ich mir gar wohl bewußt, wie hoch du über

[1] Prediger.

Als Ssali Ben Aqil mich erblickte, trat er einige Schritte auf mich zu, kreuzte die Hände über der Brust, verbeugte sich tief.

mir stehst. Wirst du mir verzeihen, daß mein plötzliches Kommen dich in der wohlverdienten Ruhe störte?«

»Die Störung geschah in etwas ungewöhnlicher Weise, über welche ich aber nicht richten will, weil du dich mit meinem guten Hadschi Halef Omar darüber verständigt hast. Als deine Peitsche fragte, hat die seinige geantwortet, und so ist die Störung vorübergegangen, ohne daß du dich beklagen darfst, keine Antwort erhalten zu haben.«

Sein Auge schoß einen schnellen, scharfen Blitz auf mich, doch mit der freundlichsten Miene erwiderte er:

»Ich hörte, daß du mehrere Tage hierzubleiben gedenkst; du brauchst also morgen früh nicht zeitig aufzubrechen, und du kannst also den Schlaf um die Stunde verlängern, die ich ihm jetzt im Anfange raube. Laß mich dein freundliches Herz erkennen, und sei mein Gast, wenn ich jetzt hier zum Abend speise!«

»Wir haben schon gegessen,« wehrte ich ab.

Er antwortete, indem er einen vielsagenden Blick über die schmutzige Umgebung gleiten ließ:

»Emir, ich verstehe dich, doch enthalten meine Satteltaschen genug Gaben der Reinlichkeit, daß ihr, du und dein Hadschi Halef Omar, getrost daran teilnehmen könnt. Erlaube, daß ich sie hole und mit diesem Weibe des Wirtes mein Verbleiben hier bespreche!«

Er ging hinaus und winkte der Frau und dem Gesinde, ihm zu folgen. Als ich mich nun mit Halef allein befand, fragte er:

»Sihdi, hättest du es für möglich gehalten, daß so ein grober, rücksichtsloser Ben el Maswahka[1] sich so schnell in einen freundlichen und ergebenen Sibt el Adab[2] verwandeln könne?«

»Ja, denn er hat jedenfalls seine guten Gründe dazu. Du aber, lieber Halef, bist ein Sohn und Enkel der Unvorsichtigkeit gewesen, als du ihm versprachest, mich hierher zu holen.«

»Ich? Warum?«

»Weil dieser Mann aus irgend einem Grunde, den ich bald zu erfahren hoffe, ein Feind von uns ist und in der kurzen Zeit, während

---

[1] Sohn der Peitsche.

[2] Enkel der Höflichkeit.

welcher er vorhin hier auf- und niederschritt, über einen Plan nachgedacht hat, der uns nur Böses bringen kann.«

»Er hat dir aber doch den Segen Allahs gewünscht!«

»Er, ein Lehrer des Islam, mir, einem Christen! Bedenke das, Halef!«

»Kull' Schejatin – alle Teufel! Das habe ich vor Freude über seine Umwandlung ganz übersehen. Aber was kann er Böses gegen uns wollen? Wir kennen ihn nicht und haben ihn nie beleidigt!«

»Aber er kennt uns und mancher Mensch hat mehr unbekannte als bekannte Feinde. Bedenke, daß wir uns dadurch, daß wir den Haddedihn damals zum Siege verhalfen, ihre sämtlichen Gegner zu Feinden gemacht haben und daß wir auf unsern spätern Streifzügen oft gezwungen waren, uns der Angriffe von Personen zu erwehren, deren Angehörige uns nach den Gesetzen der Rache hassen müssen, wann und wo sie uns nur treffen. Es ist ja nicht unmöglich, daß dieser Ssali Ben Aqil der Sippe eines solchen Menschen angehört.«

»Das ist wahr, wie immer alles, was du sagst, Sihdi. Wollen uns wieder niederlegen und ganz so thun, als ob dieser Liebling Allahs, wie er sich nannte, gar nicht gekommen wäre!«

»Nein; das dürfen wir auf keinen Fall. Selbst wenn er nicht durch frühere Vorkommnisse zur Feindschaft gegen uns gezwungen wäre, würden die Hiebe, die du ihm erteiltest, ihn zur Rache zwingen. Käme dazu noch die große Beleidigung, daß wir seine Einladung zurückweisen, so könnten wir mit doppelter Sicherheit darauf rechnen, seine unversöhnliche Gegnerschaft herausgefordert zu haben. Und das ist bei einem so fanatischen Anhänger des Islam zehnmal gefährlicher als bei jedem andern Menschen.«

»So mag wenigstens unser Verhalten ein so stolzes und zurückhaltendes sein, daß er froh ist, wenn wir uns recht bald wieder entfernen!«

»Auch das nicht, denn er würde dadurch zu der gleichen Zurückhaltung genötigt sein, und ich könnte also nicht das aus ihm heraushorchen, was ich doch von ihm erfahren will. Er muß überzeugt sein, daß wir ihm glauben und vertrauen; darum werden wir zu ihm freundlich und für seine Einladung dankbar sein. Es ist am besten, du schweigst so viel wie möglich und lässest nur mich mit ihm sprechen.«

Das war von meinem stets redfertigen Halef zwar sehr viel verlangt, aber ich sagte es in einem so bestimmten Tone, daß er darauf verzichtete, etwas dagegen einzuwenden. Diese Instruktion war grad noch zur rechten Zeit gegeben, denn eben, als ich die letzten Worte gesprochen hatte, kam Ssali Ben Aqil wieder herein, gefolgt von einem Chadim[1], welcher die wohlgefüllten Satteltaschen trug.

»Hier, Emir, bringe ich ein 'Ascha[2],« sagte er, »von dem du ohne Scheu genießen kannst, denn auch ich bin ein Freund der Reinlichkeit, weil ich die großen Städte besucht habe, wo man nicht gewohnt ist, den Gast durch Schmutz zum Hunger zu verdammen.«

Er nahm dem Knechte, der sich darauf entfernte, die Taschen ab und legte den Inhalt derselben, eingewickeltes Fleisch, Fladenbrod und Früchte, auf den Tisch. Das sah so sauber und einladend aus, daß Halef sich setzte und sein Messer zog. Ich folgte diesem Beispiele, und während wir zu essen begannen, erkundigte ich mich bei Ssali, indem ich an seine letzte Bemerkung anknüpfte:

»In den großen Städten bist du gewesen? Willst du mir die Namen derer nennen, die du gesehen hast?«

»Ich habe das ganze Reich des Padischah und auch das Land des Schah von Persien gesehen, denn ich ziehe von Ort zu Ort, um zu verkünden, daß die Zeit nahe ist, in welcher der ›Rechtgeleitete‹[3] erscheinen wird.«

»Woher weißt du das?«

»Eine innere Stimme, welche während des Tages und während aller Nächte zu mir spricht, sagt es mir. Doch, du als Christ kannst das ja nicht verstehen. Laß uns lieber von den Städten sprechen, in denen ich längere Zeit geblieben bin, um den Kuran, die Auslegungen desselben und alle Regeln der Anbetung zu studieren!«

»Welche sind dies?«

»Erst ging ich nach Persien als dem Lande, dessen Schulen meiner Heimat am nächsten lagen. Ich studierte in Teheran und Isfahan, bin aber der Hunde von Schiiten wegen, welche Allah verfluchen möge, schon nach einem Jahre wieder fortgegangen. Ich wanderte nach Stambul, wo ich sehr fromme und sehr kluge Leh-

[1] Knecht.
[2] Abendessen.
[3] Mahdi.

rer fand, aber doch nicht, was ich suchte. Hierauf schloß ich mich der großen Hadsch[1] nach den heiligen Städten Mekka und Medina an. In Mekka erwarb ich mir dieses Hamaïl[2], welches ich am Halse hängend trage, wie es jeder Hadschi, der es besitzt, zu tragen hat, und in Medinah blieb ich dann längere Zeit als Schüler eines berühmten Muderris[3], der die hervorragenden Auslegungen fast auswendig kannte.«

Da war Halef so unvorsichtig, zu bemerken:

»Grad so ein Hamaïl wie du hat auch mein – – –«

Er wollte sagen, daß ich auch ein Hamaïl besaß. Das konnte ich nur in Mekka erworben haben, welches kein Christ besuchen darf. Darum fiel ich ihm schnell in die Rede, indem ich Ssali fragte:

»Würdest du mir erlauben, dein Hamaïl einmal zu betrachten?«

Er löste das Band und gab mir das Buch mit den Worten hin: »Eigentlich darf dieser heilige Kuran von der Hand keines Ungläubigen berührt werden; wenn ich ihn dir dennoch gebe, magst du daraus ersehen, wie hoch du in der Achtung meines Herzens stehst.«

Der Kuran ist mir grad so genau bekannt, wie unsere Bibel. Wenn ich um dieses Exemplar bat, so that ich dies also nicht des Inhaltes wegen, sondern aus einem andern Grunde. Ich wollte nämlich wissen, ob Ssali wirklich ein Scherif[4] war. Als ich die betreffende Bemerkung nicht eingetragen und untersiegelt fand, fragte ich:

»Weißt du, daß die Tabellen, in denen der Name jedes Scherifs verzeichnet steht, alljährlich mit der großen Hadsch nach Mekka gesendet werden?«

»Ja.«

»Und daß der Name jedes Scherifs, der dort ein Hamaïl erwirbt, in dasselbe eingetragen werden muß?«

»Natürlich weiß ich das; ich bin ja ein Scherif!«

»Warum steht dann dein Name nicht hier in diesem Kuran?«

Jetzt merkte er erst, wo ich hinausgewollt hatte, und antwortete verlegen und schnell darüber hinweggehend:

---

[1] Pilgerkarawane.

[2] In Mekka geschriebener Kuran.

[3] Professor.

[4] Abkömmling Muhammeds.

»Weil ich vergessen habe, ihn einschreiben und mit dem Siegel des Großscherifs versehen zu lassen. Als ich von dem Muderris in Medina nichts mehr lernen konnte, zog ich nach Kahira[1]. Die Universität der Azharmoschee dort ist die berühmteste in allen Landen; es gab dort über achttausend Talaba[2], unter denen ich mehrere fand, die nach der Wahrheit strebten und mich zu einem Muderris führten, welcher der einzige war, der von dem bald zu erwartenden Mahdi lehrte. Ich wurde sein Schüler, und ihm habe ich es zu verdanken, daß ich jetzt der Welt die Kunde von dem kommenden ›Rechtgeleiteten‹ bringen kann.«

Er sprach jetzt in einem so stolzen und überlegenen Tone, daß ich es mir nicht versagen konnte, diesen Ton ein wenig herabzustimmen; darum warf ich die Erkundigung ein:

»Ich erkenne, was für ein hochbedeutender Mann du bist. Darf ich erfahren, welche Gegend oder welcher Ort den großen Vorzug besitzt, deine Geburt gesehen zu haben und deine Heimat zu sein?«

Diese Frage schien ihm ungelegen zu kommen, und es bedurfte einer, wenn auch nur kurzen Ueberlegung, ehe er antwortete:

»Ich bin in el Damijeh in Aegypten geboren.«

»Sonderbar! Ich habe dich für einen Kurden gehalten.«

»Warum?«

»Zunächst wegen einiger Kehllaute in deiner Aussprache, die nur aus einer kurdischen Kehle zu hören sind, und sodann hast du vorhin selbst gesagt, daß Kurdistan deine Heimat sei.«

»Ich? Wann?« fragte er mehr besorgt und betroffen als erstaunt.

»Du teiltest uns mit, daß Persien das Land sei, welches deiner Heimat am nächsten liege; am nächsten zu Persien aber liegt Kurdistan.«

»O, Emir, solche Bemerkungen darf man nicht so genau nehmen, als ob sie im Kuran ständen. Ich stamme wirklich aus el Damijeh. Ja, durch Kurdistan bin ich auch schon einige Male geritten; aber ich bin in diesem Lande nicht halb so bekannt wie du.«

»Nimmst du dies wirklich an? Warum?«

»Weil mir deine Erlebnisse erzählt worden sind.«

---

[1] Kairo.

[2] Schüler, Studenten.

»Welche?«

»Alle. Ich denke dabei jetzt nur an eure Kämpfe mit den Bebbeh-Kurden.«

»Diese Kerls sind die größten Schurken, die es giebt!«

Ich bediente mich mit Absicht dieses kräftigen Ausdruckes, indem ich ihn dabei scharf aber verstohlen beobachtete. Ich sah die Röte des Zorns in seine Wangen steigen, doch beherrschte er sich und fragte scheinbar ruhig.

»Hast du auch ihren Scheik gekannt?«

»Meinst du Gasahl Gaboya?«

»Ja.«

»Ich habe ihn nur zu gut kennen gelernt; er war der allergrößte unter diesen Schuften.«

Da sah ich, daß er alle seine Macht über sich zusammennehmen mußte, um seinen Zorn zu bemeistern; dennoch klang seine Stimme rauh und fast heiser, als er weiterfragte:

»Warst du es nicht, der ihn niedergeschossen hat?«

»Ich nicht; aber er wagte es, sich im Kampfe an mich zu machen, und wurde von einem meiner Gefährten niedergeschossen.«

Daß Hadschi Halef dieser Gefährte war, verschwieg ich, denn ich hatte nun erfahren, was ich wissen wollte. Dieser Ssali Ben Aqil war allerdings ein muhammedanischer Theologe; in dieser Beziehung hatte er uns nicht belogen; aber ebenso gewiß war er der Abstammung nach ein Bebbehkurde, höchst wahrscheinlich sogar ein Verwandter des gefallenen Gasahl Gaboya. Ich hatte mich also vor ihm sehr in acht zu nehmen, denn nirgends wird die Blutrache so streng gehandhabt wie grad bei einigen Kurdenstämmen. Als ob er meine Gedanken erraten hätte, machte Ssali auf meine Antwort die Bemerkung:

»Der Scheik der Bebbeh ist also doch im Kampfe mit dir gefallen, ob von deiner Kugel oder nicht, das ist gleichgültig; du bist der Blutrache verfallen, und ich wundere mich außerordentlich darüber, daß du dich wieder in diese Gegend wagst.«

»O, ich war seitdem schon öfters hier!«

»Wirklich? Da ich dich unmöglich für einen leichtsinnigen Menschen halten kann, mußt du einen Mut besitzen, der ganz unvergleichlich ist. Bitte Allah, daß er dich nicht in die schrecklichen

Hände der Thar[1] fallen lasse! Wenn dich ein Verwandter von Gasahl Gaboya sähe, wärst du verloren.«

»Ja, einer von beiden würde verloren sein, entweder er oder ich.«

»Du, du, nicht er, Emir! Du verkennst die Sache, weil du ein Fremder bist, nicht nur ein Fremder, sondern sogar ein Christ. Von euch Christen weiß man es ja, daß ihr euch in jeder Beziehung überhebt und für besser haltet als Andersgläubige, daß ihr denkt, an euch sei alles schöner, frömmer, heiliger und unverletzlicher als an andern Menschen. Du wirst das nicht zugeben wollen, obgleich du es durch dein Verhalten beweisest. Ein Moslem kennt die Schrecklichkeit der Blutrache ganz genau; wenn er das gethan hätte, was du hier verübt hast, so würde er es niemals wagen, hier in dieser Gegend wieder zu erscheinen. Du als Christ kennst den Kuran nicht und auch nicht die Gesetze und Regeln, nach denen die hiesigen Völkerschaften leben. Du glaubst, deine Haut sei als diejenige eines Christen ebenso unverletzlich, wie die Haut eines Drachen, durch den keine Waffe dringt; ja du meinst sogar im Stolze deines Christentums, daß kein Kurde es wagen darf, sich an dir zu vergreifen und dir ein Leid zu thun, denn ihr pocht auf eure Kanasil[2], die euch behüten, schützen, tragen und leiten müssen, wie eine Mutter ihr kränkstes, schwächstes Kind bewacht. Aber dein Stolz wird dir bald vor die Füße fallen, wenn du, vor der Blutrache stehend, zu der entsetzlichen Erkenntnis kommst, daß du ihr rettungslos verfallen bist. Nicht einen von beiden wird es treffen, wie du soeben sagtest, sondern dich, nur dich allein. Du kannst dir nicht helfen, und dein Gott kann dir nicht helfen; die Erde unter deinen Füßen wird wanken; der Boden, darauf du stehst, wird weichen, und du wirst hinunterfahren in den ewigen Jammer der Dschehenna[3], in welcher alle Christen und andern Ungläubigen zu endloser Qual und nie aufhörenden Martern versammelt werden. Wir aber, wir Gläubigen, werden über euch thronen als Richter über Himmel und Hölle, über Leben und Tod, unberührt von eurem Heulen und Wehklagen darüber, daß ihr so eingebildet und unverständig gewesen seid,

[1] Blutrache.

[2] Arabischer Plural von Konsul.

[3] Hölle.

die göttliche Gesandtschaft Muhammeds und die bis zum Himmel emporgewachsenen Vorzüge des Islam vor eurem lügenhaften Christentum zu leugnen!«

Er hatte erst in gewöhnlichem Tone und dann in immer wachsender Begeisterung gesprochen; seine Augen leuchteten, und der Fanatismus glänzte, ja, triefte ihm förmlich vom Gesichte. Ich mußte mir im stillen eingestehen, daß er alles besaß, was zu einem Wanderprediger des Muhammedanismus gehörte: Ueberzeugung, Rednergabe, Phantasie, Ueberhebung, Mangel an Bildung und Urteil und, *last, not least,* eine vollständige Unwissenheit über die Lehren und Verhältnisse Andersgläubiger. Als er gesprochen hatte und ich ihm nicht sofort antwortete, fügte er hinzu:

»Du schweigst; du bist von der Wahrheit meiner Worte niedergeschmettert. Ja, der heilige Islam ist eine Sonne, gegen welche die armen, elenden Schemat ed Duhun[1] der andern Glaubenslehren verschwinden müssen wie Irrlichter, welche nur vom Gestank der Sümpfe leben. Man nennt dich einen berühmten Emir und hochgelehrten Effendi aus dem Abendlande, und du erhebst den Kopf allüberall, weil du dem Bilad el Alman[2] entstammst, aber deine ganze Berühmtheit und Gelehrsamkeit ist vor meiner überwältigenden Rede in stumme Wortlosigkeit versunken, und die bewaffneten Heerscharen deines Volkes würden, wenn sie hierher nach Kurdistan kämen, um mit uns zu kämpfen, in den Staub niederfallen und um Gnade bitten müssen.«

Es war gar nicht meine Absicht gewesen, mit ihm über Glaubenssachen anzubinden, denn ich hatte das Gefühl, daß er mir die Gelegenheit aufzwingen würde, mit ihm noch in anderer Beziehung anzubinden; da er aber meinem Schweigen eine solche Erklärung gab, mußte ich gegen seine Ansichten nun das Wort ergreifen:

»Ssali Ben Aqil, du scheinst ganz von Sinnen und megnuhn[3] zu sein! Denn anders kann ich es mir nicht erklären, daß du meinem Schweigen eine solche Deutung giebst. Ist dir vielleicht das Sprichwort: ›Se dere'i, karvan dibehuhre[4]‹ bekannt?«

---

[1] Talglichte.
[2] Deutschland.
[3] Uebergeschnappt.
[4] Der Hund bellt, die Karawane schreitet weiter.

»Ja,« antwortete er ahnungslos, warum ich grad diese Redensart anzog.

»Und auch das andere: ›Ei ku tif beke ber ba'i, tif dike ru'i chu‹[1]?«

»Auch das.«

»Schau, wie gut du das Kurdische verstehst, obgleich du vorgiebst, in el Damijeh geboren zu sein! Du glaubst, deine Rede habe mich niedergeschmettert; aber die Karawane ist trotz dieses Bellens ruhig weitergezogen. Du hast gegen mich gespeit, aber nicht mich, sondern nur dich selbst getroffen.«

»Emir, wie kannst du solche Worte zu mir sagen,« fuhr er auf; »zu mir, der alle Lehren und Gesetze des Islam kennt!«

Ich machte eine wegwerfende Handbewegung und entgegnete:

»Du willst doch wohl sagen, daß du nur die Lehren des Kuran, weiter gar nichts, gar nichts kennst, und auch diese nicht richtig verstanden hast! Ich sage dir aus meiner ›Niedergeschmettertheit‹ heraus: Wenn einer von uns beiden zuviel Einbildung, grundlosen Stolz und Ueberhebung besitzt, so bin nicht ich dieser eine, sondern du bist es. Mit deiner Kenntnis des Kuran ist es schlecht, sehr schlecht bestellt, wie du gleich erfahren wirst, und auch die Gesetze und Regeln, nach denen die hiesigen Völker leben, kenne ich besser als du. Du behauptest, daß wir Christen uns auf unsere Konsuls verlassen und von ihnen wie unmündige Kinder beschützt werden müssen. Wenn man dir wirklich von uns erzählt hat, so sage mir doch nur einen einzigen Fall, welcher beweist, daß ich mich an die Hilfe eines Konsuls gewendet oder gar auf sie gepocht habe! Sage mir auch nur einen einzigen Fall, daß ich mich wie ein krankes, schwaches Kind betragen habe! Ich darf ganz im Gegenteile behaupten und kann es auch beweisen, daß gar mancher, mancher Moslem heut noch lebt und sich wohl befindet, der ohne meine Hilfe, also ohne die Hilfe des Christen, verloren gewesen und zu Grunde gegangen wäre. Grad die Kurden vom Stamme der Bebbeh wissen ganz genau, ob ich so ein Schwächling bin, wie du die Christen beschreibst. Gehe hin zu ihnen, und frage sie, so wirst du erfahren, welche Furcht und Angst ihr ganzer Stamm vor mir gehabt hat! Es giebt unter ihnen – – –«

[1] Wer gegen den Wind speit, speit sich ins Gesicht.

»Schweig!« fuhr er mich da zornig an. »Die Bebbeh sind Helden, die keine Furcht kennen. Am allerwenigsten aber haben sie vor dir – – –«

»Halte den Mund!« unterbrach auch ich ihn in befehlendem Tone. »Bist du etwa ein Bebbeh, daß du dich ihrer so annimmst? Soll ich denken, daß du nicht in Aegypten, sondern hier geboren bist? Grund genug hast du mir schon dazu gegeben! Ich warne dich! Gieb mir ja keine Gelegenheit, dich und deine Absichten zu durchschauen, denn das könnte übel für dich ausfallen! Du hast gewagt, mir zu sagen, daß weder Gott noch ich selbst mir helfen könne; aber Gott hat durch mich schon manchem Muhammedaner geholfen, dem sonst nicht zu helfen gewesen wäre, und bis jetzt habe ich dir noch keine Veranlassung gegeben, anzunehmen, daß ich nicht wisse, wie man sich gegen muhammedanische An- und Uebergriffe zu verteidigen hat. Wie kommst du ferner dazu, zu behaupten, daß wir Christen der Hölle verfallen seien? Welcher Dummkopf hat dir das weisgemacht? Etwa einer deiner Professoren? Dann ist der Islam zu bedauern, daß er nicht bessere Lehrer aufzuweisen hat! Wenn ihr es nicht wißt, nun so wissen wir Christen es um so besser und kennen den Kuran um so genauer, daß Muhammed wiederholt erklärt hat, der Himmel stehe auch den Christen offen. Blicke in das Hamaïl, welches du wohl am Halse, nicht aber im Kopfe zu haben scheinst, so wirst du die Stellen finden, die ich meine! Und endlich hast du behauptet, daß ihr Muhammedaner im jenseitigen Leben hoch über uns thronen werdet als Richter über Himmel und Hölle, über Leben und Tod. Wer dir diesen Gedanken beigebracht hat, in dessen Kopfe ist niemals eine Spur von Hirn zu finden gewesen. Wenn du nicht hier säßest und ich deine Worte nicht mit eigenen Ohren gehört hätte, würde ich es für unmöglich halten, daß ein denkender Mensch solchen Unsinn aussprechen könne und solcher Ueberhebung fähig sei. Wer sich eine Behauptung, wie diese ist, zu schulden kommen läßt, dem muß der Kuran ein vollständig unbekanntes Buch sein, und ebenso wenig darf er sagen, daß er jemals eine Auslegung desselben in den Händen gehabt habe! Du, du willst also einst auch mit Richter sein über Tod und Leben, über Himmel und Hölle? Armer Teufel! Noch weißt du selbst nicht, ob du glücklich über Es Ssireth, die Brücke des Todes, gelangen wirst.

Und sagt nicht Muhammed und sagen nicht die Kalifen und alle Ausleger des Kuran, daß nur Isa Ben Marryam[1] allein es ist, der am jüngsten Tage vom Himmel kommen und von der Moschee der Omajjaden in Damaskus aus alle Lebendigen und Toten richten wird? Also Christus, den wir als Gottes Sohn verehren! Christus, der Sohn Mariens, der unser Mittler und Fürsprecher ist im Leben und im Sterben! Also nicht euer Muhammed, sondern unser Christus wird richten, denn nur Gott allein kann richten, und Christus ist ja Gott, während Muhammed zwar euer Prophet, aber doch ein Mensch gewesen ist. Wo bleibst da du, Ssali Ben Aqil, der du von dir behauptest, daß auch du mit richten werdest über Himmel und Hölle, über Tod und Leben! Wenn du dereinst vor Isa Ben Marryam erscheinst, was wird er dich fragen, und was kannst du ihm antworten? Er wird dein Richter, dein gerechter aber strenger Richter sein. Wirst du ihm, dem göttlichen Gründer des Christentums, etwa auch sagen, daß die Christen, seine Gläubigen, in die Hölle zu ewigem Jammer und endloser Qual verdammt werden müssen, weil sie nicht Muhammed, sondern ihn verehrt haben?«

Er hatte während meiner Rede einige Male vergeblich angesetzt, mich zu unterbrechen; jetzt aber war er stumm geworden und saß vor mir, ohne ein Wort zu sprechen. Drum fuhr ich fort:

»Nun, du schweigst? Ich habe dir alle deine Behauptungen widerlegt. Wenn du gegen meine Worte etwas sagen kannst, so sprich!«

Da er auch jetzt im Schweigen verharrte, ergriff der kleine Halef das Wort:

»Sihdi, es geht ihm, wie es mir ergangen ist und wie es jedem ergeht, der sich unterfängt, mit dir gegen deinen Glauben zu reden. Weißt du noch, lieber Effendi, welche Mühe ich mir in der ersten Zeit unserer Bekanntschaft und sogar auch später gab, dich vom Christentume abzubringen und zum Islam zu bekehren?«

»Ja,« antwortete ich lächelnd. »Ich weiß es gar wohl!«

»Schau, deine Lippen verziehen sich zur Lustigkeit, und die Spitzen deines Bartes nehmen die Haltung des mitleidigen Wohlwollens an! Du bedauerst mich, und ich gebe zu, daß du dazu berechtigt bist. Wer dich von deinem Glauben abbringen will, der

[1] Jesus, Sohn Mariens.

gleicht dem Himahr[1], welcher dem Nisr[2] weißmachen will, daß es im dunkeln, schmutzigen Stalle herrlicher zu leben sei als droben in den hellen, freien, reinen Lüften, wo das Gold des Sonnenscheines sich mit dem Purpur der Morgen- und der Abendröte vermählt.«

»Mensch!« fuhr ihn da der Wanderprediger an, »soll das etwa heißen, daß du mich mit einem Esel vergleichst?«

»Ah, habe ich von dir gesprochen?« fragte Halef in ruhigem Tone. »Ich glaubte, nur diejenigen gemeint zu haben, die da meinen, meinen Sihdi, der alle Bücher und Schriften von jedem Glauben auswendig kennt, mit den paar armseligen Brocken, die sie im Kopfe haben, belehren zu können. Wenn du dich zu diesen Leuten zählst, so ist das deine eigene Schuld, und ich habe nichts dagegen!«

»Sag, ob du ein Moslem bist!«

»Ich bin einer.«

»Und doch redest du ihm, dem Christen das Wort!«

»Allah 'l Allah! Ich würde sogar mehr als ein Wort für ihn reden; ja, ich würde sogar meine Flinte und mein Messer für ihn sprechen lassen! Er ist der Adler, von dem ich gelernt habe, mit ihm hoch über den Wolken zu fliegen. Dort gefällt es mir; wenn es den andern Geschöpfen unten lieber ist, so fällt es mir nicht ein, mich mit ihnen darüber zu streiten; aber ich dulde auch nicht, daß sie mir meine reine Luft nicht gönnen!«

Er sagte das in einem Tone, der fast wie eine Drohung klang, und der kleine, furchtlose Kerl war ganz der Mann dazu, seinen Worten den gehörigen Nachdruck zu geben. Das wußte Ssali, der ja von ihm ebenso wie von mir gehört hatte, und darum hielt er es für geraten, seine Gegnerschaft wenigstens jetzt nicht weiter zu treiben. Auch kam es ihm, wie ich später bemerkte, sehr darauf an, uns keine Veranlassung zu geben, eine unvorteilhafte Meinung über ihn zu fassen, und so überwand er sich, in versöhnlicher Weise zu bemerken:

»Es ist mir gar nicht eingefallen, deinen Effendi anzugreifen; er mag der Christ bleiben, der er ist, während ich mich wie vorher zu Muhammed bekenne, den Allah über alle Himmel erheben wird.«

---

[1] Esel.

[2] Adler.

»Du hast aber nicht bloß von der Religion gesprochen, sondern ihm und mir mit der Blutrache gedroht!«

»Gedroht? Das habe ich nicht. Ich verehre ihn und bewundere eure Thaten, darum habe ich mir erlaubt, eine Warnung auszusprechen, die aus einem wohlmeinenden Herzen kam.«

»So denke in Zukunft daran, daß es unmöglich ist, sich über ein wohlmeinendes Herz zu freuen, wenn dieses Herz sich einer unhöflichen und zorneseiligen Zunge bedient! Du hast uns eingeladen, mit dir zu essen; wir sind also deine Gäste, und mit Gästen streitet man nicht.«

»Du hast recht. Ich hatte nicht die Absicht, euch zu kränken oder gar zu beleidigen; aber wenn ich trotzdem ein Wort gesprochen habe, welches euch nicht gefallen hat, so verzeiht es mir! Ich bin von der Reise ermüdet, und ein müder Mann denkt oft nicht an das, was er spricht.«

Das klang so mild und versöhnlich, daß es wohl auf gar manchen den beabsichtigten Eindruck hervorgebracht hätte, den es aber auf mich ganz und gar verfehlte. Wer sich so beherrschen konnte, aus der religiösen Begeisterung in eine demütigende Bitte um Verzeihung zu fallen, der war ein Mensch, vor dem man sich zu hüten hatte. Ich zeigte mich also äußerlich freundlich, war aber dabei innerlich reservierter als vorher und nahm nach einiger Zeit seine vorgeschützte Ermüdung als Vorwand, das Zusammensein mit ihm abzubrechen. Wir zogen uns in unsere Abteilung zurück, und er ging hinaus, um nach seinem Pferde im Stalle zu sehen und sich dann auch zur Ruhe zu begeben.

Als er wieder hereingekommen war, nahm er ein Stück brennenden Holzes von dem noch immer nicht ausgegangenen Feuer und trat damit hinter die Flechtwand, wo wir uns indessen schon niedergelegt hatten. Er leuchtete uns an und sagte, sich entschuldigend:

»Verzeiht, daß ich euch störe! Ich habe euch nur Belletak sa'ide[1] gewünscht, ohne euch, wie man es bei Gästen thut, Allah zu empfehlen! Fi amahn Allah – in Gottes Schutz! Er gebe euch einen langen, ruhigen Schlaf!«

---

[1] »Gute Nacht.«

»Ma ßah Allah kahn wamah lam jaßah lam jekun – was Gott will, geschieht; was er nicht will, das geschieht nicht,« antwortete ich ihm.

Er nickte uns hierauf freundlich zu und verließ uns, ohne den Sinn meiner Antwort herausgehört zu haben. Ich sah durch die Zwischenräume des Flechtwerkes, daß er sich mit Hilfe seines Sattels und seiner Decke in der Nähe des Herdes ein Lager bereitete und sich auf demselben ausstreckte.

Warum war er noch einmal zu uns gekommen? Wirklich aus Höflichkeit? Gewiß nicht! Wollte er etwa nur sehen, wo und wie wir lagern? Sehr wahrscheinlich! Wenn dies der Fall war, so hatte er eine Absicht, die uns in Gefahr brachte. Darum gab ich ihm die Antwort, deren Bedeutung er nicht erriet. Sollte ich Halef sagen, was ich vermutete? Nein. Das liebe, gute Kerlchen bedurfte mehr als ich des Schlafes, und so beschloß ich, ihn nicht zu beunruhigen und lieber selbst die ganze Nacht wach zu bleiben. Er war weniger bedroht als ich, denn er lag an der Mauer, während mein Platz derjenige war, den ein heranschleichender Feind zuerst erreichen mußte. Es dauerte nicht lange, so verriet mir sein leiser, regelmäßiger Atem, daß er eingeschlafen war; da schob ich mich von meiner Stelle fort, um einem etwa geplanten Ueberfall durch meinen Angriff zuvorzukommen.

Da, wo ich nun lag, gab es in der Wand ein größeres Loch, durch welches ich meine Beobachtungen leichter machen konnte. Zu beiden Seiten des Herdes war trockenes Schilf zum Anzünden und dürres Holz zur Unterhaltung des Feuers aufgeschichtet. Das letztere brannte, da nun nichts mehr nachgelegt wurde, bald nieder. Ehe es ganz ausging, sah ich, daß Ssali seine Arme aus der Decke, die ihn umhüllte, hervorzog und, den Kopf ein wenig hebend, mit scharfen Augen nach uns herblickte. Dieser Umstand befestigte mich in dem Verdachte, den ich hegte. Hierauf wurde es ganz finster, und ich konnte mich nur noch auf meine Ohren, nicht mehr auf die Augen verlassen.

In Lagen wie diejenige, in der wir uns befanden, vergeht die Zeit mit quälender Langsamkeit. Die Minuten wurden mir zu Stunden; aber ich ließ nicht nach in meiner Aufmerksamkeit, welche endlich, endlich ganz nach Erwarten belohnt wurde, denn ich hörte das, wenn auch nur ganz leise zu vernehmende Geräusch, welches hervorgebracht wird, wenn ein Gewand, ein Kleidungsstück auf dem Boden hinstreift. Wäre mein Gehör nicht während meines Aufenthaltes im wilden Westen so außerordentlich geschärft worden, so hätte ich jetzt sicherlich nichts wahrgenommen.

Wie gut, daß ich mißtrauisch gewesen war und Verdacht gefaßt hatte! Der Bebbeh-Kurde – denn daß er das war, stand nun bei mir fest – fühlte sich als Vertreter der Blutrache und kam jetzt, um sie auszuführen. Welch ein Ruhm und welch eine Ehre für ihn, wenn er seinem Stamme dann die Meldung bringen konnte, daß er Kara Ben Nemsi und Hadschi Halef Omar getötet habe! Eine solche Blutthat stand nach der Ansicht dieser Leute mit seinem geistlichen Berufe nicht im geringsten Widerspruche.

Er glitt durch die Wandöffnung zu uns herein und wendete sich dann nach rechts, wo ich erst gelegen hatte und wo Halef noch lag, während ich mich jetzt links davon befand. Ich konnte ihn nicht sehen, täuschte mich aber trotzdem nicht, denn das leise, leise Streichen des Gewandes war keine Hallucination, und wenn ich ja noch gezweifelt hätte, so gab es jetzt ein zwar sehr kurzes, aber noch deutlicheres Geräusch, welches mir bewies, daß ich mich in keinem Irrtume befand: es war das Knacken eines Gelenkes, welches bei einem gut geschulten Anschleicher, der er aber nicht war, unmöglich vorkommen kann. Dies ist wieder einmal ein Beweis, wie außerordentlich schwer ein tadelloses Anschleichen ist, denn an dem leisen Knacken auch nur eines Fingergelenkes kann das Leben hängen!

Als er die Wendung nach rechts gemacht hatte, folgte ich ihm, auf die beiden Kniee und die linke Hand gestützt, denn die rechte mußte ich vorsichtig tastend ausstrecken, um mich mit ihm in Verbindung zu setzen. Ich berührte dabei die Sohle seines Schuhes, den er unverzeihlicherweise nicht ausgezogen hatte. Mich noch mehr zur Seite aber weiter vor schiebend, fühlte ich dann einen Zipfel seines Haiks; also nicht einmal diesen hatte er abgelegt. Diesen Zipfel zwar festhaltend, dabei aber immer nachgebend, fühlte ich jede seiner Bewegungen, bis er sich ganz nahe der Stelle befand, wo er mich liegen glaubte. Bisher war er auf allen vieren gekrochen; jetzt richtete er sich knieend auf; meine Zeit war gekommen. Ich erhob mich ebenso wie er, streckte mich aus und griff mit beiden Händen zu. Ich erwischte ihn mit der Rechten beim Oberarm und mit der Linken im Genick. Der Schreck über diese unerwartete, plötzliche Berührung entriß ihm einen lauten Schrei; ich zog ihn vollends an mich heran und nahm ihn mit beiden Händen um den Hals, und zwar so fest, daß ihm nicht der geringste Widerstand möglich war. Die Arme sanken ihm schlaff herab, und wenn ich ihn nicht in den Händen gehabt hätte, wäre er niedergefallen.

Halef war von dem Schrei erwacht; der kleine, geistesgegenwärtige Mann sprang sofort auf, zog seine Pistole aus dem Gürtel, wie ich an dem Knacken des Hahnes hörte, und rief:

»Was giebt's? Wer schreit da? Sihdi, wo bist du?«

»Hier,« antwortete ich. »Beunruhige dich nicht! Hast du noch Kibritat[1] einstecken?«

»Ja, hier in der Tasche.«

»So eile hinaus zum Herde, und mache schnell Feuer!«

»Warum? Wo ist Ssali Ben Aqil?«

»Hier. Ich habe ihn fest; er wollte uns ermorden.«

»Allah, wallah! Hast du ihn wirklich sicher, ganz sicher?«

»Ja. Sorge dich nicht! Aber Licht müssen wir haben.«

»Gleich, gleich! Ich eile; es soll im Augenblicke hell werden! Ermorden! Uns! Dieser Schurke! Wir schicken ihn dafür in die Hölle; vorher aber bekommt er von mir hundert Peitschenhiebe dahin, grad dahin, wo sie ihm am wenigsten gefallen!«

Während er diese Worte des Zornes ausstieß, eilte er hinaus zum Herde. Ssali bewegte sich unter mir und griff nach meinen Händen; ich schlug ihm also die Faust an den Kopf, daß er die Besinnung verlor. Da flammte draußen das brennende Schilf auf und warf seinen Schein durch die vielen Ritzen des Flechtwerkes. Grad vor mir sah ich das Messer des Kurden liegen; er hatte uns also erstechen wollen. Ich hob es auf, schob es in meinen Gürtel und schleifte dann den Bewußtlosen hinaus an den Herd, wo inzwischen auch das Holz zum Brennen gekommen war. Während wir dort dem Ertappten die Füße zusammen- und die Hände auf den Rücken banden, erkundigte sich Halef.

[1] Zündhölzer.

»Aber, Sihdi, wie war es möglich, daß dieser Mensch uns, die wir doch seine Gäste waren, nach dem Leben trachten konnte?«

»Ich vermute, daß er ein Kurde ist und zum Stamme der Bebbeh gehört!«

»Maschallah, Wunder Gottes! Ein Bebbeh! Also Blutrache! Und doch hat er uns, bevor er sich schlafen legte, dem Schutze Allahs befohlen!«

»Um uns zu täuschen. Er wünschte uns aber auch einen langen Schlaf und hat damit höchstwahrscheinlich den Todesschlaf gemeint.«

»Jil'an dakno – verflucht sei sein Bart! Als ich mich niederlegte, hatte ich keine Lust, außerhalb dieser Erde aufzuwachen! Du hast dir und mir das Leben gerettet; wir sind dir also beide zum größten Dank verpflichtet. Wie aber ist es gekommen, daß es dir möglich war, die Mordthat zu verhüten?«

»Ich bin wach geblieben, denn ich ahnte, was der Kerl für eine Absicht hatte.«

»Und hast mir nichts davon mitgeteilt, Sihdi!«

»Weil dir der Schlaf so nötig war, lieber Halef.«

»O, Effendi, was bist du doch für ein Mann! Du kannst streng und stolz sein wie der Herrscher aller Herrscher in Istambul[1] und doch im nächsten Augenblicke auch wieder voller Milde, Güte und Freundlichkeit wie das Herz eines liebenden Weibes! Hoffentlich aber hört deine Freundlichkeit auf, wenn es sich um die Bestrafung dieses Mörders handelt!«

»Du befindest dich im Irrtum, wenn du ihn für einen Mörder hältst, denn es ist ihm ja nicht gelungen, uns das Leben zu nehmen.«

»Ja, ja; ich weiß, ich weiß! Da kommt wieder bei dir zum Vorscheine, was du den guten Christen nennst. Wer dir bloß nach dem Leben trachtet, der ist ein ganz braver Mensch. Wer aber bei dir als Mörder gelten soll, der muß dich erst zehnmal totgeschlagen und dann noch zwanzigmal totgeschossen haben, und selbst dann möchte ich wetten, daß du ihn noch unbestraft entkommen lässest, weil dein Ingil[2] dir befiehlt, selbst deinen Feinden Liebe zu erwei-

[1] Konstantinopel.

[2] Neues Testament.

sen! Schau, da schlägt er die Augen auf! Nun wollte ich, ich dürfte die Peitsche nehmen und ihm hundert Piaster aufzählen, aber nicht silberne sondern lederne, die aus der Haut des Nilpferdes geschnitten worden sind. Doch, wie ich dich kenne, werde ich darauf wohl verzichten müssen. Es ist kein Blut geflossen und nach deiner Ansicht also gar nichts Böses geschehen. Allah, Allah! Was seid ihr Christen doch für sonderbare, unbegreifliche Menschen!«

Während der gute Halef in dieser Weise über mich und das Christentum klagte, war er im Innern selbst ein guter Christ, und die Seufzer, mit denen er meine Milde bejammerte, noch ehe ich sie hatte zeigen können, waren eigentlich nichts als ihm selbst unbewußte Aufforderungen an mich, Gnade walten zu lassen.

Ssali kam zu sich. Er sah uns erst, als er sich gefesselt fühlte, erstaunt an; dann, als ihm einfiel, was er beabsichtigt hatte und was geschehen war, stieß er einen Ruf des Schreckes aus, ohne ihm aber ein Wort folgen zu lassen. So lag er stumm, mit zusamengekniffenen Lippen vor uns; desto beredter aber waren seine Blicke, welche er voll Haß und Grimm auf uns richtete. Da fragte ich ihn:

»Willst du auch jetzt noch behaupten, daß du in Damijeh geboren seist?«

Er antwortete nicht sogleich; dann aber zischte er wütend zwischen den Zähnen hervor:

»Die List gebot mir, die Unwahrheit zu sagen; aber denke ja nicht, daß ich nun aus Angst vor dir weiterlüge! Allah schien dich in meine Hand gegeben zu haben; ich habe mich in ihm geirrt.«

»Dies ist wohl nicht das erste Mal, daß du dich in Gottes Fügung irrst. Du bist ein Kurde?«

»Ja.«

»Vom Stamme der Bebbeh?«

»Ja.«

»Der Scheik Gasahl Gaboya war ein Verwandter von dir?«

»Er war der Bruder meiner Mutter.«

»Ich begreife! Du erfuhrst hier, wer wir sind, und die Blutrache zwang dich, das Leben von uns zu fordern.«

»Ja, sie zwang mich, so wie sie jetzt dich zwingt, mir das Leben zu nehmen.«

»Ich bin ein Christ und kenne die Blutrache nicht!«

»Vielleicht die Blutrache nicht, aber doch die Rache!«

»Auch diese nicht. Gott ist der Vergelter.«

Da veränderte sich der Ausdruck seines Gesichtes; er sah mich ganz erstaunt an und fragte:

»Dürfen die Christen einander ungestraft nach dem Leben trachten?«

»Nein. Ein Mensch, welcher dem andern nach dem Leben trachtet, ist überhaupt kein Christ, wenn er sich auch als einen solchen bezeichnet. Unser Kitab el Mukad'das[1] befiehlt uns: ›Du sollst nicht töten!‹ und ein wirklicher, wahrer Christ hält sich streng nach diesem Befehle. Wer aber Menschenblut vergießt, wird durch die Obrigkeit bestraft, welche von Gott dazu eingesetzt worden ist.«

Ein Hoffnungsstrahl blitzte über sein Gesicht, als er schnell fragte:

»So werdet ihr mich der Obrigkeit ausliefern?«

»Nein.«

Seine Züge wurden sofort wieder finster, und enttäuscht klangen seine Worte:

»Also werdet ihr doch selbst richten! Du hast mein Messer aufgehoben; ich sehe es in deinem Gürtel. Nimm es und stoß zu!«

Ich schüttelte den Kopf und entgegnete:

»Du hast mich nicht verstanden. Die Rache ist mir verboten; dafür aber gebietet mir der christliche Glaube, meinen Feind zu lieben, wie mich selbst. Ich töte dich nicht und liefere dich auch nicht der Obrigkeit aus.«

Da glitt ein Ausdruck über seine Züge, der sich nicht beschreiben läßt. Erstaunen, Hoffnung, Zweifel, Verwunderung, Befürchtung, das alles sprach sich darin aus, bis der Haß wieder die Oberhand bekam und der Gefangene zornig herausstieß:

»Du spottest meiner! Ja, man sagt, daß es euch befohlen sei, sogar euern Feinden Gutes zu erweisen; aber welchem Menschen wäre es möglich, dies zu thun! Es ist eine Lüge, daß euer heiliges Buch dies von euch fordert, und euer Christus wäre ein Ssanam el heiwana[2], wenn er von euch etwas verlangte, was kein Mensch zu erfüllen vermag!«

---

[1] Heiliges Buch, Bibel.

[2] Götze der Dummheit.

»Du sprichst als Moslem, der nicht die Liebe kennt; wir Christen aber kennen und üben sie. Du hast mein Leben gewollt, es aber nicht bekommen; dafür schenke ich dir das deinige.«

Indem ich dies sagte, nahm ich sein Messer, zerschnitt damit die Fesseln, hielt es ihm dann hin und fügte hinzu:

»Diese Klinge durfte mich nicht treffen; also gebe ich sie dir zurück. Nimm sie hin!«

Da sprang er empor. Seine Augen öffneten sich weit; sein Mund – ich möchte beinahe sagen, er sperrte ihn auf, und seine beiden Hände zuckten vorwärts, ohne aber das Messer zu ergreifen.

»Allah ja'lam el geb – Gott kennt das Verborgene; ich aber weiß nicht, was ich denken soll!« rief er aus. »Ist das immer noch Spott, oder ist es Ernst?«

»Es ist Ernst.«

»Schwöre mir das bei Allah zu!«

»Christus verbietet uns zu schwören. Ein Christ spricht nur die Wahrheit; da bedarf es keines Schwures.«

»So schenkt ihr mir das Leben?«

»Ja.«

»Wirklich das Leben?«

»Wirklich!«

»Aber wenn ich nun in meiner Rache fortfahre?«

»So wird Gott uns behüten, wie er uns vorhin behütet hat. Du sagtest dort am Tische, weder Gott noch ich selbst werde mir helfen können; jetzt siehst du, daß er mir geholfen hat; auf ihn verlaß ich mich auch fernerhin. Du bist frei und kannst mit deiner Rache machen, was du willst!«

Da riß er das Messer aus meiner Hand, trat einige Schritte zurück, sah bald mich, bald Halef mit ungewissen Blicken an und sagte dann, halb spöttisch, halb gerührt:

»Ich danke dir, Effendi, ich danke dir! Wenn das, was du jetzt gesprochen und gethan hast, wirklich aus deinem Herzen kam, so bist du entweder plötzlich verrückt geworden, oder das Christentum ist doch besser, viel besser, als ich gedacht habe. Da ich aber ein vorsichtiger Mann bin und weder dir noch deinem Glauben traue, werde ich mich jetzt schnell entfernen und nicht so lange warten, bis dir der verlorengegangene Verstand zurückgekehrt ist.

Sollte er aber nicht zurückkehren, so vermehre Allah euer Wohlsein um soviel, wie ihr an Verstand verloren habt!«

Er raffte seine Decke zusammen und eilte zur Thür hinaus. Einige Minuten später ritt er davon, ohne, wie wir später hörten, der Wirtin etwas bezahlt zu haben. Als der Hufschlag seines Pferdes in der Stille der Nacht verklungen war, machte Halef ein teils ärgerliches und teils lustiges Gesicht und sagte:

»Da ist er hin, ganz so, wie ich gedacht habe, ohne Strafe und ohne Hiebe! Und dabei glaubt er nicht einmal, daß es dein Ernst gewesen ist! O Sihdi, Sihdi, was muß ich alles an dir erleben! Du erfreust deine Feinde mit Barmherzigkeit und betrübst deine Freunde mit Wehmut über das Leder der Peitsche, die sie nicht schwingen dürfen! Ich hätte fürs Leben gern einmal bis hundert gezählt; nun aber ist mir durch deine Güte der Ort verloren gegangen, auf den ich zählen wollte. Wenn du in dieser Weise fortfährst, deine Feinde zu belohnen, wird jeder kluge Mann es vorziehen, dein Gegner anstatt dein Freund zu sein!«

»Räsonniere immerhin! Ich weiß doch, lieber Halef, daß ich ganz nach deinem Herzen gehandelt habe. Früher warst auch du ein Anhänger der Thar und konntest nicht genug Blut zu sehen bekommen; jetzt aber thut es dir wehe, einen Wurm zu treten.«

»O, Effendi, da hast du recht, sehr recht, denn je größer der Wurm ist, desto weher thut es mir, und wenn er gar in Menschengestalt erscheint, so ist der Islam mit allen Khalifen und Auslegungen vergessen, und ich denke nur an dich, aus dem ich doch einst einen Moslem machen wollte. Wenn das so fortgeht, wirst du mich noch dahin bringen, von einem eurer Priester die heilige Ma'mudija[1] zu erbitten. Komm, laß uns zum zweitenmal schlafen gehen! Man wird uns nicht wieder stören wie beim erstenmal, denn dieser Ssali Ben Aqil kehrt nicht zurück; er hat erfahren, daß es leichter ist, uns freundlich zum Essen einzuladen, als die Gesetze der Blutrache an uns auszuführen. Wenn er einst dem Engel des Todes so leicht entkommt, wie er unserer Vergeltung entgangen ist, wird er den siebenten Himmel Muhammeds erreichen.«

---

[1] Heilige Taufe.

Wir warfen noch einige Griffe Holz in das Feuer und legten uns dann wieder nieder, ohne daß ein Mensch im Hause erfahren hatte, wie nahe wir dem Tode gewesen waren. Es ist kaum glaublich, mit welchem Gleichmute man, wie wir, aus einem Erlebnisse in das andere reitend, Ereignisse hinnimmt, welche an andern Orten und bei andern Menschen das größte Aufsehen erregen und die ganze Bevölkerung in Alarm setzen würden. Aber grad dieser Gleichmut ist es, auf den dabei so viel ankommt und mit dessen Hilfe es gelingt, Gefahren zu überwinden, denen man ohne ihn erliegen würde.

Als Halef annahm, daß wir nun nicht wieder gestört würden, hatte er sich geirrt, denn wir mochten noch nicht zwei Stunden geschlafen haben, als uns ein Lärm erweckte, welcher sich draußen erhoben hatte. Es war ein vielstimmiges Schreien und Brüllen, aus welchem wir zuweilen den Ruf »ia harik, ia harik[1]!« heraushörten. Es brannte also irgendwo im Orte, und so wenig uns das eigentlich anging, wir sprangen doch auf und rannten hinaus, um unsere Hilfe anzubieten, wenn sie nötig war.

Wir sahen, daß es sich um einen bedeutenden Brand handelte, und eilten der betreffenden Gegend zu. Denkt man sich eine Feuersbrunst des Nachts in einem kleinen abgelegenen Städtchen Deutschlands, und zwar zur Zeit, als es noch keine Feuerwehren gab, so hat man einen ganz, ganz kleinen Begriff von dem großen Wirrwarr, in den wir mit hineingerissen wurden, und von den Scenen, die wir vor und um uns sahen. Es brannte am entgegengesetzten Ende des Ortes; dorthin rannte und strömte alles, oder vielmehr: man wurde gerannt und geströmt. Wir steckten nach kurzer Zeit in einem dichten Knäuel von Menschen, aus dem es absolut kein Entkommen gab. Dieser Knäuel wogte bald nach rechts, bald nach links, bald vor- und oft auch wieder rückwärts. Jeder, der einen Mund hatte, schrie so laut, wie er nur schreien konnte; aber was da brannte, wo es brannte und bei wem es brannte, das schien niemand zu wissen; wir konnten es nicht erfahren. Wir waren »eingekeilt in fürchterlicher Enge«, hatten keinen Willen, konnten uns nicht selbständig bewegen und mußten uns die größte Mühe geben, nur beisammenzubleiben.

[1] O Feuersbrunst, o Feuersbrunst!

Wir sprangen doch auf und rannten hinaus, um unsere Hilfe anzubieten.

In diesem Gedränge dachte ich an unsere Pferde, die wir im Eifer, uns hilfsbereit zu zeigen, ohne Schutz und Aufsicht im Khan gelassen hatten. Wie nun, wenn ihnen etwas geschah! Man hatte meinen Rih gesehen und bewundert, und hier in dieser Gegend war fast jeder Mensch ein geborener Pferdedieb. Mir wurde angst; ich teilte Halef meine Besorgnisse mit, und wir gaben uns nun alle Mühe, uns Bahn zu brechen, um nach dem Khan zurückzukehren. Aber je mehr wir schoben, drängten und stießen, desto mehr wurden wir gedrückt und gequetscht, gestoßen und geschlagen. Wir fühlten bald, wie man sich auszudrücken pflegt, unsere Knochen nicht mehr, und schon gaben wir es auf, unsern Willen durchzusetzen, als uns plötzlich Hilfe wurde, und diese Hilfe kam durch die Tulumba.

Tulumba – was ist das? Natürlich das, was bei einer Feuersbrunst das unumgänglich Notwendigste ist, nämlich die Spritze. Eine Spritze! Gab es denn in jenem kleinen, abgelegenen Orte Kurdistans eine Spritze, wirklich eine Spritze? wird man mich ungläubig fragen. Ja, es gab eine, und was für eine! O Tulumba! Ich habe dich in der Türkei gesehen; ich bin dir in Persien begegnet, und du hast mich in Kairo sogar einmal mit dem Esel, auf dem ich zufälligerweise saß, umgerissen, so daß der Esel auf mich und ich unter ihn zu liegen kam; aber die Gestalt, in welcher du mir hier in Khoi erschienen bist, hätte mich beinahe irre gemacht an dir und deiner wohlbekannten Körperkonstitution oder vielmehr -konstruktion. Tulumba, o Tulumba, mir graut seitdem vor dir! Befandest du dich inkognito dort? Hattest du dich verkleidet, um nicht erkannt zu werden? Oder war es nur Verstellung von dir? Mag dem sein, wie ihm wolle, das Kismet mag mich kurz und gut davor bewahren, daß du mir in dieser Gestalt und dieser Weise im Leben noch einmal begegnest! O Tulumba, schreckliche Tulumba!

Es soll Menschen geben, welche Zweck und Mittel, Hauptsache und Nebensache, Fördernis und Hindernis zu verwechseln pflegen. Wer das nicht für möglich hält, der mag nach Khoi gehen und sich die dortige Tulumba zeigen lassen; dann wird und muß er daran glauben! Um das zu begreifen, denke man sich einen – – – doch nein, man denke sich nichts, sondern man mache die Erfahrung in der Weise, wie ich sie gemacht habe und wobei einem zunächst das

Denken sofort und gründlich vergeht. Also wir beide, Halef und ich, hatten vergeblich versucht, aus dem harten, dichten Menschenkloß, in welchem wir zwei verschwindend kleine Grieben bildeten, herauszukommen; diese unsere Bemühungen hatten nur den gar nicht bezweckten Erfolg gehabt, daß wir immer weiter hinein und schließlich etwas auseinander gerieten. Halef war jetzt nun eine kleine Strecke hinter mir, so daß sich vielleicht fünf oder sechs Personen zwischen uns befanden. Ich drehte mich, immer fortgeschoben werdend, häufig nach ihm um und konnte mich nur mit Hilfe von Gebärden mit ihm verständigen, weil bei dem allgemeinen, ohrenbetäubenden Gebrüll Worte nicht zu verstehen waren.

Dieses Brüllen war so entsetzlich, daß ich überzeugt war, es könne unmöglich noch gesteigert werden. Ein Lärm in deutscher und ein Gebrüll in kurdischer Sprache, das giebt übrigens einen ganz bedeutenden Unterschied, gar nicht zu gedenken, daß viele Schreier sich auch der türkischen, arabischen und persischen Sprache bedienten. Plötzlich verwandelten sich diese fürchterlichen Tonwellen in die entsetzlichsten Tonwogen; das Brüllen wurde zum Toben, und zwar nicht allgemein, sondern grad hinter mir. Ich drehte mich um und bemerkte in der Menge eine eigenartige, von dem steten Vorwärtsdrängen abweichende Bewegung, die ich mir nicht erklären konnte. Man stelle sich an ein stehendes Wasser und sehe einen Fisch, der an der Oberfläche in gerader Richtung schwimmt! Das Wasser wird vorn an der Spitze seines Kopfes gehoben werden und nach hinten dann nach rechts und links auslaufende Strahlen werfen. Die Köpfe der Menschenmenge hinter mir als eine solche Wasserfläche gedacht, bemerkte ich ganz dieselbe nach beiden Seiten auslaufende Strahlenbewegung, konnte aber den Fisch nicht sehen, welcher auch ganz so, wie der erwähnte, das Wasser mit seiner Schnauze hob; das heißt mit anderen Worten, die Menschen vor sich in die Höhe warf; denn es wurden in langsam fortschreitender, grad auf mich zu gerichteter Bewegung alle von der Spitze dieser Bewegung getroffenen Personen über die Köpfe der Menge emporgeschleudert. Wer oder was war der Karpfen oder der Hecht, der auf der Fläche der dichtgedrängten Menschenköpfe diese sonderbaren Wellen warf? Ich wußte es nicht und konnte es nicht erfahren, denn ein jeder, den ich fragte, war mit sich selbst und seiner Rettung so sehr beschäftigt, daß er keine Zeit oder Lust hatte, mir Antwort zu geben.

Der unsichtbare Fisch kam, von einem gradezu sinnverwirrenden Toben menschlicher Stimmen begleitet, langsam aber sicher näher. Fast hatte er Halef erreicht, der ihn nicht bemerkte; da hob ich beide Arme empor, um eine warnende Bewegung zu machen, kam aber damit zu spät, denn grad in diesem Augenblicke wurde auch der kleine Hadschi emporgeschleudert. Er hatte sich unter einem breit- und tiefästigen Horbaume[1] befunden und flog so hoch, daß er, die Hände unwillkürlich nach Hilfe ausstreckend, einen der Aeste ergriff und an demselben hängen blieb. Natürlich brüllte er nun auch, was er nur brüllen konnte; ich hörte es zwar nicht, aber ich sah es an seinem Munde, der jetzt nicht mehr ein Mund, sondern ein Maul zu nennen war und so weit aufgerissen wurde, daß sich alle zweiunddreißig Zähne präsentierten, denn Halef besaß ein Gebiß, um welches er beneidet werden konnte.

Indem ich ihn beobachtete, dachte ich nicht an mich; da fuhr mir plötzlich etwas zwischen die Beine. Ehe ich darnach fassen und mich überzeugen konnte, was es war, wurde ich auch emporgehoben und erhielt einen plötzlichen, kräftigen Schwung, sicherlich vier Ellen hoch, aus welcher Höhe ich verkehrt auf die Köpfe der Menschenmenge niederstürzte, wo ich, ohne den Erdboden wieder zu erreichen, von zwanzig, dreißig, vierzig Händen, die sich nach mir ausstreckten, ergriffen, gestoßen, gezogen, geschoben und gezerrt wurde, daß ich beinahe auch wie Halef den Mund weit aufgerissen hätte, um mit zu brüllen. So wurde ich eine kleine Weile, auf den Köpfen der Menschen liegend, hin und her gerissen, bis mir der Gedanke kam, mich auf ungewöhnliche Weise in Sicherheit zu bringen. Ich war in den Prairien Nordamerikas oft mit andern Jägern mitten in die Herden wilder Büffel hineingeritten und, während die Herde vorwärts stürmte, von dem Rücken des einen Bison auf den Rücken des andern gesprungen, was man thut, um sich das zum Fleischmachen passendste Tier auszusuchen. Daran dachte ich jetzt. Ich befreite mich von den Händen, die mich grad gepackt

[1] Silberpappel.

hielten, richtete mich halb auf und turnte mich mit allen vieren auf den Köpfen hin, wobei ich gar keine Rücksicht darauf nahm, wohin ich meine Hände und Füße setzte und zahlreiche Püffe und Stöße austeilte, aber deren auch soviel und mehr zurückbekam, als ich mir nur wünschen konnte. Wie dann später mein Gewand aussah, kann man sich wohl denken! Doch: mit der Nadel in der Hand, flickt man öfters sein Gewand!

Mein Rettungsweg war nach der Pappel gerichtet, in deren Zweigen Halef jetzt in olympischer Ruhe und Sicherheit thronte; es war gar nicht weit dorthin, aber die Stöße, welche ich austeilte und wiederbekam, erschwerten mir die Passage in der Weise, daß ich endlich mit wenigstens fünfzehn Minuten »Verspätigung« bei meinem Hadschi Halef Omar einfuhr. Einfuhr ist hier das ganz richtige Wort, denn ich flog gradezu in das Gezweig hinein und mußte mich fest anklammern, um nicht auf der andern Seite wieder hinauszufliegen.

Halef schrie mir etwas zu, was ich aber nicht verstand. Ich war von der gehabten Anstrengung fast erschöpft; ich schnappte förmlich nach Atem und fühlte das Schlagen des Pulses durch den ganzen Körper. Als ich nach einigen tiefen Atemzügen ruhiger geworden war und mir einen festen Sitz genommen hatte, fand ich Zeit, den Blick unter mich zu richten, und da sah ich denn endlich den sonderbaren, geheimnisvollen »Fisch«, der sich stet und kräftig in das Menschenmeer hineinarbeitete und Halef und mich mit seiner Schnauze so hoch emporgeworfen hatte. Dieser Fisch war die Tulumba, die Feuerspritze. Sie war jetzt an der Pappel vorüber; wir beobachteten, wie sie sich weiterarbeitete, und konnten ihre Konstruktion erkennen.

Ich war, als ich diese Konstruktion sah, zunächst ziemlich verblüfft, brach aber dann in ein herzliches Lachen aus, welches leider in dem allgemeinen Getöse vollständig verloren ging. Auch Halef lachte, wie ich seinem lustig verzogenen Gesichte ansah.

Wenn ein Feuer ausbricht, muß man es mit Wasser löschen; das ist jedenfalls ein guter Gedanke. Wenn ein Feuer ausbricht, so strömen die Menschen scharenweise zusammen; das ist ein Gedanke, welcher jedenfalls auch viel Wahrheit für sich hat. Ein abendländischer Spritzenfabrikant würde den ersten Gedanken für den Hauptgedanken erklären. Der orientalische Meister aber, aus dessen Händen die Tulumba hervorgegangen war, hatte eine Logik gezeigt, die alle occidentale Logik weit übertraf. Er hatte den Zeigefinger an die Nase gelegt und sich gesagt: »Was nützt es, wenn man aus einer Tulumba Wasser in das Feuer spritzen kann und es wegen des Menschenandranges nicht möglich ist, sie an den Ort zu bringen, wo es brennt!« Er hielt also pfiffigerweise den Transport des Wasserspeiers für wichtiger als das Spritzen selbst und hatte infolgedessen bei der Konstruktion das Hauptgewicht darauf gelegt, die Hindernisse zu bewältigen, welche der Fortbewegung der Tulumba im Wege standen. Er als Erfinder hatte wahrscheinlich auch einmal von den »sechs einfachen Instrumenten«, Hebel, Rolle, Rad, schiefe Ebene, Keil und Schraube, gehört und dabei eine besondere Vorliebe grad für den Keil gefaßt. War es da ein Wunder, daß ihm die geplante Tulumba in keilförmiger Gestalt im Traum erschienen war und er diesen Wink des Traumgottes ausgeführt hatte? Ja, er war sogar noch klüger und umsichtiger als dieser Gott gewesen, denn er hatte die keilförmige Konstruktion mit einer hebelnden Bewegung versehen, durch welche es ermöglicht wurde, jeden der Tulumba nicht ausweichenden Menschen einfach in die Luft zu schleudern, worauf es dann in dem Belieben des Betreffenden stand, entweder in der Luft kleben zu bleiben oder sich mit den bekannten Fallgesetzen auf vertraulichen Fuß zu stellen.

Ich fühle mich außer stande, die Möglichkeit in Abrede zu stellen, daß sich unter meinen Lesern der Besitzer einer deutschen Spritzenfabrik befindet. Sollte es dieser Herr für zu seinem weiteren Fortkommen unbedingt notwendig halten, die Konstruktion der Tulumba von Khoi kennen zu lernen, so füge ich für ihn die Zeichnung dieser Feuerspritze bei, wobei ich zugleich den Zweck verfolge, meine geometrischen Talente bewundern zu lassen.

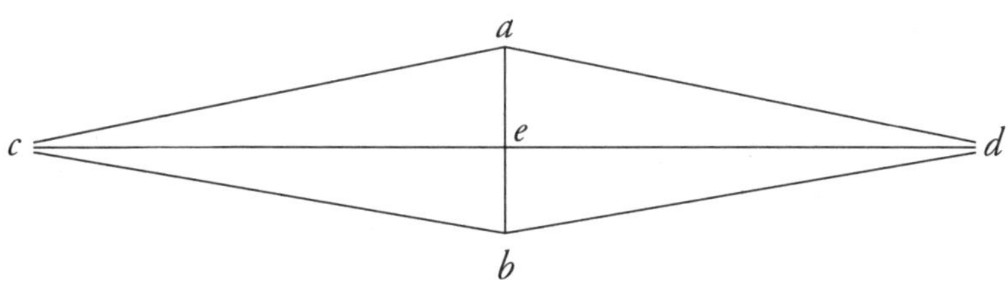

Zum Verständnisse dieser Zeichnung diene folgendes: *a b* ist eine Wagenachse, an welcher sich in *a* und *b* zwei sehr hohe Räder drehen; auf ihr ruht das aus starkem, festem Holz gefertigte Gestell *c a d b*, dessen Widerstandsfähigkeit durch den Balken *c d* erhöht wird. Das Ganze bildet also einen zweiräderigen Wagen mit je einem langen, schmalen Balkendreieck vorn und hinten, die sich die Wage halten. Es bedarf also gar keiner Anstrengung, das hintere Dreieck zu senken und dadurch das vordere zu heben, oder umgekehrt. Die Mannschaft der Tulumba befindet sich im Innenraume des hinteren Dreieckes, kann also mit den zu beseitigenden Inhabern des Ehrentitels »Publikum« nicht in direkte Karambolage kommen. Diese Feuerwehrmänner – es waren ihrer zwanzig – schieben das Gestell vorwärts, ohne alle Rücksicht in die Menschenmenge hinein. Sie heben dabei von Zeit zu Zeit die hinteren Balken hoch, wodurch sich der vordere Teil tief senkt und den im Wege stehenden an und zwischen die Beine gerät, denn die Spitze geht in einen schmalen, scharfen Balken aus. Ziehen sie nun hinten plötzlich nieder, so werden diejenigen, welche von der Spitze ergriffen worden sind, je nach der Gewalt des Ruckes mehr oder weniger hoch emporgeworfen, während die keilförmige Gestalt die andern auf die Seite drängt. Man kann sich das Geschrei, die Quetschungen und Püffe denken, die es giebt, wenn so ein Keil in die dichte Menschenmenge hineingerannt wird! Auf den Gedanken, eine solche Tulumba zu bauen, kann man freilich auch nur kommen, wenn man es mit einer kurdischen Bevölkerung zu thun und ein kurdisches Gehirn im Kopfe hat.

Es ist selbstverständlich, daß die Spritze nur höchst langsam vorwärts kommt, denn es muß sehr oft angehalten werden, und es kommt häufig vor, daß sich das widerspenstige Publikum zur Wehre setzt. Geschah es doch auch im gegenwärtigen Falle, daß die Tulumba die Brandstätte gar nicht erreichte und das große Holzlager, welches die Brandstifter angesteckt hatten, vollständig eingeäschert wurde.

Aber der umsichtige Erfinder hatte wirklich auch die Möglichkeit in Betracht gezogen, daß die Spritze an dem Orte ihrer Bestimmung ankam, und für diesen Fall bei Punkt *e* der Wagenachse einen starken Haken angebracht, an welchem ein Wasserfaß mit einigen

Eimern hing. Wenn ich seit jener Zeit nach Beispielen suche, um die sozialen Verhältnisse des Orients zu illustrieren, so fällt mir immer zuerst die Tulumba von Khoi ein. Uebrigens ist dieser kurdische Ort Khoi ja nicht mit der persischen Stadt gleichen Namens zu verwechseln, welche in der Provinz Aserbeidschan an der Karawanenstraße von Erzerum nach Tobriz liegt und eine der schönsten persischen Städte mit gegen dreißigtausend Einwohnern ist.

Ich blieb mit Halef auf der Silberpappel sitzen, bis die Tulumba nicht mehr zu sehen war und mit ihr sich das Gedränge verzogen hatte. Dann stiegen wir herunter. Jetzt fühlte ich erst die Püffe und Stöße, die ich bekommen hatte. Auch Halef rieb verschiedene Teile des Körpers und sagte dabei in seiner eigenartigen, humoristischen Weise:

»Sihdi, wenn das Feuer dort so brennt, wie mir meine Glieder brennen, so ist es nicht zu löschen, zumal im Fasse der Tulumba kein Wasser war.«

»Kein Wasser? Weißt du das?«

»Ja, denn einem von den Männern, welche die Spritze schoben, war der Tschibuk ausgegangen und er steckte ihn in das Faß, um ihn dort aufzubewahren, was er doch wohl unterlassen hätte, wenn Wasser drin gewesen wäre.«

Ich mußte laut auflachen. Ein Feuerwehrmann mit dem Tschibuk, und das Wasserfaß als Aufbewahrungsort für Tabakspfeifen, das war doch mehr als komisch! Halef lachte mit und fuhr fort:

»Der Mann, der diese Tulumba erfunden hat, muß den Gedanken dazu vom obersten der Schejatin[1] erhalten haben. Möge er dafür in der Hölle braten, wo es hoffentlich keine Feuerspritzen giebt, die Marterflammen auszulöschen. Mein Leib fühlt sich an wie eine alte Kameldecke, aus welcher der Schmutz von hundert Jahren herausgeklopft worden ist. Ein Glück ist's, daß das Kismet so vernünftig war, mir diese Hor et thalis[2] hierherzusetzen, die dir auch Schutz gegeben hat! Als du auf den Köpfen dieser Männer von Khoi herumzappeltest, stach mich der Schmerz des Mitleids durch die Seele. Deine Haltung und deine Bewegungen waren so majestätisch wie

[1] Plural von Scheitan, Teufel.

[2] Pappel der Rettung.

diejenigen des Padischah von Persien, wenn er Audienz erteilt, und wenn mich nicht der Gedanke an unsere Pferde – – oh, Effendi, unsere Pferde, unsere Pferde! Was würden wir thun, wenn man sie gestohlen hätte!«

»Komm schnell nach dem Khan, Halef! Der Weg dorthin ist nun freigeworden, und ich fühle eine Unruhe in mir, die sich nicht weggebieten läßt. Wir müssen zu den Pferden!«

Indem ich diese Worte sprach, lief ich auch schon mit eiligen Schritten davon, und der kleine Hadschi folgte mir, indem er wegen seiner Beine, die bedeutend kürzer waren als die meinigen, sich beinahe springend fortbewegte. Wir dachten nicht mehr an das Feuer, sondern nur noch an die Pferde, die wir in hilfsbereiter Menschenfreundlichkeit auf so unverantwortliche Weise ohne Aufsicht gelassen hatten. Es gab eine Stimme in mir, welche so deutlich und bestimmt, als ob ein Mensch zu mir spräche, behauptete, daß in Beziehung auf die Tiere etwas geschehen oder irgend etwas nicht in Ordnung sei. Leider sollte diese Stimme recht behalten, denn als wir den Khan erreichten, in dessen Hof sich kein Mensch befand, weil außer der Wirtin alle nach der Brandstätte gelaufen waren, und dort in die Stube traten, fanden wir dieselbe vollständig dunkel, denn es brannte kein Licht, und das Feuer auf dem Herde war ausgegangen. Ich wartete gar nicht ab, bis ich die hintere Abteilung erreichte, sondern rief gleich beim Eintreten mein Pferd beim Namen. Es war gewohnt, mir stets und gleich durch ein freundlich klingendes Schnauben zu antworten; diese Antwort aber blieb jetzt aus, und so eilte ich erschrocken hinter, indem ich dem Hadschi zurief:

»Sie sind fort, Halef, sie sind fort, denn wären sie noch da, so würde Rih sich hören lassen!«

Halef blieb stehen; er, der sonst so wackere Mann, der keine Furcht und kein Zagen kannte, konnte vor Schreck nicht weiter. Ich hörte es ihm an, daß es ihm Mühe machte, die Worte hervorzustoßen:

»Fort, fort sind sie? Allah mu'awin – Gott sei unser Helfer! Wenn man uns die Pferde gestohlen hat, so liegen wir hier wie Fische auf dem Trockenen. Mir ist der Schreck in alle meine Glieder gefahren; ich hoffe, daß wenigstens die deinigen davon verschont bleiben!«

Als ich die hintere Abteilung erreichte und die Hände nach den

Pferden ausstreckte, griff ich in die Luft; meine Ahnung hatte mich also nicht betrogen. Und eine fast noch schlimmere Befürchtung durchzuckte mich, als mir jetzt unsere Waffen einfielen. Wenn meine Gewehre auch fort waren, so ergab das doppelten Verlust. Ich hatte sie, ehe wir vorhin fortrannten, zu Halefs Flinte in die hintere Ecke gelegt und unsere Decken darauf geworfen. Jetzt war ich mit einigen raschen Schritten dort und bückte mich nieder. Gott sei Dank! Die Decken lagen noch da, und ich fühlte unter ihnen die Gewehre! Zugleich hörte ich Halef rufen:

»Sind sie fort, sind sie wirklich fort, die Pferde, Effendi?«

»Leider, ja!«

»So möge der Scheitan die Diebe braten und bis auf die Knochen verbrennen lassen, daß seine brennende Großmutter keinen Bissen von ihnen genießen mag! Ich muß mich selbst überzeugen, ob es wahr ist. Ich komme hinter; ich komme zu dir! Und wenn dann die – – – Allah! Da bin ich über eine Person gestolpert, welche am Boden liegt und – – – o Allah, Allah! Komm her zu mir, Sihdi, komm schnell her! Da liegt ein Mädchen oder ein Weib, eine Frau, die rund um den ganzen Körper gebunden ist und nicht reden kann, weil sie einen Knebel im Munde hat. Das können nur die Diebe gewesen sein, denn ein ehrlicher Mensch kennt die Regeln der Höflichkeit, nach denen man die Frauen zu behandeln hat und die es jedermann verbieten, einer Sejide[1] einen Gegenstand in den Mund zu stecken, nach dem sie keinen Appetit verspürt!«

Der kleine Kerl behielt selbst in der gegenwärtigen Lage die possierliche Ausdrucksweise bei, die eine Folge seiner stetigen guten Laune war. Ich folgte natürlich seiner Aufforderung, ging aber zuerst nach dem Tische, wo ich den Stumpf des Talglichtes, welches vorhin dort gebrannt hatte, noch vermutete. Er war noch da und ich erhellte mit seiner und eines Zündholzes Hilfe die Stube. Da sah ich die Wirtin am Boden liegen; sie war mit Baststricken umwickelt, daß sie sich nicht rühren konnte, und hatte soviel von ihrer Schürze, wie nur möglich war, in den Mund gestopft bekommen. Als wir sie von den Fesseln und dem Knebel befreit hatten, holte sie einige Male tief, tief Atem und bat dann in flehendem Tone:

[1] Dame.

»Thu mir nichts, Emir! Laß es nicht mich entgehen, denn ich bin unschuldig, vollständig unschuldig daran!«

»Das glaube ich dir,« antwortete ich. »Es fällt mir gar nicht ein, dir Uebles zuzufügen. Setz' dich hierher an den Tisch, und erzähle uns ausführlich, was sich während unserer Abwesenheit hier zugetragen hat!«

Ich führte sie, die an allen Gliedern zitterte, zur Bank und zog sie auf dieselbe nieder. Es dauerte trotz meines begütigenden Zuredens eine geraume Zeit, ehe sie in gesammelter Weise erzählen konnte:

»Als alle Menschen zum Feuer rannten, wollte ich auch mit fort; aber es fiel mir ein, daß ich das Haus nicht allein lassen dürfe und also hier bleiben müsse. Aber ich fürchtete mich draußen und ging darum herein in diese Stube. Kaum befand ich mich hier, so kamen viele fremde Kerls herein, welche wie Räuber bewaffnet waren und über mich herfielen. Ich wurde gebunden und dann nach euch gefragt, ob Emir Kara Ben Nemsi Effendi und Hadschi Halef Omar wirklich eure Namen seien. Wenn ich mein Leben retten wollte, so mußte ich die Wahrheit sagen, denn der Anführer stand mit dem gezückten Messer vor mir und drohte, mich zu erstechen, wenn ich mich weigere, ihm die richtige Antwort zu geben. Kannst du mir darüber zürnen, daß ich mein Leben behalten wollte, Emir?«

»Nein, du bist vollständig unschuldig. Sag, kanntest du nicht wenigstens einen dieser Diebe?«

»Nein; sie waren mir alle unbekannt; aber ich weiß dennoch, wer sie gewesen sind, denn ehe sie sich entfernten, sagte mir der Anführer, um euch zu ärgern und zu verhöhnen, wer sie seien.«

»Ah! Das ist mir von der größten Wichtigkeit! Wahrscheinlich aber hat er gelogen, um uns irre zu führen. Welche Namen hat er genannt?«

»Er hat nicht gelogen, sondern er ist wirklich der, für den er sich ausgab, denn ich sah die tiefe Schmarre auf seiner rechten Wange, und ich weiß, daß Schir Samurek eine solche Schmarre besitzt, die er im Kampfe mit den Bebbehkurden erhalten hat.«

»Ah, Schir Samurek! Meinst du etwa den Scheik der Kurden vom Kelhur-Stamme?«

»Ja, der war es, Effendi. Alle Kelhurs sind Räuber, und er ist der oberste und schlimmste aller Räuber. Sie hatten es auf eure Pferde abgesehen. Dein Hengst biß und schlug um sich wie ein Teufel, als er hinausgeführt werden sollte; aber sie hatten Stricke mitgebracht, die sie ihm um die Beine warfen und so gelang es ihnen, ihn hinauszuziehen. Mit dem Pferde des Hadschi Halef Omar hatten sie keine solche Not. Sie waren voller Bewunderung und Entzücken über den Rappen, und der Scheik freute sich so sehr über das Gelingen des Raubes, daß er mir, ehe ich den Knebel in den Mund erhielt, erzählte, wie er auf den Gedanken gekommen ist und ihn ausgeführt hat, sich dein Pferd zu holen. Er hat mir sogar befohlen, es dir zu erzählen. Er meinte, du solltest erfahren, wie sehr du betrogen worden bist, und würdest dann einsehen, daß alle Christenhunde Dummköpfe seien.«

»Schön! Zu dieser Einsicht wird mich niemand bringen; höchst wahrscheinlich aber wird im Gegenteile er sehr bald erkennen, daß diese Verhöhnung der größte Fehler war, den er begehen konnte. Zunächst freilich wird er und sein Stamm sehr stolz darauf sein, das weitberühmte Pferd jetzt zu besitzen, doch bin ich überzeugt, daß diese Freude keine lange Dauer hat. Wie hat er denn erfahren, daß ich mich hier in eurem Khan befinde?«

»Du wirst erstaunen, wenn du das erfährst, Emir! Weißt du, wer der Mensch gewesen ist, der unser Geld gestohlen hat, obgleich wir ihm alle Ehren der Gastlichkeit erwiesen haben?«

»Nein.«

»Es giebt unter den Bebbeh-Kurden einen, den alle seine Feinde fürchten und alle seine Freunde hassen, denn sie sind nicht wirklich seine Freunde, sondern nennen sich nur so. Er ist listig wie Abu Hossein[1], gewaltthätig wie Assad[2] und blutdürstig wie ein Parsa[3] mit dem schwarzen Felle. Es genügt ihm nicht, bei seinem Stamme zu bleiben und an den Kämpfen desselben teilzunehmen, sondern wenn die Bebbeh mit den andern Aschaïr[4] in Frieden leben, zieht er allein hinaus, um auf eigene Faust zu rauben und zu stehlen. Er heißt Aqil und ist der Oheim der beiden Scheiks Ahmed Azad und

---

[1] Fuchs.

[2] Löwe.

[3] Panther.

[4] Stämmen.

Nizar Hared, welche Söhne des früheren Scheikes Gasahl Gaboya sind.«

»Kuli ru'ud – alle Donner!« entfuhr es mir, der ich mich nur höchst selten einmal zu einem solchen Kraftworte hinreißen lasse. »Von diesem Menschen habe ich noch nie etwas gehört. Und Aqil heißt er? Weißt du das gewiß?«

»Ja, Effendi; ich irre mich nicht, denn man spricht grad hier in unserer Gegend sehr viel von seinen Thaten.«

»Und der Gast, mit dem wir hier gegessen haben, nannte sich Ssali Ben Aqil! Er leugnete zwar, ein Kurde zu sein, doch glaubte ich ihm nicht. Sollte er der Sohn dieses Aqil sein, von dem du redest?«

»Er ist es, Emir.«

»Das hast du gewußt und ihn doch herein in das Haus gelassen?!«

»Ich habe es nicht gewußt, sondern es erst von Schir Samurek erfahren, der mir befahl, es dir zu sagen, ›damit dein Leib vor Aerger platze‹; das waren nämlich ganz genau die Worte, die er sagte.«

»Gut! Jetzt möchte ich wissen, ob die Anwesenheit dieses Ssali Ben Aqil mit dem Hiersein seines Vaters im Zusammenhang steht.«

»Nein, der Sohn hat nicht geahnt, daß sein Vater kurz vor ihm hier bei uns gewesen ist. Auch das hat mir der Scheik der Kelhur-Kurden erzählt. Und nun kommt das wichtigste, was ich dir zu sagen habe, weil ich es dir sagen soll. Die Kelhur und die Bebbeh stehen nämlich in Blutrache miteinander, welche daher stammt, daß Aqil vor zwei Jahren einen Kelhur getötet hat. Das fordert das Blut Aqils oder eines Verwandten von ihm, denn durch eine Zahlung kann es nicht friedlich ausgeglichen werden, weil die Kelhur einen Preis gefordert haben, der nicht zu erschwingen ist. Aber heut hat Aqil doch geglaubt, diesen hohen Preis zahlen zu können und deshalb die Kelhur aufgesucht, von denen er wußte, daß sie in der Nähe unserer Stadt lagerten.«

»Welch ein Gedanke von diesem Kerl! Ich ahne, was du sagen willst. Er hat sich durch meinen Rapphengst von der Blutrache loskaufen wollen?«

»Ja. Er war, ohne daß wir es ahnten, hier bei uns. Da kamt ihr; er hörte, wer ihr seid, und sah auch eure Pferde. Schon vorher hatte er beschlossen, unser Geld zu stehlen; er that es und ritt dann auf unserm Pferde zu den Kelhur, um ihnen deinen Hengst als Blutpreis anzubieten.«

»Das war allerdings mehr als mutig, das war verwegen, ja tollkühn von ihm! Wahrscheinlich hat er heut nacht das Pferd stehlen oder später auf irgend eine Weise in seinen Besitz bringen und ihnen dann zuführen wollen; aber er konnte sich doch denken, daß sie ihn zunächst festhalten und dann zwingen würden, ihnen zu sagen, wo es zu haben ist!«

»Ja, Emir; so wie du es sagst, genau so ist's geschehen. Sie haben ihn ergriffen und so lange geprügelt, bis er gesagt hat, daß ihr hier bei uns seid. Nun bekommt er den Lohn für seine Thaten: er muß den Blutpreis mit dem Leben zahlen; sie aber haben ihm nicht nur das gestohlene Geld abgenommen, sondern sind auch hierher geritten, um sich dein Pferd selbst zu holen. Unterwegs ist ihnen auch sein Sohn in die Hände gefallen, der nun ebenso verloren ist wie sein Vater. Oh, Effendi, Allah hat es nicht gut mit dir und uns gemeint, denn unser Geld ist weg und dein Rappe ist weg. Was die Kelhur in ihren Händen haben, das geben sie nie wieder heraus!«

»Das mag eine Eigentümlichkeit von ihnen sein, von der sie nicht freiwillig abgehen werden; aber ich habe auch gewisse Eigentümlichkeiten, die ich mir nicht nehmen lasse. Dazu gehört zum Beispiel die Gewohnheit, daß ich, wenn ich bestohlen worden bin, nicht eher ruhe, als bis ich das Gestohlene zurückbekommen habe.«

»Meinst du etwa, daß du von den Kelhur-Kurden dein Pferd zurückverlangen willst?«

»Ja.«

»So willst du sie aufsuchen?«

»Ja.«

»Aber du weißt doch nicht, wohin sie von hier aus geritten sind!«

»Ich werde sie trotzdem finden.«

»So müßtest du allwissend sein!«

»Nur Allah ist allwissend; aber er hat uns in seiner Allweisheit den Verstand gegeben, mit dessen Hilfe man das, was man nicht weiß, ergründen und erfahren kann.«

»Willst du dein Leben von dir werfen, Effendi? Weißt du, was es heißt, die Kelhur zu verfolgen, um den Raub von ihnen zurückzufordern? Ihr begebt euch dadurch in den sichern Tod!«

»Du irrst. Der Tod ist nur den Kelhur sicher, wenn sie sich weigern, uns die Pferde zurückzugeben.«

Da bog die Frau den Oberkörper zurück und sah mich mit prüfenden Blicken an wie einen Wahnsinnigen, vor dem man sich in acht zu nehmen hat. Und als es ihr nicht gelang, etwas Verrücktes an mir zu entdecken, schüttelte sie den Kopf und sagte:

»Effendi, ich habe gehört, daß ihr Christen Leute seid, welche nicht nur anders glauben und anders fühlen und denken, sondern auch alles anders machen als wir. Darum ist es vielleicht möglich, daß du etwas erreichst, wo ein gläubiger Moslem nichts erreichen würde. Du und Halef, ihr beide habt viel gethan, was man eigentlich nicht glauben möchte. Denkt ihr wirklich, daß es euch gelingen könne, eure Pferde wieder zu bekommen?«

»Ja, das denken wir.«

»Allah! Wenn die Kelhur gezwungen werden können, euch euer Eigentum zurückzuerstatten, könnte man sie doch auch dazu anhalten, uns unser Geld wiederzugeben?«

»Allerdings.«

»Aber kein Einwohner von Khoi würde es wagen, zu ihnen zu gehen, um ihnen dieses Ansinnen zu machen. Emir, weißt du wohl, wie höflich und gastfreundlich wir dich empfangen und behandelt haben?«

Es war eine sehr wohlbegründete und erlaubte Schlauheit, welche ihr diese Frage diktierte, und ich ging bereitwillig auf dieselbe ein, indem ich lächelnd antwortete:

»Ja, ich weiß sehr wohl, welche Aufmerksamkeit wir euch zu verdanken haben.«

»So sag, ob euch eure Lehre vielleicht die Dankbarkeit verbietet!«

»Die Dankbarkeit ist eine der hervorragendsten Tugenden jedes Christen.«

»Oh, Effendi, dann bitte ich dich, ein recht guter Christ zu sein und deiner Lehre zu gehorchen, indem du uns wieder zu unserem Gelde verhilfst!«

»Gesetzt, daß ich bereit bin, dir diesen Wunsch zu erfüllen, wie denkst du es dir, daß ich es ermöglichen kann?«

»Das brauche ich dir doch wohl nicht erst zu sagen. Du willst doch den Kelhurkurden nach, um ihnen eure Pferde wieder abzuverlangen; es würde eure Mühe nicht vermehren und die Gefahr nicht vergrößern, wenn ihr da auch gleich unser Geld mitbrächtet!«

Halef lachte, als er diese Worte hörte; ich aber antwortete sehr ernsthaft:

»Da hast du freilich recht, und ich bin auch sehr gern bereit, dir diesen Dienst zu erweisen, werde dies aber nicht thun können, wenn du mir nicht vorher einen Gefallen erweisest.«

»So sag schnell, was du verlangst! Wenn ich kann, werde ich es sehr gern thun.«

Ich hatte einen ganz besondern Grund, in dieser Weise mit ihr zu sprechen. Wir mußten unsere Pferde unbedingt wieder haben und die Diebe also verfolgen. Den Weg, den diese eingeschlagen hatten, mußten uns ihre Spuren verraten, welche aber erst nach Tagesanbruch zu sehen waren. Bis dahin hatten die Kurden jedenfalls einen Vorsprung, den wir nur mit Hilfe guter Pferde einholen konnten, und doch waren so wertvolle Tiere hier jedenfalls weder zu kaufen noch zu borgen, wenn es überhaupt welche gab. Ich mußte, um mich nach ihnen richten zu können, diese Verhältnisse von der Wirtin erfahren und mich zugleich ihrer Hilfe versichern, falls es galt, etwas zu unternehmen, was sie eigentlich nicht gutheißen durfte. Darum antwortete ich:

»Wir müssen den Kelhur nachreiten und sie einholen; dazu brauchen wir Pferde. Denkst du, daß wir hier welche kaufen können?«

»Es giebt keinen Händler hier, und ich kenne auch keinen Pferdebesitzer, welcher den Gedanken hat, ein Pferd zu verkaufen.«

»Auch nicht zu verleihen?«

»Nein.«

»Das ist schlimm, denn wenn wir keine Pferde bekommen, können wir den Kelhur nicht folgen und dir auch nicht zu deinem Gelde verhelfen.«

»Oh, Effendi, wir haben noch zwei Pferde im Stalle; die werde ich euch leihen.«

»Sind sie gute Renner?«

»Nein. Sie sind schon fast zwanzig Jahre alt. Das beste hat dieser Aqil gestohlen und auf dem zweitbesten ist dann mein Mann fort.«

»So alte Tiere sind uns nichts nütze, denn die Räuber haben einen großen Vorsprung, den wir mit ihnen nicht einholen können. Du wirst also auf das schöne Geld verzichten müssen.«

»Allah kerihm – Gott ist gnädig; aber grad uns scheint er nicht seiner Gnade teilhaftig machen zu wollen,« klagte sie.

»Giebt es denn gar keinen Menschen hier, der zwei gute, schnelle Pferde hat?«

»Oh, es giebt wohl einen; aber der verkauft sie nicht und verborgt sie noch viel weniger.«

»Auch dann nicht, wenn er erfährt, daß er deinem Manne damit zu seinem Gelde verhilft?«

»Dann erst recht nicht, denn er ist ein Feind von uns.«

»So! Wer ist denn dieser Mann?«

»Unser Nachbar, der von Kerkuk hierher gezogen ist. Er ist erst ein kleiner Baijah[1] gewesen und dann Tabbach el adwija[2] geworden, als welcher er sich viel, sehr viel Geld verdient hat. Man sagt, daß er nicht ehrlich gewesen sei und deshalb Kerkuk habe verlassen müssen. Hier in Khoi ist er der reichste Mann und tritt wie ein Pascha von drei Roßschweifen auf. Er besitzt zwei teure Kamele und fünf noch teurere Pferde, von denen er erst kürzlich zwei gekauft hat, die noch nicht an den Stall gewöhnt sind.«

»Noch nicht an den Stall? So befinden sie sich wohl im Freien?«

»Ja.«

»Wo?«

»In dem Garten, welcher draußen vor dem Orte liegt.«

»Das ist aber doch eine sehr große Unvorsichtigkeit, zwei so gute Pferde da draußen so ohne alle Aufsicht stehen zu lassen!«

»Ohne Aufsicht sind sie nicht, denn in dem Garten steht ein Kiosk, in dem er selber schläft und von zwei Dienern bewacht wird.«

»Liegt dieser Garten nach derjenigen Seite der Stadt, wo die Feuersbrunst entstanden ist?«

»Nein, sondern nach Norden. Warum fragst du, Effendi?«

»Das kann ich dir nur sagen, wenn ich weiß, daß du verschwiegen bist. Vielleicht kannst du dadurch dein Geld wiederbekommen.«

---

[1] Krämer.

[2] Apotheker.

»Emir, wenn das der Fall ist, wird kein Wort über meine Lippen kommen! Du bist klüger, viel klüger als mein Herr und Gebieter, welcher nach einer ganz falschen Richtung geritten ist; darum ist den Kelhur das Geld in die Hände gefallen. Ich habe dir noch gar nicht gesagt, wie die Feuersbrunst entstanden ist. Die Kelhur haben sie angezündet, weil sie dachten, ihr würdet hinlaufen und eure Pferde hier ohne Wache lassen; dann könnten sie sie leichter stehlen. Dies ist auch geschehen. Aber ihr werdet sie euch wiederholen und dabei auch unser Geld mitbringen. Nun sag mir aber auch, was ich verschweigen soll!«

»Ich will es dir sagen. Ich muß die Kelhur einholen; dazu brauche ich schnelle Pferde. Da ich sie aber weder verkauft noch verborgt bekomme, muß ich sie mir ohne Erlaubnis des Besitzers leihen. Verstehst du mich?«

Die Kurdin war nicht auf den Kopf gefallen. Sie blinzelte mir verständnisinnig zu, nickte dabei mit dem Kopfe und fragte:

»Wirst du sie ihm wiederbringen?«

»Natürlich! Wir sind keine Diebe.«

»Willst du dir etwa die beiden schönen, neuen Pferde des Apothekers borgen?«

»Ja.«

»Da kann ich nichts dagegen haben, zumal er nicht ein Freund von uns ist und ich dir sagen muß, daß es die schnellsten Pferde von ganz Khoi sind.«

»Hm, ja! Wenn ich nur genau wüßte, wo der Garten liegt!«

Sie senkte nachdenklich den Kopf und sagte nach einer Weile:

»Du wirst einsehen, Effendi, daß ich dir in einer solchen Sache nicht behilflich sein kann; aber wenn du es erlaubst, werde ich dir einen guten Rat geben.«

»Gieb ihn mir; ich bitte dich darum!«

»Brauchst du auch zwei Sättel?«

»Nein. Wir hatten die unserigen den Pferden abgenommen und sie dann als Kopfkissen gebraucht; sie liegen noch da hinten, denn die Kelhur haben sie, ich weiß nicht warum, nicht mitgestohlen.«

»So laßt von jetzt an einige Minuten vergehen; dann nehmt ihr die Sättel und verlaßt den Khan. Wenn ihr links an drei Häusern vorüber seid, werdet ihr eine Frau sehen, der ihr folgen müßt, ohne euch ihr aber ganz zu nähern. Draußen vor der Stadt wird sie euch ein Zeichen geben, indem sie den Stock, den sie in der Hand hat, an eine Pforte lehnt und sich dann entfernt. Ihr folgt ihr nicht weiter, denn diese Pforte gehört zum Garten, in welchem sich die Pferde des Apothekers befinden. Wollt ihr diesen Rat befolgen?«

»Ja.«

»So sei Allah mit euch! Er gebe, daß ihr das Geld wiederbringt; denn wenn es mein Herr und Gebieter nicht zurück erhält, muß er es ersetzen und wird so arm wie ein Bettler sein!«

Sie stand auf und ging hinaus. Halef sah mich an; lachte kurz und leise auf und fragte:

»Sihdi, willst du diese Pferde wirklich borgen?«

»Natürlich! Oder können wir anders?«

»Nein. Auch ist es ein Streich, der mir außerordentlich gefällt. Ich mache mit Vergnügen mit. Aber was denkst du von dieser Wirtin?«

»Sie ist eine sehr kluge Frau.«

»Klüger, viel klüger als ihr Mann! Wer wird das Weib sein, dem wir folgen sollen?«

»Sie selbst.«

»Das denke ich auch. Der Kopf des Mannes gleicht oftmals einem leeren Beutel; im Kopfe der Frau aber ist stets noch ein Piaster zu finden, und wenn der letzte herausgenommen worden ist, steckt immer noch ein allerletzter drin! Es ist nicht mehr lange bis zur Morgenröte. Wir müssen die Pferde haben, ehe es Tag geworden ist. Laß uns aufbrechen, Effendi!«

Wir nahmen unsere Gewehre, die Decken und jeder einen Sattel. Das Feuer beschäftigte immer noch alle Bewohner der Stadt. Wir kamen unbemerkt hinaus und bis an das bezeichnete Haus. Dort stand eine tief verhüllte Frau, welche einen Stock oder Pfahl in der Hand hatte. Es war natürlich die Wirtin, welche uns Hilfe leistete, ohne es später geständig sein zu wollen. Als sie uns kommen sah, ging sie weiter, und wir folgten ihr. Die Feuersbrunst war jetzt noch so groß, daß sie uns leuchtete.

Es ging auf bald schmalen und bald breiteren Wegen zwischen den Häusern und Hütten hin, bis wir den Ort hinter uns hatten. Da erreichten wir einen aus Dornen bestehenden langen Zaun, in dessen Mitte die etwa zwanzig Schritte vor uns hergehende Frau stehen blieb, um den Pfahl anzulehnen; dann huschte sie seitwärts fort. Als wir die Stelle erreichten, sahen wir eine Pforte, welche nicht verschlossen, sondern angelehnt war. Höchst wahrscheinlich hatte das Feuer den Apotheker auch so schnell angezogen, daß ihm der Gedanke an das Zuschließen nicht gekommen war. Wir gingen zunächst einige hundert Schritte weiter, bis wir im freien Felde einen Steinhaufen fanden, wo wir die Sättel und Gewehre niederlegten. Dann zur Pforte zurückgekehrt, schoben wir sie auf, hinter uns wieder zu und traten in den Garten.

Der Schein des Feuers wirkte hier nicht mehr so wie vorher; dennoch sahen wir die Bäume, den Kiosk und nicht weit von dem letzteren eine Art von Verplankung, nach der wir uns schlichen. Wir erreichten sie ungestört; die Diener schienen sich ebenso wie ihr Herr entfernt zu haben. Die beiden Pferde standen hinter den Planken, an Pfählen angebunden. Wahrscheinlich wußte der Apotheker nicht, daß gesunde Pferde sich des Nachts zu legen pflegen. Der Eingang zur Verplankung war bald gefunden. Wir gingen hinein und banden die Pferde los. Es waren zwei Grauschimmel, die sich zwar erst etwas sträubten, sich aber unsern Liebkosungen so zugänglich zeigten, daß sie uns dann willig folgten. Wir brachten sie glücklich hinaus und bis zu dem Steinhaufen, wo wir ihnen die Sättel auflegten.

Jetzt waren sie unser, und kein Mensch wäre imstande gewesen, sie uns wieder wegzunehmen. Wir hatten sie grad zur rechten Zeit bekommen, denn im Osten zeigte sich der fahle Schein des neuen Tages.

»Allah sei Dank; wir haben Pferde!« sagte Halef. »Und ich glaube, die Frau hat recht gehabt! Diese Grauschimmel scheinen von keinen schlechten Ahnen zu stammen. Aber nun fragt es sich, nach welcher Richtung wir uns zu wenden haben. Wie denkst du darüber, Sihdi?«

»Ich denke daran, daß die Kelhurkurden das Feuer angelegt haben, um uns und die Bewohner von Khoi nach der Brandstätte zu locken. Werden sie dazu einen Ort gewählt haben, an dem sie dann mit unsern Pferden vorüber mußten?«

»Gewißlich nicht; sie werden vielmehr dafür gesorgt haben, daß ihr Weg nach der entgegengesetzten Richtung liegt.«

»Nun, in dieser entgegengesetzten Richtung befinden wir uns jetzt. Reiten wir zehn Minuten langsam in derselben fort, so wird zwar der Schein der Feuersbrunst verschwunden, dafür der Morgen so hell geworden sein, daß wir nach den Spuren der Diebe suchen können. Sind diese gefunden, so verlieren wir sie sicherlich nicht wieder. Komm!«

Ich stieg auf, und Halef folgte meinem Beispiele. Dabei bemerkten wir, daß die Pferde Temperament besaßen und wohl seit langem keinen Reiter getragen hatten; sie mußten aber gehorchen. Noch waren die zehn Minuten nicht vergangen, so sahen wir seitwärts ein Pferd liegen. Wir ritten hin, und ich stieg ab, den Kadaver zu untersuchen. Man hatte es in den Kopf geschossen und zwar nicht früher als in dieser Nacht, denn das Blut, in dem es lag, war noch nicht ganz geronnen. Warum war es erschossen worden? Ich setzte meine Untersuchung fort und entdeckte sehr bald, daß es nicht weitergekonnt hatte, weil ihm ein Bein zerschlagen worden war.

»Halef, wir haben die Fährte schon!« rief ich, erfreut über diesen schnellen Erfolg. »Sieh die Fußspuren hier an der Erde! Fußspuren von Menschen und Fußstapfen von Pferden!«

»Aber ob es die Kurden gewesen sind?!«

»Ganz gewiß! Diesen Fund haben wir meinem Rih zu verdanken.«

»Wieso, Effendi?«

»Der Rappe verweigert, wie du weißt, fremden Leuten den Gehorsam; er ist nicht leicht fortzubringen gewesen, und gar aufsitzen, das hat niemand wagen dürfen. Sie hatten aber Eile, und da mögen sie ihn gedrängt, vielleicht gar mißhandelt haben; da hat er nach seiner Weise um sich geschlagen und diesem Pferde das Bein zerschmettert. Sie konnten es nicht mitnehmen, sondern mußten es erschießen und hier liegen lassen.«

»Ja, Sihdi, so mag es gewesen sein. Die Spur ist gefunden, und ich hoffe zu Allah, daß wir unsern herrlichen Rih bald wieder haben werden. Denkst du, daß ihr Vorsprung ein sehr großer ist?«

»Der Zeit nach läßt er sich genau bestimmen, nämlich vom Anfange des Brandes bis jetzt; die Entfernung aber können wir nicht so genau wissen. Sie haben sich gewiß beeilt; aber wir müssen auch die Widersetzlichkeit des Rappen mit in Betracht ziehen. Dieses kluge Tier weiß ganz genau, daß es uns entführt worden ist, und

Wir sahen seitwärts ein Pferd liegen.

wird sich auf alle Weise wehren; schlägt man es, dann um so schlimmer, denn dann geht es erst recht nicht von der Stelle. Wenn es noch ein wenig heller geworden ist, werde ich die Fährte genauer bestimmen können, der wir nun folgen wollen.«

Ich stieg wieder in den Sattel, und wir ritten weiter, den Spuren nach, die so deutlich waren, daß wir sie gar nicht verfehlen konnten, obgleich der Tag erst zu grauen begonnen hatte und von einer eigentlichen Helle noch keine Rede war.

Unser Weg führte uns nach Norden. Die Kurden hatten alle Wege sorgfältig vermieden und überhaupt, wie wir aus verschiedenen Anzeichen erkannten, eine für sie ganz ungewöhnliche Vorsicht entwickelt. Als Halef sich darüber verwunderte, erklärte ich ihm:

»Sie wissen, mit wem sie es zu thun haben. Der Scheik hat in seinem Uebermute der Wirtin alles mitgeteilt und, wie er wohl auch wissen wird, durch seinen Hohn unsere Thatkraft herausgefordert. Er muß sich sagen, daß wir alles mögliche thun werden, wieder zu unsern Pferden zu gelangen, und ihm also folgen werden. Da muß er sich nun nach allem, was er von uns gehört hat, sagen, daß er Leute hinter sich hat, welche eine solche Verfolgung in ganz anderer Weise betreiben als die gewöhnlichen Bewohner dieser Gegend. Daher die Vorsicht, deren er sich in jeder Beziehung zu befleißigen scheint. Aber, so groß sie auch ist, mit unserer Erfahrung kann er sich doch nicht messen. Wir sind ihm, wenn wir von der Zahl der Personen absehen, auf alle Fälle überlegen.«

»Da hast du recht, lieber Sihdi,« nickte der Hadschi zustimmend. »Du hast es jenseits des großen Meeres im Bilad Amirika[1] gelernt, wie man eine Fährte zu lesen und ihr zu folgen hat, und bist in dieser großen Kunst nun hier mein Lehrmeister gewesen. Wir werden zwar, weil wir nur zwei Personen sind, etwas wagen müssen, aber unsere Pferde ganz gewiß wieder bekommen. Denn ein Ausbund von Klugheit ist dieser Scheik der Kelhur nicht; das hat er ja heute nacht bewiesen.«

»Wodurch?«

»Dadurch, daß er unsere Gewehre und die Sättel nicht beachtet hat. Denke nur, wie kostbar dein Reschma ist! So ein Sattel- und

[1] Amerika.

Riemenzeug kann kein Kelhurkurde haben. Diese Kerls müssen ja geradezu mit Blindheit geschlagen gewesen sein, daß sie sich diesen Schatz und Schmuck entgehen ließen!«

»Es ist aber sehr leicht zu erklären, wie das geschehen konnte. Erstens haben sie es sehr eilig gehabt, denn wir konnten wieder kommen, ehe sie fort waren, und da es nur auf meinen Rih abgesehen war, fühlten sie sich befriedigt und nahmen sich nicht die Zeit, weiter zu forschen, als sie ihn hatten. Und zweitens ist es hinter der Schirmwand in unserer Abteilung dunkel gewesen, so daß sie in der Eile die Gegenstände, welche noch da lagen, gar nicht gesehen oder beachtet haben. Höchst wahrscheinlich hat ihnen Aqil, als sie ihn zum Geständnisse zwangen, von dem Reschma nichts gesagt.«

»So wollte ich, er sagte es ihnen jetzt. Wie würden sie sich darüber ärgern, daß sie sich eine so reiche Beute haben entgehen lassen! Mögen sie dafür in der Hölle auf Sätteln reiten müssen, welche aus glühendem Eisen bestehen und mit den tausendspitzigen Häuten teuflischer Kanafid[1] überzogen sind!«

Die Fährte führte uns über grasiges Terrain, welches die Spuren deutlich erkennen ließ. Der Tau hing noch an den Halmen und flimmerte gleich Perlen und Diamanten im Strahle der aufgehenden Sonne. Die niedergetretenen Gräser hatten sich noch nicht wieder aufgerichtet. Aus diesem Umstande, der Windrichtung, der Bodenart und andern Verhältnissen, welche mit in Betracht zu ziehen waren, schloß ich, daß sich die Kurden ungefähr um einen Zweistundenritt vor uns befanden. Verglich ich damit den Zeitraum von jetzt an bis zurück, als sie wahrscheinlich Khoi verlassen hatten, so kam ich zu dem Resultate, daß ihre Schnelligkeit keine ungewöhnliche war, obgleich sie sich jedenfalls sehr beeilten. Daran war nur Rih, mein Rappe schuld.

Nach dieser Berechnung konnten wir sie in drei Stunden ohne eine übermäßige Anstrengung unserer Pferde einholen, und so setzten wir sie, die wir bisher noch gar nicht angetrieben hatten, nun in schnelleren Gang. Halef nahm an, daß wir gleich in Aktion würden treten können, sobald wir die Kurden erreicht haben würden; dem setzte ich aber entgegen:

---

[1] Plural von Kumfud = Stachelschwein.

»Wie viel Reiter glaubst du wohl, daß wir vor uns haben?«

»Ich verstehe das nicht so genau zu beurteilen wie du, Sihdi, zumal ihre Spuren zeigen, daß sie nicht Ordnung gehalten haben, sondern immer wirr untereinander hineingeritten sind; aber es müssen ihrer so ungefähr dreißig sein.«

»Ich schätze sie wenigstens auf vierzig Mann.«

»Das thut doch nichts, zehn Mann mehr oder weniger, das ist uns ganz gleichgültig; wir nehmen ihnen doch auf alle Fälle die Pferde ab!«

»Stelle dir das nicht so leicht vor! In diesem Augenblicke können sie schon ein Hundert oder mehrere Hundert zählen.«

»Wieso, Sihdi? Ein Kurde ist doch keine Namusa[1], die sich unterwegs in der Luft vermehrt!«

»Erstens vermehren sich selbst die Mücken nicht in der Luft, und zweitens mußt du damit rechnen, daß die Kelhur, welche uns bestohlen haben, sehr wahrscheinlich nur eine Abteilung eines größeren Lagers gebildet haben.«

»Wie kommst du auf diesen Gedanken?«

»Indem ich die Umstände in Betracht ziehe. Nämlich Aqil hat die Kelhur aufgesucht, um mit ihnen zu verhandeln; er hat also gewußt, wo sie sich befunden haben. Vierzig Reiter aber sind eine sehr bewegliche Truppe, die bald hier und bald da auftaucht und von der man nicht wissen kann, wo sie zu finden ist. Wenn also Aqil so genau gewußt hat, wo die Kurden anzutreffen waren, so hat es sich nicht um eine so mobile Reiterschar, sondern um ein viel weniger bewegliches Lager gehandelt. Ich denke, daß du das einsehen wirst.«

»Natürlich sehe ich es ein, Effendi. Aber wenn das so ist, so wird die Sache ganz anders, als ich es mir gedacht habe. Ich glaubte, wir könnten gleich, sobald wir sie eingeholt haben, unter sie hineinfahren wie zwei Kanonenkugeln in einen Ameisenhaufen, so daß die Erde nach allen möglichen Seiten und Richtungen auffliegt.«

»Das würden wir selbst dann nicht thun, wenn es sich nur um diese vierzig Reiter handelte. Was nützt uns die Wiedererlangung unserer Pferde, wenn wir dabei erschossen werden!«

»Oh, nicht jede Kugel trifft, Effendi!«

---

[1] Mücke.

»Das ist richtig, aber wenn vierzig Kugeln auf uns abgeschossen werden, so ist es doch sehr wahrscheinlich, daß wenigstens zwei von ihnen treffen. Ich weiß, daß du ein tapferer Krieger bist, der sich selbst vor hundert und noch mehr Feinden nicht fürchtet; aber die Tapferkeit darf nicht in Verwegenheit ausarten. Dem wahren wirklichen Mute steht stets die Vorsicht, die Bedachtsamkeit zur Seite.«

»Richtig, Sihdi, sehr richtig! Ich weiß, was du meinst. Du willst wieder einmal listig sein. Oh, du bist ein Held, ein großer Held; das weiß ich ja, denn ich habe es tausendmal erfahren und gesehen; ich bin mit dabei gewesen, daß du ganz allein und mitten in der dunkelsten Nacht dem Löwen bis an die Mähne gegangen bist; ich bin dabei gewesen, daß du mitten in ein Lager von über tausend feindlichen und über uns ergrimmten Beduinen hineinrittest und sie halb durch den Donner deines Gewehres und halb durch den Schall deiner Stimme besiegtest. Ich habe dich im großen Haufen der Gegner kämpfend stehen sehen wie einen Felsen in der Brandung, wie einen Riesen unter Zwergen, wie einen Elefanten unter krabbelnden Ameisen und hüpfenden Flöhen. Ja, das habe ich gesehen, denn ich bin dabei gewesen und nicht von deiner Seite gewichen. Das Herz ist mir dabei groß und weit geworden, und der Stolz hat mir die Brust geschwellt, denn wenn wir dann als Sieger heimkehrten, so wurden wir empfangen von dem Jubel der Unserigen, von dem Preise der Kamandschat[1] und dem Frohlocken der Anfar[2]; die kleine Nakkara[3] sang unser Lob, und die große Tarabukka[4] schlug den Takt dazu; die Krieger beneideten uns; die Frauen und Mädchen tanzten den Reigen des Entzückens um uns her, und Hanneh, mein Weib, das beste und schönste Weib der Erde, die duftigste und lieblichste Blume unter allen Blumen der Wiesen, Felder und Gärten, schlug dann im stillen Zelte die Arme um mich, weinte Thränen der Freude und nannte mich ihren Liebling, den einzigen Gedanken ihres Herzens, den Besitzer ihrer Seele und den Sonnenschein ihres Glückes!«

[1] Geigen.
[2] Trompete.
[3] Tambourin.
[4] Trommel.

Der gute Halef liebte Hanneh, sein Weib, mit einer seltenen Innigkeit; jetzt, da er an sie dachte, ließ er eine Pause der Rührung folgen. Er sprach sehr gern von unsern Erlebnissen, und wenn er es that, so geschah es in jener orientalischen Weise, welche die Ausschmückung, wenn nicht die Uebertreibung liebt. Er sprach dann gewöhnlich von mir, meinte aber natürlich sich selbst auch mit und war dafür besorgt, daß von dem Lobe, welches er mir erwies, ein wohlgemessener Anteil auf ihn fallen mußte. Ich gönnte ihm das gern, denn er war trotz der Kleinheit seiner Gestalt von einer Furchtlosigkeit, der ich oft einen Dämpfer auflegen mußte, und hatte Gefahren bestanden, die ihm die Bewunderung sogar der an ein bewegtes Leben gewöhnten Beduinen sicherten.

Er fuhr nach einer kleinen Weile fort:

»Ja, so ist es gewesen; so habe ich dich als Held gesehen, den kein Mensch besiegen kann. Aber noch schöner fast und viel lustiger war es, wenn du die Waffen stecken ließest und dich der List bedientest. Was ist die Klugheit von tausend Kurden oder Perser gegen uns, wenn wir einmal den Entschluß gefaßt haben, sie mit den Pistolen des Geistes, den Flinten der List und den Messern der Verschlagenheit zu besiegen! Es mögen die gescheitesten Männer des Sultanreiches kommen, wir überlisten sie doch alle und machen ihnen eine Nase, die von hier bis hinüber nach Mekka und dann wieder zurück bis nach Teheran und Isfahan reicht.«

»So schlimm ist es doch wohl nicht, lieber Halef,« warf ich ein.

»Schlimm nicht, Effendi, aber großartig! Denke nur zurück, was wir durch Schlauheit schon alles erreicht haben! Was kein Mensch für möglich hielt und was wir mit hundert Kanonen nicht erreicht hätten, das haben wir nur durch listige Streiche fertig gebracht. Wenn wir dem Tode so nahe standen, daß ich seinen kalten Hauch schon bis auf die Knochen fühlte und keine Verwegenheit uns retten konnte, dann dachtest du dir einen Kniff aus, der uns aus den Wassern der Hoffnungslosigkeit nach dem Ufer der Erlösung brachte. Wie oft wurden unsere Feinde grad dann auf das ärgste getäuscht, wenn sie bei Allah und dem Propheten darauf geschworen hätten, uns vollständig hintergangen und betrogen zu haben! Wie oft wurden uns verderbliche Schlingen mit einer Geschicklichkeit gelegt, die selbst dich und mich in Erstaunen versetzte; aber wir waren dann doch noch feiner und lachten hinterher über die, die sich über uns ärgern mußten. Wie viele Male haben wir den Vögeln geglichen, deren Beine in der Schlinge, stecken und nach denen sich schon die tödliche Hand ausstreckt, um ihnen den Hals umzudrehen; aber deine List hat den Knoten stets noch zur rechten Zeit zu lösen vermocht, und wenn die Hand zuschnappte, sind wir mit dem Nagha el Masgara[1] davongeflogen.«

Gezwitscher des Gespöttes, das war gut! Ich mußte lachen. Da sah er mich fast zornig von der Seite an und fragte in scharfem Tone:

»Was giebt es da zu lachen, Effendi? Hältst du das Halsumdrehen für eine so lustige Sache?«

»Das Halsumdrehen nicht, aber das Zwitschern.«

»Spotte nicht! Ich weiß gar wohl, daß Allah weder dir noch mir anstatt des Mundes einen Sperlings- oder Finkenschnabel verliehen hat, und wenn ich mich im Gespräche mit dir der höhern, bilderreichen Kunst der Rede bediene, so thue ich das aus Achtung vor deiner Gelehrsamkeit, die es nicht verdient, von dir verlacht zu werden. Du bist ein großer Held und oft noch größer in der List, hast aber dabei sehr häufig den Fehler, Vorzüge nicht anzuerkennen, die mich, deinen Freund und Diener, über die leeren Köpfe anderer Sterblicher erheben und dir den Beweis geben sollten, daß es Allah außerordentlich gut mit dir gemeint hat, als er es so fügte, daß du mich kennen lerntest!«

Der kleine Hadschi fühlte sich sehr leicht beleidigt, selbst auch von mir. In solchen Fällen pflegte ich zu schweigen, denn sein Zorn verrauchte ebenso schnell, wie er gekommen war, und sein gutes Herz und seine Anhänglichkeit machten es ihm unmöglich, mir etwas nachzutragen. So auch hier. Als eine Weile verging, ohne daß ich sprach, überflog er mein Gesicht mit einem prüfenden Blicke und fragte in besorgtem Tone:

»Was ist mit dir, Sihdi? Du redest nicht, und wir befanden uns doch so schön im Flusse des Gespräches. Habe ich dir weh gethan?«

»Nein. Ich dachte nur über die Vorzüge nach, die dich so hoch über mich erheben.«

---

[1] Gezwitscher des Gespöttes.

»Ueber dich? Das habe ich nicht gemeint; davon habe ich nicht gesprochen, denn alle die Vorzüge, welche ich besitze, hast erst du doch in mir ausgebildet. Drum preise und danke ich Allah täglich in allen fünf Gebeten dafür, daß er mich damals mit dir zusammenführte, als wir uns mitten in der Wüste kennen lernten. Willst du nun wieder gut mit mir sein?«

»Ich bin gar nicht bös auf dich gewesen!«

»Diese deine Worte erquicken mein Herz und erfreuen meine Seele bis dahin, wo sie am tiefsten in meinem Innern liegt. Es kommt sehr selten aber doch zuweilen vor, daß du unzufrieden mit mir bist. Dann fahren mir zehntausend Debabis[1] durch mein Gemüt, und es ist mir, als ob im Mittelpunkte der Liebe, die ich zu dir fühle, hunderttausend Kibritat frengija[2] brennen. Ich habe dann nicht eher Ruhe, als bis dein Mund wieder lächelt und dein Auge wieder freundlich geworden ist.«

Das mit den Stecknadeln und Zündhölzern war wieder gut! Ich hütete mich aber sehr, mein Lachen von vorhin zu wiederholen.

»Wir sind übrigens,« fuhr er fort, »ganz von dem abgekommen, was wir vorhin sprachen. Du meintest, daß wir nicht Gewalt sondern List gegen diese Kurden anwenden wollen. Hast du dir den Streich, den wir ihnen spielen werden, vielleicht schon ausgedacht?«

»Nein.«

»Aber ein guter Feldherr muß stets schon vorher wissen, welch einen Plan er auszuführen hat!«

»Ich bin kein Feldherr; aber wenn ich einer wäre, würde ich nicht eher einen Plan entwerfen, als bis ich den Feind und alle Verhältnisse, die ihn und seine Absichten betreffen, kennen gelernt hätte. Wenn du ein Pferd kaufen willst, kannst du da, ehe du es gesehen hast, im voraus sagen, wie du es behandeln wirst?«

»Nein.«

»Ebensowenig können wir jetzt schon bestimmen, in welcher Weise wir gegen die Kelhur vorgehen werden. Laß uns übrigens das Gespräch abbrechen, denn ich finde, daß die Fährte nun unsere ganze Aufmerksamkeit in Anspruch nimmt!«

---

[1] Plural von Debbusa = Stecknadel.

[2] Streichhölzer.

Hatten die Kurden bisher alle gangbaren Wege vermieden, so gab es jetzt keine Wege mehr, denen sie sich hätten fernhalten müssen. Wir waren erst über grasige Flächen, dann durch lichten Wald gekommen und ritten jetzt eine nackte, weit ausgedehnte und schräg ansteigende Felsentafel hinan, auf welcher die Pferdehufe keine Stapfen hatten hinterlassen können; ich hatte mich nur an kleine, winzige Zeichen zu halten, leise Schürfungen oder Kratzungen, die einem weniger geübten Auge sicherlich entgangen wären.

Daß die Kurden den gangbaren Wegen ausgewichen waren, sollte jedenfalls eine Vorsichtsmaßregel von ihnen heißen, war aber gar nicht geeignet, der Klugheit ihres Anführers von mir eine gute Censur zu erwirken. Ein harter, festgetretener Weg nimmt die Spuren nicht so auf wie der weiche Grasboden, und wenn ich der Verfolgte gewesen wäre, so hätte ich grad die Wege gewählt, um, von dem einen in den andern einbiegend und also verschiedene oder gar ganz entgegengesetzte Richtungen einschlagend, den Verfolger von mir abzubringen. Schir Samurek hatte pfiffig sein wollen, war aber grad das Gegenteil von klug gewesen.

Als wir den oberen Rand der Felsenplatte erreichten, sahen wir eine weite Heidestrecke vor uns liegen, deren Ende aber nicht ersehen werden konnte, weil sie mit zwar einzeln stehenden doch in ihrer Gesamtheit die Fernsicht hindernden Kiefern bestanden war. Von hier aus gingen die Spuren auseinander; sie führten nach allen Richtungen, natürlich nur nicht rückwärts, in die Heide hinein.

»Allah 'w Allah!« rief Halef aus. »Das ist ein sehr böser Streich, den die Kurden uns da gespielt haben, ein sehr böser!«

»Wieso?« fragte ich.

»Siehst du denn nicht, daß sie sich getrennt haben, um uns irre zu führen? Dieser Schir Samurek ist doch nicht ganz so dumm, wie er uns bis hierher vorgekommen ist!«

»Er ist im Gegenteile noch viel dümmer, als ich gedacht habe!«

»Wirklich, Sihdi? Ich bitte dich, mir das zu erklären!«

»Das liegt doch so klar auf der Hand, daß es gar keiner Erklärung bedarf. Denkst du etwa, daß die Kurden sich hier für immer voneinander getrennt haben, Halef?«

»Nein; es ist nur eine Finte von ihnen.«

»Die ihnen aber gar nichts nützt, denn ihr Anführer hat jedenfalls den Punkt bestimmt, an welchem sie alle wieder zusammentreffen.«

»Ah, jetzt verstehe ich dich! Da brauchen wir ja nur einer dieser Fährten zu folgen, um den Punkt auch zu erreichen, von welchem du gesprochen hast.«

»Natürlich! Diese Finte ist so dumm, daß ein ganz gewöhnlicher Indianer sich schämen würde, auf sie verfallen zu sein. Wir wählen uns diejenige Fährte aus, welche am stärksten ist, die also von der zahlreichsten Abteilung stammt und – – – schau hier! Da ist der Heideboden aufgewühlt, daß ganze Schollen umhergeflogen sind. Es hat sich eines der Pferde geweigert, weiter zu gehen, und ich müßte mich sehr irren, wenn das nicht mein Rih gewesen wäre. Dieser Fährte und keiner andern folgen wir. Komm!«

Wir gaben unsern Pferden die Sporen und galoppierten auf den erwähnten Spuren hin, denn die weit auseinanderstehenden Kiefern hinderten uns nicht, ein so schnelles Tempo einzuhalten! Unsere Grauschimmel waren jung; der Apotheker, vielleicht kein guter Reiter, hatte sie zwar ziemlich aus der Schule kommen lassen, unter uns aber fanden sie sich leicht zurück, und ich wurde zu meiner Genugthuung überzeugt, daß wir zu unserm Zweck gar keine geeigneteren Tiere hätten bekommen können.

Als wir eine Viertelstunde so fortgeritten waren, senkte sich die Höhe wieder niederwärts und wir kamen in ein wasserloses, sandiges Thal, in welchem nur Ginsterbüsche und andere anspruchslose, holzige Schmetterlingsblütler ihr Leben fristeten. In diesem Sande war die Fährte so deutlich zu sehen, wie wir nur wünschen konnten, und als wir dem Thale und seinen Windungen vielleicht eine kleine halbe Stunde gefolgt waren, sah ich eine Spur von links herabkommen und sich mit derjenigen, welcher wir folgten, vereinigen. Dann stieß eine zweite, dritte, vierte und fünfte herzu, bis die Hufeindrücke, welche droben an der Felsenplatte auseinander gegangen waren, sich alle wieder vereinigt hatten.

»Sihdi, du hast recht gehabt,« sagte Halef. »Jetzt sind die Kurden wieder beisammen und der Kniff ihres Anführers hat uns nicht eine Minute aufhalten können. Sobald wir ihn gefangen genommen haben, werde ich ihm sagen, daß er, wenn er in der Einbildung lebt, sich mit dir messen zu können, einer alten, dicken, heiseren

Batta[1] gleicht, welche sich erfrecht, mit den Belabil[2] des siebenten Himmels um die Wette zu singen!«

Fast hatte ich wieder gelacht und zwar nicht etwa über den Vergleich zwischen Ente und Nachtigall, sondern über die Sicherheit und Selbstverständlichkeit, mit welcher er annahm, daß wir den Scheik festnehmen würden, wir, zwei fremde, einzelne Männer, den mächtigen Befehlshaber der Kelhurkurden, der auf alle Fälle mehr als die vierzig Krieger befehligte, die ihn zum Raube meines Pferdes nach Khoi begleitet hatten! Aber so war der kleine, kühne Kerl nun einmal! Wir hatten bei unsern Reisen und fast allen unsern Erlebnissen so viel Glück gehabt, daß er verwöhnt worden war und es für ganz ausgeschlossen hielt, daß uns einmal etwas mißlingen könne. Ja, er hatte sich sogar angewöhnt, seine Ansprüche an das Glück viel, viel höher zu spannen, als zum Gelingen unserer jeweiligen Absichten nötig war. So sprach er auch jetzt nicht etwa nur von der Zurückgewinnung unserer Pferde, sondern er wollte sogar den Scheik gefangen nehmen, und es stand bei ihm über allen Zweifel erhaben, daß dies auch wirklich geschehen werde. Es fiel mir gar nicht ein, sein Selbstvertrauen herabzustimmen, denn grad diese seine Zuversichtlichkeit war es, die ihn zu einem brauchbaren Gefährten in jeder Not und Gefahr gemacht hatte. Ich nickte also halb zustimmend und antwortete:

»Wenn wir unsern Zweck auf keine andere Weise erreichen können, wird es freilich notwendig sein, Schir Samurek in unsere Gewalt zu bringen. Dieses Mittel haben wir, wenn alle andern fehlschlagen wollten, schon oft angewendet. Hat man sich des Anführers oder einer sonst hervorragenden Person versichert, so kann man fordern, anstatt bitten zu müssen. Uebrigens denke ich, daß wir nun sehr bald sehen werden, woran wir mit den Kelhur sind, lieber Halef. Wenn das Kismet bestimmt hat, daß du heut ein Heldenstück spielst, so wird in kurzer Zeit der Vorhang sich bewegen.«

»Denkst du?« fragte er geschmeichelt. »Was das Kismet will, soll geschehen. Ich werde als Batal[1] alles thun, um mir deine Zufrie-

[1] Ente.
[2] Plural von Bulbul = Nachtigall.
[3] Held.

denheit und deinen Beifall zu erringen. Doch warum denkst du, daß der Vorhang sich schon so bald heben wird?«

»Die Finte des Scheiks bringt mich auf diesen Gedanken. Warum hat er sie nicht gleich in der Gegend von Khoi ausgeführt? Ich vermute doch, daß wir es mit einem ganzen Lager und nicht nur mit einer flüchtigen Abteilung der Kelhur zu thun haben. Den Hauptstreich, uns von diesem Lager abzuhalten, hat er – auch wieder nicht pfiffigerweise – unternommen, als er in der Nähe desselben angekommen war. Paß auf; wir werden gar nicht mehr weit zu reiten haben!«

Das Thal, in welchem wir uns befanden, machte eine so scharfe Biegung nach links, daß sie einen spitzen Winkel bildete. Die Kurden waren dieser Biegung nicht gefolgt, sondern die Seite des Thales, an welche der Winkel stieß, hinaufgeritten. Halef wollte, ohne anzuhalten, weiterreiten, ihnen nach; ich hielt ihn aber zurück und sagte:

»Halt! Wenn wir uns, wie ich vermute, in der Nähe des Lagers befinden, und wenn der Scheik annimmt, daß wir ihn verfolgen, so steht zu erwarten, daß er hier Wachen ausgestellt hat, die uns entweder kurz wegputzen oder ihm unsere Annäherung melden sollen. Wir müssen also vorsichtig sein. Du bleibst also hier zurück und hältst mein Pferd, während ich mich zu Fuße weiterschleiche, um die Sicherheit des weiteren Weges zu erkunden. Du verlässest die Stelle hier auf keinen Fall eher, als bis ich wiederkomme oder dich dort von der Höhe aus zu mir rufe!«

Ich stieg vom Pferde, übergab ihm die Zügel und klomm an der Lehne des Thales empor, wo es wieder Bäume und Sträucher gab, die ich als Deckung benutzen konnte. Indem ich dabei die Fährte der Kurden im Auge behielt, konnte ich keine einzelne Spur entdecken, die von derselben abgewichen war. Droben gab es Felsen mit Fichtenwald, in welchem einzelne Eichen eine freundliche Abwechslung hervorbrachten. Da folgte ich der Fährte wohl über eine Viertelstunde lang; sie blieb ungeteilt, und es wich auch hier kein Stapfen von ihr ab. Schon wollte ich nun umkehren, da bemerkte ich, daß der Wald sich abwärts zu senken begann. Die Fährte führte links nach einer Bodenrinne; rechts stieg ein Felsstück wie ein halb eingefallener Wartturm aus den Büschen auf; zu diesem ging ich hin und kletterte hinauf. Hatte ich erwartet, von da aus einen Ausblick zu gewinnen, so sah ich mich nicht getäuscht. Der Fuß des Berges ging in eine grüne Ebene über, durch welche ein Bach floß, der in der erwähnten Rinne zu entspringen schien. Ziemlich weit draußen in dieser Ebene befand sich, vom Bache durchflossen, das Kurdenlager, oder vielmehr, es hatte sich dort befunden, denn ich sah beim ersten Blicke, daß es aufgehoben worden war. Es bewegte sich dort alles geschäftig, ja eilig durcheinander. Ich sah ledige Menschen und Pferde; ich sah Reiter, welche bereits im Sattel saßen; Frauen gab es nicht und andere Tiere als Pferde auch nicht. Es handelte sich also nicht um ein gewöhnliches Wohnlager, an welchem die Frauen und Herden teilnehmen, sondern es hatten nur Männer hier gewohnt, und zwar nicht in Zelten, sondern unter leicht zu errichtenden Zweig- und Blätterdächern, die auf je vier Pfählen ruhten. Um einen Jagdzug konnte es sich nicht handeln, um einen Kriegszug, welcher die hiesige Gegend betraf, auch nicht; für jetzt war mir der Aufenthalt der Kelhur hier ein Rätsel, bis ich dann erfuhr, daß sie einen Raubzug nach jenseits der Masaraberge beabsichtigt hatten, um die Bewohner der persischen Grenze zu brandschatzen. Es waren ganz gewiß dreihundert Krieger beisammen, welche außer ihren Reitpferden wenigstens fünfzig Maultiere bei sich hatten, die mit Packsätteln versehen waren. Die großen, hellen, oft vier Fuß im Durchmesser haltenden Turbane gaben diesen Leuten das Aussehen, als ob sie Kürbisse auf den Köpfen trügen. Ich versuchte, mein Pferd zu entdecken, was aber bei dem Gedränge, welches es dort gab, unmöglich war.

Halb befriedigt und halb enttäuscht, kehrte ich nun zurück, doch nicht ganz zu Halef; ich blieb vielmehr oben auf der Seite des Sandthales stehen und rief ihm zu, heraufzukommen. Er folgte diesem Rufe und erkundigte sich, als er bei mir ankam und mir das Pferd übergab:

»Hast du Wachen entdeckt, Sihdi?«

»Nein.«

»Aber wohl das Lager?«

»Ja.«

»Welch eine Unvorsichtigkeit von Schir Samurek! Er mußte doch unbedingt durch Wächter dafür sorgen, daß wir uns seinem Lager nicht so leicht und unbemerkt nähern können!«

»Er hat das nicht für nötig gehalten, weil das Lager abgebrochen wird.«

»Was? Abgebrochen? Sie wollen fort?«

»Ja. Er scheint gleich bei seiner Ankunft den Befehl zum Aufbruch gegeben zu haben.«

»Wohin wollen sie?«

»Das kann ich natürlich nicht wissen; wir werden es aber erfahren, denn wir folgen ihnen so lange, bis wir unsere Pferde wieder haben.«

»Ich hoffe zu ihrem Wohle, daß dies noch heut geschieht, denn wenn ich länger warten muß und mir die Geduld vergeht, so schieße ich sie alle über den Haufen. Wenn sie Pferde stehlen wollen, so habe ich nichts dagegen, denn der Pferderaub gilt bei ihnen für eine mutige und lobenswerte That; aber wenn sie, obgleich es auf der Erde Millionen von Pferden zu stehlen giebt, grad nur nach den unserigen verlangen, so habe ich sehr viel dagegen und werde ihnen zeigen, was es für schlimme Folgen hat, wenn man mich zwingt, mich auf den Rücken eines At el Attar[1] zu setzen!«

»Sei doch froh, daß wir diese Grauschimmel bekommen haben; wir hätten viel schlechtere erwischen können!«

»Ist das ein Trost? Wir haben sie zwar nicht gestohlen, sondern nur geliehen; aber bis wir sie dem Giftmischer zurückgegeben haben, werde ich mich als Spitzbube fühlen, und daran sind diese Kelhur schuld. Mögen sie dafür in der Hölle und in alle Ewigkeit Besitzer von Pferdeherden sein, die ihnen täglich zehnmal gestohlen und nie wieder zurückgegeben werden!«

Wir ritten nun bis zu dem Felsen, von welchem aus ich vorhin meine Beobachtungen gemacht hatte, banden unten unsere Pferde an und stiegen hinauf, um das Kurdenlager zu überblicken. Wir waren grad zur rechten Zeit gekommen, um noch zu sehen, daß die Kelhur fortzogen. Sie bildeten, zu zweien oder dreien nebeneinander reitend, ein langes, schmales Band, das sich über den grünen Plan bewegte und dessen Spitze schon fast den Horizont erreicht hatte.

---

[1] Apothekergaul.

»Da ziehen sie hin, die Schurken, die Schufte,« grollte Halef zornig, »und wir stehen hier und gucken hinter ihnen her, den Schnurrbart leckend wie hungrige Hunde, denen der lebendige Braten auf vier Beinen davongelaufen ist! Aber wartet nur eine kleine Weile; dann werden wir über euch kommen wie zwei grimmige Löwen über die Mäuse und euch so in den Rachen nehmen, daß euch die Rippen krachen und die Arme und Beine hüben und drüben abgebissen herunterfallen! Ich bin ein guter Mensch, ein seelensguter Mensch; ich bin so gut, daß ich sogar die Diebe noch für Menschen halte; aber ist das etwa ein Grund, mich selbst auch zu bestehlen? Grad diese meine Milde und Güte sollten jeden Spitzbuben abhalten, sich an meinem Eigentume zu vergreifen! Aber ganz im Gegenteile, diese Halunken haben sich grad die zwei besten Menschen ausgewählt, um ihnen die Pferde zu rauben. Fordert das nicht die doppelte, die dreifache Rache heraus, Effendi? Schau, dort schlängeln sie sich fort und zwingen unsere Lieblinge, mit ihnen zu laufen! Wer weiß, was für ein stinkiger Kerl nun auf dem meinigen sitzt! Du freilich kannst das süße Gefühl der wohlthuenden Ueberzeugung haben, daß der Rücken deines Rih von keiner kurdischen Fortsetzung des menschlichen Rückgrates berührt werden kann; denn wer da wagen wollte, dies zu versuchen, der müßte, um sie später wiederzufinden, seine Glieder vorher im Buche des Lebens verzeichnen lassen. Der Zorn kocht in meiner Seele, und der Grimm dampft in meinem Herzen. Wenn ich den Kerl erfahre und erwische, der auf meinem Pferde gesessen hat, den zerschneide ich von oben herab in zwei ganz gleiche Hälften, so daß er niemals wieder reiten kann, sondern sobald er aufgestiegen ist, zu beiden Seiten wieder herunterfällt! Bei Muhammed, dem Propheten, das werde ich thun, das werde ich ganz gewißlich thun!«

Es läßt sich denken, daß auch ich nicht gut auf die Pferderäuber zu sprechen war; aber der Zorn Halefs wirkte komisch auf mich, und seine Ausdrucksweise war so drollig, daß ich mir wieder einmal Mühe geben mußte, das Lachen zu verbeißen. Und im Arabischen war seine Rede noch bedeutend wirkungsvoller, als ich sie hier im Deutschen wiedergeben kann. Und dabei hatte er nicht einmal eine Ahnung, daß mir das Lachen näher stand als das Räsonnieren! Neben seinen vielen guten, ja vortrefflichen Eigenschaften war es nicht zum geringsten auch diese seine Drolerie, die ihn mir so lieb und wert gemacht hatte. Es ist ja überhaupt keine Frage, daß originelle Charaktere stets und überall einen tiefern Eindruck machen als gewöhnliche Dutzendmenschen.

Das Nächste, was wir zu thun hatten, war natürlich, den Lagerplatz der Kurden zu untersuchen; das konnten wir aber nicht eher vornehmen, als bis die Kelhur jenseits des Horizontes verschwunden waren. Die Linie, welche sie eingeschlagen hatten, lag gegen Südost; wenn wir ihnen folgten, mußten wir also wieder nach dem Zabflusse, der uns aus dem Grenzgebirge herab nach Khoi geführt hatte. Wir waren also, wenn wir ihn wieder erreichten, die Kanten eines Dreieckes geritten, was einen Zeitverlust ergab, den wir nur diesen Kelhurkurden zu verdanken hatten; dies gab einen weiteren Grund, ihnen mit keinen freundlichen Gesinnungen zu folgen.

Endlich waren die letzten von ihnen im Südosten verschwunden; wir stiegen von dem Felsen herab und wieder auf unsere Pferde, die wir nach der Bodenrinne lenkten, welche ich schon bezeichnet habe und nach der die Fährte der Kelhur führte. Die Rinne war schmal und tief, aber doch leidlich wegsam. Je weiter wir ihr abwärts folgten, desto feuchter wurde sie, und bald brachen rechts und links kleine Wässerchen aus den Wänden, die sich miteinander vereinigten und tiefer unten ganz so, wie ich vermutet hatte, den Bach bildeten, der von mir vom Felsen aus gesehen worden war.

Als wir am Fuße des Berges anlangten, lief die Rinne breit in die Ebene aus und wir ritten im Galoppe dem Bache entlang, bis wir die Stelle erreichten, wo die Kurden gelagert hatten. Während Halef die Pferde hier erst trinken und dann grasen ließ, untersuchte ich sehr sorgfältig den ganzen Platz, indem ich hoffte, vielleicht etwas zu entdecken, was unserm Vorhaben förderlich sein könnte. Ich hatte mich aber getäuscht, denn nach einem ziemlich langen Forschen hatte ich weiter nichts gefunden und erfahren, als daß das Lager vielleicht eine Woche lang benutzt worden war. Dies erfahren zu haben, hatte für uns gar keinen Wert. Wertvoller war der Schluß, den ich aus der schnellen Entfernung der Kurden zog. Sie hatten sehr wahrscheinlich vorher nicht die Absicht gehabt, heut das Lager zu verlassen, denn ich sah, daß einige der bereits erwähnten Schutzdächer erst gestern neu gedeckt worden waren, was man jedenfalls unterlassen hätte, wenn der heutige Aufbruch schon gestern beschlossen gewesen wäre. Da war gegen Abend Aqil hier angekommen, um wegen des Blutpreises zu verhandeln, zu seinem und unserm großen Schaden, denn sie hatten ihn festgenommen, später auch durch Zufall seinen Sohn ergriffen und dann unsere Pferde gestohlen. Aqil und sein Sohn Ssali Ben Aqil befanden sich jetzt noch in ihren Händen; sie waren der Blutrache, also einem jedenfalls nicht leichten Tode verfallen. Hatten die Kelhur wegen dieser beiden Gefangenen den Lagerplatz so schnell verlassen? Oder vielleicht, weil sie dachten, daß ich mit Halef hierherkommen werde? Vielleicht hatten beide Gründe zusammengewirkt.

Man braucht mich nicht für einen eingebildeten Menschen zu halten, weil ich es für möglich hielt, daß dreihundert Kurden wegen uns zwei Menschen sich aus ihrem Lager entfernt hatten. Im Oriente fällt es der Mücke gar nicht schwer, in kurzer Zeit ein Elefant zu werden; ja, sie kann sogar ganz ohne ihr Zuthun sehr leicht zum Dickhäuter werden. Ich hatte Gelegenheit gefunden, mich mit einigem Geschick aus bösen Lagen zu ziehen. Mit Hilfe einiger Kenntnisse, die jeder gebildete Europäer besitzt, und den im wilden Westen gesammelten Erfahrungen war es mir gelungen, einigen Stämmen der Dschesireh hier und da einen kleinen Dienst zu erweisen. Das war erzählt und von Mund zu Mund weitergetragen worden. Weil nun jeder Erzähler seiner Phantasie dabei freien Raum gelassen hatte, war eine Sagen- und Legendenbildung entstanden, durch welche mein Bild und auch Halefs kleine Figur wie auf der Leinwandfläche eines Hydro-Oxygengas-Mikroskopes erschienen. Die Legende hatte meine Kenntnisse und Geschicklichkeiten in das Ungeheure vergrößert; noch berühmter aber als ich selbst waren meine beiden Gewehre. Man erzählte sich, daß die Kugel meines Bärentöters durch Stahl und Mauern dringe und daß ich mit dem »Zaubergewehre«, nämlich dem Henrystutzen mit fünfundzwanzig Schüssen, in alle Ewigkeit und ohne Aufhören schießen könne, ohne einmal laden zu müssen. Dazu kam freilich, daß ein Fehlschuß bei solchen Gewehren nicht leicht vorkommen kann und daß die indianische Art, zu reiten, selbst jedem Beduinen imponieren muß. Ferner war ich im Anschleichen und Auskundschaften beobachtet worden, und da auch in dieser Beziehung der Asiate nicht den zehnten Teil dessen leistet, was der Indianer mit Leichtigkeit vollbringt, so war es gar kein Wunder, daß eben Wunder von mir erzählt wurden und daß auch hier die Kelhurkurden ihr Lager lieber aufgaben als sich, wie sie dachten, von mir beschleichen und von meiner Zauberflinte niederpaffen zu lassen. Wenn trotz dieser Angst Schir Samurek den Fehler begangen hatte, mich durch seinen Hohn hinter sich her zu locken, so war es eben ein Fehler gewesen, den er jetzt wahrscheinlich bereute. Also es war keineswegs Ueberhebung von mir, sondern eine ganz objektive Beurteilung der Umstände, wenn ich annahm, daß die Kurden mit wegen mir von hier fortgezogen seien.

Selbstverständlich mußten wir ihnen nachreiten; aber das hatte nun keine große Eile, weil wir uns doch erst abends an sie schleichen konnten und ihnen nicht so Knall und Fall folgen durften; wir mußten ihnen vielmehr, wenn wir nicht von ihnen entdeckt sein wollten, Zeit lassen, einen auch für uns vorteilhaften Raum zwischen sich und uns zu legen. Verschwinden konnten sie uns auf keinen Fall; dafür sorgte schon ihre Fährte, welche unsichtbar zu machen, sie nicht die Uebung und das Geschick besaßen. Darum ließen wir unsere Pferde fast zwei Stunden lang grasen und brachen erst dann auf, als wir grad ebenso weit vom Mittag waren, also gegen zehn Uhr vormittags.

Als die Sonne am höchsten stand, befanden wir uns zwischen den Bergen, wo ich in einem Walde von Balamut-Eichen – von denen die dortigen weltbekannten Galläpfel kommen – ein Wildschwein schoß, welches uns den notwendigen Proviant lieferte. Wir saßen da für kurze Zeit ab, um einige gute Stücke davon anzubraten und mitzunehmen; denn so lange wir uns den Kurden von jetzt an auf den Fersen befanden, und das konnte mehrere Tage dauern, durften wir auf kein Wild mehr schießen, weil der Schuß uns ihnen verraten konnte. Eigentlich war es dem Hadschi als Muhammedaner verboten, Schweinefleisch zu essen; aber der Umgang mit mir hatte ihn in der Weise emancipiert, und sein Gaumen war so empfindlich für den Wohlgeschmack des Schwarzwildes, daß er lieber das Mißfallen des Propheten und aller toten Kalifen riskierte, als auf einen Genuß verzichtete, auf den ich ihn durch Wort und That erst vergeblich und dann mit immer größerem Erfolge aufmerksam gemacht hatte. Hier bekenne ich mich leider ohne alle Reue als den Verführer einer Menschenseele!

Nun war aber doch so viel Zeit vergangen, daß wir einen größeren Vorsprung einholen mußten, als erst in unserer Absicht gelegen hatte. Wir folgten der Fährte darum mit größerer Eile als vorher.

Am Nachmittage lag die Südbiegung des kleinen Zab zu unserer Rechten hinter den steilen, waldigen Höhen, an deren Fuß wir uns befanden. Wir ritten längs eines kleinen Flüßchens, welches im Frühjahre höchst wahrscheinlich hoch angeschwollen war, jetzt aber kaum soviel Wasser hatte, daß es unsern Pferden bis über die Hufe reichte. Es gab hier außerordentlich viel lockeres Geröll, welches bei jedem Schritte unter den Pferden wich; zahlreiche freigespülte Wurzeln wurden uns hinderlich, und die vielen, kurzen Krümmungen des Flußbettes ließen uns nicht von der Stelle kommen.

»Der Scheitan muß den Kurden diesen Weg gezeigt haben!« klagte Halef. »So ähnlich wie dieser muß der Pfad beschaffen sein, der vom Tode hinab in die Verdammnis geht, nur daß dieser hier nicht ab-, sondern aufwärts führt.«

»Auch ich begreife nicht,« stimmte ich bei, »warum die Kelhur grad diese Steinrinne aufgesucht haben.«

»Ah, giebt es endlich einmal etwas, was du auch nicht begreifst, Sihdi?«

»Habe nur keine Sorge! Das Begreifen wird sich schon zur rechten Zeit einstellen.«

»Wo sie nur hinwollen? Von hier aus führt doch kein Paß über diese Bergkette hinüber!«

»Nein. Wenn ich mich nicht ganz irre, haben wir zwei Berge vor uns, die wir von unsern früheren Ritten her noch kennen, nämlich rechts den Meqilik und links den sonderbar gestalteten Nekuhl. Zwischen ihnen führt kein Paß hinauf. Schir Samurek will also nicht über die Berge, sondern sein Ziel liegt diesseits von ihnen. Was er aber da zu suchen hat, das ist mir ein Rätsel.«

»Allah! Sollte hier die Gegend sein, in welcher die Musallah el Amwat[1] liegt?«

»Die Musallah el Amwat? Von der habe ich noch nie gehört. Was ist das für ein Ort?«

[1] Kapelle der Toten.

»Ein Ort, den jeder Mensch meidet, mag er nun Sunnit oder Schiit, Christ oder Jude sein. Du weißt, daß ich vorgestern im Khan, wo wir blieben, mit einigen Mazydschilar[1] beisammensaß und mich mit ihnen unterhielt. Sie waren in dieser Gegend bekannt, hatten viel erlebt und erzählten davon. Die schönsten und besten Galläpfel wachsen bei der Musallah el Amwat in Menge; aber niemand getraut sich hin, sie zu sammeln, denn die Geister der Toten gehen dort um. Es ist vor mehreren hundert Jahren gewesen, da kamen Christen in das Land und bauten sich die Musallah in den Bergen, um Allah nach ihrer Weise zu verehren. Sie waren gute und fleißige Leute, die jedermann zur Liebe lebten; aber die Schiiten beschlossen dennoch, sie von der Erde auszurotten. Sie zogen hinauf, umstellten die Christen bei der Musallah und metzelten sie alle, alle nieder, Männer, Greise, Jünglinge, Weiber, Jungfrauen und Kinder. Der Priester war der letzte, welcher starb; noch im Niederfallen betete er für die Feinde. Da rissen sie das Kreuz von der Musallah und warfen es ins Feuer. Als er das mit brechendem Auge sah, verwandelte er sein Gebet in einen Fluch, den er auf sie und auf die Stätte des Todes vom Himmel herniederrief. Seitdem trifft Unheil jeden, der es wagt, die Musallah aufzusuchen. Dennoch waren die Mazydschilar kürzlich so verwegen, hinaufzusteigen, denn sie sind arm und wußten, daß es da oben eine reiche Ernte giebt. Sie baten Allah, sie zu beschützen, und machten sich auf den Weg. Sie kamen auch glücklich hinauf und sahen die Musallah stehen; aber als sie sich ihr näherten, trat der Geist des ermordeten Priesters in der Gestalt eines riesigen Bären heraus, der sich mit offenem Rachen auf sie stürzen wollte; da flohen sie schreiend und betend von dannen und dankten dann, unten wieder angekommen, Allah, der sie errettet hatte durch die Schnelligkeit ihrer Beine. Sie werden niemals wieder so tollkühn sein, die Musallah aufzusuchen. Das erzählten sie mir. Was sagst du dazu, Effendi?«

»Daß der Bär kein Geist, sondern ein gewöhnlicher Bär gewesen ist. Jedermann weiß, daß es da oben im Gebirge Bären giebt.«

»Ja, das weiß ich auch; aber so ganz riesengroß, wie dieser gewesen ist, sind sie nicht.«

---

[1] Galläpfelsammler.

»Die Angst vergrößert alles; sie kann selbst einen Bären doppelt groß erscheinen lassen.«

»Das sagst du, weil du nicht an Geister glaubst!«

»Ich bin ganz im Gegenteile fest davon überzeugt, daß es Geister giebt; aber Gespenster giebt es nicht, die in Bärengestalt erscheinen.«

»Ja, du bist mutig, Sihdi, du wärst gewiß nicht geflohen, sondern dem Bären kühn entgegengegangen. Doch ich, ich weiß, daß du alles kannst und verstehst, und ich glaube dir auch jedes Wort, welches aus deinem Munde kommt, aber ich würde doch lieber auch nicht die Probe machen, ob der Bär ein Geist oder der Geist ein Bär ist. Wir haben Bären mit einander erlegt, weißt du, drüben in den Schluchten des Balkan, wo es keine Musallah el Amwat giebt; hier aber liegt der Fluch des Priesters auf der Gegend, also auch mit auf dem Bären, und mit einem verfluchten Bären mag ich nichts zu thun haben, gleichviel, ob er ein wirklicher Bär ist oder ein verkappter Geist!«

»Hast du eine Ahnung, in welcher Gegend die Musallah liegt?«

»Die Mazydschilar haben sie mir beschrieben. Sie liegt zwischen dem Nekuhl und dem Meqilik, und man kommt hinauf, indem man einem vielgewundenen, steinigten Flußbette folgt, welches von sehr engen Ufern eingefaßt ist und – – –«

Er hielt mitten in der Rede inne, sah mir eine halbe Minute lang ganz betroffen in das Gesicht und fuhr dann rasch fort:

»Allah akbar – Gott ist groß! Das paßt ja ganz genau auf unsern Weg!«

»Ja, wie es scheint!«

»Der Nekuhl und der Meqilik sind die beiden Berge, welche du vorhin erwähntest; im steinigten, engen und vielgewundenen Flußlaufe befinden wir uns, also – – Maschallah! – – – wir befinden uns auf dem Wege zur Musallah el Amwat, zur Kapelle der Toten, von welcher ich dir erzählt habe.«

»Das ist allerdings sehr leicht möglich. Aber mach den Mund wieder zu, lieber Halef, sonst kommt der Bär und springt hinein. Weit genug dazu hast du ihn offen.«

»Spotte nicht auch noch, Sihdi! Warum soll mir der Mund nicht offen stehen, wenn ich staune? Wenn ich nicht mehr staune, fällt er ganz von selbst wieder zu. Oh Wunder, o Fügung! Wir befinden uns auf dem Wege nach der Kapelle der Toten! Das scheint unser Kismet, unser Fatum zu sein. Wenn ich nur wüßte, was wir dort oben sollen!«

»Das fragst du noch?«

»Natürlich! Weißt du es denn?«

»Ja.«

»Nun, was?«

»Wir sollen das Gespenst von seinem Bärenfell erlösen.«

»Oh Verwegenheit, oh Hohn! Du spottest noch immer, Effendi! Mir aber ist es auf dem Rücken kalt wie Eis, und ich weiß wahrhaftig nicht, wozu ich mich entschließen werde.«

»Entschließen? Wie meinst du das?«

»Nun, wenn der Bär gelaufen kommt, ob ich da fliehen oder auf ihn schießen soll. Ist er wirklich ein Bär und ich laufe fort, so lachst du mich aus, und ich habe mich bis zum Tode meiner Angst zu schämen. Ist er aber ein Geist und ich schieße auf ihn, so geht ihm die Kugel durch den Leib, ohne ihn zu verletzen, und was dann aus mir werden wird, das weiß nur Allah allein.«

»Halef, Halef! Wenn du auf den Geist schießest, geht ihm die Kugel durch den Leib! Geist und Leib! Welch ein Widerspruch das ist! Bin ich denn so lange ganz umsonst dein Lehrer und Berater gewesen? Hast du nichts von mir gelernt? Wohnt wirklich noch der dumme Aberglaube der früheren Zeit in dir? Sag mir doch, für wen der Priester damals gestorben ist!«

»Für seinen Gott und für seinen Glauben, Effendi.«

»Wie nennt man solche Leute?«

»Schuhada[1].«

»Was sagt der Kuran, von unserer heiligen Schrift gar nicht zu sprechen, von diesen Schuhada?«

»Daß sie direkt vom Tode in den Himmel eingehen.«

»Verstehe mich wohl! Ich spreche, um dir das Verständnis zu erleichtern, wie ein Moslem zu dir. Sogar nach der Ansicht der Mohammedaner geht ein Schahid direkt in den Himmel ein, zur Belohnung für die Leiden und Martern, die er ausgestanden hat.

[1] Plural von Schahid = Märtyrer.

Diesen frommen Priester aber soll Gott für seinen Märtyrertod in den Pelz eines Bären verbannt haben! Würde das nicht anstatt eines Lohnes eine fürchterliche Strafe, anstatt des Himmels eine Hölle sein?«

Er öffnete wieder den Mund und sah mich eine Weile mit weit offenen Augen an.

»Da staunst du nun schon wieder!« lächelte ich.

»Ja, Sihdi, ich staune abermals,« nickte er.

»Worüber jetzt?«

»Ueber die Vortrefflichkeit deines Beweises, dem ich nicht widerstehen kann. Allah insaf oder Allah el adala – Gott ist die Gerechtigkeit, sagen wir.«

»Wie würde es aber mit Gottes Gerechtigkeit in diesem Falle stehen?«

»Wenn der Bär ein Geist wäre, so würde Allah nicht gerecht sein; da es aber unumstößlich und unanfechtbar fest steht, daß Allah gerecht ist, so – so – – so – – –«

»Nun weiter, weiter!«

»– – so kann der Geist kein Bär und also der Bär auch kein Geist sein.«

»Gut. Mag also der Bär, der wirklich ein Bär ist, auch in deinem Kopfe ein Bär sein und bleiben! Bist du nun überzeugt, Halef?«

»Ja, Effendi. Du bist, wie in allem, auch in den Regeln der Mantik[1] unüberwindlich und hast mein an diesem Bären erkranktes Gehirn im Nu wieder gesund gemacht. Nun mag er immer kommen; ich werde sofort und ohne mich zu besinnen auf ihn schießen!«

»Das Schießen überlaß lieber mir. Die kurdischen Bären sind keine abgehetzten Isabellbären vom Hauran und vom Libanon. Sie werden wenig gestört, fast gar nicht gejagt und also sehr groß und alt. Die Galläpfelsammler haben ja von der ungeheuren Größe dieses Exemplares gesprochen. Eine Kugel aus deiner Flinte würde ihn nicht töten, sondern nur zur Wut reizen. Und ferner mußt du bedenken, daß wir es jetzt unterlassen müssen, unsere Anwesenheit durch Schüsse zu verraten. Uebrigens kommt er jetzt noch nicht

[1] Logik.

gelaufen und wird wahrscheinlich auch nicht gelaufen kommen. Wir wissen es ja nicht einmal genau, sondern denken es nur, daß wir uns jetzt auf dem Wege zur Musallah el Amwat befinden. Die Hauptsache ist, daß du überhaupt einen Geist im Bärenfelle nicht mehr für möglich hältst.«

»Weder in einem Bären- noch in irgend einem andern Felle, Effendi. Ich habe eingesehen, daß ein Geist in einem Felle undenkbar ist. Einen Geist kann man weder sehen noch fühlen oder greifen. Wenn ich ihm das Fell abzöge, was würde da wohl übrig bleiben? Nichts, gar nichts. Wenn aber nichts im Felle steckt, so kann auch kein Geist darin gewesen sein.«

»Ganz richtig!« lachte ich. »Und ebensowenig kann es einen Bären geben, der nur aus seinem Felle besteht. Die Schärfe deiner Logik ist weit größer als die meinige. Nun haben wir sowohl den Bären wie auch das Gespenst glücklich abgethan und – – – was ist?«

Halef, welcher neben mir ritt, hatte meine Rede dadurch unterbrochen, daß er nach meinem Zügel griff und dadurch das Pferd anhielt.

»Ich sehe etwas dort unter den Bäumen,« antwortete er, indem er mir mit der ausgestreckten Hand die Richtung angab. »Es hat sich bewegt; aber was es ist, ein Mensch oder ein Tier, das weiß ich nicht.«

»Wir müssen es erfahren. Komm schnell hier herüber unter die Bäume!«

Im Schutze der Bäume angelangt, stieg ich ab, gab Halef mein Pferd zum Halten und sagte:

»Bleib hier und rühre dich nicht! Ich werde mich hinschleichen, um zu sehen, mit wem oder was wir es zu thun haben.«

»Nimm dich in acht, Sihdi,« warnte er. »Es kann der Bär sein, und es ist auch möglich, daß die Kurden dort stecken!«

»Keine Sorge! Verhalte nur du dich ganz still!«

Das Messer stichfertig in der Hand, schlich ich von Baum zu Baum, bis ich in der Nähe der betreffenden Stelle anlangte. Da sah ich, daß es kein Tier, sondern ein Mensch war. Er stand an einer tiefästigen Buche und langte mit beiden Armen in die Höhe, weshalb und wozu, das konnte ich nicht erkennen. Er hatte das Gesicht von mir abgewendet, kam mir aber trotzdem bekannt vor. Diese

Das Messer stichfertig in der Hand, schlich ich von Baum zu Baum.

Gestalt, diese schmutzstarrenden Beine, die zerfranste Hose, die zerrissene Jacke, deren Aermel teilweise fehlten – – – wenn das nicht der trunkselige Wirt des Khanes von Khoi war, so konnte ich mich auf meine Augen niemals wieder verlassen! Aber was wollte er hier? Wie kam er so allein in diese Gegend, und was that er dort am Baume?

Jetzt drehte er sich um, erhob sich auf den Zehen und schob sich eine von dem Aste herunterhängende Schnur unter die Kehle, welche er soeben oben festgebunden hatte. Herrgott, der Kerl wollte sich hängen!

»Katera Chodeh – um Gottes willen!« rief ich ihm zu, indem ich hinrannte und die Schnur wegriß. »Halt ein! Du willst dich morden!«

Er starrte mich wie abwesend an und antwortete in einem Tone, als ob er sich im Traume befinde:

»Morden? Nein, sondern nur aufhängen.«

»Das ist doch ganz dasselbe! Was hast du denn für einen Grund, diese große, ungeheure Sünde zu begehen?«

»Grund – – –? Warum fragst du mich – – –? Wer bist du denn – – –?«

Sein Auge war bei diesen Fragen noch immer gedankenleer.

»Wer ich bin? Du kennst mich doch! Ich bin Kara Ben Nemsi Effendi, der in Khoi bei dir wohnt.«

Der Klang meines Namens schien ihn zu sich zu bringen. Es kam Ausdruck in seinen Blick; aber seine Stimme war immer noch klanglos wie vorher, als er antwortete:

»Ich muß mich hängen; ich muß mir das Leben nehmen, denn ich bekomme mein Geld nicht wieder.«

»Woher weißt du das?«

»Von Schir Samurek.«

»Von dem? Von ihm selbst? Hast du denn mit ihm gesprochen?«

»Ja.«

»Wann?«

»Vor einer Stunde.«

»Wo?«

»Droben, unter der Musallah el Amwat.«

»Ah, die Kapelle ist also doch hier! Lagern die Kelhur dort?«

»Ja.«

»Ist einer von ihnen hier in der Nähe? Kann man uns vielleicht hören oder sehen?«

»Nein. Ich wurde von ihnen fortgepeitscht, und keiner ist ein Stück mit mir gegangen.«

Die Erinnerung an die Peitsche brachte ihn vollends zu sich selbst zurück. Er warf sich nieder, legte das Gesicht in die Hände und fing an, bitterlich zu weinen. Die Thränen sind ein heilsames Wasser – – – wenn sie rinnen können; darum ließ ich ihn weinen und störte ihn nicht, sondern rief Halef herbei, welcher die Pferde anband und sich dann mit mir neben den Wirt niedersetzte. Als der letztere nach einiger Zeit ruhiger geworden war, richtete ich ihm den Kopf auf und sagte:

»Der Selbstmord ist eine gräßliche Sünde, weil man sie weder bereuen noch gar gutmachen kann. Am allerwenigsten soll man seine Seele um des Geldes willen in die Hölle senden. Deine Piaster sind ja auch noch gar nicht verloren!«

»Sie sind verloren. Schir Samurek hat sie Aqil abgenommen und giebt sie nicht wieder her!«

»Er muß sie hergeben! Ich verspreche dir, daß ich ihn dazu zwingen werde.«

Da bekamen seine Augen Glanz; er richtete sich straffer auf und fragte hastig:

»Ist das dein Ernst, oh Emir? Versprichst du mir das wirklich?«

»Ja.«

»So sei Allah Preis und Dank! Ich bin gerettet, denn was der Emir Hadschi Kara Ben Nemsi verspricht, das hält er auch, obgleich Schir Samurek, der Räuber, über ihn gelacht hat!«

»Wann hat er gelacht, bei welcher Gelegenheit und warum? Kannst du mir das sagen? Kannst du dich besinnen und mir alles erzählen, wie du zu ihm gekommen bist und was da alles gesprochen worden und geschehen ist?«

»Wenn du es erfahren willst, so werde ich es dir sagen.«

»Aber, genau, ganz genau, denn es kommt viel, ja alles darauf an! Nimm dein Gedächtnis zusammen, denn an dem, was du erzählst, kann das Leben und der Tod von vielen Menschen hangen. Und dein Geld, das kannst du auch nur dann zurückbekommen, wenn dein Bericht ganz genau und richtig ist!«

»Oh, Emir, ich weiß jetzt alles ganz genau. Wenn du sagst, daß du mir mein Geld verschaffen willst, so wächst die Schärfe meines Gedächtnisses, und ich besinne mich auf jedes Wort, welches ich gehört habe!«

»So sprich! Aber fasse dich kurz, denn die Zeit ist kostbar, und es können Gründe für uns eintreten, selbst mit den einzelnen Minuten geizig zu sein! Wo und wie bist du mit Schir Samurek zusammengekommen?«

»Du weißt, ich ritt mit unserem Nezanum und einigen Leuten fort, um Aqil, dem Diebe, das Geld wieder abzujagen. Wir fanden seine Spur nicht; aber wir glaubten, er müsse, um sich in Sicherheit zu bringen, über die persische Grenze geflohen sein. Darum wendeten wir uns der Grenze zu, hörten aber in keinem Orte und an keinem Hause, daß er von jemand gesehen worden sei. So ritten wir weiter bis fast um die Mittagszeit, wo wir einsehen mußten, daß wir auf einem falschen Wege waren. Wir kehrten also um und wollten es nun mit der Richtung nach Rowandis und Lahijan versuchen. Wir wendeten uns also nach Norden, immerzu nach Norden, bis der Teufel uns den Kurden in den Weg führte. Diese umringten uns, banden uns und führten uns mit sich fort bis hierher.«

»Da nahm es euch wohl wunder, den so vergeblich gesuchten Dieb bei ihnen zu finden?«

»Ja, er ist bei ihnen, aber nicht als freier Mann, sondern als Gefangener, sein Sohn auch. Heut nacht werden beide sterben; sie werden die Opfer der Blutrache und ihrer eigenen Schlechtigkeit sein.«

»Ist ihr Tod eine fest beschlossene Sache?«

»Ja; sie können ihm nicht entgehen, und es ist ein schrecklicher Tod, den sie erleiden werden.«

»Kennst du die Todesart?«

»Ja; sie werden von den Bären zerrissen und gefressen werden.«

»Ah! Was für ein Mensch ist dieser Scheik der Kelhurkurden! Wie kommt er denn auf den Gedanken, sie den Bären vorzuwerfen? Giebt es denn hier Bären, deren er sich zu diesem Zwecke bedienen kann?«

»Ja, und er hat sich alles so genau ausgedacht und überlegt, daß es gelingen muß. Er ist ja nur deshalb hierher gezogen, um die beiden Bebbehkurden den Bären zu bringen. Seine Krieger sind vor einiger Zeit droben bei der Musallah el Amwat jagen gewesen und haben dort das Bärenlager entdeckt. Auf dem Rückwege haben sie dann einen Baum mit wilden Bienen gefunden. Beides wird heut abend zur Hinrichtung der beiden Bebbeh benutzt. Schon längst sind zehn oder zwölf Kelhur fort, um Honig zu holen.«

»Weißt du, wie derselbe verwendet werden soll?«

»Vielleicht habe ich nicht alles richtig verstanden; aber das Bärenlager befindet sich nicht weit von der Musallah. Die Bebbeh sollen gefesselt und mit Honig bestrichen werden; dann schafft man sie in das Innere der Musallah. Von da aus bis zum Bärenlager sollen Wabenstücke mit Honig gelegt werden, um die Bären nach der Musallah zu locken; dort werden sie die Gefesselten erst ablecken und dann fressen.«

»Allah, Allah!« ließ sich da Halef schaudernd hören. »Sind diese Kelhur Menschen zu nennen? Sihdi, wollen wir die Bebbeh retten, obgleich sie unsere Todfeinde sind, und an ihrer Stelle diesen Schir Samurek den Bären vorwerfen?«

So war der kleine, liebe, brave Kerl! Er wollte die beiden Bebbeh von dem qualvollen Tode befreien, obgleich Aqil die Kelhur auf uns gehetzt und sein Sohn uns sogar noch in der letzten Nacht nach dem Leben getrachtet hatte! Er trug sich zwar äußerlich als Moslem, war aber innerlich ein besserer Christ als Hunderttausende, welche sich zwar mit Christi Namen brüsten, aber nicht eine Spur von der wahren Nächsten- oder gar Feindesliebe im Herzen tragen.

Der Wirt setzte seinen Bericht fort, und ich erfuhr noch folgendes: Die Kelhur hätten schon meinetwegen heut ihr Lager verlassen; der Umstand, daß die Bebbeh in ihre Hände gefallen waren, trieb sie noch rascher fort, um diese so bald wie möglich dem Tode entgegenzuführen. Es war das für die dreihundert Krieger ein Freudenritt, der keine Minute aufgeschoben werden sollte. Jetzt lagen sie oben unterhalb der Musallah im Walde und hatten Gericht über die der Blutrache Geweihten gehalten. Schir Samurek hatte diesen mit den heiligsten Schwüren versichert, daß es für sie keine Rettung gebe. Nach gewöhnlichem Ermessen gab es allerdings keine; aber Ssali Ben Aqil hatte sich, sonst an allem verzweifelnd, an einen Gedanken geklammert, der ihm plötzlich gekommen war, als er vernahm, daß wir höchst wahrscheinlich nach unsern gestohlenen Pferden suchen würden.

»Noch sind wir nicht tot,« hatte er gesagt. »Wenn Kara Ben Nemsi kommt und euch findet, wird er uns befreien!«

»Euch, seine Todfeinde?« hatte der Scheik höhnisch gerufen. »Er würde mich vielmehr bitten, euch noch mehr zu martern, als ich mir vorgenommen habe!«

»Das wird er nicht, denn er ist ein Christ!«

»Ein Christ? Ein Christ ist ein Hund, und ein Hund riecht gern Blut. Diese Hunde, welche einen Menschen aus en Nasirah[1] ihren Gott nennen, haben sich von ihm sagen lassen, daß man sogar die Feinde lieben soll; aber sie gehorchen ihm nicht, denn da sie sich untereinander bestehlen, betrügen, belügen und alle Fremden bedrängen, übervorteilen und bekriegen, können sie unmöglich im stande sein, diejenigen zu lieben und ihnen Gutes zu erweisen, die ihnen nicht bloß fremd, sondern wirkliche Feinde sind. Dieser Kara Ben Nemsi würde mit Vergnügen zusehen, daß die Bären euch zerreißen!«

»Nein, denn er ist ein wahrer Christ und hat schon oft und vielen seiner Feinde Gutes erwiesen!«

»So rufe ihn doch herbei! Da werden wir sehen, ob er in Wirklichkeit dem falschen Propheten aus en Nasirah gehorcht!«

»Ja, ich werde ihn rufen; ich werde Allah bitten, ihm den Weg hierher zu zeigen!«

»Ich gebe dir einen bessern Rat. Kara Ben Nemsi mag als Christ von unserm Allah nichts wissen; du mußt also zu seinem Gekreuzigten beten, wenn du Erhörung finden willst!«

In dieser Weise hatte er weitergehöhnt und dann hinzugefügt:

»Wie wenig ich diesen Christenhund fürchte und ob er euch retten könnte, sollst du gleich erfahren. Ich habe ihm sagen lassen, daß ich der Räuber seiner Pferde bin, und er wird uns folgen; aber wenn er unsere Spuren wirklich finden und es wagen sollte, bis hierher zu kommen, so werden die Wächter, welche ich nachher ausstelle, ihn ergreifen und ich werfe ihn mit euch den Bären vor. Nun bete

[1] Nazareth.

meinetwegen zu Allah oder zu el Mesiah[1]; dein Gebet wird in die Luft gesprochen sein!«

Dann war über die andern Gefangenen beraten worden. Der Beschluß hatte gelautet: Sie sollen zusammen ein Lösegeld von zwanzigtausend Piastern geben und werden so lange festgehalten, bis dieses Geld bezahlt worden ist; der Wirt soll gehen und das Geld holen, um es nach der Musallah el Amwat zu bringen; bringt er es binnen drei Tagen nicht, oder stellt sich bei der Zahlung eine Hinterlist heraus, so werden sie getötet. – Kurz nachdem diese Bestimmungen getroffen worden waren, hatte man den Wirt erst durchgepeitscht und dann fortgejagt, natürlich ohne Pferd.

Er war vollständig verstört und niedergeschlagen davongegangen, ohne daß es eine Hoffnung gab; denn nun war nicht nur das gestohlene Geld verloren, sondern er sollte auch noch einen Teil des Lösegeldes aufbringen, was ganz unmöglich war. Seinen Ruin vor Augen sehend und gewiß kein Held im Glauben und Gottvertrauen, hatte er zur Schnur gegriffen und war nur durch unsere Dazwischenkunft abgehalten worden, sich selbst den Tod zu geben.

»Jetzt, o Emir,« fügte er seinem Berichte hinzu, »hast du alles vernommen, was ich dir sagen konnte. Was meinst du dazu? Hältst du es für möglich, daß ich mein Geld wieder erhalte?«

»Was ich meine, ist zunächst, daß der Raki einen bösen Geist in sich trägt, mit dem man sich nicht abgeben darf!«

»Der Raki? Wie kommst du auf den Raki?«

»Weil er die Schuld an dem trägt, was dir jetzt geschehen ist.«

»Was hat mein Raki mit dem Häuptling der Kelhur zu thun?«

»Frag doch nicht so dumm! Hättest du gestern nicht so viel Raki getrunken, so hättest du nicht mit Aqil von dem Verstecke deines Geldes gesprochen, und es wäre dir nicht gestohlen worden; also ist auch der Raki daran schuld, daß du in die Hände Schir Samureks gefallen bist und dich jetzt aufhängen wolltest. Du mußt zugeben, daß dich der Schnaps zum Selbstmorde getrieben hat!«

Er schwieg, weil er einsah, daß ich die Wahrheit gesagt hatte, und sich doch nicht selbst auch anklagen wollte. Ich fuhr fort:

---

[1] Der Messias, Christus.

»Wenn du dem Raki so ergeben bleibst wie jetzt, wird er dir noch viel Elend bringen; er frißt deine Seele und verzehrt deinen Körper. Wenn du ihm aber entsagest, wirst du Glück und Freude erleben und einst ohne Wanken über Es Ssiret, die Brücke des Todes, zum ewigen Leben gehen. Bedenke, daß diese Brücke nicht breit ist, sondern so schmal, daß Muhammed sie mit der Schärfe einer geschliffenen Säbelklinge vergleicht. Wie will ein Mensch, dessen Seele noch nach dem Tode voller Raki ist, über diese Brücke gelangen, ohne von ihr hinab in die gähnenden Abgründe der Hölle zu stürzen!«

Indem ich nach christlichen, überhaupt europäischen Begriffen lächerlich sprach, bequemte ich mich der Anschauungs- und Ausdrucksweise des Mannes an, dem meine Warnungen galten. Sie verfehlten ihren Zweck auch wirklich nicht, denn er antwortete:

»Oh, schweig davon, Emir! Deine Worte lassen mich schaudern!«

»Du würdest in diesem Augenblicke noch mehr schaudern, wenn du das grauenhafte Werk, welches du vorhin hier an diesem Baume plantest, wirklich ausgeführt hättest, denn jetzt wankte dein Geist, mit der mordenden Leine am Halse, über die Brücke des Todes; der Raki würde deine Füße gleiten lassen, und du stürztest hinunter in die ewig brodelnden und nie verlöschenden Flammen der Dschehenna, welcher du unrettbar verfallen wärest! Muß dein Herz nicht beben, wenn du daran denkst?«

»Oh, Emir, deine Worte treiben mir den Schweiß der Angst und des Entsetzens aus dem Leibe!« antwortete er, sein Gesicht verhüllend.

»So rate ich dir, von jetzt an das Getränk zu meiden, welches dich und jeden, der sich dem Trunk ergiebt, verderben muß!«

»Ich werde es thun! Ja, Herr, ich werde es ganz gewiß thun!«

»Das ist aber nicht so leicht, wie du vielleicht denkst. Wen die Geister des Schnapses einmal ergriffen haben, den wollen sie nicht loslassen, den halten sie fest mit ihren Schlangenarmen; es giebt da einen Kampf, einen schweren Kampf; aber der Sieg ist dann auch um so größer und beglückender. Willst du diesen Kampf versuchen?«

»Ich will es, Emir! Ich verspreche dir, daß ich tapfer kämpfen werde.«

»Und ich nehme dein Versprechen an. Du wirst schon viele Betrunkene gesehen haben, aber ohne sie mit den richtigen Augen zu betrachten und ohne sie in der rechten Weise zu beurteilen. Der Sukri[1] ist kein Mensch mehr, sondern nichts weiter als ein wandelndes Faß, welches täglich vollgegossen wird, bis es, vom Raki ganz und gar zerfressen, elend auseinanderfällt. Auch dich hat er schon so sehr angenagt und angefressen, daß dein Zusammenbruch in kurzer Zeit erfolgen muß, wenn du dich nicht heute mit aller Kraft zusammenraffst!«

»Ich werde nicht mehr trinken; hier hast du meine Hand darauf!«

Er hielt mir die Hand hin. Ich nahm sie jetzt noch nicht, sondern sprach weiter:

»Schau den Trunkenbold an, wenn er sich früh vom Lager erhebt! Sein Kopf schmerzt ihm; seine Hände und Füße zittern; sein Angesicht ist verstört, und er sieht mit glasigen Augen in die Welt hinein. Sein Weib und seine Kinder haben keinen freundlichen Gruß für ihn, weil sie ihn verachten und weil sie wissen, daß er sie nicht liebt und daß ihm der Schnaps höher steht als ihr Glück und ihr Wohlergehen. Freunde hat er nicht, denn die Bekannten, die mit ihm dem Raki fröhnen, sind keine Freunde, sondern ebenso wandelnde Fässer, ohne Herz und ohne Seele, grad wie er. Die Verwandten bemitleiden oder hassen ihn, und die Nachbarn lachen über ihn. Es ist öde in seinem Innern und öde rings um ihn her. Er denkt nicht an Allah und an seine Pflichten; er vergißt die fünf Gebete des Tages und die Feier der heiligen Zeiten. Sein Bauch ist wie mit brennendem Pech gefüllt und sein Magen ausgebrannt wie das Gemäuer einer Hütte, welche die Feuersbrunst verzehrte. Darum verlangt sein trockener Schlund immer wieder und schon in der Frühe nach dem Getränke des Teufels; aber wenn er es verschlungen hat, liegt es ihm wie Blei in den Gliedern; er verliert die armseligen Reste des Verstandes, den Allah ihm verliehen hat; er kann seine Füße nicht mehr beherrschen und bewegt sich wie ein junger, noch blinder Hund, der nicht laufen kann und, so oft er sich erhebt, immer wieder niederfällt. Dabei ist die Seele aus seinen Augen gewichen; seine Lippen fallen herunter, und wenn er sprechen will,

[1] Trunkenbold.

kommt nur ein Lallen über seine Zunge, welches das Gelächter der Zuhörer erregt. Sein armes Weib, das ihn früher wohl liebte und ihm eine freundliche Gefährtin war, hat ihm ihr Herz wieder entrissen; sie steht scheu in der Ecke und schämt sich seiner; ja, sie fürchtet sich sogar vor ihm, denn sie ist von der Hand, die ihr eine Stütze auf dem Wege durch das Leben sein sollte, geschlagen und mißhandelt worden. Die Kinder meiden seine Nähe; wenn er mit ihnen spricht, so zittern oder lachen sie, denn sie wissen nicht, ob sie über ihn lachen oder weinen sollen. Das Gesinde, welches ihn achten und ehren und ihm gehorchen sollte, sieht seine Würde im Schmutze liegen und verhöhnt ihn, so oft er seinen Rükken wendet. Die Mitbürger und Ehrenmänner, zu denen er gehören sollte, mögen nichts mehr von ihm wissen; sie meiden ihn, und wenn er ihnen dennoch in die Nähe kommt, so wenden sie sich von ihm ab, wie man zurückfährt, wenn man beim Pflücken der Tschilek[1] unter dem Laube den kalten Leib einer häßlichen Kara Kurbadscha[2] berührt. Die Obrigkeit, die ihn einst wertschätzte und ihm vielleicht gar ein ehrenvolles Amt anvertraute, wird vorsichtig gegen ihn; sie beobachtet seine Schritte und alles, was er thut, denn sie weiß, daß der Geist des Raki ihn nach und nach unfähig machen wird, dieses Amt zu verwalten. Also – –«

»Halt ein!« unterbrach er mich da. »Sprich nicht weiter! Alles, alles was du jetzt gesagt hast, paßt so genau auf mich, als ob du mich seit Jahren gekannt und beobachtet hättest. Habe ich doch erst noch in voriger Woche hören müssen, daß ich in nächster Zeit nicht mehr Charadschi sein werde, weil es zu gewagt sei, mir das Einsammeln der Steuern länger anzuvertrauen. Darum wich die Betrunkenheit sofort von mir, und der Schreck warf mich fast zur Erde, als ich entdeckte, daß die zehntausend Piaster verschwunden waren.«

»So giebst du also zu, daß der Raki dich an den Rand des Verderbens gebracht hat?«

»Ja, Effendi, ja!«

»So wirst du auch einsehen, daß du ihn von jetzt an meiden mußt, wenn du nicht in dieses Verderben stürzen willst. Ich bin ein Christ,

[1] Erdbeere.

[2] Kröte.

dessen Pflicht es ist, jeden strauchelnden Menschen, auch wenn derselbe einen andern Glauben hat, zur Besserung und zum Glück zu führen. Darum will ich dir jetzt, obgleich du Moslem bist und dein Wohl mir eigentlich vollständig gleichgültig sein könnte, die Hand zur Rettung bieten. Ich verspreche dir, alles aufzubieten und selbst mein Leben daran zu wagen, daß du das gestohlene Geld wiederbekommst. Dafür mußt aber du mir heilig versprechen, daß du von jetzt an den Raki meiden willst!«

Da sprang er auf und rief vor Freude fast überlaut, gar nicht daran denkend, daß er durch seine Stimme unsere Anwesenheit verraten könne:

»Ich werde ihn meiden; ja, ich werde ihn meiden; das verspreche ich dir!«

»Nicht so laut! Ich glaube, daß du dieses Versprechen gerne giebst; aber du denkst in diesem Augenblicke nicht daran, wie schwer es zu halten ist. Nimm dir nicht vor, von heut an gar keinen Raki mehr zu trinken; das würdest du nicht fertig bringen, sondern der Trunksucht ganz im Gegenteile nur noch mehr verfallen. Trinke von heute an nur noch die Hälfte von dem, was du bisher täglich getrunken hast, nach einem Monate nur das Viertel, nach drei Monaten nur den achten Teil, und so alle drei Monate halb soviel wie vorher, bis du so weit gekommen bist, daß du täglich nur so viel genießest, wie du mit drei kleinen Schlucken nehmen kannst. Diese drei Schlucke darfst du dann täglich bis an dein Ende trinken; das erlaube ich dir. Liegt dir aber daran, ein Allah wohlgefälliges Werk zu verrichten und ein ganz glücklicher Mann zu sein, der sich dereinst ohne Straucheln der Brücke des Todes getrost anvertrauen kann, so meide auch diese drei Schlucke und trinke nichts, aber auch gar nichts mehr, was dich betrunken machen kann; denn Muhammed, dein Prophet, hat gesagt: Kullu muskürün haram – alles, was trunken macht, sei verboten, sei verflucht!«

Da streckte er mir die Hand wieder hin, ja beide Hände zugleich, und sagte:

»Emir, ich höre, daß du von mir nicht mehr verlangst, als was ein schwacher Mensch zu leisten vermag. Ich werde deinem Gebote und dem Gebote Muhammeds Folge leisten, und Allah wird mir die Kraft geben, wieder ein guter Mensch zu werden und mein Weib und meine Kinder glücklich zu machen; habe ich dann das verlorene Vertrauen und die verschwundene Achtung zurückerlangt, so werde ich in Dankbarkeit deiner gedenken und es vor allen Leuten bekennen, daß die Liebe, welche die Menschen untereinander haben sollen, wenn nicht bei uns Moslemim, so doch desto sicherer bei euch Christen zu finden ist. Ich habe dir vorhin meine Hände vergeblich angeboten; willst du sie nun jetzt ergreifen? Ich schwöre dir bei – – –«

»Keinen Schwur!« unterbrach ich ihn. »Ich bin ein Mensch, also auch nur Gottes Geschöpf, grad so wie du, und darf keinen Schwur von dir fordern, welcher an den Namen des Allmächtigen und Allwissenden gebunden ist. Gieb mir nur dein Versprechen!«

»Gut! Ich verspreche dir bei meiner Seele, bei den Geistern meiner Väter und bei den unberührten Bärten des Propheten und seiner Nachfolger, daß mich von jetzt an niemand mehr betrunken sehen soll! Allah hat es gehört; er wird auch sehen, daß ich mein Wort halten werde! Hier, nimm zur Bekräftigung dessen, was ich gesagt habe, meine Hände!«

Ich folgte seiner Aufforderung. Halef, der ganz gerührt über diesen Erfolg war, gab ihm auch die Hand und sagte:

»Allah sei mit dir, du Sohn der Trunkenheit, der sich von dieser seiner schlimmen Gohzet el Ab[1] scheiden lassen will! Wirf sie getrost zum Hause hinaus, und laß sie ja nicht wieder herein, auch wenn sie nicht durch die Thür kommen, sondern durch das Fenster steigen will! Denn sie ist schlau, ungeheuer schlau, sage ich dir, wie alle Weiber sind, welche man hinausgeworfen hat und die doch gern wieder hereinkommen möchten! Und wenn du dereinst ein nüchterner Mann geworden bist und wir deinen Khan wieder besuchen, so wird dann auch die Tiefe des Morastes, in welcher man jetzt in deinem Hofe zu waten hat, verschwunden sein, so daß man mit sauberen Schuhen darüber hinwegschreiten kann und dich nicht mehr in dem Loche des Schlammes liegen sieht wie eine große Dabb sakrahn[2], welche den Auswurf deiner Landwirtschaft für das Ruhebett der Königin von Scheba[3] hält! Wasche also auch deinen Körper, wenn du deine Seele gereinigt hast, denn wer das Wasser

[1] Stiefmutter.

[2] Betrunkene Eidechse.

[3] Saba.

der Seife scheut, an dessen Gliedern sind alle Löcher der Haut verstopft, und er wird, auch wenn er nicht mehr trunken ist, an den Folgen der Dscherab[1] und anderer Amrad el Gild[2] zu Grunde gehen!«

Der Wirt fühlte sich durch die drastische Ermahnung des kleinen Hadschi nicht im geringsten beleidigt; er antwortete:

»Du hast recht, o Hadschi Halef Omar! Früher, als ich den Raki noch nicht liebte, waren mein Haus und mein Hof so blank und freundlich wie das Angesicht einer Braut, welche die Wonne des Bräutigams und die Erwählte seines Herzens ist. Aber, was sehe ich jetzt! Ich habe noch gar keine Zeit gefunden, eure Pferde zu beachten. Sind das nicht die Grauschimmel des Apothekers?«

»Ja, sie sind es,« antwortete ich.

»Welch ein großes Wunder, daß er sie euch geborgt hat!«

»Er hat sie uns nicht geborgt, sondern wir haben sie uns ohne sein Wissen aus seinem Garten geholt. Wir mußten so schnell hinter den Kelhur her, daß wir keine Zeit mit Fragen, Bitten und Verhandlungen verlieren durften. Er wird sehr erschrocken sein, als er bemerkte, daß sie fehlten, und um so mehr wird er sich freuen, wenn du sie ihm wiederbringst.«

»Ich? Ich soll sie ihm wiederbringen?«

»Ja. Du steigst jetzt in den Sattel und reitest heim.«

»Mit Wonne, Emir, mit großer Wonne! Ich werde froh sein, wenn ich aus der Nähe dieser Räuber bin. Aber dann habt ihr ja keine Pferde mehr!«

»Sorge dich nicht um uns! Wir werden nicht eher von hier fortgehen, als bis wir den Kelhur unsere beiden Pferde wieder abgenommen haben.«

»Aber das ist gefährlich, außerordentlich gefährlich!«

»Noch gefährlicher ist es, ihnen deine zehntausend Piaster wieder zu entreißen, was, wie ich hoffe, uns doch gelingen wird. Wenn alles glückt, sind wir schon morgen abend in Khoi und bringen dir das Geld. Siehst du uns bis übermorgen abend nicht, oder bekommst du bis dahin keine Nachricht von mir, so sind wir tot.«

---

[1] Krätze.

[2] Hautkrankheiten.

»Das, o Effendi, möge Allah verhüten! Denn es hängt ja auch mein Glück davon ab, daß ich euch gesund und wohl wiedersehe.«

»Ich wollte dich nicht ängstigen, doch muß der Mensch an alle Fälle denken. Ich glaube, dir alle Hoffnung mitgeben zu können, daß unser Abenteuer einen guten Ausgang nimmt. Wir sind nicht unerfahren in solchen Sachen und brauchen jetzt nur noch zu erfahren, wie der Ort und seine Umgebung beschaffen ist, an welchem sich die Kelhur gelagert haben. Ist es dir möglich, ihn mir zu beschreiben?«

»Ja, dieses Wasserbett führt jetzt steiler an als bisher. Da, wo es sich teilt, folgt ihr dem Arme rechts, der auch viele Windungen macht und immer schmaler wird, bis ihr auf eine kleine, ebene Wiese kommt, die auf drei Seiten vom Walde umgeben ist. Auf der vierten Seite steigt ein Fels fast senkrecht auf, von welchem die Quelle herunterstürzt, indem sie einen schmalen Schellal[1] bildet. Da seht ihr oben die Musallah el Amwat stehen, in welcher die Geister wohnen und in der heut in der Nacht Aqil und sein Sohn von den Bären gefressen werden sollen. Hinter der Kapelle und etwas höher noch als sie, ist einst eine Steinwand eingestürzt, die nun ganz wirr in vielen Trümmern liegt, in denen sich das Lager der Bären befindet.«

»Bären. Es giebt also nicht nur einen, sondern mehrere dort?«

»Ja.«

»Hm! Die Paarungszeit ist längst vorüber, und wenn die Bärin geworfen hat, leidet sie den Bären nicht mehr bei sich, weil er kein guter Vater ist, sondern die lieblose Neigung hat, seine Kinder zu verzehren. Ich bin also der Meinung, daß es sich nicht um ein Bärenpaar, sondern um eine Bärin und ihre Jungen handelt.«

»Das weiß ich nicht; aber der Dubb, den man da oben gesehen hat, soll ein Dubb el Chulud[2] sein, der seit der Ermordung der Christen bei der Musallah wohnt und in dieser langen Zeit immer gewachsen und dadurch so groß geworden ist, daß er einen Menschen zweimal überragt. Es ist der Geist des Priesters dieser Christen, und sein Fell soll wegen dieses hohen Alters die Weiße des

[1] Wasserfall.

[2] Bär der Unsterblichkeit.

Schnees besitzen. Sein Magen muß so groß sein, daß Aqil und sein Sohn in kurzer Zeit darin verschwinden werden. Effendi, wenn du dich auch nicht vor den Kelhur fürchtest, so nimm dich wenigstens vor diesem Ungetüm in acht! Mein Herz hegt den Wunsch, dich in Khoi wiederzusehen, was aber nicht geschehen kann, wenn er dich zu den zwei Bebbeh auch mit hinunterschlingt!«

»Was das betrifft, so mach dir keine Sorge! Ich bin ein Bissen, den selbst ein Bär nicht so leicht hinunterbringt, zumal wenn er vorher schon zwei Kurden vom Stamme der Bebbeh genossen hat. Ueber den unsterblichen Dubb el Chulud habe ich nun genug erfahren; eine Hauptsache ist jetzt noch, zu wissen, wo die Kelhur lagern. Wohl auf der kleinen Wiese, von welcher du gesprochen hast?«

»Nein, denn die ist zu moorig dazu. Von der Wiese kommt, wieder rechts, ein ganz dünnes und klares Wasser herab. Wenn du diesem folgest, so gelangst du weiter oben an einen freien, rings vom Walde eingefaßten Platz, in dessen Mitte eine kleine Birka[1] liegt, welche den Quell des Wassers bildet. Das ist die Stelle, wo sich die Kelhur gelagert haben.«

»Ist der Wald dort dicht?«

»Ja.«

»Giebt es zwischen ihm und der Birka einen sehr breiten Raum?«

»Nein; der Platz ist klein, so daß die Kurden ganz rund um die Birka liegen müssen.«

»Mit ihren Pferden? Oder haben sie die irgendwo anders untergebracht?«

»Sie befinden sich auch dort und sind, nachdem sie getränkt worden waren, rings an den Bäumen angebunden worden.«

»So brauche ich nichts mehr zu wissen, und du kannst fortreiten, freilich ohne Sattel, denn unser Lederzeug brauchen wir selber.«

»Aber dein kostbares Reschma darfst du doch keiner Gefahr aussetzen! Wenn es dir nun die Kelhur stehlen! Ist es nicht viel besser, daß ich es mit nach Khoi nehme?«

»Nein. Es ist mir hier sicherer als auf dem Grauschimmel, den du reitest. In Khoi wird auch gestohlen, wie du ja aus Erfahrung weißt.«

[1] Teich.

Wir schirrten die Pferde ab und übergaben sie dem Wirte; er stieg auf und ritt davon, uns »mehr als tausend Wünsche des Gelingens« zurücklassend, wie sein Ausdruck lautete. Bis jetzt hatten wir ihn vom Selbstmorde abgehalten; ich hatte beinahe die feste Ueberzeugung, daß es uns auch gelingen würde, ihm sein Geld wieder zu bringen.

Zunächst galt es, die Pferdegeschirre zu verbergen. Wir fanden schon nach kurzem Suchen ein vortreffliches Versteck, in welchem wir sie unterbrachten; dann folgten wir, jetzt aber zu Fuße, den Spuren der Kurden von neuem, doch nur bis dahin, wo sich das Flußbett teilte, denn von da an konnten wir jeden Augenblickes von den Wächtern gesehen werden, welche der Scheik hatte ausstellen wollen.

Ich beschloß aus diesem Grunde, die Fährte nun zu verlassen. Die Beschreibung, welche der Wirt uns geliefert hatte, und der Blick, mit welchem ich die vor uns liegenden Höhen und Hänge musterte, genügten, mir zu zeigen, wie wir uns zu verhalten hatten, um unbemerkt an die Feinde zu kommen. Der Scheik hatte unsere Ankunft für möglich gehalten; er war jedenfalls überzeugt, daß wir uns nach seiner Fährte halten würden, und richtete also seine Aufmerksamkeit nach der Gegend, aus welcher er selbst gekommen war, nämlich am Wasser hinauf. Wir hatten also die Aufgabe, von oben herabzukommen. Darum verließen wir nun das Wasserbett und drangen in den Wald ein, der hier stark in die Höhe stieg. Wir hatten tüchtig zu klettern, und es dauerte fast eine Stunde, bis wir den Kamm, auf den ich es abgesehen hatte, erreichten. Dort angekommen, sahen wir jenseits, in gleicher Höhe mit uns, die Musallah el Amwat liegen.

Es war ein großartiger Ausblick, der sich uns hier bot. Unter uns brandete weithin ein ganzes Meer von hellen Laub- und dunklen Nadelholzwogen, während vor uns und zu beiden Seiten die finstern Mauern des Gebirges starrten. Solche Formen waren nicht im Harze oder Thüringer Walde, nicht im Erzgebirge oder den Sudeten, auch nicht in Tirol, der Schweiz oder den Pyrenäen zu finden. Freilich konnten sie in Beziehung auf Höhe, Massigkeit und Schwere nicht mit den letztgenannten Gebirgen verglichen werden; aber ihre Physiognomie war eine so scharfe, charaktervolle, wild drohende und unerbittliche, daß mir der Vergleich mit dem Charakter und den Verhältnissen der hier hausenden Stämme förmlich aufgezwungen wurde. Der Mensch ist überall, in Süd und Nord, auf der Ebene und im Gebirge, ein Kind der Scholle, auf welcher er seine ersten Schritte thut!

Gradezu wunderbar nahm sich auf den gegenüber liegenden Felsen die »Kapelle der Toten« aus. Dieser stille von der übrigen Erde ab- und dem Himmel nahegelegene Felsenthron war wie geschaffen gewesen als Zufluchtsort jener vertriebenen, verfolgten und abgehetzten Bekenner des Christentumes, und dennoch war der schiitische Fanatismus wie ein Bluthund auf ihren Spuren geblieben, grad so wie heut wir auf der Fährte der Kelhurkurden. Von hier aus hatten sie nicht weiter gekonnt, über die Bergesmauern und über den hochstarrenden Haß der Verfolger hinüber, und darum waren sie den Weg gegangen, den einzigen, der ihnen hier übrig blieb, den Weg in den Tod.

Die Musallah, deren Trümmer wir vor uns liegen sahen, war weder ein imposantes Bauwerk gewesen noch nach irgend einem Stile errichtet worden; trotzdem wirkten ihre Ueberreste noch jetzt auf uns, weil sie den Mittelpunkt einer unvergleichlichen Gebirgsscenerie bildeten und zugleich ein Denkmal zum Gedächtnisse derer, welche gehorsam gewesen waren dem Gottesrufe: »Sei getreu bis in den Tod, so will ich dir die Krone des Lebens geben!« Die Mauern hatten aus unbehauenen Natursteinen bestanden, wie sie von dem nahen Felsensturze geboten wurden, und das niedrige aber breite Thor war aus drei schweren Monolithen zusammengefügt. Die zwei leeren Fensteröffnungen starrten wie Simsons ausgestochene Augen, und über dem zerstörten Heiligtume ragte als Decke ein Felsenvorstoß aus der Bergeswand, drohend und schwer wie der Fluch, den der sterbende Priester noch im Verscheiden ausgesprochen hatte. Als ob dieser Fluch erst gestern ausgestoßen worden sei und die »Zeit keine Zeit gefunden« habe, mit sanfter, grünender Hand den Bann zu lösen, es war kein Baum, kein einziger Strauch in der Nähe zu sehen und keine Staude, kein Moos, keine Flechte hatte das Mitleid gehabt, die Runen zu übergrünen, die ich so deutlich lesen konnte, die Runen: »Seid verflucht!« Erst weiterhin, wo das Chaos des Bergsturzes begann, wanden sich einzelne

Gradezu wunderbar nahm sich auf den gegenüber liegenden Felsen die »Kapelle der Toten« aus.

Dornen um das Gestein und krochen, im Vereine immer dichter werdend, mit Farren, Kaiserkronen und Weidenröschen untermischt, in das Trümmerfeld hinein und hoch noch über dasselbe hinauf; dann läuteten riesige Glockenblumen dem Walde entgegen, der hinter und über dem Wirrwarr wieder begann. Dort, unter dem Dornengestrüpp und nirgendwo anders mußte das Lager der Bären zu suchen sein. Halef hatte denselben Gedanken, denn er sagte, indem er mit der Hand hinüberzeigte:

»Sihdi, da drüben, wo du die große Lahbahta el Higara[1] erblickst, muß die Wohnung des ›Bären der Unsterblichkeit‹ sein. Wenn wir ihm zeigen wollen, daß er trotz dieses Namens sterblich ist, müssen wir hinüber und ihm den Faden des Lebens zerschneiden, noch ehe es ihm gelingt, die beiden Bebbehkurden zu verschlingen.«

»Das dürfen wir leider nicht, lieber Halef, denn das Terrain ist dort so offen und wir könnten uns so wenig verbergen, daß uns die Kelhur gleich in der ersten Minute entdecken würden.«

»So willst du es zugeben, daß Aqil und sein Sohn getötet werden?«

»Nein.«

»Wie kannst du das aber verhüten, wenn du den Bären nicht aufsuchen willst?«

»Er wird ganz von selber kommen, ohne daß wir uns die Mühe zu geben brauchen, ihm unsere Visite zu machen.«

»So ist er höflicher als wir; diesen Vorwurf kann ich dir nicht ersparen, Sihdi! Glaubst du übrigens, daß er so groß ist, wie der Wirt gesagt hat?«

»Nein.«

»Ich auch nicht. Um erst die Bebbeh und dann auch dich noch zu verschlingen, müßte er einen Magen haben wie ein kleines Frauenzelt. Auch soll er weiß sein wie der Schnee. Giebt es Bären von dieser Farbe?«

»Ja; der Eisbär ist so weiß, und der kurdische Bär bekommt im Alter zuweilen auch dieselbe Farbe.«

»Kann er aber in einem solchen Alter Junge haben?«

»Gewiß. Der Bär kann fünfzig Jahre alt werden, und es hat Beispiele gegeben, daß eine Bärin noch mit dreißig Jahren Junge ge-

[1] Unordnung der Steine.

worfen hat. Der Wirt kann also, die abergläubische Erklärung abgerechnet, die Wahrheit gesagt haben.«

»Wie aber denkst du dir die Rettung der Bebbeh, ohne daß wir den Bären aufsuchen?«

»Einen bestimmten Plan habe ich jetzt noch nicht. Ich muß erst zu den Kelhur hinunter.«

»Sie beschleichen?«

»Ja.«

»Darf ich mit, Sihdi?«

»Nein.«

»Oh, warum denn nicht? Du weißt ja, daß ich so sehr gern jede Gefahr und Sorge mit dir teile!«

»Dazu wirst du heut schon noch Gelegenheit bekommen. Zunächst gilt es, das Lager der Kelhur ganz genau kennen zu lernen und dabei vielleicht etwas Bestimmteres über ihre Absichten zu erlauschen. Da bist du überflüssig, während du mir, wenn du hier bleibst, den größten Dienst erweisen kannst.«

»Wiefern, Effendi?«

»Insofern, als ich dir meine Gewehre anvertraue, die ich nicht gern einer Gefahr aussetzen möchte. Sie sind mir unersetzlich, und du wirst also einsehen, wie wichtig es für mich ist, sie in deinen treuen und starken Händen zu wissen.«

Das war geschmeichelt, und ich hatte wohl Grund, dies zu thun. Halef war mir stets ein aufmerksamer und gelehriger Schüler gewesen, auch im Anschleichen, beziehentlich dessen seine Geschicklichkeit für gewöhnliche Fälle ausreichte; in schwierigeren Fällen aber schloß ich ihn lieber aus, denn er besaß nicht die notwendige Ausdauer des Körpers und des Geistes. Er war kräftig, doch sich längere Zeit auf den Spitzen der Finger und Zehen zu erhalten, das brachte er doch nicht fertig. Und sein lebhaftes Naturell machte es ihm fast unmöglich, stundenlang eine stille, regungslose und schweigsame Geduld zu üben. Er hatte mir da schon öfters Böcke geschossen und mich in arge Verlegenheiten gebracht. Das Anschleichen und Belauschen kann unter Umständen die Körper- und auch die Geisteskräfte des geübtesten Mannes vollständig aufzehren; ich hatte solche Fälle sogar an mir selbst erlebt und heut und hier, das wußte ich im voraus, standen mir Schwierigkeiten entgegen, wie ich sie selten zu überwinden gehabt hatte. Darum sollte der Hadschi nicht mit. Da er sich aber sehr leicht zurückgesetzt fühlte, mußte ich der bittern Pille eine süße Umhüllung geben und that dies, indem ich das große Vertrauen betonte, welches ich ihm bewies, indem ich ihn beauftragte, meine Gewehre zu behüten. Er fiel auch wirklich auf diese gutgemeinte Finte herein, indem er mir in stolzem, selbstbewußtem Tone versicherte:

»Daran thust du freilich sehr recht, Effendi, denn diese köstlichen Waffen können in deinen Händen gar nicht sicherer sein als in den meinigen. Ich würde sie bis zum allerletzten Tropfen meines Blutes verteidigen!«

»Das sollst du gar nicht, denn es wird sich hier, wenn du es richtig machst, kein Mensch dazu finden, sie dir abnehmen zu wollen. Du hast weiter nichts zu thun, als dich so gut zu verstecken, daß dich jemand, der wider alles Erwarten hierher käme, nicht finden kann. Nur darfst du dieses Versteck nicht eher verlassen, als bis ich zurückkehre.«

»Ja, wann kommst du denn wieder?«

»Das kann ich nicht bestimmen; es können Stunden bis dahin vergehen.«

»Stunden? Allah 'l Allah! Das werden Ewigkeiten sein! Wenn du nicht kommst und ich denke, daß du dich in Gefahr befindest, so fährt mir vor Ungeduld die Seele aus dem Leibe. Bedenke doch, wenn man dich tötete, ohne daß ich dabei bin! Das hieltest du nicht aus und ich auch nicht!«

»Allerdings! Das getötet werden hält kein Mensch aus, ich auch nicht. Aber wenn man mich tötete, so wäre es ganz gleich, ob du dabei bist oder nicht.«

»Ich könnte wenigstens mit dir sterben!«

»Das würde mich nicht wieder lebendig machen; aber du könntest mich rächen!«

Das war das richtige Wort, mit dem ich ihn dahin brachte, wohin ich ihn haben wollte. Er schlug sich stolz in die Brust und sagte:

»Ja, dich rächen! Dazu bin ich der richtige Mann! Geh also getrost, Effendi! Ich werde hier ganz geduldig und unbeweglich warten, bis du wiederkommst. Kommst du aber nicht, so wird sich binnen kurzer Zeit kein einziger von diesen Kelhurkurden mehr zu den

Menschen rechnen können, die noch am Leben sind! Wenn sie es wagen sollten, dir auch nur die Haut zu ritzen, so sende ich sie alle, alle in die Hölle, einen nach dem andern, bis keiner mehr von ihnen übrig ist. Das sage ich dir und was ich dir sage, darauf kannst du dich verlassen. Geh also, geh in Allahs Namen! Dein treuer Halef sitzt als Rächer hier, wenn du getötet wirst!«

Ich hätte gern gelacht, ließ es aber, um ihn nicht zu beleidigen, bei meinem ernsthaften Gesichte bewenden, gab ihm die Gewehre, drückte ihm die Hand, indem ich ihm noch einmal einschärfte, sich ja ganz ruhig zu verhalten, und stieg dann, langsam und vorsichtig Fuß um Fuß vorsetzend, den Berg in derjenigen Richtung hinab, welche mich nach dem Lager bringen mußte.

Nach meiner ungefähren Berechnung hätte ich, um es zu erreichen, unter gewöhnlichen Verhältnissen eine Viertelstunde zu gehen gehabt; aber die Vorsicht, welche ich anwenden mußte, konnte dieser Zeit eine Ausdehnung geben, die jetzt noch gar nicht zu bestimmen war. Glücklicherweise bestand der Boden aus weicher Humuserde; es gab keine Steine, die durch einen unvorsichtigen Schritt ins Kollern kommen konnten, und starke Bäume standen genug da, hinter denen ich mich, falls ich einen Menschen sah, sofort verstecken konnte. Man verhält sich bei Gelegenheiten, wie die jetzige eine war, in der Weise, daß man, hinter einem Baume stehend, mit den Augen die Umgebung absucht und zugleich das Ohr zu Hilfe nimmt, jedes verdächtige Geräusch zu entdecken; hat man keinen Grund zum Mißtrauen gefunden, so sucht man so rasch wie möglich den nächsten Baum zu erreichen, von welchem aus man das Spähen und Lauschen fortzusetzen hat. Das erfordert zwar Zeit, entschädigt aber für diesen Verlust mehr als reichlich durch die Sicherheit, die man dadurch für sich gewinnt.

Indem ich diesen Trick anwendete, kam ich, ohne etwas Störendes bemerkt zu haben, binnen einer halben Stunde so weit den Berg hinab, daß ich endlich unter mir Stimmen hörte; die klangen jedenfalls vom Lager herauf, dessen Nähe ich erreicht hatte. Meine Abschätzung der Gegend und der Entfernungen war also richtig gewesen, obgleich es nicht etwa leicht ist, so, wie in meiner Lage, in fernem Lande, zwischen Bergen und Wäldern, die man nicht kennt und wo die Lichtverhältnisse und der verschiedene Feuchtigkeitsgehalt der Luft das Auge täuschen, vorherzusagen, in welcher Weise und zu welcher Zeit man auf Umwegen, zu denen man gezwungen ist, einen bestimmten Ort erreichen werde.

Nach dem Klange der Stimmen, die ich hörte, konnten die Sprechenden nicht weit von mir entfernt sein; darum nahm ich mich von jetzt an noch mehr zusammen als bisher, bewegte mich aber trotzdem in gerader Linie auf diese Leute zu. Dadurch hatte ich so viel Glück, daß ich es gar nicht größer hätte haben können. Ich gelangte nämlich an ein ausgedehntes aber nicht sehr dichtes Farngestrüpp, legte mich auf den Boden nieder und schob mich in dasselbe hinein. Kaum war ich da vier oder fünf Meter weit vorgedrungen, so fiel der Grund des Waldes vor mir fast senkrecht hinab, und ich sah mich oben über dem schmalen Hintergrunde eines haarnadelähnlichen Einschnittes, dessen Seiten von Farn eingefaßt wurden. Da, wo ich lag, war er am tiefsten; seine Ränder senkten sich aber schnell nach vorn, wo er auf die Wiese mit dem kleinen Teiche mündete, die den Lagerplatz der Kurden bildete. Dieser Einschnitt hatte seine Entstehung unbedingt einem fließenden Wasser zu verdanken, welches da hinten, wo ich lag, aus der Erde gekommen war und dann nach der Wiese floß; das war wohl die ursprüngliche Quelle des Baches gewesen, auf dessen Bette die Kurden heraufgeritten waren; sie hatte sich aber als »wandernde Quelle«, die man nicht selten findet, vorwärts bewegt; jetzt speiste sie den Teich auf der Wiese, und der Einschnitt, den sie in den Boden des Waldes gefressen hatte, war trocken geworden. Er gab nun einen Ruheort, wie man ihn sich gar nicht bequemer denken konnte. Vor Wind und durch das dichte Laub der Bäume auch vor Regen geschützt, konnte man es sich hier in dem tiefen, weichen Moose so bequem machen, wie draußen auf der Wiese nicht. Das hatte Schir Samurek, der Scheik der Kelhurkurden, gar wohl bemerkt und darum diese bequeme Stelle für sich und seine nächste Umgebung ausgewählt. Diese Umgebung bestand aus noch einem Kelhur, welcher den Wächter machte, und den Gefangenen. Man kann sich denken, welche Freude ich hatte, als ich grad diejenigen vor mir sah, welche für mich die Hauptpersonen waren!

Grad unter mir, also am hintersten Ende des Einschnittes, saß Ssali Ben Aqil mit seinem Vater, nahe bei ihnen der Scheik; sie waren an den Fuß- und Armgelenken gefesselt. Dann kamen die übrigen Gefangenen, also der Nezanum und die Männer aus Khoi, die ebenso gebunden waren, und vor ihnen saß, die geladene Flinte in der Hand, der erwähnte eine Kelhur, welcher die Gefangenen zu beaufsichtigen hatte, was für jetzt, bei Tage, keine anstrengende Aufgabe war.

Der Scheik und die beiden Bebbeh waren diejenigen gewesen, deren Stimmen ich vorhin gehört hatte; sie sprachen auch jetzt noch miteinander, wobei, wie ich sehr bald hörte, Schir Samurek den Zweck verfolgte, sie mit Beleidigungen zu quälen und ihnen schon jetzt einen Vorgeschmack ihres grausamen Todes zu geben. Er schien ihnen soeben eine dieser letzteren Bemerkungen gemacht zu haben, denn ich hörte Ssali Ben Aqil in einem Tone, welcher nach Schauder klang, antworten:

»Du bist ein Teufel, ein grausamer Teufel, und wenn ich nicht wüßte, daß der Satan in der Hölle wohnt, würde ich denken, du seist dieser oberste der bösen Geister!«

»Was ist der Satan gegen mich, wenn es sich um die Blutrache handelt!« höhnte der Scheik. »Er muß sich verkriechen, denn seine Gedanken wären nicht auf die Bären und auf den Honig gekommen, mit dem ich euch bestreichen lassen werde. Da seht ihr ihn. In einer halben Stunde wird es Zeit sein, zu beginnen.«

Er deutete mit diesen Worten auf ein neben ihm liegendes, mit großen Blättern des wilden Kürbis dick umwickeltes Paket, welches also wohl die Honigwaben enthielt. Als er keine Entgegnung erhielt, fuhr er fort:

»Du bist ein Lehrer und Prediger der Religion und hast geglaubt, den Mahdi entdecken zu können, welcher der Führer zum Entzücken und zur Seligkeit sein soll. Suche ihn doch und finde ihn doch heut, du Thor! Heut ist dir so ein Führer aus der Qual zum Genusse, aus dem Tode zum Leben nötiger denn je! Bete zu Allah, ob er dich erretten wird! Bete zu Muhammed, ob er dir Hilfe bringt! Richte deine Seele zu Obeïd-Allah, dem ersten Fadimiten, und zu allen übrigen, die ihm in der Lüge nachgefolgt sind, indem sie sich für den Mahdi ausgaben! Flehe sie doch an, dich vom Tode zu befreien! Kein Allah, kein Prophet und kein Mahdi kann dich erlösen!«

»Wenn ich ernstlich darum bitte, werden sie uns befreien,« antwortete Ssali, »denn der Kuran sagt, daß das Gebet dem Feuer gleiche, welches selbst das härteste Erz zum Schmelzen bringt.«

»Du Thor!« lachte der Scheik. »Kein Gott handelt gegen seine eigenen Gesetze und kein Prophet gegen seine eigenen Lehren. Hat nicht Allah die Blutrache geboten, als er sagte: Auge um Auge, Leben um Leben!? War es nicht Muhammed, der seinem Stamme, den Arab Koreïsch, in jeder Blutsfehde mit dem Schwerte voranging? Was soll dir das Gebet zu ihnen helfen, da weder Allah noch der Prophet jemals verziehen hat? Gott und Muhammed, sie sind durch sich selbst gezwungen, mir zu helfen, aber nicht dir! Es giebt keine Gesetzgebung und keine Lehre, welche den Mut besitzt, im vollen Ernst die Rache zu verbieten und die Verzeihung an ihre Stelle zu setzen.«

»Es giebt eine solche Lehre!«

»Nein!«

»Es giebt eine; die christliche ist's!«

»Dummkopf! Glaubst du denn, daß es dem Gekreuzigten und seinen Nachfolgern Ernst damit gewesen ist? Beobachte die Christen, was sie thun! Gleichen ihre Werke ihren Lehren? Geben sie nicht Lüge anstatt Wahrheit, Strafe statt Verzeihung, Falschheit anstatt Aufrichtigkeit und Krieg anstatt des Friedens?«

»Die das thun, haben gar keinen Glauben; sie nennen sich zwar Christen, sind aber keine!«

»Das hat dir dieser Kara Ben Nemsi gesagt, dessen Zunge die Wohnung des Betruges ist!«

»Ich glaube ihm, denn er spricht niemals anders, als er denkt!«

»Allah w' Allah! Der Moslem vertraut dem Christenhunde! Bist du denn wirklich wahnsinnig genug, zu denken, daß dieser räudige Schakal uns hindern könne, euch den Bären vorzuwerfen?«

»Es ist nicht Wahnsinn, daß ich es für möglich halte. Dieser Emir aus Germanistan ist ein Sohn des Glückes und ein Liebling der guten Dschinn[1], welche im Himmel wohnen und Gottes Thron umringen. Er hat viel Schwereres vollbracht, als unsere Befreiung sein würde!«

[1] Geister.

»Er ist eine feige Hyäne, die den Mut nicht hat, uns zu folgen, oder ein blinder Hund, der keine Fährte sieht. Wenn er sich an uns wagte, müßte er längst hier sein! Ich habe ja sein Antlitz schamrot gemacht, indem ich ihm sagen ließ, daß ich es bin, der seinen Hengst entführte.«

»Er kann noch kommen!«

»So fällt er meinen Wachen in die Hände, die unten beim Aufgang des Thales auf ihn lauern, und wird den gleichen Tod mit euch erleiden! Ihn, der ein Christ ist, wird dann der Geist des christlichen Priesters, der als Bär erscheint, auch verschlingen. Du siehst, daß ihr auf alle Fälle verloren seid!«

»Allah giebt das Leben, und Allah giebt den Tod, es ist alles im Buche verzeichnet; aber ich darf noch nicht sterben, denn ich habe die Aufgabe noch nicht erfüllt, die ich zu vollenden habe; ich weiß also, daß wir errettet werden!«

»Hund, willst du mich etwa verhöhnen! Such' deine Befreiung beim Halbmonde, oder such' sie beim Kreuze der Christen, du wirst vergeblich nach ihr lechzen und schreien!«

»Ist der Mond der Moslemim nicht barmherzig, so werden wir Erhörung bei dem Kreuze finden!«

»Das haben die Schiiten dort von der Musallah herabgestürzt und mit Feuer verbrannt, es ist vernichtet und kann dir zu nichts helfen!«

»Aber die Bedeutung, die es hatte, die ist noch vorhanden!«

Da donnerte ihn der Scheik, erbost über die Gegenreden, grimmig an:

»Der Wahnwitz deines Widerstandes ist und bleibt grenzenlos! Ich sage dir, und das merke dir: da drüben steht die Musallah el Amwat; ich sage, daß der Bär des Priesters euch dort fressen werde, und du meinst, daß das Kreuz euch dort erretten könne; jeder Mensch, der Hirn im Kopfe hat, wird dich darob verlachen, dennoch will ich ernst bleiben und so thun, als ob ich das, was du gesagt hast, für möglich halte. Wenn der Bär des toten Priesters da drüben im Eingange der Musallah steht und das Kreuz der Christen in den Tatzen hält, dann will ich glauben, daß es diesem Kara Ben Nemsi, dem Christenhunde, gelingen kann, euch aus unsern Händen zu erretten, eher aber nicht! Hast du das gehört? Bist du so verrückt, auch dies für möglich zu halten?«

»Wenn Gott es will, so ist es nicht nur möglich, sondern es wird und muß geschehen!«

Da sprang der Scheik auf, stampfte mit beiden Füßen die Erde, fuchtelte in unzähmbarem Zorne mit den Armen in der Luft herum und schrie den Kelhur zu, welche, von dem überlauten Gezänke herangelockt, am Eingange des Bodenrisses standen:

»Hört ihr es, hört! Dieser verrückte Sohn eines Hundes und einer Hündin vom Stamme der Bebbeh behauptet, daß der Geist des Priesters drüben unter dem Thore der Musallah stehen werde, mit dem Kreuze der Christen in den Tatzen, zum Zeichen, daß er und sein Vater uns mit Hilfe von Kara Ben Nemsi, den die Hölle geboren hat und auch wieder verschlingen muß, entkommen werden! Ihr habt es gehört. Nun laßt das Lachen des Spottes erschallen und das Gelächter der Verachtung ertönen, damit er und der Erzeuger seines armseligen Lebens von den Stimmen der Verhöhnung niedergeschmettert werden!«

Er ließ, um selbst das Beispiel zu geben, ein brüllendes Lachen hören, und seine gehorsamen Kurden fielen in dasselbe ein. Der Wald und die Bergwände gaben das unbeschreibliche Johlen verzehnfacht zurück, daß es mir war, als müsse der weiße Riesenbär des Priesters aufgeweckt werden und drüben erscheinen, um die so verhöhnte Behauptung wahr zu machen. Mein Blick flog auch wirklich unwillkürlich hinüber; aber das Gedorn bewegte sich nicht, und das Thor der Musallah blickte so leer als wie zuvor zu uns herüber. Dafür aber tauchte in mir ein Gedanke auf, den ich sofort festhielt, obgleich seine Ausführung mir die Rettung der Gefangenen, die mir in anderer Weise wohl leichter geworden wäre, ungemein erschweren mußte.

Als das Hohngelächter verklungen war, setzte sich Schir Samurek wieder nieder und warf in unbeschreiblich verachtungsvollem Tone die Frage hin:

»Wißt ihr nun, wie vernünftige Männer über euch denken? Hat die Antwort, die ihr erhieltet, euch nicht die Knochen zu Mehl und Staub zermalmt? Morgen um dieselbe Zeit werdet ihr dasselbe Lachen aus dem Munde der Teufel in der Hölle hören, und es wird euch in die Ohren klingen in alle Zeit und Ewigkeit! Eure Erwartung ist Lüge, eure Hoffnung ist Täuschung, und euer Glaube ist

Betrug. Weder Allah noch sein Prophet wird sich eurer erbarmen, denn das Blut, welches wir zu rächen haben, muß über euch kommen, und wenn ihr euch in eurer Todesangst dann an den falschen Gott der Ungläubigen wendet, welcher Isa[1] heißt, so wird der Himmel sich vollends von euch wenden und die Hölle über euern Abfall jubeln!«

Da rief Aqil, welcher bis jetzt kein Wort gesprochen hatte:

»Mag er sich vollends abwenden, und mag sie darüber jubeln! Wenn weder Allah noch sein Prophet eine Rettung für uns wissen, so verlieren wir nichts, wenn sie uns vollends verlassen. Ist es etwa eine Sünde, einen Glauben aufzugeben, der sich seiner Anhänger nicht erbarmt und ihnen nur Tod und Rache bringt? Du aber, sprich ja nicht von Falschheit und Betrug, du, dessen Lüge und Hinterlist uns um das Leben bringt! Als ich dir gestern den Hengst des Fremden als Lösegeld bot, nahmst du es an und verhießest mir das Leben; als du aber erfahren hattest, wo das Pferd zu finden war, warfst du mich in Fesseln und nahmst dann auch noch meinen Sohn gefangen, als ihn der Zufall euch entgegenführte. Statt ich allein, sollen nun wir beide sterben. Ist das nicht Hinterlist und Falschheit, Lüge und Betrug! Ist es wirklich ein Abfall von unserm Glauben, wenn wir Rettung durch den Christen erwarten, weil kein Moslem uns aus den Händen derer befreien will und kann, die sich Gläubige des Propheten nennen?«

»So hofft getrost auf diesen Ungläubigen; ich habe nichts dagegen! Er, den du um sein teueres Eigentum brachtest und den dein Sohn erstechen wollte, soll nun sein Leben wagen, um das eurige zu retten! Von welch einem Menschen kann man das verlangen! Bei Allah und bei meiner Seele, wenn er es dennoch thäte, ich würde selbst auch am Islam irre werden und meine Augen auf den Gott richten, der am Kreuz gestorben sein soll, um die Sünder zu erretten und die Verlorenen wiederzufinden!«

»So mache dich ja bereit, deine Augen nach dem Kreuze zu richten, denn Kara Ben Nemsi wird sicher kommen. Ein Krieger wie er läßt ein solches Pferd nicht im Stich!«

»Allah! Wir sind dreihundert gegen ihn!«

---

[1] Jesus.

»Hast du jemals gehört, daß er seine Feinde zählt?«

»Hund! Du scheinst ja diesen unreinen Wurm schon zu verehren und anzubeten wie einen Gott, der über dem siebenten Himmel thront! Selbst wenn er hier erscheinen sollte, würde es zu spät für euch sein; er würde auch in unsere Hände fallen, doch wäret ihr schon längst vorher im Magen des Bären begraben. Warum leihe ich überhaupt euern Reden meine Ohren? Wir mußten warten, weil der Bär erst spät, nachdem es dunkel wird, sein Lager zu verlassen pflegt; nun aber naht die Dämmerung, und ich brauche nicht länger zu zögern, mit dem Werke der Vergeltung zu beginnen. Jetzt, in diesem Augenblicke, erhebt der Tod seine Hand, um sie nach euch auszustrecken; sobald das letzte Licht des Tages verschwindet, hat er euch ergriffen; da liegt ihr drüben in der Musallah el Amwat, und keinem Sterblichen, mag er nun ein Moslem oder ein Ungläubiger sein, wird es gelingen, euch zu erretten. Die Musallah ist die Kapelle der Toten, und wen die Toten übernommen haben, den geben sie nicht wieder heraus!«

Er warf dem Wächter einen Befehl zu; dieser entfernte sich und brachte acht oder zehn Kurden herbei, welche zwei starke Pfähle und viele Riemen bei sich hatten. Die Bebbeh sollten mit den Riemen an die Pfähle gebunden und dann mit Honig bestrichen werden; das war klar. Ich durfte nicht länger hier bleiben, denn ich mußte noch den Weg nach der Musallah rekognoszieren, den wir später in der Dunkelheit zurückzulegen hatten. Ich kroch also zurück, aus den Farn heraus, und wendete mich nach der Seite hin, wo drüben die Kapelle lag. Dabei bewegte ich mich wieder vorsichtig von Baum zu Baum, wäre aber trotz dieser Vorsicht beinahe gesehen worden, wenn ich die Gefahr nicht noch beinahe im letzten Augenblicke bemerkt hätte.

Nach der Beschreibung des Wirtes hatte ich die Wiese rund mit scharfer Waldumgrenzung gehalten; aber sie streckte eine Art Zunge ziemlich weit zwischen die Bäume hinein, der ich mich, ohne sie zu kennen, so weit genähert hatte, daß ich mich nur einige Schritte von ihrem Rande befand. Der Klang einer Stimme grad vor mir hatte meinen Fuß noch zur rechten Zeit zurückgehalten. Ich warf mich nieder und kroch, tief an den Boden gedrückt und scharf um mich spähend, vorwärts. Ein starker Stamm gewährte mir genügende Deckung; von da aus konnte ich die Wiesenzunge überblicken. Da standen Pferde, vielleicht gegen dreißig Stück, beisammen, seitwärts davon mein Rih mit Halefs Gaul. Der Rappe war ein edles, stolzes Tier; er litt niemals ein fremdes Pferd in seiner Nähe, dessen Besitzer er nicht kannte; er schlug und biß es fort. Und wenn es ihrer viele waren, so entfernte er sich und ließ sich darin durch keinen Zügel oder Riemen hindern.

Wie aber sah das herrliche Tier jetzt aus, natürlich nur in meinen Augen, die jeden Zollbreit von ihm kannten! Jeder andere mußte ihn auch jetzt nur mit Bewunderung betrachten. Es wurde schon erwähnt, daß der lange Ritt durch Persien nicht ohne Folgen auf ihn gewesen war. Gestern war er uns gestohlen und mit Gewalt fortgeführt worden. Er war nicht gutwillig mitgegangen; wie ich ihn kannte, wußte ich, daß er sich ganz energisch gesträubt und widersetzt hatte; anstatt ihn durch Liebe und Zureden gefügig zu machen, war man roh und gewaltthätig mit ihm umgegangen, das sah ich ihm sofort an. Nun stand er bewegungslos mit halb geschlossenen Augen und tief hängendem Kopfe da. Sein herrliches Fell hatte seit gestern fast allen Glanz verloren; das Gras der Wiese reizte ihn nicht; vor ihm lag ein Haufen junger, grüner Zweigspitzen, die man ihm vorgeworfen hatte, um ihm Appetit zu machen; sein Maul hing grad darüber, ohne daß eine Nüster auch nur leise zuckte; er hungerte, und ich war überzeugt, daß er auch das Wasser verschmäht hatte. Er grämte sich; er sehnte sich nach mir!

Möge man über mich lachen, ich gestehe es doch aufrichtig, daß mir ganz weh wurde, so wehe, als ob ich alle Zeichen des Grames eines lieben Menschen vor mir hätte. Ich liebte den Rappen; sein Anblick jammerte mich, und dieser Jammer trieb mich zu einem Wagnisse, welches ich eines andern Pferdes wegen gewiß nicht unternommen hätte. Ich nahm mir den Mut, ihm ein Zeichen zu geben, daß ich mich in der Nähe befand, und von dem ich wußte, daß er es sofort verstehen werde. Vorher aber überzeugte ich mich, daß die paar Kelhur, welche bei den Pferden saßen, ihre Aufmerksamkeit nicht nach der Gegend richteten, in welcher ich mich befand. Ich hatte dem Rappen mehrere Zeichen gelehrt, von denen jedes seine bestimmte Bedeutung hatte und die so unauffällig waren, daß sie keine Aufmerksamkeit erregten außer die seinige, Zeichen, die für solche Fälle bestimmt waren, in denen ich mich ihm nicht nähern konnte, wollte oder durfte. Jedes edle arabische Pferd kennt solche Zeichen, die sein Besitzer einem andern Menschen nur aus ganz besonderen Gründen mitteilen würde. Eines dieser meiner Zeichen war ein scharfes, dabei aber dumpfes, sehr kurzes Husten, welches wie die Silbe »kol« klang. Kol heißt »iß!« oder »friß!« Die erwähnten Kurden sprachen laut und angelegentlich mit einander, wahrscheinlich von der Kapelle, wie ich aus ihren lebhaften Gesten schloß, und ich glaubte, annehmen zu dürfen, daß sie auf den kurzen, rasch verhallenden Klang wohl kaum achten würden. Ich wagte es also, zu husten. Sie rührten sich nicht; sie hatten es nicht gehört. Rih aber hatte ein schärferes Gehör; er richtete den Kopf sofort nach meiner Seite, und seine feinen Ohren legten sich lauschend nach vorn; die Augen standen plötzlich weit geöffnet; die Sehnen spannten sich, und der lange, schwere Schwanz wurde an der Wurzel in elegantem Boden gehoben. Außer seinen Augen war kein anderes zu mir hergerichtet. Da wagte ich noch mehr: Ich richtete mich ganz auf, so daß er mich sehen mußte, und warf mich aber sofort nieder. Er hatte mich erkannt. Ein anderes Pferd hätte nun seine Freude durch Schnauben, Wiehern oder auffällige Bewegungen kundgegeben; Rih aber war zu gut geschult, als daß er in einen solchen Fehler verfallen wäre. Er ließ nur die Ohren ein ganz klein wenig spielen, senkte dann den Kopf, nahm ein Maulvoll Zweige und – – begann zu fressen! Mein Zweck war erreicht; ich blieb zwar nur wenige Augenblicke liegen, aber es war mir doch trotz der Kürze dieser Zeit, als ob der Rappe ein ganz anderes, weit besseres Aussehen bekommen hätte, und ich glaube kaum, daß ich mich darin täuschte.

Nun umkroch ich die Wiesenzunge, um meine unterbrochene Rekognoszierung fortzusetzen. Sie nahm keine lange Zeit in Anspruch, denn ich wurde nicht gestört und hatte in Beziehung auf das Terrain gar keine Hindernisse zu überwinden. Bald kannte ich den geradesten Weg, der von der Wiese hinüber zur Kapelle führte und stieg nun wieder den Berg empor, um zu Halef zurückzukehren. Er hatte eine so schnelle Lösung meiner erst so schwierig erscheinenden Aufgabe nicht erwartet und freute sich um so mehr darüber, als er daraus auf eine günstige Lage der Verhältnisse schließen konnte.

»Hamdulillah – Preis sei Allah,« sagte er, »daß du schon wieder da bist! Ich dachte schon darüber nach, wen ich zuerst erschießen sollte, wenn du nicht wiederkommen würdest, den Scheik oder seine dreihundert Schufte; am liebsten hätte ich ihn mir bis ganz zuletzt aufgehoben, um ihn so lange wie möglich mit der Angst vor dem Tode zu quälen. Was hast du gesehen und gehört? Wo sind unsere Pferde und wo die Gefangenen? Hast du den Scheik belauscht und wann will er die Bebbeh nach der Musallah schaffen? Sind die zehntausend Piaster schwer zu erlangen und werden wir mit List durchkommen oder zu den Waffen greifen müssen? Hat Rih dich gesehen und – – –«

»Halt ein mit deinen Fragen!« unterbrach ich ihn. »Wir müssen uns beeilen; später wirst du alles erfahren. Jetzt komm!«

Ich nahm meine Gewehre, hing sie über und führte ihn den Berg hinab nach einer Stelle, wo wir, zwischen Büschen gut versteckt, die Kelhur sehen konnten, wenn sie vorübergingen, um die Bebbeh nach der Musallah zu schaffen. Kurz bevor wir diese Stelle erreichten, sahen wir eine Bärenfährte und sprachen sie an. War das ein gewaltiger Petz, der hier herübergewechselt hatte! Die Sohlen waren von einer Stärke, wie ich sie fast noch bei keinem Grizzly bemerkt hatte, doch mit sehr kurzen, stumpfen Krallen; es mußte ein hochbetagter Kerl sein oder vielmehr kein Kerl, sondern eine Lady, denn nicht weit davon stießen wir auf die Tritte einiger Bärenbabies und hatten es also mit der Mama und ihren Kindern zu thun. Leider konnten wir nur wenige Augenblicke auf diese Spuren verwenden, denn grad da, wo sie sich befanden, gab es keine Deckung, und wenn wir uns sehen ließen, riskierten wir nicht nur das Gelingen unserer Pläne, sondern auch das Leben. Wir suchten also die erwähnten Sträucher auf, krochen hinein und zogen die Zweige so über uns zusammen, daß wir zwar hinausblicken, aber von draußen aus nicht gesehen werden konnten. Als wir nun wartend hier nebeneinander lagen, wollte Halef seine Fragen von vorhin wiederholen; ich verwies ihn aber auf später und er mußte sich bescheiden.

Die Sonne war längst hinter den Bergen verschwunden und es begann bereits zu dunkeln, als wir endlich die Kelhur kommen sahen. Es waren bei weitem nicht alle dreihundert, sondern etwa nur zwanzig Mann. Der Scheik schritt voran. Hinter ihm wurden die beiden Bebbeh von je vier Mann getragen; die übrigen folgten neben oder hinter ihnen her. Diejenigen, welche nicht Träger waren, hielten ihre Gewehre ängstlich schußbereit, denn man näherte sich dem Geisterbären, der auch einmal auf den Gedanken kommen konnte, seinen Umgang zu einer früheren Zeit als gewöhnlich zu unternehmen. Man hatte die beiden Gefangenen mit dem Rücken auf die Pfähle gelegt und sie mittels Riemen so sorgfältig daran festgebunden, daß es allerdings der Gewalt von Bärenkrallen bedurfte, um sie ohne Messer davon loszubringen. Dann waren sie so dick mit Honig beschmiert worden, daß wir ihn beim Vorübertransporte heruntertropfen sahen. Einer der Kelhur trug noch Waben nebenher, wozu, das konnten wir bald darauf beobachten.

Wir folgten ihnen mit gespannten Blicken, bis sie alle drüben im Innern der Kapelle verschwunden waren. Nach zehn Minuten kamen sie wieder heraus. Drei liefen, als ob sie einen raschen Botengang zu besorgen hätten, an uns vorüber nach dem Lager zurück, und andere gingen, während die übrigen bei der Musallah warteten, langsam und äußerst vorsichtig von dort aus nach den Felswandtrümmern, wobei sie sich von Zeit zu Zeit zur Erde niederbückten.

»Hast du eine Ahnung, was diese Leute dort thun, Sihdi?« erkundigte sich Halef.

»Ja. Du hast doch gesehen, daß einer von ihnen Honigwaben in den Händen trug. Das ist die Lockspeise für den Bären, die sie von der Musallah bis in die Nähe seines Lagers legen, um ihm den Weg zu zeigen, der ihn zu seinen Opfern führen soll.«

»Maschallah! Ist es nicht ein Wunder, daß es Menschen giebt, die keine Menschen mehr sind? Wer eine Blutrache ausführen will, der mag dem Feinde eine Kugel in den Kopf geben; aber ihn auf diese Weise quälen und ihn von den wilden Tieren zerreißen lassen, das kann doch nur ein Teufel sich aussinnen!«

»Es ist freilich so unmenschlich, daß man es kaum begreifen kann; aber wer weiß, durch welche Grausamkeit die Bebbeh diese Art der Rache herausgefordert haben; uns werden sie es freilich nicht erzählen. Schau, da kommen die drei Kelhur wieder! Sie haben noch etwas holen müssen.«

Als sie an uns vorübergingen, sahen wir, was sie trugen, nämlich ein Bündel dürre Binsen, mehrere Stücke Talg und einen leeren, blechernen Patronenkasten.

»Was sie mit dem Kasten wollen?« meinte Halef.

»Wahrscheinlich eine Lampe anfertigen.«

»Lampe? Wozu?«

»Das Mark der Binsen vertritt den Docht und der Talg die Stelle des Oeles.«

»Ja, aber warum? Wozu brauchen sie eine Lampe herzustellen? Wollen sie sie der Bärin zum Geburtstage für ihr Zimmer des Schlafes schenken?«

»Das weniger, Halef. Es liegt vielmehr ein jedenfalls nicht so liebenswürdiger Grund vor. Sie werden die Kapelle erleuchten wollen, damit der Bär seine Beute leichter findet.«

»Allah! Das ist wieder ein Gedanke aus der Hölle.«

»Und eine Qual, die man nicht bloß fühlt, sondern auch sieht, ist eine doppelte Qual. Diese Kelhur verfahren mit einer so ausgesuchten Bosheit, daß man sie an Stelle der Bebbeh den Bären vorwerfen möchte, ohne sich die geringsten Gewissensbisse darüber zu machen.«

Wir sahen, daß die erwähnten Gegenstände in das Innere der Musallah getragen wurden; inzwischen waren die, welche den süßen Köder gelegt hatten, damit fertig geworden, und als die andern in der Kapelle auch ihren Zweck erreicht hatten, kamen sie alle zurück und wieder an uns vorbei. Sie verhielten sich dabei so schweigsam, daß wir kein Wort von ihnen zu hören bekamen. Nun glaubte Halef endlich die Zeit gekommen, Aufklärung über meine Absichten von mir erhalten zu können. Darum fragte er:

»Dürfen wir jetzt miteinander sprechen, Sihdi?«

»Ja.«

»Warum sprichst du nicht? Du weißt ja wohl ganz gewiß, was ich so gern wissen möchte!«

»Ich kann es mir denken und will vorher einige Fragen an dich richten. Wollen wir nicht nur unsere Pferde wieder holen, sondern auch das Geld des Wirtes und dazu die Bebbeh retten?«

»Ja, Effendi; das wollen wir nicht nur, sondern das müssen wir sogar. Wenn wir die Bebbeh in dieser Weise sterben ließen, würde mir es Zeit meines Lebens sein, als ob ich die Krallen des Bären in meinem Fleische fühlte.«

»Gut! Aber es gilt dabei, unser Leben zu wagen. Bist du damit einverstanden?«

»Warum fragst du mich da erst? Willst du mich, deinen treuen Hadschi Halef Omar, beleidigen und kränken?«

»Nein. Ich frage deshalb, weil es sich um eine Gefahr handelt, in welcher du dich noch niemals befunden hast.«

»Welche ist es?«

»Weil die Kelhur jetzt noch nicht wissen sollen, daß wir hier sind, dürfen wir nicht schießen; dennoch aber müssen wir die Bären töten.«

»Nun, so töten wir sie!« antwortete der kleine, furchtlose Kerl schnell bereit.

»Aber womit?«

»Womit du willst, Effendi.«

»Wir können sie nur entweder erstechen oder erschlagen.«

»Gut, so thun wir es!«

»Halef, erst überlegen, dann beschließen und nachher handeln! Hast du schon einmal einen Bären erschlagen oder erstochen?«

»Noch nie. Aber eben deshalb freue ich mich unendlich darauf, es heut einmal thun zu dürfen.«

»Lieber Hadschi, zwischen wollen und vollbringen ist ein großer Unterschied! Hier handelt es sich um eine alte, ungeheuer große Bärin; sie zu erschlagen, dazu gehört eine Körperkraft, die du nicht besitzest, und ein Gewehrkolben, welcher nicht zerspringt.«

»Einen solchen Kolben hat dein Bärentöter; also sind die Rollen gleich verteilt: du erschlägst sie und ich ersteche sie, ob vorher oder nachher, das ist mir gleich!«

»Langsam, langsam! Weißt du, wohin man stechen muß, nämlich zwischen welche Rippen?«

»Nein. Bleibt denn eine Bärin so lange ruhig stehen, bis man ihre Rippen vorwärts und rückwärts abgezählt hat, Effendi?«

»Nein; aber dem Geübten genügt ein einziger Blick. Das Messer muß mit einem einzigen Stoße bis an das Heft eindringen; man kann es auch zurückziehen und mehrere Male stoßen müssen. Ein Bär scheint ungeheuer tölpelhaft zu sein, ist aber, besonders wenn er angegriffen wird, außerordentlich schnell und gewandt; wenn du nicht ganz richtige Stellung nimmst und den Augenblick ganz genau berechnest, kann er dich gepackt und zerfleischt haben, ehe du nur das Messer zückst. Wehe dir, wenn deine Klinge an dem dichten Felle abgleitet! Wehe dir, wenn – – –«

»Oh, Effendi,« unterbrach er mich, »ich höre schon, was du willst! Du willst die Bärin selbst erstechen und erschlagen!«

»Ob erschlagen oder erstechen, das kommt ganz auf die augenblicklichen Umstände an; aber ich beabsichtige allerdings, sie nur auf mich allein zu nehmen.«

»So willst du mir von dem Ruhme des heutigen Tages gar nichts überlassen? Soll ich, wenn wir zu unserm Stamm der Haddedihn zurückgekehrt sind, den dortigen Kriegern erzählen müssen, daß ich hier an der Musallah el Amwat ruhig zugesehen habe, daß du alle Gefahren allein auf dich genommen hast, während ich die Hände in den Schoß legte wie ein altes Weib, welches schon ausreißt, wenn ihr ein Bär bloß im Traume erscheint? Was würde mein Weib Hanneh, die schönste und lieblichste Blüte unter allen Blumen des Landes, dazu sagen? Müßte sie nicht denken, daß der Geist der Tapferkeit von mir gewichen sei und ich nun einer Kaffeemühle gleiche, von welcher der Drehling verloren worden ist?«

»Beruhige dich, lieber Halef! Du sollst dich keineswegs so ruhig und unbeteiligt verhalten, wie du anzunehmen scheinst. Wir werden uns vielmehr die Arbeit teilen. Wenn ich die Bärin auf mich nehme, fallen dir die Jungen zu.«

»Die Jungen! Als ob das eines Kriegers, wie ich bin, würdig wäre! Was für ein Ruhm kann für mich davon abfallen, daß ich einem oder zwei jungen Bären die Hälse umdrehe! Das ist ja eine Arbeit, welche jeder Knabe leicht verrichten kann.«

»Da irrst du dich. Wie groß stellst du dir die jungen Bären vor?«

»Nun, sie werden wohl nicht viel größer als eine Katze sein.«

»Oh, viel, viel größer! Sie sind jetzt gegen sechs Monate alt und also schon so herangewachsen, daß sie dir sehr zu schaffen machen können. Ein junger, halbjähriger Bär, der in der Wildnis, nicht in der Gefangenschaft geboren worden ist, kann unter Umständen die ganze Kraft eines Mannes in Anspruch nehmen, und hier haben wir es höchst wahrscheinlich nicht bloß mit einem, sondern mit mehreren zu thun.«

Ich war gezwungen, die alte Bärin auf mich allein zu nehmen, denn Halef war kein Bärenjäger und hätte nicht nur sich und mich in große Gefahr bringen, sondern auch in Beziehung auf die Kelhur unsere Pläne vollständig zunichte machen können. Damit er sich aber nicht dadurch zurückgesetzt fühle, bedurfte es eines Hinweises darauf, daß die Rolle, welche ihm zufiel, auch schon den ganzen Mut eines Mannes erfordere. Daher meine letzten Worte, durch welche ich auch meine Absicht zu erreichen schien, denn er sagte in beruhigtem Tone:

»So meinst du also, daß es nicht so sehr leicht ist, es mit solchen Abkömmlingen einer Bärin der Unsterblichkeit aufzunehmen?«

»Ganz und gar nicht leicht. Dazu kommt die große Liebe, welche so ein Tier für seine Jungen hegt. Wer sich gegen diese feindlich zeigt, auf den stürzt sie sich mit einer Wut, die keine Grenzen kennt; sie wendet sich in diesem Falle, um nur ihre Jungen zu verteidigen, von ihren eigenen Angreifern ab. Du siehst also, daß du nicht weniger Mut als ich zu zeigen haben wirst; ja, es ist sogar möglich, daß du dich beim Angriffe auf die Jungen in viel größerer Gefahr befindest als ich, weil du dadurch sehr leicht zwischen die Tatzen und Zähne der Alten geraten kannst.«

»Das macht mich glücklich, Effendi, sehr glücklich! Ich sehe jetzt ein, daß du mich nicht für so eine alte Tahunet el Bunn[1] hältst, wie ich vorhin dachte, und darum bin ich damit einverstanden, daß mir die Söhne und Töchter der Bärin zufallen sollen.«

»Schön! Aber vergiß nicht, daß wir nicht schießen dürfen!«

»Oh, ich werde nichts als mein Messer brauchen, und die jungen Abkömmlinge der vermeintlichen alten Unsterblichkeit werden aus dem Leben scheiden, ohne daß darüber in der Welt ein großer Lärm entsteht. Dann werde ich zum Andenken an den heutigen Tag aus den Fellen ein Zini ed Delul[2] anfertigen lassen oder einen weichen Sidschschadi es Ssiwan[3] für die kleinen, süßen Füßchen meiner

[1] Kaffeemühle.
[2] Kamelschmuck.
[3] Zeltteppich.

Hanneh, die mit so kleinen, allerliebsten Pantöffelchen bekleidet sind, daß man sie fast nur mit dem Glase der Vergrößerung erkennen kann. Doch schau, es ist dunkel geworden, und der Schein der Binsendochte erleuchtet das Innere der Musallah. Wird es nun nicht Zeit für uns, hinüberzugehen und die armen Teufel von ihrer Todesangst zu befreien?«

»Was diese Angst betrifft, so ist sie ihnen zu gönnen. Diese Bebbeh sind Menschen, und also dürfen wir nicht zugeben, daß sie ermordet werden, daß sie zumal eines solchen Todes sterben, wie der ist, den man ihnen zugedacht hat; aber sie sind auch nicht besser als die Kelhur, ihre Feinde; sie haben uns bestohlen und nach dem Leben getrachtet, und wenn ich auch fest entschlossen bin, sie zu retten, so haben sie es doch verdient, vorher ein wenig Todesangst auszustehen.«

»Das ist wahr, Sihdi; diese Angst kann ihnen gar nichts schaden; aber wenn wir lange zögern, so kommen die Bären und fressen sie auf, ohne daß wir uns dabei beteiligen können.«

»Beim Auffressen?«

»Scherze nicht, Sihdi! Nennst du es etwa Rettung, wenn wir die Bebbeh aus dem Magen der Bärin schneiden? Wir müssen sie befreien, ehe sie sich gezwungen fühlen, durch den Schlund dieses Raubtieres zu wandern. Und darum denke ich, wir gehen jetzt hinüber. Oder meinst du, daß wir nicht so sehr zu eilen brauchen?«

»Eigentlich haben wir noch Zeit, denn der Bär des Gebirges pflegt sein Lager nicht so zeitig zu verlassen; aber der Geruch des Honigs, welcher bis nahe an das Gestrüpp gelegt worden ist, kann die Bestien schon früher hervorlocken, und außerdem möchte ich gern wissen, was die Bebbeh in der fast hoffnungslosen Lage, in welcher sie sich befinden, miteinander reden. Darum bin ich damit einverstanden, daß wir uns jetzt hinüberschleichen.«

»Schleichen? Warum uns solche Mühe geben? Es ist ja so dunkel, daß uns niemand sehen kann; wir brauchen also nicht zu kriechen, sondern können gehen.«

»Allerdings, doch nur mit Anwendung der nötigen Vorsicht. Die Musallah ist vom Lagerplatze der Kelhur aus zu sehen, und du kannst dir denken, daß sie von ihnen im Auge behalten wird. Die Thor- und Fensteröffnungen sind im Scheine der drinnen brennenden Lichter hell zu sehen, und die Kelhur müßten uns, sobald wir ihre Gesichtslinie durchschnitten, unbedingt bemerken, denn unsere Gestalten würden sich in diesem Lichte scharf abzeichnen. Du wirst dich also hinter mir halten und ganz genau das machen, was ich thue.«

»Das werde ich, Sihdi. Also, brechen wir jetzt auf?«

»Ja.«

»So wollen wir Allah bitten, daß er uns ein gutes Gelingen dieses gefährlichen Werkes bescheere! Du weißt, Effendi, daß ich mich nicht fürchte; mein Herz klopft ruhig wie immer, und meine Hand wird das Messer so sicher führen, als ob es nur gelte, einen gebratenen Hammel zu zerteilen; aber ein Bär ist doch noch etwas anderes als ein Hammel, zumal wenn er nicht gebraten ist, und so wünsche ich, daß, wenn wir nachher von da drüben zurückkehren, weder meine Haut noch die deinige mehr Löcher hat als jetzt. Also beten wir! A' uhdu billah min esch Schejtan er ragihm – ich suche Zuflucht bei Allah vor dem bösen Teufel; er wird mir beistehen, Effendi, und auch dir!«

Ich wußte gar wohl, daß es nicht die Angst, sondern die Frömmigkeit war, die ihn zu diesem Stoßseufzer veranlaßte, und wenn ich auch nicht laut in seine Bitte einstimmte, so befahl ich mich doch im stillen auch dem Schutze dessen, der Leben und Tod in seinen allmächtigen Händen hält, denn es war trotz meiner Erfahrenheit auch für mich kein Spaß, unter den gegenwärtigen Verhältnissen mit einem so riesenhaften Vertreter der Familie Ursus anzubinden. Der kurdische Bär kommt in Beziehung auf seine Gefährlichkeit gleich nach dem Grizzly des amerikanischen Felsengebirges, und das will wohl etwas sagen, zumal es uns verboten war, uns unserer Gewehre zu bedienen.

Da wir das Terrain bei Tage überschaut hatten, so kannten wir es genau; es bot uns keine Schwierigkeiten, außer an denjenigen Stellen, wo wir die Gesichtslinie der Kurden berührten. Da mußten wir uns platt niederlegen und uns möglichst so in den vorhandenen Bodenvertiefungen bewegen, daß wir nicht zwischen die Augen der Kelhur und die erleuchteten Maueröffnungen der Musallah kamen.

Aus diesem Grunde dauerte es wohl eine Viertelstunde, ehe wir die Kapelle erreichten, und zwar nicht an ihrer vordern und auch nicht an der nach dem Felssturze liegenden, sondern an der dritten Seite, welche wir bisher noch nicht gesehen hatten und die, zu meiner großen Befriedigung, auch jetzt von den Feinden nicht gesehen werden konnte. Die vierte Seite stieß an den Felsen, kam also gar nicht in Betracht. Wir befanden uns also auf der von den Bären abgelegenen Flanke der Ruine, was uns nur zum Vorteile gereichen konnte, und zu meiner noch größeren Genugthuung bemerkte ich da, daß es hier auch ein Fenster gab, dessen Brüstung so tief eingefallen war, daß man nur über einige Steine zu springen brauchte, um in das Innere zu gelangen.

Im Schatten dieser Steine legten wir uns nieder und brauchten nur die Köpfe zu erheben, um den ganzen Innenraum der Musallah zu überblicken. Wir sahen nichts als Trümmer, Schutt und Mauern; es gab nichts, auch nicht den kleinsten, geringsten Gegenstand, der auf den einstigen Zweck des Bauwerkes hätte schließen lassen. Große Steine und kleineres Geröll lagen über den Boden hin verstreut, und nur an der hintern Seite, der Felsenwand, bemerkte ich verbröckelte Linien, die wahrscheinlich einst eingemeißelt worden waren und, wenn der fahle, ungewisse Lichtschein mich nicht täuschte, in kufischer Schrift als »Kyrie« gelesen werden mußten. Kyrie eleïson – Herr erbarme dich! Keine Inschrift konnte besser passen für diesen Schauplatz der Zerfleischung glaubenstreuer Christen! Und nicht weniger eignete es sich für die Scene, welche jetzt vor unsern Augen lag!

Die Kelhur hatten die Pfähle, an welche die beiden Bebbeh gebunden worden waren, im Hintergrunde in die Erde gerammt und unten mit angelegten, schweren Steinen so befestigt, daß sie nicht wanken konnten. Dies war jedenfalls geschehen, um eine Verlängerung der Todesqualen zu erzielen; die Bären sollten dadurch gezwungen werden, ihr grauenhaftes Werk an den Füßen ihrer Opfer zu beginnen. Diese befanden sich in ihren Kleidern und waren mit Riemen und Stricken fest umwickelt, eine weitere Verschärfung der Grausamkeit, weil die Krallen der Raubtiere dadurch verhindert wurden, mit ihnen schnell ein Ende zu machen. Ihre mit Honig beschmierten Gesichter waren kaum zu erkennen; er lief und tropfte an ihnen nieder und bildete unter ihnen kleine Lachen, welche ihre

Die Kelhur hatten die Pfähle, an welche die beiden Bebbeh gebunden worden waren, im Hintergrunde in die Erde gerammt.

Anziehung auf die Bären nicht verfehlen konnten. Da sie nicht im stande waren, auch nur ein Glied zu bewegen, erinnerten sie mich an die Art und Weise, wie gewisse Puebloindianer ihre verstorbenen Angehörigen zu beerdigen oder vielmehr nicht zu beerdigen pflegen, indem sie sie an Pfähle binden, die an hochgelegenen Punkten in die Erde gesteckt werden. Es ist schauerlich, solche Leichen hoch oben auf Felsenspitzen zu erblicken, umschwebt von Geiern, welche ihr grausiges Mahl davon halten. Hier aber in der Musallah sollten nicht Leichen, sondern lebende Menschen aufgefressen werden!

Die Bebbeh schienen alle ihre Kräfte angestrengt zu haben, ihre Fesseln zu zersprengen, natürlich vergeblich; sie waren davon so ermattet, daß wir zunächst nur müde Seufzer hörten. Dann erklang aus Aqils Munde ein schwerer, hier unmöglich wiederzugebender Fluch, dessen Erfüllung den Kelhur den sofortigen Sturz in die tiefsten Qualen der Hölle gebracht haben würde.

»Verdamme sie nicht, sondern klage nur dich selbst an!« sagte da sein Sohn. »Sie üben nur die Rache aus, zu welcher du sie herausgefordert hast.«

»Müssen sie sich aber in dieser fürchterlichen Weise rächen?« entgegnete der erstere. »War es nicht Strafe genug, wenn sie uns einfach erschossen?«

»Nein! Hast du etwa vor zwei Jahren den Kelhur auch nur erschossen, oder hast du ihn in die Grube gesperrt und langsam verhungern lassen? Er mußte verhungern und wir werden gefressen; das ist die Rache Schir Samureks, gerecht gegen dich, aber ungerecht gegen mich, denn ich bin nicht schuld am Tode jenes Mannes; als er starb, war ich in Kahira und also fern von Kurdistan. Warum hat Allah es gefügt, daß ich dein Sohn wurde und nun an den Folgen deiner Thaten und deiner Thorheiten zu Grunde gehen muß!«

»Die Blutrache geht von Glied zu Glied; sie ist Allahs Gesetz, und du darfst dich also nicht beschweren.«

»Ich habe nicht von der Blutrache, sondern von deinen Thorheiten gesprochen!«

»Thorheiten! Wie darf ein Sohn es wagen, dieses Wort gegen seinen Erzeuger auszusprechen!«

»Er darf, wenn es die Wahrheit enthält! War es nicht mehr, viel mehr als Thorheit, daß du trotz der Blutrache, die zwischen euch schwebte, zu den Kelhur gingst, um ihnen ein Pferd anzubieten, welches weder dir gehörte, noch sich in deinen Händen befand? Mußtest du es nicht voraussehen, daß sie dich festhalten und dann das Pferd stehlen würden? Durch dich, nur durch dich allein sind sie auf den Gedanken gekommen, nach Khoi zu reiten, und auf dir allein liegt die Schuld, daß ich ihnen dabei in die Hände gefallen bin!«

Sein Vater beantwortete diesen berechtigten Vorwurf durch ein tiefes, schmerzvolles Stöhnen, versuchte dann aber doch, ihn durch eine Gegenanklage zu entkräften:

»Du sprichst von meinen Thorheiten, nicht aber von den deinigen! Den größten Fehler, der gemacht worden ist, hast du begangen!«

»Wodurch?«

»Dadurch, daß du auf den Gedanken kamst, Kara Ben Nemsi und Hadschi Halef Omar zu erstechen. Obgleich ich wünsche, daß Allah sie verfluchen möge, muß ich doch zugeben, daß sie Männer sind, die ihr Gegner zehnmal mehr zu fürchten hat, als jeden andern Feind. Der Hengst des Effendi hat einen unschätzbaren Wert, und darum bin ich bereit, die heiligsten Eide darauf abzulegen, daß er den Kelhur folgt, um das Pferd wieder zu bekommen. Wenn ich an die Thaten denke, die man sich von ihm erzählt, möchte ich darauf schwören, daß er hier in der Nähe ist und alles gesehen hat, was die Kelhur gethan haben.«

»Diese Ueberzeugung habe ich auch,« stimmte Ssali bei.

»Vielleicht weiß er sogar schon, daß wir hier in der Musallah angebunden worden sind, um von den Bären gefressen zu werden. Darauf beruht die einzige Hoffnung, die uns übrig bleibt!«

»Du hoffst vergebens! Seit die Kelhur uns vorhin verlassen haben, denke ich an keine Rettung mehr. Erst dachte ich, daß sie uns mit den Bären nur erschrecken wollten; jetzt aber erkenne ich, daß es ihnen Ernst gewesen ist. Nun es dunkel geworden ist, getrauen sie sich nicht, herüber zu kommen, um uns loszubinden. Wir sind also unrettbar dem Tode verfallen, den sie über uns ausgesprochen haben.«

»Noch nicht! Meine Hoffnung wird erst in dem Augenblicke

schwinden, an welchem ich die Krallen der Bestien in meinem Herzen fühle. Kara Ben Nemsi kommt; er ist vielleicht schon da; er duldet nie, daß ein Mensch, und sei dieser sein ärgster Feind, gemartert werde. Wenn er hier ist und wenn er weiß, was uns bevorsteht, wird er nach der Musallah kommen und uns retten!«

»Nein; das wird er nicht thun!«

»Warum nicht?«

»Deinetwegen! Hättest du ihn nicht erstechen wollen, so wollte ich es glauben. Nun aber wird er sich eines Feindes wegen, der ihn ermorden wollte, nicht in die Gefahr begeben, selbst von den Bären zerrissen zu werden.«

»Die Bären fürchtet er nicht; das wissen wir. Und wenn er dir den Raub des Pferdes verzeiht, wird er auch nicht nach dem Messer fragen, welches ich gegen ihn gezückt habe. ›Ein Christ kennt die Rache nicht, denn Gott ist der Vergelter,‹ sagte er zu mir, indem er mir die Waffe wiedergab. Wenn er hier ist und erfahren hat, in welcher Not wir uns befinden, wird er den Geboten seines Glaubens gehorchen und uns retten!«

»Allah w' Allah! Welch ein Wunder, mein Sohn, daß aus deinem Munde solche Worte kommen! Du, ein stolzer Lehrer und Prediger des heiligen Islam, der du für die Christen niemals etwas anderes als nur Flüche hattest, setzest jetzt deine einzige und letzte Hoffnung auf so einen verfluchten Anhänger der Lehre des Kreuzes auf Idschdschuldschula[1]!«

»Fluche ihm nicht, wenigstens diesem nicht! Er führt die Lehren seines Glaubens nicht nur auf der Zunge; sie wohnen auch in seinem Herzen; sie hängen am Griffe seines Messers und sie sprechen aus den Läufen seiner Gewehre. Wenn Allah ihn hierher geleitet hat, so schwöre ich bei Muhammed und bei – – – «

»Schweig!« fiel ihm sein Vater in die Rede. »Hast du vergessen, was Schir Samurek uns so höhnisch riet? Wer Hilfe durch einen Christen erwartet, darf seine Rufe nicht an Muhammed richten. Soll uns Hilfe durch Kara Ben Nemsi werden, so führt ihn Isa Ben Marryam herbei; also an diesen letzteren wende dich!«

Mir war es zweifelhaft, ob Aqil dies ernstlich oder ironisch meinte;

[1] Golgatha.

sein Sohn schien Spott für ausgeschlossen zu halten, denn er antwortete:

»Noch sind die Bären nicht da; sie werden erst in später Nacht erscheinen; noch kann uns also vielleicht Muhammed einen Retter senden; der Christ bleibt uns übrig bis zum letzten Augenblick!«

In der schrecklichen Lage der beiden Bebbeh klang diese spitzfindige Klügelei geradezu zum Erbarmen; das fühlte Halef auch; er flüsterte mir zu:

»Effendi, wenn das nicht zum Weinen wäre, würde es zum Lachen sein! Ich weiß, wer stärker ist, Christus oder Muhammed. Wollen wir nicht dafür sorgen, daß diese Bebbeh es auch erfahren?«

»Das haben wir nicht nötig,« antwortete ich ebenso leise; »sie werden schon selbst dafür sorgen; warten wir es nur ab! Sei still; wir wollen weiter hören!«

Was wir noch hörten, war nichts Wichtiges für uns. Sie ächzten und stöhnten abwechselnd; sie machten einander Vorwürfe; sie beteten zu Allah, zu Muhammed und seinen Nachfolgern; das widerstrebte mir so, daß ich mich schon erheben wollte, um hineinzugehen und sie loszubinden, als Aqil plötzlich einen Schrei ausstieß und dann seinem Sohne zurief:

»Allah sei uns barmherzig! Siehst du den Bären dort an der Thür?!«

»Ich sehe ihn,« antwortete Ssali. »Es ist ein junger. Oh Allah, o Prophet, o Mekka, o heilige Kaaba, unser Martertod wird jetzt beginnen!«

Unsere Blicke reichten auch bis zur Thür. Ja, dort stand wirklich ein junger Bär! Er war ganz gewiß sieben Männerfäuste hoch und dem entsprechend lang und stark; der Milch schon längst entwöhnt, war er von seiner Mutter gewiß nicht nur mit Früchten, sondern schon mit Wildpret aller Arten bedacht worden; das sah man ihm an. Ein kleines Baby war er nicht mehr; er steckte schon tüchtig in der Flegelzeit, und Halef raunte mir, meinen Arm ergreifend, eifrig zu:

»Oh, Sihdi, das ist ein Bär, wirklich einer! So groß habe ich mir die kleinen Kinder der alten Mutter nicht gedacht! Der wird freilich keinen Spaß verstehen! Soll ich hinein zu ihm und ihm sagen, daß ich sein Fell zu einem Teppich brauche?«

»Nein, nein; warte! Der Angriff auf ihn würde die Alte, die jedenfalls auch schon in der Nähe ist, wütend machen. Du darfst auf keinen Fall eher hinein als ich!«

Indem wir diese hastigen Worte schnell miteinander wechselten, war der Bär mit einer Honigwabe beschäftigt, welche die Kelhur nahe der Schwelle hingelegt hatten. Er nahm sie zwischen die Vorderkrallen, richtete sich auf und begann, sie in einer Weise zu verzehren, die man hätte drollig finden müssen, wenn die Situation eine andere gewesen wäre.

Die Bebbeh waren für einige Zeit vor Angst ganz still; dann flossen die Stoßgebete ohne Pause von ihren Lippen, doch gar nicht laut, um nicht den Bären durch die Stimmen aufmerksam zu machen. Plötzlich erhielt er von hinten einen Stoß; er fiel vornüber und trollte, ohne sich nach der Ursache umzusehen, einige Schritte weiter bis dahin, wo wieder ein Stück Honig lag; hinter ihm war ein zweites Junges erschienen, womöglich größer und stärker noch als er. Die Stoßseufzer der Bebbeh wurden lauter und lauter; der Name Muhammeds ertönte von Sekunde zu Sekunde von ihren Lippen, und der Ton dieser Ausrufungen bewies, daß ihre Angst sich ebenso schnell vergrößerte. Als hinter dem zweiten nun gar noch ein dritter Bär, auch ein junger, hereingehumpelt kam, gab es keine Rücksicht mehr darauf, daß sie durch ihre Stimmen die Alte herbeilocken würden; sie schrieen, als ob sie schon angebissen würden. Allerdings stand der erste Petz schon unter Aqil und leckte mit Behagen von dem Honig, der sich dort angesammelt hatte; der zweite leistete ihm einige Augenblicke später Gesellschaft, während der dritte bald bei Ssali stand, um da dieselbe Arbeit vorzunehmen. Das war ein Schlürfen und Schmatzen, fast wie an einer feinen Hoteltafel, wenn die Suppe serviert worden ist und kein Mensch auf den Ekel und Abscheu seines Nachbars Rücksicht nimmt. Bär bleibt eben Bär, im kurdischen Hochgebirge und an der Table d'hôte in Cannes, Baden-Baden oder Scheveningen!

Die beiden ersten Gourmands hatten die Pfütze schnell aufgeleckt; sie merkten, daß die Süßigkeit sich nach oben fortsetzte, und richteten sich auf, indem sie ihre Krallen an die Füße und Unterschenkel Aqils legten. Dieser schrie nicht mehr; er brüllte!

»Oh, Effendi, lieber Effendi, wir müssen hinein, sonst sind sie verloren!« forderte mich Halef halblaut auf.

Er wollte wirklich aufstehen; ich drückte ihn fest nieder und antwortete:

»Du bleibst! Ich weiß nicht, wo die alte Bärin bleibt; sie könnte uns von hinten fassen!«

Ich lauschte in die Nacht hinaus, konnte aber nichts von ihr hören, denn die Bebbeh ließen jetzt ihre Stimmen so laut erschallen, daß man sie ganz gewiß drüben im Lager der Kelhur hörte. Das Ausbleiben der Bärin war mir bedenklich; die Jungen waren zwar ihrer Brust schon längst entwachsen, aber sie so ganz selbständig und ohne Aufsicht in der Nacht herumlaufen lassen, das that sie gewiß nicht, ohne daß ihre Aufmerksamkeit von ihnen ab und auf etwas Wichtiges gelenkt worden war. Sollte ihre Nase auf unsere Spur geraten sein? Oder machten ihr die vielen Spuren der Kurden zu schaffen?

»Ducke dich ganz nieder, und rühr dich nicht!« forderte ich Halef auf. »Die Alte kann jeden Augenblick da um die Ecke kommen!«

Das Messer halb aus dem Gürtel gezogen, hielt ich den schweren Bärentöter bei den Läufen zum Hiebe bereit. Meine Befürchtung hatte mich nicht getäuscht: eine in der nächtlichen Finsternis helldunkel scheinende Gestalt von riesigen Umrissen schob sich langsam hinter der Mauer hervor. Schon glaubte ich, der Augenblick sei da, an dem es heißen würde: die Bärin oder ich! Da wurde das Geschrei der Bebbeh von einem Laute übertönt, der weder Brummen noch Winseln, weder Pfeifen noch Kreischen und doch alles dieses war, und sofort sah ich die Gestalt wieder verschwinden. Ein schneller Blick in das Innere der Musallah zeigte mir die Ursache: die beiden Bären, welche sich an Aqil aufgerichtet hatten, waren in Streit miteinander geraten und bearbeiteten sich mit den Krallen, wobei auch Aqils Beine nicht verschont blieben, was sein Gebrüll verdoppelte. Die Bärin hatte wirklich zu mir und Halef gewollt, war aber aus Sorge um ihre Jungen rasch wieder umgekehrt und erschien nun in der Thür.

Fast hätte ich sie für eine Eisbärin halten können, wenn ihr Kopf länger und die Schnauze spitzer gewesen wäre. Sie war fast reinweiß bei weit über zwei Meter Länge und anderthalb Meter Schulterhöhe, ein außerordentlich und selten großes und starkes Tier. Das eine Ohr fehlte ihr; sie mochte es im Kampfe mit dem Herrn Ehegemahl oder einem andern nicht gentlemanliken Signor verloren haben. Sie stand nur einen Augenblick still unter der Thür; das war aber ganz genügend, zu zeigen, daß ein kleiner Hieb ihrer Vordertatze genügte, den stärksten Mann niederzuschlagen. Während der Hälfte dieses Augenblickes herrschte lautloses Schweigen; ihr Anblick raubte den beiden Bebbeh den Atem; dann brachen sie aber um so lauter los.

»Allah, Allah!« schrie Aqil. »Jetzt ist es da, das Ungeheuer; jetzt ist er da, der Tod! Nun giebt es keine Rettung mehr!«

Und zu gleicher Zeit heulte sein Sohn:

»Das ist der Geist des Priesters, der uns fressen wird! Das ist der Rachen des Todes, in dem wir verschwinden werden! Hilf uns, oh Allah! Hilf uns, oh Prophet aller Gläubigen! Errette uns, oh – – –«

»Schweig!« donnerte ihn da sein Vater an. »Mit der Macht des Propheten ist's zu Ende. Bedenke – – –«

Ich horchte nicht weiter auf sie, denn der Augenblick war für uns gekommen.

»Laß mich erst allein hinein; du bist mir sonst im Wege, Halef!« befahl ich dem Hadschi, indem ich aufstand.

Den Stutzen ließ ich fallen; er war im Wege. Dafür nahm ich das Messer zwischen die Zähne und den Bärentöter hoch, nicht zum Hiebe, sondern zunächst zum Stoße, denn ich wußte, wie es nun kommen mußte. Die Bärin war mit zwei, drei raschen Bewegungen zu den zankenden Jungen gekommen und warf sie beide mit einem vorsichtigen Tatzenhiebe auf die Seite. Dann richtete sie sich langsam und drohend vor Aqil auf, welcher voller Entsetzen zeterte:

»Hilf, oh Gott der Christen! Hilf, oh Isa Ben Marryam, da uns kein anderer helfen kann!«

Und in derselben Todesangst wimmerte Ssali Ben Aqil:

»Rette uns, oh Gekreuzigter; rette uns! Es ist keine Macht im Himmel und auf Erden als bei dir allein – – –«

Mehr hörte ich nicht, denn in diesem Momente lag mein ganzes Leben in meinen Augen und in meinen Fäusten. Ich schnellte mich über die schon erwähnten Steine hinein und rannte der Bärin den schweren Kolben unter den erhobenen Vorderpranken gegen die Rippen, daß sie lang auf die Seite niederfiel. Das hatte ich beabsichtigt, denn nur in dieser Lage bot sie mir die Schnauze zum betäubenden Hiebe; der Schädel war zu dick dazu. Noch war sie im Stürzen, da hob ich den Kolben schon hoch; er sauste nieder und traf so gut, daß das Ungetüm alle vier Beine steif von sich streckte. Ich wußte gar wohl, daß diese Betäubung eine schnell vorübergehende sei. Das Gewehr wegwerfend, nahm ich das Messer aus dem Munde – – zwei, drei rasche Stiche bis an das Heft zwischen die bewußten zwei Rippen; dann sprang ich auf die Seite und stürzte dabei über den jungen Bär, der noch bei Ssali Ben Aqil stand. Ich hatte nicht anders weichen können, raffte mich wieder auf und sah da, daß Halef mir rascher gefolgt war, als er sollte. Er hatte nahe der Bärin ein Junges gepackt, welches nach ihm schlug und biß, so daß er keinen sichern Stoß für sein Messer fand. Ich eilte zu ihm hin und riß ihn zurück.

»Um Gotteswillen, fort von der Alten!« rief ich ihm zu. »Noch wissen wir nicht, ob ihr mein Messer wirklich ins Leben gefahren ist!«

Der kleine Kerl sah mir lächelnd in das Gesicht und antwortete, auf die Bärin deutend:

»Dein Messer, und nicht richtig treffen! Das kann gar nie geschehen! Sieh den Strom des Blutes, der ihr aus dem Herzen rinnt! Schau, daß sie nicht mehr zucken kann! Es ist nur noch das letzte Zittern des Scheidens von der Erde, welches leise ihr Fell bewegt. Ihre Seele hat den Leib bereits verlassen, und ihr Geist schweift nun ohne Wohnung über die Wälder des Gebirges hin. Dein erster Stoß hat sie niedergeworfen; dein Kolbenschlag hat ihr das Gebiß und die ganze Zierde des Angesichtes zerschmettert, und die Spitze deiner Klinge hat die Musallah el Amwat von dem Gespenste befreit, welches in ein lebendiges Bärenfell gewickelt war. Dein Werk ist vollbracht; nun mag das meinige beginnen. Ich bitte dich, o Effendi, mir deinen Katil ed Dubeb[1] zu leihen, weil die Kinder in ganz genau derselben Weise aus dem Dasein wandeln sollen, wie ihre Mutter es verlassen hat!«

Während er dies sagte, hielt ich den Blick scharf auf die Bärin gerichtet, bereit, ihr schnell, wenn nötig, noch einen Messerstoß zu geben; es war überflüssig, die Klinge hatte das Herz durchbohrt.

[1] Bärenmörder.

Indem ich nun die Aufmerksamkeit eines Jungen auf mich lenkte, schlug Halef es mit dem Bärentöter nieder und gab ihm dann den richtigen Messerstoß. So machten wir es auch mit den beiden andern, und als wir dann vor den vier Tierleichen standen, waren seit dem Augenblicke meines Einschreitens wohl kaum mehr als zwei Minuten vergangen, ein über alles Erwarten glückliches Gelingen, welches wir nicht mit dem kleinsten Hautritz zu bezahlen hatten.

Nun konnten wir unsere Aufmerksamkeit den Bebbeh schenken. Sie hielten beide die Augen geschlossen und gaben, als ob sie nicht mehr am Leben seien, keinen Laut von sich. Das ärgerte meinen kleinen Hadschi, welcher glaubte, ihren lauten Dank verdient zu haben. Er rief sie an:

»So öffnet doch eure Augen, ihr großen Helden vom Stamme der Bebbeh! Oder meint ihr, daß ihr mit zu den Bären gehört, die wir erschlagen haben? Da müßten wir euch auch noch unsere Messer zu fühlen geben!«

Da schlugen sie die Augen auf.

»Kara Ben Nemsi!« rief Aqil.

»Ja, er ist's; er ist es wirklich, der Hadschi Emir Kara Ben Nemsi Effendi!« stimmte Ssali bei. »Und hier steht auch der kleine, tapfere Hadschi Halef Omar! Sehe ich euch in Wirklichkeit, oder ist's ein Traum, in den ich durch den Tod versetzt worden bin?«

»Maschallah! Kann man nach dem Tode auch noch träumen?« lachte Halef. »Ihr seht uns hier in voller Wirklichkeit, denn ich sage euch, wir haben keine Lust, nichts als nur Traumgestalten zu sein!«

»Also wirklich, wirklich! Wie aber seid ihr hierher nach der Musallah el Amwat gekommen?«

»Ganz so, wie ihr es vorhin zu einander sagtet: Wir ritten den Hunden der Kelhur nach, um ihnen unsere Pferde wieder abzunehmen und euch zu befreien.«

»Uns befreien?« fragte er in zweifelndem Tone. »Uns zu befreien! Scherzest du vielleicht, Hadschi Halef Omar?«

»Wie kannst du diese Frage aussprechen! Schau die gewaltigen Glieder dieser Bärin an und die zwölf Krallenfüße ihrer Jungen! Sieht das so aus, als ob wir hier einen Scherz getrieben hätten?«

»Allah 'l Allah! So ist es wirklich euer Ernst gewesen, uns zu retten?«

»Ja.«

»Dann ist unser Gebet zu dem Gekreuzigten das richtige gewesen! Aber, verzeiht! Wir haben euch beleidigt, euch um die Pferde gebracht und euch nach dem Leben getrachtet. Wir können darum nicht eher an eure Güte glauben, als bis ihr uns hier losgebunden habt!«

»Wir haben beschlossen, dies zu thun, doch nur unter der Bedingung, daß ihr ein Verlangen nicht an uns stellt, welches wir nicht befriedigen könnten.«

»Welches Verlangen meinst du?«

Halef, der stets den Schalk im Nacken hatte und selbst der ernstesten Situation eine heitere Seite abzugewinnen wußte, antwortete in hoheitsvollem Tone:

»Wir werden euch nur dann losbinden, wenn ihr nicht etwa verlangt, daß wir euch auch noch ablecken sollen! Unser Kismet sagt nichts davon, daß wir diese Arbeit da fortsetzen sollen, wo die Bären darin unterbrochen worden sind.«

Ssali wußte nicht, was er hierauf sagen sollte. Ich überhob ihn der Antwort, indem ich begann, seinen Pfahl zu lockern, um ihn mit demselben umzulegen, wo dann das Losmachen leichter und bequemer als im Hängen war. Bald waren wir fertig damit, und als sie nun mit freien Gliedern vor uns standen und aus nicht mehr beengter Brust tief Atem holten, geschah etwas, oder vielmehr, geschah zweierlei, was ich beiden nicht zugetraut hätte. Aqil nämlich, der Räuber und Mörder, der bisher so gefühls- und gewissenlose Mensch, warf sich auf den Boden nieder und begann, laut wie ein Kind zu weinen. Die ausgestandene, furchtbare Todesangst hatte ihn so tief erschüttert, daß er sich nicht halten konnte. Und Ssali, sein Sohn, ergriff meine beiden Hände, sank vor mir in die Kniee und sagte:

»Du hast gesiegt, Emir, wie so oft über deine Feinde; aber diesen Sieg hast du nicht für dich errungen, sondern für einen, der weit höher steht als du. Gott ist die Liebe; du hast es gesagt, und ich glaubte es nicht; nun aber wäre ich blind, wenn ich nicht sähe, daß du die Wahrheit besitzest, während ich im Irrtum wandelte. Du hast uns, deine Feinde, aus den Krallen des Todes befreit; wir sind dein Eigentum und legen unser Schicksal in deine Hände.«

Ich zog ihn empor und antwortete:

»Knie nicht vor einem Menschen! Nur vor Gott und seinen Stellvertretern soll man sich beugen; ich aber bin ein Sünder so wie du. Seid ihr wirklich bereit, euer Schicksal ganz in meine Hände zu legen?«

»Ja. Ohne euch wären wir zerrissen und aufgefressen worden. Mach mit uns, was du willst! Wirst du uns den Kelhur wieder ausliefern?«

»Nein. Ihr seid frei.«

»Allah! Das wäre zu viel! Mußt du nicht wenigstens meinen Vater nach Khoi bringen, um ihn für den Raub der zehntausend Piaster bestrafen zu lassen?«

»Ich bin nicht Polizist von Khoi. Was ihr gegen uns begangen habt, das haben wir euch vergeben, und die Händel, welche ihr mit andern hattet, die gehen uns nichts an. Wir haben kein Recht über euch; mag Allah euer Richter sein! Ihr seid also frei und könntet eigentlich jetzt gehen, wohin ihr wollt, aber ich bitte euch, wenigstens noch bis morgen früh bei uns zu bleiben, weil wir sonst wahrscheinlich verhindert sein würden, das zu thun, was wir zu thun versprochen haben.«

»Oh, Emir, du hast nicht zu bitten, sondern nur zu befehlen! Unsere Herzen sind voller Dankbarkeit für euch; alle Feindschaft, die wir gegen euch hegten, ist zu Ende, und wir werden alles, alles thun, was du von uns nur fordern kannst.«

»Was ich von euch wünsche, ist nur, daß ihr bei uns bleibt und euch ruhig verhaltet. Ich will den Kelhur noch heut in der Nacht unsere Pferde entführen, und ich will Schir Samurek, ihren Scheik, ohne daß sie es merken, aus ihrem Lager holen; ihr aber sollt euch ruhig verhalten, bis dieses beides geschehen ist. Dies ist es, was ich von euch verlange.«

»Was sagst du da, Effendi? Was willst du thun? Eure Pferde entführen, das ist schwer, sehr schwer, aber doch nicht unmöglich. Aber den Scheik auch entführen, das kannst selbst du nicht fertig bringen!«

Da fiel Halef eifrig ein:

»Wie darfst du meinem Sihdi solche Worte sagen! Er thut stets das, was er sich vorgenommen hat, und für ihn ist das oft leicht, was andere für unmöglich halten. Wenn er Schir Samurek herausholen will, so holt er ihn; darauf kannst du dich verlassen! Siehst du denn nicht, daß ich auch da bin, der ich mit ihm schon so viel vollbracht habe? Was wir durchführen wollen, das führen wir durch, und dabei bleibt es sich ganz gleich, ob er bei mir ist oder ob ich bei ihm bin; die Hauptsache ist ja, daß wir beisammen sind! Wir haben die Bären der Unsterblichkeit erlegt und euch aus ihren Tatzen befreit. Ist das nicht schwerer, viel schwerer, als zwei Pferde und einen Scheik aus dem Lager zu entführen?«

»Für mich würde beides unmöglich sein; ihr aber seid Männer, deren Pläne und Thaten man nicht hindern kann, und darum darf ich euch nicht entgegenreden. Welchen Grund aber habt ihr denn, den Scheik gefangen zu nehmen?«

»Wir wollen ihn dadurch zwingen, das Geld herauszugeben, welches dem Wirte von Khoi gehört.«

»Werdet ihr ihn dann gefangen halten und nach Khoi schaffen, um ihn dort des Brandes wegen bestrafen zu lassen?«

»Nein,« antwortete ich jetzt an Halefs Stelle. »Ich habe dir schon gesagt, daß ich kein Polizist bin. Sobald ich meinen Zweck erreicht habe, lasse ich ihn frei.«

»Frei willst du ihn lassen, Effendi? Diesen Räuber und Mörder, der uns von den Bären zerreißen lassen wollte? Der euch die Pferde gestohlen hat und, wenn ihr ihm in die Hände gefallen wäret, euch auch den Bären vorgeworfen haben würde? Denke doch, was das zu bedeuten hätte! So eine Nachsicht und Milde könntet ihr weder vor Allah noch vor den Menschen verantworten, und alle Sünden, welche dieser Schir Samurek in seinem Leben noch begehen würde, müßten auf euer Gewissen fallen! Kannst du dich wirklich entschließen, eine solche Last auf dich zu nehmen, Emir?«

»Ja.«

»So begreife ich dich nicht!«

»Oh, ich habe soeben erst eine ganz gleichgroße Last auf mich genommen!«

»Wann und wie?«

»Vorhin, als ich euch verzieh. Schir Samurek ist ein Räuber und

Mörder. Was seid ihr gewesen? Er wollte mich töten, falls ich in seine Hände fiele. Ihr habt uns nach dem Leben getrachtet. Euch haben wir zur Freiheit verholfen. Ihm wollen wir sie auch wiedergeben. Steht da nicht beides gleich? Ja, für euch haben wir mehr, viel mehr gethan, als wir für ihn thun wollen, denn wir haben, obgleich ihr unsere Todfeinde waret, unser Leben gewagt, um euch von den Bären zu befreien; für ihn aber werden wir nichts, gar nichts wagen.«

»Aber die Kelhur sind unsere Feinde, mit denen wir in Blutrache stehen!«

»Was geht das mich an? Nanntet ihr euch nicht auch unsere Todfeinde? Und doch haben wir euch vergeben! Du hast erst vorhin so schön und mit solcher Ueberzeugung von der Liebe gesprochen, und jetzt brütest du Rache gegen die Kelhur. Meinst du, daß dies Liebe sei, die richtige Liebe, die Gott von uns verlangt? Ist es etwa ein Verdienst, diejenigen, welche dich lieben, wieder zu lieben? Das ist nicht Liebe, sondern Selbstsucht von dir. Nur wer gelernt hat, zu verzeihen, kann richtig und kann wirklich lieben; die Liebe aber, die neben sich die Rache kennt und duldet, verdient den Namen nicht, den du ihr giebst. Du bist noch neu und unerfahren in der wahren Liebe. Bitte Allah täglich, daß du sie besser kennen lernst. Ich habe sie dir gezeigt. Nun werbe um sie fort und immerfort, damit sie deine Freundin werde. Ich sage dir, es giebt kein Glück und keine Seligkeit ohne sie, im Leben und im Sterben. Doch jetzt dürfen wir uns nicht länger mit Worten, sondern wir müssen uns mit Thaten beschäftigen. Kannst du dich auf die Worte besinnen, welche Schir Samurek zu dir sagte, als du behauptetest, daß ich euch retten würde, obgleich ihr meine Todfeinde seid?«

»Welche Worte meinst du?«

»Bei Allah und bei meiner Seele, wenn er es dennoch thäte, ich würde selbst auch am Islam irre werden und meine Augen auf den Gott richten, der am Kreuz gestorben sein soll, um die Sünder zu erretten und die Verlorenen wiederzufinden!«

»Maschallah – Wunder Gottes! Du kennst seine Worte so genau, als ob du dabei gewesen wärest, als er sie sprach! Bist du allwissend, Effendi?«

»Nein. Weißt du auch noch, was er von dem Kreuze und von diesen Bären sagte?«

»Ja.«

»So hilf uns, dafür zu sorgen, daß seine Worte in Erfüllung gehen! Hat euch die Liebe, welche in meinem Herzen wohnt, also das Kreuz, welches das Zeichen meines Glaubens ist, Errettung vom Tode gebracht, so mag es auch den Kelhur die Erkenntnis bringen, daß der Haß und die Rache immer wieder nur Haß und Rache erzeugt, während die Liebe die Mutter der Erlösung und des Glückes ist.«

»Wie sollen wir dazu mithelfen, Effendi?«

»Wenn morgen früh Scheik Samurek den ersten Blick zur Musallah hebt, soll er die Erfüllung dessen sehen, was er im Hohne zur Bedingung machte: der Bär soll mit dem Kreuze in den Pranken hier unter der Thüre stehen.«

Seine dunkeln Augen bohrten sich mit forschendem Blicke und doch wie staunend in die meinigen, indem er ausrief:

»Welch ein Gedanke! Welch eine Idee! Effendi, ich beginne zu ahnen, wo die Quelle deiner Erfolge sprudelt. Du bist nicht ein Sklave des Kismet, sondern hast dich von ihm frei gemacht und leitest es nach deinem Willen!«

»Das kannst du auch!«

»Nein; ich kann es nicht, und kein andrer Mensch kann es außer dir. Wer hat dir die Macht dazu gegeben?«

»Die Liebe. Habe ich dir nicht gesagt, daß die Liebe die Mutter der Erlösung ist? Dein Kismet ist ein Tyrann, vor dem du wie ein Wurm, den es jederzeit zertreten kann, im Staube kriechst; er lebt von dem Marke deiner Knochen und mästet sich an dem Willen deiner Seele; er macht dich taub, daß du das Klirren deiner Ketten nicht vernimmst, und macht dich blind, daß du die Herrlichkeit der Freiheit nicht erblickst. Er schreibt seine Gesetze mit dem Blute deiner Adern und erteilt dir seine Befehle durch die Stimme der Leidenschaften, welche dich gleich dem Gifte des Haschisch verzehren, während sie dich zu erquicken scheinen. Dir ist jeder, wenn auch noch so leise Entschluß verboten; du darfst keinen Wunsch und keine Hoffnung haben, denn das Kismet hat jeden Hauch, der eines deiner Haare bewegt, schon im vorher bestimmt. Die Gewalt ist dieses Tyrannen Scepter, und der Islam ist die Lehre, die er predigt. Ist doch eure heilige Kamara[1] nicht auf den Mond zurückzuführen, sondern auf den krummen, blutigen Säbel Muhammeds, den er, um seine Scharen anzufeuern, während der Schlacht an seine Lanze steckte! Mit dem Worte Kismet hat er und haben seine Nachfolger ihre Streiter in den Tod getrieben; an dem wasserlosen Brunnen des Kismet hat die Liebe unter euch verschmachten und verdürsten müssen, und während ihr euch für die bevorzugten Kinder Allahs haltet, seid ihr die Leibeigenen des Hasses, der Rache und der Unversöhnlichkeit geworden. So hat euch das Kismet um alle Freiheit, um alle Energie gebracht. Ihr müßt euch ohne Kraft und Licht durch euer Leben schleppen, wie das finstre, ungerechte und unerbittliche Fatum es euch vorgeschrieben hat, und wenn ihr dann einen Christen kennen lernt, dem der Gott der Liebe, der Weisheit und Gerechtigkeit die Fähigkeit verliehen hat, bestimmend, schaffend und gestaltend nicht nur in den Lauf seines eigenen Lebens, sondern auch in das Schicksal anderer Menschen einzugreifen, so ruft ihr ein Maschallah über das andere aus und könnt es nicht begreifen, daß er mit leichter Mühe etwas fertig bringt, was bei euch in das Bereich der Unmöglichkeit gehört. Das Kismet hat Schir Samurek befohlen, uns unsere Pferde zu stehlen; ich aber verlache dies Kismet und hole sie mir wieder. Dieses, euer Kismet hat ihm geboten, euch den Bären zu überantworten, und ihr wäret ihnen verfallen gewesen; ich aber bin ein freier Mann und habe die Vorbestimmung zu schanden gemacht, indem ich euch errettete. So werde ich auch, ohne euer Kismet um Erlaubnis zu fragen, auf Schir Samurek wirken, und ich bin überzeugt, daß dies nicht ohne Folgen für sein ganzes späteres Leben sein wird.«

Ich hatte gemäß der Denk- und Anschauungsweise Ssali Ben Aqils gesprochen, und er war meinen Worten mit Aufmerksamkeit gefolgt, ohne mich einmal zu unterbrechen. Aus seinen Augen blickte mir ein heißer Wunsch nach Verständnis entgegen. Als ich geendet hatte, hielt er mir die Hand entgegen und sagte:

»Ich danke dir, Effendi! So lange ich nur denken kann, hat meine Seele nach Licht gestrebt und doch nur Schatten oder Dämmerung

[1] Halbmond.

gefunden. Ich kann deine Worte nicht so schnell begreifen, wie ich möchte; aber sie werden in mir haften bleiben, und ich hoffe, daß sie einen Funken enthalten, der später zur hellen Flamme wird. Ich bin ein Prediger des Islam und dennoch bereit gewesen, die Blutrache auszuführen. Du bist kein Lehrer deines Glaubens und hast doch deinen Feinden Gutes erwiesen. Das ist mir eine Aufforderung zum Vergleich. Ich werde darüber nachdenken und dann thun, was Allah wohlgefällt.«

»Woher wirst du wissen, was ihm wohlgefällt?«

»Die Stimme meines Herzens wird es mir sagen.«

»Ist das dieselbe Stimme, welche dir mitgeteilt hat, daß der Mahdi bald erscheinen wird?«

»Ja.«

»So prüfe dein Herz genauer als bisher, ehe du auf seine Stimme hörst! Ein alter Lehrer des Christentumes sagt: ›Des Menschen Herz ist ruhelos, bis es ruhet in Gott!‹ Laß dein Herz im Schoße der ewigen Liebe und Wahrhaftigkeit ruhen, so brauchst du keinen Mahdi, den du erst mühevoll entdecken mußt.«

»Auch diese Worte werde ich überlegen, Effendi. Wie deine Barmherzigkeit auf mich eingewirkt hat, das wirst du wohl bemerken. Gestern hast du mich als Eiferer für den Islam kennen gelernt, und heut höre ich nicht nur deine Reden an, ohne mich darüber zu erzürnen, sondern ich verspreche dir auch, sie in meinem Innern zu erwägen, und nehme sogar ohne den Grimm eines wahren Gläubigen deine Aufforderung hin, dir bei der Herstellung des Kreuzes mitzuhelfen. Ist dir das für jetzt genug?«

»Ja. Du wirst also mithelfen?«

»Ich werde es. Und wenn der Prophet darüber zürnt, so will ich hoffen, daß sein Grimm nicht ewig währt.«

»An deiner Stelle würde ich mich um Muhammed und seinen Zorn ebensowenig kümmern, wie er sich um euch bekümmert hat, als der Rachen der Bärin vor euch offen stand!«

Da rief Aqil, welcher bis jetzt, still zuhörend, noch immer am Boden gesessen hatte, halb erschrocken und halb zustimmend aus:

»Welche Reden muß ich da vernehmen, ohne daß ich, wie ich eigentlich müßte, dich dafür anspucken darf! Du lästerst den Propheten, Effendi. Wie wird er dich dafür bestrafen!«

»Ganz so, wie er euch auch bestrafen würde, wenn er überhaupt bestrafen könnte.«

»Uns auch? – Wofür?«

»War es von euch als Moslemim nicht viel, viel mehr als eine solche Lästerung, daß ihr vorhin in der größten Not nicht Muhammed, sondern den Gott der Christen und den Gekreuzigten um Hilfe batet? Habt ihr da nicht beide gerufen, daß kein anderer als Isa Ben Marryam euch helfen könne? Ich habe gesagt, daß Muhammed euch nicht geholfen habe; ihr aber sagtet, daß er euch nicht helfen könne; von wem ist er da mehr gelästert worden, von mir oder von euch?«

»Sei still, Effendi! Es waren gräßliche Augenblicke, in denen kein Mensch auf die Worte achtet, die er spricht. Die Hilfe war ein wahres Wunder; sie kam, als wir zu dem Gekreuzigten flehten; warum half Muhammed nicht, als wir ihn anriefen? Dein Isa Ben Marryam war also mächtiger als unser Prophet. Das ist wahr; wir haben es erfahren, und so dürfen wir es sagen, ohne befürchten zu müssen, daß wir damit eine Sünde begehen. Und wenn mein Sohn, der alle Satzungen des Islam kennt, bereit ist, das Kreuz mit euch zusammenzusetzen, so ist es mir, der ich kein Alim[1] bin, wohl ebenso erlaubt, euch mitzuhelfen. Ich fühle noch jetzt die Nähe des Todes in allen meinen Gliedern; du hast uns das Leben gebracht, und wenn ich dir dafür einen Dank erweisen kann, so frage ich keinen Menschen danach, ob mir Muhammed das übelnehmen wird. Sag' uns also jetzt, Effendi, was wir machen sollen!«

Die beiden waren heut ganz andere Menschen, als sie gestern gegen uns gewesen waren, und ich glaubte, annehmen zu dürfen, daß diese Aenderung nicht nur für heut und morgen dauern werde. Wir löschten zunächst die Lichter aus, daß die Kelhur weder uns noch unsere Schatten sehen konnten; sie mochten denken, daß sie von den Bären umgerissen worden seien. Hierauf machten wir mit Hilfe unserer Messer den einen Pfahl, welcher den Querbalken bilden sollte, kürzer als den andern, und banden dann beide in der Weise zusammen, daß sie ein aufrechtstehendes Kreuz bildeten. Als wir damit fertig waren, zogen wir die Bärin bis ganz vor an die Thür-

[1] Gelehrter.

öffnung und bauten schwere Steine aufeinander, woran sie aufgerichtet und so angelehnt wurde, daß es von weitem aussah, als ob sie auf den Hinterpranken stehe; dann gaben wir ihr das Kreuz in die Vordertatzen und banden Kreuz und Bärin so fest an die Steine, daß keines von beiden umfallen konnte. Nun gelüstete es keinen von uns, länger in der Musallah zu bleiben. Wir schafften die drei jungen Bären nach dem Hintergrunde derselben, und verließen dann, nachdem ich den weggeworfenen Henrystutzen wieder zu mir genommen hatte, den Ort, der uns, wenn wir nicht so sehr vom Glücke begünstigt gewesen wären, leicht ebenso verhängnisvoll hätte werden können, wie er es den beiden Bebbeh hatte werden sollen.

Ich wollte nach der Stelle oberhalb des Kelhurlagers hinauf, wo Halef am Nachmittage auf mich gewartet hatte, und traf grad diese Wahl, weil der Ort und der Weg von da herab mir bekannt geworden waren. Wir bewegten uns leise und sehr vorsichtig in der Weise, daß ich ein Stück voranschlich, denn die Neugierde konnte, seit die Lichter verlöscht waren, die Kurden näher zur Musallah herangetrieben haben. Es kam uns aber glücklicherweise keiner von ihnen in den Weg, und so langten wir oben an, ohne von jemand bemerkt worden zu sein.

Nun galt es, noch vor dem Grauen des Morgens eine höchst schwierige Doppelaufgabe zu lösen: ich wollte erstens unsere Pferde haben und zweitens auch den Scheik dazu. Beides mußte ich allein ausführen, weil mir weder Halef noch gar einer der Bebbeh dabei helfen konnte. Bei Halef war trotz seiner sonstigen Zuverlässigkeit doch die Möglichkeit, einen Fehler zu begehen, nicht ausgeschlossen, und der Bebbeh war ich so wenig sicher, daß ich, doch ohne daß sie es hörten, sie der Aufsicht des Hadschi übergab. Sie waren ganz natürlich so voller Grimm auf die Kelhur, daß ich ihnen einen unvorsichtigen Akt der Rache, der leicht alles verderben konnte, gar wohl zutrauen mußte. Ich ermahnte alle drei, sich bis zu meiner Rückkehr unbedingt vollständig still zu verhalten, übergab Halef meine beiden Gewehre, die ich aus leicht begreiflichen Gründen nicht mitnehmen konnte, und trat dann den Abstieg an, der jetzt im Dunkel der Nacht zehnmal schwieriger als am Tage war.

Ich konnte, wie man sich auszudrücken pflegt, die Hand nicht vor Augen sehen und mußte mich also auf den Tastsinn verlassen. Darum stieg ich rückwärts hinab, Schritt für Schritt und mit dem Rücken vorwärts gerichtet, wie man von einer Leiter zu steigen pflegt. Mein Ziel war natürlich zunächst der schmale Einschnitt, von dessen Rande aus ich am Nachmittage Schir Samurek belauscht hatte; ich mußte vor allen Dingen wissen, wo er sich befand und was er machte.

Als ich nach ziemlich langer Zeit das Farngestrüpp erreichte, war alles dunkel; man hatte im Lager kein Feuer brennen. Wo steckte der Scheik? Da unten in dem Einschnitte, wo ich ihn schon gesehen hatte? Ich glaubte, diese Frage mit ja beantworten zu müssen, weil grad dieser Ort eine so bequeme Lagerstätte für den Anführer gab. Aber ob er allein oder mit anderen dalag, das gab für mich einen ganz gewaltigen Unterschied! Nach vorwärts hörte ich Stimmen; die Kurden schliefen also nicht. Das hatte ich auch erwartet, denn die Spannung auf den Ausgang der Bärenmahlzeit in der Musallah mußte sie wach erhalten. Grad unter mir aber, wo ich Schir Samurek vermutete, war alles still. Ich kroch mit außerordentlicher Vorsichtigkeit an dem Rande des Einschnittes hinab und schob mich, als ich unten angekommen war, in denselben hinein. Das war ein gefährliches Unternehmen, da ich jeden Augenblick auf einen Kurden stoßen konnte. Zu sehen war bei dieser Finsternis hier unter dem dichten Waldesdache rein nichts; zu hören ebensowenig; ich verließ mich also auf – – meine Nase und auf die Fingerspitzen, mit denen ich um mich tastete. Man denke ja nicht, daß der Geruchssinn mir hier keine Dienste leisten konnte! Wäsche, und gar neugewaschene, kennt der gewöhnliche Kurde nicht; den Anzug wechselt er jährlich nur zweimal, im Frühling und im Herbste, wenn er nämlich so glücklich ist, einen Sommer- und einen Winteranzug zu besitzen, und Seife ist für ihn ungefähr grad so ein Luxus, wie Austern es für einen deutschen Weichensteller sind. Man kann sich also denken, daß so ein Mensch eine Dufthülle an sich hat, die mehrere Schritte weit reicht und von einer leidlich gutwilligen Nase gar nicht mißverstanden werden kann. Es giebt nur zwei deutsche Ausdrücke, die das, was ich meine, so ungefähr und auch nur von weitem bezeichnen, nämlich »müffig« und »nach Herberge riechen«.

Wir verließen den Ort, der uns verhängnisvoll hätte werden können.

Also ich tastete und roch mich langsam vorwärts, in den Einschnitt hinein, ohne auf jemand zu stoßen. Als ich aber den Hintergrund erreicht hatte, hörte ich die ruhigen, schweren Atemzüge eines Schlafenden. Das mußte Schir Samurek sein! Grad daß ich ihn nicht roch, bestärkte mich in dieser Annahme, weil er als wohlhabender Mann keine so penetrante Dunsthülle wie ein armer Teufel besaß. Ich schob mich zu ihm hin und ließ meine Fingerspitzen leise, leise über seinen Anzug gleiten. Er schlief fest und befand sich allein an diesem Orte. Das war wieder ein Umstand, wie ich ihn mir gar nicht glücklicher hätte wünschen können. Das Kismet meinte es, obgleich ich es vorhin in so unfreundlicher Weise kritisiert hatte, heut überhaupt herzlich gut mit mir, aber eben ein Beweis, was für ein charakterloses Ding es ist!

Ich bedurfte selbstverständlich keiner langen Zeit, einen Entschluß zu fassen und ihn auszuführen: ein derber Griff nach der Kehle – zwei Faustschläge an den Kopf – der Scheik gehörte mir! Ich nahm ihn auf die Schulter, richtete mich auf und trug ihn fort, auf demselben Wege, auf welchem ich gekommen war. Daß man mich dabei hören könne, hatte ich nicht zu besorgen; die einzige Schwierigkeit bestand darin, daß ich den Aufstieg mit der schweren Last im Dunkeln machen mußte; doch auch das wurde glücklich ausgeführt, und ich kam mit dem Scheik oben an, ohne daß er unterwegs wieder zum Bewußtsein gekommen war.

»Bist du es, Sihdi?« fragte Halef, als er mich kommen hörte.

»Ja.«

»Hast du Glück gehabt?«

»Außerordentliches. Hier bringe ich Schir Samurek. Wir haben also selbst für den Fall gewonnen, daß es mir nicht gelingen sollte, noch vor Tagesanbruch unsere Pferde zu bekommen.«

»Den Scheik hast du? Effendi, das ist wieder einmal ein Streich, den selbst ich nicht fertig brächte!«

»Glaube es wohl, lieber Halef. Den schweren Mann in dieser Stockdunkelheit von da unten heraufzutragen, das sollte dir wohl Schweiß kosten!«

»Das nicht allein. Ihn aufzufinden und zu betäuben, ohne daß es jemand bemerkt, das ist doch noch weit schwieriger. Was thun wir nun mit ihm?«

»Wir binden ihn so fest, daß er sich gar nicht rühren kann, und stecken ihm einen Knebel in den Mund. Ich muß wieder fort, um nach den Pferden zu sehen. Während meiner Abwesenheit bewacht ihr ihn gut, bis ich wiederkomme. Sagt ihm nur, sobald er aufwacht, daß er ja keinen lauten Ruf ausstoßen soll, wenn er nicht das Messer in das Herz haben will.«

Da bat Aqil schnell:

»Gieb mir ein Messer, Effendi! Ich werde dafür sorgen, daß dieser Hund den Mund nicht öffnet, ohne sofort die Klinge in dem Leibe zu fühlen! Er hat gewollt, daß uns die Bären fressen, und soll die hundertfache Todesangst bezahlen, die wir ausgestanden haben!«

»Mein Messer brauche ich selbst,« wehrte ich ab. »Was ich befohlen habe, wird Hadschi Halef Omar ausführen; ihr habt für jetzt keinen Teil an dem Scheik. Ich würde jeden Versuch, euch an ihm zu rächen, auf das strengste ahnden. Ich bin es, der ihn gefangen genommen hat; er gehört also mit seinem Leben mir, auch nach euern Gesetzen, und wer mich dieses meines Eigentumes beraubt, den betrachte ich als meinen Todfeind und werde Leben um Leben von ihm fordern. So, jetzt wißt ihr, woran ihr seid. Wenn ihr euch nicht danach verhaltet, wäre es besser für euch, die Bären hätten euch vorhin getötet!«

Ich mußte diese strengen Worte anwenden, um die Bebbeh davon abzuhalten, sich in meiner Abwesenheit an Schir Samurek zu vergreifen. Sie dürsteten jedenfalls nach Rache; ich aber wollte ihn schonen, denn er sollte, wie schon viele, viele andern vor ihm und auch nach ihm, wenn ich von ihm Abschied genommen hatte, hinter mir her sagen: »Er ist ein Christ; darum wohnt die Güte in seinem Herzen.«

Halef verstand mich; darum erklärte er mir in beruhigendem Tone:

»Du kannst getrost gehen, Effendi. Dein Halef wird dafür sorgen, daß alles nach deinem Willen geht. Wer sich nur mit einem Finger an diesem Scheik der Kelhurkurden vergreift, der bekommt augenblicklich mein Messer in den Leib. Ich habe es gesagt, und was ich sage, das pflege ich zu halten!«

Ich war überzeugt, daß er gegebenen Falles sein Wort erfüllen würde, und entfernte mich, zunächst genau in derselben Richtung, in welcher ich vorhin hinabgestiegen war. Dann wendete ich mich, beinahe an dem Bodeneinschnitte angekommen, in welchem der Scheik gelegen hatte, nach rechts, um die Wieseneinbuchtung zu erreichen, auf welcher Rih von den Kelhur untergebracht worden war. Als ich an dem Rande derselben angekommen war, herrschte auf derselben zwar nicht die – greifbare, möchte ich fast sagen – Stockdunkelheit wie im Walde, aber es war doch immerhin so finster, daß ich nicht zu befürchten hatte, von den Kurden gesehen zu werden. Jetzt fragte es sich: Wo saßen die Wächter, und wo lag jetzt mein Rih? Ja, wenn ich laut hätte rufen dürfen »Ta'al!« oder »Ta'a lahaun!«[1], so würde es keine Minute gedauert haben und er wäre bei mir gewesen; aber das durfte ich ja nicht, und so legte ich mich auf den Boden nieder und kroch der Stelle zu, an welcher ich ihn gesehen hatte, denn ich durfte dem klugen Tiere wohl zutrauen, daß es nicht von dort wegzubringen gewesen war, seit es mich gesehen hatte. Hätte jemand mit mir darüber gestritten, ich wäre eine Wette darauf eingegangen und hätte sie gewonnen, denn ich hatte kaum die Hälfte der Strecke zurückgelegt, so hörte ich ein leises, kurzes, einmaliges Schnauben, welches ich sehr wohl kannte: Rih hatte mich gewittert. Jedes andere Pferd wäre nun wohl aufgesprungen und zu mir gekommen; er aber blieb ruhig liegen, weil ich ihm auf sein Schnauben kein Zeichen gab, zu kommen.

Als ich ihn erreichte, fühlte ich mit den Händen, daß ringsum der weiche Grasboden aufgewühlt und zerstampft war. Man hatte ihn also fortbringen wollen, und er hatte sich gewehrt. Jetzt hing er an einem Riemen, der an einen in die Erde geschlagenen Pflock befestigt war. Halefs Gaul war ihm treu geblieben und lag neben ihm. Ich liebkoste den braven Rappen, worauf er mir die Hände wie ein Schoßhund leckte und dabei ein ganz, ganz leises, schnaubendes Stöhnen hören ließ. Damit wollte mir das »unvernünftige« Tier sagen, wie es ihm nach mir bange gewesen war und wie sehr es sich jetzt darüber freute, mich wieder zu haben. Daß kein Wächter bei ihm war, konnte ich nicht begreifen. Die Kurden mußten durch den Umstand, daß unterhalb des Lagers Wachen standen, so ver-

[1] »Komm!« oder »Komm hierher!«

trauensselig geworden sein, daß sie es nicht einmal der Mühe wert hielten, sich eines so kostbaren Pferdes zu vergewissern.

Ich zog den Pflock aus der Erde, daß es den Anschein haben sollte, als ob ihn das Pferd selbst herausgerissen und sich dann entfernt habe, wand ihm den Riemen, an dem er hing, um den Hals und gab ihm dann das Zeichen zum Aufstehen. Rih gehorchte, und Halefs Pferd folgte sofort seinem Beispiele. Da ich wußte, daß der Hengst mir folgen würde, was ich aber von Halefs Gaul nicht behaupten konnte, so nahm ich den letzteren beim Zügel und führte ihn fort, genau nach der Stelle, an der ich aus dem Walde auf die Wiese gekommen war. Wir erreichten sie glücklich und nun fühlte ich mich vor den Kurden geborgen, obgleich es eine außerordentlich schwierige Aufgabe war, die beiden Pferde in dieser unter den Bäumen herrschenden ägyptischen Finsternis und bei der Steilheit des Terrains bergan zu schaffen. Der Umstand, daß Pferde des Nachts besser sehen als Menschen, erleichterte mir dieselbe; ich führte Halefs Tier und Rih kam von selbst hinterher. Der letztere wußte ganz genau, daß er ruhig zu sein hatte, und der Gaul schien auch einzusehen, daß es hier gelte, vorsichtig zu sein. Beide kletterten langsam und behutsam tastend hinter mir her; wir mußten oft stillhalten, oft den im Wege stehenden Stämmen ausweichen, und so kann ich sagen, daß wir gewiß drei Viertelstunden brauchten, um den unter anderen Verhältnissen so kurzen Weg zurückzulegen.

Als wir uns dem Orte näherten, wo Halef mit den andern auf mich wartete, mußten sie uns natürlich hören. Er konnte seine Ungeduld nicht unterdrücken und fragte, noch ehe ich ihn erreicht hatte, natürlich aber nicht so laut, daß man ihn unten bei den Kurden hören mußte:

»Wer kommt? Sihdi, bist du es?«

»Ja,« antwortete ich.

»Hamdulillah – Allah sei Lob und Dank, daß er dich wieder zu uns führt! Aber ich höre, daß du nicht allein bist. Ist jemand bei dir?«

»Ja.«

»Wer?«

»Die Pferde.«

»Rih und das meinige?«

»Ja.«

»Allah akbar – Gott ist groß! Aber meine Verwunderung ist fast noch größer, daß es dir gelungen ist, dieses ungeheuer schwere Werk zu vollbringen. Bist du oder sind die Pferde dabei verletzt worden?«

»Nein.«

»So ist das Wunder ein doppeltes und zehnfaches, und mein Erstaunen wächst so riesengroß, daß ich wollte, meiner kleinen Gestalt würde nur der millionste Teil von dieser Höhe hinzugesetzt. Gieb her, Effendi! Ich muß Rih unbedingt einen Kuß geben und auch meinen alten Tehs[1] ein wenig streicheln. Dieses Wiedersehen erfreut mich beinahe so, als ob meine Hanneh, die süßeste und lieblichste Rose unter allen Frauen und Weibern, jetzt käme, mich zu begrüßen!«

Er kam mir die wenigen Schritte entgegen und liebkoste die beiden Tiere in der Weise, wie er es gesagt hatte. Dabei erkundigte ich mich:

»Wie steht es hier bei dir? Ist alles in Ordnung?«

»Ja, Effendi.«

»Habt ihr mit dem Gefangenen gesprochen?«

»Nur ich einige Worte; den Bebbeh hatte ich es verboten. Als er zu sich kam, war er erst eine Weile ruhig; dann warf er sich so hin und her, daß ich glaubte, er werde seine Fesseln zersprengen. Da ließ ich ihm die Messerspitze fühlen und habe ihm gesagt, daß seine Seele sofort spazieren gehen werde, wenn er nicht so unbeweglich liegen bliebe, wie ein gebratener Hammelsrücken im Reispillau mit Pfeffer und Rosinen liegt. Von da an hat er kein Glied mehr bewegt.«

»Weiß er, wer wir sind?«

»Ich habe es ihm nicht gesagt; aber vielleicht ahnt er es.«

»Und die Bebbeh? Wie haben die sich zu ihm verhalten?«

»Sie haben kein Wort gesprochen, seit du fort bist, und so gethan, als ob sie gar nicht da wären.«

Ich hatte diese Erkundigungen natürlich leise eingezogen; jetzt fügte ich vernehmlicher hinzu:

»Hobble die Pferde hier links bei den Sträuchern an, damit sie

[1] Ziegenbock.

fressen können! Dann schlafen wir, wobei wir beide uns zum Wachen bis früh einander ablösen werden.«

Ich legte mich zu den Bebbeh in das Moos und flüsterte ihnen zu, nicht zu sprechen, sondern auch zu schlafen. Schir Samurek hatte sie weder gesehen noch gehört und wußte also nicht, daß sie noch lebten und sich in seiner unmittelbaren Nähe befanden; er sollte es auch jetzt noch nicht erfahren. Ich war müde und Halef ebenso; er erhielt die erste Wache, und ich übernahm die zweite, um beim Anbruche des Tages munter zu sein und den Gefangenen beobachten zu können. Da ich mich auf Halefs Wachsamkeit verlassen konnte, ließ ich mir von ihm meine Gewehre wiedergeben und schlief ein, um erst dann aufzuwachen, als er mich eine Stunde nach Mitternacht weckte.

Bald darauf hörte ich sein langsames, regelmäßiges Atmen. Die Bebbeh schnarchten um die Wette; von dem Scheik war kein Atemzug zu vernehmen. Ich schloß daraus, daß er nicht schlief, sondern wachte. Welche Gedanken mochten ihm durch den Kopf gehen? Wie sicher war er des Gelingens seiner Absichten gewesen! Wie stolz hatte er von mir und Halef gesprochen! Und nun lag er gefesselt und geknebelt da, ein Gefangener des »Christenhundes«, den er noch vor wenigen Stunden auch von den Bären hatte zerreißen lassen wollen.

Wie viele solche Nächte hatte ich in fremden Ländern, in Prairien und Urwäldern, in Dschungeln und sonstigen Wildnissen einsam durchwacht. Keine dieser Wachen hatte der andern geglichen; stets war die Situation eine andere gewesen. Und doch gab es ein Etwas, was stets vorhanden gewesen war, was allen diesen Nächten die gleiche – – – Klangfarbe, möchte ich sagen, die gleiche Stimmung gegeben und den Grundton gebildet hatte zu all den Moll- oder Dur-, zu all den weichen oder härteren Accorden, die da in meiner Seele erklungen waren, nämlich das Gefühl der Gottesnähe, die mit allen Fasern und Fibern empfundene Gegenwart dessen, welcher die allerhöchste Macht und zugleich die allerhöchste Liebe ist, das seligmachende Durchdrungensein von der Ueberzeugung, daß eine unendliche und allbarmherzige Weisheit mich an Ort und Stelle geleitet hat und mich auch weiter führen wird. Wie die winzige Puppe eines kleinen Falters, zu dem sie sich entwickeln soll, auf der Fläche einer geöffneten Gigantenfaust, so liegt der Mensch mit Leib und Seele, mit allem seinem Denken und Fühlen, mit all seinem Hoffen, Harren und Zagen in der allgewaltigen Hand Gottes, die ihn nicht zerdrücken, sondern zum irdischen Glücke führen und dann zur Seligkeit des Himmels leiten will. Und – sollte man es für möglich halten – dieses Würmlein wagt es, an dem Dasein dieses Giganten zu zweifeln, dessen Faust es mühelos zermalmen kann. Dieses Würmlein will die Erde und den Himmel meistern, will die ewigen Gesetze des Herrn der Welten kritisieren, will seine Tempel zerstören und seine Altäre niederreißen, will sich selbst zum ersten und letzten Endzweck der Schöpfung ernennen und Atome und Moleküle erfinden, um aus ihnen Sonnen- und Sternenbälle zu formen, die nur dazu entstanden seien, sich wieder in ihr Nichts aufzulösen!

Wie anders, wie so ganz anders steht es da um ein Herz, welches in dem festen, unerschütterlichen Glauben schlägt, daß es in des Vaters Liebe ruhe und sich von seiner weisen Güte leiten lassen müsse, auch wenn es seine Absicht nicht erkennt. Wie unsagbar wohl lebt man, während ringsum die Stürme toben, im warmen, stillen Gottvertrauen, welches sich durch keinen Zweifel stören und durch keine noch so subtile Hyperkritik irre machen läßt. Das ist keine gedankenlose oder denkfaule Hingabe an das Großmutter- und Kindermärchen vom »lieben Gott, der alles sieht«, sondern ein selbstbewußtes und selbstgewolltes und deshalb um so beglückenderes Aufgehen in einen ebenso allgütigen wie unerschütterlichen höhern Willen, gegen den kein Sträuben hilft. Wer da meint, widerstehen zu können, dem wird und muß die Erkenntnis seines Irrtumes kommen, wenn nicht noch im letzten, schwersten Augenblicke seines Lebens, so doch ganz sicher im ersten Augenblicke nach der Stunde, die wir so falscher Weise die Todesstunde nennen. Die Menschenseele besteht nicht aus Atomen, welche, wenn die Begräbnisglocken nicht mehr klingen, in dem von den Leugnern erfundenen großen Nihil zerstäubend untergehen, und wird, sobald sie ihr irdisches Haus verlassen hat, dem ewigen Richter Rechenschaft ablegen müssen über jeden Schritt des Weges, den sie von ihrem Erwachen zum Bewußtsein an bis zur Befreiung von ihrer körperlichen Hülle zurücklegte. Das ist eine Gewißheit, die Grausen erregen müßte, wenn es nicht ebenso gewiß wäre, daß zwar die ewige Gerechtigkeit die Untersuchung führen und das Urteil sprechen, aber dann die göttliche Barmherzigkeit das Recht der Begnadigung besitzen und an dem Reuigen ausüben wird.

Wie die sogenannte »Nacht des Todes« doch nur die Pforte zum jenseitigen Leben ist, so waren die still durchwachten Nächte, von denen ich vorhin sprach, es stets, die meinen Sinn nach oben lenkten. Die Vorkommnisse des Tages nehmen den Geist gefangen; die leuchtenden Runen des Firmamentes ziehen den Blick dann himmelan, oder der dunkle, mond- und sternenlose Abend macht geneigt zur Einkehr in sich selbst. Dann gehen wohl im tiefen Innern helle Sterne auf, oder es erscheinen die Wolken der Betrübnis über die Begehungs- und Unterlassungssünden, welche während des Tages nicht vermieden wurden. Das giebt dann ein, wenn auch noch so schwaches, Vorbild des ewigen Gerichtes, denn es sind die göttlichen Gesetze, nach denen der Mensch sein Thun und Lassen zu beurteilen hat, also ganz genau dieselben, nach denen ihm dereinst sein Urteil werden wird. Wie oft habe ich da mein Fühlen, Wollen und Handeln im Vergleich zu Gottes Vorschrift abgewogen und dabei nicht ein einziges, aber auch nicht ein einziges Mal gefunden, daß ich, das heißt der Richter in meinem Innern, mit mir zufrieden sein durfte. Ein Mensch, der im Gefühle seines Christentumes den Nacken stolz aufrichtet, der ist kein wahrer Christ, der hat nie über sich zu Gericht gesessen, denn hätte er dies nur ein einziges Mal in der richtigen Weise und ohne Selbstgefälligkeit gethan, so würde er recht demütig und bescheiden anstatt stolz geworden sein.

So saß ich jetzt in finsterer Nacht bei den Schläfern, auf jeden Laut, welcher die Stille unterbrach, scharf achtend und doch in mich versenkt. Der feuchte Hauch der Tiefe stieg zu Berge und den Himmel verdeckte ein dichtes, undurchdringliches Wolkenzelt. Zuweilen verriet mir ein kurzer, rascher Lufthauch, daß eine Watwata[1] mit unhörbarem Flughautschlage vorübergeflattert sei; das Rauschen eines hohen Astes, dem das Rascheln eines niedrigeren folgte, belehrte mich, daß ein gefräßiges Singab[2] auf nächtlichen

[1] Fledermaus.

[2] Flugeichhörnchen.

Raub ausgehe; ein ebenso nächtliches Sursur[1] geigte drüben bei der Musallah seine Flügeldecken, daß es bis zu uns herüberschrillte, und dann klang das dumpfe »Bu-buhu« des Bajkusch[2] aus dem Thale herauf. Suchen nach Beute, Raub und Fraß überall! Selbst die Nacht bringt keinen Frieden für die Welt der Tiere! Ob für die Menschen?

Da unten lagen die Kelhurkurden. Ihre Gedanken waren gierig nach der Kapelle gerichtet, nicht etwa friedlich, denn diese Leute waren überzeugt, daß jetzt dort Menschenknochen unter den Zähnen der Bären krachten und daß der Boden der einstigen Friedensstätte vom Blute der Bebbeh gerötet sei. Und waren etwa nur diese halbwilden Menschen Räuber zu nennen? Giebt es nicht Tropfen, welche ebensowenig vergossen werden sollten, obgleich sie nicht von roter Farbe sind, Tropfen, die auch tief aus dem Herzen kommen? Giebt es nicht Thränen, die gleich schwer auf dem Gewissen liegen sollten? Giebt es nicht einen Schweiß der Armen, der auch zum Himmel schreit wie Abels Blut? Das waren trübe Betrachtungen, aus denen mich ein leises, leises Geräusch aufstörte. Ich horchte. Ein dürres Aestchen knackte in meiner Nähe; dann bekam ich den Eindruck, als ob ein schwerer Gegenstand über Gras geschoben werde. Da streckte ich die Hand nach Schir Samurek aus; ich hätte seinen Kopf fassen müssen, griff aber in das Leere. Ah, der Kelhur wollte den Versuch machen, uns trotz seiner Fesseln zu entkommen! Er schob sich von der Stelle weg, an welcher er gelegen hatte, war aber erst einige Handspannen weit fortgekommen, so hatte ich ihn fest. Er wollte sich durch Stoßen mit den Füßen wehren; da warnte ich ihn leise, um die andern nicht zu wecken, die des Schlafes bedurften:

»Liege still, sonst fühlst du augenblicklich meine Klinge!«

Er sah ein, daß Gehorsam besser als unnützer Widerstand war, und ich zog ihn in seine frühere Lage zurück, worauf ich mich so nahe zu ihm setzte, daß ich eine Wiederholung des Fluchtversuches nicht nur hören, sondern auch fühlen mußte.

So saß ich, bis die ersten befiederten Boten des Morgens erwachten und ihre Stimmen hören ließen, obgleich es noch ganz dunkel war. Sie weckten Halef auf und auch die beiden Bebbeh erwachten.

---

[1] Grille.

[2] Uhu.

Der bisher schwarze Wolkenhimmel begann, sich grau zu färben. Da fragte Halef leise:

»Darf ich sprechen, Sihdi, oder müssen wir jetzt noch schweigen?«

»Schweig lieber,« antwortete ich. »Es giebt für dich nichts Wichtiges zu sagen; interessanter wird es sein, den Scheik zu beobachten. Ich werde ihm eine andere Lage geben, daß er euch nicht gleich sehen kann.«

Ich schob mich mit Schir Samurẹk ein Stückchen fort, zog mein Messer, setzte es ihm auf die Brust und sagte:

»Der Knebel hat dir den Mund bisher verschlossen; ich werde ihn entfernen, damit du leichter Atem holen kannst. Ich erlaube dir auch, mit mir zu sprechen, doch nur so, daß ich es höre. Sprichst du lauter, oder wagst du es gar, um Hilfe zu rufen, so ist dieser Ruf der letzte deines Lebens, denn in demselben Augenblicke wird mein Messer dir im Herzen stecken!«

Ich zog ihm den Knebel heraus. Er holte einige Male frei und tief Atem und fragte dann, die Worte hastig aber doch leise hervorstoßend:

»Ssuker Chodeh – Gott sei Dank! Fast wäre ich erstickt! Wo befinde ich mich?«

»Das wirst du bald selbst sehen, ohne daß ich es dir zu sagen brauche.«

»So will ich wenigstens wissen, wer du bist!«

»Auch das brauche ich dir nicht zu sagen; du wirst in kurzer Zeit meinen Namen selbst finden.«

»Du mußt der Teufel sein, denn ich war plötzlich tot, und als mir das Leben wiederkehrte, war ich gefesselt und geknebelt und lag an einem ganz andern Orte. Ein Mensch kann das nicht mit mir gethan haben!«

»Ein Teufel auch nicht, denn sonst wärest du nicht hier, sondern in der Hölle aufgewacht. Ich habe dich mit dem Kopfe hoch gelegt. Blicke gerade aus, bis du sehen kannst, wo du dich befindest. Aber vergiß ja meine Warnung nicht: Ein lauter Ruf bringt dir sofort den Tod! Für jetzt will ich, daß du schweigest.«

Er gehorchte.

Die Wolken färbten sich langsam, aber stetig heller, und ein leiser Dämmerschein ließ die Spitze des gegenüberliegenden Berges sichtbar werden, an dem er nach und nach niederglitt. Das Thal lag noch schwarz unter uns. Links drüben war der Wasserfall in undurchdringlich dunkeln Dunst gehüllt, und über dem Teich unter uns, wo die Kurden lagen, schwebten ebenso dichte Nebelballen; bei ihnen war es noch Nacht. Für uns hier oben aber wurde der erste fahle Morgenschein schnell heller; er glitt uns gegenüber am Berge nieder, bis er die Musallah el Amwat erreichte, die wir nun zwar nicht ganz klar, sondern wie durch einen Schleier, aber doch ziemlich deutlich liegen sahen. Da zuckte Schir Samurek zusammen, riß die Augen auf und starrte hinüber. Es war der Schreck, der ihn ergriff, denn er sah unter der Thür den Riesenbär mit dem Kreuze in den Pranken stehen. Unsere Sicherheit nötigte mich zu der schnellen Warnung:

»Ja kein lautes Wort, sonst ersteche ich dich sofort!«

Dabei setzte ich ihm die Messerspitze auf die Brust. Er schloß die Augen, öffnete sie wieder, machte sie abermals zu und riß sie wieder auf; er konnte sich nicht irren, er konnte nicht daran zweifeln: der Bär stand mit dem Kreuze drüben und blieb unbeweglich stehen. Da legte ich Schir Samurek mit starkem Drucke die Hand um den Oberarm und sagte langsam und schwer die Worte, die ich aus seinem eigenen Munde gehört hatte;

»Wenn der Bär des toten Priesters da drüben am Eingange der Musallah steht und das Kreuz der Christen in den Tatzen hält, dann will ich glauben, daß es diesem Kara Ben Nemsi, dem Christenhunde, gelingen kann, euch aus unsern Händen zu erretten, eher aber nicht!«

Da wurde sein Gesicht aschgrau; die Augenlider sanken herab, und die Wangen fielen ihm ein; er sah plötzlich einer Leiche ähnlich; sein Atem ging schwer und kam wie stöhnend über seine farblos gewordenen Lippen. Ich schwieg, um den Eindruck meiner Worte und dessen, was er sah, ungeschwächt wirken zu lassen. Das dauerte eine ganze Weile; dann wendete er mir sein Gesicht zu, öffnete die Augen wieder, richtete den verstörten Blick auf mich und fragte:

»Bist du etwa dieser Christ?«

»Ich bin es,« nickte ich.

»Der Emir Kara Ben Nemsi Effendi?«

»Ja.«

»Allah – Allah – Allah!« seufzte er dreimal, und es dauerte wieder eine Weile, bis er sich erkundigte: »Dieser Bär bewegt sich nicht. Ist er tot?«

»Ja.«

»Gestorben? Oder wurde er getötet?«

»Er wurde erstochen.«

»Von wem?«

»Von mir.«

»Maschallah! Vorher aber hat er die Bebbeh aufgefressen?«

»Nein.«

Er zuckte zusammen, reckte sich dann schnell aus und fragte so hastig, daß die Worte wie zugleich aus seinem Munde kamen:

»So leben sie noch?«

»Ja.«

»Unverletzt?«

»Vollständig unverletzt.«

»Das glaube ich nicht; das kann ich nicht glauben; das ist eine Lüge; das ist nicht wahr!«

»Es ist wahr. Du wirst gehört haben, daß ich niemals eine Lüge sage.«

»So zeige sie mir! Ich will und kann es nicht eher glauben, als bis ich sie sehe!«

»Da, schau dich um!«

Ich drehte ihn auf die Seite, so daß er Aqil und seinen Sohn sehen konnte. Die Wirkung war eine noch tiefere als vorhin, wo er den Bär erblickte. Einen ersterbenden Wehelaut ausstoßend, schloß er wieder die Augen; die Narbe in seinem Gesichte trat blutigrot hervor, und an der Stirn schwollen ihm die Adern zum Zerplatzen. Der Schreck trieb ihm das Blut aus dem Herzen nach dem Kopfe. Dann aber fiel das Gesicht noch mehr als vorher zusammen, und kaum hörbar kam es fast röchelnd über seine Lippen:

»Die Bebbeh sind frei – – –! Durch den Christ gerettet – – –! Drüben der Bär – – – – mit dem Selib[1] in den Tatzen – – – –!«

---

[1] Kruzifix.

Dann lag er starr und bewegungslos wie eine Leiche da. Ich aber sagte langsam und mit schwerer Betonung wie vorhin:

»Bei Allah und bei meiner Seele, wenn er es dennoch thäte, ich würde selbst auch am Islam irre werden und meine Augen auf den Gott richten, der am Kreuz gestorben sein soll, um die Sünder zu erretten und die Verlorenen wiederzufinden.«

Da richtete er sich, so weit es ihm die Fesseln gestatteten, auf, sah mir mit wie irren Augen in das Gesicht und sagte:

»Du kanntest vorhin meine Worte und kennst nun auch diese so genau. Wenn du nicht der Teufel bist, so muß dir Allah seine Allwissenheit geliehen haben, um alles zu erfahren und alle meine Absichten zu Schanden zu machen. Du hast mich mitten aus dem Lager geholt; du hast den Bären getötet; du hast diese Bebbeh befreit; nun wäre es gar kein Wunder, wenn du dir auch eure Pferde wiedergenommen hättest.«

»Es soll auch gar kein Wunder sein,« antwortete ich lächelnd, indem ich ihn nach der andern Seite drehte. »Schau da nach rechts, wenn du sie sehen willst.«

Als er sie erblickte, stieg ihm das Blut wieder rot in das Gesicht, und er sagte mit heiser klingender Stimme:

»Dachel Allah – ich bitte dich um Gottes willen! Auch das hast du gethan, auch das! Wenn mir Allah jetzt nicht hilft, verliere ich den Verstand!«

»So wünsche ich, daß er dir helfen möge, denn du hast grad jetzt deinen ganzen Verstand zusammenzunehmen, wenn du nicht mit allen deinen Kriegern zu Grunde gehen willst.«

»Wieso?«

»Deine Leute werden den Bär da drüben sehen; sie werden dich vermissen und von einem großen Schreck ergriffen werden. Wenn sie dann vor Entsetzen nicht wissen, was sie thun sollen, wird hier meine Baruda es Sihr[1] ihre Stimme erheben und nicht eher schweigen, als bis kein einziger Kelhur mehr am Leben ist.«

Da konnte der stets zungenfertige Halef sich nicht enthalten, zu meiner Drohung auch die seinige zu fügen:

»Und ich werde meinem Effendi helfen, die Kelhur mit unsern

[1] Zaubergewehr.

Kugeln zu durchlöchern, daß ihre Leiber gleich Gharabil[1] anzusehen sind, durch welche man Datteln werfen kann. Ihr habt uns bestohlen und verhöhnt; ihr wolltet uns auch den Bären vorwerfen, wenn ihr uns ergreifen würdet, was aber selbst dann nicht geschehen wäre, wenn du zehntausend Wächter da unten am Wege aufgestellt hättest, um uns abzufangen. Dafür werdet ihr nun alle, alle sterben müssen, wenn du den Verstand verlierst, den du, wie mein Effendi ganz richtig sagte, grad jetzt viel nötiger als in deinem ganzen Leben brauchst!«

»Wer bist du denn?« fragte ihn der Scheik. »Wohl Hadschi Halef Omar, der Begleiter dieses Christen?«

Da warf sich der Kleine in die Brust und antwortete in seinem stolzesten Tone:

»Sprich nicht so kurz von mir! Mein Name ist viel länger, als du denkst! Alle, die mich kennen und von mir gehört haben, wissen, daß ich Hadschi Halef Omar Ben Hadschi Abul Abbas Ibn Hadschi Dawuhd al Gossarah genannt werde! Das merke dir für die Zukunft, auch wenn meine Kugel dich in einigen Minuten in die schrecklichste Hölle aller Höllen befördert haben sollte.«

Der Scheik nahm diese Worte gar nicht etwa mit Ironie entgegen, o nein, das fiel ihm gar nicht ein, denn er war als Orientale diese Ausdrucksweise nur zu gewöhnt; er machte vielmehr ein ganz betroffenes Gesicht und erwiderte, sich mir wieder zuwendend:

»Was ich zu thun habe, werde ich in wenigen Augenblicken wissen. Weißt du, Emir, was diese zwei Bebbeh gegen euch verbrochen haben?«

»Ich weiß es,« antwortete ich.

»Daß Aqil die Schuld am Raube eurer Pferde trägt?«

»Ja.«

»Und daß Ssali Ben Aqil euch nach dem Leben getrachtet hat?«

»Auch das.«

»Und du hast dennoch mit den Bären gekämpft, um sie vom Tode zu erretten?«

»Das war meine Pflicht, denn ich bin ein Christ.«

»Was gedenkst du nun, mit ihnen zu thun? Ihr steht in Blutrache

[1] Plural von Ghirbal = Sieb.

mit ihnen und habt doch nur die Schrecklichkeit ihres Todes mildern wollen, da sie nun von euern Kugeln sterben müssen?«

»Nein. Als Christ kenne ich nur die Verzeihung, nicht aber die Rache. Ich habe ihnen die Freiheit geschenkt. Sie können gehen, wohin sie wollen, nachdem ich dich gezwungen habe, ihnen ihre Pferde und ihre Waffen wieder herauszugeben.«

Da warf er mir, indem sein ganzes Gesicht sich in ein einziges, großes und erstauntes Fragezeichen verwandelte, die Worte zu:

»Hast du im Ernste gesprochen, Emir?«

»Im vollsten Ernste.«

»Welch Wunder, welch ein großes, unbegreifliches Wunder sehe ich da! So ist es also wahr, was man von dir erzählt: Du erweisest selbst deinen Todfeinden Gutes, weil du ein Bekenner des Gekreuzigten bist. Weißt du denn, daß nun auch Rache zwischen euch und mir vorhanden ist?«

»Ich habe dir schon gesagt, daß ich keine Rache übe.«

»Aber ich befinde mich doch in deinen Händen, ich, der ich euch töten wollte. Was hast du über mich beschlossen?«

»Wenn du thust, was ich von dir verlange, werde ich dich als Freund betrachten und dir die Freiheit wiedergeben.«

»Und was ist es, was du von mir forderst?«

»Daß du erstens Aqil und Ssali die Waffen und Pferde wiedergiebst; daß du zweitens die Gefangenen aus Khoi mit allem, was ihnen gehört, zurückreiten lässest, und daß du drittens die zehntausend Piaster des Wirtes, welche du Aqil abgenommen hast, mir zur Besorgung an ihn ausantwortest.«

»Aber was bleibt da für dich? Was hast du davon, daß du gegen diese Leute und auch gegen mich so gütig und barmherzig bist?«

»Ich habe viel, sehr viel davon! Das Bewußtsein, den Geboten des christlichen Glaubens gehorsam gewesen zu sein, ist mir hundertmal mehr wert, als alles andere, was ich erlangen könnte. Isa Ben Marryam, der Gekreuzigte, hat uns befohlen: Liebet eure Feinde; segnet die, welche euch verfluchen, und thut denen wohl, welche euch hassen; dann seid ihr gehorsame Kinder eures Vaters im Himmel! Ich möchte gern ein solches Kind Gottes sein, und der Gedanke, daß der allliebende Vater heut mit mir zufrieden ist, macht mich glücklicher, als der Reichtum der ganzen Erde mich machen könnte.«

Da sah ich, daß Schir Samurek die Zähne zusammenbiß; seine Lippen zuckten, und indem eine tiefe Bewegung über seine Züge ging, rief er aus:

»Effendi, du hast mich zweimal besiegt, erst durch deine List und Verwegenheit und nun durch deine Versöhnung predigende Frömmigkeit. Ich will noch nicht sagen, was ich mir in diesem Augenblicke vorgenommen habe; ich will dich nur noch einmal, zum letztenmale, durch eine Bitte prüfen: Gieb mir, o Emir, jetzt einmal die Hände frei, daß ich sie zum Gebete falten kann!«

War das Betrug, war es eine List? Ein forschender Blick in sein Gesicht beantwortete mir diese Frage mit einem überzeugten, sichern »Nein!« Ich schnitt ihm alle Fesseln durch und sagte:

»Wohlan, du sollst erfahren, wie ein Christ jetzt handelt, während ein Anhänger Muhammeds dich auslachen und verhöhnen würde. Ich gebe dir nicht nur die Hände und, was du gar nicht erbeten hast, auch die Füße frei; ich gebe dich ganz frei. Du kannst also gehen, wohin es dir beliebt. Wenn dich der traurige Ruhm stolz und glücklich machen kann, einen ehrlichen Mann getäuscht zu haben, der dir Glauben und Vertrauen schenkte, obgleich du dich in seiner Gewalt befandest und die Rache ihm deinen Tod befahl, so gehe hin und rühme dich; ich habe nichts dagegen!«

Es war weniger Ueberlegung als vielmehr eine Eingebung, welche mich so handeln ließ. Die Folgen davon waren sofort zu sehen und zu hören. Aqil und Ssali schrieen vor Verwunderung fast laut auf; Halef streckte beide Hände abwehrend aus und rief:

»Sihdi, was fällt dir ein! Sei gehorsam deinem Glauben, ja; das aber ist zu viel; das ist zu viel gewagt!«

Schir Samurek jedoch sprang auf, schlug beide Hände über den Kopf zusammen und frohlockte:

»Frei bin ich, wieder frei, ganz frei! Der Tod war mir sicher, und nun wird mir dafür das Leben! Effendi, du hast den Sieg vollendet, von dem ich soeben sprach. Hör', was ich hierauf sage: Siehe, ich strecke beide Arme aus. Der linke zeigt nach Mekka, wohin der Moslem sein Angesicht richtet, wenn er betet, und der rechte deutet nach dem Bait el Makdis[1], wo dein Gekreuzigter gestorben ist. Ich wende mich nicht nach links, sondern nach rechts, damit Isa Ben Marryam höre, was ich dir verspreche: Niemals, nie, so lange ich lebe, werde ich den heutigen Morgen vergessen, an dem ich den Lehrer einer solchen Liebe und Barmherzigkeit kennen lernte; nie soll die Rache wieder in mir wohnen, und jeder Christ soll mir in meinem Zelte so willkommen sein, als ob sein Erzeuger auch mein Vater sei. Und damit ihr seht, wie ernst es meinem Herzen mit diesem Schwure ist, soll gleich jetzt und hier das erste Werk der Versöhnung vollzogen werden.«

Er trat zu den Bebbeh, reichte ihnen beide Hände hin und fuhr fort:

»Es lag Blut zwischen meinem Stamme und dem eurigen. Aqil hatte die Rache heraufbeschworen und wir weigerten uns, den Blutpreis anzunehmen. Ihr fielet in meine Hände, und ich wollte euch von den Bären fressen lassen. Muhammed konnte euch nicht retten; aber der Gott der Liebe hat euch durch die Hand dieses Christen befreit, in dessen Herzen eigentlich die Unversöhnlichkeit des Hasses gegen euch wohnen sollte. Soll der Christ die Moslemim beschämen? Nein! Wo wir so viel Barmherzigkeit von ihm erfahren haben, dürfen wir nicht mehr an Haß und Rache denken. Reicht mir also eure Hände, und seid damit einverstanden, wenn ich sage: Von dieser Stunde an soll zwischen den Stämmen der Bebbeh und der Kelhur Freundschaft sein anstatt der Rache. Alles sei vergessen; die Alten sollen sich wie Brüder lieben, und die Jungen sollen einig wie Geschwister sein! Wollt ihr, Aqil und Ssali Ben Aqil, mit diesem meinem Vorschlage einverstanden sein?«

Er hatte ihre Hände ergriffen und hielt sie in den seinigen fest. Die ausgestandene Todesangst, vielleicht auch mein unerwartetes Verhalten, hatte ihn, den Harten, weich gemacht, und diese Milde des sonst so steinherzigen, ja blutgierigen Mannes, konnte unmöglich ohne Wirkung sein. Aqil antwortete:

»Wir fühlten die Krallen der Bären in unserm Fleische und den Hauch des Todes in unsern Seelen; da haben wir eingesehen, daß die Rache eine entsetzliche Tochter des Hasses ist, und sind bereit,

[1] Jerusalem.

»Siehe, ich strecke beide Arme aus.«

uns zu der Liebe zu bekehren. Es sei darum, wie du gesagt hast: es walte Freundschaft zwischen euch und uns, zwischen eurem Stamme und dem unserigen; eure Freunde seien unsere Freunde, und unsere Feinde seien auch eure Feinde. Die besten und wertesten Freunde aber, welche beide Stämme haben, das sollen Hadschi Kara Ben Nemsi und Hadschi Halef Omar sein, der einen noch längeren Namen hat.«

Da sprang der kleine Hadschi zu ihnen hin, vereinigte seine Hände mit den ihrigen und rief:

»Ja, mein Name ist viel, viel länger, als ihr denken und aussprechen könnt, denn die Zahl meiner Väter, Urväter und Großvatersväter der Ahnenväter reicht bis zu dem Augenblicke hinauf, an welchem der erste Vater auf Erden geboren wurde. Aber meine Freunde brauchen mich nur Hadschi Halef zu nennen, und da ihr nicht mehr unsere Feinde, sondern unsere Freunde sein wollt, so erlaube ich euch, die ruhmreiche Kette meiner Vorfahren unerwähnt zu lassen. Allah hört und sieht den Bund, den wir jetzt schließen; er wird jeden strafen, der es wagt, ihn zu brechen. Komm, Sihdi, gieb deine Hände auch mit zum Versöhnungsfest, welches mit der Honigliebe der Bären begonnen hat und selbst dann kein Ende finden soll, wenn kein Honig mehr in den Bäumen wächst und keine Bären mehr auf Erden wandeln!«

Ich folgte seiner honigreichen Aufforderung und hatte eben einige Worte der frohen Zustimmung gesagt, als ein vielstimmiges Geschrei vom Kurdenlager zu uns heraufscholl. Die Kelhur hatten den Bären gesehen und die Abwesenheit ihres Scheiks bemerkt. Daß dies nicht schon früher geschehen war, daran trug der Morgenwind die Schuld, welcher vom Thale aufstieg und die dichten Nebelmassen nach der Höhe trug. Diese hatten sich als undurchsichtige Decke auf das Lager gelegt und den Ausblick von dort aus nach der Musallah verhindert. Nun aber war diese Decke von dem kräftiger werdenden Luftzuge zerrissen worden und die Kapelle lag frei vor den Augen derer, die gestern alle die höhnischen Worte ihres Anführers gehört hatten. Ihre Betroffenheit läßt sich denken, als sie dieselben in Erfüllung gegangen sahen und den Bären mit dem Kreuze erblickten. Natürlich eilten sie nach der Lagerstätte des Scheiks und sahen zu ihrem Schrecken, daß er verschwunden war.

Seine Abwesenheit mit dem Erscheinen des Bären da drüben verbindend, erhoben sie das von mir erwähnte Angstgeschrei.

»Sie haben Sorge um mich; sie suchen nach mir,« sagte Schir Samurek. »Sie werden den Wald durchstöbern und hierherkommen. Und da sie nicht wissen, daß wir Freunde geworden sind, werden sie auf euch schießen und dadurch euer Leben in Gefahr bringen. Aber wenn ich dich bäte, hinab zu ihnen gehen zu dürfen, Effendi, um sie zu benachrichtigen, könntest du mir mißtrauen, denn unsere Freundschaft ist erst einige Minuten alt und hat noch keine Beweise meiner Aufrichtigkeit gegeben. Sag' also du, was jetzt geschehen soll. Ich werde alles thun, was du von mir verlangst.«

Ich antwortete auf diese ehrlich gemeinte Aufforderung ruhig:

»Es bedarf keiner solchen Beweise, denn ich glaube dir. Nach dem großen Vertrauen, welches ich dir vorhin schenkte, kannst du es nicht für möglich halten, daß ich dich jetzt, so schnell danach, mit einem Verdachte kränke, welcher dich beleidigen und den geschlossenen Bund sofort wieder zerstören müßte. Steig' also hinab und erzähle deinen Kriegern, was geschehen ist. Wir werden hier auf deine Rückkehr warten.«

Da drückte er mir herzlich beide Hände und sprach:

»Das ist wieder ein Edelmut, den ich bisher für nicht zu glauben hielt. Nun ich ihn aber kennen lerne, macht er die guten Vorsätze meiner Seele doppelt fest. Ja, ich werde gehen und dir schneller, als du denkst, beweisen, daß mein Mund nicht zwei Zungen hat, welche verschiedene Sprachen reden. In kurzer Zeit bin ich wieder hier bei euch.«

Als er sich entfernt hatte, äußerten die Bebbeh ihren ängstlichen Zweifel an seiner Aufrichtigkeit. Auch Halef warnte mich:

»Sihdi, du wagst zu viel! Warum bist du heut viel weniger vorsichtig als zu andern Zeiten?«

»Weil ich nicht durch Mißtrauen zerstören will, was ich durch Vertrauen erworben habe. Unvorsichtig werde ich trotzdem nicht sein; nur braucht er nicht zu wissen, daß ich, um ihn zu beobachten, ihm folgen werde. Bleibt hier! Ihr werdet nicht lange zu warten haben, denn ich komme jedenfalls eher wieder als er.«

Während ich nach unten stieg, war das Schreien und Rufen noch zu hören; bald aber verstummte es. Der Scheik war bei den Seinen angelangt und hatte seinen Bericht begonnen. Ich setzte meinen Weg mit doppelter Schnelligkeit fort, was jetzt, am hellen Morgen, keine Schwierigkeiten hatte. Es dauerte nicht lange, so hörte ich seine Stimme. Ihrem Schalle folgend, erreichte ich den Waldesrand und sah ihn mitten unter seinen Kriegern stehen. Ich verstand jedes Wort, welches er ihnen sagte, weil er in dem lauten Tone eines Redners sprach. Schon die erste Minute überzeugte mich, daß er es ehrlich meinte; ich wartete aber trotzdem, bis er mit seinem Berichte zu Ende war und sie eindringlich auch zum Frieden mahnte. Er stieß, wie auch gar nicht anders zu erwarten war, zunächst auf einigen Widerspruch; seine Leute hatten nur an den Austrag ihrer Rache gedacht und sich nicht in einer so schlimmen Lage wie er befunden; aber es wurde ihm doch nicht schwer, die wenigen Gegner seiner Ansicht zu derselben umzustimmen, und ich machte mich, als ich mich davon überzeugt hatte, auf den Rückweg zu den Gefährten.

Ich saß seit nur einigen Minuten wieder bei ihnen, so kam Schir Samurek auch zurück und zwar ganz allein.

»Effendi, du wirst mit mir zufrieden sein,« sagte er. »Meine Krieger hörten zwar mit großem Erstaunen, daß die Bebbeh noch am Leben seien; als sie aber erfuhren, daß du die beiden gerettet und mich dafür ergriffen, dann aber freiwillig wieder freigegeben hast, siegte bei ihnen der Wunsch, den Emir Kara Ben Nemsi Effendi als Freund und Gast bei sich zu haben und dadurch den Neid der andern Stämme zu erregen. Sie werden dich und Hadschi Halef Omar mit Freuden empfangen und ich bin nur jetzt allein gekommen, um dir zu beweisen, daß du mir vertrauen darfst. Schau, ich bin ohne Waffen. Nehmt mich in eure Mitte und geht mir mir hinab. Meine Krieger haben sich auf die eine Seite des Lagers zurückgezogen und auf der andern alle ihre Flinten und Messer vorher abgelegt; du würdest also schon allein mit deinem Zaubergewehre jede Hinterlist leicht bestrafen können.«

»Diese Versicherung gereicht zu deiner Ehre, doch für uns ist sie überflüssig, weil wir wissen, daß du uns nicht betrügen wirst. Du bist also bereit, die Bedingungen zu erfüllen, welche ich dir vorhin gestellt habe?«

»Ja; doch habe ich eine Bitte.«

»Welche?«

»Wenn du mir das Fell der Bärin überlassen wolltest, würde es für unsern ganzen Stamm ein Heiligtum des Andenkens an Kara Ben Nemsi sein.«

»Du sollst es haben; die Felle der drei Jungen aber wird Halef mit zu den Haddedihn nehmen.«

»Wie? Drei Kinder hatte diese riesenhafte Mutter der Gefräßigkeit?«

»Ja.«

»Oh, ihr Helden! Wie ist es euch denn möglich geworden, diese Tiere zu töten, ohne daß wir einen einzigen Schuß gehört haben?«

»Das wirst du nachher erfahren. Mein guter Hadschi Halef Omar ist ein großer Meister des Erzählens; ihr werdet aus seinem beredten Munde hören, wie alles gekommen ist, von unserm Eintritte in Khoi an bis auf den jetzigen Augenblick.«

Nichts war dem kleinen Hadschi lieber, als wenn er so recht nach seinem Gusto erzählen konnte; darum bereitete ihm dieser Hinweis auf sein Talent die größte Freude. Er fühlte sich geschmeichelt und bestätigte, sich in die Brust werfend, meine Worte:

»Ja, das ist sehr wahr. Allah hat mir die Gabe der überwältigenden Rede verliehen, und wo ich meine Stimme erschallen lasse, da schweigen alle Menschen, Pferde und Kamele. Ihr sollt erfahren, wie wir euch gefunden haben, wie mein Sihdi dich und die beiden Rosse herausgeholt hat und wie der Unsterblichkeit der Bärin ein so schnelles und ruhmloses Ende bereitet wurde. Eure Ohren werden voll werden von den Klängen unserer Pfiffigkeit und von den Tönen unserer Tapferkeit; wir aber konnten uns in Khoi nur mit Datteln versehen, welche nichts taugen, weil sie wurmstichig sind, und freuen uns also sehr darauf, von euch bessere zu bekommen. Rih, unser edler Rappe, ist an diese Frucht gewöhnt, und da ihr ihn gestern schlecht behandelt habt, so daß er vor Zorn und Aerger gar nicht fressen konnte, so muß er nun täglich wenigstens zweimal eine Ruba[1] gute Datteln bekommen, bis sich sein Grimm gelegt hat und er wieder zu Kräften gekommen ist.«

[1] Ruba = 8,4 Liter.

Der kleine Kerl benutzte die Gelegenheit, das Nützliche mit dem Angenehmen zu verbinden; daß er dabei den Mund sehr voll nahm, das lag in seiner Art und Weise; freilich wollte mir die Unverfrorenheit seiner Forderung nicht gefallen, doch nahm der Scheik sie mit guter Miene hin, indem er versprach, sie nach Möglichkeit zu erfüllen. Wer hätte es für möglich gehalten, daß dieser Räuber, dem kein Gesetz als nur das der Blutrache heilig gewesen war, so rasch und in solcher Weise ein ganz anderer werden könne! Noch heute ist mir wenigstens das Eine unbegreiflich, daß er, scheinbar so leichten Herzens, auf Rih verzichtete, ohne nur ein einziges Wort des Bedauerns laut werden zu lassen. Das konnte nicht allein die Wirkung der ausgestandenen Todesangst sein, sondern des Wortes von der Liebe, die ja mächtiger ist als alles andere im Himmel und auf Erden.

Wir stiegen mit ihm, die beiden Pferde an den Zügeln führend, zum Lager hinab, wo wir es so fanden, wie er uns gesagt hatte: rechts lagen die Waffen alle beisammen, und links vom Teiche saßen die Kelhurs, welche Halef und mich mit bewundernd neugierigen Blicken empfingen, während sie die Bebbeh einstweilen gar nicht zu beachten schienen. Am freudigsten wurden wir von dem Nezanum und seinen Begleitern bewillkommnet, die uns die Befreiung aus der Gefangenschaft und von der Zahlung des Lösegeldes zu verdanken hatten.

Die Hauptsache war natürlich, wie bei allen wilden und halbcivilisierten Völkern, ein Schmaus, welcher sogleich veranstaltet wurde und zu dem das Fleisch der vier Bären eine vortreffliche Beigabe bot. Ein Freundschaftsschluß kann nur dann als bindend betrachtet werden, wenn er durch einen solchen Schmaus bestätigt und bekräftigt worden ist.

Was die Bären betrifft, so folgten die Kelhur uns trotz ihrer großen Neugierde nicht ohne Scheu nach der Musallah hinüber. Als wir drüben anlangten, sagte der Scheik, indem er auf die tote Bärin deutete:

»Effendi, ich rühre sie nicht eher an, als bis ich weiß, daß sie wirklich tot ist und bis sie das Kreuz nicht mehr in den Tatzen hat. Ich weiß nicht, was gefährlicher ist, das Zeichen der Christen zu entweihen oder zwischen die Pranken eines solchen Ungetümes zu geraten.«

»Wenn es zu deiner Beruhigung dient,« antwortete ich, »so werde ich dir beweisen, daß sie nicht mehr lebt, und du wirst mir dafür helfen, die Ruine der Musallah mit einem bessern Kreuze zu versehen.«

»Ja, das werde ich thun; sehr gern soll das geschehen. Einige meiner Krieger haben ihre Kadadim[1] zum Bau der Lagerstätten mit. Wir werden Stämme fällen und ein Kreuz zimmern, wie du es haben willst; du brauchst uns deinen Wunsch nur anzugeben.«

Da drängte sich Ssali Ben Aqil zu mir heran und fragte mich:

»Erlaubst du mir, Effendi, daß ich bei dieser Arbeit auch mithelfe?«

Ich gab ihm mit Absicht folgende Antwort:

»Natürlich erlaube ich es dir. Aber du bist ein Lehrer und Prediger des Islam. Verträgt es sich mit diesem deinem Berufe, eine Musallah derer, die ihr Ungläubige nennt und die deshalb hier von Moslemim getötet wurden, mit dem Zeichen des Christentumes zu schmücken?«

Die Leute, welche um uns standen, waren Bekenner des Islam, dennoch erwiderte er, daß sie alle es hörten:

»Du hast uns gesagt, daß der Halbmond eine Nachahmung des tötenden Schwertes sei; das Kreuz aber wurde dem Gotte der Liebe errichtet, der uns durch dich vom Tode errettet hat. Wer kann wanken, wenn er zwischen Tod und Leben zu wählen hat? Lag nicht der Tod auch aller dieser Kelhurs im Laufe deines Zaubergewehres? Und doch hast du ihnen die Versöhnung an Stelle der Vernichtung gebracht! Ist es etwa gleichbedeutend mit der Abschwörung des Islam, wenn ich aus Dankbarkeit für die Befreiung aus den Krallen der Bären die Hölzer des Kreuzes mit zimmern und errichten helfe? Soll ich mir von dir vorwerfen lassen, daß ich deinem Glauben den Dank verweigere, den ich ihm schuldig bin? Muß ich deshalb, weil ich den Mahdi suche, ungerecht gegen deine Lehre sein? War Abram nicht ein Heide, ehe er ein Jude wurde? War Muhammed sogleich ein Moslem, als er als Kind die Erde betrat? War euer Isa Ben Marryam nicht ein Jude, ehe er seine große Predigt vom Berge lehrte? Muß also der Mahdi, den wir erwarten, ursprünglich und

[1] Plural von Kaddum = Axt.

unbedingt ein Moslem sein? Kann nicht auch ein Christ von Allah begnadet werden, die Wohnung des Geistes zu sein, welcher seinen Gläubigen die Pforten der wahren Seligkeit öffnet? Und habe ich nicht gestern abend und heut früh die Ueberzeugung gewonnen, daß dieser Geist der Geist der Liebe sein muß? Streite mit mir über den Glauben, aber wehre mir nicht, die Schuld abzutragen, die mich drücken würde!«

»Es fällt mir nicht ein, mit dir zu streiten, denn ich bin der Ueberzeugung, daß du, wenn du eifrig suchst, das Richtige finden wirst. Und noch viel weniger werde ich dich hindern, das Kreuz mit zu errichten, unter welchem allein die Liebe wohnt, nach welcher du dich sehnst. Du wandertest bisher in der Irre, weil du dir vornahmst, ein Führer zu sein. Sobald du zu der Erkenntnis kommst, daß du selbst noch sehr der Führung bedarfst, wird dir, wie einst den drei Königen aus dem Morgenlande, der Stern von Bait Lahm[1] erscheinen, um dich zu dem rechten und einzigen Mahdi zu leiten, dessen Stimme noch heut durch alle Lande schallt: Ich bin der Weg, die Wahrheit und das Leben, und niemand kommt zum Vater denn durch mich! Suche nur, suche! Unsere heilige Schrift giebt uns die tröstliche Verheißung: Suchet, so werdet ihr finden; klopfet an, so wird euch aufgethan. Diese Verheißung gilt nicht bloß für uns Christen, sondern für alle Menschen, die nach der Wahrheit trachten, also auch für dich. Aber wer nach der Wahrheit strebt, der darf dies nicht mit Voreingenommenheit thun, denn wenn du einen Freund mit Absicht grad nicht in der Stadt oder in dem Hause suchst, wo er wohnt, so ist dein Suchen vergeblich.«

»Effendi, ich werde suchen, überall, allüberall, und ich bin überzeugt, daß ich den Mahdi finden werde, hier oder dort, früher oder später. Jetzt aber werde ich euch helfen, den Bären auf die Seite zu schaffen, der uns im Wege steht. Du hast dafür gesorgt, daß er uns nicht fressen konnte; dafür wird er aber nun von uns verzehrt werden.«

»Die Tatzen sind für mich und für meinen Sihdi bestimmt,« fiel da der schlaue Halef ein. »Alles übrige Fleisch, von der Mutter sowohl als auch von ihren Jungen, könnt ihr für euch behalten.«

[1] Bethlehem.

»Nur die Lebern nicht,« warnte ich. »Die sind von dieser Art von Bären giftig und müssen weggeworfen werden.«

Jetzt banden wir der Bärin das Kreuz aus den Pranken, legten sie um und schälten sie aus dem Felle, was nur langsam vor sich ging, weil sie nicht mehr warm war. Den Pelz nahm dann Schir Samurek gleich an sich. Dasselbe geschah dann mit den Jungen, über deren Häute sich Halef sofort hermachte, um die noch anklebenden Fleischteile mit Hilfe einiger Kurden abzuschaben und sie dann mit dem Gehirne einzureiben. Inzwischen gingen Aqil und sein Sohn nach dem Wasser, um sich und ihre vielfach zerfetzten Anzüge von dem Honige zu reinigen, dessen Süßigkeit ihnen hatte so verhängnisvoll werden sollen.

Als das Fleisch der Bären verteilt worden war, begann das Braten desselben und dann der Schmaus, bei dem die Freundschaft zwischen uns und den Kelhur abgeschlossen wurde – – für ewige Zeiten. Was solche Ewigkeiten zu bedeuten haben, und von welcher Dauer sie sind, das wissen die Diplomaten aller Länder, und das wissen auch die Kurden. Die Bärentatzen schmeckten mir und Halef ausgezeichnet. An das Fleisch der uralten »Bärin der Unsterblichkeit« hätte ich mich nur in der größten Hungersnot gewagt; es war unbeschreiblich hart und zähe und mußte wie Sohlenleder schmecken; aber diesen Kelhur schien es einen wahren Göttergenuß zu bereiten. Wenigstens versicherten sie einstimmig, daß sie noch niemals solche leckere und ehrenvolle Lukmat esch Schühret[1] genossen hätten. Der Stolz, grad diese berühmte Bärin verspeisen zu dürfen, machte ihre Geschmacksnerven allem Anscheine nach vollständig empfindungslos.

Nach dem Essen wurde aus hartem, dauerhaftem Holze ein riesiges Kreuz gezimmert und dann hoch auf der Vordermauer der Musallah befestigt, so daß es der vereinigten Kräfte vieler Männer bedurfte, es von da zu entfernen. Als wir damit fertig waren, fragte Ssali Ben Aqil:

»Effendi, ich habe auf meinen Reisen viele Eigentümlichkeiten der Europäer kennen gelernt. Ich weiß, daß sie bei Gelegenheiten, wie die jetzige eine ist, eine feierliche Takdis[2] zu veranstalten pfle-

[1] Bissen der Berühmtheit.
[2] Einweihung.

gen. Bist du nicht der Meinung, daß so eine Takdis auch hier zu geschehen habe?«

Ich war selbstverständlich darüber erstaunt, daß er, der Moslem, sogar der Prediger des Islam, mir die Einweihung dieses Zeichens des Christentumes in Vorschlag brachte. Natürlich ging ich darauf ein, mußte dabei aber vorsichtig sein; ich durfte die Glaubensansichten der Kurden nicht beleidigen und mußte mich vor allen Dingen hüten, den Samen zu vernichten, der heut in viele Herzen gefallen war. Darum antwortete ich:

»Ja, wir wollen dieses Kreuz einweihen. Es soll in diesen Bergen, in denen bisher der Haß und die Unversöhnlichkeit wohnten, als das Sinnbild der Liebe und des Friedens stehen. Seid ihr damit alle einverstanden?«

Ich erhielt ein hundertstimmiges Ja zur Antwort und fuhr fort:

»Wenn jemand unter euch das Trotzlied von Fileh el Mafileh kennt, so möge er mir den Anfang desselben sagen!«

Da war es gleich der Scheik, welcher antwortete:

»Gasa, Nikma, Bugda, Thar[1] – – – –«

»Halt, mehr brauche ich nicht!« unterbrach ich ihn. »Diese vier Worte sagen zur Genüge, was für finstere Wolken seit Jahrhunderten auf diesen Bergen und Thälern gelegen haben; sie sollen von der Sonne der liebe und Güte zerteilt und vertrieben werden. Wenn einer von euch Farbe bei sich hätte, würde ich euch ein anderes und schöneres Muwal[2] an dieses Kreuz schreiben, welches das Herz eines jeden Menschen erleuchten würde, der hierher käme und es läse.«

Da rief mir einer zu:

»Effendi, ich bin der Schabbar[3] des Stammes und habe mehr Nila[4] bei mir, als du zu einer solchen Schrift nötig hast.«

Das war mir lieb. Einen Pinsel gab es zwar nicht, doch fertigte ich mir einen, indem ich ein Stück grünes Holz abschnitt und das eine Ende desselben kaute, daß es faserig wurde. Dann mußten zwei starke Kurden mit mir hinauf zum Kreuze steigen; ich stellte mich

---

[1] »Strafe, Vergeltung, Haß, Blutrache – – –«

[2] Lied.

[3] Färber.

[4] Indigo.

auf ihre Schultern, so daß ich den Querbalken des Kruzifix erreichen konnte, und schrieb in arabischer Sprache, was mir der Augenblick eingab. In arabischer ist es viel kürzer als in deutscher Sprache, in welcher es, den Reim beibehalten, ungefähr lauten würde:

»Die Güte leite all dein Handeln;
Die Milde leite all dein Thun.
Du sollst in Gottes Liebe wandeln;
Du sollst in Gottes Liebe ruhn!«

Als ich fertig war und Ssali Ben Aqil es den schriftunkundigen Kurden vorlas, erntete ich lauten und allgemeinen Beifall. Ich sprach eine kurze Weiherede, forderte die Zuhörer auf, niederzuknieen und die Hände zu falten und betete das Vaterunser, an dessen Schlusse alle in mein Amen mit einem kräftigen Amin einfielen, ein Wort, welches ganz dieselbe Bedeutung hat. Es war wohl nur Ssali Ben Aqil allein, welcher wußte, daß sie damit einen außerordentlichen Verstoß gegen die Satzungen des Islam begangen hatten.

Es versteht sich ganz von selbst, daß die Wachen, welche unten im Flußbette gestanden hatten, um uns abzufangen, längst eingezogen worden waren. Das Einvernehmen aller war jetzt ein so gutes, als ob niemals eine Feindschaft zwischen uns gelegen hätte. Wir beschlossen, noch nicht fortzuziehen, sondern den ganzen Tag und auch noch die folgende Nacht hier oben bei der Musallah el Amwat zu bleiben, und da kann man sich denken, daß mein kleiner, redseliger Halef diese Gelegenheit ausnützte, von meinen Thaten und von meinen Vorzügen zu erzählen, worunter er aber nicht zum wenigsten die seinigen meinte.

Auch ich ließ diese Gelegenheit nicht vorübergehen, ohne – – – zu erzählen? o nein! sondern ohne den ausgestreuten Samen zu begießen, wobei mir Ssali Ben Aqil ein sehr aufmerksamer Zuhörer war. Ich gedachte des Wortes unsers Heilandes an Petrus: »Von jetzt an wirst du Menschen fangen!« und zugleich des Dichterwortes[1]: »O Gott, wie muß das Glück erfreun, der Retter einer Seele sein!«

Ich erzählte von den alttestamentlichen Weissagungen, von Christi Geburt, seinem Leben, Sterben und Auferstehen, von seinen Lehren. Ich that dies nicht in aufdringlicher, missionierender Weise,

[1] Gellert.

durch welche ich grad das Gegenteil von meiner Absicht erreicht hätte, denn diese unvorsichtige Art des Fanges hätte das Wasser getrübt und die Fische verscheucht; so aber hörte man mir still und ohne Unterbrechung zu, erst aufmerksam nur, dann staunend, voller Verwunderung, die so aufrichtig war, daß der Scheik Schir Samurek endlich ausrief:

»Aber, Effendi, von alledem haben wir bisher ja nichts, gar nichts gehört und gewußt!«

»Das brauchst du mir nicht erst zu sagen. Dieses Geständnis hat mir schon gar mancher Moslem gemacht, welcher die Lehre Christi verachtete und verdammte, ohne ein Wort von ihr zu kennen. Ist es nicht Thorheit, über etwas vollständig Unbekanntes ein Urteil zu fällen?«

»Da hast du recht. Also Isa Ben Marryam hat die Wunder wirklich alle gethan, welche du erzählt hast?«

»Ja.«

»Aber warum geschehen jetzt keine Wunder mehr, weder bei uns noch bei euch?«

»Es geschehen noch immer welche.«

»Bei euch?«

»Bei uns und euch.«

»Das glaube ich nicht!«

»Weil deine Augen geschlossen sind. Du brauchst sie nur zu öffnen, so siehst du Wunder allüberall. Der Kurzsichtige oder gar Ungläubige pflegt bei solchen Ereignissen freilich nicht von einem Wunder, sondern nur vom Zufalle zu sprechen.«

»Willst du damit sagen, daß es keinen Arid[1] giebt?«

»Ja.«

»Hierin hast du einmal unrecht, Effendi. Es giebt Awarid[2]; ich habe viele, viele selbst erlebt.«

»Du irrst. Wir Christen glauben, daß Gottes Hand uns vom Anfange bis zum Ende des Lebens leitet, daß es sein liebevoller Wille ist, nach welchem alles, alles geschieht. Und wenn der Mensch sich gegen diese Liebe sträubt und dadurch seinem Lebenswege eine an-

---

[1] Zufall.

[2] Plural von Arid, also Zufälle.

dere, schlimme Richtung giebt, so thut er das nach seinem, des Menschen Willen. Kann man da vom Zufall sprechen? Und euer Islam lehrt, daß alles, was geschieht, im Buche des Lebens vorher verzeichnet sei. Ist da also nicht auch bei euch jeder Zufall ausgeschlossen?«

»Richtig! Du hast recht, obgleich ich es vorhin nicht glaubte. Aber wie ist's da mit dem Wunder?«

»Wenn des Menschen Weg und Wollen mit dem Willen und der Liebe Gottes auseinandergehen, so streckt Gott in seiner Allbarmherzigkeit die Hand der Allmacht aus, um den Verirrten zu sich zurückzuführen. Das, was dann die Allmacht thut, ist eben das Wunder, welches an dem Menschen geschieht, zumeist ohne daß er es als solches erkennt.«

»Und du meinst, daß ich auch schon solche Wunder erlebt habe?«

»Ja.«

»Maschallah! Sage mir eins, ein einziges nur, so will ich daran glauben!«

»Das fällt mir gar nicht schwer. Hadschi Halef Omar erzählte euch vorhin, wie ich euch beschlichen und belauscht habe, du fordertest deine Krieger auf, über Ssali Ben Aqil zu lachen. Sie thaten es, und dann sagtest du zu ihm und seinem Vater: ›Wißt ihr nun, wie vernünftige Männer über euch denken? Hat die Antwort, die ihr erhieltet, euch nicht die Knochen zu Mehl und Staub zermalmt? Morgen um dieselbe Zeit werdet ihr dasselbe Lachen aus dem Munde der Teufel in der Hölle hören, und es wird euch in die Ohren klingen in alle Zeit und Ewigkeit! Eure Erwartung ist Lüge; eure Hoffnung ist Täuschung und euer Glaube ist Betrug. Weder Allah noch sein Prophet wird sich euer erbarmen, denn das Blut, welches wir zu rächen haben, muß über euch kommen, und wenn ihr euch in eurer Todesangst dann an den falschen Gott der Ungläubigen wendet, welcher Isa heißt, so wird der Himmel sich vollends von euch wenden und die Hölle über euern Abfall jubeln!‹ – Das waren genau deine Worte, und du wirst zugeben, daß du so gesagt hast!«

»Ja.«

»Du hieltest es für vollständig unmöglich, daß grad das Gegenteil von deiner Drohung geschehen könne?«

»Ja, für vollständig unmöglich!«

»Nun, was folgte dann? Sie wurden frei und du selbst fielst in Gefangenschaft. Wir hätten dich in ganz genau denselben Tod schicken können, den sie erleiden sollten. Dann hättest du an ihrer Stelle das Lachen der Teufel in der Hölle gehört. So ist also nicht ihre, sondern deine Erwartung zur Lüge, deine Hoffnung zur Täuschung und dein Glaube zum Betrug geworden. Das, was du für unmöglich hieltest, ist geschehen. Isa hat sie errettet, ohne daß der Himmel sich von ihnen wendet und ohne daß die Hölle über sie jubelt. Wenn aber Unmögliches zur Wahrheit geworden ist, so ist eben ein Wunder geschehen. Nicht der Zufall hat uns hergeführt, sondern Gottes Allmacht war es, welche durch uns zwei schwache Männer das vollbrachte, was nach eurem und überhaupt nach menschlichem Ermessen niemals geschehen konnte. Zweifelst du noch daran, daß es ein Wunder ist?«

»Ich weiß nicht, was ich dazu sagen soll, Effendi.«

»Du siehst es ein, sträubst dich aber, es zu gestehen. Und doch ist zu diesem Wunder sogar ein noch viel größeres geschehen. Ssali Ben Aqil und sein Vater, eure Todfeinde, sitzen jetzt als Freunde bei euch; sie haben nicht einmal die Dijeh, den Blutpreis zu bezahlen gehabt. Wenn das nichts als ein bloßer Zufall ist, so kann es allerdings überhaupt gar keine Wunder geben!«

Da sprang Schir Samurek auf und rief:

»Jetzt, jetzt hast du das Richtige getroffen, Effendi; jetzt hast du mich abermals besiegt! Daß dies geschehen konnte, daran war hier im Leben und auch im Jenseits nicht zu denken. Ja, es geschehen Wunder, und ich bin jetzt überzeugt davon. Aber ihr waret es, die dies alles vollbracht haben; die Liebe, die euch leitet, ist's gewesen; vor ihr ist das ganze, große Bauwerk unsers Hasses und unserer Rache, von dem wir glaubten, daß es in alle Ewigkeit bestehen müsse, in ein Nichts zusammengebrochen. Meine ganze Seele hat sich seit gestern verändert; ich kenne mich nicht mehr. Wenn ich nicht einsehen müßte, daß du nichts als die volle Wahrheit sagst und daß du es gut und ehrlich mit uns meinst, so würde ich dich für einen schlauen Missionar halten, der uns durch schönklingende Worte bethören und von unserem Glauben abwendig machen will. Aber deine Thaten sprechen noch lauter und überzeugender als deine Worte, und wenn du von uns scheiden wirst, so hast du uns ein Mah et Tahkid[1] hier zurückgelassen, von welchem unsere Herzen noch lange, lange trinken werden. Wirst du vielleicht einmal nach dem Lande der Kurden zurückkehren?«

»Das steht bei Gott. Wenn er es will, wird es geschehen.«

»Er gebe es! Dann sollst du bei uns empfangen werden als Bruder und als Freund, der keinen Wunsch hat, den wir nicht erfüllen. Jetzt aber sollst du weiter erzählen von Isa, dem Gekreuzigten und seinen zwölf Hawarijun[2]; denn da du schon morgen von uns scheidest, so müssen wir die kurze Zeit benützen, die du in unserer Mitte bist.«

Wie gern kam ich dieser Aufforderung nach! Hatte ich doch eine ganz bestimmte Absicht, die ich noch erreichen wollte. Ich habe bereits gesagt, daß die Kelhur einen Raub- und Beutezug über die Grenze hinüber ausführen wollten, und ich stellte mir die Aufgabe, sie davon abzubringen. Daß ich dabei nicht, wie man sich auszudrücken pflegt, mit der Thür ins Haus fallen durfte, versteht sich ganz von selbst. Ich wirkte durch leise Andeutungen heimlich darauf hin; ich belegte diese Mahnungen mit Beispielen aus meinem eigenen Leben und hatte endlich die Freude, den Erfolg eintreten zu sehen, daß Schir Samurek ohne alle Ahnung von dieser meiner Taktik scheinbar ganz von selbst auf die Frage kam:

»Aber da begehen wir doch, wenn wir unsern Kriegszug ausführen, eine so große Sünde, daß sie uns gar nicht vergeben werden kann. Meinst du nicht auch, Emir?«

Ich that, als ob ich erst jetzt, durch ihn, an dieses ihr Vorhaben erinnert werde, und antwortete natürlich in bejahender Weise. Nun gab es für ihn einen doppelten Kampf, nämlich zwischen ihm und sich selbst und zwischen ihm und seinen Leuten. Er und sie waren das Räuberleben gewöhnt; sie betrachteten den Raub als ritterliche That; sie hatten den Zug unternommen, um Beute zu machen. Sollten sie auf diese Beute verzichten? Sollten sie leer nach Hause kommen und sich auslachen lassen? Ich hatte mir fast zu Schweres vorgenommen, denn mein Einfluß auf diese Dreiviertelbarbaren stammte erst von heut; er war viel zu neu und zu schwach, es mit

[1] Wasser der Ueberzeugung.

[2] Aposteln.

ihren altgewohnten Anschauungen aufzunehmen; aber grad dadurch, daß ich nicht kategorisch sprach, sondern sie selbst gegen einander leitete und nur in den kritischen Momenten ein widersprechendes oder aufmunterndes Wort fallen ließ, erreichte ich schließlich doch mein Ziel: es wurde beschlossen, den Raub- in einen Jagdzug umzuwandeln und also morgen früh schon wieder umzukehren.

Ich nahm an, daß nur Halef meine heimliche Absicht erraten habe, befand mich da aber im Irrtum, denn Ssali Ben Aqil nahm mich in einem Moment, an welchem wir nicht beachtet wurden, bei der Hand und raunte mir zu:

»Effendi, dir scheint alles möglich zu sein, denn sogar auch dieses hast du fertig gebracht, ohne daß ein einziger ahnte, was du eigentlich wolltest. Du kannst jedermann zu allem bringen, was du willst; hättest du schlechte Absichten, so wärest du ein höchst gefährlicher Mensch. Allah sei Preis und Dank, daß du nur nach dem Guten strebst!«

Es war spät, sehr spät, als wir endlich zum Schlafen kamen; dafür wachten wir früh später auf, als wir uns vorgenommen hatten. Dann wurde mit dem Aufbruche nicht gesäumt. Wir wollten die Kelhur nur bis zum Ausgange des Engthales begleiten und uns dann direkt nach Khoi wenden, während ihre Richtung die nördliche war. Schir Samurek stieg als der letzte von ihnen zu Pferde, vorher aber händigte er mir das gestohlene Geld des Wirtes mit den Worten aus:

»Effendi, es war sehr rücksichtsvoll von dir, mich bis zu diesem Augenblicke nicht an die zehntausend Piaster zu mahnen. Hier hast du sie! Indem ich sie dir gebe, habe ich nun alles erfüllt, was du von mir gefordert hast.«

Er ritt hinter seinen Leuten her. Ihm folgte der Nezanum mit den Männern aus Khoi, die auch alle ihnen abgenommenen Sachen wiederbekommen hatten. Ich ging mit Halef noch einmal nach der Musallah, um dort eine kurze Andacht zu verrichten. Die beiden Bebbeh schlossen sich uns an. Als wir dann unsere Pferde auch bestiegen, um den Kelhur nachzureiten, sagte Ssali Ben Aqil, indem er nach der Kapelle zurückdeutete:

»Dies ist der Ort, wo wir schon in den Tod versanken, als du uns neues Leben gabst. Aber nicht nur das Leben hast du uns gebracht, sondern auch das Licht der Liebe, das uns leuchten soll. Es sind hier große Wunder geschehen. Das letzte war, daß es deiner Klügheit gelang, die Kelhur zum Verzicht auf ihren Beutezug zu bringen. Ihr Christen scheint nicht nur die wirkliche Liebe, sondern auch die wahre Weisheit zu besitzen, die alle menschlichen Listen überragt. Wir müssen leider sehr bald von dir scheiden, weil wir heut noch den gleichen Weg mit den Kelhur haben; aber unsere Herzen sind des Dankes voll. Wenn Allah meinen Wunsch erfüllt, so treffe ich dich einstens wieder, und dann wirst du erfahren, ob ich noch auf der Spur des Mahdi wandle oder ob mir der andere Stern erschienen ist, von welchem du zu mir gesprochen hast. Der Segen Allahs sei auch fernerhin mit dir, wie er dich bisher begleitet hat!«

Wir holten die Kelhur unten im Thale ein und ritten mit ihnen und den Bebbeh, bis das Flüßchen aus den Bergen trat. Da wurde Abschied genommen. Es geschah dies in der wortreichen orientalischen Weise, welcher selten zu trauen ist; hier aber waren die bilderreichen Ausdrücke herzlich und aufrichtig gemeint, und als wir uns dann mit den Leuten von Khoi allein befanden, strich sich Halef mit der Hand über das Gesicht und sagte:

»Sihdi, das Scheiden ist eine Sache, welche zwar nicht zu ändern ist, aber doch geändert werden sollte, denn sie berührt die Tiefe des Behagens wie ein Quirl und bewässert die Winkel unserer Augen, daß sie wie ein Doppelbrunnen laufen. Glücklicherweise finden wir Trost in dem erhabenen Gedanken, daß wir diese vielen Feinde nicht nur besiegt, sondern sogar in Freunde umgewandelt haben und daß ich die Felle der drei Bärenjünglinge besitze, welche in beredten Worten unsern Ruhm verbreiten werden. Mein gegenwärtiges Befinden ist viel besser und viel edler als die unerwartete Bequemlichkeit, die ich empfand, als ich von der Tulumba von Khoi in das Geäst des Baumes geschleudert wurde. Möge diese Spritze von allen bösen Geistern besessen sein und niemals Ruhe finden, weder bei Tage noch bei Nacht!«

Unsere jetzigen Begleiter gaben sich alle Mühe, uns ihres Dankes und ihrer Freundschaft zu versichern, doch hielten wir uns für uns, denn selbst der vornehmste von ihnen, der Nezanum, dessen Klugheit nach der Ansicht des Wirtes weit über unserer Weisheit erhaben war, besaß nichts, was uns verlocken konnte, uns näher mit ihm zu beschäftigen. So ist über diesen Heimritt also nichts weiter zu erwähnen, als daß auf ihm nichts Wichtiges passierte und daß wir glücklich in Khoi ankamen.

Wir erregten Aufsehen; die Bewohner liefen in hellen Haufen zusammen, und so fand Halef wieder gute Gelegenheit, sein Erzählertalent glänzen zu lassen. Wie glücklich war der Wirt, als ich ihm sein Geld aushändigte. Auch seine Frau bedankte sich bei uns und sagte mir dann heimlich mit Freudenthränen in den Augen, daß ihr Mann ihr sein festes Versprechen gegeben habe, nicht wieder in sein Laster zurückzufallen.

Wir blieben fünf Tage in dem Orte, dessen Bewohner uns mit Beweisen freundschaftlicher Gesinnung fast überschütteten – – – nur einer nicht, nämlich der Apotheker. Er zeigte uns als Pferdediebe an und wollte uns streng bestraft wissen, wurde aber mit seiner Klage natürlich abgewiesen. Hierauf kam er in den Khan und verlangte Entschädigung von uns. Halef erklärte sich sofort bereit, sie ihm in jeder Höhe auszuzahlen, leider aber nur mit der Peitsche. Von da an ließ er uns in Ruhe, und wir bekamen ihn nicht eher wieder zu sehen, als bis wir Khoi verließen. Da stand er am Wege und warf uns wütende Blicke zu, die unsern Gleichmut nicht zu stören vermochten. – – –

VIERTES KAPITEL

Die letzte Sklavenjagd.

Und wieder war's am Nile, und zwar im tiefen Walde, der sich bis fast ganz herunter an das Wasser zog, von welchem er nur durch einen schmalen Schilfrand getrennt wurde. Mächtige Sunut- und Subakhbäume vereinigten ihre Kronen zu einem selbst für die südliche Sonne undurchdringlichen Laubdache. Die roten Stämme der Thalha-Mimosen[1] schickten ihre langen, horizontalen Aeste über das Schilf hinüber, wo die Fiederblätter einen dichten Vorhang bildeten, der seinen Saum in die Fluten tauchte; die Glut, welche in diesem Walde herrschte, hätte man unmöglich aushalten können, wenn nicht der Strom so nahe vorübergeflossen wäre. Wie aber kamen wir von so weit oben herunter an diese Stelle des Bahr el Abiad?

Die Aussöhnung zwischen mir und dem Reïs Effendina war von meiner Seite wirklich ehrlich gemeint, von der seinigen aber minder aufrichtig gewesen. Obgleich ich mich in meinem ganzen Verhalten bestrebte, das Gegenteil hervorzurufen, war doch unter seinen Leuten und allen unsern Bekannten die Ansicht verbreitet, daß ich es sei, dem man die gehabten Erfolge zu verdanken habe, daß er sehr häufig, ich aber niemals in Fehler verfallen sei, daß, wenn er mit seinem Wissen und Wollen am Ende stehe, ich selbst in der schlimmsten oder verwickeltsten Lage einen Ausgang gefunden habe, und daß besonders seine unerbittliche Strenge die Herzen kalt

[1] *Acacia gummifera.*

lasse oder gar von ihm entferne, während ich sie mir durch meine Milde und Freundlichkeit alle zu gewinnen wisse.

Es konnte gar nicht ausbleiben, daß er dies bemerkte; ja, es gab Schelme, die es ihm zu Ohren brachten. Er hatte keinen Grund, mir Vorwürfe zu machen, und schwieg also; aber er zog sich immer mehr von mir zurück und beobachtete eifersüchtig jeden meiner Schritte und jedes meiner Worte. Ich verhielt mich infolgedessen noch vorsichtiger als bisher, erreichte aber dadurch weiter nichts, als daß ich Mitglied der Expedition blieb, denn fort- und in die Wildnis hinausjagen konnte er mich ja doch nicht; aber er sprach nur das allernötigste mit mir und ließ mich bei jeder Gelegenheit fühlen, daß er der Herr und Gebieter sei. Hatte er mich früher als seinen Freund und Ratgeber geschätzt und behandelt, so war ich jetzt, wie man sich auszudrücken pflegt, das fünfte Rad am Wagen und wurde nur dann einmal zu einer Auskunft herbeigezogen, wenn es mit seinem Scharfsinne und seiner Thatkraft nicht mehr vorwärts wollte.

Dieser immer haltloser werdende Zustand brachte mich zu dem Entschlusse, ihn in Faschodah zu verlassen, sobald wir dort ankommen würden. Leider aber stellte sich, als wir dort anlangten, heraus, daß das Sumpffieber in der Stadt und ihrer Umgebung grassierte und daß vor Ablauf eines Monats kein Schiff zu erwarten sei, welches abwärts gehe. Der Reïs Effendina blieb nur zwei Tage da und lichtete dann die Segel, um der Ansteckung zu entgehen; er gab mir ziemlich deutlich zu verstehen, daß er glaube, ich passe jetzt besser nach Faschodah als an Bord seines Schiffes; ich stellte mich aber unter den gegebenen Umständen taub und blieb bei ihm, obgleich es mich einen innern Kampf kostete, eine solche Undankbarkeit noch länger schweigend zu ertragen.

Dieses mein Verbleiben vergrößerte seinen Zorn gegen mich, zumal er einen neuen Grund zu haben glaubte, eifersüchtig gegen mich zu sein. Wir hatten nämlich in Faschodah gehört, daß die Sklavenjäger während unserer Abwesenheit wieder kühner geworden seien. Esch Schahin, unser vortreffliches Jagdschiff, hatte sich so lange nicht mehr auf dem Nile sehen lassen, und so war den Sklavenhändlern der Mut wieder gewachsen. Wenn in der letzten Zeit auch keine Jagden unternommen worden waren, so gab es doch immer noch Orte, an denen man heimlich Reqiq[1] verborgen hielt, und diese wurde nun an den Nil gebracht und über die unbewachten Furten desselben an das rechte Ufer geschafft, von wo aus der Transport dann ohne Gefahr weitergehen konnte. Ganz besonders sollte die Gegend zwischen Kaka und Kuek unterhalb Faschodah zu diesem verbotenen Treiben ausersehen sein, und so entschloß sich der Reïs Effendina, einige Zeit lang hin und her zu kreuzen, um vielleicht einen Fang zu machen.

Was mich betraf, so glaubte ich nicht an die Wahrheit dieses Gerüchtes, hütete mich aber, dies zu sagen, zumal ich nicht nach meiner Meinung gefragt wurde. Kaka mit seinen in der fast baumlosen Steppe zerstreuten Strohhütten bot den Sklavenhändlern ebenso wenig wie das armselige Schillukdorf Kuek die für sie so notwendige versteckte Unterkunft, und da es zwischen beiden Orten auch keine passable Furt gab, so hätte sich der Händler, dessen Wahl auf diese Gegend gefallen wäre, geradezu ein Armutszeugnis ausgestellt. Freilich führt von Kaka aus eine vielbewanderte Karawanenstraße hinüber in das Gebiet der Bagara und an dem Dschebel Kedaro vorüber nach dem Lande Tagala; sie ist immer die Hauptstraße der Sklavenverkäufer gewesen, und so war es allerdings nicht unmöglich, daß sie auch jetzt wieder von diesen Leuten benutzt wurde. Der Reïs Effendina wenigstens war überzeugt davon; ich aber gab diese Möglichkeit im stillen, denn laut sagte ich nichts mehr, zwar zu, nahm aber dabei an, daß der Uebergang über den Nil nicht in der Nähe oder Gegend der beiden angegebenen Ortschaften, sondern an einer unterhalb derselben liegenden Machadah[2] bewerkstelligt werde. Warum grad unterhalb? Weil die Richtung nach oberhalb ein bedeutender Umweg und also ein großer Zeitverlust gewesen wäre, und je länger der Weg, desto mehr Sklaven gehen dabei zu Grunde.

Nun der Reïs Effendina sich wieder auf seinem eigentlichen Jagdgebiete befand und des beinahe festen Glaubens war, daß er einen Fang machen werde, trat ihm der Gedanke nahe, daß mir dabei Gelegenheit geboten werde, mich abermals auf eine ihm nicht ge-

---

[1] Sklaven zum Verkaufe.

[2] Furt.

nehme Weise hervorzuthun. Seine Eifersucht verdoppelte sich, und er beschloß, da er mich in Faschodah nicht losgeworden war, mich wenigstens jetzt kalt zu stellen – um mich dieses vulgären Ausdruckes zu bedienen. Er teilte mir mit dem freundlichsten Gesichte mit, daß er mir einen Auftrag zu erteilen habe, der ein Beweis seines großen Vertrauens zu mir sei. Er habe nämlich die Ueberzeugung, daß die Insel Matenieh von den Sklavenhändlern zum Uebergange benutzt werde; ich solle also hinabfahren, um die Gelegenheit auszukundschaften, und so lange dort bleiben, bis er mit dem »Falken« nachkommen werde; er hege zu meiner Erfahrung und meinem Scharfsinne das Vertrauen, daß ich dann im stande sei, ihm gute Nachricht zu geben. Ich durchschaute ihn, ging aber trotzdem gleich und ohne alle Widerrede auf seinen Vorschlag ein. Zwar wußte ich genau so gut wie er, daß grad bei der Matenieh keine Spur eines Händlers zu finden sein werde, war aber dabei im stillen der Ansicht, daß zwischen ihr und Kuek die Furten zu suchen seien, auf welche die oben erwähnte Karawanenstraße mündete. Er stellte mich also warm anstatt kalt, und während ich wußte, daß er niemand fangen werde, gab er mir die Gelegenheit, das zu thun, was er verhüten wollte, denn ich war willens, nicht direkt nach der Matenieh zu fahren, sondern die Ufer bis hinab zu ihr genau abzusuchen. Das verschwieg ich natürlich.

Er war ebenso erstaunt wie erfreut über meine schnelle Bereitwilligkeit und erlaubte mir in dieser guten Laune, die Leute, welche mich begleiten sollten, selbst auszusuchen. An der Mischrah[1] von Kaka war von einer aufwärts fahrenden Dahabijeh ein Arbat Makadif[2] zurückgelassen worden, dessen scharfer, praktischer Bau mir in die Augen fiel; ich bat den Reïs Effendina, dieses Boot zu requirieren und bis Kuek an das Schlepptau zu nehmen. Er erfüllte mir diesen Wunsch. In Kuek angekommen, wählte ich vier kräftige Asaker aus, von denen ich wußte, daß sie mir ergeben waren, ließ einen Vorrat von Proviant und Munition in den Arbat Makadif schaffen, dazu verschiedene Kleinigkeiten, die ich für nötig hielt, und sagte dann meinem braven Ben Nil, daß er mich begleiten solle. Er war

[1] Ufer, Haltestelle.

[2] Vierruderboot.

so entzückt darüber, daß er mich beinahe umarmt hätte. Das Boot war so geräumig, daß wir sechs Männer vollständig Platz hatten; ein Segel war auch da, und so machte ich mich nur zu gern auf die Fahrt, welche eigentlich eine wenn auch nur kurze Verbannung für mich bedeuten sollte. Ben Nil bewies mir, daß ich es nicht allein war, der diese Befriedigung empfand, denn als Kuek und der »Falke« aus unsern Augen entschwunden waren, sagte er:

»Effendi, ich weiß, daß er dich hat los sein wollen. Dein Ruhm ist ihm zu groß geworden; nun will er dir nichts mehr zu verdanken haben; ich aber denke, daß grad das Gegenteil geschehen wird.«

»Weshalb denkst du das?« fragte ich ihn.

»Weil du so guter Laune bist und ihm den Willen gethan hast, ohne ein Wort dagegen zu sagen. Ich kenne dich. Wenn du ein Gesicht machst wie jetzt in diesem Augenblick, so fühlst du dich entweder recht zufrieden in deiner Seele, oder du hast eine Dubara[1] vor, die deinem Herzen wohlthut und auch uns mit Freude erfüllen wird.«

Auch die vier Ruderer waren sehr damit einverstanden, daß meine Wahl sie getroffen hatte. Sie fühlten sich der strengen Schiffsdisziplin enthoben und hegten die frohe Erwartung, daß unsere Fahrt nicht eine so erfolglose sein werde, wie der Reïs Effendina angenommen hatte. Wenn wir glücklich waren, fiel ihnen ein Beuteanteil zu, der um so größer wurde, je geringer die Zahl der Personen war, die auf ihn Anspruch hatten. Wir waren nur sechs, und sie wußten, daß ich nichts zu nehmen pflegte.

Ich führte das Steuer; Ben Nil saß im Buge des Bootes, und die Asaker hatten sich unthätig lang ausgestreckt, denn der Wind war uns günstig; wir hatten das Segel aufgezogen und brauchten uns nicht mit Rudern abzumühen. Unsere Abfahrt von Kuek hatte am Nachmittage stattgefunden, und da keine Furt in der Nähe war, hielt ich es nicht für notwendig, nach Spuren von Sklavenhändlern zu suchen. Diese Arbeit hatte erst am nächsten Morgen zu beginnen. Wir segelten bis zum Abend und dann auch noch weiter, denn der Mond schien hell, und der Wind hatte sich nicht gedreht, wie es auf dem Nile gewöhnlich zwischen Tag und Nacht der Fall zu

[1] Pfiffigkeit.

sein pflegt. Später machte der Strom eine energische Krümmung; das Segel fiel zusammen, und weil wir nun hätten rudern müssen, zog ich es vor, nach dem Ufer zu wenden. Dort legten wir unter Bäumen an, befestigten das Boot an einem Stamm und legten uns zum Schlafen nieder. Einer mußte wach bleiben, um das Feuer zu unterhalten, welches wegen der Stechfliegen während der ganzen Nacht zu brennen hatte.

Als am nächsten Morgen die Fahrt fortgesetzt wurde, war es nun an der Zeit, den Ufern unsere Aufmerksamkeit zu schenken und auch nach sonstigen Zeichen einer Furt auszublicken. Daß dies bei der Breite des Stromes nichts Leichtes war, ist selbstverständlich, zumal wir zwischen einer Machadah und einer Chod zu unterscheiden hatten. Der Anwohner des oberen Niles versteht nämlich unter Machadah eine eigentliche Furt, wo ein Fluß wegen seiner geringen Tiefe überschritten werden, unter Chod aber eine Stelle, an welcher man wegen des sehr ruhigen Wassers leicht übersetzen kann.

Der Mittag war nahe, als der Nil sich in mehrere Arme teilte, zwischen denen niedrige Inselbänke sich hinzogen. Das Wasser floß in diesen Betten so ruhig dahin, daß, wenn es eine Furt, eine zum Uebergange geeignete Stelle gab, sie unbedingt hier sein mußte. Kein einziges Krokodil war auf den Bänken zu sehen, und der tiefste dieser Flußarme hatte eine so geringe Breite, daß er sehr leicht überschwommen werden konnte. Wir legten an jeder der Inseln an, um sie zu untersuchen. Sie waren alle mit Omm Sufah und Gebüsch bewachsen, eine schnellwuchernde Vegetation, welche jede Spur in kurzer Zeit begräbt. Aber auf der Bank, welche dem linken Ufer am nächsten lag, fanden wir eine noch nicht ganz vom Sacharumgras verdeckte Schebah, also eine jener schweren Gabeln, welche die gefangenen Schwarzen am Halse tragen müssen. Wie kam diese Schebah hierher? Jedenfalls war ein Sklaventransport hier über den Fluß gegangen. Ich ließ vollends an das Ufer rudern, um auch dort nachzuforschen. Es gab dort ein dichtes Ambakgestrüpp, welches meine Aufmerksamkeit in Anspruch nahm. Der Ambak oder Ambatsch[1] ist ein zu den Schmetterlingsblütlern gehöriger Strauch,

[1] *Aedemone mirabilis.*

dessen Stämme zur Zeit der Ueberschwemmung schnell mehrere Meter hoch über den höchsten Wasserstand aufschießen, um nach dem Falle des Wassers abzusterben. Das Holz ist schwammig, aber doch sehr dauerhaft und dabei so leicht, daß es allgemein als Material zu Flößen benutzt wird. Ein Floß, welches zwei, ja drei Personen hält, kann ohne Mühe von einem Mann über Land getragen werden.

Der größte Teil dieses Gestrüppes war schon abgestorben; die Pflanzenleichen lagen unter Papyrusstauden versteckt; aber weiter entfernt vom Wasser fand ich, was ich suchte: da war in einem stacheligen Akaziengebüsch ein ganzer Vorrat von Ambakhölzern aufgeschichtet. Das konnten nur Menschen gethan haben! Und wozu? Um hier, grad hier Flöße zusammenzusetzen, mit deren Hilfe solche Personen, die nicht schwimmen konnten, über den einen, tiefen Flußarm geschafft werden sollten. Wir hatten eine Furt entdeckt. Ob das uns etwas nützen werde, war freilich eine andere Frage. Wer weiß, wie lange Zeit seit der letzten Benutzung dieser Machadah vergangen war, und wer weiß, wie viele Wochen oder gar Monate man auf den nächsten Uebergang hätte warten müssen! Aber uns trieb ja nichts davon, und so nahm ich mir vor, die Stelle einmal recht gründlich in Augenschein zu nehmen.

Dazu war zunächst nötig, unser Boot zu verstecken. Es konnte ja immerhin grad jetzt jemand kommen, der es nicht zu sehen brauchte; es mußte von dieser Stelle fort. Wir ließen es also abwärts treiben, bis wir ein weit überhängendes Laubdach erreichten, unter welchem wir anlegten und das Fahrzeug ganz an das Ufer zogen. Die Asaker mußten als Wächter dabei bleiben; ich aber entfernte mich mit Ben Nil, um nach der Machadah zurückzukehren. Vorher wendeten wir uns rechts empor dem hohen Ufer zu, um zu sehen, ob es von dort aus einen besonderen Zugang zu der Furt gebe. Je weiter wir uns dabei vom Wasser entfernten, desto lichter wurde der erst sehr dichte Wald. Oben auf der Höhe angekommen, sahen wir die Bäume schon stellenweise so weit auseinander stehen, daß sich ihre Zweige nicht mehr berührten. Da bogen wir nach links ein, um in den Rücken der Machadah zu kommen.

Weniger aus für notwendig gehaltener Vorsicht als vielmehr aus zur zweiten Natur gewordener Gewohnheit spähte ich da zwischen den Stämmen hindurch, um die etwaige Anwesenheit von Menschen rechtzeitig zu bemerken, dennoch hätte ich wohl kaum einem sehr wichtigen Gegenstande die nötige Beachtung geschenkt, wenn mich nicht Ben Nil auf ihn aufmerksam gemacht hätte. Er sah nämlich einige Handvoll abgerissenen Grases seitwärts von uns auf dem Boden liegen und sagte es mir. Wir gingen hin. Es war sehr langes Andropogongras. Kaum hatte ich das erkannt und die Fußstapfen dabei im weichen Boden, so nahm ich Ben Nil bei der Hand und zog ihn in schnellem Laufe fort, wieder zurück, hinunter, woher wir gekommen waren. Ich hielt erst wieder an, als wir unsere Asaker und das Boot erreichten.

»Aber, Effendi, was fiel dir so schnell ein?« fragte er. »War das Gras die Ursache dieser Flucht?«

»Ja,« antwortete ich.

»Warum?«

»Wo solches Gras ausgerissen worden ist, da müssen Menschen sein.«

»Können nicht Tiere es ausgerissen haben?«

»In diesem Falle nicht. Dieses Riesengras wird hier verwendet, um Ambakhölzer zu Flößen zu verbinden. Es war ganz frisch, noch nicht verdorrt, noch nicht einmal verwelkt. Es sind also Menschen in der Nähe, welche im Walde nach Gras suchen, um sich ein Floß zu machen.«

»Maschallah! Warum aber haben sie es liegen lassen?«

»Der Bequemlichkeit wegen. Hat einer eine Handvoll, so legt er sie einstweilen weg, um später alles zusammenzuholen.«

»Ob man uns gesehen hat?«

»Das weiß ich nicht, möchte aber annehmen, daß wir unbemerkt geblieben sind. Warten wir eine kurze Zeit, ob man uns nachkommen wird! Wenn dies nicht geschieht, so schleichen wir uns nach der Furt, nach welcher sie jedenfalls gehen werden.«

Nachdem zehn Minuten vergangen waren, ohne daß wir jemand bemerkten, schlichen wir uns sehr vorsichtig am Ufer hin, bis wir uns an der eingangs erwähnten Stelle unter Sunut-, Subakh- und Thalha-Bäumen befanden, deren herabhängende Fiederblätter, wie bereits gesagt, einen Vorhang bildeten, hinter welchem hervor wir die Machadah und auch die aufgestapelten Ambakhölzer überschauen konnten. Es war niemand dort zu sehen; darum schoben wir uns noch soweit vorwärts, wie es mit der gebotenen Vorsicht zu vereinbaren war, und legten uns dann nieder, um das weitere abzuwarten.

Die feuchte Glut, welche hier herrschte, trieb uns den Schweiß aus allen Poren, und die lästigen Insekten machten uns sehr zu schaffen; wir durften uns aber nicht rühren, weil die geringste Bewegung uns verraten konnte. Endlich, endlich erschienen bei dem Ambakhaufen, von welchem wir vielleicht vierzig Schritte entfernt lagen, zwei Männer, welche die dicken, langen Grasbündel, die sie in den Armen hatten, nach dem Wasser trugen und dort niederlegten. Dann machten sie sich unverweilt daran, auch so viele Hölzer, wie sie zu einem Floße brauchten, hinzuschaffen; hierauf machten sie sich an die Zusammensetzung derselben. Es waren keine Dinka- und auch keine Schillukleute, sondern ihren Gesichtszügen und auch ihrer Kleidung nach mußten sie zu einem der Araberstämme des weißen Nils gehören.

»Sie bauen sich ein Floß; sie wollen hinüber,« flüsterte mir Ben Nil zu. »Ob wohl auch noch andere bei ihnen sind?«

»Schwerlich,« antwortete ich ebenso leise.

»Hältst du sie für Sklavenhändler?«

»Das läßt sich jetzt noch nicht sagen. Reich sind sie jedenfalls nicht. Wenn sie sich mit dem Sklavenhandel befassen, sind sie jedenfalls nur Untergebene eines Händlers.«

»Wollen wir mit ihnen sprechen?«

»Jetzt noch nicht. Warten wir ab, ob wir sie reden hören werden!«

»Zu welchem Stamme denkst du, daß sie gehören?«

»Der Hautfarbe nach sind sie weder Kababisch noch Bagara; sie scheinen Mitglieder eines östlichen Stammes zu sein, zu dem sie sich jetzt begeben wollen.«

Die beiden Fremden arbeiteten, ohne miteinander zu sprechen, bis das Floß beinahe fertig war. Da richtete der eine von ihnen sein Auge nach dem Himmel; sah an dem Stande der Sonne, welche Tageszeit es war, warf das Holz, welches er in den Händen hatte, weg und sagte laut, daß wir es deutlich hörten:

»Halt ein mit der Arbeit, denn die Zeit des Gebetes ist gekommen! Erst kommt Allah, dann der Prophet und erst nachher der Mensch mit seinem Thun. Willst du der Vorbeter sein?«

»Nein,« antwortete der andere. »Sprich du das Sallah[1]; ich spreche es dir leise nach!«

»So laß uns zunächst das Gebet gegen die Ungläubigen sagen, denn es ist die Zeit des Asr, wo es dem Strenggläubigen vorgeschrieben ist!«

Er wendete sein Angesicht in der Richtung nach Mekka, faltete die Hände und betete, ohne niederzuknieen:

»Ich suche Zuflucht bei Allah vor Satan, dem Verfluchten. Im Namen Gottes, des Allbarmherzigen, des Erbarmers! Oh Allah! Unterstütze den Islam, und erhöhe das Wort der Wahrheit und den Glauben! Oh Herr aller Geschöpfe, oh Allah! Vernichte die Ungläubigen und die Götzendiener, deine Feinde, die Feinde der Religion! Oh Allah, mache ihre Kinder zu Waisen; verdirb ihre Wohnungen; laß ihre Füße straucheln und gieb sie und ihre Familien und ihr Gesinde und ihre Weiber und Kinder, ihre Verwandten, ihre Brüder und Freunde, ihren Besitz und ihren Stamm, ihren Reichtum und ihre Länder den Moslemim zur Beute! Oh Allah, du bist der Herr aller Geschöpfe!«

Er hatte sich einen strenggläubigen Moslem genannt. Als solcher mußte er dem Gebete das Wudu, die vorgeschriebene Waschung, vorangehen lassen. Er trat also an den Rand des Flusses, streifte die Aermel bis über die Ellbogen empor und sagte dann:

»Ich beabsichtige, das Wudu zu vollziehen, um zu beten!«

Hierauf kniete er nieder, tauchte die Hände in das Wasser, wusch sie dreimal und sagte dabei:

»Im Namen Gottes, des Allbarmherzigen, des Erbarmers! Preis sei dir, Allah, der du das Wasser herniedergesandt zur Reinigung und den Islam gemacht zum Licht und Leiter und Führer zu deinen Gärten, den Gärten der Wonne, und zu deinen Wohnungen, den Wohnungen des Friedens!«

Dann schöpfte er sich mit der rechten Hand Wasser in den Mund, spülte ihn dreimal aus und sprach:

»Oh Allah, hilf mir, dein Buch zu lesen und deiner zu gedenken, dir zu danken und dir richtig zu dienen!«

Jetzt brachte er mit derselben Hand dreimal Wasser in die Nase, schnaubte es hindurch und rief:

[1] Gebet.

Hierauf kniete er nieder, tauchte die Hände in das Wasser und wusch sie dreimal.

»Oh Allah, laß mich die Düfte des Paradieses riechen und segne mich mit seinen Wonnen; laß mich nicht riechen den Geruch des Feuers in der Hölle!«

Nach diesem wusch er dreimal das Gesicht mit beiden Händen und fügte die Bitte hinzu:

»Oh Allah, mache mein Gesicht weiß mit deinem Lichte an dem jüngsten Tage, da du wirst weiß machen die Gesichter deiner Lieblinge, und schwärze nicht mein Gesicht an dem Tage, da du wirst schwärzen die Gesichter deiner Feinde!«

Diese Worte bezogen sich auf die Ansicht der Moslemim, daß am Tage des Gerichtes die Guten mit weißen, die Bösen aber mit schwarzen Gesichtern auferstehen werden. Daher sagt man, das Gesicht eines Menschen sei weiß, wenn er in einem guten, aber schwarz, wenn er in einem schlechten Rufe steht. »Möge Allah dein Gesicht schwarz machen!« ist eine Verwünschung, die man sehr oft zu hören bekommt. –

Nach dieser Reinigung des Gesichtes wusch der Fremde dreimal die rechte Hand und den rechten Arm bis an den Ellbogen und ließ das Wasser auch dreimal von dem Handteller bis an den Ellbogen am Arme herablaufen, wobei er sagte:

»Oh Allah, gieb mir mein Buch des Lebens in meine rechte Hand, und rechne mit einer leichten Rechnung mit mir!«

Dann folgte dieselbe Prozedur mit der linken Hand bis zum Ellbogen, die er mit der Bitte begleitete:

»Oh Allah, gieb mir nicht mein Buch in meine linke Hand noch auf meinen Rücken, und rechne mit mir nicht mit einer schweren Rechnung, und mache mich nicht zu einem von dem Volke des ewigen Feuers!«

Dann nahm er mit der linken Hand sein Kopftuch ab, fuhr sich mit der nassen rechten Hand über den Scheitel und sprach:

»Oh Allah, bedecke mich mit deiner Gnade, und schütte deinen Segen auf mich herab. Beschatte mich mit dem Schatten deines Baldachins an dem Tage, da kein Schatten sein wird außer in seinem Schatten!«

Nun bestrich er den Nacken mit den nassen Fingerspitzen beider Hände und sagte:

»Oh Allah, befreie meinen Nacken von dem ewigen Feuer

und bewahre mich vor den Ketten, Halseisen und Fesseln des Teufels!«

Zuletzt wusch er die Füße bis an die Knöchel, strich mit den Fingern zwischen den Zehen hindurch und betete dabei:

»O Allah, mache meinen Fuß sicher auf Esch Schireth, der Brücke des Todes, an dem Tage, da die Füße auf derselben gleiten! Oh Allah, laß meine Arbeit gebilligt, meine Sünden vergeben, meine Werke wohlgefällig sein, als eine Ware, die nicht zu Grunde geht, durch deine Verzeihung! Oh du Mächtiger, oh du Vergebender! Bei deinem Erbarmen, oh du Barmherzigster unter den Barmherzigen!«

Jetzt war die Waschung vollendet. Der Mann stand auf und rief, indem er seinen Blick erst zum Himmel und dann zur Erde richtete:

»Deine Vollkommenheit, oh Allah, erhebe ich mit deinem Preise. Ich bezeuge, daß kein Gott ist, als du allein. Du hast keinen Genossen. Ich flehe um deine Vergebung und wende mich zu dir mit Reue. Ich bekenne, daß es keinen Gott giebt außer Gott, und ich bekenne, daß Muhammed sein Diener und sein Gesandter ist!« –

Diese Waschung hat der Moslem täglich fünfmal vor den fünf vorgeschriebenen Gebeten vorzunehmen. Ist, wie beim Wüstenreisenden, kein Wasser vorhanden, so darf man an dessen Stelle Sand oder Staub nehmen. Eine solche trockene Waschung wird Tajemmum genannt.

Nun konnte der Fremde das Gebet des Asr beginnen. Er legte das Kopftuch auf den Boden, um es als Seggadeh[1] zu benutzen, kniete mit gen Mekka gerichtetem Gesichte darauf nieder und begann mit lauter Stimme den Adahn[2]:

»Gott ist sehr groß; Gott ist sehr groß; Gott ist sehr groß! Ich bekenne, daß es keinen Gott giebt außer Gott; ich bekenne, daß Muhammed der Gesandte Gottes ist! Kommt zum Gebete; kommt zum Heile! Gott ist sehr groß; es giebt keinen Gott außer Gott!«

Hierauf folgte das eigentliche Gebet, welches sehr lang war und von den verschiedensten Verneigungen und anderen Bewegungen des Körpers, der Arme und der Beine begleitet wurde. Da sich viel-

[1] Gebetsteppich.

[2] Aufforderung zum Gebete.

leicht mancher Leser dafür interessiert, möchte ich es niederschreiben; andere aber würde es ermüden, besonders wegen der vielen Wiederholungen, und so mag es mit der Beschreibung der Waschungen seine Genüge haben. Jedes Wort, welches der eine Fremde sprach, sagte der andere in halblautem Tone nach, und ebenso ahmte er jede Bewegung so genau und peinlich nach, daß man sich eines Lächelns nicht erwehren kann, wenn man sich eine Versammlung vieler solcher Beter in einer Moschee vorstellt, wo alle Köpfe, Rücken, Hände und Füße den Bewegungen des Kopfes, des Rückens, der Hände und der Füße des Vorbeters mit einer Genauigkeit folgen, welche der hölzernen Uebereinstimmung am Draht gezogener Marionetten gleicht. Der Geist wird durch diese Aeußerlichkeiten getötet, und das Gebet verwandelt sich in ein gedankenloses Plappern. Auch sage man mir ja nicht, daß diese vorgeschriebenen islamitischen Phrasen infolge der dabei vorkommenden Worte wie Barmherzigkeit, Gnade, Reue u.s.w. denn doch Aehnlichkeit mit christlichen Gebeten haben! Das sind nur leere, hohle Silben, die keinen Inhalt haben und ohne wahres Herzensbedürfnis ausgesprochen werden. Das wahre, zermalmende Zentnergewicht des Wortes Sünde ist nur dem Christentum bekannt, und ebenso kennt auch nur der Christ den hellen, unbeschreiblichen Jubel, der aus dem Worte Gnade klingt.

Als das Gebet zu Ende war, banden die beiden Muselmänner ihre Tücher wieder um die Köpfe und nahmen dann die Arbeit an dem Floße wieder auf. Sie waren dabei nicht so schweigsam wie vorher, sondern sie unterhielten sich, und zwar über einen Gegenstand, welcher mein ganzes Interesse in Anspruch nahm. Sie schienen die Anwesenheit eines andern Menschen für eine Unmöglichkeit zu halten, denn sie sprachen so laut, daß wir sie verstanden hätten, auch wenn die Entfernung zwischen uns und ihnen die doppelte gewesen wäre.

Wie horchte ich auf, als ich den Namen Ibn Asl nennen hörte! Der, welcher ihn ausgesprochen hatte, fügte den Stoßseufzer hinzu:

»Wenn er doch recht bald zu den Seinen zurückkehrte! Er war streng, ja hart, und ahndete jede Widersetzlichkeit mit dem sofortigen Tode; aber unter ihm waren wir doch freie Männer, die sich selbst vor dem Teufel und dem Reïs Effendina nicht fürchteten.

Nun aber sind wir arme Knechte, deren Lohn in die Taschen anderer fällt, und die Botendienste leisten müssen, wenn sie nicht verhungern wollen. Allah verdamme die neue Lehre, welche sagt, daß es Sünde und Verbrechen sei, Reqiq zu machen!«

»Diese Lehre ist von den Christenhunden ersonnen worden, um den Pascha in ihren Schlingen zu fangen,« stimmte der andere bei. »Wollen wir uns zwingen lassen, ihm und ihnen zu gehorchen?«

»Nein! Was geht uns das Christentum und was geht uns der Pascha an, welcher den Ungläubigen gehorcht? Wir sind Söhne des Islam, welcher Sklaven braucht. Predigt nicht auch der neue Murabit[1] von Aba mit gewaltiger Stimme, daß Allah befohlen habe, alle Ungläubigen, schwarze oder weiße, sollen Sklaven der wahren Gläubigen sein?«

»Ja, das thut er, und Allah steigt des Nachts hernieder, um ihm solche Worte einzugeben. Es ist seit Muhammed kein Prophet erschienen, der diesem neuen Propheten gleicht. Wenn er von Allah den Befehl erhielte, die heilige Fahne zu entfalten, würde er sie über den ganzen Erdkreis tragen und viele Millionen Sklaven wären unser!«

Was ich da hörte, war mir ein Rätsel. Der Murabit von Aba! Wen hatte ich mir unter diesem »neuen Heiligen« zu denken? Aba ist eine Insel des weißen Niles; das wußte ich; aber nie hatte ich gehört, daß ein Murabit dort wohne. Aber der Heilige wurde »neu« genannt. War er vielleicht erst erstanden, seit wir diese Gegend des Niles verlassen hatten, um südwärts zu segeln? Die heilige Fahne sollte er entfalten? Da mußte er sich für den erwarteten Mahdi ausgeben. Ich dachte unwillkürlich an Ssali Ben Aqil, den Kurden, welcher den Mahdi suchte, und zugleich an jenen Fakir el Fukara, mit dem wir damals am Brunnen in der Chala zusammengetroffen waren, als ich den Löwen von El Teitel schoß; er hatte sich hinreißen lassen, mir einzugestehen, daß er sich für den Mahdi halte, aber diese Rede von seiner »Sendung« war von mir nicht ernst genommen worden. Wenn ich mich recht entsinne, hatte er sich Mohammed Achmed genannt. Ich hatte ihm das Leben gerettet und er uns dafür an Ibn Asl verraten wollen; zur Vergeltung dafür war ihm vom Reïs Effen-

[1] Heilige.

dina die Bastonnade geworden. War es möglich, daß dieser Mann der »Heilige von Aba« sein konnte?

Ich hatte weder Zeit noch Lust, mich mit dieser mir so unwichtigen Frage weiter zu beschäftigen; die Gegenwart nahm meine Gedanken in Anspruch, denn die beiden Araber setzten ihre Unterhaltung fort und waren dabei so unvorsichtig, über Dinge zu sprechen, die ihrer Verschwiegenheit anvertraut worden waren. Ich erfuhr da, daß sie von einem Händler in Takoba nach dem Chor Omm Karn abgeschickt worden waren, wo ein zweiter Händler lagerte und auf ihre Botschaft wartete. Der erstere wollte eine Anzahl von sechzig Sklaven nach der Furt liefern, an welcher wir uns befanden, und der andere sollte sie von heut ab in drei Tagen gegen sofortige Bezahlung von dort abholen, wahrscheinlich um sie, wie ich für mich hinzufügte, auf der Tana-Karkoger Karawanenstraße weiterzuschaffen. Ben Nil, welcher dies alles natürlich auch hörte, stieß mich an und sagte leise:

»Wollen wir, Effendi?«

»Was?«

»Diese Leute gefangen nehmen.«

»Nein.«

»Aber wir müssen die armen Sklaven doch befreien!«

»Allerdings!«

»Dazu gehört, daß wir diese Boten nicht fortlassen!«

»Dazu gehört grad, daß wir sie fortlassen!«

»Das begreife ich nicht, Effendi!«

»Es genügt vollständig, daß ich es begreife. Paß auf; jetzt sind sie fertig!«

Die zwei Boten waren mit der Herstellung des Floßes zustande gekommen; sie machten sich noch Ruder, indem sie an zwei langen Aesten dicke Zweigbüschel banden, schoben das Floß in das Wasser, setzten sich darauf, stießen vom Ufer und ruderten sich nach der nächsten Insel hinüber. Nachdem sie das Floß quer über diese getragen hatten, setzten sie über den zweiten, seichten Arm des Flusses. So sahen wir sie sich entfernen, bald rudernd und bald laufend, bis sie jenseits des Niles verschwanden.

»Da sind sie fort, Effendi! Und wir hätten sie doch so schön und leicht erwischen können!« klagte Ben Nil.

»Hab' nur keine Sorge; wir bekommen sie schon noch!«

»Bei ihrer Rückkehr?«

»Ja.«

»Hm! Sei mir nicht bös, wenn ich etwas sage, was gegen die Achtung verstößt, welche ich dir schuldig bin. Sie werden nicht allein zurückkommen, sondern mit den Leuten, welche die Sklaven hier abholen sollen; dann sind aber auch schon die Männer des Sklavenhändlers in Takoba hier. Zum Transporte von sechzig Sklaven gehören wohl fünfzehn Mann; wir haben es also dann mit dreißig Personen zu thun; diese zwei aber konnten wir ganz mühelos ergreifen. Wir werden uns vom Reïs Effendina Hilfe holen müssen.«

»Nein.«

»Wie? Wir sind nur sechs Mann. Denkst du, daß wir mit dreißig fertig werden?«

»Ja.«

»Allah! Da machst du schon wieder dein pfiffiges Gesicht! Bin ich etwa sehr dumm gewesen?«

»Nur vorsichtig bist du gewesen, dumm aber nicht. Du rechnest fünfzehn Mann auf jeder Seite. Glaubst du, daß wir sechs mit so viel fertig werden?«

»Wenn du dabei bist, ja.«

»Fünfzehn an diesem und fünfzehn an jenem Ufer. Wir fangen erst die eine und dann die andere Truppe ab. Und selbst wenn wir ihre Vereinigung nicht hindern könnten, wird sich eine Art und Weise finden lassen, ihrer Herr zu werden. Ich würde den Reïs Effendina nur höchst ungern um mehr Asaker bitten. Die Prämie können wir uns allein verdienen.«

»Da hast du recht, sehr recht, Effendi! Aber das könnten wir noch leichter, wenn wir die Boten nicht fortgelassen hätten. Wir brauchten nur dem Transporte aus Takoba hier aufzulauern und hätten dann nicht auch noch mit den Leuten aus dem Chor Omm Karn zu kämpfen!«

»Ich denke nicht, daß es zu einem Kampfe kommen wird. Grad diese Leute aus Omm Karn sollen kommen, ihres Geldes wegen.«

»Ihres Geldes? Wie meinst du das?«

»Sie haben die Sklaven hier an der Furt zu empfangen und zu bezahlen, was mit Geld oder Waren geschehen muß. Der einen

Truppe nehmen wir die Sklaven ab und der anderen das Geld; auf diese Weise werden beide bestraft, euer Lohn vervielfältigt sich und der Reïs Effendina wird gezwungen, einzusehen, daß es für ihn nicht vorteilhaft ist, uns wegzuschicken, wohin es ihm beliebt.«

Da schlug er froh die Hände zusammen und rief aus:

»Effendi, das ist ein Gedanke, wie er schöner, besser und für uns vorteilhafter gar nicht ausgesonnen werden kann. Wenn dein Plan glückt, woran ich gar nicht zweifle, denn ich kenne dich ja, so fällt uns eine große Bezahlung zu; darüber freue ich mich ja; noch mehr aber werden sich die Asaker freuen. Höher, viel höher jedoch als dieses Geld steht mir die Genugthuung, welche wir empfinden werden, wenn wir dem Reïs Effendina einen solchen Fang bringen, während er keinen gemacht hat. Da muß die Röte der Scham über sein Angesicht ziehen, und wenn er aufrichtig ist, wird er sich wenigstens still in seinem Herzen sagen, daß er dir und somit auch allen, die dich lieben, unrecht gethan hat. Ja, wir wollen diese sechzig Sklaven befreien! Wie das geschehen kann, das weiß ich freilich nicht; doch steht mein Vertrauen zu dir so felsenfest, daß ich von dem Gelingen so unerschütterlich überzeugt bin, als ob diese That schon geschehen wäre.«

Wir kehrten nun zu unserem Boote und den vier Asakern zurück. Ben Nil erzählte ihnen, was wir gesehen und erfahren hatten, und als sie hörten, welche Absicht ich nun verfolgte, waren sie nicht nur einverstanden damit, sondern sogar so begeistert davon, daß sie mir erklärten, zu jedem Wagnisse, und sei es noch so groß, bereit zu sein. Sie wollten sofort hören, in welcher Weise ich mein Vorhaben auszuführen gedachte; ich erklärte ihnen, daß jetzt von einem bestimmten Plane noch keine Rede sein könne, denn ich müsse vorher nicht nur die diesseitige Mischrah, sondern auch jenseits des Flusses die Stelle genau kennen lernen, an welcher die Leute aus dem Chor Omm Karn den Uebergang über den Nil bewerkstelligen würden.

Nun wollten sie mich sofort hinüberfahren, damit ja keine Zeit verloren gehe; doch so zu beeilen brauchten wir uns nicht, weil die Uebergabe der Sklaven erst in drei Tagen vor sich gehen sollte. Für heute genügte es, das diesseitige Ufer kennen zu lernen, was ich allerdings nicht bis morgen aufschieben durfte, weil da die Spuren der beiden Boten verschwunden sein würden, nach denen ich mich zu richten hatte.

Ich wollte nur Ben Nil mitnehmen; die Asaker baten mich aber so herzlich, mit dabei sein zu dürfen, daß ich ihnen die Erfüllung dieses Wunsches gewährte. Einer freilich mußte bei dem Boote bleiben; er wurde durch das Los bestimmt; dann stiegen wir anderen zur Höhe des Ufers hinauf, von wo aus wir geradeaus gingen, bis wir den allerdings nicht scharf gezeichneten Rand des Waldes erreichten, welcher das Ufer des Flusses begleitete.

Hier galt es nun, die Fährte der zwei Boten aufzufinden, um zu erfahren, ob sie ihre eigenen Gedanken als Wegweiser genommen hatten oder ob es einen bestimmten und stets eingehaltenen Pfad nach der Furt gab, nach welchem sich die hierher bestimmten Sklavenhändler alle richteten. Die Spuren wurden sehr bald entdeckt; sie führten rechtwinkelig vom Nile weg in die Chala[1] hinaus. Wir folgten ihnen und erreichten schon nach einer halben Stunde die Linie, welche den Einfluß der Stromesfeuchtigkeit hier begrenzte: schon seit einiger Zeit hatte es keine Büsche, auch keine einzelnen, mehr gegeben; nun hörte auch der Graswuchs auf, derjenige nämlich, welchen der Nil stets frisch und grün erhält; denn die Chala hat auch nicht nur ihr Gras, sondern sie ist kurz nach der Regenzeit sogar mit einem so dichten Blütenteppich bedeckt, daß die schreienden Farben desselben den Augen des Europäers wehe thun. Diese üppige Vegetation stirbt aber ebenso schnell ab, wie sie entstanden ist, und dann bietet die Steppe eine kahle, lederfarbene Oede, welche den Menschen fast noch tiefer als der Anblick der wirklichen Wüste ergreift.

»Sie dehnt sich aus von Meer zu Meere;
Wer sie durchritten hat, dem graust;
Sie liegt vor Gott in ihrer Leere
Wie eine leere Bettlerfaust«,

so beschreibt Freiligrath die Steppe, und eine solche Bettlerfaust war es, über welche wir jetzt dahinschritten. Es war nicht leicht, hier,

[1] Steppe.

wo es keine Fußeindrücke geben konnte, der verfolgten Fährte treu zu bleiben; es gelang mir aber doch. Wir waren sogar so glücklich, hier und da zu finden, was ich suchte, nämlich die Reste von Kamelexkrementen, welche bewiesen, daß es hier einen nicht selten benutzten Karawanenweg gab. In der Wüste und in der ausgedorrten Chala pflegt man diese Exkremente sorgfältig zu sammeln, weil sie da das einzige Feuerungsmaterial bilden; hier aber hatte man das nicht mehr nötig gehabt, weil der nahe Nil Holz mehr als genug zum gleichen Zwecke bot.

Da ich nun wußte, woran ich war, kehrten wir wieder um und trafen bei unserm Boote grad wieder ein, als die kurze Dämmerung der Dunkelheit des Abends wich. Der Mond stand zwar schon am Himmel, hatte aber noch nicht seinen spätern Glanz.

Wir zogen uns der Stechfliegen wegen eine tüchtige Strecke vom Flusse zurück und brannten heut kein Feuer an, weil die verkohlte Stätte desselben uns später leicht hätte verraten können. Es fehlte uns also der Rauch zur Vertreibung der grad hier sehr lästigen und blutdürstigen Insekten, und so mußten wir unsere Zuflucht zu den Mückennetzen nehmen, mit denen wir glücklicherweise versehen waren.

Am andern Morgen fuhren wir dann über, um das rechte Ufer des Flusses kennen zu lernen. Auf dieser erstreckte sich die Vegetationszone viel weiter in das Land hinein, und wir hatten nicht nötig, über dieselbe hinaus zu gehen, weil wir schon oder noch in ihrem Bereiche mehr als genug Anzeichen entdeckten, welche uns den Karawanenweg verrieten. Wir fanden sogar ziemlich leicht die Stelle, wo er auf den Fluß mündete. Die Händler schienen es nicht für nötig gehalten zu haben, hier dieselbe Vorsicht walten zu lassen, wie am linken Ufer.

Dorthin zurückgekehrt, ruderten wir eine gute Weile aufwärts, bis wir eine Stelle fanden, welche sich zum Verstecken unseres Bootes eignete; denn in der Nähe der Furt durften wir es nicht lassen. Da blieben wir die zweite Nacht. Die dritte Nacht mußten wir wieder in der Nähe des Ueberganges zubringen, denn es war möglich, daß der Sklaventransport aus Takoba eher als an dem bestimmien Tage eintraf. Diese Möglichkeit wurde zu meiner Freude zur Wirklichkeit. Wir marschierten am Spätnachmittage bis an den Rand der

Chala, um Ausschau zu halten. Da sahen wir denn auch am fernen Horizonte eine Reihe von großen und kleinen Punkten, deren Bewegung den Fluß zum Ziele hatte. Die großen Punkte waren Kamelreiter; die kleinen waren die Sklaven, welche zu Fuß gehen mußten. Die Karawane hielt sich genau auf dem Wege, den uns die Fährte der beiden Boten verraten hatte. Wir standen, als wir den Zug kommen sahen, natürlich nicht auf diesem Wege, denn wir waren so vorsichtig gewesen, uns so weit seitwärts von demselben zu halten, daß unsere Spuren nicht gesehen werden konnten.

Kaum hatten wir das Nahen der Karawane entdeckt, so bemerkten wir, daß sich zwei Reiter von ihr trennten, um ihr voranzueilen. Sie wollten sich jedenfalls überzeugen, ob der Aufenthalt an der Furt heut sicher für sie sei oder nicht. Wir kehrten also rasch nach dem Flusse zurück und versteckten uns da an einer Stelle, welche wir uns vorher als Observatorium eingerichtet hatten.

Als wir dort anlangten und nach dem Flusse blickten, sahen wir ein Floß, welches zwei Männer über den letzten, tiefen Arm herüberruderten. Das waren die Boten, die grad zu derselben Zeit zurückkehrten, in welcher die Karawane eintraf. Ob dies aus Zufall oder auf Verabredung geschah, das konnte uns gleichgültig sein; aber lieb war es mir, denn ich konnte bei der Begrüßung, die jedenfalls laut geschah, vielleicht etwas für uns Wichtiges hören, ohne daß ich mich erst anzuschleichen brauchte. Unser Beobachtungspunkt lag nämlich so, daß wir alles, was an der Furt gesprochen wurde, wenn es nicht ganz leise war, verstehen konnten.

Die beiden Ruderer erreichten das Ufer, stiegen an das Land, zogen das Floß halb auf das Trockene und suchten die Umgebung ab. Als sie nichts Verdächtiges gefunden hatten, schickten sie sich eben an, die Mischrah emporzusteigen, als von oben herab ein scharfer, kurzer Pfiff zu hören war. Einer von ihnen antwortete mit einem ebensolchen Pfiff; dann blieben sie stehen, um zu warten. Nach kurzer Zeit sahen wir zwei wohlbewaffnete, bärtige Männer erscheinen, jedenfalls die beiden Reiter, welche ihre Kamele oben gelassen und angebunden hatten. Die Boten verneigten sich demütig; die beiden neuen Ankömmlinge erwiderten diesen Gruß mit kurzem, stolzem Kopfnicken, und einer von ihnen fragte:

»Wann seid ihr hier angekommen?«

»Vor einigen Minuten,« erhielt er zur Antwort.

»Habt ihr die Muchada abgesucht?«

»Ja; sie ist sicher. Es ist weder ein Mensch noch die Spur eines solchen da.«

»Konntet ihr eure Botschaft ausrichten?«

»Wir fanden alles so, wie du es uns beschrieben hast. Die Männer aus dem Chor Omm Karn werden morgen zwei Stunden nach Tagesanbruch am Flusse erscheinen.«

»Hoffentlich verlangen sie nicht, daß wir zu ihnen hinüberkommen sollen?«

»Nein; sie kommen herüber, um die Sklaven hier in Empfang zu nehmen.«

»Womit wollen sie bezahlen?«

»Sie wollten sich nicht mit Waren schleppen, weil sie da mehr Kamele brauchten, und werden dir also Goldstaub bringen.«

»Was thue ich mit dem Golde, für welches ich mir hier nichts kaufen kann! Ich habe Beda'i[1] erwartet, denn ich komme während dieser Reise an keinen Ort, wo ich bekommen kann, was ich brauche. Wenn sie mit Gold bezahlen, werde ich höhere Preise machen. Wie viel Männer zählen sie?«

»Zwölf.«

»Grad so viel wie wir. Das genügt vollständig, da der Reïs Effendina mit seinem Adschnabi[2], den Allah ersäufen möge, nicht mehr da ist. Geht hinauf zur Höhe, und gebt der Karawane das Zeichen, daß sie kommen soll. Wir werden hier auf sie warten. Bringt auch die Hudschun[3] mit herab, daß sie trinken können!«

Der Sprecher ging mit seinem Begleiter nach einem Baume, an dessen Stamme sie sich niedersetzten, während die beiden andern sich nach der Höhe entfernten. Die beiden ersteren sprachen nicht miteinander; sie waren augenscheinlich von der Reise ermüdet. Ihrer Gesichtsbildung und Hautfarbe nach schienen sie zu den Messerijeh oder Habanijeh zu gehören, beides Stämme, bei denen der Sklavenhandel keine Seltenheit ist.

Es dauerte nicht lange, so kam die Karawane die Mischrah herab-

---

[1] Tauschartikel.

[2] Fremden.

[3] Reitkamele.

gezogen, sehr langsam, weil den Kamelen das Abwärtssteigen schwer fiel und weil, wie wir sogleich sahen, die Sklaven so erschöpft waren, daß sie sich kaum mehr schleppen konnten. Diese armen Teufel hatten einen sehr weiten Weg hinter sich, den sie in Fesseln und im glühendsten Sonnenbrande zu Fuße durch die ausgetrocknete Chala hatten zurücklegen müssen. Wie sahen sie aus! Zum Erbarmen! Zwar war die mit Recht so gefürchtete Schebah, die ich selbst auch mehr als zur Genüge kennen gelernt hatte, nicht in Anwendung gebracht, doch durfte ihre Fesselung trotzdem keine leichte genannt werden. Die Hände waren ihnen nämlich durch Stricke je mit dem Fuße der andern Seite so verbunden, daß sie nur ganz kurze Schritte machen und die Finger nicht zum Munde, ja kaum bis zur Höhe der Brust bringen konnten. Von einem Handgelenke zum andern ging ein dritter Strick, in dessen Mitte ein schwerer Holzklotz hing, den sie tragen mußten, wenn er ihnen nicht die Beine zu Schanden schlagen sollte. Außer einigen Fetzen, die um ihre Lenden hingen, waren sie unbekleidet, und da auch ihre Köpfe vollständig entblößt waren, mußten sie bei der jetzt herrschenden Hitze fürchterliche Qualen ausgestanden haben. Ich sah an ihren Körpern handgroße Stellen, von denen die Sonne die Haut weggefressen hatte. Und das waren keine Neger, keine Heiden, sondern muhammedanische Bagara el Homr, wie ich später hörte, welche in die Kriegsgefangenschaft ihrer jetzigen Herren geraten waren! Sie hatten so lange gedürstet, daß sie, als sie das Wasser sahen, vor Freude aufschrieen und sofort nach dem Ufer laufen wollten, doch wurden sie von ihren Wächtern durch Gewehrstöße zurückgehalten. Erst durften die Kamele saufen, und dann erhielten auch sie zu trinken, und zwar aus hohlen Kürbisschalen. An das Wasser durften sie nicht, denn man fürchtete, es möchte sich einer von ihnen aus Verzweiflung hineinstürzen, um sich zu ertränken.

Als sie ihren Durst gelöscht hatten, bekam jeder von ihnen eine Handvoll trockener Hirsekörner, die sie nur im Sitzen essen konnten, weil es ihnen nur in dieser Stellung möglich war, den Mund mit den Händen zu erreichen. Dann wurden sie nach einer morastigen Sumpfgrasstelle gebracht, wo sie sich, paar- und paarweise zusammengebunden, niederlegen mußten. Dabei zündeten ihre

Wächter zwei große Feuer an, um sie während der Nacht beobachten zu können.

Dadurch hatten sie sich alle von unserem Verstecke so weit entfernt, daß wir nicht mehr hören konnten, was gesprochen wurde. Ich hatte doch nicht gedacht, daß die Armen würden in dem Sumpf kampieren müssen. Aber daß wir nichts verstehen konnten, das machte uns keinen Schaden. Je weiter diese Händler von uns saßen, desto weniger konnten sie uns entdecken. Wie jetzt die Sache lag, mußte ich meine Absicht, die Sklaven zu befreien, auf alle Fälle erreichen; mehr konnte ich hier doch wohl nicht verlangen.

Es war inzwischen dunkel geworden, und das Moghreb[1] wurde gebetet; diesem folgte das Aschia, das Abendgebet, einige Zeit nach dem vollständigen Eintritte der Finsternis. Diese beiden Gebete wurden mit einer Feierlichkeit und Inbrunst gesprochen, auch von seiten der Sklaven, die mit der Situation im grellsten Widerspruche stand. Auch abgesehen vom Sklavenraube und Sklavenhandel, den schon die allgemeine Menschenliebe verbietet, der Islam aber erlaubt, so sollten hier Muselmänner verkauft werden, was nach dem Islam ein todeswürdiges Verbrechen ist. Trotzdem beteiligten sich diejenigen, welche sich dieses Verbrechens schuldig machten, und diejenigen, an denen es begangen wurde, mit einer Eintracht an den vorgeschriebenen Gebeten, welche das gerade Gegenteil von erhebend wirkte. Es konnte weder dem einen noch dem andern Teile wirklich ernst mit dieser seiner Andacht sein!

Die Herren der Situation, also die Männer aus Takoba, welche mit den beiden Boten vierzehn Köpfe zählten, nahmen erst nach Vollendung der Gebete ihr Abendessen zu sich, welches aus eingerührtem Mehlbrei, getrocknetem Fleische und Datteln zu bestehen schien; genau konnten wir nicht sehen, was sie aßen. Der Anführer, nämlich der, welcher vorhin das Wort geführt hatte, gab dann seine Befehle für die Nacht, die wir zwar nicht verstanden, aber aus ihren Wirkungen erkannten: Zwölf von ihnen wickelten sich – der Insekten wegen – bis über die Köpfe in ihre Decken, während die übrigen zwei wach bleiben mußten; diese machten sich so nahe wie möglich an das eine Feuer heran, um in dem dicken, scharfen

[1] Kurze Zeit nach Sonnenuntergang.

Rauche desselben einen Schutz vor den Stechmücken zu haben. Wie schlimm waren dagegen die fast ganz nackten Gefangenen daran! Von keinem wirklichen Kleidungsstücke bedeckt und auch nicht im stande, alle Körperteile mit den Händen zu erreichen, waren sie den schmerzhaften Stichen der Blutsauger vollständig wehrlos preisgegeben. Nur wer die schrecklich verschwollenen, bis zur Unkenntlichkeit entstellten Gesichter solcher Menschen gesehen hat, der weiß, was es bedeutet und welche unendliche Qualen es bereitet, wenn es einem unmöglich ist, sich dieser zwar kleinen aber erbarmungslosen und in wolkigen Massen auftretenden Teufel zu erwehren. Ich hatte die Moskiten des untern Mississippi, Mittel- und Südamerikas und auch Ostindiens kennen gelernt und oft infolge ihrer Stiche ein blutig verschwollenes Gesicht gehabt; aber mit diesen Nahmuhs[1] des oberen Niles verglichen, möchte man sie noch sehr liebenswürdige und menschenfreundliche Wesen nennen. Die Sklaven kamen von Dar Tagaleh, also von dem mächtigen Bergstocke des Tegeli herab, wo es keine Stechfliegen giebt; sie waren also gegen die Stiche dieser Insekten nicht im mindesten abgehärtet und wälzten sich unter so schmerzvollem Wimmern und Stöhnen hin und her, daß es mich geradezu empörte, die Händler dabei ruhig schlafen zu sehen. Es stand fest, daß ich alles daran setzte, sie zu befreien, aber die Schmerzen, welche sie ausstanden, mußten mich veranlassen, dies nicht nur überhaupt, sondern auch so schnell wie möglich zu thun. Ben Nil schien denselben Gedanken zu hegen, denn er fragte mich:

»Denkst du, daß wir diese armen Menschen noch heute nacht retten können, Effendi?«

»Ja,« antwortete ich.

»So bitte ich dich darum, daß wir dies so schnell wie möglich thun, selbst wenn die Gefahr dadurch für uns größer wird, denn ich kann die Pein und die Martern, welche sie auszustehen haben, nicht länger mit ansehen und anhören. Willst du mir diesen Gefallen thun?«

»Sehr gern, zumal ich nicht glaube, daß die Gefahr für uns dadurch erhöht wird.«

[1] Stechmücken.

»So sag, was wir dabei thun sollen! Wir sind bereit, uns auf die vierzehn Halunken zu werfen, und zwar sofort. Auch dein Zaubergewehr, mit dem du sie alle niederschießen könntest, gar nicht gerechnet, würde es genügen, wenn jeder von uns nur einen Schuß thäte; das würden sechs Kugeln sein; die übrigen acht schlagen wir dann rasch, ehe sie sich wehren können, mit dem Kolben tot!«

»Ich will das Blut dieser Leute nicht vergießen, denn sie glauben nicht, daß sie eine so große Sünde thun, indem sie mit Menschen handeln.«

»Aber, Effendi, bedenke, daß sie sich wehren und auf uns schießen werden, wenn wir sie nicht durch den Tod unschädlich machen. Du wirst dadurch, daß du ihr Blut schonst, nur erreichen, daß das unserige vergossen wird.«

»Oh nein! Der Streich, den ich ihnen spielen will, ist für mich so leicht, daß ich sehr wahrscheinlich eure Hilfe dazu gar nicht brauche. Dennoch müßt ihr euch bereit machen, mir beizustehen. Wickelt euch also aus euern Netzen heraus, und behaltet mich im Auge! Ich werde mich jetzt nach dem Feuer schleichen, an dem die beiden Wächter sitzen. Gelingt es mir, sie zu überwältigen, ohne daß ihre Kameraden aufwachen, so könnt ihr ruhig hierbleiben, bis ich euch dann rufe; wachen aber diese andern auf, so kommt ihr schnell zu mir hingesprungen, um mir beizustehen. Es wird aber wohl alles so glatt verlaufen, wie ich denke, denn die Gefangenen sind, wie ich vorhin aus einigen Ausrufen gehört habe, der arabischen Sprache mächtig; sie werden also das, was ich ihnen zu sagen habe, verstehen und auch so schnell ausführen, wie es nötig ist. Dennoch aber müßt ihr euch bereit zum schnellen Handeln halten.«

Ich kroch aus meinem Netze heraus, legte es und den Bärentöter in das Gebüsch und schob den Arm in den Riemen des Henrystutzens, denn diesen mußte ich mitnehmen, um nötigenfalls die Feinde mit ihm in Schach halten zu können. Als der Anführer vorhin den Adschnabi, den Fremden erwähnte, hatte er mich gemeint; mein Name war ihm also zu Ohren gekommen, und da durfte ich als sicher annehmen, daß er auch von meiner gefürchteten »Zauberflinte« gehört hatte.

Ich kroch aus dem Gesträuch, welches uns versteckt hatte, heraus und schlich mich, um von hinten an die Wächter zu kommen, in einem Bogen nach dem Feuer hin. Das war gar nicht schwer, denn ich hatte es hier mit Leuten zu thun, welche von dem echten, richtigen Wald- und Wildnisleben keine Ahnung besaßen. Ich kam ohne Anstrengung so nahe an sie heran, daß ich beide fast mit den Händen erreichen konnte, eine wahre Wonne für mich, den Westläufer, denn nun war ich sicher, daß alles genau so verlaufen würde, wie ich es mir gedacht hatte.

Ich lag in dichter Omm Sufah versteckt; anderthalb Armlängen von mir saßen die Wachen, die Gesichter von mir abgewendet; sie sprachen nicht miteinander und waren nur damit beschäftigt, Holz in die Feuer zu werfen, die mit ihrem Scheine alles hell erleuchteten. Rechts lagen die schlafenden, tief in ihre Decken gehüllten Händler und links und vorn die wachen Gefangenen, die mich unbedingt sehen mußten, wenn ich mich zum Angriffe gegen die Wächter erhob. Die Ueberraschung konnte ihnen Ausrufe entlocken, durch welche die Schläfer vorzeitig aufgeweckt wurden. Dem mußte ich vorbeugen. Ich zog also den Arm aus dem Riemen des Gewehres, nahm es in die rechte Hand, richtete mich langsam auf und legte die linke mit jener warnenden Bewegung auf den Mund, welche in der Zeichensprache aller Völker eine Aufforderung zum Schweigen bedeutet. Mein Zweck wurde erreicht, denn es ließ sich nicht nur kein Ruf hören, sondern das bisher ununterbrochene Stöhnen und Wimmern hörte plötzlich auf. Die Sklaven hatten mich gesehen, und wie die Umstände lagen, mußten sie sich sofort sagen, daß sie von mir nichts zu fürchten, sondern im Gegenteile nur Gutes zu erwarten hatten. Es läßt sich denken, mit welcher großen Spannung ihre Augen auf mich gerichtet waren.

Ein guter Westmann wäre durch das so plötzlich eingetretene Schweigen aufmerksam und mißtrauisch gemacht worden; von den beiden Takobaleuten aber wurde es gar nicht beachtet. Jetzt kehrte ich den Stutzen um – zwei wohlabgewogene Hiebe auf ihre Köpfe, und sie knickten lautlos zusammen. Ich bückte mich rasch zu ihnen nieder, um zu sehen, ob ich ihrer augenblicklichen Unschädlichkeit sicher sein könne; als ich mich davon überzeugt hatte, machte ich einige Schritte vorwärts, so daß die Gefangenen mich verstehen konnten, auch wenn ich mit unterdrückter Stimme sprach, und sagte:

Jetzt kehrte ich den Stutzen um – zwei wohlabgewogene Hiebe auf ihre Köpfe, und sie knickten lautlos zusammen.

»Seid still, und sprecht jetzt kein lautes Wort! Ich bin gekommen, euch zu befreien. Ich werde eure Stricke zerschneiden; dann, aber ja nicht eher, als bis ich die Wächter gebunden habe, nehmt ihr die Händler fest! Ihr sollt ihnen aber nichts thun, sondern sie nur halten, daß wir sie fesseln können. Also paßt auf!«

Dreimal sechzig Stricke zu zerschneiden, das hätte ziemlich lange gedauert; aber als ich die zwei ersten befreit hatte, forderte ich sie auf, die Messer der Wächter zu nehmen und mir zu helfen. Auf einen Wink von mir nach dem Gebüsch, in welchem Ben Nil und die Asaker steckten, eilten diese herbei, und so standen nach kaum zwei Minuten alle Sklaven mit freien Gliedern da.

»Euch hat Allah gesandt!« sagte einer von ihnen. »Willst du uns sagen, Herr, wer du bist und woher –«

»Still jetzt!« unterbrach ich ihn. »Ihr werdet nachher alles erfahren. Jetzt binden wir zunächst die Wachen, und dann machen wir uns über die anderen her. Da sie sich in ihre Decken gehüllt haben, können sie sich gar nicht wehren, wenn wir ihnen keine Zeit dazu lassen. Stricke sind mehr als genug da. Wenn jeder dieser Leute von zwei oder drei von euch gehalten wird, während der vierte den Strick gleich um die Decke wickelt, kann ein Widerstand gar nicht stattfinden. Also, es kann beginnen!«

Es war eine wahre Lust, zu sehen, was nun geschah. Die Befreiten folgten meinem Rate, und so fühlten sich die Schläfer, ehe sie nur recht munter wurden, in ihren eigenen Decken ein- und festgeschnürt. War dies in völliger Lautlosigkeit geschehen, so erhob sich aber nun ein solches Jubelgeschrei, daß ich glaubte, die Kamele würden scheu werden und davonrennen. Wer von den geretteten Sklaven eine Stimme hatte – und die hatte jeder, und zwar was für eine! – der strengte sie in allen möglichen Höhenlagen und auf das äußerste an, um den Gefühlen seines entzückten Herzens Luft zu machen. Dieses Schreien und Heulen wirkte so ansteckend, daß meine Asaker und zuletzt sogar Ben Nil, auch mit brüllten. Ich war der einzige, der seinen Kehlkopf nicht für das Ventil einer Trompete und seinen Mund nicht für einen Klarinettenschnabel hielt, und mußte wohl einige Minuten lang die Arme wie Windmühlenflügel hin und her und auf und ab bewegen, ehe die so stimmbegabten Menschen einsahen, daß diese meine Gestikulationen den Zweck verfolgten, der gewaltigen Erschütterung der Atmosphäre Einhalt zu thun.

»Dieses Schreien kann uns in Verlegenheit bringen!« warnte ich, als ich mich endlich verständlich machen konnte. »Es schallt ja über den Fluß hinüber, wo die Leute aus dem Chor Omm Karn schon eingetroffen sein können!«

»Was gehen uns diese Leute an!« antwortete einer. »Sie sollen nur kommen, um uns zu holen. Wir werden sie empfangen, wie sie es verdienen!«

»Sie sollen allerdings kommen; aber wenn sie durch euer Geheul mißtrauisch gemacht werden, kommen sie eben nicht.«

»Meinst du, Herr? Ja, da hast du recht! Wir müssen ganz still sein, daß sie morgen früh ahnungslos herübersetzen; dann empfangen wir sie am Ufer und drücken ihre Köpfe unter das Wasser, daß sie ersäuft werden und im Meere des Todes untergehen. Nun aber sag uns, wer du bist, oh Herr, damit wir erfahren, wie wir unseren Retter zu nennen haben. Die Badalat[1] dieser vier Männer lassen uns erkennen, daß sie Asaker des Khedive sind; du aber und dieser dein fünfter Begleiter, ihr scheint keine Asaker zu sein?«

»Nein; wir sind keine Soldaten. Ich bin ein Franke und werde Kara Ben Nemsi Effendi genannt, und dieser, mein junger Freund, heißt Ben Nil.«

Die Folge meiner Antwort war ein Murmeln, welches im Kreise herumging. Der Sprecher gab diesen unverständlichen Tönen einen verständlichen Ausdruck, indem er fragte:

»Bist du etwa ein Christ, Effendi?«

»Ja.«

»Giebt es einen Sabit[2] des Khedive, welcher Reïs Effendina genannt wird und immer den Nil hinauf- und hinunterfährt, um die Sklavenjäger und -händler abzufangen?«

»Den giebt es allerdings.«

»Du bist mit ihm gefahren und hast ihm geholfen?«

»Ja.«

»So haben wir von dir gehört, zwar nicht viel, aber doch genug,

---

1 Uniformen.

2 Offizier.

um zu wissen, daß du ein Freund und Wohlthäter aller Menschen bist, welche zu Reqiq gemacht werden. Abu Reqiq hat unterwegs öfters mit seinen Leuten von dir und diesem Reïs Effendina gesprochen; er schien Angst vor euch zu haben.«

»Wer ist Abu Reqiq?«

»Das weißt du nicht? Dort liegt er gefesselt bei seinen Leuten. Er ist der reichste und berüchtigtste Sklavenhändler im ganzen Dar Sennaar; er reist bis Fodja und noch weiter nach Westen, um Reqiq zu machen, und geht ebenso weit nach Osten über den Atbara hinüber bis an das Ufer des Bahr el ahmar[1], um die Sklaven trotz der Schiffe und der Aufsicht der Franken dort zu verkaufen. Er heißt eigentlich Tamek er Rhani[2], denn sein Besitztum ist größer als das von fünf Paschas zusammengenommen, wird aber wegen seines umfangreichen und einträglichen Sklavenhandels nur Abu Reqiq genannt. Er hat uns droben in Salamat gekauft und hierhergeschafft, um uns nach Omm Karn zu verhandeln. Von da aus sollten wir über Karkog nach dem Atbara geschafft werden.«

»Er kauft und verkauft also auch Anhänger des Propheten? Hasa nasieb – Schande über ihn!«

»Ja, er behandelt den Gläubigen gleich dem Ungläubigen als eine Ware, wenn er nur Gewinn davon hat. Möge dafür sein Gesicht am Tage des Gerichtes kohlschwarz werden! Nun wirst du wohl auch wissen wollen, wer wir sind. Wir gehören zur Ferkah[3] El Homr des großen Stammes der Bagara und fielen einer Truppe Barabra in die Hände, weil wir im Schlafe lagen. Von ihnen wurden wir an Abu Reqiq verkauft. Ich bitte dich, uns nicht deshalb für Feiglinge zu halten!«

»Dieses Wunsches bedarf es nicht, denn ich weiß, daß die El Homr sich durch großen Mut und seltene Tapferkeit auszeichnen. Sie sind die berühmtesten Agagir[4] und gehen ohne Flinte selbst dem Fil[5] und dem Kerkedahn[6] zu Leibe.«

---

[1] Rotes Meer.
[2] Tamek der Reiche.
[3] Abteilung.
[4] Schwertjäger.
[5] Elefant.
[6] Nashorn.

»Es freut mich sehr, daß du dieses weißt, Effendi! Du wirst unsere Tapferkeit erkennen, wenn du siehst, wie wir hier diese Sklavenhändler bestrafen.«

»Zu ihrer Bestrafung bedarf es keiner Tapferkeit, denn ihr zählt sechzig Männer, während sie nur vierzehn sind. Uebrigens habt ihr mit ihnen nichts zu thun. Sie gehören mir, und ich werde sie dem Reïs Effendina zur Bestrafung übergeben.«

Das war nun freilich nicht nach der Ansicht der El Homr. Ich hatte lange mit ihnen zu streiten, ehe sie mir recht gaben und mir versprachen, die Rache dem Reïs Effendina zu überlassen. Der, welcher bis jetzt in ihrem Namen gesprochen hatte, war der Schech es Sehf[1] des Stammes und also derjenige, welcher das größte Ansehen unter ihnen genoß. Sie hatten während ihres langen Marsches schrecklich hungern müssen und machten sich darum zunächst über die Durrhavorräte her, welche säckevoll bei den Kamelen lagen. Ebenso groß war ihr Bedürfnis zu einem Bade, und so sahen wir bald, während mehrere von ihnen den Negerhirse zwischen Steinen zu Mehl zerrieben, die anderen im seichten Wasser des Ufers plantschen. Schwimmen konnten sie als echte Beduinen nicht. Das Mehl wurde mit Hilfe des Nilwassers in einen Teig verwandelt und dann einfach mittels der Finger wie Kleister in den Mund gestrichen. Jeder ißt nach seiner Art und Weise; der eine braucht zum Fisch ein silbernes Besteck, der andere will die Auster nur mit Seewasser haben. Wer kein Silberzeug besitzt und Austern nicht bezahlen kann, ißt, wenn er in Berlin wohnt, Eisbein mit Sauerkraut; Gallertschüssel schmeckt ebenso, und wem es im Buche des Lebens vorgezeichnet war, ein Bedawi el Homr zu werden, klebt sich den kalten Hirsebrei nach Art der Maurer zwischen das Gebiß. Man trifft überall auf die bekannte Wahrheit »Ländlich, sittlich«, welche, wie man sagt, nach anderer Lesart »Ländlich, unsittlich« lautet.

Wie mochte es den so fest eingeschnürten Sklavenhändlern zu Mute sein? Der Schlag war über sie gekommen wie ein Blitz aus heiterem Himmel. Was erwartete sie aber dann erst später beim Reïs Effendina! Ich will offen gestehen, daß mir der Gedanke kam, sie

[1] Herr des Schwertes = Fechtlehrer, Fechtmeister.

freizulassen, sie ihm nicht auszuliefern, doch mußte ich mir sagen, daß diese Milde nicht am Platze sei. Hatten sie doch ihre eigenen Glaubensgenossen nicht geschont! Und wenn ich Abu Reqiq frei ließ, so hieß das nicht anders, als ihn in der Fortsetzung seines fluchwürdigen Gewerbes bestärken. An allem Elend, welches er später verursachte, trug dann ich die Schuld. Nein, das wollte ich denn doch nicht auf mein Gewissen laden. Er mußte unbedingt bestraft werden. Aber mußte ich auch seine Habe dem Reïs Effendina treulich ausliefern? War die Gefangennahme dieses Mannes nicht mein Werk? Gehörte er nicht mit allem, was er besaß, nach den hier herrschenden Gesetzen und Gebräuchen nur mir? Mußte ich die Undankbarkeit und Hinterlist des Reïs Effendina mit einer hier gar nicht angebrachten Noblesse vergelten? – Nein!

Ich nahm mit Ben Nil eine Untersuchung aller Satteltaschen der Reitkamele vor, und wir fanden viele für die Asaker wertvolle Gegenstände. Das beste fiel uns beim Kamele des Anführers in die Hände, nämlich vier Säckchen Goldstaub, die für so einfache Leute geradezu ein Vermögen ausmachten. Das war Abu Reqiqs Betriebskapital; einige leere Ledersäckchen waren auch da. Ich setzte mich mit den Asakern und Ben Nil beiseite und verteilte den Goldstaub in sechs Säckchen, von denen jeder Askari eines, Ben Nil aber zwei bekam. Sie wollten in lauten Jubel ausbrechen; aber ich gebot ihnen, zu schweigen. Die El Homr brauchten nicht zu wissen, was für einen guten Fang wir gemacht hatten. Wie dankbar mir die fünf Glücklichen waren! Sie hatten nur die Sorge, daß der Reïs Effendina ihnen den Staub wieder abverlangen werde; ich beruhigte sie aber mit der Versicherung, daß davon keine Rede sei; ich würde diese Verteilung, die ich getroffen hatte, nötigenfalls selbst mit den Waffen gegen ihn verfechten.

Weil die Beute, auf welche sie sich so sehr gefreut hatten, so über alles Erwarten reich ausgefallen war, erklärten sie sich auf meinen Wunsch gern bereit, auf alles andere zu verzichten. Ich sagte also dem Schech es Sehf der El Homr, daß er die Kamele und alles, was er bei ihnen finden werde, als sein und seiner Leute Eigentum betrachten solle; ebenso solle ihnen alles, was die Gefangenen in ihren Taschen hatten, nur Gold ausgenommen, als Eigentum zufallen. Das erregte natürlich Freude auch bei diesen Leuten, welche, weil ich die Händler nicht als ihr, sondern als unser Eigentum betrachtete, angenommen hatten, daß ihnen infolgedessen auch von der Beute nichts zufallen werde. Daß sie gern sofort in den Besitz derselben kommen wollten, konnte ich ihnen nicht verdenken; darum gab ich, als sie mich darum baten, den Befehl, die Gefangenen aus ihren Decken zu wickeln und ihnen die Taschen zu leeren, sie aber an Händen und Füßen gut zu fesseln.

Dies geschah. Ich war neugierig, wie die Takobamänner sich dabei verhalten würden. Wäre es meine Ansicht gewesen, daß sie sich sträuben und in Schimpfreden ergehen würden, so hätte ich mich im Irrtume befunden, denn sie ließen alles ruhig und ohne sich zu wehren, über sich ergehen. Der Schreck über ihre Gefangennahme, welche für sie im Bereiche der Unmöglichkeit gelegen hatte, wirkte noch nach. Nur Abu Reqiq, welcher zuletzt an die Reihe kam, verhielt sich zwar still, während er von seiner Decke befreit und dann gleich wieder gebunden wurde; aber als ihm Ben Nil in die Taschen griff und die in denselben befindlichen Gegenstände herausnehmen wollte, fuhr er ihn in zornigem Tone an:

»Was fällt dir ein! Bin ich etwa unter Räuber geraten, daß man mir stiehlt, was mir gehört?«

»Kerl, sei still, und sprich nicht von Räubern und Diebstahl!« antwortete Ben Nil. »Der größte und schlimmste Dieb und Räuber bist doch du selbst! Wir haben euch ergriffen; also ist alles, was ihr bei euch habt, unser Eigentum. Das ist hier Gesetz, wie du wohl wissen wirst.«

»Du würdest anders sprechen, wenn du wüßtest, wer ich bin. Meine Macht ist so groß, daß es nur eines Wortes von mir bedarf, euch zu verderben!«

»So sprich es aus, dieses Wort! Ich bin sehr neugierig darauf, von welcher Seite dieses Verderben kommen und worin es bestehen wird.«

»Es wird in eurem Untergange, in eurem Tode bestehen!«

»Sprich nicht so dummes Zeug! Ist jemand hier, dem der nahe Tod schon zur Seite steht, so bist du es allein.«

»Höhne nicht! Ich bin Tamek er Rhani, den man Abu Reqiq nennt!«

»Das wissen wir; aber wer du bist und ob man dich Abu Reqiq

oder Tamek el Chasir[1] nennt, das ist uns vollständig gleich. Du stehst in unseren Augen nicht höher als der ärmste Ziegenhirt; ja, ein Ziegenhirt wird von uns hundert- und tausendmal höher geachtet als du, denn er ist ein ehrlicher Mann, der nur thut, was Allah wohlgefällt, während du ein Schurke bist, welcher an die Stelle der Dschehenna[2] gehört, wo die Qualen am größten sind.«

»Hund, wer bist du, daß du es wagst, mich einen Schurken zu nennen?«

»Ich heiße Ben Nil. Das ist ein Name, an welchem kein einziger Tropfen Blut und keine einzige solche Sünde hängt, wie du sie ohne Zahl auf dem Gewissen hast. Hüte dich übrigens, mich wieder Hund zu nennen! Hier neben mir steht ein Mann, der dich dafür strenger, viel strenger bestrafen wird, als du es ahnst!«

Er meinte mit diesen Worten mich, der ich an seiner Seite stand. Tamek ließ seinen Blick über mich gleiten und sagte dann:

»Dieser Mensch mag sein, wer er will, er kann mir nichts thun. Er mag sich ja hüten, mir auch nur das geringste zuzufügen! Von meiner Macht wieder zu sprechen, bin ich viel zu stolz; aber ich habe so mächtige Freunde und Bekannte, daß selbst jedes eurer Worte, welches mir nicht gefiele, von ihnen mit eurem Tode beantwortet würde. Hütet euch also!«

Da wies ich Ben Nil an:

»Laß den Kerl doch schwatzen! Er quakt wie ein Frosch, aus dessen Maule kein anderer Ton je kommen kann. Er gleicht der Mücke, die sich brüstet, den Adler zerreißen und auffressen zu wollen. Das ist rein lächerlich. Mach seine Taschen leer, und damit basta!«

Als Ben Nil diesem Befehle gehorchte, brüllte mich der Sklavenhändler wütend an:

»Mensch, ich habe dich gewarnt. Wenn du trotzdem in dein Verderben rennen willst, so thue es; ich habe nichts dagegen und werde es nicht hindern!«

»Du kannst allerdings nichts hindern, was ich thun will,« antwortete ich, »und solltest nur an dein Verderben, nicht aber an das meinige denken. Ich warne dich vor allen weiteren Schimpfreden

[1] Tamek der Schuft.

[2] Hölle.

und Drohungen! Bist du noch einmal so frech, uns durch ein Wort zu beleidigen, so laß ich dir die Bastonnade geben!«

»Die Bastonnade? Du?« lachte er höhnisch. »Sag mir doch, wer du bist!«

»Du brauchst nur die Asaker dort zu sehen, um zu wissen, in was für Hände du gefallen bist.«

»Asaker? Allah! Vier Asaker, nur vier! Das werden Diebe sein, welche die Uniformen gestohlen haben. Oder sie sind Deserteure, welche ausgerissen sind, weil sie zu feig waren, im Dienste des Khedive zu verbleiben.«

»Sie sind Soldaten des Reïs Effendina. Ob sie feig sind, kannst du daraus ersehen, daß wir sechs Männer euch ergriffen und eure Gefangenen befreit haben.«

»Wer hat euch den Befehl dazu gegeben?«

»Niemand. Es giebt keinen Menschen, der es wagen dürfte, mir Befehle zu erteilen. Ich stehe aus eigenem Belieben an Stelle des Reïs Effendina vor dir.«

Da kam ihm der richtige Gedanke; ich sah es seinem Gesichte an. Er suchte, während er mich noch einmal, und zwar genauer als vorher, betrachtete, nach Worten. Dann rief er in einem Tone, durch welchen er die Angst nicht ganz verbergen konnte, welche jetzt über ihn gekommen war:

»Allah 'l Allah! – Gehörst du wirklich zum Reïs Effendina?«

»Ja.«

»Bist du ein Franke, ein christlicher Franke?«

»Ja.«

»Heißest du Emir Kara Ben Nemsi Effendi?«

»Das ist mein Name!«

»Aber ihr seid doch ganz hinauf in die Länder der Schwarzen gefahren!«

»Du siehst, daß wir wieder hier sind. Ich hoffe, daß du dich darüber freust. Und um dein Herz mit noch größerem Entzücken zu erfüllen, will ich dir mitteilen, daß wir Abd Asl und Ibn Asl, welche du gewiß gekannt hast, gefangen und mit dem Tode bestraft haben.«

»Allah sei uns gnädig! Ibn Asl ist also tot, wirklich tot? Sagst du die Wahrheit, Effendi?«

»Kara Ben Nemsi lügt nie! Nachdem wir diesen Sklavenjäger und alle seine Leute unschädlich gemacht haben, kommen die anderen dran, und du bist der erste von ihnen. Nun wirst du wohl wissen, wer sich zu fürchten hat, ob du dich vor uns oder wir uns vor dir!«

»Maschallah – Wunder Gottes! Ibn Asl wurde für unüberwindlich gehalten!«

»Lächerlich! Das Böse, die Sünde, kann niemals unüberwindlich sein, sondern das Gute, die Gerechtigkeit, gelangt stets, wenn auch zuweilen spät, zum Siege. Das wirst du auch an dir erfahren, denn ich sage dir, daß du heut zum letztenmal in deinem Leben auf dem verbotenen Wege des Sklavenhandels gegangen bist.«

Er antwortete nicht gleich; er mochte überlegen, wie er sein Verhalten gegen mich am besten einzurichten habe. Wovon konnte er Vorteile für sich erwarten? Dadurch, daß er sich scheinbar in sein Schicksal ergab und sich demütig zeigte, oder daß er den Versuch machte, mir zu imponieren? Demut zu zeigen, dazu war später ja auch noch Zeit! Er schien sich für das letztere entschlossen zu haben, denn er versuchte, seinem Gesichte einen hochmütigen Ausdruck zu geben, und fragte mich in wegwerfendem Tone:

»So? Denkst du wirklich, daß nun ich nach Ibn Asl an die Reihe komme? Das glaubst du doch wohl selber nicht!«

»Zu glauben brauche ich es nicht, weil ich vollständig überzeugt davon bin.«

»Du willst mich dem Reïs Effendina ausliefern?«

»Ja.«

»Wann?«

»Ich brauchte es dir nicht zu sagen, doch kann es mir nicht schaden, wenn du es erfährst. Wir bleiben hier liegen, bis er in einigen Tagen mit seinem Schiffe kommt, um uns an Bord zu nehmen. Wir sind ihm vorausgefahren.«

Ich wußte, welcher Gedanke ihm jetzt kommen würde, und nahm ihn scharf in die Augen. Es glitt ein nicht ganz zu unterdrückender Zug der Freude über sein Gesicht, und er sagte in demselben höhnischen Tone wie vorher:

»Ich bin entzückt von deiner Aufrichtigkeit und will dir daher das Vergnügen machen, ebenso offen zu sein wie du. Deine Wünsche, Hoffnungen und Absichten gleichen den leisen Wellen der Luft, welche über den mächtigen Talhabaum streichen, ohne ihn beugen zu können. Wenn du uns nicht sofort freigiebst, werdet ihr euch morgen in unserer Gefangenschaft befinden. Wie ihr euch heut zu uns verhaltet, so werden wir euch dann morgen behandeln. Das gebe ich dir zu bedenken! Sei also klug, Effendi! Diese Warnung spreche ich nicht etwa aus Angst aus, sondern weil ich mich in der gnädigen Stimmung befinde, dich retten zu wollen.«

»Ich bedarf deiner Gnade nicht und habe auch gar nicht die Absicht, dir die meinige anzubieten. Jeder hat die Last zu tragen und die Schuld zu büßen, die er auf sich genommen hat.«

»So bist du verloren, unbedingt verloren!«

»Pah! Die Leute, auf welche du rechnest, mögen nur kommen! Anstatt euch befreien zu können, werden sie gefesselt neben euch liegen.«

Er fuhr erschrocken zusammen und fragte:

»Welche Leute meinst du?«

»Die aus dem Chor Omm Karn.«

»Von solchen Leuten weiß ich nichts, gar nichts!«

»Lüge nicht! Die zwei Boten, welche du zu ihnen schicktest, haben dir ja mitgeteilt, daß sie morgen kommen werden, um die Sklaven in Empfang zu nehmen und mit Goldstaub zu bezahlen. Auf ihre Hilfe rechnest du vergeblich.«

Da trat wieder eine Pause ein, dic er nötig hatte, um sich zu fassen. Dann sagte er:

»Ich weiß nicht, was du meinst. Du mußt im Fieber gelegen haben, als du glaubtest, Dinge zu sehen, die sich gar nicht ereigneten, und Worte zu hören, welche gar nicht gesprochen wurden. Die Hilfe, welche ich erwarte, ist eine ganz andere, als du denkst. Indem du uns als Feinde behandelst, hast du dich auf Es Sireth begeben, auf die Brücke des Todes, und es bedarf nur eines leisen Stoßes meines Fingers, so stürzest du in den Abgrund hinab, welcher dir aus der schauerlichen Tiefe entgegengähnt.«

»Laß ihn gähnen! Ich gähne ja auch, und zwar aus Langeweile über die leeren Drohungen, von denen du meinst, daß sie mich erschrecken sollen.«

»So denkst du, daß ich lüge?«

»Ja.«

»Effendi, beleidige mich nicht! Ich bin ein gläubiger Moslem, du aber bist ein Christ, der tief, tief unter mir steht!«

»So wirst du, da du so hoch über mir stehst, um so tiefer fallen!«

»Du willst dich also nicht überzeugen lassen? Frag Geri, meinen Mulasim[1]! Da liegt er als der dritte zu meiner linken Seite. Er wird bei Allah und dem Propheten bestätigen, daß ich recht habe.«

»Ich glaube ihm ebensowenig wie dir.«

Da fuhr er mich an:

»Hüte dich, Giaur! Ich mag solche Worte nicht hören!«

Ich trat ganz nahe zu ihm heran und drohte:

»Ich warne dich zum letztenmale. Wenn du wirklich denkst, so hoch über mir zu stehen, weil ich ein Christ bin, so lache ich darüber; aber wenn du diesen albernen Hochmut so weit treibst, mich zu schimpfen, so werde ich dich zwingen, einen bescheideneren Ton gegen mich anzuschlagen.«

»Ich, der reiche und berühmte Abu Reqiq, bescheiden gegen dich, der du doch nur der Sklave und Speichelfresser des Reïs Effendina bist? Ich möchte den Ungläubigen, den ewig Verfluchten sehen, der dies fertig brächte. Wisse, daß grad der Islam es ist, der dich in meine Hände liefern wird! Der neuerwachte Islam wird seinen Rachen öffnen und dich und deinen Reïs Effendina verschlingen, dem du nachläufest und gehorchest wie ein Hund!«

»Gut, du hast's gewollt! Du wirst sofort erfahren, daß der Giaur, der ewig Verfluchte, der Hund es wohl versteht, dich demütiger zu machen. Ben Nil, der Kerl bekommt einstweilen zehn Hiebe auf jede Fußsohle. Besorge das! Und wenn er dadurch nicht bescheidener wird, werden ihm noch zwanzig aufgezählt!«

Ben Nil war eine solche Strenge so wenig an mir gewöhnt, daß er, anstatt mir zu gehorchen, einen fragenden, zweifelnden Blick auf mich warf. Als ich ihm aber mit einer energischen Handbewegung bedeutete, daß es mein Ernst sei, rief er erfreut aus:

»Oh, Effendi, welche Wonne du mir damit bereitest! Fast hätte ich es nicht geglaubt, denn deine Güte und Langmut pflegen unendlich zu sein. Es schmerzt mich nur, daß nicht auch seine Leute die Hiebe bekommen, welche sie alle so wohl verdient haben; aber

[1] Lieutenant, Unteranführer.

ich werde diesen Schmerz von mir abladen und auf die Sohlen seiner Füße übertragen. Kommt, ihr Krieger vom tapfern Stamme der El Homr! Schafft euern Peiniger hier auf die Seite; legt ihn auf den Bauch; kniet auf seinen Rücken, daß er sich nicht bewegen kann, und zieht ihm die Sandalen ab. Haltet ihm dann die Füße hoch, daß die Sohlen gegen den Himmel schauen; sie sollen die Gaben des Stockes empfangen, den ich mir jetzt abschneiden werde, eines schönen Stockes, dessen Stimme deutlicher erklingen wird, als die Gesetze des Kuran und aller Ausleger desselben!«

Er ging zum nahen Busche, um einige passende Ruten abzuschneiden, während zehn, zwanzig El Homr sich über Abu Reqiq hermachten. Wie gern sie das thaten! Sie faßten ihn bei den Beinen, zogen ihn auf die Seite und gaben da seinem Körper und seinen Gliedern die Lage, welche Ben Nil ihnen bezeichnet hatte. Er wehrte sich dagegen, soweit die Stricke, mit denen er gebunden war, es ihm erlaubten. Das half ihm nichts, denn es hatten ihn so viel Fäuste gepackt, daß seine Kraft gegen die ihrige gleich Null war.

Hätte er mich um Verzeihung gebeten, so wäre ich sehr wahrscheinlich so schwach gewesen, ihm die Bastonnade zu erlassen; aber es fiel ihm gar nicht ein, dies zu thun. Er schleuderte vielmehr eine solche Flut von Schimpfworten gegen uns und besonders gegen mich, daß ich befahl, ihm nicht zehn sondern zwanzig Hiebe auf jeden Fuß zu geben. Als das sein Mulasim hörte, rief er ihm zu:

»Schweig doch, schweig! Du siehst ja, daß du es mit deinem Zorn noch schlimmer machst. Wenn du deine Zunge nicht zähmst, wirst du dreißig oder fünfzig Streiche erhalten, während dich doch schon die ersten zehn vollständig zufriedenstellen konnten!«

Diese Warnung fruchtete; Abu Reqiq schwieg; aber um Verzeihung zu bitten, das ließ ihm sein Stolz auch jetzt nicht zu. Mehrere der El Homr baten, die Rute führen zu dürfen, doch Ben Nil antwortete:

»Ihr seid halb verhungert und verdürstet und habt also die Kraft verloren, welche dazu gehört, alles, was im bösen Herzen dieses Menschen lebt, so deutlich auf seine Sohlen zu zeichnen, daß er es endlich selber glauben muß. Ich aber bin kräftig genug dazu und habe mir hier diese vier schönen, starken und biegsamen Stöcke nicht für euch, sondern nur für mich abgeschnitten. Haltet ihn also fest! Es kann beginnen.«

Die El Homr bildeten einen Kreis um die bei der Exekution beteiligten Personen; ich aber zog es vor, nicht Zuschauer bei derselben zu sein. Bald hörte ich die Hiebe fallen, deren jeder durch ein tierisches Gebrüll des Empfangenden quittiert wurde. Die einzelnen Schreie, welche er ausstieß, zogen sich nach und nach in ein immerwährendes, pausenloses Heulen zusammen, welches mich verhinderte, die ferneren Schläge zu hören und also auch zu zählen. Endlich verstummte das Gebrüll; es gab nur noch ein tiefes, schweres Stöhnen. Der Kreis öffnete sich; Ben Nil kam zu mir und meldete:

»Wir sind zu Ende, Effendi, und du wirst mit mir zufrieden sein.«

»Warum?«

»Weil ich ihm fünfundzwanzig anstatt zwanzig gegeben habe.«

»Warum hast du das gethan?«

»Weil ich so schön im Zuge war, daß ich meinen Arm nicht eher zum Stillstehen brachte, als bis es fünf zu viel geworden waren. Nun liegt er da und kann sich nicht rühren. Was sollen wir mit ihm machen?«

»Schafft ihn hinter das Akaziengebüsch rechts dort an der Wasserlache! Wenn er dort liegt, tragt ihr seinen Mulasim zu ihm und bindet sie so neben einander an die Büsche oder an Pflöcke, die ihr in die Erde schlagt, daß sie sich nicht bewegen und nicht sehen können, was hinter ihnen geschieht.«

»Warum?«

»Kannst du dich noch erinnern, wie ich Abd Asl belauschte, als wir an der Quelle lagen, wo ich den Löwen schoß?«

»Ja.«

»Grad in derselben Weise will ich diesen Abu Reqiq belauschen. Er drohte mir, daß grad der Islam seinen Rachen gegen mich öffnen werde, um mich zu verschlingen. Das hat eine Bedeutung, die ich nicht kenne und die ich kennen lernen will und muß. Er würde es mir weder gutwillig noch gezwungen sagen; darum wende ich die List, welche damals so glückte, hier wieder an. Es ist ein dafür sehr günstiger Umstand, daß er seinen Mulasim bei sich hat, mit dem er jedenfalls auf einem vertraulicheren Fuße steht als mit seinen andern, gewöhnlichen Leuten. Wenn beide glauben, allein und unbeobachtet bei einander zu liegen, werden sie ihren Herzen Luft machen, und ich müßte mich sehr irren, wenn dabei nicht auch das mit zur Sprache käme, was ich erfahren will. Die Hauptsache ist, daß sie sich für unbelauscht halten, daß sie überzeugt sind, ich befinde mich in eurer Mitte, nicht aber bei ihnen.«

»Das laß mich machen, Effendi! Die El Homr müssen sich in einem Kreise um dich niedersetzen und so thun, als ob die Beute unter sie verteilt würde. Inzwischen schaffe ich die beiden Kerls nach dem Gebüsch und binde sie dort an, und du schleichst dich, ohne daß sie es bemerken, hinter sie. Wenn ich dann wieder bei den El Homr sitze, werde ich öfters so thun, als ob ich mit dir spräche. Sie werden das hören und dann gewiß nicht denken, daß du nicht bei uns, sondern bei ihnen bist.«

Dieser Vorschlag Ben Nils war gut; ich stimmte ihm bei, und er machte sich gleich daran, ihn in Ausführung zu bringen. Es dauerte nicht lange, so lag ich an dem betreffenden Gesträuch hinter Abu Reqiq und seinem Vertrauten, welche beide der festen Ueberzeugung waren, daß ich inmitten der El Homr säße.

Sie sprachen zunächst nicht miteinander. Die Schmerzen des Gezüchteten waren so groß, daß er nicht an Unterhaltung dachte; er wimmerte in einem fort leise vor sich hin. Wie oft hatte er wohl gefangene Neger noch ganz anders, ja zu Tode schlagen lassen, ohne daß sein Gewissen nur im geringsten dadurch beschwert worden war?

Dieses Schweigen dauerte dem Mulasim endlich doch zu lang. Nach dem, was geschehen war, gab es so viel zu besprechen, und die Gelegenheit, dies zu thun, konnte gar nicht bequemer kommen. Er begann also:

»Wer hätte gestern um diese Tageszeit gedacht, daß es uns heut so traurig ergehen werde! Der Scheitan muß diese Hunde grad jetzt von den Grenzen des Niles herabgeführt haben, grad an dem Augenblicke, wo wir hier angekommen sind! Nur einen einzigen Tag später, und unser Handel wäre gelungen. Thun deine Wunden dir sehr wehe, Herr?«

»Frag nicht so dumm!« antwortete Abu Reqiq stöhnend, wie er überhaupt während des ganzen Gesprächs fortwährend ächzte und

Es dauerte nicht lange, so lag ich an dem betreffenden Gesträuch.

wimmerte. »Soll es nicht schmerzen, wenn einem die Füße so zerschlagen worden sind, daß die Knochen aus dem Fleische schauen? Allah verdamme diesen Christenhund in denjenigen Teil der Hölle, wo die Teufel ohne Aufhören und in alle Ewigkeit Bastonnade erteilen!«

»Du hättest nur zehn Streiche erhalten; aber weil du ihn schimpftest und beleidigtest, so bist du selber schuld – – –«

»Schweig!« unterbrach ihn der Sklavenhändler. »Ich will deine guten Lehren nicht hören! Ich wollte ihn durch mein sicheres Auftreten ängstlich machen.«

»Allah! Wir haben genug über diesen Christen gehört, um zu wissen, daß ihm keine Angst einzujagen ist. Er ist milde wie ein Weib, aber stolz und unerschütterlich dabei. Ich möchte wissen, weshalb er uns beide so allein hat hierherschaffen lassen.«

»Weil er sich trotz seines Stolzes vor uns scheut und fürchtet. Wir sollen nicht sehen, was sie thun, und nicht hören, was gesprochen wird. Er hält es trotz seines Leugnens für möglich, daß wir gerettet werden. In diesem Falle wäre es gefährlich für ihn, wenn wir etwas über seine Absichten gehört hätten. Nur aus diesem und keinem andern Grunde hat er uns beiseite schaffen lassen!«

»Oder ist er gar nicht dort, sondern hier bei uns, um uns zu belauschen!«

»Fällt ihm nicht ein! Ich sah ihn, als ich fortgeschafft wurde, inmitten der El Homr sitzen; du hast ihn auch gesehen, und – – – horch! Hörst du seinen Namen nennen? Hörst du, daß dieser verfluchte Ben Nil mit ihm redet?«

»Ja; er ist also wirklich dort, und wir können mit einander sprechen, ohne zu besorgen, daß wir belauscht werden. Hältst du es für möglich, daß die Männer aus dem Chor Omm Karn uns befreien werden?«

»Ja.«

»Aber sie werden ahnungslos herüberkommen und ihm grad in die Hände laufen! Er sagte doch selbst, daß er sie festnehmen wolle!«

»Ich werde sie warnen. Sobald wir sie kommen sehen, rufe ich ihnen zu, daß wir gefangen sind und daß sie uns befreien sollen.«

»Da wird er dich töten!«

»Nein; ein Mörder ist er nicht. Wir haben ja gehört, daß er nur im äußersten Notfalle Blut vergießt. Er wird uns dem Reïs Effendina ausantworten; ehe dies geschehen ist, haben wir wenigstens für unser Leben nichts zu fürchten. Er wird also, wenn er hört, daß ich die Omm Karn-Leute warne, mich nicht töten, sondern die Warnung dadurch erfolglos zu machen suchen, daß er hier diese Furt verläßt und irgendwo ein anderes Lager bezieht. Unsere Verbündeten aber werden ihm folgen, ihn finden und uns befreien. Aber dann!«

Er knirrschte bei diesen beiden letzten Worten mit den Zähnen. Der Mulasim wiederholte sie:

»Aber dann! Ja, dann wird es ihm traurig ergehen!«

»Trauriger, als es ihm in der Hölle ergehen könnte! Ich lasse ihn peitschen, daß ihm alle Knochen aus dem Leibe schauen. Und dann mache ich ihn zu meinem eigenen Sklaven, den ich von früh bis abends peinige, wie noch kein Sklave gepeinigt worden ist. Also, ich bin überzeugt, daß wir nicht gefangen bleiben; aber wir werden einige kostbare Tage verlieren und also später nach El Michbaja kommen, als man uns dort erwartet.«

»Zumal du durch die Bastonnade so verwundet bist! Du wirst dich kaum auf dem Kamele halten können.«

»Wir werden ein Boot haben.«

»Ein Boot? Von wem?«

»Von diesem Christenhunde. Er hat ja gesagt, daß er dem Reïs Effendina vorausgefahren sei, und ist also im Besitze eines Fahrzeuges, welches hier irgendwo am Ufer liegen muß. Das nehme ich für mich und laß mich nach El Michbaja rudern, während du mit den andern den Weg mit den Kamelen zurücklegst. Diese Hunde haben uns alles, alles abgenommen. Sogar mein Goldstaub wird sich in ihren Händen befinden. Das könnte mich rasend machen, wenn ich nicht wüßte, daß sie alles wieder hergeben müssen. Dafür wird Kara Ben Nemsi mir einen Gegenstand lassen müssen, welcher hundertmal mehr wert ist, als das Gold, welches er jetzt wohl glaubt, ganz sicher zu besitzen.«

»Was ist das?«

»Sein Zaubergewehr, von welchem wir gehört haben. Jedenfalls hat er es noch, denn so etwas hütet man wie das eigene Augenpaar. Bin ich Besitzer dieser Flinte, so darf man mich den unüberwindlichsten Mann des ganzen Sudahn nennen, und das wird mich vollständig entschädigen für die Bastonnade, gegen die ich mich leider nicht wehren konnte.«

»Wenn aber nun der Reïs Effendina kommt, ehe wir wieder frei sind?«

»Geschähe das, so wären wir verloren, denn die Strenge dieses Abgesandten des Teufels würde unser Leben fordern. Glücklicherweise war aus den Reden des Christen zu entnehmen, daß der Reïs Effendina erst nach einer Anzahl von Tagen hier eintreffen wird. Da sind wir wieder frei, weil die Leute aus Omm Karn schon morgen kommen.«

»Wir wären dann mit ihnen sechsundzwanzig tapfere Männer. O Allah! Wenn es möglich wäre, mit diesen Leuten das Schiff des Reïs Effendina zu ersteigen und ihm wegzunehmen!«

»Diesen Gedanken laß nur fallen! Selbst wenn es gelänge, würden so viele von uns dabei zu Grunde gehen, daß die übrigen das Schiff nicht lenken könnten, zumal sie nichts davon verstehen. Es wird mit ihm und seinen Leuten auch ohnedies in unsere Hände fallen.«

»Bei El Michbaja?«

»Ja.«

»Steht denn der Wächter noch immer dort am Ufer?«

»Ja, bei Tage und bei Nacht. Der ›Heilige‹ hat es so befohlen. Niemand weiß, weshalb er den Untergang des Reïs Effendina beschlossen hat; er muß von diesem auf eine Weise beleidigt worden sein, die selbst ein Heiliger nicht verzeihen kann, zumal dieser behauptet, daß Allah und der Prophet den Sklavenhandel befohlen haben. Kennst du die Stelle des Niles, an welcher El Michbaja angelegt worden ist?«

»Nein.«

»Der Fluß hat dort eine so schnurgerade Richtung, daß man jedes abwärtskommende Schiff schon aus weiter, weiter Ferne erblickt. Dann macht er einen raschen Bogen, indem er um eine weit vorgeschobene Landzunge oder Halbinsel fließt, die von sehr dichtem Walde bedeckt ist. In diesem Walde liegt El Michbaja, wo man mit einer großen Sklavenherde auf uns wartet. Die Bewohner von El Michbaja haben den Segen des ›Heiligen‹ erhalten, und ihr letzter Bote teilte mir im Geheimnis mit, daß dieser Reqiq nicht nur aus Schwarzen bestehe. Es giebt Menschen, die man beseite schaffen muß, ohne sie grad töten zu wollen; die macht man einfach zu Reqiq. Ich nehme sie sehr gern mit und bin verschwiegen dabei, weil ich sie umsonst bekomme und nicht zu bezahlen brauche. Es hat sogar Fälle gegeben, daß man mir einige Schwarze dafür schenkte, daß ich einen Weißen mitnahm, um ihn als Sklaven verschwinden zu lassen. Wahrscheinlich steht mir in El Michbaja wieder ein so gutes Geschäft bevor, denn sonst hätte man mir den erwähnten Wink nicht gegeben.«

»Befinden sich denn genug Leute dort, den Reïs Effendina abzufangen?«

»Ja. Und diese Männer sind alle mit dem Wasser wie Fische vertraut. Ich habe es bisher geheim gehalten; jetzt aber will ich es dir sagen, daß einer von uns zu den dortigen Leuten gehört und nur deshalb zu mir geschickt wurde, um mein Führer dorthin zu sein, sobald ich einen brauchen sollte.«

»Allah! Solche Geheimnisse hast du vor mir gehabt? Ich habe stets gemeint, du wüßtest, daß du mir vertrauen darfst!«

»Das wußte ich; aber ich mußte versprechen, es so lange geheim zu halten, bis ein triftiger Grund eintrete, es zu sagen. Dieser Grund ist jetzt da. Also am Ufer der Landzunge, auf welcher El Michbaja liegt, hält Tag und Nacht ein Posten Wache, der auf das Schiff des Reïs Effendina aufzupassen hat. Es ist so gebaut, daß er es sofort erkennen muß, und sobald es erscheint, hat er es zu melden.«

»Dann wird es angegriffen?«

»Ja.«

»Was soll mit der Besatzung geschehen?«

»Sie kann getötet oder gefangen genommen und als Reqiq verkauft werden, aber zwei sollen unbedingt geschont werden, nämlich der Reïs Effendina und dieser Kara Ben Nemsi Effendi.«

»Warum?«

»Der ›Heilige‹ will sie haben.«

»Wozu?«

»Das weiß man nicht. Er hat sie sich auf das allerstrengste ausbedungen, und du kannst dir denken, daß man ihm gern gehorsam ist. Wir sind in die Hände dieses Giaur geraten; das ist ein Unglück, welches vorübergehen wird, und bei jedem Unglück pflegt ein Glück zu sein.«

»So auch hier?«

»Ja. Es ist ein Glück für uns, daß der Reïs Effendina grad zu der Zeit angesegelt kommt, in welcher wir uns in El Michbaja befinden werden. Ich bin überzeugt, daß man uns dort die ganze gefangene Besatzung umsonst als Sklaven überlassen wird. Was man nicht tötet, muß verschwinden, und zum Verschwindenlassen bin ich wie kein anderer der richtige Mann.«

»Warst du schon einmal dort?«

»Auch nicht; aber ich kann mich auf Hubahr so verlassen wie auf mich selbst.«

»Ach, Hubahr ist also der, den du vorhin meintest?«

»Ja.«

»Ich habe ihm nicht viel zugetraut, denn er scheint nicht tapfer, sondern ein Feigling zu sein.«

»Feig ist er, ja er fürchtet sich sogar im hellen Mondenscheine, wenn er von weitem die Stimme der Hyäne hört, die ihm gar nichts anhaben kann. Ein Krieger ist er also nicht; aber zum Boten, Führer und Spion, da paßt er ausgezeichnet, und da er für uns nur dieses sein soll, so kann ich nicht mehr von ihm verlangen. Er ist mir von El Michbaja aus nicht nur sehr empfohlen worden, sondern er steht sogar unter dem Schutze des ›Heiligen‹, den er persönlich kennt, denn er hat bei ihm auf der Insel Aba gewohnt und ist in den frommen Regeln und Satzungen der Terika[1] es Samania einer seiner besten Schüler gewesen.«

»Maschallah – Gott thut Wunder! Wer hätte das von diesem Hubahr gedacht, der mit uns auf den Sklavenhandel gegangen ist und doch vor Angst zusammenzuckt, wenn nur der Hahn seiner eigenen Flinte knackt!«

»Es ist nicht notwendig, daß ein Streiter Allahs auch ein kühner Krieger im irdischen Sinne ist. Der Islam braucht außer den streitbaren Schwertträgern, welche seine Fahne in alle Länder tragen sollen, noch viel nötiger auch kluge, listige Bekenner, von denen ein einziger durch seine Verschlagenheit mehr, viel mehr leisten kann

[1] »Weg zum Heile«.

als tausend Asaker, die nur durch die Kraft ihrer Arme wirken. Das hat Mohammed Achmed selbst sehr oft gesagt und gelehrt.«

»So heißt der Heilige?«

»Weißt du das noch nicht? Habe ich noch nicht mit dir von ihm gesprochen? Du widmest deine ganze Kraft und alle deine Gedanken dem Sklavenhandel; aber nebenbei solltest du dich doch auch um die Ereignisse und Personen kümmern, welche für den Islam von Wichtigkeit sind. Mohammed Achmed Ibn Abdullahi war ein Hauar[1] des berühmten Scheich Mohammed Scherif von der Samania. Er entzweite sich mit ihm und ging zur Terika des Scheiches el Gureschi über. Dadurch wurde er berühmt. Er wurde der Fakir el Fukara genannt und wohnte auf der Insel Aba, wo er den Titel eines Sahed[2] erhielt. Er wollte die hervorragenden Anhänger des Islam in den westlichen Gegenden kennen lernen und machte darum eine Reise nach Kordofan. Von da zurückgekehrt, war er eine Zeit lang sehr krank. Er konnte nicht gehen, denn er hatte diese Reise als Sahed meist zu Fuße gemacht und dabei seine Sohlen im heißen Sande so verletzt, daß fast kein Mittel Heilung bringen wollte. Die Schmerzen, welche er infolge dieser seiner Entsagung auszustehen hatte, vermehrten den Ruf seiner Heiligkeit, und es hatten sich in wenigen Wochen so viele Schüler und Jünger um ihn gesammelt, daß er jetzt eine Macht besitzt, wie sie vor ihm noch kein Heiliger besessen hat. Als ich zum letztenmal von ihm hörte, sagte man sogar, er sei der Mahdi, welchen wir schon seit Jahrhunderten erwarten; er werde den reinen, geläuterten Glauben lehren und dann die Streiter des Islam siegreich in alle Gegenden der Erde führen, um überall die grüne Fahne des wahren Glaubens aufzupflanzen. Nun weißt du, wen du unter dem ›Heiligen‹ zu verstehen hast, und da Hubahr einer seiner besten Schüler ist, wirst du ihm von jetzt an dein Vertrauen schenken, welches du ihm bisher verweigert hast.«

»Allah, Allah, Allah!« sagte Geri erstaunt. »Der Mahdi soll endlich gekommen sein! Und dieser heilige Mann lehrt, daß der Sklavenhandel keine Sünde sei?«

---

[1] Jünger.

[2] Entsagenden, Heiligen.

»Sogar daß er befohlen sei! Er wird schon durch diese Lehre allein das Christentum besiegen, welches die Sklaverei verbietet und also keine Männer hat, sich gegen uns zu wehren, die wir Hunderttausende bewaffneter Sklaven gegen die Ungläubigen aussenden können. Sie werden also grad durch diejenigen niedergeworfen und zerschmettert, welche sie in Schutz nehmen wollen. Allah verderbe sie!«

»Zunächst möge er diesen einen Christen vernichten, der es gewagt hat, sich an uns zu vergreifen und deine Füße mit den Stöcken der Bastonnade zu berühren!«

»Das wird er thun; ich bin ganz überzeugt davon! Allah kann unmöglich wollen, daß wir das neue, große Licht des Islam nur aufgehen sehen sollen, um uns hier ruhmlos von dem Reïs Effendina abschlachten zu lassen. Jetzt aber schweig! Ich habe über unsere Lage und über die Rettung aus derselben nachzudenken, und wenn ich spreche, werden die Schmerzen meiner Füße um das Doppelte vermehrt. Wenn ich diesen Giaur in meine Hand bekomme, soll er Qualen erleiden, als ob er hundert Füße hätte, auf die ihm die Bastonnade gegeben worden ist.«

Sie hüllten sich nun in Schweigen; das heißt, so weit es sich auf gesprochene Worte bezog, denn still verhielt sich Abu Reqiq keineswegs, sondern sein Stöhnen und Seufzen ertönte ebenso fort, wie es das ganze, von mir belauschte Gespräch begleitet hatte. Weil es für mich nun keine Hoffnung gab, noch mehr zu hören und zu erfahren, entfernte ich mich leise von der Stelle, an welcher ich gelegen hatte, und kehrte zu den El Homr zurück. Als Ben Nil mich von weitem kommen sah, war er so klug, aufzuspringen und auch die anderen zum Aufstehen zu veranlassen. Diese vielen aufgerichteten Gestalten boten mir eine willkommene Deckung, daß ich mich in einem kleinen Bogen dem Platze nähern konnte, ohne von Abu Reqiq und Geri gesehen zu werden. Auf diese Weise blieb es diesen beiden unbekannt, daß ich nicht nur vom Lagerplatze weg, sondern sogar bei ihnen gewesen war.

Als wir uns dann wieder gesetzt hatten, warf mir Ben Nil einen fragenden Blick zu, den ich mit einem leichten Nicken des Kopfes beantwortete. Nun wußte er, daß es mir gelungen war, den Sklavenhändler und seinen Mulasim zu belauschen. Es war inzwischen der Inhalt der Taschen der Händler verteilt worden, der besonders bei Abu Reqiq reichlich ausgefallen war, wenn er auch nicht aus Gold bestanden hatte.

Mich beschäftigte natürlich das, was ich gehört hatte. Also Mohammed Achmed, der Fakir el Fukara, spielte sich jetzt als Heiliger, sogar als Mahdi auf! Ich konnte nicht daran zweifeln, daß es sich um dieselbe Person handelte, die wir in der Chala kennen gelernt hatten. Seine Reise nach Kordofan war erwähnt worden; er war uns auf der Rückreise von dort begegnet. Die schwere Krankheit seiner Füße, welche er sich durch seine fromme Entsagung zugezogen haben sollte, war nichts als eine Folge der Bastonnade, die ihm der Reïs Effendina hatte geben lassen, und daß er diesen und mich gern in seine Gewalt haben wollte, daß er die Rückkehr unseres Schiffes so aufmerksam erwarten ließ, das war mir leicht erklärlich; er wollte Rache nehmen, natürlich auch an mir, obgleich ich mich seiner erbarmt hatte, als er mit zerschlagenen Füßen im Sumpfe lag. Wie er von dort weg und nach der Insel Aba gekommen war, das konnte mir gleichgültig sein; es genügte mir, zu wissen, daß er auf irgend eine Weise wieder heimgelangt war.

Umso wichtiger war mir der Ort, welchen der Händler El Michbaja genannt hatte. In welcher Gegend mußte er gesucht werden? Ich kannte keinen Ort dieses Namens am Nile, Ben Nil, den ich nachher fragte, auch nicht, und als ich mich später bei seinem Großvater erkundigte, hatte dieser ihn ebensowenig gehört und meinte, daß es eine ganz neu angelegte Niederlassung sein müsse. Zwischen unserer Fahrt stromaufwärts und jetzt waren allerdings Monate vergangen, denn ich erzähle nur die hervorragenden Ereignisse derselben, und die Zeit unserer Abwesenheit war mehr als lang genug, daß aus dem Fakir el Fukara inzwischen hatte ein Heiliger werden können und am Ufer des Niles ein Ort entstanden war, den es damals noch nicht gegeben hatte.

Dieser Ort schien aber nicht nur uns unbekannt zu sein; das ging aus seinem Namen hervor. El Michbaja heißt »das Versteck«; es handelte sich also wahrscheinlich um eine geheim gehaltene Stelle, an welcher verkäufliche Sklaven versteckt wurden, um bei passender Gelegenheit auf gefahrlosen Wegen weitertransportiert zu werden. Aber wo lag dieser Ort? Das wollte und mußte ich wissen, denn dort wartete man auf uns, um Rache an uns zu nehmen. Ich zweifelte zwar gar nicht daran, daß es uns gelingen würde, ganz glücklich dort vorbeizukommen, aber doch nur dann, wenn wir wußten, an welcher Stelle die Gefahr uns drohte. Und aufrichtig gestanden, hatte ich gar keine Lust, eben nur glücklich vorüberzufahren. Es gab dort Sklaven zu retten, unter denen sich sogar Weiße befinden sollten! Da war es doch wohl unsere Pflicht, denen, die auf uns warteten, um uns zu verderben, nicht feig aus dem Wege zu gehen, sondern ihnen erst recht zu zeigen, daß wir sie nicht fürchteten.

Also wir mußten unbedingt erfahren, wo El Michbaja lag. Aber von wem? Natürlich von Hubahr, dem bevorzugten Schüler des neuen Propheten, welcher lehrte, daß die Sklaverei eine von Allah befohlene Einrichtung sei. Bei dem Gedanken, daß grad dieser Schüler uns gegen seinen Meister beistehen solle, drängte sich mir ein behagliches Lächeln auf, denn ich war überzeugt, daß es mir gar nicht schwer fallen werde, ihn dazu zu bewegen, allerdings auf freundlichem Wege freilich nicht. Abu Reqiq hatte ihn als einen verschlagenen, listigen aber feigen Menschen geschildert. Nun, die List eines Sudanesen fürchtete ich nicht, und die Feigheit war der Punkt, an dem ich ihn zu fassen hatte.

Dies zu thun, war jetzt noch lange nicht an der Zeit. Zunächst genügte es mir, zu wissen, welcher von den Leuten dieser Hubahr war. Ich hatte den Gefangenen nicht verboten, miteinander zu sprechen, und sie machten von dieser indirekten Erlaubnis reichlichen Gebrauch. Indem ich, scheinbar gar nicht auf sie achtend, die abgerissenen Reden verfolgte, welche sie einander zuwarfen und bei denen auch Namen genannt wurden, erfuhr ich bald, wo der Betreffende lag. Er war ein kleiner, schmächtiger Kerl mit drei schrägen Schnittnarben auf den Schläfen und den Wangen und gehörte also dem Fundschvolke an, höchst wahrscheinlich der Abteilung der Hammedsch oder der Beruhn. Sein dunkles Gesicht zeigte eine ausgesprochene Fennek[1]-Physiognomie, und er wäre von mir, auch wenn ich Abu Reqiq nicht belauscht hätte, gleich beim ersten Blicke für ein schlauer Mensch gehalten worden, dem man nicht trauen durfte. Sein ruheloses, unstätes Auge konnte diese Meinung nur be-

[1] Kleiner Wüstenfuchs.

gründen. Also das war einer jener Streiter des Islam, von denen ein einziger mehr wert war als tausend tapfere Asaker.

Ich wußte nun genug und beschäftigte mich nur noch mit den nötigen Bestimmungen für die Nacht. Die Wachen wurden so eingeteilt, daß zu je fünf El Homr ein Askari kam, weil ich mich auf meine vier Asaker mehr verlassen konnte, als auf alle sechzig Homr; dann legten wir uns schlafen.

Am Morgen wurde ich auf meinen Befehl sehr frühe geweckt und stieg die Mischrah hinauf, um eine für meine Absicht passende Stelle zu suchen. Als ich sie gefunden hatte, kehrte ich zurück und gab den Befehl, die Gefangenen nach diesem Orte zu schaffen. Dort angekommen, wurden sie entfesselt und dann wieder gebunden, nachdem wir ihnen ihre Kleidungsstücke genommen hatten, welche die heller Gefärbten unter den El Homr anzuziehen hatten. Zwei Asaker und zwanzig Homr sollten bei ihnen bleiben. Sie hatten sich natürlich alle in diese Veranstaltung fügen müssen, Abu Reqiq auch; aber als er hörte, daß er mit seinen Leuten hier bewacht werden sollte, wurde er von seiner Enttäuschung und Besorgnis zu der Frage getrieben:

»Wie kommst du zu diesem Befehle, Effendi? Warum sollen wir nicht unten am Flusse bleiben?«

»Das kannst du dir nicht denken?« antwortete ich.

»Nein.«

»So will ich es dir sagen. Hier oben könnt ihr die Leute vom Chor Omm Karn nicht kommen sehen, und sie vermögen deine Stimme nicht zu hören, wenn du sie aufforderst, euch zu befreien.«

Da rief er erschrocken aus:

»Allah kerihm – Gott sei uns gnädig! Wer hat dich auf den Gedanken gebracht, daß ich das thun will?«

»Frage doch nicht! Wir Christen besitzen die Eigenschaft, die Gedanken der Moslemim so genau zu erraten, als ob sie auf ihren Stirnen geschrieben ständen. Ich werde nicht vor den Leuten aus Omm Karn diese Mischrah verlassen; sie werden mir nicht folgen und euch befreien, und du wirst mir nicht Qualen bereiten, als ob ich hundert Füße hätte, auf denen ich die Bastonnade bekomme. Ich habe dir gesagt, daß ich die Händler, welche du jetzt erwartest, gefangen nehmen werde, und was ich gesagt und mir vorgenommen habe, das pflege ich auch auszuführen. Nun höre noch, was ich den Wächtern, die bei euch bleiben, jetzt anbefehle! Jeder von den Gefangenen, der einen lauten Ruf ausstößt oder nicht still und ruhig auf seinem Platze liegen bleibt, soll augenblicklich erstochen werden! Jetzt, Tamek er Rhani, der du dich Abu Reqiq nennst, such deine Hilfe bei dem ›Heiligen‹, welcher seine Streiter über den ganzen Erdkreis senden wird, um die grüne Fahne des Islam in allen Ländern aufzupflanzen. Er hat die Sklaverei als ein Gebot Allahs hingestellt und mag dir helfen, die Gefangenen, welche ich aus deinen Händen befreit habe und die dich jetzt bewachen, wieder in Fesseln zu schlagen und als Reqiq zu verkaufen!«

»Sei verflucht, in die tiefste Dschehenna hinab verflucht!« knirschte er vor Grimm darüber, daß ich ihm die Hoffnung auf die Omm Karn-Leute vernichtet hatte.

An das Ufer zurückgekehrt, wies ich die vierzig El Homr an, wie sie sich zu verhalten hatten. Die Anzüge der Händler wurden von denen angelegt, welche bei mir und Ben Nil zu bleiben hatten; die übrigen sollten sich zurückziehen und sich verstecken, um nicht gesehen zu werden, mit ihnen der dritte und vierte Askari, deren Uniformen die Kommenden verscheucht hätten. Erst hatte ich die Absicht gehabt, die El Homr scheinbar zu fesseln und am Ufer liegen zu lassen, hielt aber bei den jetzigen Verhältnissen diese lästige Vorsichtsmaßregel nicht mehr für nötig.

Als diese Vorbereitungen getroffen worden waren, sahen wir der Ankunft der Erwarteten mit Spannung entgegen. Wenn sie einzeln kamen und einer der ersten Verdacht schöpfte, konnten uns die andern entgehen. Wir überzeugten uns indes sehr bald, daß diese Besorgnis überflüssig war, denn wir sahen sie alle auf einem großen Floße kommen, und zwar nicht über den geteilten Nil. Der Transport des Floßes über die verschiedenen Inselbänke hätte doch Anstrengung gekostet, und so waren sie weiter oben, wo der Strom sich noch nicht geteilt hatte, in das Wasser gegangen und ließen sich nach dem tiefen Arme, an welchem wir uns befanden, herabtreiben.

Als sie angelegt hatten, banden sie das Floß fest und sprangen alle an das Land, ohne erst einen von ihnen abzusenden, um sich von ihrer Sicherheit zu überzeugen. Diese Leute hatten hier wohl schon oft Sklaven in Empfang genommen, ohne dabei gestört worden zu sein, und waren dadurch nachlässig und unvorsichtig geworden.

Sie sahen uns sitzen und kamen auf uns zu. Ich hatte nicht erfahren können, ob sie Abu Reqiq persönlich kannten, und stand auf, sie zu begrüßen; auch die El Homr erhoben sich. Sie kamen bis ganz heran zu uns. Wir wechselten die üblichen Grüße, und dann fragte derjenige von ihnen, welcher der Anführer war, in einem einigermaßen erstaunten Tone:

»Wo ist Abu Reqiq? Ich sehe ihn nicht! Und wo sind die Sklaven, welche wir holen wollen?«

»Sie liegen auf der Höhe der Mischrah,« antwortete ich, »und Abu Reqiq befindet sich bei ihnen. Er hatte geglaubt, ihr brächtet als Bezahlung Waren mit, und war sehr enttäuscht, als er hörte, daß ihr nur Goldstaub hättet.«

»Ist Gold nicht grad so gut wie Ware? Laß uns zu ihm gehen, damit wir die Sklaven sehen können! Wir haben keine Zeit, uns lange zu verweilen, denn der Reïs Effendina ist in der Nähe.«

»Was? Der Reïs Effendina?« that ich erschrocken. »Ist das möglich? Woher wißt ihr es?«

»Ein Mann, der aus Chrab el Aisch herabgesegelt kam und nach Omm Karn wollte, sagte es uns. Er hat das Jagdschiff des Khedive in Kuek liegen sehen. Wir müssen uns beeilen, denn die Hunde, welche dieses Schiff bewohnen, beißen gern. Allah sei Dank, daß sie sich noch so weit oberhalb dieser Furt befinden und daß dieselbe ihnen unbekannt ist!«

»Du dankest Allah vergeblich.«

»Wieso?«

»Diese Hunde kennen die Furt und sind bereits hier.«

Er sah mir betroffen forschend in das Gesicht und sagte:

»Ich verstehe dich nicht. Du scherzest doch?«

»Nein, denn ich selbst bin einer dieser Hunde.«

Ich schlug ihn bei diesen Worten mit der Faust nieder. Dies war das mit den versteckten El Homr verabredete Zeichen; sie sprangen herbei, und die wenigen Händler wurden von über vierzig Gegnern zusammengedrängt, überwältigt, entwaffnet und gebunden, ehe sie nur recht auf den Gedanken kamen, Gegenwehr zu leisten. Als sie, so schnell überrumpelt und gefesselt, am Boden lagen, schien es ihnen schwer zu werden, die Sache ernst zu nehmen, wenigstens drückten ihre Züge mehr Verwunderung als Schreck aus, und der Anführer herrschte mich an:

»Was ist das für ein Verhalten! Wollt ihr uns etwa eine neu erfundene Phantasia lehren?«

»O nein,« antwortete ich. »Für Scherz hast du ja keine Zeit; es ist keine Phantasia, sondern Ernst. Ich gehöre, wie du an diesen beiden Uniformen sehen wirst, zum Schiff, in welchem Hunde wohnen, und die vierzig Männer, welche euch niedergeworfen und gebunden haben, sind zwei Drittel der Sklaven, welche du kaufen wolltest; ich habe sie gestern Abend befreit und Abu Reqiq mit seinen Leuten gefangen genommen.«

Jetzt stockte ihm der Atem; der Ausdruck der Angst trat auf sein Gesicht, und er fragte, nur mit Zwischenpausen sprechend:

»Höre ich – – – richtig – – –? Bin ich – – – denn bei – – – Sinnen? Solltet ihr – – – wirklich zum – – – Reïs Effendina gehören?«

»Ja, wir gehören zu ihm,« nickte ich.

»Aber du bist – – – der Reïs wohl – – – nicht selbst?«

»Nein, ich bin ein Freund von ihm.«

»Freund – –? Kein – – – Untergebener?«

»Nein.«

»Allah, Allah! Da kannst du nur der Ben Nemsi sein!«

»Der bin ich allerdings.«

Es gab nun eine der gestrigen, bei der Ergreifung Abu Reqiqs, ganz ähnliche Scene, so daß es überflüssig wäre, sie zu beschreiben. Es waren ganz dieselben Grobheiten und Verwünschungen, dieselben anmaßenden Drohungen, die ich über mich ergehen lassen mußte, und ich wunderte mich gar nicht darüber, daß Ben Nil mir schließlich den Rat gab, mir auch hier durch die Bastonnade Achtung zu verschaffen. Am schlimmsten wurde das Geheul, als ich den Befehl gab, den Gefangenen die Taschen zu leeren; doch gelang es mit Hilfe kräftiger Hiebe bald, die nötige Ruhe herzustellen. Der Goldstaub wurde heut wie gestern unter Ben Nil und die Asaker verteilt; die übrige Beute fiel den El Homr wieder zu. Als dies vorüber war, transportierten wir die Händler hinauf zu den andern Gefangenen.

Das Zusammentreffen – bei einigen Personen wohl ein Wiedersehen – der beiden Parteien war ein sehr, sehr ruhiges. Niemand sprach ein Wort; aber hätten ihre Gedanken laut werden können, so wäre das ein zum Himmel aufsteigender, betäubender Lärm gewesen. Welcher Haß sprach aus all den Zügen, welcher Grimm aus all den Blicken! Als Muhammedaner betrachteten sie ihre Gefangennahme als ein im Buche des Lebens vorgezeichnetes Ereignis, welches nicht zu umgehen gewesen war; aber daß eigentlich nur sechs Personen das fertig gebracht hatten und daß der Anführer derselben ein Giaur war, das erregte in ihnen eine Wut, welche sie nicht bemeistern und verbergen konnten. Mich ließ diese Wut sehr gleichgültig; die El Homr lachten und freuten sich darüber. Wenn es nach ihnen gegangen wäre, hätten wir die Gefangenen samt und sonders in den Nil geworfen, um sie von den Krokodilen, deren es grad hier freilich keine gab, verzehren zu lassen.

Die Leute aus Omm Karn hatten natürlich auch Kamele mit den nötigen Vorräten bei sich gehabt und sie am andern Ufer unter Aufsicht eines Mannes oder einiger Personen zurückgelassen. Diese mußten herübergeholt werden. Ich ließ zu diesem Zwecke ein großes Floß zusammensetzen, welches gegen Mittag fertig war, und machte mich mit einer Anzahl El Homr an die Ueberfahrt. Ben Nil blieb zurück, um an meiner Stelle den Befehl zu übernehmen.

Wir hatten trotz aller Drohungen nicht erfahren können, an welcher Stelle wir drüben anlegen mußten, doch war es für mich gar nicht schwer, sie, als wir hinüberkamen, zu finden. Ein halb niedergeschnittenes Ambaggebüsch verriet uns den Ort, wo das Floß angefertigt worden war. Nicht weit davon lagen wiederkäuend die Kamele, von einem einzigen Mann bewacht, mit dem wir kurzen Prozeß machten. Wir mußten trotz der Größe des Floßes mehrmals überfahren, was bis gegen Abend dauerte.

Ben Nil hatte inzwischen oben auf der Mischrah einen sehr passenden Lagerplatz abgesteckt und eingeteilt und den notwendigen Dienst so unter die El Homr vergeben, daß mir nichts zu thun übrig blieb, als ihm die Bestätigung zu erteilen. Proviant war für mehrere Tage da; dennoch ließ ich unser Boot holen, um abends beim Scheine einiger am Ufer brennender Feuer ein Fischstechen zu veranstalten, durch welches wir reichlich frisches Fleisch bekamen.

Die Feuer brannten während der ganzen Nacht, um dem Reïs

Effendina, falls er kommen sollte, als Zeichen zum Ankerwerfen zu dienen, und am Morgen wurden Posten aufgestellt, um auf sein Nahen acht zu haben. Ich war der Ansicht, daß er des Nachts kommen werde, weil er uns auf der Insel Matenieh wähnte. Wie ich ihn kannte, richtete er es so ein, daß er früh dort ankam, und wenn dies keine falsche Berechnung war, so mußte er nicht lange nach Mitternacht bei uns vorübersegeln. Die Posten besaßen genaue Weisung, wie sie sich zu verhalten hatten.

Es war auch möglich, daß der Reïs Effendina, sobald er die Feuer sah, das Schiff weiter oben halten ließ und ein Boot absandte, um zu erfahren, welcher Art Menschen sich bei den Feuern befanden.

Es vergingen zwei Nächte und zwei Tage, ohne daß sich ein Fahrzeug sehen ließ; ich war also nicht nur kalt, sondern sehr kalt gestellt worden, was mich aber nicht ärgern, sondern die Genugthuung, welche ich empfand, nur vergrößern konnte. In der dritten Nacht richtete ich es so ein, daß zwei Asaker nach Mitternacht Wache standen. Die Vermutung, welche mich dazu bewogen hatte, erwies sich als begründet, denn es fiel so gegen zwei Uhr unten an der Mischrah ein Schuß, das verabredete Zeichen, daß ein Schiff in Sicht sei. Ben Nil mußte im Lager bleiben, an dessen vier Ecken Feuer brannten; ich stieg mit den zwei übrigen Asakern hinab. Man sollte zunächst nur mich mit den vier Soldaten finden, die übrigen Leute aber erst dann, wenn es mir beliebte, zu sehen bekommen.

Als wir das Ufer erreichten, zeigten die Posten uns das Mastlicht eines Schiffes, welches eine Strecke aufwärts von uns den Anker geworfen hatte, sobald unsere Feuer bemerkt worden waren.

»Das ist ›Esch Schahin‹, unser Falke,« sagte ich. »Der Reïs Effendina wird das Boot zu Wasser lassen und den Lieutenant senden oder selbst kommen.«

»Wie wird es ablaufen, Effendi?« erkundigte sich einer der Asaker, dem es um seinen Goldstaub war.

»Kommt der Lieutenant, so geht alles glatt, wenigstens hier; kommt der Reïs aber selbst, so wird es zunächst einen Auftritt geben.«

»Und dann?«

»Und dann wird sich alles zu eurer Zufriedenheit machen; das verspreche ich euch.«

»Wir danken dir, Effendi! Wir sind durch dich so reich geworden, daß wir nicht mehr nötig haben, des armen Lebens wegen solche Strapazen durchzumachen, und es würde uns also mit großer Wehmut erfüllen, wenn wir das schöne Gold wieder hergeben müßten.«

»Ihr dürft es behalten; verlaßt euch darauf! Stellt euch jetzt in den Schatten, damit ihr nicht gesehen werdet! Und wenn dann Fragen oder gar Vorwürfe an euch gerichtet werden, so sagt kein Wort, sondern überlaßt das Antworten mir.«

Sie zogen sich ins Dunkel zurück, und auch ich setzte mich so, daß man mich vom Wasser aus nicht gleich bemerken konnte. Es währte nur kurze Zeit, so sah ich ein Boot langsam herabgeschwommen kommen. Die sechs Ruder gaben leichten, taktweisen Gegenschlag, so daß das Fahrzeug nicht die Schnelligkeit der Strömung bekam. Diese Langsamkeit wurde durch die Vorsicht geboten. Als es näher kam, sah ich eine hochaufgerichtete Gestalt am Buge stehen; es war der Reïs Effendina selbst. Als er niemand bei den Feuern erblickte, ließ er stärkeren Gegenschlag geben, sodaß das Boot trotz der Strömung halten blieb, und rief herüber:

»Bana bak – heda! Wer ist da drüben am Ufer? Antwort, oder ich lasse schießen!«

»Bana bak!« antwortete ich. »Wer ist da drüben im Boote? Antwort, oder ich schieße auch!«

Er erkannte meine Stimme und fragte:

»Ist es möglich? Du bist es, Effendi?«

»Ja.«

»Allein?«

»Nein.«

»Wer ist bei dir?«

»Die Asaker.«

»Wo ist Ben Nil?«

»Einstweilen abwesend.«

»Wo? Auf Matenieh?«

»Nein, sondern hier.«

Er stieß einen Fluch aus und fügte zornig hinzu:

»Wart! Ich komme gleich!«

Der Tanz zu Zweien sollte beginnen; ich sah ihm ruhig entgegen. Das Boot kam herbeigeflogen und legte an; der Reïs Effendina sprang heraus und kam zu mir heran, der ich jetzt aufgestanden war. Seine Augen blitzten; er wollte mich zur Rede stellen; da sah er die vier Asaker, welche sich bei seinem Nahen nebeneinander aufgestellt hatten, und fuhr sie zornig an:

»Warum steht ihr hier, ihr Schurken? Warum seid ihr nicht auf Matenieh?«

»Weil sie mir gehorcht haben,« antwortete ich an ihrer Stelle.

Da drehte er sich zu mir herum und fragte:

»Dir? Sind das meine Asaker oder die deinigen? Wem haben sie zu gehorchen?«

»Bis jetzt mir! Du hast sie mir mitgegeben und unter meinen Befehl gestellt!«

»So sind sie jetzt wieder bei mir, und ich mache diesen Befehl null und nichtig. Bist du auf Matenieh gewesen?«

»Nein.«

»Warum nicht?«

»Weil ich nur bis hierher kam.«

»Nur bis hierher? Allah! Ich habe dir aber doch befohlen, bis Matenieh zu gehen!«

Er stellte mich in einem Tone zur Rede, als ob ich ein gewöhnlicher Askari sei. Das machte mir zwar heimlich Spaß, ich durfte es aber nicht dulden; darum nahm ich denselben Oberton an wie er und antwortete:

»Du mir befohlen? Seit wann hast du mir etwas zu befehlen?«

»Seit ich – – –«. Er hielt inne, trat einen Schritt zurück und fragte: »Wie sprichst du mit mir? Fällt es dir etwa ein, mir gegenüber den Gebieter zu spielen?«

»Welch ein Ausdruck! Einfälle habe ich nie, und noch viel weniger bin ich gewohnt, zu spielen; das merke dir! Ich pflege nur stets ganz in derselben Weise zu antworten, in welcher man mich fragt. Mit Grobheiten und Rücksichtslosigkeiten kommt man bei mir nicht fort.«

»Allah 'l Allah! Ist das der Dank für die Wohlthaten, die ich dir erwiesen habe?«

»Ja, denn es ist kein Dank, weil es keine Wohlthaten gab. Forderst du dennoch Dank von mir, gut! Den deinen aber, den du mir schuldig bist, magst du behalten; ich verzichte auf ihn.«

»So bist du mit mir fertig?«

»Ja.«

»Ich mit dir auch; drum kann ich gehen.«

»So geh!«

Er hatte wohl erwartet, daß ich bitten würde. Bei meiner kurzen, entschlossenen Antwort trat er abermals einen Schritt zurück, sah mich erstaunt an und warnte:

»Weißt du, was du sagst und thust? Du befindest dich nicht in Kairo, sondern in der Halbwildnis am oberen Nil!«

»Das weiß ich auch!«

»Und dennoch sagst du, daß ich gehen soll?«

»Ja.«

»Gut, so sind wir freilich fertig! Wo ist das Boot, welches ich dir geliehen habe?«

»Dort, dreißig Schritte von hier liegt es am Ufer.«

»Ich nehme es mit; ich kann es dir nicht lassen.«

»Ganz wie du willst!«

»Wenn du aber hier zu Grunde gehst!«

»Ich? Pah! Ich versichere dir, daß ich eher in Chartum und auch eher in Kairo sein werde als du.«

»Du bist wahnsinnig; ich mag nichts mehr mit dir zu schaffen haben.«

Er wendete sich von mir ab zu den Asakern und befahl ihnen:

»Fort, ihr Halunken, in das Boot! Ihr rudert nach dem Schiffe und kommt an Bord mit mir!«

Er ging nach seinem Boote. Sie blieben noch einen Augenblick stehen und sahen mich still, besorgt und fragend an. Ich forderte sie leise auf:

»Gehorcht ihm jetzt! Wir sehen uns sehr bald wieder.«

Da gingen sie. Er ließ vom Ufer abstoßen und rief mir da noch zu:

»Ma'assalami – gehab dich wohl! Das Ufer ist dein und das Schiff mein! Wage nicht, es wieder zu betreten, ich würde dich niederschießen!«

»Einverstanden! Ich werde nicht kommen, bis du mich darum bittest. Dieses Ufer ist mein, aber ich werde dir nicht wehren, es zu betreten.«

»Du bist sehr gnädig. Fahre zum Teufel!«

»Das thue ich nicht; aber du fährst in den Tod, du mit allen deinen Leuten!«

Ich legte ganz besonderen Nachdruck auf diese Warnung; er beachtete sie nicht, aber ich wußte, daß sie die beabsichtigte Wirkung nicht verfehlen würde, denn er kannte mich und sagte sich gewiß sehr bald, daß ich ganz sicher einen triftigen Grund haben müsse, ihn zu warnen. Ich sah den beiden Booten nach, bis sie bei dem Schiffe anlegten und wendete mich dann ab, um mich allein beim Feuer niederzusetzen.

Da saß ich nun, ein in die Wildnis Gewiesener! Nicht einmal an meine Effekten, die noch auf dem Schiffe waren, hatte er gedacht. Ich fühlte mich nicht etwa mutlos, o nein, gar nicht! Ich hatte Ben Nil mit seinem Goldstaube; ich hatte die El Homr, und ich hatte – was noch viel mehr, was überhaupt mehr als alles wert war – ich hatte meinen festen Glauben an und mein ebenso felsenfestes Vertrauen zu Gott! Es giebt einen himmlischen Vater, der keines, keines seiner Kinder verläßt, der selbst in der tiefsten Wildnis, in der schauerlichsten Wüste, in der Abgeschiedenheit des fernsten Erdenwinkels bei dem von allen Menschen verlassenen Erdenpilger bleibt, wenn dieser die Hand der ewigen Liebe nicht von sich weist!

Aber traurig war ich, ernstlich traurig. Wo war die einstige Freundschaft dieses Reïs Effendina hin? Und was hatte ich gethan, daß sie mir verloren ging? Er forderte eine unverdiente Dankbarkeit von mir, während er die verdiente mir verweigerte. Giebt es etwas Häßlicheres auf Erden als die Mißgunst und den Neid? Konnte sich ein Charakter wie er – und ein Charakter war er doch jedenfalls! – denn nicht von den Flecken freihalten, welche das ethische Schönheitsgefühl so sehr beleidigten? Aber wir sind alle, alle Sünder und ermangeln des Ruhmes, den wir vor Gott haben sollen; darum ging ich mit mir zu Rate und prüfte mein Inneres, in wiefern auch ich mit meinen Fehlern dazu beigetragen hatte, die nach und nach zwischen uns entstandene Kluft allmählich zu vergrößern.

Ich wußte, wie es kommen würde, und war meines endlichen Sieges ganz gewiß; aber lieber, viel lieber wäre es mir gewesen, wenn er mir keine Veranlassung gegeben hätte, ihm diese Niederlage zu bereiten. Jetzt saß er in der Kajüte und ließ sich von den vier Asakern Bericht erstatten; so erfuhr er, was geschehen war; dabei verschwiegen sie ihm, daß sie den Goldstaub bekommen hatten. Dann ging er allein auf und ab, innerlich erregt und mit seiner Mißgunst kämpfend; meine Warnung fiel ihm ein, die jedenfalls nicht grundlos war. Zu den edlen Gefühlen seines Herzens gesellte sich die Stimme der Sorge um sich selbst, die ihm meine Worte wiederholte, daß er mit allen seinen Leuten in den Tod fahren werde. Diesen Regungen mußte er Folge leisten und dieser Stimme Gehör schenken. Dann kam er wieder herbeigerudert, um mir die Hand zur Versöhnung zu reichen.

So sah ich es kommen, und so wartete ich. Aber ich wartete lange, lange, bis der Morgen graute. Der Falke lag noch immer vor Anker, und ich sah, daß viel mehr Leute an Deck waren, als zur Ssabah[1]-Wache gehörten.

Sie schienen alle abwärts nach der Stelle zu blicken, wo ich jetzt, da es hell geworden war, die Feuer hatte ausgehen lassen. Da, endlich sah ich meine Erwartung erfüllt. Die kleine Jolle wurde herabgelassen, und der Reïs Effendina stieg mit nur einem Ruderer ein. Er ließ die Jolle mit der Strömung gehen, bis er sich mir gegenüber befand. Da rief er mir zu:

»Darf ich landen, Effendi?«

»Ja,« antwortete ich.

»Du wirst nicht schießen?«

»Seit wann hältst du mich für einen Mörder?«

»Gut! Ich komme!«

Er legte an, stieg aus und kam auf mich zu. Ich erhob mich und sah ihm kühl und ruhig in das Gesicht.

»Effendi,« sagte er, »warum erzähltest du mir vorhin nicht, was sich hier ereignet hat?«

»Hast du mir Zeit dazu gelassen?«

»Du hättest nicht grob werden sollen!«

»Mache mir immerhin Vorwürfe! Von mir wirst du keine hören. Es würde mir wehe thun, meine Schuld auf andere zu werfen.«

Er wendete sich von mir ab und ging einigemale hin und her; er

[1] Morgen.

hatte also den falschen Stolz in seinem Herzen immer noch nicht ganz überwunden. Dann machte er eine schnelle Schwenkung, stand wieder vor mir und fragte:

»Hast du nichts zu bitten?«

»Nein.«

»Nichts zu fragen?«

»Auch nicht.«

»Kein gutes Wort zu geben?«

Also ich sollte thun, was eigentlich ihm zukam. Diese Aussöhnung war nicht herzlich gemeint. Nicht die Freundschaft, sondern die Sorge um sich hatte ihn wieder zu mir hergetrieben. Dennoch besiegte ich mich und antwortete:

»Worte habe ich nicht zu geben, aber diese hier.«

Dabei hielt ich ihm die Hand entgegen. Er schlug ein und erklärte mit gezwungenem Lachen:

»Wir Menschen können trotz aller unserer Klugheit doch die widersinnigsten Thorheiten begehen. Doch, nun ist's ja wieder gut! Jetzt führe mich zu den Gefangenen! Da sie so dumm gewesen sind, mir in die Hände zu laufen, werde ich sie sofort verhören und Gericht über sie halten.«

Dieses letztere sagte er so leichthin, als ob es sich um etwas ganz und gar Selbstverständliches handle, als ob er einem seiner Asaker eine Rüge wegen eines beschmutzten Tarbusch zu erteilen habe. Dabei wendete er sich ab, um fortzugehen.

Das war mir doch zu stark. Wenn er nur gekommen war, um mich in dieser beleidigenden Weise auf die Seite zu schieben, so hätte er an Bord bleiben und weiterfahren können. Ich durchschaute ihn gar wohl. Er wollte es umgehen, mich erzählen zu lassen, denn mein ungeahnter Erfolg hätte seine Absichten zu schanden gemacht, und er fühlte sich blamiert. Der Neid, der böse Neid war wieder erwacht. Ich hielt ihn nicht zurück und setzte mich wieder nieder. Nach einer Anzahl von Schritten bemerkte er, daß ich ihm nicht folgte; da hielt er an, drehte sich um und rief mir zu:

»Warum kommst du nicht? Hast du nicht gehört, daß ich die Gefangenen sehen will?«

»Ich habe es gehört,« antwortete ich.

»So komm!«

»Ich bleibe!«

»Warum?« brauste er auf.

»Weil ich meine Gründe habe.«

»Gründe! Ach, du handelst freilich immer nach Gründen; das ist richtig. Nun, so habe doch einmal die Güte und laß mich deine Gründe hören!«

Er sagte das, indem er langsam zu mir zurückkehrte und dann vor mir stehen blieb, in beinahe ironischem Tone. Kalt und ruhig fragte ich:

»Hast du zwischen Kaka und Kuek jemand gefangen?»

»Nein. Warum fragst du das?«

»Um zu erfahren, wer dir dort in die Hände gelaufen ist. Oder sagtest du nicht, daß jemand so dumm gewesen sei, dir in die Hände zu laufen, über den du nun sofort ein Verhör und Gericht anstellen willst?«

»Ich meinte die Gefangenen hier.«

»Diese? Hier? Maschallah! Die sind keinem Menschen in die Hände gelaufen, am allerwenigsten dir. Ich habe mir redlich Mühe geben und alle meine Thatkraft und List zusammennehmen müssen, um sie in meine, hörst du, in meine Hände zu bekommen; hineingelaufen sind sie mir nicht. Wir waren sechs Mann und haben zwei Trupps Sklavenhändler ergriffen und sechzig Sklaven befreit; das geschieht natürlich nicht in der bequemen Weise, wie du es darzustellen oder auszudrücken beliebst.«

»Laß doch das feine Haarespalten, Effendi! Die Gefangenen gehören mir, und ich werde sie sehen und dann bestimmen, welche Strafe sie erleiden.«

»Dir gehören sie, wirklich dir?«

»Natürlich!«

»So hast du deine eigene Entscheidung vergessen, welche zu treffen du vorhin die Güte hattest.«

»Welche Entscheidung?«

»Das Schiff gehöre dir und das Ufer mir; ich habe diese Entscheidung acceptiert und bin niemals ein leeres Buch gewesen, dessen Blätter man nach Belieben vor- und rückwärts wenden kann.«

»Soll das heißen, daß du es wagen willst, mir zu widersprechen?« fragte er, indem seine Stirne sich in drohende Falten zog.

»Wagen?« lächelte ich zu ihm auf. »Ich wage nichts, gar nichts, wenn ich anderer Ansicht bin als du.«

»Mir das!« rief er, mit dem Fuße stampfend, und mit der Hand nach dem Schiffe deutend, fügte er hinzu: »Du weißt, wie viele Männer und Gewehre sich dort an Bord befinden. Du weißt auch, daß ich dort einen hübschen, kleinen, engen Raum als Gefängnis für widerspenstige Untergebene habe. Willst du es darauf ankommen lassen, daß ich dich zwinge, mir zu gehorchen?«

Da stand ich auf, faßte seinen Arm, daß er vor Schmerz zusammenzuckte, und antwortete:

»Armer Teufel, du! Dein Untergebener bin ich nicht; zu gehorchen habe ich dir nicht, und zwingen lasse ich mich nicht! Versuche es doch mit dem Gefängnisse! Ich glaube, du stecktest eher drin als ich. Und deine Asaker? Ich sage dir: Wenn es dich gelüsten sollte, die Probe zu machen, welcher Wille ihnen höher stehe, der meinige oder der deinige, du würdest sofort erfahren, daß sie nicht dir, sondern mir gehorchen. Versuche es doch! und bei allen Schejatin[1] eurer sieben Höllen, ich würde dich in das kleine, hübsche Kämmerchen stecken und als Herr des Schiffes dahin segeln, wohin es mir beliebt. Und selbst wenn das alles, alles nicht wäre, so stünde es dir frei, mich mit allen Mitteln, welche dir zur Verfügung stehen, zu zwingen, gegen meinen Willen zu handeln. Hier stehe ich, ein einzelner Mann, vor dir; rufe deine Asaker herbei und befiehl ihnen, mich zu packen. Es wird viel Blut, sehr viel Blut fließen, ehe es einem von ihnen gelingt, das Ufer zu erreichen, und der erste, den ich fassen werde, das bist du selbst, ja, du!«

So drohend hatte ich wohl selten einem Menschen gegenübergestanden, wie jetzt ihm. Er schüttelte meine Hand von seinem Arme ab und schrie mich an:

»Kerl, vergreif dich nicht an mir!«

Seine Augen bohrten sich wie Dolche in die meinigen, doch hielt ich diesen Blick des Grimmes gelassen aus. Seine Hände ballten sich

---

[1] Teufeln.

zu Fäusten, und unter dem vor Wut krampfhaften Zucken seiner Lippen bewegte sich der Vollbart auf und nieder.

»Du hast Hand an mich gelegt; du hast mir gedroht!« stieß er hervor. »Weißt du, was jetzt geschehen wird?«

»Ja.«

»Nun, was? Sage es; sage es schnell!«

»Dein eigenes Lieblingswort wird sich erfüllen: Wehe dem, der wehe thut!«

»Ja, wehe dem, der wehe thut! Du hast dich gegen mich erhoben; du hast gemeutert! Ich besitze die Gewalt über Leben und Tod aller Leute, die auf mein Schiff gehören, und zu diesen zählst auch du. Im Namen des Khedive: Du bist mein Gefangener und hast mir jetzt an Bord zu folgen!«

Er zitterte vor Aufregung, während ich um so ruhiger antwortete:

»Der Name deines Khedive ist mir vollständig gleichgültig; ich stehe nicht in ägyptischem Dienste.«

»Aber in dem meinigen! Ich bin dein Vorgesetzter, dem du zu gehorchen hast. Ich arretiere dich.«

»Ist das denn wirklich dein Ernst?«

»Es ist mir so ernst, daß ich dich augenblicklich niederschießen werde, wenn du nur die geringste Miene oder Bewegung machst, mir zu widerstehen!«

Er zog sein Doppelpistol, spannte beide Hähne und richtete die Läufe gegen meine Brust. Ja, er machte Ernst; das sah ich ihm an. Er war fest entschlossen, auf mich zu schießen, wenn ich nicht gehorchte. Er war kein kalter Abendländer, sondern ein Orientale, der sich nicht beherrschen konnte, zumal er in der fast ganz selbstständigen Stellung, welche er bekleidete, verlernt hatte, sich irgend einem Willen zu fügen. Was sollte ich thun? Ihm gehorchen? Das konnte mir nicht einfallen. Ich war es mir und meiner deutschen Abstammung, auf welche ich stolz wie nur irgend einer bin, schuldig, ja nun erst recht schuldig, ihm zu zeigen, daß ich kein leicht einzuschüchternder Knabe sei. Darum gebot ich ihm in drohendem Tone:

»Nimm die Waffe weg!«

»Fällt mir nicht ein!« antwortete er. »Ergiebst du dich mir? Sage es schnell! Denn ich werde nur bis drei zählen; hast du dich da noch nicht gefügt, so schieße ich. Also eins – – –«

Er zog sein Doppelpistol, spannte beide Hähne und richtete die Läufe gegen meine Brust.

Er kam nicht einmal bis zur Zwei, denn ich riß ihm schon bei der Eins die Pistole aus der Hand, warf sie weg, faßte ihn bei den Oberarmen, hob ihn auf und schmetterte ihn auf die Erde nieder.

»Hund, räudiger!« brüllte er, indem er sich aufzuraffen suchte. »Das mußt du mit dem Leben bezahlen!«

»Pah!« antwortete ich. »Du bist es, der bezahlen wird; du hast es nicht anders gewollt!«

Dies sagend, schlug ich ihm, der im Aufstehen den Kopf schief gegen mich erhob, mit der Faust so gegen die Schläfe, daß er wieder niedersank und mit einem wie ein Seufzer verschwindenden Atemzuge sich lang ausstreckte. Er hatte das Bewußtsein verloren. Ohne mich zunächst weiter um ihn zu bekümmern, rief ich dem Askari, der noch in der Jolle saß und alles gesehen hatte, zu, herbeizukommen. Er gehorchte. Bei mir angekommen, sagte er, indem er seinen Blick ängstlich zwischen mir und seinem betäubten Vorgesetzten hin und her schweifen ließ:

»Was hast du gethan, Effendi! Ich weiß zwar, daß du recht hast, denn ich habe alles gehört; aber der Reïs wird nicht eher ruhen, als bis er diesen Hieb an dir gerächt hat!«

»Ich fürchte seine Rache nicht. Sag mir vor allen Dingen jetzt aufrichtig: Wer ist dir lieber, er oder ich?«

»Meine Antwort lautet so, wie sie dir jeder von uns geben würde: Ihm müssen wir gehorchen, dich aber haben wir lieb.«

»Gut! Ich trete jetzt an seine Stelle. Du weißt, daß ich schon oft für ihn das Kommando über euch geführt habe; so wird es auch jetzt sein. Ihm wird nichts geschehen, und ihr werdet nur Vorteil davon haben. Hilf mir, ihn zu binden und auf die Höhe der Mischrah zu schaffen!«

»Werde ich später nicht dafür bestraft werden, Effendi?«

»Nein; ich verspreche es dir.«

»Du hältst stets, was du versprichst, und so werde ich dir ohne Angst gehorchen.«

Ich nahm dem Reïs Effendina die Waffen und fesselte ihn mit seinem eigenen Gürtel; dann trugen wir ihn hinauf, wo meine Rückkehr besonders von Ben Nil mit großer Spannung erwartet worden war. Wie erstaunte er, als wir den Reïs Effendina als Gefangenen brachten, und wie staunten dann die El Homr und auch die Sklavenhändler, als sie hörten, wer der gefesselte Mann war, den wir bei ihnen niederlegten. Ich will nicht grad sagen, daß ich *va banque* spielte, aber ein gefährliches Spiel war es, welches ich wagte. Wenn einer der Faktoren, mit denen ich jetzt rechnete, nicht stimmte, so konnte sehr leicht mein Tod das Fazit sein. Von seiten des Reïs Effendina hatte ich, wie ich ihn kannte, nicht die mindeste Schonung zu erwarten. Als er vorhin vom Schiffsgefängnisse gesprochen und ich ihm darauf gedroht hatte, den Spieß umzukehren, war es mir nicht eingefallen, anzunehmen, daß ich gezwungen sein werde, grad diese Drohung auszuführen. Es gab zwar verschiedene leichtere Wege, mich aus der jetzigen Lage zu ziehen, aber sie erschienen mir alle zu unrühmlich, als daß ich einen von ihnen hätte einschlagen mögen. Sollte ich dem Reïs Gelegenheit geben, mich der Feigheit zu zeihen? Nein! Lieber wollte ich es auf eine Gefahr ankommen lassen, die vielleicht größer war, als ich sie schätzte. Sollte meine Rolle auf dem »Falken« ausgespielt sein, nun, dann nur in einer Weise, die meinem bisherigen Verhalten und der Achtung, welche ich beanspruchte, würdig war.

Die Sklavenhändler wunderten sich natürlich außerordentlich darüber, daß ich mich so schnell aus einem Verbündeten in einen Gegner des Reïs Effendina verwandelt hatte; sie waren neugierig, die Gründe dazu kennen zu lernen, und schlossen sehr wahrscheinlich Hoffnungen an diesen Wechsel meiner Gesinnung gegen ihren gefürchtetsten Feind, doch wagte es keiner von ihnen, eine darauf bezügliche Frage oder Bemerkung auszusprechen. Anders der Schech es Sehf der befreiten El Homr, welcher seinem Staunen Worte verlieh und sich bei mir erkundigte, wie das so schnell gekommen sei und welche möglichen Folgen es für ihn und seine Gefährten haben könne. Ich belehrte ihn kurz:

»Ich bin keineswegs ein Feind des Reïs Effendina geworden, sondern ich habe ihm nur beweisen wollen, daß ich nicht sein Untergebener bin. Für euch wird kein Schaden, sondern nur Vorteil daraus erwachsen, falls ihr auf den Vorschlag eingeht, den ich euch machen werde.«

»Sprich ihn aus, Effendi! Du darfst überzeugt sein, daß wir alles thun werden, was möglich ist, um dir zu zeigen, welch eine große Dankbarkeit in unsern Herzen wohnt.«

»Ich verlange kein Opfer von euch; die Erfüllung meines Wunsches wird vielmehr nur zu eurem Besten dienen. Ihr habt wahrscheinlich die Absicht, zu eurem Stamm auf dem Wege zurückzukehren, auf welchem ihr von Abu Reqiq hierhergeschafft worden seid?«

»Ja, die haben wir, weil es doch keinen andern Weg für uns giebt.«

»Es giebt einen. Die Kamele, welche euch hier zur Beute gefallen sind, reichen nicht zu für euch alle; aber wenn ihr mit mir auf das Schiff des Reïs Effendina kommt, so kann ich euch nach wenigen Tagen mit so vielen Reit- und Lasttieren und dazu Waffen und Proviant versorgen, daß ihr auf dem Abu Hable-Wege eure Heimat mit viel größerer Bequemlichkeit und Sicherheit erreichen werdet. Nur wünsche ich, daß ihr euch, so lange ihr auf dem Schiffe seid, durch keinen Menschen verleiten laßt, etwas Feindliches gegen mich zu unternehmen.«

»Was denkst du von uns, Effendi! Du hast uns errettet und bietest uns jetzt neue Wohlthat an, und wir sollten im stande sein, dir mit Undank zu lohnen? Allah ist mein und unser Zeuge, daß wir unser Leben für dich einsetzen würden, wenn wir Gelegenheit bekämen, dich in unsern Schutz zu nehmen.«

»Ihr geht also auf meinen Vorschlag ein?«

»Gern, sehr gern! Wir werden überhaupt alles thun, was du von uns verlangst. Betrachte dich als unsern Anführer, und sei überzeugt, daß wir dir gehorchen werden.«

»Gut, ich nehme dieses Anerbieten an, welches euch größere Vorteile bringen wird, als ihr jetzt wissen könnt.«

»Wann sollen wir das Schiff besteigen?«

»Wenn ich von dort zurückkehre; ich gehe erst allein an Bord, um mit den Soldaten zu sprechen, denn ich muß ja – – –«

»Was?« fiel mir Ben Nil in die Rede. »Das hieße ja, dein Leben auf das Spiel setzen. Wenn du wirklich an Bord gehen mußt, so gehe ich mit, Effendi!«

»Sei nicht so hitzig, lieber Ben Nil. Ich weiß ganz genau, was ich thun und was ich wagen darf. Uebrigens habe ich eine Aufgabe auch für dich, welche nicht wenig Mut erfordert.«

»Welche?«

»Du fährst jetzt in der Jolle nach dem Schiffe, besteigst es aber nicht, sondern richtest nur die Weisung von mir aus, daß der Schiffslieutenant und die beiden Steuerleute an das Land kommen sollen, weil ich mit ihnen zu sprechen habe.«

»Sie werden aber vom Schiffe aus gesehen haben, daß du den Reïs Effendina niedergeschlagen hast!«

»Desto wißbegieriger werden sie sein. Uebrigens weißt du, daß sie meine Freunde sind; sie kommen auf jeden Fall. Du gehst aber nicht an Bord, sondern hast nur deine Botschaft auszurichten und dann zu mir zurückzukehren. Jetzt geh!«

Er schüttelte zwar den Kopf, verzichtete aber auf fernere Einsprache und entfernte sich. Eben waren seine Schritte verklungen, da begann der Reïs Effendina sich zu bewegen. Er schlug die Augen auf, ließ den Blick erstaunt im Kreise schweifen und kam, als er fühlte, daß er gefesselt war, zur Besinnung dessen, was sich zwischen ihm und mir ereignet hatte. Da strengte er alle seine Kräfte an, sich frei zu machen, und herrschte, als ihm dies nicht gelang, mir zu:

»Hund, du hast dich nicht nur an mir vergriffen, sondern mich sogar gebunden! Ich wollte dich nur erschießen lassen, weil du gemeutert hast; nun aber wirst du durchgepeitscht und wie ein ehrloser Wicht am Stricke aufgehängt! Ich befehle dir, mich auf der Stelle loszubinden!«

»Ich sagte dir schon, daß du mir nichts zu befehlen hast,« antwortete ich; »der Befehlende bin im Gegenteile jetzt ich. Du hast das Band unserer Freundschaft ohne allen Grund zerrissen und mir soeben selbst eingestanden, daß du die Absicht hattest, mich erschießen zu lassen. Es ist kaum auszusagen, welche Dummheit das von dir war, denn du hast mich genau gekannt und mußtest wissen, wie ich auf solche Angriffe zu antworten pflege. Was ich für dich that, wurde mir mit Mißachtung und Zurücksetzung belohnt. Der häßlichste Neid war es, der mich nach der Matenieh schickte, und als ich auch da geschickter und glücklicher war als du, beschlossest du gar meinen Untergang. Armer, armer Reïs Effendina! Wie konntest du nur glauben, mir gewachsen zu sein!«

Diese in mitleidigem Tone gesprochenen Worte erreichten ihren Zweck; er fühlte sich so schwer beleidigt, daß er keine Worte, sondern nur einen heisern Schrei als Antwort fand. Ich fuhr fort:

»Wehe dem, der wehe thut! Du hast meinen Tod gewollt; deine Feindschaft fällt auf dich selbst zurück.«

»So willst du mich ermorden?« knirschte er mich grimmig an. »Meine Asaker würden mich schrecklich rächen!«

»Pah! Ich habe dir schon gesagt, daß die Asaker nicht zu dir, sondern zu mir halten werden. Auch weißt du gar wohl, daß ich kein Mörder bin; du hast mir ganz im Gegenteile sehr oft vorgeworfen, daß ich selbst dem ärgsten Feinde gern verzeihe.«

»Ich verzichte auf deine Verzeihung. Der berühmte Reïs Effendina, der alle seine Gegner bloß durch seinen Namen in Furcht und Angst versetzt, hat nicht nötig, einen Christen um Vergebung anzubetteln!«

»Das sollst du auch nicht; ich verzeihe ohne Bitte, mache dich aber darauf aufmerksam, daß ich mich weder vor dir selbst, noch gar vor deinem Namen fürchte.«

»So zeige doch den Mut, dein Maul zu öffnen, um mir zu sagen, was du mit mir vorhast!«

»Sprich höflicher mit mir, sonst bekommst du die Bastonnade, wie sie dort Abu Reqiq bekommen hat.«

Ein abermaliger unartikulierter Wutschrei war die Antwort; ich aber erklärte lächelnd weiter:

»Du wirst dich wohl auf jedes Wort besinnen, welches ich unten am Ufer zu dir sprach, also auch auf die Antwort, welche ich dir gab, als du mir mit dem kleinen engen Raume drohtest, in den ich gesperrt werden sollte. Diese Antwort wird jetzt in Erfüllung gehen: Du wirst Gefangener auf deinem eigenen Schiffe sein, dessen Reïs ich von jetzt an bin. Deine Freiheit erhältst du natürlich erst dann zurück, wenn wir in Chartum angekommen sind.«

Das klang so ungeheuerlich, und er wurde durch mein Lächeln und durch die Ruhe meiner Ausdrucksweise in eine solche Aufregung versetzt, daß er in ein krampfhaftes Gelächter verfiel und nur stoß- und pausenweise die Worte hervorbrachte:

»Ja – ja – ja – – – und in Chartum – – – würde ich dich und alle Asaker – – – die dir gehorchten – – – als Aufrührer – – – hinrichten lassen! Oh, wie klug – – – wie ungeheuer klug du bist!«

Ich nickte zustimmend und antwortete sehr ernsthaft:

»Ja, diese meine Klugheit ist allerdings so groß, daß du sie jetzt noch gar nicht fassen kannst. Wir werden unterwegs ganz ohne dich einen großartigen Fang machen, der uns grad dadurch gelingen wird, daß du gefangen bist, und mir nichts verderben kannst. Und der hochberühmte Reïs Effendina wird in Chartum mild wie ein Lamm gegen uns sein und kein Wort davon sagen, daß er eingesperrt gewesen ist, weil es sonst mit dieser seiner Berühmtheit vollständig aus sein würde. Was würde der Pascha oder gar der Khedive dazu sagen, wenn er erführe, was geschehen ist. Der Reïs Effendina verdankt seine Erfolge einem fremden Christen, weil dieser es verstand, alle Ungeschicklichkeiten des Reïs zum guten Ende und Erfolg zu führen. Der Reïs, anstatt ihm zu danken, wurde neidisch und faßte den Plan, ihn einzusperren und beiseite zu schaffen. Der Christ aber war klüger als er und kam ihm zuvor; er schlug ihn nieder wie einen kleinen Knaben, steckte ihn in dasselbe Loch, übernahm den Befehl über die Asaker, die durch ihn Ehre und Beute ernteten, und führte den ›Falken‹ schließlich nach Chartum, wo er seinen Gefangenen dem Pascha übergab und diesem bewies, daß alle Erfolge der langen Fahrt, auch die Ausrottung Ibn Asls und seiner Sklavenjäger, nicht dem Reïs Effendina, sondern ihm, dem Christen, zu verdanken seien! So würde es von Mund zu Mund gehen; das würden sich die Kinder in den Gassen und die Weiber auf den Dächern erzählen. Dazu kommt, daß der Christ kein angeworbener Askari ist und unter dem Schutze seines Konsuls steht, also über alle Drohungen des Reïs Effendina lachen kann.«

Neugierig auf den Erfolg meiner Worte, machte ich jetzt eine Pause. Vor einer Minute noch fast außer sich vor Wut, lag er jetzt still und ruhig da; er hielt die Augen geschlossen und sagte nichts. Er mußte ja einsehen, daß ich recht hatte, daß ihn nur Lächerlichkeit, wenn nicht gar Schande erwartete und es mit seiner Berühmtheit vorbei sein mußte. Ich hätte ihm noch mehr sagen und ihn noch mehr warnen können; da aber kam Ben Nil und meldete mir:

»Sie werden kommen, Effendi; das Boot wird schon in das Wasser gelassen.«

»Was haben sie mir dir gesprochen?«

»Nichts. Ich sollte erzählen, bin aber, als ich deinen Auftrag ausgerichtet hatte, sogleich wieder fortgerudert.«

»Gut! Ich weiß, daß du mir treu bist und daß ich mich auf dich verlassen kann. Ich gehe für kurze Zeit fort, und du beaufsichtigst den Reïs Effendina. Er soll während meiner Abwesenheit kein Wort sprechen. Bei der ersten lauten Silbe, die er hören läßt, giebst du ihm das Messer in die Brust. Verstanden?«

»Ja, Effendi. Er ist der undankbarste Mensch, den ich kenne, und ich verspreche dir bei Allah, daß ich, wenn er nur den Mund öffnet, ihn nicht schonen werde!«

Er zog sein Messer und setzte sich zu ihm nieder. Ich bat den Schech es Sehf, mir mit zehn Homr zu folgen, und sah, noch ehe wir das Ufer erreichten, das Boot mit den drei Erwarteten kommen. Die Homr waren sehr erfreut darüber, mir ihre Dankbarkeit schon jetzt beweisen zu können. Ich postierte sie an eine geeignete, versteckte Stelle, sagte ihnen kurz, wie sie sich verhalten sollten, und näherte mich dann dem Wasser so weit, wie ich es für meine Absichten rätlich fand. Sie sahen mich stehen, legten an, stiegen aus und kamen auf mich zu. Sie waren ohne Säbel und Schießwaffen und hatten nur ihre Messer bei sich.

»Du hast uns rufen lassen, Effendi,« sagte der Lieutenant. »Allah hat Streit und Unglück über uns gebracht. Wir sahen, daß du den Gebieter niederwarfst. Wo ist er? Was hast du ihm gethan? Wir sollten dich als Feind behandeln, denn wir sind seine Offiziere; aber wir haben dich lieb und wissen, daß das Unrecht nie auf deiner Seite ist. Was hast du mit uns zu sprechen?«

»Setzt euch hier nieder! Ich will euch erzählen.«

Sie folgten dieser Aufforderung, und ich nahm ihnen gegenüber in der Weise Platz, daß sie, falls ich den Revolver zog, nichts gegen mich unternehmen konnten. Dies that ich, obgleich ich glaubte, annehmen zu dürfen, daß sie sich wenigstens innerlich zu mir und nicht zum Reïs Effendina bekennen würden. Dann leitete ich meine Erzählung mit dem Hinweise auf die Undankbarkeit ihres Kommandanten ein; ich wies auf seine Strenge und Unnahbarkeit auch ihnen gegenüber hin; ich brachte alles vor, was ich für nötig fand, sie meinem Plane geneigt zu machen, und teilte ihnen schließlich mit, was hier an dieser Stelle zwischen ihm und mir vorgefallen war. Als ich geendet hatte, befanden sie sich über ihr nunmehriges Verhalten in größter Verlegenheit. Die Ueberzeugung rief sie an meine

Seite, die Pflicht aber gegen mich. Keiner wollte das Wort zuerst ergreifen, und erst, als ich den Lieutenant direkt aufforderte, fragte er:

»Der Reïs Effendina liegt also gefesselt bei den andern Gefangenen?«

»Ja.«

»Was gedenkst du, nun zu thun?«

»Ich werde den Befehl über das Schiff übernehmen und einen Fang ausführen, von dem ich euch noch nichts gesagt habe.«

»Hast du auch bedacht, Effendi, daß wir als Soldaten auf der Seite des Reïs stehen müssen, obgleich unsere Freundschaft zu dir uns gebietet, dir zu helfen?«

»Ich habe es bedacht.«

»So sag, wie du uns von diesem Widerstreite befreien willst. Mach es uns möglich, deine Freunde zu bleiben, ohne daß wir Feinde des Reïs Effendina werden!«

»Das kann ich thun. Sagt mir aber vorher eure Ansicht über das Verhalten der Asaker! Wenn ich jetzt an Bord gehe und, mitten unter ihnen stehend und ihnen reiche Beute verbeißend, sie auffordere, nicht ihm, sondern mir zu gehorchen, für wen werden sie sich entscheiden?«

»Für dich; das ist sicher und gewiß. Ihn fürchten sie, dich aber lieben sie. Sie sind nur bis Chartum verpflichtet; dort treten sie aus dem Dienstverhältnisse, und wenn sie durch dich Beute erhalten, werden sie dem Reïs Effendina noch eher davonlaufen. Aber denke nicht nur an sie, sondern auch an uns!«

»Das thue ich, wie ihr gleich hören werdet. Vor allen Dingen seht hier die beiden Revolver in meinen Händen. Wer von euch nach seinem Messer greift, bekommt sofort eine Kugel in den Kopf!«

»Aber, Effendi, du wirst doch – – –«

»Still, kein Wort! Was ich sage und thue, geschieht zu eurem Besten. Dort hinter dem Gebüsch stehen elf Homr-Beduinen. Ich winke sie herbei, damit sie euch zum Scheine binden. Wir schaffen euch zum Reïs Effendina, und dann seid ihr jeder Verantwortung enthoben. Natürlich werde ich euch hinter seinem Rücken als Freunde behandeln und euch sogar an der Beute teilnehmen lassen.«

»Aber, Effendi, wenn wir auf diesen Vorschlag eingingen, welcher allerdings den besten Ausweg bietet, wie zornig würde er darüber sein, daß wir uns haben festnehmen lassen!«

»Zornig? Ihr werdet von mir und elf Homr überrumpelt; er aber ist von mir allein überwältigt worden; er hätte also seinen Zorn mehr gegen sich selbst als gegen euch zu richten.«

»Das ist wahr. Du verstehst es jetzt wie stets, deine Absichten zu verteidigen. Was wirst du aber thun, wenn wir uns weigern, darauf einzugehen?«

»Da mache ich aus dem Scheine Ernst. Meine Gefangenen werdet ihr auf jeden Fall. Gegen meine Revolver und die elf Homr könnt ihr nicht aufkommen; darum hoffe ich, ihr werdet verständig sein und mich nicht zwingen, das Blut meiner Freunde zu vergießen. Entscheidet euch schnell, denn ich habe keine Zeit!«

Es gab mir heimlich Spaß, daß ich die guten Leute so fest hatte. Sie sprachen noch eine kleine Weile hin und her, kamen aber doch nicht darüber hinweg, daß mein Vorschlag der beste sei, und so erklärte der Lieutenant endlich:

»Rufe die Homr herbei, Effendi! Aber sie dürfen es nicht verraten, daß wir uns freiwillig binden lassen. Der Reïs Effendina muß denken, daß wir uns sehr gewehrt haben!«

»Dafür will ich schon sorgen; sagt ihr nur auch ihm, daß er sich ja nicht auf die Asaker verlassen soll! Wenn es euch gelingt, ihm diese Ueberzeugung beizubringen, ist sogar eine noch andere und viel bessere Lösung möglich. Wenn ihr ihn auf die Schande aufmerksam macht, die ihn und euch erwartet, sobald man erfährt, wie ich ihn überwältigt und seine ganze Macht an mich gerissen habe, wird er mir vielleicht das Kommando abtreten, ohne daß ich euch und ihn in Fesseln zu halten brauche. Aber merkt wohl auf: Das Kommando will ich haben; davon gehe ich unter keiner Bedingung ab!«

Ein Wink von mir genügte, die Homr herbeizurufen; die drei Offiziere wurden leicht gebunden und hinaufgeschafft, wo ihr Anblick den Reïs Effendina mit Schreck erfüllte. Er hatte nicht gewagt, ein Wort laut werden zu lassen; jetzt aber fragte er mich:

»Effendi, darf ich wieder sprechen?«

»Ja,« antwortete ich. »Aber bemühe dich ja, höflich zu sein, und denke an deinen Ruf, mit dem es für immer zu Ende ist, wenn du nicht die Klugheit besitzest, dich in die jetzige Lage zu finden, die du selbst verschuldet hast.«

»Erlaubst du mir, mit diesen meinen drei Untergebenen zu reden, ohne daß es jemand hört?«

Er sprach schon vom »Erlauben«; er mußte also schon ziemlich tief in sich gegangen sein; wenigstens war sein jetziger Ton ein ganz anderer als der frühere.

»Soll auch ich es nicht hören?« fragte ich dagegen.

»Auch du nicht; höchst wahrscheinlich aber wirst du dann erfahren, was wir besprochen haben.«

»Die Klugheit verbietet mir, dir diesen Wunsch zu erfüllen, denn ihr werdet ja doch nur Pläne schmieden, welche gegen mich gerichtet sind, doch um dir zu zeigen, daß ich euch nicht fürchte, sollst du deinen Willen haben. Ich gebe dir eine Viertelstunde Zeit, länger nicht.«

Ich ließ die vier Männer so weit zur Seite tragen, daß sie, von uns andern ungehört, aber doch beaufsichtigt, miteinander reden konnten, und war auf das Resultat nicht sehr gespannt, denn ich sah es mit ziemlicher Sicherheit voraus. Die Viertelstunde war noch nicht ganz vorüber, als er mich zu sich rief. Er fragte mit unterdrückter Stimme, so daß es weiter niemand hörte:

»Du willst wirklich auf das Schiff, um die Asaker für dich zu gewinnen?«

»Ja.«

»Sie werden sich nicht verleiten lassen!«

»Pah! Versuche doch nicht, mich zu täuschen. Du bist ebenso fest wie ich überzeugt, daß ich gar nicht viele Worte zu machen brauche, um meine Absicht zu erreichen. Wärest du aufrichtig und klug, so wüßtest du, was du mir zu sagen hast.«

»Was sollte das wohl sein?«

Meine Gutmütigkeit veranlaßte mich, ihm den schweren Schritt zu erleichtern, indem ich antwortete:

»Uebergieb mir das Kommando bis nach Chartum, das vollständige Kommando, so daß mir kein Mensch etwas dreinzureden hat!«

»Und was giebst du mir dafür?«

»Die Freiheit, dir und diesen drei Offizieren, welche mir von jetzt an bis Chartum zu gehorchen, auf dich aber nicht zu achten und zu hören haben.«

»Allah akbar! Du willst mir schenken, was mir gehört!«

»Siehe dich an, so wirst du nicht behaupten, daß du im Besitze der Freiheit seist!«

»Hältst du es denn wirklich für möglich, daß ich, der berühmte Reïs Effendina, meine ganze Macht einem andern übergebe?«

»Es ist nicht nur möglich, sondern geradezu unvermeidlich, vollständig unabwendbar, denn ich werde mir das Kommando auf jeden Fall nehmen, und wenn ich dir erlaube, es mir anzutragen, so ist das ein Akt meiner Güte, für den du mir zu danken hast!«

Sein Gesicht wollte einen zornigen Ausdruck annehmen; er beherrschte sich aber und seufzte:

»Du hast Schach mit mir gespielt und mich dabei mat[1] gemacht!«

»Vergiß nicht, daß du mir Schach geboten hast und trotzdem und aus eigener Schuld mat geworden bist! Mir wurde das Spiel aufgedrängt; nun setze ich es fort bis zum letzten Zuge. Nach allem, was ich für dich that, wolltest du mich vom Schiffe entfernen; jetzt will ich Herr des Schiffes sein. Von dieser Forderung weiche ich nicht ab.«

»Das ist Rache, und doch hast du stets behauptet, daß ein wahrer Christ sich niemals rächen werde!«

»Du irrst dich; es ist etwas ganz anderes als Rache. Du hast mich mit Mißachtung und Geringschätzung behandelt, mich, der ich in hundert Gefahren, die ich für dich bestand, mir deine vollste Hochachtung erworben hatte; darum gebietet mir nun die Ehre, dich zu zwingen, mir das zu geben, was du mir verweigert hast. Ich habe gesiegt, und wenn meine Nachsicht dir jetzt Gelegenheit bietet, den Schein zu retten, so sei ja so klug, sie zu ergreifen, denn wenn du dich nicht schnell entscheidest, so nehme ich später keine Bitte mehr an, sondern schleppe euch jetzt als Gefangene an Bord und gebe euch erst in Chartum wieder frei. Und wolltest du mich dort anklagen, so würde ich es verstehen, mich nicht nur mündlich, sondern auch schriftlich, so daß alle Welt es lesen kann, so zu rechtfertigen, daß dein ganzer Ruhm, von dem du immer und auch jetzt noch redest, zum Scheitan in die Dschehennah fährt!«

[1] persisch = tot; also nicht »matt«.

Da sank ihm das Kinn ganz auf die Brust herab; er schwieg eine Weile; dann zuckte es wie ein rettender Gedanke über sein Gesicht, und er sagte:

»Gut, du sollst das Kommando bis nach Chartum haben. Nun gieb uns aber augenblicklich frei!«

»Hm! Hast du etwa eine Hinterthür gefunden, durch welche du mir entschlüpfen willst? Ich pflege nicht mit Netzen, welche zerrissene Maschen haben, auf den Fang zu gehen. Ich kenne die Thür, an welche du jetzt dachtest, und werde dir zeigen, wie fest ich sie verschließen kann.«

Sein Eingehen auf meine Forderung war natürlich nur ein erzwungenes; innerlich suchte er nach einem Mittel, mich schnell wieder los zu werden, und da war ihm jedes recht, auch das verwerflichste, wenn es nur zum Ziele führte. Er war selbst jetzt noch überzeugt, daß er klüger sei als ich, und hielt sich trotz seiner gegenwärtigen Lage für pfiffig genug, es mit mir aufzunehmen. Dieser Gedanke ließ, wenn auch nur für einen Augenblick, den Ausdruck des Hohnes über seine Züge gleiten, und es war von ihm eine sehr unvorsichtige Hast, mit welcher er fragte:

»Eine Thür? Ich kenne keine und bin sogar bereit, dir die Abtretung des Oberbefehls schriftlich zu geben!«

Diese Schrift bot mir gar keine Sicherheit; er konnte sie mir stehlen oder mit Gewalt entreißen lassen; dennoch ging ich darauf ein, indem ich mit scheinbar zufriedener Miene beistimmte:

»Ja, thue das! Das war es, was ich wünsche. Du trägst deine Brieftasche stets bei dir. Hast du Papier?«

»Ja, und auch einen Bleistift.«

»So werde ich dir diktieren, und der Lieutenant und die Steuermänner sollen Zeugen deiner Unterschrift sein.«

Ich band ihm die Hände los; er holte die erwähnten Gegenstände aus der Weste und schrieb mit einer Bereitwilligkeit, welche man anerkennenswert hätte nennen können, wenn sie nicht auffällig gewesen wäre, mein kurzes Diktat nieder. Als er die Unterschrift hinzugefügt hatte, gab er mir das Papier und sagte:

»So, jetzt hast du vollständige Sicherheit und wirst mich freigeben!«

»Höre erst eine Frage! Hier steht, daß ich bis Chartum vollständig an deine Stelle trete und daß selbst du dich mir zu fügen hast. Das hat als dein fester Wille zu gelten?«

»Ja.«

»Die drei Zeugen haben es gehört. Sie mögen nach dem Schiffe zurückkehren und es dort verkünden.«

»Ich nicht mit?«

»Du bist mir hier noch nötig; habe nur Geduld!«

Ich band die Genannten los und schickte sie nach dem »Falken«. Ben Nil mußte sich als Wächter zu dem Reïs Effendina setzen, und ich ging zu den gefangenen Sklavenhändlern. Dort gab ich Hubahr, dem Spione, die Füße frei, doch die Hände nicht, und führte ihn ein Stück fort zwischen die Büsche. Als ich dort mit ihm stehen blieb, sah er mir erwartungsvoll in das Gesicht. In welcher Absicht mochte ich ihn von den andern abgesondert haben?

»Wenn ich nicht irre, wirst du Hubahr genannt?«

»Ja, Effendi,« nickte er.

»Weißt du, welches Schicksal euch erwartet?«

»Der Tod, Effendi, wenn Allah nicht so gnädig ist, es zu verhüten.«

»Allah ist gerecht und doch barmherzig. Seine Gerechtigkeit wird alle deine Kameraden vernichten; dich aber wird seine Barmherzigkeit erretten, wenn du dich ihrer würdig zeigst.«

»Mich, Effendi? Allah 'l Allah! Was muß ich thun, mich ihrer würdig zu machen?«

»Meine Fragen genau der Wahrheit gemäß beantworten.«

»Sprich sie aus, oh, sprich sie aus! Ich werde so wahr und so aufrichtig sein, als ob der Richter des jüngsten Tages mich fragte.«

»Versprich mir nicht zu viel! Ich kenne dich und weiß, daß deine Gedanken anders sind, als deine Worte klingen.«

»Du irrst dich; ja, du irrst!«

»Nein. So weiß ich zum Beispiel, daß ihr euch nicht für verloren haltet, sondern fest an eure Rettung glaubt.«

»Wer dem Reïs Effendina in die Hände fällt, der ist nicht zu retten. Wohin sollten wir unsere Hoffnung richten?«

»Nach El Michbaja.«

Er hatte sich bemüht, ein unbefangenes, aufrichtiges Gesicht zu zeigen, und das war ihm bisher auch ganz gut gelungen; jetzt aber war es ihm unmöglich, seinen Schreck zu verbergen. Er stotterte:

»El Mich – – ba– – ja? Was ist das, Effendi? Das – – das kenne ich nicht!«

»Ganz wie du willst! Ich habe dich von den andern abgesondert, um dich zu retten; aber wenn dir soviel daran liegt, mit ihnen zu Grunde zu gehen, so fällt es mir nicht ein, dir die Freiheit und das Leben aufzuzwingen. Komm!«

Ich that, als ob ich wieder mit ihm zurückkehren wollte; da bat er mich:

»Warte noch, Effendi, warte! Vielleicht besinne ich mich; vielleicht fällt es mir noch ein, ob ich die Michbaja kenne!«

»Das hoffe ich um deinetwillen und will dir darum auf die Spur helfen. Die Michbaja ist ein Versteck auf einer Halbinsel des Niles, wo man eine ganze Menge Reqiq verborgen hat.«

»Reqiq – – –?«

»Ja. Dort steht auch Tag und Nacht ein Posten, um auf das Erscheinen unsers Schiffes, welches überfallen werden soll, aufzupassen.«

»Davon habe ich keine Ahnung, Effendi!«

»So! Auch nicht davon, daß die Bemannung des Schiffes getötet oder verkauft werden kann, ganz nach Belieben, daß aber zwei Personen, nämlich der Reïs Effendina und ich, ausgeliefert werden sollen?«

»An wen?«

»An den Murabit von Aba.«

»Den kenne ich nicht.«

»Sonderbar! – Du kennst deinen eigenen Lehrer nicht?«

»Meinen Lehrer?«

»Ja. Du bist doch der Schüler von Mohammed Achmed Ibn Abdullahi, der dich in der Terika des Scheiches Mohammed Scherif unterrichtet hat?«

»Du siehst, wie ich erstaune. Du verwechselst mich mit einem ganz, ganz andern Menschen.«

»Schwerlich! Es kommt noch etwas, was sehr genau auf dich stimmt. Nämlich der Hubahr, den ich meine, ist zu Abu Reqiq gesendet worden, um sein Führer nach El Michbaja zu sein. Das bist doch du!«

»Nein, das bin ich nicht! Wer hat dir diese Lüge gesagt?«

»Das verrate ich jetzt noch nicht. Du bist also nicht derjenige, von dem ich spreche?«

»Nein.«

»So thut es mir leid um dich! Du gefällst mir, und ich hätte dich sehr gern gerettet, was nur dann geschehen könnte, wenn du wirklich dieser Hubahr wärest. Lege dich nieder!«

Ich drückte ihn zu Boden und band ihm die Füße wieder zusammen. Da fragte er:

»Warum legst du mir schon jetzt die Fesseln wieder an? So kann ich doch nicht zurückgehen. Willst du mich tragen?«

»Nein. Du wirst gar nicht wieder zurückkehren. Da ich dir nicht das Leben retten kann, sollst du wenigstens die Qualen der Gefangenschaft nicht so lange erleiden, wie die andern; ich will dich von ihnen befreien, indem ich dich hier aufhänge.«

Ich sagte das im Tone der größten Gemütlichkeit. Er riß den Mund weit auf und starrte mir mit dem Ausdrucke des Entsetzens in das Gesicht. Ich hatte mich mit einem Stricke versehen und schickte mich an, ihm denselben um den Hals zu knüpfen. Da bekam er die vor Schreck verlorene Sprache wieder:

»Effendi, töte mich nicht; töte mich nicht! Ich will dir die Wahrheit sagen! Ich bin der Mann, den du meinst.«

»Gut! Wo liegt die Michbaja? Beschreibe sie genau!«

Er sammelte sich und folgte dann meiner Aufforderung, beging aber dabei die Unvorsichtigkeit, die Michbaja in die Gegend von Abu Schoka am Bahr el Asrak zu verlegen.

»Schweig lieber!« unterbrach ich ihn. »Du willst mich betrügen, weil du glaubst, daß der Ueberfall auf unser Schiff doch gelingen wird, wenn wir abwärts segeln.«

»So meinst du, daß die Michbaja von hier abwärts am Bahr el Abiad liegt?«

»Ja. Und weil du mich täuschen willst, werde ich dich doch jetzt aufknüpfen müssen.«

Ich bückte mich mit dem Stricke wieder zu ihm nieder; da jammerte er mir zu:

»Laß mich; laß mich, Effendi! Ich will nicht sterben; ich will leben bleiben! Ich werde dich nun nicht mehr belügen, sondern dir die reine Wahrheit sagen!«

Ich schickte mich an, ihm den Strick um den Hals zu knüpfen.

Ich sah es ihm an, daß jetzt die angeborene Feigheit die Macht über ihn bekam; er schien im Begriffe zu stehen, mir jetzt wirklich nur Wahres mitzuteilen. Um ihm dies zu erleichtern, kam ich ihm zu Hilfe:

»So will auch ich aufrichtig gegen dich sein. Ich weiß genau, daß du der Mann bist, von dem ich sprach; ich habe es von Abu Reqiq und von Geri, seinem Mulasim erfahren.«

»Von diesen beiden?« fragte er, hoch aufhorchend. »Darf ich glauben, was du sagst?«

»Ja, du hast gehört, daß ich alles von dir weiß; ist es da nicht klar, daß ich, der Fremde, es von ihnen erfahren haben muß? Es ist dir bekannt, daß niemand außer Abu Reqiq wußte, wer du bist; er hat es Geri mitgeteilt, und dann erfuhr ich es von beiden.«

»Allah! Das sehe ich jetzt freilich ein. Nur Abu Reqiq hat es gewußt, und da du es nun auch weißt, mußt du es von ihm erfahren haben. Effendi, weshalb hat er es dir mitgeteilt?«

»Bist du so dumm, daß du dir das nicht selbst denken kannst?«

»Dumm? Das bin ich nicht; das bin ich nie gewesen. Oh, ich denke mir gar wohl, weshalb er und der Mulasim geplaudert haben: sie haben sich retten wollen. Die Bastonnade hat ihnen Angst gemacht; nun möchten sie frei sein, und wir andern sollen ihre Sünden büßen. Aber nun gebe ich nicht zu, daß sie gerettet werden. Ich will auch frei sein, und mein Leben ist so kostbar wie das ihrige. Wenn du mir Gnade versprichst, so will ich dir ganz genau sagen, wo die Michbaja liegt.«

»Ich habe dir für diesen Fall schon versprochen, dich zu schonen, und werde mein Wort halten. Aber wenn du mir jetzt nicht die volle Wahrheit sagst, wirst du dich später selbst durch die größte Offenheit nicht retten können. Du wirst auf dem Schiffe eingesperrt bleiben, bis wir an der Michbaja vorüber sind; dann gebe ich dich frei. Doch falls du mich wieder belügest, bist du der erste, welcher sterben muß, denn ich werde dich an Händen und Füßen an diejenige Stelle nageln lassen, welche den Kugeln der Angreifer am meisten ausgesetzt ist.«

»Oh Allah, segne mich mit deiner Hilfe! Ich soll angenagelt werden! Ist es dir ernst damit, Effendi?«

»Voller Ernst. Oder meinst du, daß wir uns in einer spassigen Lage befinden? Eure einzige Hoffnung steht darauf, daß ihr an El Michbaja gerettet werdet; dies könnte nur dann geschehen, wenn wir ahnungslos in diese Falle liefen; du hörst aber, daß wir sie kennen, und wirst also einsehen, daß eure Hoffnung eine vergebliche ist. Du kannst dir das Leben nur dadurch erhalten, daß du aufrichtig, vollständig aufrichtig mit mir bist. Nun wähle, was du willst, Wahrheit oder Lüge, Leben oder Tod!«

»Ich wähle die Wahrheit und das Leben, Effendi. Du kannst dich darauf verlassen, daß ich dich nicht wieder täuschen werde!«

»Getäuscht hast du mich noch nicht und wirst mich auch niemals täuschen können; das merke dir! Dennoch fordere ich jetzt von dir den Beweis deiner Aufrichtigkeit. Wenn du wieder lügst, hängst du zwei Minuten später hier am Baume, und kein Bitten und kein Versprechen kann dich von dem Tode des Erhängens retten. Also sag, wo ist El Michbaja zu suchen?«

»Du wirst die volle Wahrheit hören, Effendi, denn ich sehe ein, daß ich von Abu Reqiq nichts zu hoffen habe und daß nur du allein mich befreien kannst. Ist dir der Lauf des Bahr el Abiad von hier bis zur Insel Aba bekannt?«

»Leidlich.«

»Man kommt rechts an Gagumude und links an Omm Delgal, Nasabel, Omm Songur und Omm Saf vorüber. So schnell, wie eine Dahabijeh abwärts fährt, dauert es hinter dem letzteren Orte drei Stunden, dann fließt der Nil eine ganze Stunde lang so gerade wie der Schaft einer Lanze nach Norden. Nun biegt er plötzlich nach links ein und umströmt eine Halbinsel, welche so dicht bewaldet zu sein scheint, daß kein Mensch durchdringen kann. Aber es giebt mehrere schmale und versteckte Pfade, welche alle auf eine Lichtung stoßen, wo eine Art von Seribah erbaut worden ist, in der jetzt außerordentlich viel Reqiq aufbewahrt wird. An einer Uferstelle, wo man die Länge des Niles nach Süden weit überschauen kann, steht die Schildwache, welche auf euch aufzupassen hat.«

»Also drei Stunden unterhalb Omm Saf! Da muß man doch den Dschebel Ain rechts liegen sehen können?«

»Das ist richtig, Effendi. Sobald du den Dschebel Ain erblickst, bist du noch sicher; aber kurze Zeit später wird euer Schiff schon von dem Posten gesehen. Glaubst du das, was ich dir jetzt gesagt habe?«

»Ja. Ich werde darum noch milder gegen dich verfahren, als du denkst. Du sollst nicht eingesperrt werden; aber ich hoffe, daß du auch meine weiteren Fragen mit derselben Wahrheit beantwortest. Jetzt habe ich keine Zeit, sie zu thun. Ich werde dich hier anbinden und dich in kurzer Zeit abholen, denn die Sklavenhändler sollen nicht wissen, daß ich mit dir eine Ausnahme mache. Verhalte dich still; es wird dir nichts geschehen!«

Ich band ihn an einen Baum, und zwar so, daß es ihm zwar keine Schmerzen machte, er sich aber auch nicht befreien konnte. Er sollte nicht wieder mit seinen bisherigen Kameraden zusammen kommen. Als ich dann wieder auf dem Lagerplatze eintraf, fuhr mich der Reïs Effendina laut, so daß alle es hörten, an:

»Wo treibst du dich herum? Wie lange soll ich noch gefesselt bleiben? Ich habe gethan, was du verlangtest; nun fordere ich aber auch von dir, daß ich losgebunden werde!«

»Das wird geschehen, sobald ich mich überzeugt habe, daß die Asaker alle deine Schrift respektieren und ich das Kommando also in Wirklichkeit überkommen habe. Ich werde zu diesem Zwecke jetzt an Bord gehen.«

»Ich will aber gleich frei sein, sofort!«

»Du willst? Oh, ich glaube ganz gern, daß du willst, muß dir aber zu bedenken geben, daß jetzt mein Wille maßgebend ist, nicht der deinige.«

»Mensch, bringe mich nicht in Wut! Du wirst es bereuen, sobald ich wieder an Bord gekommen bin!«

»Welche Unvorsichtigkeit von dir! Du sprichst jetzt den Gedanken aus, den ich dir schon vorhin, ehe du schriebst, vom Gesichte abgelesen habe. Diese Schrift sollte mich bloß kirr machen; du hättest sie beim Betreten des Schiffes sofort null und nichtig gemacht und mich sehr wahrscheinlich in das hübsche, kleine Zimmerchen stecken lassen, welches du schon für mich bestimmtest, kurz bevor ich dich mit der Faust zu Boden schlug.«

Er stieß als unfreiwillige Bestätigung der Wahrheit meiner Voraussetzung einen grimmigen Fluch aus und warf mir darauf die Frage zu:

»So scheint es wohl, daß ich jetzt gar nicht an Bord kommen soll?«

»Es scheint, daß erst ich mich hin verfüge. Was dann geschieht, wirst du erfahren. Jetzt bleibst du unter der Aufsicht Ben Nils und der El Homr hier liegen, und diese Männer werden dafür sorgen, daß du dich so ruhig und bescheiden beträgst, wie es sich für meinen jetzigen Untergebenen geziemt.«

»Alle tausend Teufel! Du, der Christ, der nichts, gar nichts ist gegen mich, wagst es – – –«

Er konnte nicht weiter sprechen, denn Ben Nil legte ihm die linke Hand an die Kehle, setzte ihm mit der rechten die Messerspitze auf die Brust und drohte:

»Schweig! Beleidigst du meinen Effendi nur noch mit einem Worte, so steche ich dich durch und durch! Er hat recht: er ist jetzt der Kommandant des Schiffes, der Gewalt über Leben und Tod der Besatzung hat, und du bist sein Untergebener. Du hättest, ehe du ihn durch deinen Hochmut, deine Mißachtung und Undankbarkeit beleidigtest, bedenken sollen, daß er in einer einzigen Viertelstunde mehr Klugheit entwickelt, als du in deinem ganzen Leben gezeigt hast und noch zeigen wirst!«

Ich glaubte nicht, daß diese Beleidigung den Reïs Effendina einschüchtern werde; sie hatte aber doch diesen Erfolg. Er warf sich auf die Seite, um mich nicht mehr zu sehen, und schwieg. Ich gab Ben Nil die mir für meine Abwesenheit nötig scheinenden Weisungen und entfernte mich, indem ich zunächst wieder zu Hubahr ging, den ich losband; ich gab ihm auch die Füße frei. Wir gingen miteinander zum Ufer hinab, an welchem die Jolle noch lag. Wir stiegen ein, und ich ruderte uns zum Schiffe. Auf meinen Befehl wurde erst Hubahr hinaufgeholt und wieder an den Füßen gebunden; dann schwang ich mich an Deck.

Es war allen schon bekannt, daß ich den Oberbefehl erhalten hatte, und die Freude, mit welcher ich empfangen wurde, war jedenfalls nur bei verschwindend wenigen eine nicht aufrichtige. Da ich alle Ursache hatte, mit der Zeit sparsam umzugehen, ließ ich mich auf keine langen Reden und Erklärungen ein. Die Asaker mußten, vom Lieutenant bis zum letzten Mann herunter, antreten und mir Treue und Gehorsam in die Hand versprechen. Von den übrigen Personen brauchte ich das nicht zu verlangen, weil ich ihrer Sympathie noch sicherer war, als derjenigen der Soldaten.

Hierauf ließ ich den Anker heben und den »Falken« abwärts bis zur Mischrah gleiten, wo wir an einer tiefen Stelle so nahe an das Ufer legten, daß die Verbindung zwischen Land und Bord schnell und doch haltbar herzustellen war. Das letztere war wegen der Kamele nötig, die wir an Bord zu nehmen hatten.

Obgleich ich glaubte, mich auf die Asaker verlassen zu können, ließ ich doch keinen von ihnen an das Ufer gehen, denn es galt, ein Zusammentreffen mit dem Reïs Effendina zu verhindern. Ich gab einen Schuß ab; das war das mit Ben Nil verabredete Zeichen, daß die Einschiffung beginnen könne. Hierauf kamen die El Homr von der Höhe herab, um zunächst eine Landungsbrücke zusammenzusetzen, wozu das große Floß der Omm Karn-Leute mitverwendet wurde. Dann holten sie die gefangenen Händler, um sie in den untersten Raum des Schiffes zu schaffen. Hierauf kamen die Kamele an die Reihe, und endlich ließ ich unser Vierruderboot aus seinem Verstecke holen und mit Lebensmitteln versehen, worauf ich es mit vier kräftigen und wohlbewaffneten Asakern besetzte.

Als das geschehen war, ging ich allein an das Land und stieg zur Höhe, wo sich jetzt nur noch der Reïs Effendina mit dem ihn bewachenden Ben Nil befand.

»Es ist gut, daß du kommst!« sagte der letztere. »Der Reïs will nicht mehr Ruhe halten, so daß ich schon einigemale ansetzen mußte, ihn zu erstechen!«

»Ueber das Erstechen lache ich!« höhnte der Gefangene. »Ich weiß doch, daß dieser Christ viel zu viel Angst vor seinem Gotte hat, als daß er den Mut besitzen könnte, diese Drohung wahr zu machen! Ich will jetzt unbedingt wissen, woran ich bin. Die El Homr sind fort; die Händler sind fort; was soll nun mit mir geschehen? Wenn ich nicht auf der Stelle von meinen Fesseln befreit werde, lasse ich, sobald ich an Bord komme, euch beide erschießen! Wißt ihr, ich bin der berühmte Reïs Effendina, und wer sich in der Weise an mir vergreift, wie ihr es gethan habt, der macht sich eines todeswürdigen Verbrechens schuldig, für welches es nur die größte Strenge, niemals aber Gnade geben kann!«

»Sprich doch nicht schon wieder von deiner Berühmtheit!« antwortete ich. »Was mit dir geschehen soll, das will ich dir wohl sagen. Ich glaube, daß ich dir in jeder Beziehung gleichstehe, und unter Gleichstehenden muß für den einen das billig sein, was er für den andern als recht gehalten hat. Darum werde ich dich genau so behandeln, wie du mich behandelt hast. Du warst Befehlshaber des ›Falken‹ und hast mich mit vier Soldaten auf dem kleinen Boote nach der Matenieh geschickt, wo es keinen Fang zu machen gab. Ich habe trotzdem Erfolge gehabt, welchen du dein volles, ungeteiltes Lob hättest zollen sollen. Jetzt bin ich der Kommandant des Schiffes und schicke dich mit auch vier Soldaten und demselben Boote abwärts nach der Insel Talak chadra, wo es auch keine Hoffnung giebt, einen Fang zu machen. Wenn du der tüchtige Mann bist, für den du dich hältst, wirst du, grad so wie ich, trotzdem auch Erfolge haben, und ich werde dann gerechter als du sein und dir mein Lob nicht vorenthalten.«

Diese Worte brachten einen unbeschreiblichen Eindruck auf ihn hervor. Zunächst starrte er mich wortlos an, als ob er sich besinnen müsse, ob er wache oder träume; dann sprühten seine Augen einen Strahl von Wut auf mich, der mich niedergeworfen hätte, wenn er materieller gewesen wäre, und hierauf brach eine Flut von Flüchen und Verwünschungen los, die ich über mich ergehen ließ, bis er, um Atem zu schöpfen, eine Pause machen mußte. Da fiel ich schnell ein:

»Dein Fluchen und Schmähen hilft dir nicht nur nichts, sondern es würde meinen Entschluß nur noch fester machen, falls ich geneigt gewesen wäre, in Anbetracht unserer früheren Freundschaft von ihm abzuweichen. Und daß du bei jeder Beleidigung mein Christentum hervorhebst, macht eine Aenderung meiner Absicht vollends zur Unmöglichkeit. Du wirfst mir vor, mich in Schutz genommen zu haben; ich aber glaube, es ist umgekehrt der Fall. Ich habe deines Schutzes nie bedurft; du rechnetest im Gegenteile stets auf meine Hilfe. Und wenn ich wirklich der unbekannte, niedrige, unbedeutende Christenhund wäre, wie du mich jetzt genannt hast, so würde das nur ein Lob für mich bedeuten, denn es müßte mir hundertfache Bewunderung einbringen, daß es diesem Hunde nichts weiter als nur den Willen gekostet hat, selbst den berühmten und mächtigen Reïs Effendina zu bezwingen und ihm sein hinterlistiges und verstecktes Spiel abzugewinnen.«

Er wollte wieder losbrechen; ich ließ ihn nicht dazu kommen und fuhr fort:

»Schweig, sonst sehe ich mich gezwungen, dich durch einen Knebel stumm zu machen! Was ich dir jetzt noch sagen will, habe ich dir nur zu deinem eigenen Nutzen mitzuteilen. Ich segle sofort ab. Du wirst im Boote alles finden, was du brauchst, und sehr klug thun, wenn du dich beim etwaigen Landen so versteckt wie möglich hältst, denn es giebt von hier bis zur Dschesireh Talak chadra Leute, welche dich fangen und töten wollen. Der ›Falke‹ wird zwar viel schneller sein, als dein Boot, und ich werde mich bemühen, dir alle Gefahren aus dem Wege zu räumen, aber ich will dich dennoch ganz besonders vor der Gegend zwischen Omm Saf und Abu Seir warnen. – So, jetzt bin ich fertig. Du kannst sicher sein, den ›Falken‹ am Ufer der Insel Talak chadra zu finden. Was du dann mit mir machen willst, das geht mich nichts an; das ist allein deine Sache!«

»Vernichten werde ich dich, du Hund!« brüllte er.

»Versuche es! Es hat mich schon mancher vernichten wollen und ist dabei nur selbst zu Grunde gegangen. Leb wohl! Allah gebe dir eine gute Fahrt und schenke dir unterwegs die Ruhe des Gemütes und die notwendige Einsicht, ohne welche unser Wiedersehen mich nicht erfreuen kann und dir nur Schimpf und Schaden bringen muß!«

Jetzt begann er, wie ein Besessener zu brüllen und mit aller Gewalt an seinen Fesseln zu zerren; das focht mich nicht an, denn ich war mit ihm fertig. Ich forderte Ben Nil auf, mir hinunter nach dem Flusse zu folgen, bis wohin die Stimme des Reïs Effendina nicht ganz zu dringen vermochte. Dort angekommen, gab ich den vier Soldaten den Befehl:

»Wenn wir abgesegelt sind, wartet ihr eine halbe Stunde; dann mag einer von euch da links zur Höhe steigen, wo sich der Reïs Effendina befindet; von ihm werdet ihr erfahren, wozu ich euch bestimmt habe.«

Wir gingen an Bord, wo ich den Befehl gab, vom Lande zu stoßen. Indem er ausgeführt wurde, kam der Lieutenant zu mir und fragte in ängstlichem Tone:

»Willst du ohne den Reïs Effendina von hier fort? Was soll aus ihm werden! Und was können wir vorbringen, wenn man Rechenschaft von uns verlangt und es – – –«

»Beruhige dich; es ist alles in Ordnung!« unterbrach ich ihn. »Da er mir den Oberbefehl übergab, habt ihr mir zu gehorchen und seid keinem Menschen als nur mir Rechenschaft schuldig. Ihr könnt das jedermann durch das von ihm ausgestellte Dokument beweisen, welches ich dir zu diesem Zwecke hiermit übergebe. Um sein Wohl braucht ihr euch nicht zu sorgen, weil ich dafür gesorgt habe. Er hat triftige Gründe, nicht jetzt mit uns zu fahren, sondern hinter uns her zu kommen, weil man ihm weiter abwärts auflauert und nach dem Leben trachtet.«

»Hm!« meinte er kopfschüttelnd. »Ich fühle, daß du da diplomatisch redest. Du sagst zwar wohl keine Lüge, aber dennoch wird es anders sein, als du sprichst. Wärest du nicht der Mann, auf den wir uns stets verlassen konnten, so würde ich mich dir widersetzen; so aber bitte ich nur um dein Wort, daß dem Reïs Effendina nichts geschieht und daß du die Macht, welche er dir übergeben hat, nicht zu unserm Schaden anwenden willst!«

»Ich gebe dir dieses Wort und füge hinzu, daß ihr alle anstatt Schaden nur Nutzen haben werdet.«

»Das genügt mir, Effendi. Ich will nicht in deine Geheimnisse eindringen, weil ich es für besser halte, sie nicht zu kennen. Du siehst, ich kann auch diplomatisch sein!«

Er war beruhigt und ich dadurch auch, weil nur er es hätte wagen können, sich gegen meine Befehle aufzulehnen. Bald hatten wir die Nilarme hinter uns, und der Fluß bildete wieder eine ungeteilte Wasserfläche, auf welcher unser schneller »Falke« bei günstigem Winde abwärts schoß. Seit wir die Mischrah hinter uns hatten, war mir das Herz wohlthuend leicht, da ich mich erst nun als Sieger fühlen durfte. Ich hatte ein großes Wagnis bestanden; vielleicht lag ein noch viel größeres vor mir, doch konnte mich das nicht ängstlich machen, zumal ich jetzt gar keine Zeit hatte, mich mit Sorgen um die Zukunft zu beschäftigen; die Gegenwart nahm mich ganz in Anspruch.

Ich hatte mich zu überzeugen, daß die gefangenen Händler sicher untergebracht waren, und für die Unterkunft der El Homr Sorge zu tragen. Die Kamele machten uns zu schaffen. Hundert Fragen wurden an mich gerichtet, auf welche ich ebenso viele Auskünfte zu erteilen hatte, und es dauerte lange, ehe die nötige Ordnung herrschte und ich es mir in der Kajüte des Reïs Effendina bequem machen konnte.

Ben Nil wurde oben auf dem Verdeck von allen Ohren, welche unser Erlebnis hören wollten, in Anspruch genommen; ich hatte ihm untersagt, Genaueres über mein Verhalten zu dem Reïs Effendina zu berichten, und da auch der Lieutenant und die beiden Steuerleute nicht darüber auszufragen waren, so blieben die Asaker in Unwissenheit darüber, daß ihr Kommandant gefesselt und gezwungenermaßen zurückgeblieben war. Was Hubahr, den Spion, betrifft, so hielt ich ihm mein Wort: ich ließ ihn nicht mit den andern Gefangenen einsperren; er war bei ihrer Einschiffung versteckt worden, so daß sie ihn gar nicht gesehen hatten, und durfte sich jetzt frei auf dem Deck bewegen. Nur als wir abends bis zum Aufgange des Mondes anlegen mußten, wurde er wieder gebunden. Diese Zeit wurde übrigens dazu benutzt, das für die Kamele nötige Futter vom Ufer zu holen.

Ueber die Fahrt bis Omm Saf ist nichts Wichtiges zu sagen. Wir kamen kurz nach Mittag am jenseitigen Ufer vorüber; dies geschah aus Vorsicht, weil ich grad dort nicht wissen lassen wollte, daß unser Schiff der »Falke« sei. Darum waren auch, um möglichst wenig Aufmerksamkeit zu erregen, alle Segel beschlagen worden, und wir ließen uns nur von der Strömung treiben.

Aus diesem Grunde dauerte es drei volle Stunden, ehe wir die letzte Krümmung des Flusses erreichten, hinter welcher er eine Stunde lang, wie Hubahr gesagt hatte, in gerader Richtung auf die Michbaja zu floß. Ich ließ nach der innersten Stelle dieser Uferkehle steuern und dort anlegen. Als dies geschehen war, wurden die dem Wasser zugekehrte Seite des Schiffes und die Masten mit grünen Zweigen verkleidet, so daß wir, ganz nahe am dichten Walde liegend, von fern nur schwer gesehen werden konnten.

Jetzt lag die Michbaja nur noch eine Stunde abwärts von uns, und wir standen, oder vielmehr ich stand vor einer Aufgabe, deren Lösung ich mir nicht leicht vorstellen durfte. Kein Mensch außer mir wußte, warum ich hier an dieser Stelle hatte anlegen lassen, denn selbst Hubahr ahnte es nur. Ich hatte nur bekannt gegeben, daß unsere jetzige Fahrt uns höchst wahrscheinlich reiche Beute bringen werde, und dadurch eine allgemeine frohe Stimmung hervorgerufen; etwas Bestimmtes aber war sogar dem Lieutenant nicht mitgeteilt worden. Daß ich jetzt das Schiff maskieren ließ, brachte ihn auf den Gedanken, daß dies mit der versprochenen Beute in Verbindung stehen müsse, und er fragte mich, ob diese Vermutung richtig sei. Nun weihte ich ihn in meine Absicht ein, das große, reiche Nest auszunehmen, welches jenseits der Flußkrümmung vor uns lag, und teilte ihm mit, was ich darüber erfahren hatte. Er geriet in die größte Aufregung und hätte gewiß Alarm gemacht, wenn er nicht von mir daran verhindert worden wäre. Nun sollte ich ihm die Michbaja und meinen Plan, sie zu überfallen, genau beschreiben; aber ich kannte sie ja selbst noch nicht und hatte auch noch keinen bestimmten Plan gefaßt, denn ich war so vorsichtig gewesen, sie gegen Hubahr gar nicht wieder in Erwähnung zu bringen. Ich traute ihm doch noch nicht recht und wollte ihn erst im letzten Augenblick durch Ueberraschung zur Wahrheit zwingen. Dieser Augenblick war nun gekommen, und ich bat den Lieutenant, Hubahr zu holen und zu mir in die Kajüte zu bringen. Dieser war wie immer, wenn wir angelegt hatten, so auch jetzt angebunden worden.

Anstatt daß der Lieutenant zurückkam, hörte ich kurz nach seiner Entfernung laute Stimmen schreien, und darauf fiel ein Schuß. Ich eilte auf das Deck und sah alle dort anwesenden Mannen über die Regeling nach dem Ufer blicken, während Ben Nil mit erhobenem Gewehre auf mich zugeeilt kam und mir zurief:

»Wie gut ist es, Effendi, daß ich mein Gewehr fast niemals aus den Händen lege. Hätte ich es nicht bei mir gehabt, so wäre er entkommen.«

»Wer?«

»Hubahr, der Halunke. Der Lieutenant knüpfte ihn los und gab ihm nicht nur die Füße, sondern auch die Hände frei; da arbeitete sich der Schurke schnell durch die ihn umstehenden Asaker hindurch und schwang sich auf die Brüstung, um hinüber auf das nahe Ufer zu springen. Der Sprung ist ihm gelungen, aber weiter nichts, denn eben als er die Erde erreichte, traf ihn meine Kugel in den Kopf; er ist also nicht an das Ufer, sondern in die Hölle gesprungen, von wo er nicht mehr ausreißen kann!«

Es war so, wie Ben Nil sagte; als ich an die Regeling trat, sah ich

Hubahr mit durchschossenem Kopfe tot am Ufer liegen, so dicht am Wasser, daß es seine Füße benetzte. Er hatte die Bewohner der Michbaja warnen wollen. Nun war nichts mehr von ihm zu erfahren; aber ich war dennoch ganz damit zufrieden, daß ich bis jetzt gewartet hatte, ihn auszuforschen; er hätte mir doch vielleicht eine Falle gestellt, während ich mich jetzt auf mich allein verlassen mußte, also auf einen Mann, der mich jedenfalls nicht zu betrügen suchte.

Der Lieutenant verriet große Lust, sich wegen seiner Unvorsichtigkeit selbst zu ohrfeigen; ich ersuchte ihn, dies zu unterlassen, da er den Toten dadurch doch nicht lebendig machen könne.

»Aber wir hätten von ihm alles, alles über die Michbaja erfahren, und nun wissen wir nichts, gar nichts von ihr, als daß sie eine Stunde von hier abwärts liegt. Vielleicht ist auch nicht einmal dieses richtig; dieser Schurke kann dich damit belogen haben!«

»Nein; damit hat er die Wahrheit gesagt; ich habe es ihm angesehen.«

»Gut, wenn es so ist! Und da kommt mir ein Gedanke, Effendi. Wollen wir nicht die andern Gefangenen zwingen, uns zu sagen, was sie wissen?«

»Sie wissen weniger als ich, wenigstens auch nicht mehr, und so können wir darauf verzichten, sie ins Verhör zu nehmen.«

»Aber wie können wir die Michbaja überfallen, wenn sie, die überdies bewacht wird, uns so ganz und gar unbekannt ist?«

»Ich weiß einen, der sie zwar jetzt auch noch nicht kennt, aber in kurzer Zeit kennen gelernt haben wird.«

»Wer ist das?«

»Ich bin es.«

»Allah! Willst du etwa hin, um sie auszukundschaften?«

»Ja.«

»Das laß bleiben, Effendi, denn das würde doch nur heißen, dich in den sichern Tod stürzen!«

»Ich habe größere Gefahren bestanden, als diese ist!«

»Nein, gewiß nicht! Denn wenn du dich nach der Michbaja schleichst, um sie heimlich kennen zu lernen, wird man dich entdecken!«

»Wer sagt denn, daß ich heimlich hin will?«

»Doch nicht etwa offen?«

»Doch, ganz offen! Heimlich könnte ich nur des Nachts hin. Wie will ich da im dichten Walde die verborgenen Pfade finden und die ganze Einrichtung der Seribah erkunden? Nein, ich muß am Tage hin und mich ganz offen zeigen, so offen, wie ich jetzt hier vor dir stehe.«

»Allah behüte mich vor dem Teufel und allen seinen Enkeln und Urenkeln! Man wird dich erkennen und auf der Stelle töten!«

»Ich habe keinen Grund, anzunehmen, daß jemand da ist, der mich kennt. Es müßte einer von Abd Asls Leuten sein; diese sind aber damals nach Chartum gebracht und dort bestraft worden. Und bedenke, wie ich mich seitdem verändert habe! Dürr wie ein Gerippe geworden, bin ich von der Sonne so verbrannt, daß meine Gesichtshaut derjenigen eines Negers gleicht. Lege ich mir ein Pflaster über die eine Wange, so wird selbst ein früherer Bekannter schwerlich herausbringen, wer ich bin.«

»Das mag möglich sein; aber dennoch ist das, was du vorhast, so ungeheuer gefährlich, daß ich dir abraten muß. Was sollen wir thun, wenn dir ein Unglück geschieht? Höre wenigstens erst, was die beiden Steuermänner und auch dein Ben Nil dazu sagen. Thue mir den Gefallen, Effendi, und erlaube, daß wir eine Beratung halten!«

»Diesen Gefallen will ich dir gern thun; aber viel Zeit darf diese Besprechung nicht in Anspruch nehmen, weil ich noch vor Abend bei der Michbaja eintreffen muß.«

Die Steuerleute und Ben Nil wurden geholt. Alle drei, besonders der letztere, baten mich, von meinem Vorhaben abzulassen, und als ich dennoch bei demselben blieb, flehte mich der gute »Sohn des Niles« an, wenigstens nicht allein zu gehen, sondern ihn mitzunehmen. Dies war aber unmöglich, weil seine Gegenwart die Gefahr, in welche ich mich begab, nicht verringern, sondern nur vergrößern konnte. Ich hatte die Beratung nur *pro forma* abgehalten, und da ich auf meinem Plane beharrte, konnten sie doch nicht anders, als schließlich ja dazu sagen.

Die Vorbereitungen, welche ich zu treffen hatte, machten keine Schwierigkeiten. Ich legte mir ein Pflaster, welches so aussah, als ob es schon sehr alt sei, quer über die linke Wange und ließ mir für einstweilen den Goldstaub wiedergeben, den ich an Ben Nil und die Asaker verteilt hatte. In einem der Beutel hatte sich, wie ich erst jetzt erfuhr, der Siegelring Abu Reqiqs gefunden, ein Umstand, der mir sehr zu statten kam; ich steckte ihn an den Finger. Meine Waffen mußte ich alle zurücklassen und rüstete mich dafür mit einem Messer und einer arabischen Flinte aus. Zu meinem Plane gehörte auch der Befehl, die Leiche Hubahrs an Bord zu holen und recht sichtbar aufzuhängen, am Abende das Deck zu erleuchten und die gefangenen Händler heraufzuschaffen und so dort anzubinden, daß sie und besonders Abu Reqiq vom Ufer aus gesehen werden könnten. Der Lieutenant hielt das für eine große Unvorsichtigkeit, doch Ben Nil forderte ihn auf:

»Thu nur ja alles, was der Effendi dir befiehlt! Er weiß alles zu berechnen, und oft ist grad das, was ganz dumm erscheint, die allergrößte Pfiffigkeit von ihm.«

Ich traf noch verschiedene Anordnungen, von denen die wichtigste für den Fall bestimmt war, daß ich bis Mitternacht nicht zurückgekehrt sein sollte, und ließ dann die Bohle auslegen, um an das Land zu steigen. Von da aus warf ich einen ermunternden Gruß zurück und drang hierauf in den Uferwald ein, um ihn zu durchqueren und dann parallel dem Flusse abwärts zu wandern.

Es fiel mir gar nicht ein, mir die Gefahren zu verheimlichen, denen ich entgegenging; aber es giebt in mir eine, ich will sagen, ahnende Stimme, auf welche ich mich stets habe verlassen können. Wenn sie mich warnte, habe ich mich immer gehütet, meinem Willen zu folgen; stimmte sie mir bei, so war mir der Erfolg gewiß. Heut war mir so getrost und siegesfroh zu Mute, daß ich hätte darauf schwören mögen, ich bringe meine schwarzgebrannte Haut vollständig heil wieder auf das Schiff zurück.

Das Ufer war an dieser Stelle nicht steil, sondern ziemlich flach und der Wald so schmal, daß ich schnell seinen Saum erreichte. Ich prägte mir die Stelle, an welcher ich ihn verließ, genau ein, um sie am Abende nicht zu verfehlen, und wanderte dann so schnell nordwärts, wie das allerdings nicht sehr bequeme Terrain es mir gestattete. Nach Verlauf einer guten Stunde glaubte ich, mich in der Nähe der Michbaja zu befinden. Der Waldstreifen, welcher hier zumeist aus Subakh- und Suffarahbäumen bestand, machte hier einen so scharfen Bogen, daß ich annehmen mußte, dahinter liege die Nilkrümmung, welche die Halbinsel der Michbaja bildete. Vor mir gab es ziemlich dichtes Nabak- und Kittrbuschwerk, und auf der andern, freien Seite kam – – – ah, da kam ein Reiter, wirklich ein Reiter, welcher nicht auf einem Kamele, sondern auf einem Pferde saß, hier eine große Seltenheit.

Ich setzte meinen Weg unbeirrt fort; als er mich sah, blieb er halten und sah mir in einer Weise entgegen, als ob er staune, hier einen ihm fremden Menschen zu erblicken. Jetzt muß ich gestehen, daß die Umstände mich zwangen, mich leider auf die Lüge zu verlegen; man wird mich damit entschuldigen, daß es geradezu Wahnsinn gewesen wäre, die Wahrheit zu sagen. Ich gehöre übrigens zu den Menschen, welche zwischen Lüge und Unwahrheit ebenso einen Unterschied machen, wie zwischen List und Hinterlist.

Als ich näher kam, sah ich, daß das Pferd vollständig in ein Moskitonetz gehüllt war, ein sonderbarer Anblick. Der Reiter stand zwischen dem Mannes- und Greisenalter, gab sich eine Ehrfurcht gebietende Haltung und musterte mich mit so mißtrauischen Blicken, daß es mir hätte bange werden mögen. Bei ihm angekommen, blieb ich stehen, kreuzte die Arme und wollte grüßen; da aber kam er mir zuvor, indem er, seine Hand auf die Brust legend, mich mit »Es selahm 'aleikum« anredete. Er war also ein Anhänger der strengen Regel, welche fordert, daß der Reiter den Fußgänger zuerst zu grüßen hat. Ich antwortete in seinem Dialekte:

»Aleikumu 's selahmu wa rahmatu-llahi wa barakatuh – über Euch sei Friede und das Erbarmen Gottes und sein Segen!«

Er musterte mich jetzt womöglich noch schärfer als vorher, legte die Hand an den Kolben der Pistole, welche in seinem Gürtel steckte und fragte kurz:

»Du bist fremd?«

»Ja.«

»Schon einmal hier gewesen?«

»Nein.«

»Was willst du hier?«

»Das kann ich nur dem sagen, der hier zu gebieten hat.«

»Wer ist das?«

»Ich weiß es nicht.«

Diese Fragen und Antworten folgten einander schnell wie Blitz und Schlag. Ich sah ihm offen und furchtlos in das Gesicht, dessen Ausdruck immer finsterer und drohender wurde.

»Weißt du, wo du bist?« forschte er weiter.

»Wahrscheinlich in der Nähe der Michbaja.«

»Allah! Du bist fremd und kennst doch diesen Namen. Von wem hast du ihn erlauscht?«

»Ich habe ihn nicht erlauscht, sondern auf rechtmäßige Weise erfahren.«

»Von wem?«

»Auch das kann ich nur dem Gebieter dieses Ortes sagen.«

»So komm!«

Das klang mehr wie eine Drohung als wie eine Aufforderung. Er trieb sein Pferd quer durch die Büsche, die hinter ihm und mir zusammenschlugen, bis der Wald begann und wir auf einen schmalen Weg stießen. Da blieb er halten und sagte:

»Wenn du wirklich zu dem Gebieter der Michbaja willst, so schreite nun voran! Wohl dir, wenn du kein Verräter bist! Im andern Falle wirst du nur als im Nil schwimmende Leiche oder, falls man dir das Leben läßt, als Sklave diesen Ort verlassen! Jetzt geh!«

Er zog die Pistole und spannte den Hahn. Ich ging voran, und er folgte mir. Es war kein allzu angenehmes Gefühl, zu wissen, daß seine Kugel mich jeden Augenblick von hinten treffen könne.

Der Weg schlängelte sich in vielen Windungen vorwärts, bis wir an einen Stachelzaun gelangten, in dem auf seinen lauten Ruf eine Lücke entstand, durch welche wir auf einen ziemlich großen, freien Platz gelangten. Die Wache, welche den Zaun geöffnet hatte, schloß ihn hinter uns gleich wieder.

Auf dem Platze gab es zahlreiche größere und kleinere Hütten, zwischen denen sich Gestalten bewegten, deren Anblick nicht im stande war, Vertrauen zu erwecken. Dann sah ich einige sehr lange, sehr breite und tiefe Hütten, neben deren Eingängen ganze Haufen von Ketten und Sklavengabeln lagen. Ah, das waren die Gefängnisse für den »außerordentlich vielen Reqiq«, von welchem Hubahr gesprochen hatte. Ich befand mich mitten in der Michbaja, und die Bewohner derselben kamen herbei, um mich mit neugierig drohenden Blicken anzustarren. Zu meiner Beruhigung entdeckte ich kein bekanntes Gesicht unter ihnen. Sie bildeten förmlich Spalier, und zwar bis zu einer Hütte, deren sorgfältigerer Bau darauf schließen ließ, daß sie das Eigentum eines nicht gewöhnlichen Einwohners sei. Vor der Thür derselben stieg der Reiter von dem Pferde, welches von den Stechmücken so gelitten hatte, daß es fast nur der Schatten eines Pferdes genannt werden konnte.

»El Gallad[1]!« sagte er; dann trat er in das Innere, und ich wurde ihm nachgeschoben.

Die Wände der Hütte waren aus Aesten hergestellt und mit Lehm bestrichen. Von der Decke hingen Straußeneier als Sinnbild der Fruchtbarkeit und Unendlichkeit. Die Gebetsrichtung nach Mekka war durch eine Nische angegeben. Peitschen hingen an den Wänden, auch mehrere zweihändige Schwerter, von denen der dicke Blutrost die Politur gefressen hatte. Eine Fesselbank zur Bastonnade und ein starker Holzblock zum Kopfabschlagen bildeten neben der Thür ein trauliches Stillleben. Es war die Wohnung eines sehr frommen und sehr grausamen Muselmannes.

Er setzte sich auf einen Teppich nieder, nahm den Rosenkranz in die Hände und betete leise murmelnd, bis ein riesiger Schwarzer eintrat, welcher eines der Schwerter in die Hand nahm und sich, ohne ein Wort zu sagen, neben mich stellte. Das war der liebe Gallad, der seine Rolle so genau kannte, daß er sie mehr als oft geübt zu haben schien. Da ließ der Beter den Rosenkranz fallen, wendete sich mir zu und sagte in hartem, unerbittlichem Tone:

»Jetzt hängt dein Leben nur an einem Haare. Das Schwert kann, ohne daß du es siehst, wie der Blitz über dich kommen! Hast du schon einmal den Namen Jumruk el Murabit[2] gehört?«

»Nein,« antwortete ich.

Kaum hatte ich dieses Wort gesagt, so hob der Henker das Schwert zum Schlage; der Frager winkte ihm aber ab und fuhr fort:

»Es ist noch niemand, der diesen Namen nicht kannte, hierhergekommen, ohne seinen Kopf zu verlieren. Du bist der erste, bei dem ich eine Ausnahme mache, weil deine Augen wie diejenigen eines unschuldigen Kindes blicken. Jumruk el Murabit werde ich genannt, der Gebieter von El Michbaja. Die erste Frage hat dir den

---

[1] Henker.

[2] Die »Faust des Heiligen«.

Tod nicht gebracht, obgleich dir die Antwort fehlte; die zweite kann ihn dir um so schneller bringen. Von wem hast du die Lage von El Michbaja erfahren?«

Also meine Augen waren unschuldige Kinderaugen! Und dabei hielt ich den Henker zwar heimlich aber scharf im Auge. Hätte er wirklich zugehauen, so wäre nicht ich, sondern er im nächsten Augenblick eine Leiche gewesen und dann Monsieur Jumruk auch. Ich war auf alles gefaßt. Mußte ich sterben, dann jedenfalls nicht so ganz allein, wie diese sanften Heinriche dachten. Ich gab meinem Gesichte einen womöglich noch harmloseren Ausdruck und antwortete:

»Von Hubahr, dem gläubigen Jünger des Murabit von Aba.«

»Allah!« rief er erfreut. »Du hast Hubahr gesehen. Wo und bei wem befand er sich?«

»Bei Abu Reqiq, der dir diesen Ring durch mich sendet.«

Ich zog den Ring vom Finger und gab ihm denselben in die schnell ausgestreckte Hand. Kaum hatte er einen Blick darauf geworfen, so sagte er hastig:

»Der Chatim[1], wirklich der Chatim von Abu Reqiq! Wem er diesen Ring anvertraut, der muß in hoher Achtung bei ihm stehen und dessen Botschaft muß eine sehr wichtige sein. Komm her; setze dich an meine rechte Seite, und sage mir, was du mir zu berichten hast!«

Wie freute ich mich über diese Aufforderung! Ich hatte mein Spiel gewonnen, unbedingt gewonnen, wenn nicht ein ganz und gar unglücklicher Zufall dazwischen kam. Nachdem ich mich dreimal ehrerbietig verbeugt hatte, setzte ich mich an seine linke, nicht an seine rechte Seite, welche Bescheidenheit sein Wohlgefallen zu erregen schien, und begann in erzählendem Tone:

»Die Botschaft, welche ich dir zu bringen habe, ist eine halb erfreuliche und eine halb unerfreuliche. Erfreulich ist sie, denn wenn du willst, werden sich der Reïs Effendina und der Emir Kara Ben Nemsi Effendi in Zeit von wenigen Stunden in deinen Händen befinden. Unerfreulich aber – – –«

Ich kam nur bis hierher in meiner Rede, denn die gewaltige

[1] Siegelring.

»Faust des Heiligen« sprang, wie von einer Feder geschnellt, vor Wonne empor, schlug entzückt die Hände zusammen und rief:

»Endlich, endlich, endlich! Hamdulillah! Sie kommen, sie kommen; sie laufen direkt in die unerbittliche Faust des Heiligen, die sie zermalmen wird! Wo sind sie? Sag schnell, wo sie sind!«

»Sie liegen oberhalb von hier in der letzten Krümmung des Flusses.«

»So nahe, so nahe! Warum sind sie nicht weitergefahren? Warum haben sie dort angelegt?«

»Weil sie El Michbaja und euch überfallen wollen.«

Sein Entzücken verschwand sofort, und sichtlich erschrocken fragte er:

»Uns überfallen? Sie wissen ja gar nichts von El Michbaja!«

»Sie wissen es gar wohl, denn sie haben Abu Reqiq so lange geschlagen, bis er es ihnen vor Schmerzen gestanden hat. Sie haben ihm die Bastonnade gegeben, daß ihm das Fleisch der Füße von den Knochen fiel.«

»So – – so – – befindet – – – er sich in – – – in ihrer – – – ihrer Gewalt?« stammelte er.

»Ja; er ist ihr Gefangener, er mit allen seinen Leuten, auch die, welche vom Chor Omm Karn gekommen sind.«

Da stieß er einen Weheruf aus, sank langsam wieder auf den Teppich nieder und forderte mich auf:

»Erzähle; erzähle mir alles vom Anfange bis zum Ende!«

Ich kam dieser Aufforderung nach:

»Mein Name ist Ben Sobata; ich wohne in Guradi jenseits der Katulberge und kenne Abu Reqiq schon längere Zeit, weil ich ebenso wie er mit Reqiq handle; nur pflege ich meine Sklaven durch die Bajudasteppe bis in die Gegend von Berber zu schaffen. Dieser Weg ist aber jetzt so gefährlich geworden, daß ich nun einmal einen Versuch in der Richtung gemacht habe, welche diejenige Abu Reqiqs ist. Dieser Versuch ist gelungen, wie ich dir hier beweisen will.«

Ich zog die Goldstaubbeutel heraus, öffnete sie und legte sie ihm vor. Er wog sie in den Händen und sagte:

»Maschallah, mußt du ein großes Vertrauen zu mir haben! Was willst du machen, wenn ich dieses Gold behalte?«

Er mochte es immer behalten, denn es mußte mir mit ihm ja wieder in die Hände fallen. Ich antwortete:

»Du wirst einen gläubigen Moslem, der sich auf deine Ehrlichkeit verläßt, nicht um seine Habe bringen! Doch höre weiter! Ich lieferte meine Sklaven nach Omm Ebeil und kam mit der Bezahlung nach Kaka, von wo aus ich mich nach der Insel Aba wenden wollte, denn ich hatte von dem Heiligen gehört, der dort die reine Lehre verkündet, und wollte in dic Stapfen seiner Füße treten.«

»Das ist ein Allah wohlgefälliger Vorsatz; ich bin die Faust des Heiligen und werde dich ihm empfehlen. Sprich weiter!«

»Es lag in Kaka kein Schiff, und ich hörte, daß auch in langer Zeit kein abwärts fahrendes zu erwarten sei. Da kam der Reïs Effendina mit dem seinigen. Ich bat ihn um die Erlaubnis, mit ihm fahren zu dürfen, und er gewährte mir meine Bitte.«

»Allah akbar! Welch ein mutiges Herz hast du! Du gleichst der Taube, welche es wagt, unter den Fittigen des Falken Schutz zu suchen. Männer dieser Art sind selten, sehr selten, und ich fühle, daß du meine Freundschaft schnell gewinnen wirst. Also du fuhrst wirklich mit ihm?«

»Ja. Ich schien ihm zu gefallen, denn er sprach gern und viel mit mir. Da ließ Allah es geschehen, daß unterhalb Kuek Abu Reqiq ihm mit sechzig Sklaven in die Hände fiel; ich konnte das natürlich nicht verhindern. Meinen Schreck darüber kannst du dir denken, doch ich beherrschte mich. Auch Abu Reqiq hatte, als er mich erblickte, Besonnenheit genug, zu verbergen, daß er mich kannte. Es kam ihm sogleich der Gedanke, daß ich ihn retten könne. Ich weiß nicht, wie der Reïs Effendina eine Ahnung von El Michbaja erhalten hat, kurz, er wollte von Abu Reqiq das Nähere über diesen Ort wissen, und als dieser sich weigerte, es zu verraten, wurde er so lange gepeitscht, bis er sagte, daß es hier an dieser Stelle liege; mehr könne er nicht gestehen, weil er selbst von Hubahr nicht mehr erfahren habe. Nun wurde Hubahr vorgenommen. Dieser legte das Siegel der Verschwiegenheit an seine Lippen und gestand kein Wort, bis er erschossen wurde.«

»Hubahr erschossen? O Allah! Ist das wahr?«

»Ja. Er wurde erst erschossen und dann aufgehängt.«

»Wo und wann?«

»Vor einigen Stunden, da, wo das Schiff vor Anker liegt.«

»Dieser treue, fromme, Allah ergebene Mann, in dem nicht eine Spur von Falschheit war! Mögen doch alle Teufel der Hölle heraufkommen, um seine Mörder stückweise hinabzuziehen, wo in Ewigkeit kein Entrinnen ist! Sagtest du nicht, daß ich diese Hunde ergreifen könne?«

»Ja. Wenn du meine Botschaft erhören wolltest, würde meine Seele sich ebenso freuen wie die deinige.«

»Ich bin sofort und auf der Stelle bereit, über diese Hunde herzufallen. Sag nur, wie es geschehen kann. Wie aber hast du es ermöglicht, mich aufzusuchen?«

»Durch das Vertrauen, welches besonders Kara Ben Nemsi mir schenkt. Sie haben weiter nichts erfahren können, als daß El Michbaja hier in dieser Gegend liegt, denn Hubahr hat das Geheimnis mit in den Tod genommen. Da sie euch überfallen und bestrafen wollen, mußten sie nach der Michbaja suchen. Da machte ich eine Lüge, welche Allah mir verzeihen wird; ich sagte nämlich, daß ich früher einmal längere Zeit als Dschelabi[1] in dieser Gegend gewesen sei. Sie waren mit Blindheit geschlagen und erteilten mir den Auftrag, nach der Michbaja zu suchen. Ich ging darauf mit Freuden ein und schlich mich unbemerkt zu Abu Reqiq, es ihm zu sagen. Ich konnte nur eine Minute mit ihm sprechen. Er gab mir seinen Siegelring, ihn dir zu zeigen und dich bei Muhammed und allen Kalifen anzuflehen, ihn und seine Leute zu retten, und zwar noch in dieser Nacht, weil es morgen zu spät sein würde.«

»Warum zu spät?«

»Weil morgen früh die Michbaja überfallen werden soll.«

»Das gelingt ihnen nicht, denn du kehrst ja nicht zu ihnen zurück, um ihnen zu verraten, wo wir sind.«

»Wäre es doch so, wie du sagst! Wenn ich nicht zurückkomme, nimmt der Reïs Effendina an, daß ich in deine Hände gefallen sei, und läßt aus Rache dafür beim Morgengrauen alle Gefangenen töten.«

»Dieser Hund und Hundesohn eines zehnfachen Hundehundes! Da ist es freilich unumgänglich notwendig, daß du dich wieder zu

[1] Handelsmann.

ihnen begiebst, auch um Abu Reqiqs willen, der sich freuen wird, daß du mich gefunden hast. Dein Gold aber darfst du nicht wieder bei diesen Räubern gefährden; ich werde es bei mir für dich aufheben, bis wir sie gefangen haben.«

»Thue das; ich bitte dich darum. Bei dir ist es mir sicherer als in meiner Tasche.«

»Diese deine Einsicht ist ebenso groß, wie der Mut, den du bewiesen hast. Wenn die Gefangenen morgen früh getötet werden sollen, müssen wir sie noch in dieser Nacht befreien; da genügt aber keine Beschreibung des Schiffes und seiner Lage, sondern ich muß es selbst sehen. Wirst du es in der Dunkelheit finden können? Der Tag hat sich geneigt und das Gebet der Dämmerung ist schon nahe.«

»Ich werde es nicht verfehlen.«

»So suchen wir es nach dem Gebete auf, damit ich bestimmen kann, wie es in unsere Hände fallen soll. Wir kehren hierher zurück und holen so viel Krieger, wie wir brauchen.«

»Ich mit?«

»Natürlich! Da die Gefangenen, falls du nicht wiederkommst, erst morgen früh getötet werden sollen, brauchst du ja nicht eher als um diese Zeit zu erscheinen. Darum kannst du getrost bei uns bleiben.«

Diese Bestimmung machte mir einen dicken Strich durch die Rechnung, doch hütete ich mich, etwas dagegen zu sagen; ich hätte mir dadurch das große Vertrauen, welches die »Faust des Heiligen« mir entgegenbrachte, augenblicklich verscherzen können, und hoffte, schon noch einen Grund zu finden, rechtzeitig an Bord gehen zu dürfen. Als er mich jetzt nach der Ursache des Pflasters in meinem Gesichte fragte, war es ein tiefer Messerschnitt, den ich bei meiner letzten Sklavenjagd bekommen hatte; das schien die Sympathie zu verdoppeln, die er mir bewies.

Darüber wurde es dunkel, und das Moghreb mußte gebetet werden. Es geschah dies nach den Regeln der Terika el Gureschi, die ich nicht kennen konnte; ich gehörte natürlich einer andern Terika an, und dies enthob mich der Verpflichtung, das Gebet laut nachzusprechen. Die Nachsicht, welche man mir dadurch erwies, wurde einer Person verweigert, deren Anwesenheit hier in El Michbaja ich für absolut unmöglich gehalten hätte. Wäre mir von jemand die

Mitteilung gemacht worden, daß diese Person hier zu finden sei, so hätte ich ihm vielleicht in das Gesicht gelacht; aber man sage mir nicht, daß keine Wunder mehr geschehen.

Kurz nach dem Gebete kam nämlich ein Mensch, einer der Sklavenwächter, herein, welcher die Meldung machte:

»Herr, der verfluchte Starrkopf, welchen der Heilige vorgestern sandte, hat sich wieder geweigert, das Gebet nach unserer Terika zu sprechen. Was befiehlst du, daß ihm geschehen soll?«

»Hole den Aussätzigen! Ich will ihn niederschmettern!«

Es brannten jetzt zwei primitive Oellampen, bei deren Scheine ich das Gesicht des Betreffenden grad zur Genüge erkennen konnte, als er nach einigen Minuten hereingebracht wurde. Die langen wirren Haare hingen ihm wie aufgefranste Schnüre um die hohlen Wangen, und aus den tiefliegenden Augen sah der nahe Hungertod. Seine Blöße war nur mit einigen armseligen Fetzen bedeckt, und die einst so stolz getragene Gestalt hatte eine matte, weit nach vorn gebeugte Haltung angenommen. Dennoch erkannte ich ihn auf der Stelle, denn diese schönen, asketisch strengen Züge waren mir unvergessen geblieben. Man denke sich die Größe meines Erstaunens: dieser Mann war Ssali Ben Aqil, der kurdische Reiseprediger, welcher nach dem Mahdi suchte.

Er konnte mich nicht so, wie ich ihn, erkennen, denn die ihm zugekehrte Seite meines Gesichtes lag im Schatten und das Pflaster ebenso wie auch meine jetzige dunkle Hautfarbe machten mich ihm vollends unkenntlich. Wie war er auf der Suche nach dem Mahdi nach dem weißen Nile gekommen? Die Antwort auf diese Frage war allerdings nicht von unüberwindlicher Schwierigkeit, weil er sich schon früher in Aegypten befunden hatte. Er, der Hochtrachtende, stand jetzt gebückt vor der »Faust des Heiligen« und mußte sich die schwer beleidigende Anrede gefallen lassen:

»Hund, du Sohn eines Hundes und Abkömmling einer Hündin, bist abermals ungehorsam gewesen! Hat dir der Hunger die Eingeweide noch nicht genug zerfressen? So werde ich dich auch noch dürsten lassen, bis du den Willen des Murabit erfüllst und dich in seine Satzungen fügest. Du hast ihn beleidigt mit deinen Lehren und ergrimmt mit deinen Zweifeln; darum hat er die Trübsal über dich ausgegossen, in deren Flut du untergehen wirst, wenn du dich nicht zu seiner heiligen Terika bekehrst. Wenn du das aber thust, so wird er dich erhöhen, denn Allah hat dir die Gabe der überwältigenden Rede verliehen. Er ist der Mahdi, nach welchem du so lange vergeblich suchtest!«

»Ich suche nicht mehr nach dem Mahdi, sondern nur noch nach der Liebe,« klang es matt und hohl zwischen den farblosen Lippen hervor.

»Liebe! Das ist der Wahnsinn, mit welchem du auch den Heiligen so oft geärgert hast. Du hast ihm sogar von jenem ungläubigen Wurm erzählt, dem du die Ansteckung zu dieser deiner Geisteskrankheit verdankst. Du sollst erfahren, daß wir ihn kennen. Der Teufel hat ihm den Weg nach dem Sudahn gewiesen, wo er den Eingang zur ewigen Verdammnis findet.«

»Chodeh – o Gott!« rief da Ssali aus, indem er sich mit einem schnellen Ruck hoch aufrichtete. »Kara Ben Nemsi Effendi befindet sich am Bahr el Abiad?«

»Ja. Er wird in einigen Stunden von der Faust des Heiligen zermalmt oder zerschmettert werden!«

Da flog es wie ein Schimmer der einstigen Begeisterung über das Gesicht des Gefangenen; er hob die Rechte wie zur heiligen Beteuerung und rief:

»Es giebt hier keine Faust, die ihn zerschmettern wird, sondern die seinige wird alle seine Feinde treffen! Ich kenne ihn; die Liebe Gottes ist mit ihm, und keines Menschen Haß kann ihn besiegen!«

»Schweig, Unseliger! Willst du den verfluchten Giaur verteidigen, der ein Feind aller wahren Gläubigen ist? Bedenke, daß du als Sklave verkauft werden sollst, wenn du dein Herz der einzig wahren Lehre nicht öffnest. Dieser Anhänger des Gekreuzigten ist der Todfeind des Murabit und muß zur Hölle fahren. Willst du mit ihm untergehen?«

»Lieber mit ihm in die Hölle, als mit dem Murabit in den seligsten aller eurer Himmel! Sein Glaube führt aus der Hölle in den Himmel; eure haßsprühende Lehre aber macht die sieben Himmel zu Höhlen der Verdammnis. Schau mich nur an! Ist der Schlund des Hasses, in den ihr mich geworfen habt, der wahre, der richtige Weg zu den versprochenen Seligkeiten des Propheten? Sind die Krallen der unverdienten Rache, die ihr mir in den Leib und in die

»Schweig, Unseliger!«

Seele schlagt, etwa die weichen Houri-Arme, welche den Moslem im Jenseits empfangen und umfangen sollen? Indem du diesen Christen erwähntest, hast du alle eure auf mich gerichteten Absichten der Fäulnis übergeben. Du nennst ihn einen Hund, einen Wurm, einen Giaur; aber er allein ist der wahrhaft Gläubige, während eure Seelen häßliche Säcke der Verderbnis sind. Er ist da; er ist in der Nähe! Nun weiß ich, was und für wen ich beten soll!«

»Etwa für ihn, du Zweifler mit dem faulenden Gehirn?« donnerte ihn Jumruk an.

»Ja, für ihn,« antwortete der Gefragte ruhig.

Da sprang der Gebieter der Michbaja auf, trat hart zu ihm heran und zischte ihm zu:

»So sei dir ein letztes, ein allerletztes Wort gesagt. Ich gebe dir Zeit bis zur nächsten Morgenröte; da wird sich dieser von Allah Verfluchte in meinen Fäusten winden. Bekennst du dich dann zu uns, so sollst du ein hoher und berühmter Führer von vieltausend Gläubigen sein; fährst du aber fort, zu reden wie in diesem Augenblick, so wird dir das große Glück werden, das Schicksal dieses deines vergötterten Giaur zu teilen.«

»Um da meine Entscheidung zu hören, brauchst du nicht bis zur Morgenröte zu warten; ich verzichte auf den Ruhm, den ihr mir bietet, und wähle den Giaur!«

Welche Freude mir dieser Ausspruch verursachte, brauche ich nicht zu sagen. Wie gern hätte ich Ssali einen Wink gegeben, damit er merke, daß ich hier so nahe bei ihm sei. Aber die Vorsicht gebot mir, zu schweigen. Wenn er sich nicht beherrschen konnte, waren die daraus entstehenden Folgen unberechenbar. Es war mir aber nicht bestimmt, diesen Vorsatz des Schweigens auszuführen; Jumruk selbst machte es mir unmöglich. Er trat einen Schritt von Ssali zurück und sagte im Tone des festesten Entschlusses:

»Nun wohl, du sollst deinen Willen haben; dein Schicksal ist besiegelt!« Und sich zu mir wendend, fuhr er fort: »Ich habe den Giaur noch nicht gesehen; du aber, Ben Sobata, bist mit ihm von Kaka bis fast hierher gefahren und hast ihn also kennen gelernt. Sag, ist dieser Hund denn wirklich im stande, jedem Menschen, den er anbellt, den Kopf zu verdrehen?«

Jetzt konnte ich den beabsichtigten Wink geben; aber vorsichtig, außerordentlich vorsichtig mußte ich sein. Zunächst durfte er mich nur an der Sprache erkennen. Darum antwortete ich, ohne sie zu verstellen:

»Er ist weder ein schöner Mann, noch kann man ihm sonst etwas Außerordentliches ansehen. Ich glaube, wenn du ihn erblicktest, würdest du enttäuscht sein.«

»Vielleicht verstellt er sich?«

»Das ist möglich.«

Ich bemerkte, daß Ssali beim Klange meiner Worte aufhorchte, mich erst sehr scharf ansah und dann die Augen schloß. Wollte er etwa das frohe Strahlen derselben verbergen? Das gab mir den Mut zu der Bemerkung:

»Richtig ist, daß er ein eifriger Jäger ist. Ehe er den Reïs Effendina traf, ist er am blauen Nile in der Oase Khoi gewesen und dann hinauf zur Musallah el Amwat geritten, wo er die berühmte Bärin der Unsterblichkeit getötet hat.«

»Eine Bärin der Unsterblichkeit? Davon hat man mir noch nichts erzählt!«

»Es ist aber trotzdem wahr. Dann hat er mit dem großen Araberstamme der Bebbeh Freundschaft geschlossen und einen von ihnen, den er im Khan zu Khoi traf und den man zum Sklaven machen wollte, aus der Gefangenschaft befreit, was nur dadurch möglich wurde, daß die beiden sich so verhielten, als ob sie sich noch nie gesehen hätten.«

»Das muß sehr unterhaltend zu hören sein, und ich bitte dich, es mir morgen zu erzählen, wo ich mehr Zeit habe als jetzt.«

Nach diesen Worten wendete sich der ahnungslose Mann wieder an Ssali Ben Aqil:

»Du wirst auch heut abend nichts zu essen bekommen und morgen mit dem Christen zusammengekettet werden. Da könnt ihr mit einander von der Liebe sprechen, die du suchest, ohne sie zu finden!«

»Ich habe sie gefunden,« antwortete Ssali in ganz anderem Tone als bisher. »Ich bin überzeugt, daß ich morgen bei ihm sein werde, und freue mich darauf, wie die Blume sich nach langem Winter auf die Sonne des Frühlings freut. Allah gebe dir in dieser Nacht einen ruhigen Schlaf und am Morgen ein fröhliches Erwachen, oh Jumruk el Murabit!«

Er hatte mich erkannt und verstanden und war, als er jetzt fortgeführt wurde, überzeugt, daß ihn nun die »Faust des Heiligen« nicht mehr festhalten und martern könne. Die Wünsche, welche er in Beziehung auf den ruhigen Schlaf und das fröhliche Erwachen aussprach, waren natürlich ironisch gemeint, und wenn ein Mann in seiner Lage ironisch werden kann, dann muß er überzeugt sein, daß es nicht so schlimm um ihn stehe, wie von seinen Peinigern angenommen wird.

Bald wurde das Aschia gesprochen, das Gebet nach der Dämmerung, wenn es ganz dunkel geworden ist, und dann schickte Jumruk nach fünf Männern, welche kommen und uns begleiten sollten. Als der Bote fort war, fragte er mich:

»Verstehst du die Sprache der Schilluk, oh Ben Sobata?«

»Ja,« antwortete ich, meiner Rolle getreu.

»Und die der Nuehr?«

»Auch.«

»Ist dir auch diejenige der Dinka bekannt?«

»Nein.«

Es wäre, weil ich jetzt zum erstenmale jenseits des weißen Niles gewesen sein wollte, vielleicht aufgefallen, wenn ich auch hier bejahend geantwortet hätte, und doch war mir grad diese Sprache ziemlich geläufig geworden, weil ich während unseres Aufenthaltes südlich dieses Flusses täglich Gelegenheit gehabt hatte, mich in ihrem Gebrauche zu üben. Seine drei Fragen wären unter andern Verhältnissen nicht die Veranlassung gewesen, mein Mißtrauen zu erregen, unter diesen Umständen aber fielen sie mir auf, zumal sie ohne allen Zusammenhang gestellt wurden. Als ich die dritte verneinte, nickte er befriedigt mit dem Kopfe und sprach dann von etwas vollständig anderem. Was hatte er für einen Grund gehabt, sich nach meiner Sprachfertigkeit zu erkundigen? Ich brauchte gar nicht lange zu warten, um denselben kennen zu lernen. Es trat nämlich ein sehr reichlich bewaffneter Kerl ein, der wahrscheinlich keine untergeordnete Stelle bekleidete, denn er war ungewöhnlich gut gekleidet und grüßte mit einem vertraulichen Kopfnicken anstatt mit der Verbeugung, welche ein gewöhnlicher Mann nicht hätte unterlassen dürfen. Schon öffnete er den Mund, um zu sprechen, aber Jumruk gab ihm einen hastigen Wink, zu schweigen und sagte in entschuldigendem Tone zu mir:

»Du mußt verzeihen, wenn ich gegen dich, der du mein Gast bist, die Unhöflichkeit begehe, mit diesem Manne in einer Sprache zu reden, welche du nicht verstehst; die arabische ist ihm vollständig unbekannt.«

Als der Eingetretene das hörte, machte er ein erstauntes Gesicht, war aber so klug, seinen Zügen dann schnell einen unbefangenen Ausdruck zu geben. Dieser Mensch soll das Arabische nicht kennen? Unsinn! Ich hätte darauf schwören mögen, daß er ein Schukurieh-Araber sei. Weshalb diese Verstellung, diese Täuschung? War das Wohlwollen, mit dem Jumruk mich bisher behandelt hatte, etwa nur eine Kriegslist gewesen? Nun, das konnte mir lieber, viel lieber sein, als wenn es aus aufrichtigem Herzen gekommen wäre, denn einen Menschen, und wenn er noch so schlecht ist, in das Verderben zu führen, nachdem er sich freundlich zu einem verhalten hat, das ist eine Aufgabe, der nicht jedermann gewachsen ist. Ich hatte mir auch wirklich schon vorgenommen, die Strafe, welche er verdiente, nach Kräften zu mildern. Jetzt diktierte mein Gewissen mir den Wunsch, daß seine mir gezeigte Sympathie sich als Trug erweisen möge. Dieses heimliche Verlangen blieb nicht unerfüllt, denn Jumruk wendete sich, indem er sich der Dinkasprache bediente, an den Betreffenden:

»Sprich kein Wort arabisch! Ich darf keinen Augenblick von diesem Fremden fort und muß dir doch etwas sagen, was er nicht verstehen soll.«

Er erklärte ihm nun, weshalb ich gekommen war und daß ich ihr Führer nach der Stelle sein werde, an welcher das Schiff des Reïs Effendina liege. Dann fügte er hinzu:

»Er muß natürlich sterben, denn er würde ein stets gefährlicher Zeuge davon sein, daß wir es sind, die den Reïs und seine Leute vernichtet haben. Außerdem ist er als Sklavenjäger mir im Wege. Nun Ibn Asl tot ist, will ich die ganze Strecke des Bahr el Abiad für mich allein haben, und dieser Mensch hegt die Absicht, uns hier in den Handel zu pfuschen. Ich habe ihn mit Freundlichkeit geködert, und er schenkt mir sein Vertrauen; aber sobald er uns das Schiff gezeigt hat und wir ihn also nicht mehr brauchen, werde ich dir als Zeichen nur das kurze Wort ›Wtole!‹[1] sagen; dann stichst du ihm das lange Messer von hinten in das Herz, daß er zusammenbricht, ohne ein Wort sagen zu können. In dieser Art des Stechens bist du ja ein Meister.«

Ich verstand jedes Wort und muß sagen, daß mir das Herz dabei leicht wurde, denn nun gab es für mich keine Verpflichtung mehr, ihn zu schonen. Ich machte ein ganz harmloses Gesicht und that so, als ob ich der für mich ganz unverständlichen Rede Jumruks nicht die geringste Aufmerksamkeit schenkte. Bald kamen noch vier Untergebene von ihm, denen er freilich in arabischer Sprache sagte, weshalb sie gerufen worden seien. Er focht dabei einige an mich gerichtete Bemerkungen ein, welche den Zweck hatten, mich in meiner guten Ansicht über ihn zu bestärken. Ich reichte ihm, scheinbar dankerfüllt, die Hand und sagte:

»Deine Huld, oh Jumruk el Murabit, ist mir wie eine Gabe des Himmels, und es wird mich glücklich machen, mir sagen zu können, daß ich die gefährlichsten Feinde der Sklavenhändler in deine Gewalt geliefert habe. Möchtest du doch genug Krieger besitzen, den Reïs Effendina und alle seine Leute zu ergreifen!«

Diesen Wunsch sprach ich aus, weil er bis jetzt beharrlich darüber geschwiegen hatte, wie viel Leute ihm zur Verfügung standen. Jetzt, da mein Tod beschlossen war, hielt er diese Heimlichkeit nicht mehr für notwendig und antwortete darum unbedenklich:

»Wenn ich nur so viel Männer hier in El Michbaja zurücklasse, wie zur Bewachung des Reqiq notwendig sind, habe ich genug Leute, das Schiff mit allem, was darauf lebt, zu erobern.«

»Aber können die Sklaven bei so spärlicher Bewachungsmannschaft nicht ausbrechen?«

Da rief er laut lachend aus:

»Du handelst mit Reqiq und scheinst doch gar nicht zu wissen, auf welche Weise man diese Ware so festlegt, daß ein einziger Wächter genügt, um hundert Gefangenen die Flucht unmöglich zu machen. Komm, ich will dir zeigen, wie wir das hier bei uns machen!«

[1] Dinkasprache: »Mach ein Ende!«

Das hatte ich gewollt. Es kam mir sehr darauf an, zwar nicht die Fesselung der Sklaven, aber doch die Oertlichkeit der Michbaja kennen zu lernen. Er befahl den andern, zu warten, und führte mich hinaus. Ich sah fünf oder sechs Feuer brennen, welche den Platz ganz genügend erhellten. Er ging mit mir in die größeren Bauten, in denen sich der Reqiq befand. Ueber das, was ich da sah, hörte und – – – roch, will ich lieber schweigen; es mag die Bemerkung genügen, daß ich auch an Ssali Ben Aqil vorüberkam, dem ich einen heimlichen Wink zuwerfen konnte. Es war mehr, viel mehr als Schinderei; es war die reine Unmenschlichkeit! Und diese Unglücklichen gehörten nicht alle der Negerrasse an. Es kostete mich die größte Ueberwindung, meinen Abscheu zu verbergen und diesem Jumruk so zu schmeicheln, daß er, durch diese Anerkennung unvorsichtig gemacht, sich der vortrefflichen Anlage der Michbaja rühmte und sich zu einigen zwar kurzen, aber für mich höchst wichtigen Mitteilungen über diesen Ort verleiten ließ. Auf diese Weise erfuhr ich folgendes:

Die Seribah lag mitten im dichten Walde, durch welchen es nur drei Wege gab. Der eine, nämlich derjenige, auf dem ich gekommen war, führte auf der Landseite ins Freie, während man auf dem zweiten an das südliche und auf dem dritten an das nördliche Ufer der Halbinsel gelangte. Die Mündungen der beiden letzteren Pfade waren so verdeckt, daß man sie vom Flusse aus nicht sehen konnte. An dem stromabwärts gerichteten Ufer lag jetzt eine Schachtura[1], welche Jumruk gehörte. Er hatte sie sich extra zu dem Zwecke bauen lassen, um mit größerer Schnelligkeit als derjenigen eines gewöhnlichen Nilschiffes von einem Orte nach dem andern zu gelangen. Die genaue Zahl der Untergebenen Jumruks konnte ich nicht erfahren; aber ich hörte, sie seien händelsüchtige und schwer im Zaume zu haltende Leute, so daß ihre Schußwaffen in einem besonderen Depot aufbewahrt werden mußten, dem sie vor jedem Gebrauche entnommen und dann wieder abgeliefert wurden. Das war es, was ich in Erfahrung brachte, zwar wenig, aber, wie sich später herausstellte, für meine Zwecke doch genug.

Nach diesem kurzen Besuche der Niederlagen »lebender Ware«

[1] Schnellsegelboot.

brachen wir auf, Jumruk, fünf seiner Leute und ich; wir waren also sieben Personen. Der Mond stand noch nicht am Himmel; aber die Sterne leuchteten so, daß wir zur Genüge sehen konnten, als wir den Wald hinter uns hatten. Der Weg, den wir gingen, war fast derselbe, auf welchem ich gekommen war. Jumruk schritt voran, und die andern folgten ihm in der Weise, daß ich stets der Vordermann des lieben Freundes war, welcher mich erstechen sollte; glücklicherweise hatte ich seine Virtuosität im Totstechen einstweilen noch nicht zu fürchten, und für später war mir auch nicht bange.

Erst war es mein Plan gewesen, Jumruk, sobald wir das Schiff erreichen würden, festzunehmen und dann mit unsern Asakern nach der Michbaja zu marschieren. Wenn dort der Anführer fehlte, war das Gelingen eines Ueberfalles eher zu erwarten, als bei seiner Anwesenheit. Aber er hatte fünf Männer mitgenommen, die ich allein nicht so unschädlich machen konnte, wie es nötig war. Wenn auch nur einer von ihnen entkam, hatten wir das Nachsehen. Darum mußte ich versuchen, meinen Zweck auf eine andere Weise zu erreichen. Für jetzt war die Hauptsache, daß ich nicht mit nach der Michbaja zurückzukehren brauchte, sondern, und zwar heiler Haut, an Bord gehen konnte. Ein Mittel dazu hatte ich mir schon ausgesonnen: es mußte eine Flinte losgehen.

Wir brauchten der Dunkelheit wegen anderthalb Stunden, ehe wir an den Baum kamen, der mir als Marke diente. Da ging es langsam, sehr langsam und in völliger Finsternis rechts in den Wald hinein. Er war, wie schon erwähnt, hier nicht breit; aber bei dieser Stockdunkelheit dauerte es doch fast eine halbe Stunde, ehe wir die Lichter des Schiffes durch die Bäume leuchten sahen. Am Ufer angekommen, kauerten wir uns nieder, und ich war dabei so vorsichtig, nicht vor, sondern neben meinem freundlichen Mörder Platz zu nehmen, obgleich er dies zu vereiteln suchte. Das Schiff lag ganz nahe vor uns, und zwar so, daß wir das Deck überblicken konnten. Wir sahen die Leiche Hubahrs hängen, und wir sahen auch Abu Reqiq mit seinen Leuten; sie waren natürlich alle gefesselt.

Während meine Begleiter ihre ganze Aufmerksamkeit nach dem Schiffe richteten, ließ ich meine Hand an der Flinte meines Nachbars, deren Kolben er aufgestemmt hatte, niedergleiten und zog den

Hahn auf: sie sollte es sein, die im geeigneten Augenblicke losgehen mußte.

»Du hast uns die Wahrheit erzählt, Ben Sobata,« flüsterte mir Jumruk zu. »Ich sehe alles. Abu Reqiq ist gefangen, und dort ward Hubahr aufgehängt. Das Schiff liegt so nahe am Ufer, daß es gar nicht schwer ist, hinaufzukommen. Wir müssen Abu Reqiq befreien und werden damit nicht bis zum Morgengrauen warten. Jetzt haben wir genug gesehen. – – – Wto – – –!«

»Wtole!« wollte er sagen, das für mich gefährliche Wort; aber er kam nicht dazu, es ganz auszusprechen, denn ich bewegte in diesem Augenblick den Drücker der vorhin erwähnten Flinte; der Schuß krachte, und meine sechs Busenfreunde fuhren erschrocken in die Höhe.

»Was hast du gemacht, Unvorsichtiger!« raunte ich dem Nachbar zu. »Deine Flinte ist losgegangen!«

»Ich kann nicht dafür,« entschuldigte er sich, indem er ganz vergaß, daß er nicht Arabisch konnte.

»Schweig!« bedeutete ihm Jumruk zornig. »Deine Unvorsichtigkeit hat alles, alles verdorben! Nun ist es vollständig unmöglich, das – – –«

»Still!« unterbrach ich ihn. »Wenn ihr klug seid, ist noch nichts verdorben. Kommt nur schnell ein Stück vom Ufer fort!«

Ich faßte Jumruk beim Arme und zog ihn in den Wald hinein; die andern folgten. Dies that ich, daß sie nicht sehen und nicht hören sollten, welche Folgen der Schuß auf dem Schiffe hervorgebracht hatte. Es war gewiß, daß man dort nach mir rufen, also meinen Namen nennen würde, und den durften die Sklavenhändler nicht erfahren. Als wir so weit gelaufen waren, daß diese Rufe nur undeutlich zu uns drangen, blieb ich stehen und sagte:

»Sprecht jetzt kein unnützes Wort, denn es ist kein Augenblick zu verlieren. Wenn ich jetzt schnell an Bord gehe, wird alles noch ein gutes Ende nehmen.«

»Wieso das?« fragte Jumruk.

»Der Schuß hat natürlich die ganze Besatzung alarmiert und mißtrauisch gemacht, euer Ueberfall kann also nur dann gelingen, wenn ich jetzt zurückkehre und sage, daß ich es gewesen bin, der geschossen hat.«

»Maschallah! Das ist richtig; da hast du recht!«

»Aber der Schuß fiel nahe beim Schiffe; darum darf ich nicht zögern; ich muß fort. Ihr werdet Abu Reqiq doch nicht im Stiche lassen?!«

»Nein, bei Allah, nein! Ihn müssen wir retten, und den Reïs Effendina und den Ben Nemsi Effendi müssen wir fangen! Hältst du es für möglich, sie zu beruhigen und ihren Verdacht zu beseitigen?«

»Ja; aber ihr müßt bald, sehr bald kommen!«

»Gieb mir drei Stunden Zeit!«

»Gut! Drei Stunden, aber ja nicht länger!«

»So geh; geh schnell, sonst wird ihr Mißtrauen so groß, daß du es nicht zerstreuen kannst! Sag also Abu Reqiq, daß wir in drei Stunden, höchstens eine halbe später, hier sein werden, um ihn zu befreien! Geh! Wir müssen auch schnell fort. Kommt, ihr Leute, kommt!«

Sie entfernten sich. Ich blieb stehen, bis ich ihre Schritte nicht mehr hörte, und kehrte dann an das Ufer zurück. Infolge des Schusses hatte man auf dem Schiffe die Gefangenen rasch unter Deck geschafft; die Lichter waren ausgelöscht worden, und alle verhielten sich still außer Ben Nil, welcher an der Regeling lehnte und von da herunterrief:

»Effendi, Effendi, gieb doch Antwort, sonst komme ich ans Ufer! Ist etwas mit dir geschehen?«

»Sei doch still, Unvorsichtiger!« antwortete ich. »Wirf mir ein Tau zu!«

Er that dies, und gleich darauf stand ich an Deck. Zehn Minuten später kannte jeder meinen Plan, der allerseits gebilligt wurde, und wieder zehn Minuten später standen alle waffenfähigen Männer, die ich für zuverlässig hielt, am Ufer, um von mir nach der Michbaja geführt zu werden; das Schiff aber stieß vom Lande, um in der Mitte des Stromes Anker zu werfen. Dort, wo es vor einem Ueberfalle sicher war, sollte der Steuermann, um von Jumruk gesehen zu werden, alle Lichter hissen und dann früh abwärts steuern, um auf ein von uns gegebenes Zeichen bei El Michbaja anzulegen.

Es war nicht leicht, mit einer solchen Schar durch den Wald zu kommen, in welchem man die Hand vor dem Auge nicht sehen konnte; draußen im Freien aber ging es besser; da war es jetzt sogar heller als vorher. Jumruk kam mit seinen Leuten, welche den Weg ebenso kannten, wie er, natürlich schneller vorwärts als wir; dennoch konnte ich mir den Punkt ungefähr berechnen, wo wir ihm auf seiner Rückkehr begegnen mußten. Ich nahm dabei an, daß er nicht länger als eine halbe Stunde brauchen werde, um seine Leute zum nächtlichen Zuge bereit zu haben. Als wir diesen Punkt beinahe erreicht hatten, ließ ich halten und gab den Befehl, daß jedes, selbst das geringste Geräusch zu vermeiden ist. Dann versteckten wir uns ins Gebüsch. Die höchst wichtige Frage war, ob die »Faust des Heiligen« bei dem Vorsatze, den Ueberfall noch auszuführen, überhaupt geblieben war; wenn nicht, so konnte unser ganzes Unternehmen unausführbar werden. Wie froh war ich darum, als wir nach einiger Zeit das Klirren von Waffen und laute Stimmen hörten. Sie kamen und marschierten mit eiligen Schritten an uns vorbei. Wir warteten etwaiger Nachzügler wegen eine kleine Weile und setzten dann unsern Weg fort, der uns glücklich bis an den Waldpfad brachte, welcher zur Michbaja führte.

Hier ging ich voran, und jeder folgende wurde von seinem Vordermann geführt. Das geschah so vorsichtig und leise, daß ich kaum die Schritte des Lieutenants hörte, welcher hinter mir ging. So erreichten wir die Dornenwand, welche verschlossen war. Ich rief, was, das war gleichgültig, wenn nur geöffnet wurde. Es stand natürlich jetzt auch ein Posten innerhalb. Er hörte meinen Ruf und schob die Stachelthür zur Seite. Kaum hatte er das gethan, so bekam er einen Kolbenhieb und wurde gebunden und geknebelt. Wir standen im Innern der ersehnten Michbaja.

Zunächst wurde die Thür wieder vorgelegt, und dann bildete ich aus meinen Leuten Abteilungen, deren jede ihre Aufgabe erhielt. War wir zu thun bekamen, war leichter, viel leichter, als ich es gedacht hatte. Es brannten jetzt nur zwei Feuer. Die Bauwerke wurden im Nu besetzt, und dann stellte sich heraus, daß Jumruk nur neun Mann in der Seribah gelassen hatte, welche nicht einmal mit Gewehren bewaffnet waren. Sie waren leicht überwältigt. Einer von ihnen mußte den Weg nach dem südlichen Ufer zeigen, wo auch jetzt der vielbesprochene Posten stand, welcher nach dem »Falken« auszuschauen hatte und nun auch unschädlich gemacht wurde.

Jetzt machten wir uns daran, die Sklaven zu befreien, wobei ich

Kaum hatte der Posten das gethan, so bekam er einen Kolbenhieb.

natürlich zuerst Ssali Ben Aqil aufsuchte. Als er mich, der ich das Pflaster entfernt hatte, erblickte, rief er mir mit überlauter Stimme entgegen:

»Hamdulillah! Allah sei Lob und Preis gesagt! Also habe ich mich doch nicht geirrt! Du bist es; du bist es wirklich, Effendi! Wie recht hattest du, als du damals sagtest, daß Gott noch Wunder thue! Und nun rettest du den, der dich töten wollte, jetzt zum zweitenmale! Du bist noch immer der – – –«

»Still jetzt!« unterbrach ich ihn. »Du bist damals mein Freund und Bruder geworden und hast Gott zu danken, aber nicht mir. Du wirst mir später alles erzählen; jetzt habe ich keine Zeit, denn ehe eure Peiniger wiederkehren, müssen wir hier fertig und bereit zu ihrem Empfange sein.«

Er wurde von seinen Fesseln befreit und wollte sich im Uebermaße seines Glückes und des Dankgefühles mir zu Füßen werfen; ich eilte fort, denn es gab noch sehr viel zu thun. Der Lieutenant hatte mit seinen Abteilungen die Gefangenen frei zu machen; ich durchsuchte die Gebäude nach Waffen und allen andern Gegenständen, die als solche dienen konnten. Endlich fand ich das »Depot«. Es war nicht viel mehr da, weil die Leute der Michbaja das meiste mitgenommen hatten; aber es wurden aus allen möglichen Dingen Waffen zum Hauen, Stoßen und Stechen geformt, und so dauerte es nicht lange, bis jeder der befreiten Sklaven mit irgend einer brauchbaren Wehr versehen war.

Das Entzücken dieser Leute kann nicht beschrieben werden. Unter diesen Verhältnissen hätte der kühlste Nordländer nicht ruhig bleiben können. Und nun gar diese heißblütigen Afrikaner! Welch ein Springen und Tanzen, welch ein Jubeln und Schreien das war. Es dauerte sehr lange, ehe wir sie nur so weit brachten, daß sie auf uns hörten. Und welche Zeit verging erst, bis sie begriffen, was sie zu thun hatten und uns versprachen, unsere Aufgabe nicht durch ihre Gier nach Rache der Gefahr des Mißlingens auszusetzen. Dann wurde es endlich, endlich still, und Jumruk konnte mit seinen Leuten kommen.

Ich war nämlich der Ansicht, daß er, durch den Augenschein belehrt, daß der »Falke« sich in die Mitte des Flusses in Sicherheit gebracht habe, sich nicht lange besinnen werde, umzukehren. Wenn dies zutraf, so konnten wir ihn nun jeden Augenblick erwarten. Wir ließen nur ein Feuer brennen, und zwar so, daß der Schein desselben nicht weit reichte und besonders der Eingang im Dunkel lag. Dort stand ich mit Ben Nil. Die beiden Wege nach den Ufern waren so besetzt, daß es dort kein Entrinnen gab, und rund um den Platz, am Waldesrand versteckt, zog sich eine ununterbrochene Kette von Männern, welche bereit waren, auf die Sklavenhändler einzudringen, sobald mein Ruf erschallen werde. Wir hatten die Fesseln von gegen zweihundert Sklaven gelöst, also gab es, die Leute des »Falken« dazu gezählt, Arme und Fäuste genug, dem zu erwartenden Kampfe schnell ein Ende zu machen, denn was den eingekerkerten bisherigen Gefangenen an physischer Kraft abging, das wurde mehr als reichlich durch ihre augenblickliche seelische Energie ersetzt.

Wir lauschten lange vergebens, bis wir schließlich durch das Dornenwerk doch die Schritte der Nahenden vernahmen. Der längst erwartete Ruf erscholl. Ich öffnete, und nun quollen die Erwarteten still herein. Keiner sagte ein Wort; das war die Folge der Enttäuschung. Wie lärmend wäre dagegen ihr Einzug gewesen, wenn sie hätten als Sieger kommen können. Jumruk stand draußen und ließ alle an sich vorüber. Als er dann als der letzte auch hereinkam und da statt des einzelnen Postens trotz der Dunkelheit zwei Gestalten stehen sah, schrie er uns zornig an:

»Was gibt es zu zweien hier zu thun? Muß es geplaudert sein, ihr Hunde, ihr?!«

Er holte aus, um mich in das Gesicht zu schlagen; ich fing den Hieb auf und nahm ihn dann mit beiden Händen so fest beim Halse, daß er matt und widerstandslos wie Watte in meinen Armen hing. Er wurde mit den von Ben Nil bereitgehaltenen Stricken schnell gebunden. Seine Leute waren, ohne dies zu bemerken, weitergegangen. Als sie die Mitte des Platzes erreicht hatten, ließ ich den verabredeten Ruf erschallen. Aus mehreren hundert Kehlen ertönte die heulende Antwort; die Angreifer schnellten von allen Seiten herbei; die nichtsahnenden Menschenhändler wurden eingeschlossen, ehe sie zur Erkenntnis ihrer Lage kommen konnten, und als sie daran dachten, sich zu wehren, war es schon zu spät.

Ich war mit Ben Nil am Eingange stehen geblieben, denn ich hielt es nicht für nötig, mich selbst am Kampfe zu beteiligen, dessen für uns siegreicher Ausgang keinem Zweifel unterliegen konnte. Erst als das aufgeregteste Toben und Schreien vorüber war und ich den Lieutenant nach mir rufen hörte, schritten wir dem Platze zu, auf welchem wir Herren der Michbaja geworden waren. Mehrere Feuer flammten auf; da sahen wir das Resultat des Kampfes. Es war kein einziger Feind entkommen. Es gab leider viele Leichen. Die Verwundeten und Unverletzten lagen gebunden an der Erde. Werkzeuge zum Fesseln waren ja mehr als genug vorhanden gewesen. Die entzückten Schwarzen tanzten, obgleich mehrere von ihnen auch verwundet waren, wie wahnsinnig um den Platz. Andere schlugen auf die Besiegten ein, spuckten sie an und traten sie mit Füßen; ich bekam vollauf zu thun, diesem Verhalten zu steuern. Jetzt ließ ich Jumruk nach seiner Wohnung schaffen und bedang mir aus, daß er nur mir gehöre und niemand sich an ihm vergreifen dürfe. Ben Nil mußte ihn bewachen, erhielt aber den Befehl, ihm nichts von mir zu sagen. Wie ich vorausgesehen hatte, sollte es nun an eine regellose Plünderung der Seribah gehen, und es kostete mich die Anstrengung meiner ganzen Energie, dies zu verhindern; ich war sogar gezwungen, meine Fäuste zu brauchen, und erreichte meinen Zweck schließlich nur dadurch, daß ich den ausgehungerten Sklaven ein großes Essen versprach, welches sich freilich schon mehr zu einem Fressen gestaltete. Als der Tag anbrach, lagen dann die Schwarzen von der übermäßig genossenen Merissah[1] besinnungslos betrunken auf dem ganzen Platz herum. Das war aber immer noch besser, als wenn sie andere Ausschreitungen begangen hätten.

Während dieser Zeit, also während der Nacht noch, besichtigte ich die uns als den Siegern zufallende Beute. Sie war so groß, daß sie das Entzücken der Asaker hervorrief. Ein solches Ergebnis hatte der Reïs Effendina niemals gehabt, und ich wurde mit Lob fast überschüttet, zumal die Soldaten zu diesen reichen Anteilen kamen, ohne daß ein einziger von ihnen verwundet oder gar getötet worden wäre. Dazu kam, daß ich nichts davon nahm, obgleich mir ein bedeutender Teil davon zugefallen wäre.

[1] Gegorenes Getränk aus Durrah.

Dann, als ich meine Obliegenheiten alle erfüllt hatte und nun ausruhen konnte, kam Ssali zu mir und bat mich, mir doch endlich seinen Dank sagen zu dürfen. Wenn ich ihm nicht wehe thun wollte, mußte ich ihm diese Bitte erfüllen, und so setzte er sich zu mir, floß von Danksagungen über, denen ich kaum Einhalt thun konnte, und erzählte mir dann, was er seit unserer Trennung in der Gegend von Khoi erlebt hatte. Es war viel und doch wenig, wenig an äußeren Ereignissen, viel aber an inneren Wandlungen.

Sich noch immer einbildend, daß er nach dem Mahdi suche, dabei aber sich nach etwas ganz anderem sehnend, war er wieder nach Aegypten gekommen und hatte sich in die »heilige Kadirine« aufnehmen lassen. Vielleicht fand er da den Führer zu der rechten Lehre. Schon bald zu der Erkenntnis gelangt, daß ihm nur leerer Formelkram, totes Wortgeklingel und gar noch Schlimmeres geboten werde, wollte er wieder austreten, bekam aber zu hören, daß der Austritt sein Verderben sein werde, denn er könne gehen, wohin er wolle, der Rächer werde ihm folgen. Diese Angelegenheit brachte ihn vor einen Mann, der einen hohen Grad in der Kadirine bekleidete und ihn wegen des beabsichtigten Austrittes zu verwarnen hatte; er war Offizier und als solcher und auch in anderer Beziehung ein sehr einflußreicher Mann, der sich außerordentliche Ziele gesteckt zu haben schien. Ssali Ben Aqil sagte mir den Namen nicht; einige Andeutungen aber, die ihm unwillkürlich entschlüpften, ließen mich vermuten, daß Arabi Pascha gemeint sei, welcher ja bekanntlich auf die Kadirine die überschwenglichste seiner Hoffnungen gesetzt hat. Dieser hohe Kadirinist nahm ihn anfänglich sehr streng ins Gebet, zeigte sich aber bald milder, als er die Begabung Ssalis erkannte. Er verweigerte ihm nicht nur die Erlaubnis zum Austritte, sondern machte ihn darauf aufmerksam, daß er grad durch die Kadirine zum Ziele gelangen könne, denn nur unter ihren Anhängern, wenn auch in einer ihrer Unterabteilungen oder einer ihr ähnlichen Bruderschaft, könne der ersehnte Mahdi erstehen. Es gebe einen Anhänger der Kadirine, welcher darüber mehr sagen könne, ja, vielleicht den Namen des Mahdi schon wisse. Dieser von Allah begnadete Mann bekenne sich gegenwärtig zur Terika Samania, heiße Mohammed Achmed Ibn Abdullahi und wohne auf der Insel Aba im weißen Nile; Ssali Ben Aqil solle zur Strafe für seine

Zweifel und seine Unbeständigkeit zu ihm pilgern, um bei ihm Verzeihung zu erflehen und um seinen Unterricht zu bitten. Er gehorchte dieser Aufforderung und bekam einen verschlossenen Brief des Offiziers an diesen Mohammed Achmed mit. Er kam nach langen, mehr als beschwerlichen Fahrten, Ritten und Wanderungen nach Chartum und von da nach Aba, wo er Mohammed Achmed anwesend fand. Dieser las den Brief, zeigte sich außerordentlich streng gegen ihn und diktierte ihm Büßungen, welche die Gesundheit seines Körpers zu untergraben drohten und den Rest seiner Glaubenszuversicht vollständig vernichteten. Ssali, mit einem ungewöhnlichen Scharfblicke begabt, durchschaute sehr bald das ganze innere Wesen des Mannes, welcher sich bisher den Fakir el Fukara genannt hatte, nun den Titel eines Sahed, eines Entsagenden, führte, bald darauf sich als el Murabit, der Heilige, verehren ließ und ihm schließlich die stolze Mitteilung machte, daß er mit Allah in direktem Verkehre stehe und von ihm den Befehl bekommen habe, als der längst erwartete Mahdi den Erdkreis zu erobern und allen Gläubigen das Glück der wahren Erkenntnis zu bringen. Ssali hatte sich mit Schmerzen nach dem Mahdi gesehnt und war überzeugt gewesen, daß, wenn er das Glück hätte, ihn zu finden, seine Seele in himmlischem Entzücken aufjauchzen würde; wo aber blieb dieses Jauchzen jetzt? Er erschrak, anstatt daß er sich freute, denn es graute ihm vor dem Manne, welcher sich vermaß, der Menschheit die Seligkeiten aller Paradiese zu bringen. Der sollte der Mahdi sein? Eine größere Lüge oder wenigstens Selbsttäuschung konnte es gar nicht geben. Er hielt es für seine Pflicht, mit dieser Meinung nicht zurückzuhalten, und wurde von diesem Augenblicke an als Gefangener behandelt. Was er zu seiner Verteidigung vorbrachte, hatte nur den Erfolg, daß es seine Lage verschlimmerte, weil es bewies, was für eine außerordentliche Rednergabe er besaß, welche Mohammed Achmed sich um jeden Preis, selbst durch den äußersten Zwang, dienstbar machen wollte. Der Murabit erkannte, daß er von Ssali durchschaut worden sei, und so gab es seinen Gesinnungen und Plänen nach hier nur zweierlei Wege für ihn: entweder nahm Ssali die Terika Samania an und trat zu den Anhängern des neuerstandenen Mahdi über, oder er mußte verschwinden; auf keinen Fall durfte er ihn zurückkehren lassen, ohne ihn zu sich bekehrt zu haben. Ssali aber war nicht der Mann, sich zwingen zu lassen; die außerordentliche Strenge, mit welcher er behandelt wurde, hatte den grade entgegengesetzten Erfolg; sie brachte die Saat, welche ich damals bei der Musallah el Amwat in sein Herz geworfen hatte, zur schnellen Reife; seine Zweifel an der Wahrheit des Islam wuchsen von Stunde zu Stunde, und die geistliche Tyrannei, unter welcher er litt, ließ in ihm eine heiße Sehnsucht nach der Liebe erwachen, von welcher ich durch Wort und That gepredigt hatte. Es war da kein Wunder, daß er gegen Mohammed Achmed, welcher zuweilen bei ihm erschien, um Bekehrungsversuche anzustellen, von dieser Liebe sprach und dabei meinen Namen fallen ließ. Die Wirkung war eine für ihn ganz unerwartete. Er hatte angenommen, daß ich dem Mahdi vollständig unbekannt sei, und erschrak gradezu über die Wut, in welche dieser geriet, als er den Namen Kara Ben Nemsi hörte.

»Den kennst du? Den kennst du also auch?« schrie ihn Mohammed Achmed an. »Du bist wohl gar ein Schüler, ein Anhänger, ein Freund von diesem tausendmal in die Hölle verfluchten Hunde?«

»Ja, ich kenne ihn und habe ihn liebgewonnen, denn er ist es, durch den ich die Liebe und Barmherzigkeit Gottes erkannt habe, von der es bei euch keine Ahnung giebt,« antwortete Ssali.

»So brauche ich mich nicht mehr über den verrückten Widerstand zu wundern, den du mir zu bieten wagst. Jede Seele, welche mit diesem Giaur in Berührung kommt, ist dem Teufel verfallen. Ich werde dich dennoch zu retten suchen, was allerdings nur durch verdoppelte Strenge geschehen kann. Lässest du dich auch dann nicht zur Wahrheit leiten, so habe ich meine Pflicht gethan, und du magst hier und dort verloren sein.«

Von jetzt an erging es Ssali noch schlimmer als vorher; sein passiver Widerstand wurde dadurch, anstatt nachzulassen, nur fester, und so kam es, daß man ihn vorgestern mit andern Gefangenen auf das Schnellsegelboot schaffte, welches zum Transporte von Personen diente, die dem »Heiligen« unbequem geworden und darum nun seiner »Faust« verfallen waren. Mit einem unendlich dankbaren und liebestrahlenden Blick seiner dunklen Augen sagte Ssali am Schlusse seines Berichtes:

»Mir war die Sklaverei oder der Tod gewiß; da erbarmte Gott sich meiner in der größten Not und sandte dich, grad dich mir wieder zu. Giebt es einen deutlichern und unumstößlichern Beweis dafür, daß die Liebe, welche ihr verkündet, die größte Macht des Himmels und der Erde ist? Du, der du sie mehr durch deine Thaten als durch deine Worte predigest, befindest dich in diesem fernen, dunkeln Erdenwinkel ganz allein unter Jüngern der Grausamkeit, des Hasses und der Gottlosigkeit und bezwingst durch sie allein doch alle diese Menschen, welche sich einbilden, mit der Schärfe des Hasses und des Schwertes euch vernichten und den Kreis der Erde erobern zu können. Muß ich da nicht die finstere Pforte des Islam hinter mir zuwerfen und in die Arme dessen sinken, welcher der einzige und rechte Mahdi ist, indem er lehrte, daß nur die Liebe der Weg zum himmlischen Vater sei?«

Da griff ich hoch erfreut nach seiner Hand und fragte:

»Erinnerst du dich noch meiner Worte, welche ich dir bei der Musallah sagte? Sie lauteten: ›Du wandertest bisher in der Irre, weil du dir vornahmst, ein Führer zu sein. Sobald du zu der Erkenntnis kommst, daß du selbst noch sehr der Führung bedarfst, wird dir der Stern von Bait Lahm[1] erscheinen, um dich zu dem zu leiten, dessen Stimme noch heut durch alle Lande schallt: Ich bin der Weg, die Wahrheit und das Leben, und niemand kommt zum Vater, denn durch mich!‹ Ssali Ben Aqil, erinnerst du dich?«

»Ja, Effendi! Aber denkst auch du noch an meine Worte beim damaligen Scheiden? Ich sagte: ›Wenn Allah meinen Wunsch erfüllt, so treffe ich dich einstens wieder, und dann wirst du erfahren, ob ich noch auf der Spur des Mahdi wandle oder ob mir der andere Stern erschienen ist, von dem du zu mir gesprochen hast.‹ Er ist mir erschienen, schon damals; du hast ihn mir gezeigt. Er war zwar klein und fern, als ich ihn da zum erstenmale sah, aber er kam mir näher und immer näher; er ward größer und immer größer, und heut steht er nahe über mir und strahlt in einem Glanze, in dem ich hier bis zu meinem Tode und dann im Jenseits wandeln will. Oh, Effendi, wie hattest du so recht: Gott ist die Liebe, und wer nicht in der Liebe wohnt, der lebt im Elend, denn er wohnt in Finsternis!«

Ich gestehe aufrichtig, daß ich mich über die Gewinnung dieser

[1] Bethlehem.

Seele mehr freute, als über alle andern Erfolge, welche ich heute erreicht hatte. Drum saßen wir, in die heiligen Lehren Christi vertieft, noch lange bei einander, bis es heller Tag geworden war und ich nun von andern Pflichten in Anspruch genommen wurde. Als ich von ihm aufstand, um fortzugehen, hielt er mich noch für einen Augenblick zurück und sprach:

»Da fällt mir noch etwas ein, Effendi, was ich dir sagen muß, denn ich weiß, daß es dich erfreuen wird. Du hast damals den Wirt von Khoi ermahnt, vom Trunke abzulassen; er ist dir gehorsam gewesen, und der Geist des Raki hat niemals wieder Einzug in seine Seele gehalten. Da sind der Schmutz und die Armut von ihm gewichen; er hat die Liebe seines Weibes und seiner Kinder wiedergewonnen und ist abermals der geachtete Mann geworden, der er früher war. Nun geh! Ich darf dich nicht länger hier für mich allein behalten.«

Er hatte recht; es gab für mich noch viel, sehr viel zu thun. Zunächst mußte Ben Nil mir Jumruk el Murabit herausbringen, der noch gar nicht wußte, wie es mit seiner Michbaja stand und wessen Gefangener er eigentlich war. Als er in das Freie trat und mich vor sich stehen sah, erkannte er mich sofort, obgleich ich das Pflaster nicht mehr im Gesicht hatte, und rief aus:

»Du bist es, Ben Sobata aus Guradi? Also habe ich recht geahnt: Der Reïs Effendina hat El Michbaja überfallen, als ich mit meinen Kriegern fortgegangen war? Da ich dich sehe, der mein Freund geworden ist, bin ich überzeugt, daß du mich in deinen Schutz nehmen wirst.«

»Du befindest dich in einem vielfachen Irrtum,« antwortete ich ernst. »Nicht der Reïs Effendina hat die Michbaja überfallen, sondern Kara Ben Nemsi ist es gewesen; zweitens bin ich nicht dein Freund geworden, und drittens heiße ich nicht Ben Sobata, der dich übrigens niemals in seinen Schutz nehmen würde, weil du ihn ermorden lassen wolltest.«

»Ermorden?« fragte er erstaunt und erschrocken. »Wer hat diese Lüge – – – «

»Es ist keine Lüge!« unterbrach ich ihn. »Sobald du das Wort ›Wtole!‹ aussprachst, sollte er von hinten erstochen werden.«

Ich sah trotz seiner dunklen Gesichtsfarbe, daß ihm das Blut aus den Wangen trat. Er fragte, beinahe stammelnd:

»Wer – wer hat ihm – – das verraten? Und wie – – wie kannst du sagen – – daß du nicht – – nicht Ben Sobata – – –«

Er stockte und ich fuhr fort:

»Du vermaßest dich in deinem Hochmute, Kara Ben Nemsi zu fangen und mit Ssali Ben Aqil zusammenzubinden. Wie kann ein solcher Ausbund der allergrößten Dummheit, wie du bist, sich einbilden, mich zu überlisten!«

»Dich – – dich – –?« fragte er.

»Ja, mich! Ahnst du denn immer noch nicht, daß ich dieser Kara Ben Nemsi bin; dieser räudige Christenhund, den du dem Murabit ausliefern wolltest?«

»Du – – du – – bist dieser – – –« stammelte er, ohne seine Frage zu Ende zu bringen.

»Ja, der bin ich! Nun wirst du wohl erkennen, was dir bevorsteht. Als du mich für Ben Sobata hieltest, heucheltest du mir Wohlwollen, um auf diese Weise einen Zeugen eurer Missethaten leichter aus dem Wege zu schaffen. Alberner Kerl! Ich hörte deinen Anschlag gegen mich, denn die Dinkasprache ist mir viel, viel geläufiger als dir, und als du mich überlisten wolltest, warst du selbst schon vollständig von mir überlistet! Du nennst dich die Faust des Heiligen; keinem Dinge aber steht dieser Murabit ferner als der Heiligkeit, und deine verbrecherischen Hände werden sich niemals wieder zur Faust zusammenballen; sie sind schwächer geworden, als die kleinen Finger eines Neugeborenen und können nicht einmal das bißchen Goldstaub festhalten, welches du mir auf so vermeintlich schlaue Weise abgenommen hast. Du besitzest viel zu wenig Hirn, um ahnen zu können, daß ich diese Beutel nur mitgebracht hatte, um dich kirre zu machen!«

Ich bediente mich dieser verächtlichen Ausdrucksweise, um ihn noch mehr zu demütigen, als es schon durch die Thatsachen geschehen war. Der Unterschied zwischen seiner gestrigen hochmütigen Sicherheit und seiner jetzigen Erniedrigung wirkte auch wirklich so niederdrückend auf ihn ein, daß er sich schwach an die Knüppelwand des Hauses lehnte und mit matter Stimme seufzte:

»So, also so ist es gekommen! Du bist Kara Ben Nemsi, der Christ! Ia Huzn, ia Musiba, ia Schaka – o Traurigkeit, o Unglück, o Elend! Wie konnte das in so kurzer Zeit geschehen!«

»Wie das geschehen konnte?« fragte Ssali Ben Aqil, indem er nahe an ihn herantrat und ihn aus seinen dunklen Augen anblitzte. »Es mußte so kommen; ja, es mußte! Denn das Verbrechen muß seine Strafe finden, hier oder dort. Wer Liebe giebt, wird Liebe empfangen; wer aber die Saat des Hasses ausstreut, der kann nichts als nur Rache, die Strafe Gottes ernten! Ihr wolltet mich durch eure Grausamkeiten zwingen, in die Stapfen eurer Ueberhebung zu treten; aber ich that dies nicht, denn ich sah die Vergeltung kommen, welche an meiner Stelle in diese Stapfen trat, um euch zu folgen und schnell zu ereilen. Nun ist sie da. Ich wünschte dir gestern eine ruhige Nacht und ein fröhliches Erwachen; du hast mich nicht verstanden. Ich erkannte in Ben Sobata meinen Freund Kara Ben Nemsi, den von euch Verfluchten, und war, sobald ich ihn sah, überzeugt, daß mein Elend noch während dieser Nacht zu Ende gehen werde. Nun jammerst du über dein Elend, dein Unglück und deine Traurigkeit; wie wirst du erst jammern und klagen, wenn die Strafe, die du jetzt erst von weitem siehst, an dich herangetreten ist, um dich wie mit der Gewalt und Stärke von Löwentatzen zu Boden zu schlagen!«

Daß Ssali, sein Gefangener, es war, der in dieser Weise zu ihm reden konnte, empörte seinen Stolz und rief seine Energie wieder wach. Er richtete sich hoch auf, ballte die gefesselten Hände, hob sie drohend empor und rief:

»Schweig, du Wurm! Denn du bist auch jetzt nur ein armseliger Wurm, obgleich die Nähe dieses Christen dir die Verwegenheit giebt, zu glauben, daß du mich ungestraft beleidigen kannst! Noch habt ihr nicht gesiegt! Ich sehe zwar hier alle meine Leute gebunden und alle meine Sklaven befreit. Es ist euch nur durch niederträchtige Heimtücke gelungen, die Michbaja für wenige Stunden in eure Gewalt zu bekommen, aber eure Freude wird sich in Trübsal und euer Jubel in Jammer verwandeln, denn der Heilige von Aba wird seine mächtige Hand erheben, um mich zu befreien und euch zu verderben!«

»Der Heilige? Seine Hand erheben? Ich denke, du bist seine Hand? Du nennst dich doch Jumruk el Murabit! Wenn wir diese Faust in so ohnmächtiger Schwäche vor uns sehen, wie können wir da den fürchten, dem sie genommen und abgehauen worden ist!

Hat euer Murabit sich nicht vor Kara Ben Nemsi gefürchtet? Ist er nicht sein Gefangener gewesen? Verdankt er nicht ihm das Leben, ihm, der sich seiner erbarmte, als er, von der Bastonnade niedergeworfen, fast sterbend einst im Sumpfe lag? So einen Menschen nennt ihr Murabit? So einen Mann, dessen Sohlen auf Befehl des Reïs Effendina zerschlagen wurden, soll der Mahdi sein, welchen Allah sendet, um der Menschheit Frömmigkeit und Gerechtigkeit zu bringen und ihr die Pforten des Paradieses zu öffnen? O Jumruk el Murabit, wie müßte ich dich verlachen, wenn es nicht so traurig wäre, einen Menschen, dem Allah doch Verstand gegeben hat, so sinnlose Thorheiten aussprechen zu hören!«

»Schweig, oder du wirst an deinen eigenen Worten ersticken!« schrie ihn Jumruk an. »Ich weiß genau, was ich gesagt habe und auch, warum ich es sagte. Auf euern Sieg braucht ihr euch gar nichts einzubilden, denn es wird – – –«

»Still!« unterbrach ich ihn. »Wenn du glaubst, zu wissen, was du sagst, so wissen wir noch viel besser, was wir thun. Ich ziehe nämlich das Thun dem Sagen vor, und du wirst gar nicht lange zu warten brauchen, um durch die That die Antwort auf deine Drohungen zu bekommen. Schafft ihn wieder hinein und bindet ihm die Füße!«

Er wollte sich sträuben, wieder in das Innere des Gebäudes geschafft zu werden, doch kamen auf meinen Wink einige Asaker herbei, welche Ben Nil halfen, den Widerstrebenden zum Gehorsam zu zwingen. Ich brach so schnell mit ihm ab, weil ich den Askari kommen sah, welchen ich an das südliche Ufer der Halbinsel, wo erst die feindliche Wache stand, postiert hatte, um auf die Annäherung des »Falken« Achtung zu geben. Dieser Mann meldete mir jetzt, daß das Schiff zu sehen sei.

Ich hatte mit dem Steuermann verabredet, falls auf der Halbinsel alles in Ordnung sei, zwei Schüsse aus meinem weithin schallenden Bärentöter abzugeben, auf welches Zeichen hin er am Nordufer der Insel anlegen solle, weil es da, als stromabwärts gerichtet, ruhigeres Wasser gab als auf der andern Seite. Ich sah den »Falken« kommen, und zwar schnell, denn der günstige Wind erlaubte ihm, sich der Segel zu bedienen. Als er nahe genug war, schoß ich die beiden Läufe ab, worauf vom Bord ein dreimaliger lauter Ruf als Antwort ertönte; dann glitt der »Falke« westwärts hinüber, um die Nimdschesireh[1] zu umsteuern. Während er diesen Bogen schlug, ging ich von der südlichen nach der nördlichen Seite derselben und kam dort grad an, als er in die stille Bucht einfuhr, wo auch die schnellsegelnde Schachtura vor Anker lag, welche, wie schon gesagt, Jumruk sich hatte bauen lassen und die, weil sie meinen Absichten vortrefflich zu statten kam, ich als das mir willkommenste Beutestück betrachtete.

Noch ehe der »Falke« den Anker fallen ließ, rief der Steuermann mir fragend zu, ob der von mir gegen Jumruk geplante Streich vollständig gelungen sei.

»Ja, vollständiger noch, als ich dachte,« antwortete ich. »Schicke mir zunächst Abu Reqiq unter guter Bedeckung an das Land!«

Es dauerte nur einige Minuten, so wurde der Sklavenhändler gebracht. Als die Asaker, welche ihn führten, mit ihm aus dem Boote stiegen, sagte ich zu ihm:

»Du hattest so große Sehnsucht, El Michbaja kennen zu lernen; Hubahr sollte dein Führer sein. Er war nicht geeignet dazu, und so bin ich an seine Stelle getreten. Unter meiner Leitung wirst du nicht bloß sie, sondern auch Jumruk el Murabit sehen, der dich mit so großer Sehnsucht erwartet hat.«

»Allah rhinalek – Gott verfluche dich!« murmelte er halblaut zwischen die Zähne.

Ich that natürlich, als ob ich das nicht gehört hätte, und ließ ihn nach dem Platze schaffen. Dort angekommen, mußte er Jumruks Haus betreten. Dieser saß mit Ben Nil allein im Innenraum und blickte uns beiden mit finstern Augen entgegen.

»Hier bringe ich dir einen Freund, o Jumruk el Murabit,« sagte ich. »Er wird Abu Reqiq genannt und ist außerordentlich entzückt darüber, daß er das außerordentliche Glück hat, dich grad unter meinem freundlichen Schutze begrüßen zu können.«

Die Fesseln hinderten ihn, von seinem Sitze aufzuspringen; er machte einen vergeblichen Versuch dazu, fiel aber natürlich wieder zurück.

»Du bist ein Hund, der nichts gelernt hat, als nur die Zähne zu

[1] Halbinsel.

zeigen!« knirschte er. »Allah gebe, daß wir sie dir noch ausbrechen können!«

Er erhielt für diese Beleidigung von Ben Nil eine schallende Ohrfeige, die ihn so klug machte, daß er von jetzt an kein Wort mehr sagte. Ich fuhr so ruhig, als ob ich nichts gehört und gesehen hätte, fort:

»Ich ließ euch zusammenführen, um euch zu sagen, was ich beabsichtige, mit euch zu thun. Ihr seid meine Todfeinde, und ich könnte euch nach den unter euch herrschenden und von euch befolgten Gesetzen das Leben nehmen; die Menschheit würde mir dadurch zum größten Dank verbunden sein. Aber als Christ muß ich euch alles verzeihen, was ich persönlich gegen euch habe, wenn ihr auch nicht glauben dürft, daß es mir erlaubt ist, euch dem Gesetze zu entziehen; ich bin vielmehr gezwungen, euch diesem zur Bestrafung zu übergeben. Der Reïs Effendina ist der Vertreter der weltlichen Gerechtigkeit, welcher ihr verfallen seid, und so mögt ihr wissen, daß ich euch ihm ausliefern werde.«

Da fiel Abu Reqiq schnell ein:

»Thue das nicht, Effendi! Er würde uns sofort töten. Richte lieber du nach den Gesetzen des Christentumes über uns!«

»Ah! Wenn es sich um dein Wohl, ja um dein Leben handelt, ziehst du das Christentum dem Islam vor? Wolltest du dich meiner Gnade erfreuen, so durftest du vorhin nicht wünschen, daß Allah mich verfluchen möge. Was kann dir die Barmherzigkeit eines Verfluchten nützen? Wenn du einen Christen, der im Abgrunde des Fluches untergegangen ist, um Gnade anflehst, wie tief, wie viel tiefer mußt da erst du gesunken sein!«

Da schrie er mich an:

»Deine Seele ist so schwarz, daß sie gar nicht schwärzer werden kann! Lieferst du uns dem Reïs Effendina aus und tötet er uns, so wird Allah einst am letzten Tage unsere Seelen von dir fordern!«

»Ich werde ruhig nach der Dschehenna zeigen, wo er sie von den Schejatin fordern müßte, deren Eigentum ihr infolge eurer Missethaten geworden seid. Der Reïs Effendina wird euch nach seinem Spruche richten: Wehe dem, der wehe thut! Leider kann er euch das Wehe, welches ihr verbreitet habt, nicht zum tausendsten Teile anthun; aber eins kann er, und das wird er gewiß nicht unterlassen;

nämlich euch unschädlich machen, wie man giftige Schlangen unschädlich macht, indem man ihnen die Köpfe zertritt.«

»Bedenke, was du thust, Effendi! Du bist ein Mensch, und auch wir sind Menschen, die man nicht wie Schlangen zertritt!«

»Waren das keine Menschen, die ihr getötet oder in die Sklaverei verkauft habt?«

»Schwarze sind nur halbe Menschen; sie fühlen nichts!«

»Damit entschuldigt ihr euch, obwohl ihr sehr gut wißt, daß es nichts als eine Lüge ist. Aber selbst angenommen, daß es wahr sei, sind die El Homr, welche du verkaufen wolltest, Schwarze? Giebt es unter den Sklaven, die wir hier befreiten, nicht über dreißig Personen, die keine Neger, sondern sogar Bekenner des Islam sind? Ich mache da keinen Unterschied, denn mir gilt ein Mensch soviel wie der andere, welchen Glaubens und welcher Abstammung er auch sein möge; aber beim Reïs Effendina wird es mit gewaltiger Schwere auf die Wagschale drücken, daß ihr diese Mitbekenner eures Glaubens wie heidnische Neger behandelt habt.«

»Drum sage ich, du sollst uns richten, Effendi, du!«

»Bitte das nicht! Denn wollte ich nur Gerechtigkeit üben, so würde mein Urteil noch strenger ausfallen als das seinige, weil mir ein Neger oder Heide genau so viel wie ein Araber oder Moslem gilt. Und welche freche Stirn ist's, die du mir zeigst, indem du mich erst verfluchst und dann um Schonung bittest! Des Menschen Schicksal liegt in seiner Hand; ihr habt die eurige in Blut getaucht; darum kann euer Ende kein anderes als ein blutiges sein!«

»Ist dies die letzte Entscheidung, welche du fällst?«

»Ja.«

»So sollst du noch eher sterben als ich und wir alle, du Sohn des Aussatzes und der Verworfenheit!«

Er sprang auf mich ein, was ihm dadurch möglich wurde, daß seine Füße nicht gefesselt waren, und krallte die Finger seiner zusammengebundenen Hände um meinen Hals; er wollte mich erwürgen. Ben Nil fuhr schnell in die Höhe, um mir beizustehen, aber das war überflüssig, denn ich stieß dem vor Angst wütenden Menschen die Faust unter das Kinn, daß er seine Finger von meinem Halse löste und mit hintenüberknickendem Kopfe zu Boden stürzte. Die Füße wurden ihm nun auch zusammengebunden.

Hierauf beorderte ich einige Asaker zur Bewachung der beiden Sklavenhändler, denn Ben Nil, der sie bisher beaufsichtigt hatte, war bei der Verteilung der Beute nötig, welche nun beginnen sollte.

Beute! Welch ein angenehmes Wort für alle, welche das Recht besaßen, an ihr teilzunehmen, doppelt angenehm, weil nicht der Reïs Effendina, sondern ich es war, der für alle Fälle den entscheidenden Spruch zu fällen hatte! Dieses Wort brachte einen solchen Jubel und eine so fieberhafte Beweglichkeit hervor, daß ich Mühe hatte, die nötige Ruhe und Ordnung herzustellen. Man hatte sich zwar schon während der Nacht damit beschäftigt, die eigentliche Arbeit aber konnte erst jetzt beginnen.

Ich bestimmte, daß nicht nur diejenigen, welche unsern nächtlichen Zug mitgemacht hatten, sondern alle, die zum Schiffe gehörten, Anteil an der Beute haben sollten. Das waren also unsere ursprünglichen Asaker, dann die in Faschodah engagierten Takaleh, ferner die Soldaten von der Seribah Aliab und endlich die El Homr. Was außer den Genannten für Mannschaften auf dem Schiffe gewesen waren, die hatten es in Faschodah verlassen. Außerdem gab es noch einzelne Personen, welche natürlich auch nicht übergangen werden durften, nämlich Abu en Nil, Ben Nil und der lange Selim, welcher als der »größte Held des Weltalls« am meisten haben wollte, obgleich er keinen Finger zum Gelingen unsers Streiches in Bewegung gesetzt hatte und mir überhaupt, seit ich ihn kannte, mehr hinderlich als förderlich gewesen war; hatte ich doch die meisten Verlegenheiten, in welche wir geraten waren, nur ihm zu verdanken gehabt.

Zu meiner besondern Freude hatte ich von einigen der befreiten Gefangenen erfahren, daß zur Michbaja einige Dutzend Reit- und Lastkamele gehörten, welche in einer am Rande des Waldes gelegenen Einzäunung gehalten wurden. Diese bestimmte ich für die El Homr und die Takaleh, welche dadurch, meinem den ersteren gegebenen Versprechen gemäß, eine vortreffliche Transportgelegenheit nach ihrer Heimat fanden. Natürlich sorgte ich auch dafür, daß diese Leute hinreichend mit Anzügen, Waffen und Munition versehen wurden; es war genug davon vorhanden.

Die Teilung unter die vielen, leicht erregbaren Menschen ging natürlich nicht ohne Scenen ab, bei denen sogar die Fäuste zu Hilfe genommen wurden; ich sah mich gezwungen, dieses Beweismittel auch in Anwendung zu bringen, und wenn ein kräftiges Wort von mir den beabsichtigten Eindruck nicht hervorbringen wollte, so half ich mit einem tüchtigen Hiebe nach, welcher seine Wirkung nie verfehlte.

Die drei Offiziere kamen selbstverständlich zuerst daran. Sie erhielten »unter acht Augen« von der persönlichen Habe Jumruks so viel, daß sie sich gern zufrieden erklärten. Auch Abu en Nil, Ben Nil und Selim wurden ohne Zeugen von mir abgefertigt; ich betrachtete sie als zu mir gehörig und gönnte ihnen darum einen Vorzug vor den Soldaten, von dem diese nichts zu wissen brauchten. Auch Jumruk hatte, grad wie die Omm Karn-Leute, aber viel mehr als diese, Thibr[1] besessen, dessen größter Teil den Offizieren zugefallen war; den Rest verteilte ich unter die drei Genannten. Selim erhielt davon im Werte von einigen Tausend Piastern; dennoch rief er unzufrieden aus:

»Warum bekomme ich nicht mehr, Effendi? Hast du vergessen, was ich alles geleistet habe? Ist es nicht mir und meiner Tapferkeit allein zuzuschreiben, daß wir Thaten ausgeführt haben, über welche die ganze Menschheit, sobald sie davon hört, in Bewunderung ausbrechen wird? Ich will euch jetzt einmal aufzählen, was ihr mir zu verdanken habt. Ich fange da bei dem Gespenste in Kairo an, dem ich – – –«

»Mit welchem du gleich wieder aufhören kannst!« unterbrach ich ihn, »denn so dumm, wie du dich dabei verhalten hast, bist du auch später stets gewesen. Du hast uns nichts als nur Unheil gebracht, und wenn ich dir diesen Thibr gab, so hast du ihn nur aus Mitleid, nicht aber als Belohnung eines Verdienstes erhalten!«

Er wollte widersprechen, erhielt aber den scharfen Befehl zu schweigen.

Die Unteroffiziere wurden mit dem fünffachen Anteile bedacht, der auf einen Askari entfiel, und doch erklärten am Schlusse der Verteilung alle Asaker, daß sie noch nie, so lange sie auch dienten, so reich wie heut bedacht worden seien. Und die Sklaven? Nun, es versteht sich ganz von selbst, daß ich auch für diese armen Teufel

[1] Goldstaub.

so viel wie möglich sorgte. Die Soldaten waren zwar damit nicht einverstanden, mußten sich aber fügen. Und derjenige, welcher, wenn er hier gewesen wäre, wenigstens den dritten Teil der Beute für sich bestimmt hätte, nämlich der Reïs Effendina? Den erwähnte ich gar nicht, und seine Untergebenen hüteten sich sehr wohl, ihn in Erinnerung zu bringen. Er hatte meiner Ansicht nach nichts zu fordern, und wenn er, sobald ich fort war, Ansprüche erheben wollte, so konnte mir das gleichgültig sein; ich war mit ihm fertig.

Als jeder das Seinige erhalten hatte, schwieg jeder Zwist, und Jubel herrschte überall. Man lobte und pries mich in allen Tonarten; leider aber war ich gezwungen, der Freude einen Dämpfer aufzusetzen, indem ich erklärte, daß die Stunde des Scheidens gekommen sei. Niemand wollte daran glauben, und ich hatte einige lange Reden zu halten, um diesen guten Leuten erklärlich zu machen, daß es mir nicht einfallen könne, an Bord des »Falken« wieder mit dem Reïs Effendina zusammenzutreffen. Ich fürchtete mich zwar vor seiner Rache nicht, doch war nach dem heutigen Erfolge ein Zusammenleben mit diesem neidischen Offiziere für mich eine Unmöglichkeit.

Ich hatte die Schachtura Jumruks für mich zur Fahrt nach Chartum bestimmt und ging mit den Personen, welche mich begleiten sollten, nach dem Flusse, um sie in stand zu setzen; das waren Ssali Ben Aqil, Abu en Nil, Ben Nil, Hafid Sichar und Selim, der Held aller Helden. Als wir dort mit dem Schnellsegler beschäftigt waren, kam einer zu mir, der auch mit vom »Falken« ausgestiegen war, um die Michbaja zu sehen, an der Beute aber natürlich keinen Anteil genommen hatte, nämlich Murad Nassyr, der Türke. Er hatte uns bis Wagunda und dann zurück begleitet, war erst von dem Reïs Effendina mit offenem Mißtrauen behandelt worden und hatte es dann fertig gebracht, ihm nach und nach eine vorteilhaftere Meinung einzuflößen. Sonderbarerweise war der Reïs Effendina grad um so freundlicher mit ihm gewesen, je mehr er sich von mir zurückgezogen hatte. Dies und noch andere Beobachtungen gaben mir allen Grund, anzunehmen, daß mir die Sympathie des Reïs nicht nur infolge seiner Eifersucht, sondern auch durch heimliches Wühlen von seiten Murad Nassyrs verloren gegangen sei. Der Türke hatte seit langer Zeit nur das Allernotwendigste mit mir gesprochen. Jedenfalls hegte er ein tiefes Rachegefühl gegen mich, denn nach seiner Ansicht war allein ich es, der ihm seine schönen Pläne zu schanden gemacht hatte, so daß er nun mit Kumra, der lieblichen Turteltaube, unverrichteter Sache heimkehren mußte.

Jetzt kam er zu mir und bat mich, ihn und seine Frauen mit auf die Schachtura zu nehmen.

»Wie kommst du zu dieser Bitte?« fragte ich ihn. »Der Reïs Effendina würde ganz unglücklich darüber sein, daß du ihn verlassen hast.«

»Glaube das nicht, Effendi! Du bist mir lieber, viel lieber als er!«

»Seit wann?«

»Seit stets!«

»Lüge nicht! Ich kenne dich und weiß genau, was ich dir zu verdanken habe. Ich errate auch deine jetzigen Gründe, ohne daß du sie mir zu sagen brauchst.«

»Ich habe keinen andern Grund als die Freundschaft, welche ich für dich empfinde, Effendi.«

»Das machst du mir nicht weis. Ich will dir sagen, warum du wünschest, mit mir zu fahren. Erstens hat dich Kumra, deine Schwester, darum gebeten; sie würde sich bei mir sicherer und wohler fühlen, als auf dem »Falken«, wo die vielen Asaker sie zu einem förmlichen Gefängnisleben zwingen. Der Hauptgrund aber liegt in deiner jetzigen Angst vor dem Reïs Effendina.«

»Angst? Er ist doch stets so freundlich mit mir gewesen. Warum sollte ich mich grad jetzt vor ihm fürchten? Ich habe ihm ja nichts gethan!«

»Du nicht, aber ich! Doch daran trägst auch du die Schuld, wie du wohl wissen wirst. Wenn er an der Insel Talak chadra wieder an Bord kommt, wird er sich in einer so grimmigen Stimmung befinden, daß es für jedermann geraten ist, ihm aus dem Wege zu gehen. Das ist es, was dich zu dem Wunsche treibt, mit mir fahren zu dürfen.«

»Nein! Nur aus reiner Freundschaft möchte ich gern bei dir bleiben!«

»Wirklich? Ist diese Freundschaft so groß, daß sie auch Gefahren mit mir teilen würde?«

»Ja.«

»Gut, so sei dir dein Wunsch erfüllt. Hole deine Frauen! In höchstens einer Stunde segeln wir ab.«

Ich lächelte ihm bei diesen Worten ironisch ins Gesicht. Er wurde verlegen, drückte und drückte und fragte dann:

»Welche Gefahren sind es, die du meinst?«

»Keine gewöhnlichen, denn wir werden hart am Rande des Todes vorübersegeln. Der Heilige auf der Insel Aba will mich fangen, und dieses Boot gehört der »Faust des Heiligen«; er kennt es also und wird mich nicht vorüberlassen wollen. In dieser ganzen Gegend ist der Nil mit Wächtern besetzt, welche auf uns aufzupassen haben. Das ergiebt für uns Gefahren, die der große, wohlbemannte »Falke« nicht zu beachten braucht, denen aber so ein kleines Boot, wie diese Schachtura ist, wohl kaum entgehen kann. Deine Freundschaft zu mir wird sich freilich gar nicht daran kehren!«

»Nein, ganz gewiß nicht, Effendi! Ich bin gern bereit, alles mit dir zu wagen, und bitte dich nur um die Erlaubnis, mit Kumra, meiner Schwester, vorher darüber sprechen zu dürfen!«

Er eilte fort und soll heut noch wiederkommen! Oh Murad Nassyr, Bruder zweier Schwestern, von denen eine mich beglücken sollte, wie thut mir dies dein schnelles Scheiden wehe!

Schon in einer Stunde abzufahren, war nur Redensart gewesen; so rasch konnte ich nicht fort, denn ich wollte die Michbaja nicht eher verlassen, als bis ich die El Homr und die Takaleh vor dem Reïs Effendina in Sicherheit wußte. Sie mußten mit den Kamelen an das jenseitige Ufer, wozu der »Falke« zu unbequem war, weil das Ein- und Ausschiffen der Tiere beschwerlich gewesen wäre. Es wurden dazu mehrere große Flöße gebaut, welche bei den vielen Händen, die es dazu gab, sehr schnell zusammengesetzt waren. Die Kamele wurden darauf geschafft, auch die, welche sich auf dem Schiffe befunden hatten, und dann ging's an ein Abschiednehmen, welches nicht wenig Zeit in Anspruch nahm. Ich kürzte den meiner Person davon gewidmeten Teil dadurch ab, daß ich vor der Flut von Danksagungen die Flucht ergriff und erst dann an das Ufer zurückkehrte, als die Flöße schon weit von der Michbaja in der Mitte des Stromes schwammen. Am jenseitigen Ufer angelangt, brauchten die durch ihre Freiheit und die reiche Beute beglückten Leute nur grad nach Westen zu reiten, um auf den Karawanenweg von Abu Habble zu kommen.

Nun hinderte mich nichts mehr, die Halbinsel auch zu verlassen. Ich versammelte die Offiziere und Asaker, um zum letztenmale zu ihnen zu sprechen und ihnen meine letzten Weisungen zu geben. Sie hatten die gefangenen Händler und die befreiten Sklaven an Bord zu nehmen und die kurze Strecke bis zur Insel Talak chadra zu fahren, wo sie auf den Reïs Effendina warten mußten. Was dieser dann thun und wann und wie er nach Chartum kommen würde, das war mir zwar nicht gleichgültig, konnte es mir aber sein.

Den Abschied übergehe ich. Er wurde beiderseits nicht leicht, denn wir waren, sozusagen, während der langen Fahrt und den vielen, gemeinsam bestandenen Gefahren zusammengewachsen.

»Mit dir, Effendi, geht unsere Freude am Leben fort,« sagte ein alter Onbaschi[1], der sich stets mir sehr ergeben gezeigt hatte. »Ohne dich giebt's keine Lust an diesen Fahrten. Wenn wir nach Chartum kommen, schnalle ich den Säbel von der Seite. Allah sei mit dir so oft und lange, wie wir an dich denken werden!«

Er fuhr sich mit beiden Händen über die Augen und machte sich auf die Seite. Es gab unter allen diesen Leuten nur Einen, der mir nicht die Hand drücken wollte; das war Aziz, der »Liebling« des Reïs Effendina, der so oft auf Befehl seines Herrn die unerbittliche Peitsche geschwungen hatte. Als ich ihm meine Hand zum Abschiede hinhielt, trat er einen Schritt zurück, sah mir finster in das Gesicht und sagte:

»Erwarte von mir keinen Händedruck! Ich liebe meinen Herrn und bin ihm treu; du hast ihn beleidigt und gekränkt; ich mag von dir nichts wissen!«

»Ich freue mich über diese deine Treue, welche dir aber kein Recht giebt, mich zu hassen,« antwortete ich. »Fühlt sich dein Herr beleidigt, so trägt nur er die Schuld, nicht ich. Bringe ihm meinen letzten Gruß, und sage ihm, daß ich nicht als sein Feind von ihm geschieden bin!«

Wir wurden nach dem Ufer geleitet, stiegen ein und stießen ab. Es war uns allen, und zumal mir, wehe um das Herz. Mein Abschied vom »Falken« hätte ein ganz anderer sein sollen und auch sein können. Ich hatte den Reïs Effendina aufrichtig lieb gehabt.

---

[1] Korporal.

Wir saßen lange, lange schweigend im Boote; die notwendigen Handgriffe wurden stumm gethan. Da hinter uns im Süden war ein kurzer aber ereignisreicher Teil unsres Lebens zurückgeblieben! Wir ruderten uns an der Mangarah vorüber und legten dann am Ufer an, um nicht am Tage die Insel Aba zu passieren. Wie gern hätte ich auf ihr gelandet, des groß und heilig gewordenen Fakir el Fukara wegen; aber dies hätte geheißen, uns einer bloßen Neugierde wegen ganz nutzlos in Gefahr zu begeben, und so ließen wir uns dann, als es Abend geworden war, beim Scheine der Sterne an ihr vorbeitreiben und zogen, als der Mond aufging und der Wind aus Süden wehte, die beiden Segel auf, um die Schnelligkeit der Schachtura zu erproben.

Wir konnten mit ihr zufrieden sein, denn wir überzeugten uns, daß der Reïs Effendina, selbst wenn es ihm möglich wäre, heut noch an Bord des »Falken« zu kommen, uns doch bis Chartum nicht einholen würde. Von unserer Thalfahrt ist nichts Wichtiges zu sagen; sie machte die erste Hälfte meiner zum Reïs gesprochenen Worte wahr: »Ich werde eher in Chartum und auch eher in Kairo sein als du!«

Es war am frühen Vormittage, als wir uns zwischen den vielen Barken hindurchwanden und an das Ufer legten. Ich eilte sogleich nach der nahen, offenstehenden Missionskirche, um dem Ehre zu geben, dem die Ehre für die Rettung aus so vielen Gefahren gebührte. Ssali – ich sage es mit Freuden – begleitete mich und kniete an meiner Seite nieder. Als wir das Gotteshaus verlassen hatten, sagte er:

»In dieser Viertelstunde habe ich auch äußerlich mit dem Islam abgeschlossen, Effendi. In der Heimat angekommen, werde ich eine christliche Medrese[1] besuchen, um ein Prediger der Lehre von der Liebe zu werden, wie ich ein Lehrer der Irrtümer Muhammeds gewesen bin.«

Es sei mir eine Beschreibung dieser außerordentlich interessanten Stadt hier an dieser Stelle erlassen; ein späterer Band wird das Versäumte reichlich nachholen; der mir für dieses Mal gewährte Raum würde nicht reichen. Das Wichtigste, was wir zu thun hatten, war, Barjad el Amin aufzusuchen, welcher im Vereine mit Ibn Asl Hafid

[1] Hochschule.

Sichar seines Goldes beraubt und ihn in die Sklaverei verkauft hatte. Sein Haus stand in der Nähe des Hokumdaria. Wir fanden es bewohnt, aber nicht mehr von dem Gesuchten. Auf unsere Erkundigungen erfuhren wir, daß er von Allah schwer heimgesucht worden sei; el Hawa, die Cholera, hatte seine ganze Familie vernichtet; nur er allein war übrig geblieben; die Trauer und der Tiefsinn hatten ihn ergriffen; die Einsamkeit aufsuchend, war er seltener und immer seltener gesehen worden und endlich ganz verschwunden. Man glaubte, daß er seinem Leben ein Ende gemacht habe. Wohin sein Vermögen gekommen sei, das wußte niemand zu sagen.

Hafid Sichar machte eine Bewegung mit den Händen, als ob er etwas von sich werfe, und sagte heitren Tones:

»Weg mit dem Golde! Allah hat nicht gewollt, daß ich es zurückerhalte; ich habe meine Freiheit wieder; die ist mehr wert als alle Schätze der Erde. Er sei hochgepriesen dafür, daß ich nach so langer Arbeit im Innern der Erde das Licht der Sonne genießen darf!«

Seine heitere Zufriedenheit rührte mich. Ich gab mir den Anschein, als ob ich grad so dächte, wie er, sann aber im stillen eifrig hin und her, wo dieser Barjad el Amin wohl zu suchen sei. Das Geld hatte nicht mir gehört; aber eine Summe von 150 000 Piastern samt Zinsen und Zinseszinsen hätte ich nicht so leicht aufgegeben. Wo war das Vermögen des Verschwundenen hin? Er war weder bestohlen worden, noch hatte man jemals von einem Iflas[1] etwas gehört. Er mußte es mitgenommen haben, denn es gab in ganz Chartum keinen Geschäftsmann, bei dem es deponiert worden war.

Unter diesen vergeblichen Nachforschungen meinerseits verging eine ganze Woche. Da wollten meine Begleiter, die sich nach ihrer Heimat sehnten, nicht länger bleiben, und so beschlossen wir, abzureisen.

Es fiel uns gar nicht ein, den Weg durch die Bajudasteppe zu nehmen. Wir hatten unsere Schachtura, welche kein Mensch uns bisher streitig gemacht hatte, und wollten auf ihr den Nil hinab. Was mich außerordentlich wunderte, war, daß der Reïs Effendina sich noch nicht hatte sehen lassen. Er hätte nach meiner Berechnung höchstens zwei Tage nach unserer Ankunft auch eintreffen können.

---

[1] Bankerott.

Ich war oft an den Fluß gegangen, um nach dem »Falken« zu sehen, hatte ihn aber nicht erblickt.

Da, nur einen Tag vor unserer Abfahrt, hatte ich wegen der Verproviantierung unsers Bootes im Getreidemagazin zu thun gehabt und ging, aus demselben heraustretend, an der danebenliegenden Saraya[1] vorüber, einem der wenigen aus Ziegel gebauten Häuser der Stadt, die meist nur aus Lehmwohnungen bestand, als jemand so eiligen Schrittes aus dem Thore kam, daß er mit mir zusammenstieß; es war – – – der Reïs Effendina!

Er trat zurück, um sich zu entschuldigen; da sah er, daß ich es war, und fuhr sofort mit der Hand nach dem Säbel. Wir standen uns einige Augenblicke hoch aufgerichtet und Blick in Blick getaucht, einander gegenüber; da zog er die Hand zurück, machte eine verachtungsvolle Armbewegung, spuckte aus und sagte:

»Du bist für mich Hawa, ganz el Hawa er raïk[2]!«

Das klang so unendlich geringschätzig, daß es mir sehr schwer wurde, ihm nur mit einem ruhigen Lächeln zu antworten. Er gab damit, daß ich für ihn gar nicht vorhanden sein sollte, seine vollste Niederlage zu. Hätte er nur die geringste Hoffnung des Gelingens gehabt, so wäre ich von ihm sicher zur Rechenschaft gezogen worden. Er spuckte noch einmal aus, drehte sich um und ging stolzen Schrittes von dannen. Mir war sein Verhalten sehr erklärlich; selbst der Umstand befremdete mich nicht, daß jemand vor einem Menschen ausspucken kann, der für ihn gar nicht vorhanden ist.

Ich schaute nun nach dem »Falken« aus, konnte ihn aber nicht zu Gesicht bekommen. Erst am andern Morgen erfuhr ich kurz vor unserer Abfahrt, daß das Schiff des Reïs Effendina schon seit zwei Tagen jenseits des Ras[3], Omm Dermann gegenüber, am sogenannten Schedrah Mahobe vor Anker liege und daß der Reïs keinem seiner Leute erlaubt habe, von Bord zu gehen; da seien sie alle, nur die drei Offiziere ausgenommen, während der letzten Nacht mit Sack und Pack desertiert. Leider kam mir keiner der Asaker zu Gesicht, und ein Wiedersehen mit dem treuen Freunde Murad Nassyr und seiner Turteltaube konnte ich auch nicht feiern; wir mußten fort.

---

[1] Palais des Generalgouverneurs.

[2] Luft, ganz durchsichtige Luft.

[3] Vorgebirge, Landzunge.

Des Zusammenhanges wegen will ich gleich hier bemerken, daß ich den Reïs Effendina einigemale wiedergesehen habe. Er heißt jetzt nicht mehr Achmed el Insaf, sondern trägt einen andern Namen; er ist längst nicht mehr Reïs Effendina, sondern ein sehr hoher, oft genannter Beamter geworden, was mich aber nicht im geringsten genieren kann. Er hat mich auch gesehen, doch schien ich Luft für ihn geblieben zu sein, wenn er dies in Kairo auch nicht grad so wie damals in Chartum durch eine derartig rapide Entäußerung jener Feuchtigkeit bekräftigte, welche ganz unentbehrlich für die Verdauung ist. Da meine Werke, allerdings in einer von mir nicht erlaubten Uebersetzung in französischer Sprache, auch in Kairo gelesen werden, so ist es sehr leicht möglich, daß ihm, der jetzt gut französisch liest, der vorliegende Band vor die Augen kommt. Falls er da dies Buch nicht auch als einen Teil der Atmosphäre betrachtet, sondern die Gnade hat, einen Blick hineinzuwerfen, so mag er hier die höfliche Bemerkung finden, daß ihn die deutsche Luft schön grüßen läßt!

Doch weiter!

Nach einer langen und glücklichen Fahrt legte unsere Schachtura am Ufer von Maabdah an. Wir fragten nach Ben Wasak, dem Führer. Er wohne noch da, wurde uns gesagt, mache aber den Führer nicht mehr, denn er sei sehr reich geworden. Er wäre daher längst nach Kairo gezogen, wenn er nicht auf die Rückkehr eines deutschen Effendi warten müsse, den er nach Chartum gesandt habe, nach seinem verschollenen Bruder zu forschen.

Reich, dachte ich, werde er durch den verbotenen Mumienschmuggel geworden sein. Sollte das ein ägyptischer Beamter lesen und nun schleunigst nach Maabdah gehen, um Ben Wasak zu arretieren, so gestatte ich mir, ihm mitzuteilen, daß er ihn nicht fangen wird, denn er wohnt schon längst nicht mehr dort, und ich bin, da ich mit den altägyptischen Mumien weder aufwärts noch abwärts in Verwandtschaft stehe, aus reiner Gleichgültigkeit leider so gewissenlos gewesen, ihm einen andern Namen zu geben. Uebrigens wird sofort der Nachweis geliefert werden, daß ich mich mit meiner obigen Annahme im Irrtum befunden habe. Also bitte, lassen wir Ben Wasak laufen.

Die Vorsicht verbot, ihn gleich mit seinem Bruder zusammenzuführen; ich ging also zunächst allein zu ihm, um ihn vorzubereiten. Er kannte mich gleich wieder und wäre mir vor Freude beinahe um den Hals gefallen. Ich sollte zunächst festlich bewirtet werden und dann erzählen; das erstere lehnte ich ab; auf das letztere ging ich ein. Ehe ich aber meinen Bericht begann, sagte ich ihm, was ich soeben über ihn gehört hatte.

»Ja, ich bin jetzt reich, sehr reich, Effendi,« bestätigte er. »Und weißt du durch wen? Wie wirst du dich wundern, wenn du es erfährst!«

»Nun, wer ist der Mann?«

»Barjad el Amin.«

»Maschallah! Der – – der ist es?«

»Ja. Ich brenne darauf, zu erfahren, was du über meinen Bruder auskundschaftet hast. Darum will ich dir nur kurz sagen, daß er von Barjad el Amin dem berüchtigten Ibn Asl übergeben worden ist. Sie haben ihm mein Geld abgenommen und damit einen Sklavenhandel eingerichtet, der ihnen große, große Summen eingetragen hat. Dafür aber hat Allahs strafende Hand Barjad el Amin getroffen, denn sein Weib und alle seine Kinder sind von der Cholera hinweggerafft worden. Der Schmerz darüber ist ihm so tief in das Gewissen gestiegen, daß er den Entschluß gefaßt hat, sein Verbrechen zu sühnen. Er hat sein Vermögen und auch alles, was er von Ibn Asl zur Verwaltung noch in den Händen hatte, flüssig gemacht und mir hierhergebracht. Wir saßen unten am Flusse, als er mir alles erzählte und dann das viele Geld übergab. Dann ging er fort; ich konnte ihn nicht halten. Am andern Tage lag er tot im Wasser; er hatte sich ertränkt. Allah sei seiner Seele gnädig! Hätte er doch lieber das Geld behalten und mir dafür sagen können, wo mein Bruder hingeschafft worden ist!«

»Konnte er das nicht?«

»Nein. Ibn Asl hat ihm den Ort nie aufrichtig mitgeteilt.«

»Das darf dich nicht betrüben, denn ich habe nachgeforscht und ihn gefunden.«

»Den Ort oder meinen Bruder?«

»Beide!«

Da sprang er auf und stürmte so mit Fragen und Bitten auf mich ein, daß es kein Hinausziehen mehr gab. Ich mußte sagen, wo Hafid Sichar auf ihn wartete; dann rannte er zum Hause hinaus; ich aber blieb ruhig sitzen, denn geteilte Freude ist oft nur halbe Freude.

Wir verlebten in Maabdah zwei wunderschöne, glückliche Tage. Als wir von den Brüdern Abschied nahmen, hatte ich ein ganzes Paket mit ägyptischen Altertümern in den Händen. Abu en Nil, Ben Nil und Selim bekamen die Summe, welche Ben Wasak mir damals auf Chartum angewiesen hatte, zur Verteilung unter sich, und auch Ssali Ben Aqil wurde wie ein lieber Freund beschenkt.

Wenn Abu en Nil mit seinem Enkel direkt nach Gubatar zu ihren Verwandten wollten, mußten sie sich schon nach kurzer Fahrt von uns trennen; sie entschlossen sich aber, mit nach Kairo zu gehen, wo wir, meinen Worten gemäß, auch eher als der Reïs Effendina ankamen. Dort trennte sich Selim zuerst von uns. Er errichtete von dem erhaltenen Gelde ein Dikkahn[1] mit Fingernägel-, Ohren- und Nasenreinigung. Da konnte er seinen Kunden die hunderttausend Abenteuer erzählen, welche er ganz allein bestanden hatte, während wir dabei die Zuschauer gewesen waren. So lange ich in Kairo blieb, bin ich sein erster und einziger Kunde gewesen; das heißt, ich habe mich bei ihm selbst rasiert. Zuhörer hatte er genug; niemand aber hatte den Heroismus, sich der Gefahr auszusetzen, unter seinem tapfern Messer zu verbluten.

Dann verkaufte ich die Schachtura. Den dafür erzielten Preis gab ich Ssali, der von allen Barmitteln entblößt war. Nach einem zweiwöchentlichen Aufenthalte nahmen Ben Nil und sein Großvater von mir Abschied. Was soll ich darüber sagen! Gefühle sind ja nicht auf das Papier zu bringen. Wenn Freunde auseinander gehn, so sagen sie: Auf Wiedersehn! Und ich habe sie wiedergesehen, beide, Abu en Nil kurz vor seinem Tode – er gab mir seinen Segen mit – und Ben Nil auf seinem Elemente, dem Wasser. Unter denjenigen meiner freundlichen Leser, welche das Land der Pharaonen besuchen und hinauf nach Oberägypten wollen, giebt es wohl dann und wann einen, der nicht zu jagen und zu hetzen braucht und Zeit genug besitzt, auf Eisenbahn und Dampfer zu verzichten und die Reise in aller Muße per Segelschiff zu machen. Wenn dieser sich in Bulaq, dem Hafen von Kairo, nach der Dahabijeh »Baraka el

[1] Barbierstube.

Fadl[1]« erkundigt, so wird man ihm ein außerordentlich schmuckes und sauberes Fahrzeug zeigen, dessen Reïs besonders gern und billig deutsche Passagiere nimmt. Und sagt der Reisende, daß er Kara Ben Nemsis Bücher gelesen habe, so erfährt er von dem Reis, daß er sich Ben Nil nenne und seinem Schiffe den Namen »Baraka el Fadl« gegeben habe, weil er die Mittel, es zu erwerben, der Güte seiner Freunde verdanke. Er ist ein sehr guter Erzähler, und die Fahrt bis zum ersten Schellal[2] hinauf wird dem Zuhörer sicher wie im Fluge vergehen, obgleich die Dahabijeh kein schneller Dampfer ist.

Und Ssali Ben Aqil? Ich ging mit ihm von Alexandrien nach Jerusalem, um ihm die Heiligtümer des Christentums zu zeigen. Dann schieden wir, er, um über Damaskus nach seiner Heimat, und ich, um über Konstantinopel und durch die Donauländer in die meinige zu gehen. Von da an haben wir einen ununterbrochenen Briefwechsel gepflegt und uns sogar zuweilen wiedergesehen. Und fragt man mich, ob er sein Wort gehalten habe und ein Prediger der Liebe geworden sei, so antworte ich: »Ja, er hat es gehalten, voll und ganz gehalten; aber das ist ihm schwer, sehr schwer geworden, denn es hat lange Kämpfe mit seinen Verwandten und dem ganzen Stamme gekostet. Ich habe dabei an seiner Seite gestanden und nicht nur mit dem Munde für ihn gekämpft, sondern auch mit den Waffen für ihn einstehen müssen. Es ist das eine der interessantesten Perioden meines vielbewegten Wanderlebens; sie zeigt so recht die Wahrheit des Pauluswortes: »Wenn ich mit Menschen- und mit Engelszungen redete und hätte die Liebe nicht, so wäre ich nichts als ein tönendes Erz oder eine klingende Schelle.« Ich werde von ihr in meinem Buche »Marah Durimeh« erzählen. – – –

---

[1] »Segen der Güte«.

[2] Katarakt.